Joseph Felten

Papst Gregor IX.

Joseph Felten

Papst Gregor IX.

ISBN/EAN: 9783959139045

Auflage: 1

Erscheinungsjahr: 2018

Erscheinungsort: Treuchtlingen, Deutschland

Literaricon Verlag UG (haftungsbeschränkt), Uhlbergstr. 18, 91757 Treuchtlingen. Geschäftsführer: Günther Reiter-Werdin, www.literaricon.de. Dieser Titel ist ein Nachdruck eines historischen Buches. Es musste auf alte Vorlagen zurückgegriffen werden; hieraus zwangsläufig resultierende Qualitätsverluste bitten wir zu entschuldigen.

Printed in Germany

Cover: Giulio Romano, Papst Gregor IX. empfängt Dekretale, Abb. gemeinfrei

Papst Gregor IX.

Von

Dr. Joseph Felten.

Freiburg im Breisgau.
Herder'sche Verlagshandlung.
1886.
Zweigniederlassungen in Straßburg, München und St. Louis, Mo.
Wien I, Wollzeile 33: B. Herder, Verlag.

Das Recht der Uebersetzung in fremde Sprachen wird vorbehalten.

Entered according to Act of Congress, in the year 1886, by *Joseph Gummersbach* of the firm of **B. Herder**, St. Louis, Mo., in the Office of the Librarian of Congress at Washington, D. C.

Buchdruckerei der Herder'schen Verlagshandlung in Freiburg.

Vorwort.

Dieses Buch will eine, soweit das vorhandene Material es erlaubt, vollständige Geschichte des Papstes Gregor IX. liefern. Wenngleich es nicht im Plane lag, eine Geschichte der Zeit Gregors IX. überhaupt zu schreiben, mußten nichtsdestoweniger viele Fragen der verschiedensten und interessantesten Art wenigstens in Kürze behandelt werden, weil sie mit der Lebensgeschichte des Papstes im innigsten Zusammenhange stehen. Ich erwähne nur die Stellung Gregors IX. zu den Bettelorden, sein Verhalten gegenüber der Häresie, seine Verhandlungen mit den Griechen über deren Wiedervereinigung mit der römischen Kirche, sein Verhältniß zum deutschen Orden und zur Bekehrung Preußens. Bei dem Reichthum des Materials war es nicht immer leicht, das Wichtige von dem minder Wichtigen zu unterscheiden und in der Behandlung des Stoffes richtiges Maß einzuhalten. Das Urtheil darüber, wie weit mir beides gelungen ist, muß ich dem gütigen Leser anheimstellen.

Eine Frage nimmt in der Geschichte Gregors IX. vor allen anderen das Interesse in Anspruch, sein Verhältniß zu Kaiser Friedrich II. In der Erörterung desselben habe ich mich strenge an die Thatsachen zu halten gesucht, eingedenk des Wortes von de Maistre (Du Pape l. II, c. 13): „On ne doit aux papes que la vérité, et ils n'ont besoin que de la vérité." Wenn dadurch in der Darstellung allgemeinen Betrachtungen und Gedanken weniger Raum und Einfluß gegönnt worden ist, so dürfte dieselbe an historischer Treue gewonnen haben.

Außer den in der Einleitung erwähnten Werken wäre noch der mir erst während des Druckes bekannt gewordene zweite Band von Winkelmanns Acta imperii inedita (saec. XIII et XIV), Innsbruck 1885, zu nennen. Der verdiente Herausgeber, dessen sorgfältige und gründliche Werke und Aufsätze zur Geschichte Friedrichs II. mir von großem Nutzen bei meiner Arbeit gewesen sind, hat sich durch die Herausgabe jener Akten ein neues Verdienst um die Geschichtswissenschaft erworben.

Bei der Eintheilung des Buches in fünf Abschnitte war das Verhältniß Gregors IX. zu Friedrich II. vorzüglich maßgebend. Aus praktischen Rücksichten wurde schon im vierten Abschnitte die Geschichte der Missionsthätigkeit Gregors bis zum Tode des Papstes geführt.

Indem ich schließlich diese Arbeit dem wohlwollenden Urtheile des gütigen Lesers empfehle, glaube ich noch bemerken zu sollen, daß dieselbe zum Theil in fremdem Lande, in der Anstalt, welcher ehemals der bekannte englische Historiker Lingard als Professor angehörte und in deren Mauern seinem Wunsche gemäß seine Gebeine ruhen, geschrieben worden ist.

Ushaw College, Durham (England),
am Feste des hl. Joseph 1886.

Joseph Felten.

Inhalt.

Einleitung. S. 1—4.

Wichtigkeit der Geschichte Gregors IX. S. 1—2. — Quellen S. 2—3. — Darstellungen S. 3—4.

Erster Abschnitt.
Von der Geburt Gregors bis zu seiner Erhebung auf den päpstlichen Thron (1227). S. 5—50.

Erstes Kapitel.

Die Jugend Gregors und sein Leben bis zu seiner Ernennung zum Cardinalbischof von Ostia und Velletri (1206). S. 5—17.

Familie, Geburt und Name Hugolins S. 5—7. — Erziehung zu Bologna und Paris S. 7—8. — Er war nicht Camaldulenser S. 9 — Hugolin päpstlicher Caplan, dann Cardinaldiakon von St. Eustach S. 9—10. — Sicilien und der Kirchenstaat unter Innocenz III. Dessen Sorge für König Friedrich von Sicilien. Hugolin als päpstlicher Gesandter bei Markwald von Anweiler S. 10—17. — Er wird zum Cardinalbischof ernannt S. 17.

Zweites Kapitel.

Hugolin Cardinalbischof von Ostia und Velletri bis zum Tode Innocenz' III. (1206). — Er geht zweimal als päpstlicher Gesandter nach Deutschland. S. 18—29.

Seine Diöcesanverwaltung, Klostergründungen und Wohlthätigkeit S. 18—19. — Die deutsche Königswahl im J. 1198. Philipp von Schwaben und Otto IV. Hugolin als päpstlicher Gesandter in Deutschland im J. 1207 S. 19—24. — Ereignisse des J. 1208. Hugolin als päpstlicher Gesandter in Deutschland im J. 1209 S. 24—27. — Krönung Otto's zum Kaiser. Sein Treubruch. König Friedrich von Sicilien wird deutscher König S. 27—29.

Drittes Kapitel.

Thätigkeit des Cardinals Hugolin unter Honorius III. (1216—1227). Sein Wirken als Kreuzprediger und päpstlicher Legat. S. 29—41.

Wahl Honorius' III. Zwiespalt der lombardischen Städte S. 29—31. — Hugolin Kreuzprediger und päpstlicher Legat in der Lombardei und Tuscien seit 1217.

Er vermittelt zwischen Pisa und Genua betreffs Sardiniens S. 31—32. — Seine Vermittlung zwischen Mailand und Cremona, zwischen Cremona und dem Abt von S. Sisto, zwischen Bologna und Pistoja S. 32—35. — Seine Thätigkeit im Mathilde'schen Erbe S. 36—37. — Zum zweiten Mal Kreuzprediger und päpstlicher Legat von 1221—1222; gelobt von Papst und Kaiser S. 37—38. — Seine Thätigkeit zu Piacenza, Mailand ꝛc. S. 38—40. — Sonstiges Wirken S. 41.

Viertes Kapitel.
Beziehungen des Cardinals Hugolin zu dem hl. Franciscus und dem hl. Dominicus, sowie zu ihren Orden. S. 41—50.

Der hl. Franciscus und Hugolin. Des Letztern Theilnahme am Mattencapitel vom J. 1219 S. 41—43. — Protector des Franciscanerordens. Seine Liebe zu demselben S. 43—45. — Die hl. Clara, ihr Orden, die Regel und Hugolin S. 45 bis 47. — Der hl. Dominicus und Hugolin zu Rom im J. 1217 S. 47—48. — Zusammenkunft dieser Beiden mit dem hl. Franciscus S. 48. — Hugolin beim Begräbniß des hl. Dominicus S. 48—49. — Wichtigkeit der Beziehungen Hugolins zu den Bettelorden für die Geschichte S. 49—50.

Zweiter Abschnitt.
Von der Erwählung Gregors IX. (1227) bis zum Frieden von Ceperano (1230). S. 51—131.

Fünftes Kapitel.
Gregors Erhebung auf den päpstlichen Thron. Verhältniß des Kaisers Friedrich II. zum apostolischen Stuhle im J. 1227. Der päpstliche Bannspruch gegen den Kaiser. S. 51—73.

Erhebung Gregors. Seine Einführung. Sein Schmerz über seine Erhebung S. 51—53. — Friedrichs II. Versprechen bezüglich des Kreuzzuges von 1215—1225 S. 53—57. — Anerkennung der Oberlehensherrschaft des Papstes über Sicilien. Bruch seiner dieserhalb gemachten Versprechen S. 57—59. — Gregors freundschaftliche Gesinnung für Friedrich. Päpstliche Vermittlung zwischen den Lombarden und dem Kaiser. Friedrich verletzt die päpstlichen Rechte auf den Kirchenstaat S. 59—62. — Das päpstliche Schreiben über die kaiserlichen Insignien S. 62—63. — Scheitern des Kreuzzuges im J. 1227. Schuld des Kaisers S. 63—67. — Der Papst bannt ihn S. 67—68. — Gründe des Bannes. Erneuerung desselben im J. 1228 S. 68 bis 72. — Aufstand in Rom S. 72—73. — Kaiserliche Vorbereitungen zum Kreuzzuge S. 73.

Sechstes Kapitel.
Der Kreuzzug Kaiser Friedrichs II. (1228—1229). S. 73—83.

Friedrichs Maßnahmen auf Cypern S. 73—75. — Verhandlungen mit dem Sultan von Aegypten. Lage im hl. Lande S. 75—76. — Vertrag des Kaisers mit dem Sultan S. 76—79. — Ansicht des Papstes darüber. Allgemeines Urtheil S. 79—80. — Angebliche Hindernisse, welche der Papst dem Kaiser im hl. Lande bereitet haben soll. Streit zu Accon S. 80—82. — Anerkennung des Friedens S. 82—83. — Cypern S. 83.

Siebentes Kapitel.

Folgen des Bannes in Deutschland und Italien. Kampf in Italien. Der Friede von Ceperano. Zusammenkunft von Papst und Kaiser in Anagni (September 1230). S. 83–102.

Eindruck des Bannes in Deutschland. Vorgehen Heinrichs S. 83—84. — Cardinal Otto in Deutschland. Herzog Otto von Braunschweig S. 84—86. — Die Reformbestrebungen des Cardinals S. 86—88. — Friedrichs Angriffe auf den Kirchenstaat durch Rainald von Spoleto S. 89—91. — Die päpstlichen Truppen occupiren Sicilien. Rückkehr des Kaisers. Kampf in Sicilien S. 91—95. — Friedensunterhandlungen. Rückkehr Gregors nach Rom. Vermittlung deutscher Fürsten S. 96—97. — Die Friedenspräliminarien von San Germano und Ceperano. Friede von Ceperano S. 98—101. — Kaiserlicher Besuch zu Anagni S. 101—102.

Achtes Kapitel.

Politische Beziehungen des Papstes zu Frankreich und England. Bemühungen für Wissenschaft und kirchliches Leben. S. 102—113.

Frankreich. Albigenserkrieg und Vertrag von Paris. Gründung der Universität Toulouse S. 102—105. — Einführung der Inquisition S. 105—106. — Wilhelm von Auvergne, Bischof von Paris. Die Universität Paris. Streit daselbst S. 106—108. — Verbot der aristotelischen Bücher. Der Gebrauch der Philosophie und die Scholastik S. 108—110. — Heinrich III. von England und der Papst. Krieg zwischen England und Frankreich S. 110—112. — Mauclerc. Cremona und der Abt von S. Sisto S. 111. — Päpstliche Bemühungen für die Förderung des kirchlichen Lebens, besonders in Deutschland und auf Cypern S. 111—113.

Neuntes Kapitel.

Orden und Missionen. S. 113—131.

Der Franciscanerorden. Heiligsprechung seines Stifters. Die hl. Clara. Agnes von Böhmen S. 113—119. — Der Dominicanerorden. Die Miliz Christi S. 119 bis 120. — Aeltere Orden und Congregationen. Der Ritterorden des hl. Jakobus in Frankreich S. 120—123. — Der deutsche Orden. Preußen. Die Ritterbrüder von Dobrin S. 123—127. — Livland, Esthland und der Orden der Schwertbrüder S. 127—129. — Finnland S. 129. — Die Cumanen und Walachen S. 129—131.

Dritter Abschnitt.

Vom Frieden von Ceperano bis zum Kriege Friedrichs II. gegen die Lombarden (Ende 1230 bis Anfang 1236). S. 132—240.

Zehntes Kapitel.

Verletzung des Friedens von Ceperano durch den Kaiser. Schwierigkeiten des Papstes mit den Römern und im Kirchenstaate. S. 132—153.

Friedensbürgschaften S. 132—133. — Differenzen wegen der Reichslehen in Toulouse, Città di Castello 2c. S. 133—135. — Friedrichs Behandlung der Templer und Johanniter in Sicilien S. 135—137. — Die Constitutionen von Melfi S. 137

bis 141. — Aufstand in Sicilien. Lage des Landes S. 141—142. — Kaiserlicher Vorschlag über die gemeinsame Bestrafung der Ketzer und Reichsrebellen S. 142 bis 143. — Aufstand der Römer und Uebergriffe derselben im Kirchenstaat. Laue Hülfeleistung Friedrichs S. 143—150. — Herstellung der päpstlichen Herrschaft in Ancona und Spoleto S. 150—151. — Perugia. Gründung von Pergola. Garfagnana S. 151—152. — Vermehrung der kirchlichen Besitzungen. Verbot der Veräußerung von Kirchengut S. 152—153.

Elftes Kapitel.
Gregor IX. vermittelt in der Lombardei. Empörung Heinrichs VII. von Deutschland. S. 153—169.

Der Reichstag von Ravenna S. 153—156. — Päpstliche Vermittlungsversuche in den Jahren 1232—1233 S. 156—159. — Der Schiedsspruch vom 5. Juni 1233 S. 159—161. — Johann von Vicenza S. 161—163. — Neue Vermittlungsversuche des Papstes in den Jahren 1234 und 1235 S. 163—165. — Empörung Heinrichs VII. in Deutschland. Eifrigste Unterstützung des Kaisers durch den Papst S. 165—169.

Zwölftes Kapitel.
Gregors Fürsorge für das Heilige Land und das lateinische Kaiserthum von Constantinopel. S. 169—180.

Der kaiserliche Marschall Richard Filangieri im Hl. Lande und auf Cypern S. 169—171. — Päpstliche Friedensbemühungen S. 171—174. — Politik des Kaisers im Königreich Jerusalem S. 174—175. — Kreuzzugspläne seit dem J. 1234 S. 175—176. — Johann von Brienne, Kaiser von Constantinopel, und die Feinde des lateinischen Kaiserreiches. Vertheidigung von Constantinopel S. 176—179. — Unionsversuche seitens des Kaisers Vatazes und des Patriarchen Germanus S. 179 bis 180.

Dreizehntes Kapitel.
Wirken des Papstes zum Besten Frankreichs, Englands und anderer Länder, besonders von 1230—1236. S. 181—198.

Streitigkeiten in Frankreich zwischen der Krone und dem Erzbischof von Rouen, dem Bischof von Beauvais und dem Erzbischof von Rheims S. 181—183. — Päpstliches Schreiben an Ludwig IX. über die Competenz der geistlichen Gerichte S. 183—184. — Bemühungen, den Frieden zwischen England und Frankreich zu erhalten S. 184—185. — Schwierigkeiten Heinrichs III. von England mit Wales und Schottland, wie mit den englischen Baronen. Hubert de Burgh S. 185—187. — Verfolgung italienischer Geistlicher in England. Päpstliche Provisionsbullen S. 187—188. — Thibaut, Graf von Champagne und König von Navarra S. 188 bis 190. — Ferdinand von Castilien und die Mauren. Jakob von Aragonien S. 190—191. — Ungarn S. 191—195. — Der Papst und die polnischen Fürsten. Herzog Heinrich der Bärtige von Schlesien S. 195—198.

Vierzehntes Kapitel.
Gregor IX. als Gesetzgeber. S. 199—205.

Gesetzsammlungen vor Gregor IX. S. 199. — Zweck der Decretalen Gregors IX. Raimund von Pennaforte S. 200—201. — Eintheilung der Decretalen.

Ihr Verhältniß zu den Constitutionen von Melfi. Unmittelbar von Gregor IX. selbst erlassene Decretalen S. 201—204. — Name und Citationsweise der Decretalen. Neue Decrete Gregors nach 1234 S. 205.

Fünfzehntes Kapitel.
Stellung des Papstes zu den Häretikern. S. 206—221.

Anschauung des Mittelalters rücksichtlich der Häretiker S. 206. — Die Katharer und die kaiserlichen Ketzergesetze S. 206—208. — Ketzergesetze Gregors IX. Die Statuten vom J. 1231 und die Ketzerbestimmungen des römischen Senators. Uebertragung der Inquisition an die Dominicaner S. 208—210. — Ketzer in Italien S. 210—211. — Die Inquisition in Spanien S. 211—212. — Die Inquisition in Toulouse und Navarra S. 212—214. — Die Ketzerverfolgung in Deutschland und Conrad von Marburg S. 215—220. — Die Stedinger S. 220—221.

Sechzehntes Kapitel.
Disciplin und Cultus, Orden und Missionen. S. 222—240.

Reform des Clerus S. 222. — Dominicus, Antonius von Padua, Elisabeth von Thüringen, Virgilius werden heiliggesprochen. Hildegardis S. 222—225. — Die Mercedarier und die regulirten Chorherren von St. Marcus zu Mantua S. 226. Schwierigkeiten unter den Franciscanern hinsichtlich der Regel. Elias von Cortona S. 226—228. — Benedictiner-Congregationen S. 228—230. — Der deutsche Orden und die Bekehrung Preußens. Der Ritterorden von Dobrin S. 230—233. — Kurland und Livland S. 233—234. — Rußland und Georgien S. 235. — Aegypten, Bagdad, Marocco und Tunis S. 235—238. — Der Sultan von Ikonium S. 239. — Saracenen in Sicilien. Der Papst und die Juden S. 239—240.

Vierter Abschnitt.
Vom Anfange des Krieges Friedrichs II. gegen die Lombarden bis zu dessen zweiter Excommunication (1236—1239). S. 241—318.

Siebenzehntes Kapitel.
Die päpstliche Vermittlung und die Lombardenfrage im J. 1236. Neue Schwierigkeiten mit dem Kaiser. Gregors Auffassung des Verhältnisses zwischen Kaiser und Kirche. S. 241—256.

Der Kaiser übertrug dem Papste im J. 1235 nur scheinbar die Vermittlung S. 241—242. — Fälschung päpstlicher Briefe. Verona S. 242—243. — Päpstliche Beschwerden vom 29. Februar 1236 über die kirchliche Lage Siciliens. Die kaiserlichen Schreiben vom 16. April und 20. September 1236 S. 243—245. — Neue Versuche Gregors, den Frieden zwischen dem Kaiser und den Lombarden zu erhalten S. 245—246. — Programm des nach Piacenza berufenen Reichstages. Ausbruch Friedrichs nach Italien. Piacenza geht dem Kaiser verloren S. 246—249. — Verhandlungen Friedrichs mit den Lombarden; er ersucht den Papst, letztere zu bannen. Eroberung von Vicenza S. 249—250. — Gregors Schreiben vom 23. October 1236. Città di Castello. Sonstige Streit- und Klagepunkte S. 250—253. — Päpstliche Darlegung der Stellung der Kirche zum Kaiser S. 253—256.

Achtzehntes Kapitel.

Die Beziehungen zwischen Papst und Kaiser vom J. 1237 bis zum Anfange des J. 1239. S. 256—270.

Die Vorgänge in Oesterreich S. 256—257. — Neue Friedensverhandlungen in der Lombardei. Die Verhandlungen von Fiorenzula im J. 1237 S. 257—260. — Schlacht bei Cortenova am 27. November 1237. Uebermuth des Kaisers S. 260 bis 261. — Unruhen in Rom im J. 1237. Neue Unruhen im J. 1238 S. 561 bis 263. — Brescia hält sich trotz langer Belagerung S. 263—264. — Occupation Sardiniens durch Enzio S. 264—266. — Verhandlungen zwischen Kaiser und Papst S. 266—268. — Bündniß zwischen Genua und Venedig S. 268—269. — Letzter Versuch des Kaisers, den Papst hinzuhalten S. 269—270.

Neunzehntes Kapitel.

Die Berechtigung der päpstlichen Beschwerden und die Gründe des Bannes. S. 270—286.

Der Bann vom 20. März 1239 S. 270. — Gründe: Anstiftung von Aufruhr in Rom S. 271—272. — Hinderung des Bischofs von Palestrina S. 272. — Verhinderung der Wiederbesetzung erledigter Bischofssitze S. 272—273. — Gefangennahme, Verbannung und Tödtung von Geistlichen S. 273—274. — Zerstörung und Entweihung der Kirchen S. 274. — Zerstörung der Kirche von Sora S. 274—275. — Verhinderung der Taufe des Prinzen von Tunis S. 275—276. — Gefangennahme des Peter Saracenus S. 276—278. — Occupation kirchlicher Besitzungen S. 278. — Beraubung von Kirchen und Klöstern Siciliens S. 278—280. — Behandlung der Templer und Johanniter. Bedrückung und widerrechtliche Besteuerung von Geistlichen S. 280—281. — Verfolgung der ehemaligen Anhänger der Kirche S. 281 bis 282. — Hinderung der Sache des Hl. Landes und des lateinischen Kaiserthums durch den Krieg gegen die Lombarden S. 282—284. — War Friedrichs Krieg gegen die Lombarden die eigentliche Ursache des Bannes? S. 284—286.

Zwanzigstes Kapitel.

Gang der Dinge im Orient. Das Heilige Land und das lateinische Kaiserthum. S. 286—294.

Das Hl. Land und die französischen Kreuzfahrer. Zwistigkeiten der Christen in Palästina S. 286—289. — Das lateinische Kaiserthum bis zum Tode Johanns von Brienne S. 289. — Haltung Asans, Königs der Bulgaren S. 289—290. — Der Papst unterstützt Balduin II.; Friedrich begünstigt Vatazes, Kaiser von Nicäa S. 290—292. — Der Papst und das lateinische Kaiserthum von 1239—1241 S. 292—294.

Einundzwanzigstes Kapitel.

Gregors Beziehungen zu Frankreich, England und anderen Mächten während der Jahre 1236—1239. — Aufrechterhaltung der kirchlichen Disciplin und Wahrung der kirchlichen Rechte. S. 294—305.

Das Domcapitel von Paris S. 294. — Ludwig IX. und der Talmud S. 294 bis 295. — Cardinal Otto von St. Nicolaus als päpstlicher Legat in England. Reformsynoden vom J. 1237 und 1238. Heirath Simons von Montfort mit

Eleonore, der Schwester des Königs S. 295—300. — Eroberung von Valencia. König Jakob von Aragonien, vom Papste unterstützt S. 300—301. — Bedrückung der Kirche in Portugal durch König Sancho und seinen Bruder Ferdinand S. 301 bis 302. — Bosnien und die Häresie S. 302—303. — Eigenthümliche Gewohnheit in Slavonien S. 303—304. — Schweden. Anfragen des Erzbischofs von Drontheim. Rechtsmißbrauch in Dänemark S. 304. Antiochien und Armenien S. 305.

Zweiundzwanzigstes Kapitel.

Die Cardinäle Gregors IX. Orden und Missionen seit dem J. 1236. S. 305—318.

Cardinalsernennungen seit dem J. 1227 S. 305—307. — Streit zwischen den Franciscanern und Johann-Boniten über die Ordenstracht S. 307—308. — Wundmale des hl. Franciscus S. 308. — Haymon und das Brevier S. 308—309. — Gunstbezeugungen für die Clarissen S. 309. — Mißbräuche in Jerusalem und unter den Johannitern S. 310. — Vereinigung des Schwertbrüderordens mit dem deutschen Orden. Esthland und Dänemark. Der Vertrag von Stenby im J. 1238 S. 310—314. — Der deutsche Orden in Preußen. Bischof Christian von Preußen S. 314—316. — Allgemeines über Gregors Wirken zum Besten der nordischen Länder S. 316—317. — Bekehrung des Patriarchen der Jakobiten S. 317—318.

Fünfter Abschnitt.

Von der zweiten Excommunication Friedrichs II. bis zum Tode Gregors IX. (1239—1241). S. 319—380.

Dreiundzwanzigstes Kapitel.

Die Encycliken Gregors IX. vom 7. April und 20. Juni 1239 nebst den Erwiederungen Friedrichs. Der Kaiser verachtet den Bann. Seine Angriffe auf den Kirchenstaat und auf Rom. S. 319—337.

Päpstliche Encyclica vom 7. April 1239 S. 319. — Rundschreiben des Kaisers vom 20. April 1239. Anklagen gegen den Papst. Forderung eines allgemeinen Concils S. 319—322. — Päpstliche Encyclica vom 20. Juni 1239. Ketzerei des Kaisers. Das Wort von den drei Betrügern S. 322—325. — Kaiserliche Vertheidigungsschrift an die Cardinäle. Friedrich verachtet den Bann S. 326—327. — Elias von Cortona, kaiserlicher Feldcaplan S. 327—329. — Aggressives Vorgehen des Kaisers. Alberich von Romano fällt von ihm ab. Mißlingen der kaiserlichen Unternehmung gegen Mailand S. 329—331. — Bündniß des Papstes mit Genua und Venedig S. 331—333. — Der Kaiser greift den Kirchenstaat an. Zug gegen Rom. Procession daselbst S. 333—336. — Anklagen Gregors gegen den Kaiser, er wolle den Stuhl Petri umstürzen S. 336—337.

Vierundzwanzigstes Kapitel.

Vergebliche Friedensversuche. Die Berufung eines allgemeinen Concils nach Rom. S. 337—349.

Der Deutschmeister Conrad von Thüringen vermittelt im Namen der deutschen Fürsten S. 337—339. — Neue Angriffe des Kaisers auf den Kirchenstaat. Benevent. Fortgang des Kampfes mit den Lombarden S. 340—342. — Friedensverhandlungen im J. 1240 S. 342—344. — Gregor beruft ein allgemeines Concil nach Rom. Der Kaiser sucht es zu verhindern S. 344—348. — Angriffe der Venetianer auf die apulische Küste. Fall von Faenza S. 348—349. — Vergeblicher Versuch des Kaisers, den Dominicanerorden zu seinen Gunsten zu stimmen S. 349.

Fünfundzwanzigstes Kapitel.
Verkündigung des Bannes in Deutschland, England, Frankreich und anderen Ländern. S. 349—367.

Albert der Böhme. Stellung der deutschen Fürsten S. 349—354. — Schwierige Lage Alberts. Haltung des Königs von Böhmen und des Herzogs von Baiern S. 355—358. — Pläne in Deutschland hinsichtlich der Wahl eines neuen Königs. Stellung des Papstes zu dieser Frage S. 358—360. — Verkündigung des Bannes in England S. 360—361. — Gunsterweisungen des Papstes S. 361—362. — Der Legat erhält in England Unterstützungen für den Papst. Sonstige Thätigkeit des Legaten daselbst. Der hl. Edmund S. 362—364. — Verkündigung des Bannes in Frankreich. Die von Frankreich dem Papst geleistete Unterstützung S. 365—366. — Kampf in Arelat zwischen den Grafen von Provence und Toulouse S. 366—367. — Verkündigung des Bannes in Castilien und Ungarn S. 367.

Sechsundzwanzigstes Kapitel.
Gefangennahme der zum Concil reisenden Prälaten. Die Tatareunoth. Bedrängung Roms durch den Kaiser. Tod Gregors IX. S. 368—380.

Angriff auf die genuesische Flotte und Gefangennahme der Prälaten S. 368 bis 369. — Urtheil hierüber. Folgen dieses „Sieges" S. 369—371. — Neuer Angriff des Kaisers auf den Kirchenstaat S. 371. — Die Tatarennoth. Haltung des Papstes und des Kaisers in derselben. Richard von Cornwallis S. 372—375. — Bedrängung Roms. Tod des Papstes S. 375—376. — Der Kaiser verhöhnt seinen todten Gegner S. 376—377. — Rückblick auf den Kampf Gregors IX. gegen Friedrich II. S. 378—380.

Anhang.

Beilage I. Ueber die „Vita Gregorii P. IX. ex Cardinali Aragonio". S. 381 bis 382.

Beilage II. Gregors IX. Hymnen zu Ehren des hl. Franciscus. S. 382—383.

Beilage III. Das Cardinalscollegium unter Gregor IX. S. 383—386.

Beilage IV. Hat Gregor IX. dem Grafen Robert von Artois die Kaiserkrone angeboten? S. 387—388.

Register S. 389—409.

Einleitung.

In der ersten Hälfte des 13. Jahrhunderts, einer Zeit, von der man in Wahrheit sagen kann, daß sie Männer erzeugte, hatte auch die Kirche besonders hervorragende Oberhirten. Ueber die Größe des im Jahre 1216 verstorbenen Innocenz III. herrscht nur Eine Stimme. Ihm blut- und geistesverwandt war sein zweiter Nachfolger, Gregor IX., beide Männer von königlicher Seele. Wie sein Name stets in der Geschichte des hl. Franciscus und des hl. Dominicus, denen er ein treuer Freund und Rathgeber war, genannt werden muß, so wird das kirchliche Gesetzbuch der Decretalen Gregors IX. stets den Ruhm des weisen Gesetzgebers verkünden. Für die ganze Folgezeit wichtig war auch sein gewaltiger Kampf mit dem Kaiser Friedrich II., staunenswerth die Kraft des Wortes, die Größe des Geistes, die Energie des Handelns, die Standhaftigkeit, welche er darin bekundete. Es war der Kampf, der zur Absetzung Friedrichs auf dem Concil von Lyon im J. 1245 und schließlich zum tragischen Untergange des Hauses der Staufen führte, der die Schwächung der obersten Gewalt in Deutschland, die Verwirrung aller Verhältnisse in Italien und eine schwere Schädigung der Kirche selbst zur Folge hatte. Letztere wurde durch die Noth gezwungen, ihr Besteuerungsrecht in einer Weise auszudehnen, welche Klagen und Mißmuth unter den christlichen Völkern hervorrief. Die Klagen wurden hier und da um so größer, als die kaiserliche Partei nicht ohne Erfolg die Meinung zu verbreiten strebte, es handle sich nicht um die Vertheidigung der wahren und wesentlichen Rechte, ja der Existenzbedingungen der Kirche, sondern bloß um einen Streit zwischen Kaiser und Papst um Macht und Besitz, vorzüglich in Italien.

Schon hieraus ergibt sich, daß, auch von Anderem, wie z. B. seiner reichen und segensreichen Thätigkeit für die Ausbreitung der Kirche unter den Griechen und Heiden, abgesehen, eine genauere Kenntniß seines Lebens ein hohes Interesse und einen ganz eigenartigen Werth hat. Nicht so glänzend wie die Regierung Innocenz' III., war die seinige vorzüglich ein Kampf, und besonders das Ende derselben ein dornenvoller Leidensweg. Da er in dem vom Feinde eingeschlossenen Rom starb, schien das Ziel seines Kampfes, die Aufrechthaltung der Rechte und Freiheiten der Kirche, verloren, und dennoch ist es seinem Muthe und seiner Ausdauer zu verdanken, daß damals das Schicksal der Kirche sich nicht ganz anders und schlimmer gestaltet hat.

Unter den Quellen für die Geschichte Gregors IX. verdient eine von einem Zeitgenossen, allem Anscheine nach einem Cleriker der römischen Curie, verfaßte Biographie des Papstes besondere Beachtung[1], während das von dem im J. 1331 verstorbenen Dominicaner Bernhard Guidonis verfaßte Leben Gregors IX.[2] eine bloße Compilation ist. Die Akten einer Gesandtschaft, welche der nachmalige Papst als Cardinal in der Lombardei in den Jahren 1221 und 1222 bekleidete, sind noch nicht vollständig veröffentlicht[3]. Dafür haben wir aber eine sehr große Zahl von Urkunden und Briefen Gregors IX., die seit dem J. 1874 in dem großen Werke von August Potthast, „Regesta Pontificum Romanorum inde ab a. post Christum natum MCXCVIII. ad a. MCCCIV", 2 vol. Berolini 1874—1875, auch in Regestenform vorliegen[4]. Ein Denkmal unermüdeten Fleißes,

---

[1] Vita Gregorii P. IX., gedruckt in Muratori, Scr. Rer. Ital. t. III. part. I. p. 575—587. Genaueres, besonders auch über die hohe Glaubwürdigkeit dieser Quelle, s. im Anhange, Beilage I.

[2] Vita Greg. P. IX. ex manuscr. Bernardi Guidonis in Mur. l. c. p. 570 bis 574. Muratori (l. c. part. I) gibt u. a. auch die Leben von Honorius III. bis Alexander IV., und überhaupt die Papstleben des Guidonis von Victor III. bis Johann XXII. Ein „additamentum" zu Bern. Guid., Vita Innoc. P. III., s. in Angelo Mai, Spicil. Rom. VI, 300—312. Ebend. 1—270 sind die Papstleben bis Gregor VII. nach Bern. Guib. edirt. Sie gehören, wie auch die Vita Greg., einer von dem Verfasser „Flores Chronicorum" genannten Compilation an. In der Vorrede zu seinem Werke (s. Bréquigny, Notices et extraits des manuscrits de la bibliothèque du Roi, t. II. p. 7) sagt er selbst: „C'est une chronique que j'écris ... je l'ai extraite des livres les plus authentiques que j'ai pu rencontrer, et je crois par conséquent pouvoir l'intituler Fleurs de chroniques, ou si on l'aime mieux, Catalogue des pontifes Romains." Er war eine Zeitlang General-Inquisitor zur Bekämpfung der Albigenser; weßhalb er auch ihrer Geschichte in der Vita Greg. P. IX. besondere Aufmerksamkeit gewidmet hat. Vgl. über ihn bes. C. de Smedt, Introductio generalis ad historiam ecclesiasticam critice tractandam. Gandavi 1876, p. 261—263.

[3] Das Original der Acta legationis Card. Hugolini befindet sich in der National-Bibliothek zu Paris unter n. 5152. A. Colb. 1660. reg. 4252. membr. fol. Es enthält außer Recessen und Abschriften auch Originalbriefe Friedrichs und Hugolins; s. Archiv VII. 888. Einiges aus der Handschrift hat Huillard-Bréholles, Hist. Frid. II. vol. II. 143, 1, mitgetheilt.

[4] Potthast gibt l. c. vol. I. p. 680—939 und vol. II. p. 2099—2110, sowie 2136—2137 gegen 3500 Regesten, wozu noch einige von Ed. Winkelmann in den Göttingischen gelehrten Anzeigen, Jahrg. 1873 und 1874, veröffentlichte hinzuzufügen sind. Die Regesten Gregors IX., welche im Vaticanischen Archiv aufbewahrt werden, enthalten in 15 Bänden gegen 4550 Briefe (vgl. Pertz' Archiv V. 349), deren Herausgabe P. Pressutti (vgl. P. Pressutti, I regesti del pontefice Onorio III. dall' anno 1216 all' anno 1227 compilati sui codici dell' archivio Vaticano ed altre fonti storiche, vol. I. Roma 1884. p. LXVIII, 1) beabsichtigt.

ist das Werk vom höchsten Nutzen für die Kenntniß der Geschichte innerhalb des erwähnten Zeitraumes und verpflichtet besonders jeden, der sich mit der Geschichte der Päpste befaßt, zum größten Danke. Besondere Wichtigkeit beanspruchen naturgemäß die sich auf den Streit mit Friedrich II. beziehenden Documente. Sie finden sich zumeist in dem großen Quellenwerke von Huillard-Bréholles[1] zur Geschichte Kaiser Friedrichs II., wozu Joh. Friedr. Böhmer[2] und Ed. Winkelmann[3] Nachträge lieferten. Neuerdings ist außerdem auf Grund von durch Pertz schon im J. 1823 aus den Regesten der Päpste zu Rom gemachten Abschriften eine die Beziehungen von Kirche und Reich unter Honorius III. und Gregor IX. darlegende, von Dr. Rodenberg ergänzte, erklärte und herausgegebene, wichtige Sammlung von Papstbriefen[4] erschienen. Die Beziehungen des Papstes zu Friedrich II. erhalten auch durch das ausgezeichnete Werk des sel. Böhmer: „Die Regesten des Kaiserreiches von 1198—1272", welches nun von Julius Ficker neu herausgegeben ist[5], mannigfache Aufklärung.

Der Streit Friedrichs II. mit den Päpsten, worin Gregor IX., der ihn zweimal mit dem Banne belegte, besonders in den Vordergrund tritt, ist häufig, besonders in neuerer Zeit, Gegenstand der Untersuchung gewesen[6]. An einer Monographie über den Papst fehlte es aber, da die

---

[1] Huillard-Bréholles, Historia diplomatica Friderici II. sive Constitutiones, privilegia, mandata, instrumenta quae supersunt istius imperatoris et filiorum ejus. Accedunt epistolae paparum et documenta varia. Paris. 1852—1861. 6 vol. in 10 part. 4°. Das Werk ist citirt mit H.-B.

[2] Joh. Friedr. Böhmer, Acta imperii selecta. — Urkunden deutscher Könige und Kaiser. Mit einem Anhange von Reichssachen. Innsbruck 1870.

[3] Ed. Winkelmann, Acta imperii inedita saec. XIII. Urkunden und Briefe zur Geschichte des Kaiserreiches und des Königreiches Sicilien von 1198—1273. Innsbruck 1880.

[4] Epistolae saeculi XIII. e regestis pontificum Romanorum selectae per G. H. Pertz. Edidit C. Rodenberg. Tom. I. 4°. Berol. 1883.

[5] J. F. Böhmer, Regesta Imperii V. 1 und 2. Oder vollständiger: Die Regesten des Kaiserreichs unter Philipp, Otto IV., Friedrich II. etc. 1198—1272. Nach der Neubearbeitung und dem Nachlasse Joh. Friedr. Böhmer's neu herausg. und ergänzt von Julius Ficker. Innsbruck. 1. Abth. 1881. 2. Abth. 1883. Wir citiren mit Reg. Imp.

[6] Nachdem Höfler, Kaiser Friedrich II., München 1844, und Joh. Friedr. Böhmer, Einleitung in die Reg. Imp. 1198—1254, Stuttgart 1847—1849, zu einem Friedrich ungünstigen Resultate gekommen waren, hat Friedrich Schirrmacher den Kaiser in „Kaiser Friedrich II.", 4 Bde., Göttingen 1859—1865, vertheidigt. Es ist ein gegen die Päpste bitteres Buch. Vgl. Leo, Gesch. des deutschen Volkes, Halle 1861, III. 149. Hist.-pol. Blätter, Bd. 44, 404—421 und 49, 811—814. — Die „Geschichte Kaiser Friedrichs des Zweiten und seiner Reiche" von Eduard Winkelmann (I. Bd. 1212—1235, Berlin 1863, Bd. II, erste Abth., ebend. 1865) ist noch unvollendet.

von Joh. Vossius im J. 1586 zu Rom veröffentlichte Schrift[1] nur eine Sammlung von Urkunden ist, bis Balan in Italien sein in annalistischer Form auf Grund reicher Kenntniß der Quellen wie der einschlägigen Literatur gearbeitetes Werk[2] veröffentlichte, das aber unseres Erachtens durch die ausführliche Behandlung der Zeitgeschichte mehr an Werth eingebüßt als gewonnen hat.

---

[1] Gesta et Monumenta Gregorii IX. cum scholiis. Romae 1586. Vgl. Papebroch, Con. Chron. hist. in Catalogum Roman. Pontificum im Propylaeum zu den Acta Sanctorum Maji, p. II, 36. Der Verfasser (1540—1609) ist übrigens von dem Polyhistor Gerarbus Joh. Vossius (1577—1649) zu unterscheiden. Vgl. Hurter, Nomenclator litt. I, 370.

[2] Pietro Balan, Storia di Gregorio IX. e dei suoi tempi. 3 vol. Modena 1872—1873.

Erster Abschnitt.
Von der Geburt Gregors bis zu seiner Erhebung auf den päpstlichen Thron (1227).

Erstes Kapitel.
Die Jugend Gregors und sein Leben bis zu seiner Ernennung zum Cardinalbischof von Ostia und Velletri (1206).

In Anagni[1], einer jetzt wenig bekannten Stadt der Campagna, erinnern zerfallene Paläste den Besucher noch immer an die ehemalige Bedeutung eines Ortes, in dem über 20 Päpste residirt haben. Wichtige Ereignisse haben sich dort einst zugetragen. Dort hat Alexander III. Friedrich Barbarossa mit dem Banne belegt, dort trat im päpstlichen Palaste Bonifaz VIII. der rohen Gewalt seiner Gegner Nogaret und Colonna mit Muth und Würde entgegen. Die reizende Lage der alten Hernikerstadt auf einer Anhöhe, mit einem Kranze von Wein- und Oel-gärten umgeben, mußte auch die Päpste anziehen. Von hier aus bietet sich auch eine schöne Aussicht auf das Flußthal des Sacco und in die Campagna und das Volskergebirge. Auf dem nordwestlichen Abhange der Berge liegt Segni, von welcher Stadt ein berühmtes Grafengeschlecht den Namen führt. Frühe, sicher schon im 12. Jahrhundert, verwalteten die Herren von Segni das Grafen- (Conti-) Amt in der Campagna, wodurch sie auch den Namen Conti[2] erhielten. Die Familie hatte reiche Besitzungen in Segni, Ferentino[3] und Anagni. Reicher noch waren die

---

[1] Vgl. Brunner, Die Papststadt Anagni. Hist.-pol. Bl. 77, 180—190.

[2] Comites Signiae hießen sie schon in den ersten Jahren des 13. Jahrh. S. Gesta Innoc. III. cap. 1. Vita Greg. Mur. III, 575. Vgl. auch Reumont, Gesch. der Stadt Rom, Bd. II, 469. Hurter, Gesch. Papst Innocenz des Dritten u. s. Zeitgenossen, 4 Bde. (2. Aufl.) 1836—1842, meint I, 3 und ebend. Anm. 10, sie hätten vorzugsweise von der Grafenwürde die Benennung, und „hierauf von dem Orte, den sie zum Wohnsitz erwählten, oder in dessen Nähe ihre Güter lagen, den Beinamen (von Segni) erhalten". Vgl. aber dagegen Gregorovius, Gesch. der Stadt Rom im Mittelalter, 2. Aufl., 1869—1872, Bd. V, 7.

[3] Hurter I, 2 Anm. 7 erwähnt dafür Innocenz' jährlichen Aufenthalt zu Ferentino. Vgl. auch Gregorovius a. a. O.

Verdienste vieler ihrer Mitglieder, die es dem Hause ermöglichten, seinen Ruhm bis vor fast 100 Jahren ungeschwächt zu erhalten. Noch im vorigen Jahrhundert schenkte es der Kirche den würdigen Papst Innocenz XIII.[1] Im 13. Jahrhundert gab es der Kirche nicht weniger als drei ausgezeichnete Oberhirten: Innocenz III., Gregor IX. und Alexander IV.

Aus der Ehe des Grafen Trasmondo von Segni mit Claricia, einer aus der edlen Familie der Scotti stammenden Römerin, gingen neben einer Tochter mehrere Söhne hervor, von denen einer, Lothar, der nachmalige Innocenz III. war[2]. Wie es scheint, war es einer seiner älteren Brüder, der sich eine Frau aus einem vornehmen Geschlechte Anagni's[3] wählte und der Vater[4] der Grafen Hugo und Philipp von Segni war. Dieser Hugo ist der nachmalige Papst Gregor IX., sein Bruder Philipp aber der Vater jenes Raynald, den Gregor IX. zum Cardinal erhob und der selbst als Alexander IV. den päpstlichen Thron bestieg[5]. Zu Anagni, in der „treuen" Papststadt, wurde auch Hugo geboren[6].

Zwar läßt sich das Jahr seiner Geburt nicht genau bestimmen, wahrscheinlich fällt es aber um 1170. Jedenfalls ist die Behauptung des Matthäus Paris, Gregor sei bei seinem Tode „ein hundertjähriger" oder „fast hundertjähriger Greis" gewesen, „von Steinschmerzen gefoltert und durch die Last der Jahre gebrochen"[7], eine starke Hyperbel. Denn

---

[1] Er starb im J. 1725. Das Geschlecht erlosch im J. 1808. Hurter 4, A. 16.

[2] Die älteste Geschichte des Hauses wie speciell seine verwandtschaftlichen Beziehungen zu jener Zeit sind noch wenig aufgeklärt. Ueber die Brüder und Verwandten Innocenz' III. s. Hurter I, 4 ff.

[3] „Matre de potentioribus Anagninis exortus." Vita Greg. l. c.

[4] „Patre de Comitibus Signiae ... Innoc. P. III. tertio gradu consanguinitatis attingens." Vita Greg. l. c. Darnach war also Gregor der Neffe Innocenz' III. Vgl. z. B. Platina († 1481), Vitae Pontif. Romanorum, Col. 1626, p. 205: „Innocentii tertii nepos."

[5] Matthaeus Paris, Chronica majora. Ed. H. R. Luard (5 vol. London 1872—1880), Bd. V, 472. Im J. 1239 wird ein Neffe Gregors, Matthias mit Namen, erwähnt. S. Ep. Fr. vom 15. Dec. 1239 an Andreas de Cicala, H.-B. V, 558. Des Papstes Schwestersohn, Magister Abennlphus, war Canonicus zu Notre-Dame in Paris. S. Guérard, Cartul. de l'égl. Notre-Dame de Paris in Collect. des cartul. de France VII, 136, citirt in Potthast I, p. 937.

[6] „Hic natione Campanus de Anagnia." Vita Greg. l. c.

[7] „Aetate centenarius et multo vitae suae tempore calculosus et senio confractus" heißt es in der von Matth. Paris selbst geschriebenen Historia Anglorum, sive ... Historia minor, welche zuerst von Fred. Madden, London 1866—1869 (3 Bde.), herausgegeben worden ist; s. Bd. II, 456. In den Chron. maj. (ed. Luard. V, 162) sagt der Verfasser: „Fuit autem, cum a saeculo isto recessit, fere centenarius." Das „hundertjährig" ist aber durchaus nicht wörtlich zu verstehen. Denn er nennt auch Waldemar so, der am 29. Mai 1170 geboren, am 28. März 1241 im Alter von 70 Jahren starb. Vgl. l. c. ed. Madden II, 447: „Eodemque tempore rex Daniae Waldemarus, aetate centenarius, cum jam

wäre Gregor IX. zwischen 1140 und 1145 geboren, so würden sich die größten Widersprüche ergeben. Es ist unglaubwürdig, daß man gerade ihn im J. 1221 als Kreuzprediger in die Lombardei geschickt habe, wenn er damals schon 80 Jahre alt gewesen wäre, und unglaubwürdig, daß es ein hundertjähriger Greis war, der als Papst mit dem Feuer der Jugend redete und handelte. Innocenz III. ist selbst erst im J. 1160 oder 1161 geboren, wäre somit 20 Jahre jünger als sein Neffe, den er erst zu höhern kirchlichen Würden erhoben hat, gewesen. Außerdem spricht auch der Kaiser Friedrich II., der im J. 1194 das Licht der Welt erblickte, nicht zwar von der väterlichen Liebe, die ihm Gregor als Cardinal erwiesen, wohl aber von der Freundschaft, die ihn mit ihm verbunden habe.

Der eigentliche Name Gregors war Hugo, woneben er auch den Beinamen Hugolin oder Hugolino [1] führte. Seine Kindheit fiel in die Zeit harter Kämpfe, der Kämpfe zwischen Friedrich Barbarossa und Alexander III., Kämpfe die auch seine Familie in Mitleidenschaft zogen. Einer seiner Verwandten, Cardinal Johann von St. Marcus, war einer der treusten Anhänger jenes großen Papstes, von dem er zur Würde eines Cardinalpriesters erhoben wurde. Er war der Oheim Innocenz' III. von väterlicher Seite [2] und wird auch früh die Erziehung und Richtung des jungen Hugo beeinflußt haben.

Damals waren die berühmtesten Schulen der Welt Paris und Bologna. Dorthin wurde, wie früher Innocenz III., so auch nun Hugo geschickt. Erstere, von der schon Honorius III. am 11. Mai 1219 sagte [3], daß sie die Ströme ihrer Lehre überallhin verbreite und das ganze Gebiet der Kirche damit erquicke und befruchte, wo schon im 12. Jahrhundert der Sentenzenmeister Petrus Lombardus lehrte, und der fromme und tiefe Richard von St. Victor († 1173) segensreich wirkte, war besonders wegen ihrer Lehrer in Theologie und Philosophie gefeiert. Unter ihnen ragte gegen Ende des 12. Jahrhunderts der Victoriner Petrus Cantor hervor, ein Mann von erbaulichem Leben, der mit Vermeidung unfruchtbarer Schulstreitigkeiten die Aufmerksamkeit auf die wirklich nützlichen und praktischen Fragen der Theologie richtete und in

---

fere quinquaginta annos regnasset (er folgte seinem am 12. Nov. 1202 verstorbenen Bruder Canut VI. in der Regierung) . . . viam universae carnis ingressus, filio sui primogenito regnum reliquit (vgl. ed. Luard V, 92). — Vgl. auch Damberger, Synchronist. Gesch., Regensb. 1850—1863, Bd. X, Kritikheft S. 4.

[1] Die meisten Chroniken nennen ihn Hugolin (vgl. Raynald, Annales eccli. Ausgabe von Mansi. Lucae 1747—1756. t. XXI, p. 588), wie er auch im Registrum Innoc. III. de negotio imperii stets genannt wird. Der Name erscheint auch in Urkunden Friedrichs II. S. H.-B. II, 110.

[2] Hurter I, 9.   [3] Potth. n. 6061.

der Erklärung der heiligen Schrift jede willkürliche Deutung verwarf[1]. Hugolin erwarb sich zu Paris eine vorzügliche Kenntniß der heiligen Schrift und der Theologie überhaupt[2] und war zeitlebens der Universität dankbarlichst ergeben. Er saß schon auf dem päpstlichen Throne, als sie im J. 1229 durch einen Streit mit dem Könige in ihrer Existenz bedroht war, und sie hätte wahrlich keinen eifrigeren Freund und Beschützer als ihn finden können, der seine Liebe für seine Alma mater auch durch die Verleihung mancher Privilegien bethätigte[3].

Zu Bologna, wohin damals Tausende lernbegieriger Jünglinge und Männer zogen, hatte bereits der Benedictiner Gratian als Lehrer, wie vorzüglich durch seine berühmte Sammlung kirchlicher Gesetze, „Das Decret", sich hohen Ruhm erworben. Den besten Dank für den dort empfangenen Unterricht stattete Gregor der gefeierten Hochschule am 5. September 1234 ab, als er ihr sein eigenes Decretalenbuch übersandte[4].

Während er aber mit klarem Verstande und gutem Gedächtnisse[5] sich umfassendes Wissen aneignete, hatte er wenigstens zu Paris einen gleichgesinnten Genossen gefunden, mit dem er enge Freundschaft schloß[6]. Dieß war ein polnischer Grafensohn, Jvo, Sohn des Grafen Saul von Konskie, aus dem edlen Geschlechte Odrowaz, der später Kanzler von Polen und Bischof von Krakau († 1229) war und wegen seiner Bildung wie seiner Klugheit hochgerühmt wird. Es ist ein schönes Zeichen des warmen Herzens und des treuen Gemüthes Gregors, daß er seines Freundes nie vergaß. Als Jvo nach der Resignation des heiligen Bischofes Vincentius Kablubek von Krakau selbst zum Bischofe gewählt worden war und zu Rom die Bestätigung seiner Wahl nachsuchte, empfahl ihn Hugolin dem Papste Honorius III. und dem Cardinalscollegium mit hohen Lobsprüchen und erhob ihn später selbst zum Metropoliten[7].

In dem merkwürdigen Buche „Von der Verachtung der Welt, oder über das Elend des menschlichen Lebens" hat sich die tiefe, ernste, dem

---

[1] Vgl. Hergenröther, Handb. der allgem. Kirchengeschichte, 2. Aufl., 3 Bde., 1879—1880. II, 968.

[2] Vgl. das Schreiben von Honorius III. an Pisa in Rayn. 1217, 88, worin es von ihm heißt, daß die Kenntniß der heiligen Schriften in ihm so hell strahle, wie Sonne und Mond am Firmamente. Boulay, Hist. Univ. Paris. III, 680, sagt: „Summum in Theologia apicem Lutetiae est consecutus."

[3] S. unten 8. Kap.

[4] Die irrthümliche Nachricht, daß er selbst in Bologna öffentliche Rechtsvorlesungen gehalten habe, beruht auf dem jetzt allgemein als unächt angenommenen Calendarium Bononiense. Vgl. Phillips, Kirchenrecht, Bd. IV (1851), S. 255 f.

[5] „Perspicacis ingenii et fidelis memoriae praerogativa dotatus." Vita Greg. l. c.

[6] Dlugoss (ob. Longinus), Historiae Polon. ll. XII., Lipsiae 1711, erwähnt sie I, 622 und 642. [7] A. a. O.

Jenseits zugewandte Natur des großen Menschenkenners Innocenz III. offenbart. Denselben ernst-ascetischen Zug finden wir in Gregor. Der hat ihn später so zu den Bettelorden hingezogen. Schon seine Vorliebe für die letzteren zeigt aber dennoch die Unrichtigkeit der Behauptung[1], daß er dem Camaldulenserorden angehört habe. Sie ist zudem weder von den zeitgenössischen Quellen bestätigt, noch findet sich eine Spur eines Beweises dafür in den zu Gunsten des Ordens erlassenen Schreiben. Allerdings zeigte man Jahrhunderte später zu Camaldoli „die päpstliche Zelle" und berichtete, daß eines Tages, als Hugo, damals Cardinalbischof von Ostia, die heilige Messe las, während der heiligen Wandlung einer der Brüder eine Taube herabsteigen und über dessen Haupte schweben sah, worin er dessen Erhebung zur päpstlichen Würde vorbedeutet erkannte[2]. Allein gewiß konnte er sich öfters in die Einsamkeit der Apenninen zurückziehen, um dort ungestört heiliger Betrachtung und Werken der Buße obzuliegen, ohne deßhalb selbst dem Orden anzugehören.

Clemens III. (1187—1191), mit dem Innocenz III. mütterlicherseits verwandt war, hatte letzteren zum Cardinaldiakon ernannt und ihm die Kirche von St. Sergius und Bacchus übertragen. Ihm folgte aber am 27. März 1191 der Cardinal Hyacinth Bobo aus dem Hause Orsini, der den Namen Cölestin III. annahm. Ein alter Hader herrschte zwischen den Orsini und den Scotti, unter dem vielleicht auch Innocenz, dessen Mutter eine Scotti war, litt. Jedenfalls ist er unter Cölestin wenig zu den Geschäften der Kirche gebraucht worden. Als aber der Papst am 8. Januar 1198 starb, wurde noch an demselben Tage Cardinal Lothar zum Papste gewählt. Mit dieser Erhebung Innocenz' III. steigt auch der Stern Hugo's von Segni. Wie hätte auch einem Manne von dem Scharfblicke eines Innocenz die Bedeutung Hugo's entgehen können?

Nun wurde Hugo zum päpstlichen Kaplan ernannt[3], eine Stellung, wie sie nachmals Raymund von Pennaforte inne hatte. Sie ermöglichte es Hugolin, seine Rechtskenntnisse praktisch zu verwerthen, da die päpstlichen Kapläne damals, wie später die Auditoren der römischen Rota, häufig als außerordentliche Richter ihr zugewiesene kirchliche Rechtsfälle zu entscheiden hatten und den ordentlichen Gerichtshof für die civilen

---

[1] Sie findet sich bei mehreren Schriftstellern des Camaldulenserordens, z. B. Ziegelbauer, Centif. Camald., Venetiis 1750, p. 22.

[2] S. Fortunius (Augustinus Florentinus), Hist. Camald., Florentiae 1575, bei Mittarelli. Ann. Camald. IV, 263. — Auch der Camaldulensergeneral, Peter Delphinus, erwähnt in einem Briefe vom J. 1510 die Existenz einer „papae cella" und der sie mit dem Aufenthalte Gregors IX. in Verbindung bringenden Tradition, kann aber deren Berechtigung nicht nachweisen; s. Ep. Delphini 220 in Martene, Vet. script. et monum. nova coll. III, 1170 c. — An einem der ersten Tage nach seiner Erhebung, am 28. März 1227, empfahl sich Gregor in das Gebet des Ordens. Mittarelli IV, 295. [3] Vita Greg. l. c.

Rechtsfälle des Kirchenstaates bildeten[1]. Er war auch Erzpriester[2] von der St.-Peters-Kirche zu Rom, dem „Spiegel und Muster, Ruhm und Zierde aller Kirchen", wie sie der Papst in einem am 15. October 1205 ausgestellten Schutzbriefe nannte[3]. Hugo bewahrte dieser Basilika eine treue Anhänglichkeit[4] und sorgte für ihre äußere Verschönerung in späterer Zeit als Papst[5].

Die ersten Cardinäle ernannte der Papst zu Ende 1198. Darunter befand sich auch Hugolin, der zum Cardinaldiakon erhoben ward und den Titel „von der St.-Eustachius-Kirche neben dem Tempel Agrippa's" erhielt. Durch seine Tüchtigkeit und seine Tugenden erwarb er sich das Vertrauen des Papstes in hohem Maße. Das ergibt sich z. B. daraus, daß er im J. 1200 nebst dem Cardinal Gregor in der für Böhmen sehr wichtigen Sache des Bischofs Daniel von Prag, den seine Gegner als der Bischofswürde unwürdig darzustellen suchten, besonders weil er nicht die Souveränetät der Kaiser, sondern der böhmischen Könige über die Prager Kirche in weltlichen Angelegenheiten anerkannt hatte, als Richter bestellt wurde[6]. Aber bald wurde er in schwierigeren Geschäften verwandt.

Im J. 1189 war der letzte legitime männliche Sprosse der normannischen Fürstenfamilie Siciliens, Wilhelm II. der Gute, gestorben. Von der Familie war nur noch seine Tante Constantia, Tochter Rogers II. und Gemahlin Heinrichs VI., am Leben. Ein Testament hatte Wilhelm nicht hinterlassen. Sein Reich mußte nach dem Lehenrechte nun an den päpstlichen Stuhl fallen. Die Gunst des Volkes und die Stimme einiger Großen erhob aber den natürlichen Sohn Rogers, eines Onkels Wilhelms II., nämlich den Grafen Tankred von Lecce, im Januar 1190 zum Könige, den auch Clemens III. anerkannte. Seine Hauptstärke lag darin, daß das Volk ihm aus Haß gegen fremde Herrschaft anhing. Heinrich VI., der aus seiner Heirath mit Constantia Ansprüche auf Sicilien herleitete, kam im J. 1191 nach Italien und zog auch nach Apulien, ohne aber

---

[1] Phillips 262.
[2] S. päpstl. Schr. vom 18. Jan. 1200 (Potth. n. 939), woselbst dem Erzpriester Hugolin und den Stiftsherren von St. Peter das Recht, Blei-Statuetten der Apostelfürsten zu gießen, und der aus deren Verkauf erlöste Ertrag gewährt wird. Ein anderes Privileg für diese Kirche vom 13. März 1198 (s. Potth. n. 46) erneuerte Gregor IX. am 22. Juni 1228 (ebend. n. 8213).
[3] L. c. n. 2592.
[4] S. den Schutzbrief vom 22. Juni 1228 l. c. n. 8214.
[5] Vita Greg. p. 578.
[6] Daniel konnte zu dem ihm verordneten Termin, Ostern 1200, nicht persönlich erscheinen und ließ sich durch Sachwalter vertreten. Vgl. Franz Palacky, Geschichte von Böhmen, Bd. II, Abth. 1 (1839), S. 61 f. Seine Unschuld wurde später allgemein anerkannt.

viel auszurichten. Im Februar 1194 starb aber Tankred mit Hinterlassung eines unmündigen Sohnes, Wilhelms III. Nun zog Heinrich VI. wieder nach Italien, schlug mit Gewalt allen Widerstand nieder und wurde zu Palermo gekrönt. Tankreds Wittwe, Sibylla, hatte im Namen ihres Sohnes auf die Krone verzichtet, wofür diesem die Grafschaft Lecce wie das Fürstenthum Tarent zu eigen gegeben war. Kurz hernach beraubte ihn aber Heinrich wegen einer angeblichen Verschwörung wieder dieser Länder, ließ ihm die Augen ausstechen und hielt ihn gefangen, bis er nach einigen Jahren starb. Durch seine Grausamkeit machte sich Heinrich überhaupt in Sicilien sehr verhaßt. Der alte Papst Cölestin III. war ihm nicht gewachsen und mußte sehen, wie auch der Kirchenstaat von Heinrich besetzt wurde. Zur Behauptung seiner Macht und zur Belohnung verlieh der Kaiser seinen deutschen Heerführern und Helfern reiche Aemter und Besitzungen. Conrad von Urslingen ernannte er zum Herzog von Spoleto und Grafen von Assisi, den thatkräftigen Marschall Markwald von Anweiler zum Markgrafen von Ancona und Herzog von Ravenna und der Romagna [1]. Heinrich wollte Deutschland zum Erbreiche machen und Italien wie das griechische Reich seiner Herrschaft unterwerfen. Es gelang ihm, im J. 1196 auf dem Reichstage zu Frankfurt die Erwählung seines Sohnes, der am 26. December 1194 zu Jesi in der Mark Ancona geboren war, zum deutschen Könige durchzusetzen. Dann kehrte er nach Italien zurück. Im J. 1197 brach dort eine Empörung gegen ihn aus. Er selbst starb aber am 28. September 1197 eines frühen Todes. Mit ihm sanken weltumspannende Pläne in's Grab. Hochbegabt und mächtig, grausam und treulos, hatte er den Haß der Sicilianer gegen die Herrschaft der Deutschen niedergehalten.

Sobald aber die Nachricht von seinem Tode bekannt ward, wurde die Bewegung so stark, daß seine Gemahlin Constantia selbst die Deutschen aus dem Lande verwies [2]. Sie ließ auch ihren Sohn von Foligno, wo er unter der Pflege der Herzogin von Spoleto war, nach Palermo bringen und am 17. Mai 1198 zum Könige von Sicilien krönen. Innocenz III. belehnte am 19. November 1198 [3] die Kaiserin und ihre Nachfolger mit dem Königreich Sicilien, dem Herzogthum Apulien und

---

[1] Vgl. Prinz, Markwald von Anweiler. Göttingen 1876. S. 33 ff. 39 f. 44 f. Mayr, Markwald von Anweiler. Innsbruck 1876. S. 9 ff.

[2] Rich. Sang. (Ricc. de Sancto Germano, Chronica 1189—1243 in Mur. SS. Rer. Ital. VII, 963—1055; Mon. Germ. hist. SS. XIX, 321—386), und Gesta Innoc. III. cap. 21. Nach letzterer Quelle ging darauf Markwald nach der Mark, Conrad nach Spoleto. Allein Wilhelm Capparone blieb in Sicilien, Friedrich Maluto in Calabrien und der Graf von Acerra, Diepold von Vohburg (vgl. über ihn „Forsch. zur deutschen Gesch.", Bd. XVI, 159), in Apulien.

[3] S. Innoc. Epp. ed. Baluze (1682) I, 241, n. 410. Ueber das Datum vgl. Reg. Imp. n. 531 a.

dem Fürstenthum Capua sammt allen Zubehörden, Neapel, Salerno, Amalfi, Marsien und was sie über Marsien hinaus zu besitzen berechtigt sei, und mit allen sonstigen Besitzungen, welche ihre Vorfahren rechtlich von der römischen Kirche besessen hätten. Allein noch ehe der Lehenbrief in ihre Hände kam, war sie eine Leiche. Sie starb am 28.[1] November 1198. Den Papst hatte sie durch Verzichtleistung auf die durch König Wilhelm I. von Hadrian IV. erzwungenen kirchenhoheitlichen Privilegien, welche sich als sehr nachtheilig für die Kirche erwiesen hatten, gewonnen und nur bezüglich der Wahlen einige Rechte behalten[2]. In ihrem Testamente hatte sie den Papst, als ihren Oberlehensherrn, zum Reichsverweser und zum Vormund des jungen Königs ernannt, während die Pflege Friedrichs und die Verwaltung einigen sicilischen Großen obliegen sollte[3].

Seitdem Innocenz III. den Hirtenstab des hl. Petrus führte, wehte ein gar frischer, kräftiger Lebenswind durch den Kirchenstaat, der sich zunächst in Rom selbst fühlbar machte. Dort hatten die besonders durch Arnold von Brescia genährten Träume von einer Wiederherstellung der republikanischen Größe Roms, begünstigt durch die Zeitumstände, zu einer Beschränkung der päpstlichen Oberrechte geführt, der Innocenz alsbald ein Ende machte. Schon unter Cölestin III. war statt des früheren Senates von 56 Mitgliedern, der die gewöhnlichen städtischen Geschäfte zu besorgen hatte und an dessen Spitze ein aus elf Mitgliedern bestehender Ausschuß stand, ein einziger Senator ernannt worden. Innocenz setzte nun einen neuen ein und bewirkte, daß in Zukunft der Senator das Amt, welches jährlich wechselte, im Namen des Papstes, nicht des Volkes, verwaltete. Er bestellte auch den früher vom Kaiser eingesetzten Präfecten der Stadt, der sich eidlich verpflichtete, dem Papste für seine Amtsführung verantwortlich zu sein und sie nach seinem Befehl niederzulegen. Dadurch trat er den vornehmen Geschlechtern Roms entgegen, die öfters der größeren Unabhängigkeit wegen den entfernten Kaiser

---

[1] Vgl. Reg. Imp. p. 157.
[2] S. das päpstl. Schreiben vom 19. Nov. 1198. Baluze I, 242, n. 411. Darnach sollte das Capitel frei wählen. Der Gewählte bedurfte aber zu seiner Einsetzung der königlichen Genehmigung und zum Antritte seines Amtes der Bestätigung des apostolischen Stuhles. — Wilhelm I. hatte Hadrian IV. im J. 1156 zu Benevent belagert und in dem dadurch erlangten Frieden die Anerkennung der einst von Urban II. dem Grafen Roger von Sicilien verliehenen Rechte erlangt. Darnach war die Appellation an den Papst und die Sendung von Legaten nach Sicilien, wie die Bestätigung der Erwählten, von der Zustimmung des Königs abhängig. Vgl. Baronius, 1156, 3—10. Hefele, Conciliengeschichte, Bd. V, 480.
[3] Rich. Sang.; Innoc. Epp. l. I, 557. 563. — Der Kanzler des Reiches, Walter von Palearia, Bischof von Troja, sowie die Erzbischöfe von Palermo, Monreale und Capua sollten die Regierung und Pflege des Königs haben; s. Gesta cap. 24.

lieber als Oberherrn eidlich anerkennen, als sich der Macht des unter ihnen lebenden Papstes beugen wollten [1].

In kurzer Zeit hatte der Papst den Kirchenstaat sich unterworfen und eigentlichen Widerstand nur an dem mächtigsten und verschlagensten Eindringlinge, Markwald von Anweiler, gefunden, der, dem im März 1198 über ihn verhängten Banne trotzend, mit Waffengewalt sich zu behaupten suchte. Als ihm das nicht gelang, ging er nach Unteritalien und machte, da die Kaiserin gestorben war, selbst Ansprüche auf die Verwaltung des sicilischen Reiches. Diese stehe ihm, so behauptete er fälschlich [2], bis zur Großjährigkeit Friedrichs gemäß eines Testamentes Heinrichs VI. zu. Das Waffenglück war ihm Anfangs nicht ungünstig. Allein vor Monte Casino wurde er aufgehalten, sehr zu seinem Schaden.

Der Papst hatte schon im Januar 1199 den Cardinaldiakon Gregor von S. Maria in Porticu als Legaten zur Uebernahme des Schutzes des Königs und der Verwaltung des Reiches nach Sicilien gesandt [3] und

---

[1] Vgl. Hurter I, 120 ff.

[2] Das nach der Schlacht von Palermo unter dem Gepäcke Markwalds gefundene angebliche Testament (s. Gesta Innoc. III. cap. 28) enthielt Bestimmungen, die der Kirche sehr günstig waren, so über die Herausgabe der Mathilde'schen Güter, die Einsetzung des apostolischen Stuhles in seine oberlehensherrlichen Rechte u. s. w. Seine Aechtheit wird vertheidigt von Eb. Winkelmann in „Philipp von Schwaben und Otto IV. von Braunschweig", Leipzig 1873, I, 481 ff. und in „Forschungen zur deutschen Gesch.", Bd. X, 467—489; sodann von Prinz a. a. O. 61 ff. Sie haben dieselbe aber nicht bewiesen. Was Markwald selbst angeht, so ist der Standpunkt der Quellen dieser: Rich. Sang. erwähnt zum J. 1198 seine Beziehung auf den Willen Heinrichs VI. mit den Worten: „balium, quod sibi Imperator reliquerat, ut dicebat, requisivit"; die Gesta, cap. 24, mit einem „praetendens". Die Annal. Col. Max. in SS. XVII, 800 betrachten ihn als einen von Philipp von Schwaben Beauftragten („Mar. . . . ex consensu et jussione Phylippi regis . . . regnum Apuliae obtinet, ut fertur servandum puero"). Das Schreiben der staufischen Fürsten an den Papst vom 28. Mai 1199 erwähnt kein Testament Heinrichs VI., nennt Philipp Vormund Friedrichs für Sicilien, Markwald seinen Stellvertreter und „procurator regni Siciliae" (d. h. kraft der Ernennung Philipps). S. dass. in Innoc. Epp. ed. Baluze I, 690. Franc. Pippinus. Chron. in Mur. IX, 630 sagt: „Cuidam alio Insulam Siciliae commendavit cum filio pariter et conjuge", ein Satz, woraus sich, besonders wegen der Zweideutigkeit des Ausdruckes „commendavit", nichts Bestimmtes erweisen läßt. Aehnliches gilt von den Ann. Ceccan. SS. XIX, 29, v. 104 sqq.: (Marcualdum) „pater ad curam pueri regni dare curat — Cui parum durat regni parvissima cura" — Allerdings erwähnt Innocenz III. am 10. März 1209 in einem Schreiben an Otto IV., daß Friedrich sowohl durch die letztwillige Verfügung seines Vaters wie seiner Mutter der Sorge und Vormundschaft des Papstes anvertraut sei; s. Innoc. Epp. Registr. n. 188 (Baluze I, 762). Da er sich aber sonst nie auf eine testamentarische Verfügung Heinrichs bezieht, so könnte er einen mündlichen Wunsch des Kaisers im Sinne gehabt haben.

[3] Schr. v. 25. Jan. 1199 (Baluze I, 317, n. 577).

bot nun alle Mittel gegen Markwald auf [1]. Vergebens suchte der ihn durch Versprechungen für sich zu gewinnen und wollte sogar durch Zeugen beweisen, daß Friedrich nur ein unterschobenes Kind sei [2]. Um ihn hinzuhalten, versprach er sogar um die Mitte des Jahres 1199, sich in allen Punkten dem Papste gegen Lossprechung vom Banne unterwerfen zu wollen. Falls er das öffentlich und ohne Rückhalt auf das Evangelienbuch und das Kreuz schwören würde, war Innocenz III., der nicht unversöhnlich scheinen wollte, auch dazu willig. Nach geleistetem Eide wollte er ihn zum Verzicht auf die Verwaltung Siciliens und zu dem Versprechen, weder selbst noch durch Andere Sicilien und den Kirchenstaat angreifen oder belästigen zu wollen, verpflichten und darauf lossprechen [3]. Zur Bewerkstelligung der Versöhnung schickte der Papst nun gegen Ende Juli 1199 drei Cardinäle, den Cardinalbischof Octavian von Ostia, den Cardinalpriester Guido von S. Maria in Trastevere und den Cardinaldiakon Hugolin von S. Eustachius nach Veroli in Campanien zu Markwald. Letzterer leistete den Eid und lud die Gesandten ein, ihn in das benachbarte Kloster Casamari zu begleiten, um seinen Soldaten seine Wiederaufnahme in die Kirche zu verkünden. Er hoffte nämlich, sie würden in der Mitte seiner Krieger ihre sonstigen Befehle nicht auszuführen wagen. Er selbst bediente die Legaten dort bei einem Gastmahle; gegen Ende desselben stießen die Anwesenden nach vorheriger Uebereinkunft mit ihm allerlei Drohungen gegen die Cardinäle aus, die man gefangennehmen müsse. Hugolins Begleiter wurden wirklich in Schrecken gesetzt, er selbst aber verkündete furchtlos den päpstlichen Auftrag mit den Worten: „Dieß ist des Papstes Befehl; wir können ihn nicht ändern." Markwald gab den Legaten nun sicheres Geleite nach Veroli [4]. Das Ereigniß selbst ist indeß bezeichnend für den muthigen Charakter des Cardinals.

Schon im September 1199 wurde Markwald abermals mit dem Banne belegt [5], da er die Lüge verbreitete, der Papst habe ihm die Verwaltung Siciliens übertragen. Noch in demselben Jahre setzte er nach Sicilien über, woselbst er schon vorher Verbindungen angeknüpft und Bundesgenossen erworben hatte [6], so besonders unter den Großen des Reiches

---

[1] Potth. n. 601. 615. 616.
[2] Gesta cap. 24. Auch Salimbene, Chron. Parm., Parma 1856, p. 15 sq. erwähnt ein ähnliches, ihm nicht unglaublich scheinendes Gerede.
[3] Innoc. Epp. l. II, n. 172 (Baluze I, 448).
[4] Gesta cap. 25. [5] Innoc. Epp. l. II, n. 179 (Baluze I, 454).
[6] Schon Ende 1198 hatte er sich an Philipp von Schwaben und die Fürsten mit der Bitte gewandt, ihn als Reichsverweser Siciliens anzuerkennen; das thaten sie auch. S. ihr S. 13, Anm. 2 erwähntes Schreiben. Der Papst hielt Philipp für den „auctor iniquitatis Marcualdi" und fürchtete Unterstützung desselben von Deutschland. S. Rayn. 1200, 30 u. 34, wie das päpstl. Schreiben an oberital. Städte vom December 1198 in Boehmer, Acta n. 906.

die Grafen von Paleariis, Brüder des Kanzlers, der sogar selbst ihn im Geheimen begünstigte. In der That fand er keinen Widerstand. Sein Verfahren hatte es aber immer mehr offenbar gemacht, daß er selbst nach der Krone strebte, ja daß sogar das Leben des Königs nicht sicher war[1]. Dem Papste war es zu verdanken, daß seine Anschläge nicht gelangen. Denn dieser begnügte sich nicht damit, die Sicilianer zum Schutze des Königs gegen Markwald aufzufordern, sondern sandte auch ein Heer nach Sicilien und rüstete ein zweites in Unteritalien aus. Letzteres stellte er unter den Befehl des Grafen Walter von Brienne, Schwiegersohnes und damals nächsten Erben Tankreds. Er wäre ein gefährlicher Gegner Friedrichs gewesen, hätte ihn nicht der Papst durch Anerkennung seiner Ansprüche auf Tarent und Lecce für die Sache des Königs gewonnen[2]. Walter von Troja, der ein Hauptfeind Tankreds gewesen, wurde hierdurch zum offenen Bündniß mit Markwald getrieben[3]. Allein Markwald

---

[1] Innocenz III. beschuldigte ihn ganz offen dieser Absichten. Er sagt: „Non regni, sed regis etiam ... excidium meditatur" (am 24. Nov. 1199 in Epp. l. II, n. 221, ed. Baluze I, 485), und: „volens (Marc.) seipsum, sicut pro certo cognovimus, facere regem" (Schr. an die deutschen Fürsten, Registr. n. 15, l. c. I, 691). Gleiches ergibt sich aus Markwalds Anerbietungen, s. Gesta cap. 24; vgl. oben S. 14. Prinz a. a. O. 155—159 erhebt Einwendungen hiergegen ohne Grund. Die Gesta, cap. 24, sagen nicht, daß Markwald alle hierauf bezüglichen Anträge durch den Erzbischof von Mainz gemacht habe, sondern „et saepe per alios". Wenn es Gesta, cap. 36, heißt, daß nur die Furcht vor dem Erben Tankreds, Walter von Brienne, den Marschall von der Ausführung seiner Pläne abgehalten habe, so war die Furcht in den thatsächlichen Verhältnissen begründet. S. f. Anm.

[2] Walter war mit der ältesten Tochter Tankreds verheirathet und nach dem Tode Wilhelms III. nächster Erbe. Er konnte nicht ohne Aussicht auf Erfolg einen Kampf um die Krone wagen, da Philipp in Deutschland beschäftigt war und die nationalen Sympathieen sich ihm leicht zuwenden konnten. Heinrich VI. hatte Wilhelm III. mit Tarent und Lecce belehnt; s. o. S. 11. Der Papst glaubte den Zweifel, ob jenes Lehen auch in weiblicher Linie erblich sei, im Interesse Friedrichs nicht beachten zu sollen. Denn für die Belehnung schwur der Graf, daß er dem Könige Treue leisten und sein Reich nach Kräften, besonders auch gegen Markwald, vertheidigen werde. Vgl. auch Prinz 123. Hiernach bemißt sich der Werth der im J. 1246 (s. H.-B. VI, 389) von Friedrich erhobenen Beschuldigung, der Papst habe den Grafen von Brienne, der ihm nach dem Leben gestrebt, „sub specie defensionis nostrae" nach Sicilien geschickt.

[3] Bischof Walter von Troja in Apulien hatte Heinrich VI. gegen Tankred unterstützt und fürchtete nun des Grafen Rache; s. Gesta Innoc. III. cap. 26. 33. 34. 35. Im J. 1200 hatte er sich die Würde eines Erzbischofs von Palermo angemaßt und war gegen den Papst noch besonders aufgebracht wegen dessen Weigerung (vgl. Gesta cap. 30 und Potth. nn. 1056. 1057. 1112), ihn in jener Würde zu bestätigen. — Sein Abfall rief in dem Papste die schlimmsten Befürchtungen hervor. So mahnte er besonders Stadt und Clerus von Palermo, Friedrich sorgsam zu bewachen, damit nicht Walter von Troja ihn stehle oder etwas Schlimmes

wurde am 21. Juli 1200 bei Palermo von dem Führer des päpstlichen Heeres, Marschall Jakob, und Walter mit dem ihm verbündeten Grafen Diepold am 26. October 1201 von dem andern päpstlichen Heere unter dem Grafen von Brienne bei Cannä besiegt.

Die schlimmsten Feinde Friedrichs fanden sich aber in seiner eigenen Umgebung. Diese entließen den Marschall Jakob ohne jede Belohnung und machten den Grafen von Brienne, der übrigens auch schon am 10. Juni 1201 Diepold bei Capua geschlagen hatte, dem jungen Könige verdächtig[1]. Durch den Verrath des Grafen Gentilis von Paleariis gelangte Markwald auch im J. 1202 in den Besitz von Palermo und der Person des Königs, starb aber schon Ende 1202, als der Papst noch mit der Ausrüstung eines neuen Heeres[2] beschäftigt war. Immerhin war der neue Erzbischof von Palermo dem Könige treu ergeben, und gewann Manche für ihn[3].

Nachdem Markwald in Folge einer Steinoperation gestorben war, bemächtigte sich Wilhelm Capparone der Stadt und verwaltete das Land mit Gutheißung Philipps von Schwaben[4]. Walter von Troja, der seit Mai 1203 wieder vom Papste zu Gnaden aufgenommen war, konnte nichts gegen ihn ausrichten. Am 1. April 1204 wurde Gerard, Cardinaldiakon von St. Adrian, als Legat nach Sicilien gesandt, der nach Palermo kam, beim Könige verweilte und seine Erziehung leitete[5]. Walter von Brienne wurde am 11. Juni 1205 von Diepold besiegt und starb an seinen in der Schlacht erhaltenen Wunden. Diepold unterwarf sich nun dem Papste, erkannte ihn als Vormund Friedrichs an, ging nach Sicilien und brachte im J. 1206 die Burg Palermo und die Person des Königs in seine Hände, aus denen sie aber bald in die des Kanzlers Walter von Troja, der seit Ende 1206 auch wieder die Geschäfte des Königs führte, übergingen[6]. Der Papst sorgte auch dafür, daß nach dem

---

gegen ihn ausführe. Potth. n. 1462. Vgl. auch ebend. nn. 1461. 1463. 1490. Der Bischof von Cefalu schloß sich Walter an; ebend. n. 1481.

[1] S. päpstl. Schreiben vom 3. Juli 1201 an Friedrich. Potth. n. 1421. Gesta cap. 32.

[2] Schon im Mai 1202 zeigte der Papst die baldige Ankunft Walters von Brienne an, mit dem er zur Verhütung jeden Verdachtes seinen Vetter, den Marschall Jakob, sowie einen Cardinal senden werde. Innoc. Epp. V, 37 (Baluze I, 630). Aber am 14. Sept. 1202 mußte er Ersterem eine neue Aufforderung zur Abreise schicken. Epp. l. V, 84 (Potth. 1687 sq. 1723—1725).

[3] Epp. l. V, 38 (Baluze I, 631). Vgl. Hurter I, 461.

[4] Das macht ihm der Papst am 11. Dec. 1203 zum Vorwurf. Registr. n. 92, ed. Baluze I, 730.

[5] Gesta cap. 37. Vgl. Reg. Imp. p. 161.

[6] L. c. p. 163. Er war seit 1208 auch Bischof von Catania. Zu Anfang des J. 1210 wurde er vom Hofe verwiesen; s. Chron. de reb. Sic. in H.-B. I, 893. Vgl. Reg. Imp. p. 168. Der Papst verwandte sich für ihn am 25. Juni 1210. Epp.

Ende seiner Vormundschaft die Verhältnisse des Landes geordnet seien. Das that er vorzüglich auf dem Reichstage von San Germano[1] im Juni 1208. Dort traf er auch Fürsorge für die dauernde Sicherung des Friedens, auch gegen Capparone, der sich noch in Sicilien behauptete.

Der König vermählte sich im August 1209 gemäß dem Wunsche[2] seiner verstorbenen Mutter, wie dem Rathe des Papstes, der ihm die Hülfe Spaniens sichern wollte, mit einer Tochter des Königs Alfons von Aragonien[3], Constanze, kinderloser Wittwe des Königs Emmerich von Ungarn, deren Schönheit[4] vergessen machte, daß sie zehn Jahre älter als Friedrich war.

Der Papst hatte ihn gegen seine eigene Umgebung schützen[5] und mit Armeen und Legaten sein Amt als Vormund ausüben müssen, hatte ihm nicht bloß unter allen Wirren eine von Cardinälen geleitete, vorzügliche Erziehung[6] verschafft, sondern sein Reich gerettet und sich in Wort und That des Vertrauens der sterbenden Kaiserin Constantia würdig erwiesen.

Nur einmal hat Cardinal Hugolin, soviel bekannt ist, in diese Händel, und zwar auf einer schwierigen Mission an Markwald, persönlich eingegriffen; daß er aber den behandelten Fragen nicht fremd war, ergibt sich aus seiner Stellung überhaupt. Vielfach muß sich Innocenz seines Rathes bedient und seine Tüchtigkeit erprobt haben. Denn als Octavian, Cardinalbischof von Ostia und Velletri[7], am 5. April 1206 gestorben war, wurde Hugolin im Mai 1206 zu seinem Nachfolger und somit zur höchsten kirchlichen Würde nach der päpstlichen erhoben[8].

---

l. XIII, n. 83 ed. Baluze II, 453. — Am 29. Jan. 1207 beglückwünschte ihn der Papst zur Befreiung aus der Hut derer, die nicht von seiner Mutter zur Hut bestellt gewesen. S. Rayn. 1207, 5.

[1] Rich. Sang.; Gesta Innoc. cap. 41. Ann. Ceccan., SS. XIX, 296. 297. Ann. Casin. ebend. 319. Er kam nach San Germano am 23. Juni und weilte dort bis zum 25. Juli. S. Potth. I, p. 296—299. Vgl. die bezüglichen päpstl. Befehle Ep. l. XI, n. 130—133 in Baluze II, 201.

[2] Innoc. Ep. l. XI, n. 4. Baluze II, 140.

[3] S. ebend. n. 5 (p. 141) und 134 (p. 203) von Ende Februar resp. 8. Aug. 1208. Vgl. auch Reg. Imp. p. 166 und p. 1042.

[4] Stälin, Wirtemberg. Geschichte. 4 Bde. 1841—1873. II, 159.

[5] Er mußte den königlichen Räthen im J. 1200 die Belastung und Zerstückelung der königlichen Güter untersagen. S. Gesta Innoc. cap. 32.

[6] Vgl. darüber Winkelmann in „Forschungen zur deutschen Geschichte" VI (1866), 402 ff.

[7] Vgl. Gams, Series Episcoporum Eccl. cath., Ratisb., p. V.

[8] Nach Potth. I, 465 erscheint Hugolin bis zum 30. April 1206 achtundzwanzigmal als Zeuge in päpstlichen Urkunden. Es sind meistens Schutzbriefe für Kirchen und Klöster. Nur eine (Potth. n. 1925) ist nicht zu Rom, sondern am 27. Mai 1203 zu Ferentino ausgestellt.

Zweites Kapitel.

Hugolin Cardinalbischof von Ostia und Velletri bis zum Tode Innocenz' III. (1216). — Er geht zweimal als päpstlicher Gesandter nach Deutschland.

Der neue Cardinalbischof mußte sich zuerst mit großen Mühen in Ostia selbst Anerkennung verschaffen, worauf er die Stadt mit Mauern und Thürmen befestigte[1]. Die Diöcese Velletri war mit der von Ostia seit 1150 verbunden. In ihr gründete Hugolin aus eigenen Mitteln[2] das oberhalb Ninfa gelegene Mönchskloster zur heiligen Maria de Monte Mirteto, das er auch sonst dotirte und mit einer ebenfalls der Gottesmutter geweihten Kirche beschenkte[3]. Er übergab es dem Orden von Floris, einer von dem im J. 1202 verstorbenen Abte Joachim zu Fiore in Calabrien gestifteten Mönchscongregation. Die Verehrung für den von manchen Zeitgenossen als Propheten betrachteten und selbst von den Päpsten geschätzten Mann, von dem auch Honorius III. erklärte[4], daß er ihn für einen wahren Katholiken und die von ihm gegründete Congregation für nützlich halte, mag ihn gerade zur Wahl dieses Ordens bestimmt haben. Allein der Abt war auch ein für die Reform der Kirche begeisterter Mann gewesen, dessen Congregation von seinem Ernste und der Sehnsucht nach einem so recht evangelischen Leben durchdrungen sein mußte[5]. Etwas von dem Geiste des Franciscanerordens, nur nicht

---

[1] Vita Greg. l. c.: „Civitatem Ostiam turribus munivit et muris, sumptibus et laboribus magnis de manibus occupantium potenter ereptam." Ueber eine der Stadt auf Bitten Hugolins von Honorius III. erwiesene Gunst vom 5. April 1226 s. Potth. n. 7557.

[2] Vita Greg. l. c. So sagt auch Gregor selbst am 2. Juni 1237. S. Potth. n. 10393.

[3] Im J. 1216 schenkte er ihm eine Mühle (s. die päpstl. Bestätigung vom 21. Oct. 1216 l. c. n. 5345) und überwies ihm eine aus eigenen Mitteln neu erbaute und dotirte Kirche sowie eine Kapelle. S. päpstl. Bestätigung vom 24. Oct. 1216 l. c. n. 5347. — Vgl. ebend. n. 7642 über einen Vertrag des Klosters mit dem Bischofe und dem Clerus von Ninfa über die Zehnten. — Auch als Papst erwies Hugolin dem Kloster seine Gunst (vgl. Potth. nn. 9833. 9925. 10373) und nahm es am 2. Juni 1237 (s. ebend. n. 10393) in seinen besondern Schutz.

[4] Am 20. Dec. 1220 im Schreiben an den Erzb. von Cosenza und den Bischof von Bissignano bei Duplessis d'Argentrée, Collectio judiciorum de novis erroribus. 1728. 3 vol. 1. I. p. 121. 122. Schon am 2. Dec. 1216 hatte er die Mönche gegen den Verdacht der Häresie vertheidigt; s. Pressutti, I regesti del Pont. Onorio III. Romae 1884. vol. I, p. 37. Ueber seinen Gehorsam gegen Kirche und Päpste s. H. Reuter, Gesch. der religiösen Aufklärung im Mittelalter, Bd. II (1877), 191 ff.

[5] Die Regel des Ordens entsprach im Allgemeinen der von Citeaux, scheint aber noch etwas strenger gewesen zu sein.

so rein und groß und wahrhaft, war auch in ihr. Auch der Kaiser Friedrich II. lobte[1] im J. 1221 den ehrbaren Wandel und das nachahmungswerthe Leben des Abtes wie des Klosters von St. Maria de Monte Mirteto.

Dieses war aber nicht das einzige Denkmal der großen Freigebigkeit des frommen Cardinals. Auch bei Anagni errichtete er auf väterlichem Boden ein der glorwürdigen Gottesmutter gewidmetes Kloster, genannt das Kloster vom Ruhme (De Gloria), sowie außerdem ein anderes, welches er dem hl. Martinus weihte. Vorzüglich ersteres, welches er ebenfalls dem Orden von Fiore übergab, war sehr reich von ihm ausgestattet worden[2]. Urban IV. erwähnt es[3] mit den Worten: „Auch Unser Vorgänger glücklichen Andenkens hat auf väterlichem Boden ein Kloster von dem Orden von Fiore mit einer der heiligen Jungfrau geweihten Kirche gegründet und reichlich ausgestattet, dessen Mönche für das Heil der Gläubigen und die Seelenruhe Unseres Vorgängers, Gregors IX., täglich beten."

Zu Anagni zeugte auch ein ebenfalls gut dotirtes Armenhospital[4] von Hugolins Mildthätigkeit und Bürgersinn.

Diese Stiftungen gewähren einen Einblick in den Charakter des Cardinals, der darin frommen Sinn, Liebe zu den Armen, Ehrfurcht für die Orden und Anerkennung ihres Nutzens, eine kindliche Liebe zur Gottesmutter, zu deren Ehren er zwei Klöster erbaute, und eine ganz fürstliche Freigebigkeit bekundet.

Bald erstreckte sich die Wirksamkeit des neuen Cardinalbischofes weit über die Grenzen seiner Diöcese. Im J. 1207 wurde er vom Papste in einer Sache von der äußersten Wichtigkeit nach Deutschland gesandt.

Dort hatten sich die Fürsten nach dem Tode Heinrichs VI. durch den Eid, worin sie dem jungen Friedrich die Thronfolge zugeschworen, nicht gebunden erachtet, weil er damals ungetauft gewesen. Von den einen wurde am 8. März 1198 Friedrichs Onkel und Vormund — denn Philipp und nicht der Papst war Friedrichs Vormund für Deutsch-

---

[1] In seiner Verleihung vom Jan. 1221 (s. Winkelmann, Acta n. 210), worin er dem Kloster „intuitu quoque carissimi in Christo patris et amici nostri Ugonis Ostiensis et Velletrensis episcopi" ein Landgut in Calabrien und viele wichtige Freiheiten gewährt. Bestätigt von Gregor IX. am 8. Oct. 1233, s. Potth. n. 9302.

[2] Vita Greg. Mur. III, 575.

[3] Am 20. Mai 1262; s. Ep. in Martene, Thesaur. anecd. II, 5 b.

[4] Vita Greg. l. c. Dem Hospital überwies er auch eine dem hl. Aurentius gewidmete Kirche und übergab Alles im Oct. 1216 den Spitalbrüdern von Altopascio (in Tuscien). S. die päpstl. Bestätigungsurkunde Honorius' III. vom 25. Oct. 1216 in Pressutti l. c. vol. I, p. 18. Wegen der Kirche vgl. ebend. zum 22. Nov. 1216 p. 31.

land¹ —, von den anderen am 9. Juni 1198 Herzog Otto von Braunschweig, Sohn Heinrichs des Löwen und mütterlicherseits Enkel Heinrichs II. von England, zum Könige gewählt. Keiner brachte es in Deutschland zur allgemeinen Anerkennung, aber Otto wurde nach längerem Zögern am 1. März 1201 vom Papste anerkannt. Ehe Innocenz III. das that, hatte er auch die Ansprüche Friedrichs gründlich erwogen, ihn aber wegen seiner Jugend zur Regierung unfähig erachtet. Denn Deutschland, die Christenheit und die Kirche brauchten einen wirklichen Kaiser, dessen Stelle der ganzen Idee des Kaiserthums wie der Lage Deutschlands als eines Wahlreiches nach, in dem doch der Tüchtigste herrschen soll, weder durch ein Kind, noch durch einen Reichsverweser, noch durch einen bloß interimistischen Kaiser besetzt werden konnte. Aus diesen Gründen entschied sich wenigstens Innocenz III. gegen Friedrich².

Die päpstliche Entscheidung schlichtete übrigens den Kampf in Deutschland keineswegs. Als der Erzbischof Conrad von Wittelsbach im October 1200 starb, fand zu Mainz eine Doppelwahl statt, und so wurde der Streit auch schon in die kirchlichen Verhältnisse hineingetragen. Allein Philipp gewann seit dem J. 1204 immer mehr Anhang. Sogar der mächtigste Förderer Otto's, der Erzbischof Adolf von Köln, huldigte am 13. November 1204 zu Koblenz Philipp und krönte ihn am 6. Januar 1205 zu Aachen. Zwar wurde er dafür vom Papste mit dem Banne belegt und abgesetzt und an seiner Stelle Bruno, früher Propst von Bonn, gewählt. Allein letzterer, der eben erst von Sigfried von Mainz, dem Gegner des ebenfalls zum Erzbischofe gewählten Bischofes von Worms, geweiht worden war, fiel nach der Schlacht bei Wassenberg am 27. Juli 1206 in Philipps Hände. Kurz darnach trat die Stadt Köln selbst zu Philipp über, wodurch Otto seinen Hauptstützpunkt verlor.

Philipp bemühte sich, auch den Papst für sich zu gewinnen. Seit dem J. 1206 nahmen die Verhandlungen einen versöhnlicheren Charakter an. Der Papst sandte den Patriarchen von Aglei als Gesandten an Philipp wegen der Angelegenheiten der Mainzer Kirche und jedenfalls auch in Sachen der Versöhnung überhaupt, und dieser betheuerte seine friedliche und nachgiebige Gesinnung nicht nur in einem ehrfurchtsvollen Schreiben, sondern auch durch eine aus dem Patriarchen von Aglei, dem Burggrafen von Magdeburg u. A. bestehende Gesandtschaft³. Der Papst

---

[1] U. v. A. hat auch Gregorovius a. a. O. 64 auf diese Thatsache aufmerksam gemacht. Innocenz III. hebt sie auch hervor, s. H.-B. I, 72.

[2] Registr. Innoc. de neg. imp. n. 29 (Baluze I, 697). — Auch Friedrich selbst hat nur seine am 5. Dec. 1212 stattgehabte Wahl als gültig betrachtet. Vgl. H.-B., Introd. p. L; Winkelmann, Gesch. Kaiser Friedrichs II., Bd. I, 37, Anm. 5.

[3] Chron. Ursperg.; Geleitschreiben Philipps im Registr. Innoc. Ep. 140 (Baluze I, 749). Die Bedenken gegen die Einreihung desselben zum J. 1206 sind von

beabsichtigte, Frieden zwischen Philipp und Otto und Ordnung im Reiche herzustellen und den von Philipp gefangen gehaltenen Erzbischof Bruno von Köln zu befreien. Zu diesem Zwecke sandte er den Cardinal Hugolin von Ostia und den Cardinalpriester Leo Brancaleone nach Deutschland[1].

Kurz nach dem 27. März 1207, an welchem Tage er noch in Rom weilte[2], muß sich Hugolin auf die Reise begeben haben. In Speier trafen die Legaten im Monat Juli mit Philipp von Schwaben zusammen. Ihrem Rathe gemäß sagte er nun einen Hoftag nach Nordhausen an. Von Speier gingen sie nach Worms. Philipp war als Herzog von Tuscien wegen eines Einfalles in den Kirchenstaat vom Papste Cölestin III. mit dem Banne belegt worden[3]. Da er nun versprach, sich in allen Punkten, derentwegen er gebannt sei, dem Papste unterwerfen zu wollen, wurde er auf dem Hoftage zu Worms, an dem viele geistliche und weltliche Herren theilnahmen, von den Legaten vom Banne losgesprochen[4]. Wahrscheinlich waren sie schon vorher mit ihm über die Lösung der schwierigen Kölner und Mainzer Bischofsfrage zu einem befriedigenden Resultate gekommen. Der Erzbischof Bruno wurde sofort aus der strengen Haft, worin er zu Würzburg gehalten wurde, entlassen und einstweilen nach Rothenburg an der Tauber gebracht. Am 1. November 1207 erhielten die Legaten ihrer Bitte gemäß Erlaubniß[5], den Erzbischof Adolf von Köln gegen die eidliche Verpflichtung, sich in allen Punkten des Bannes dem Papste unterwerfen und innerhalb eines Monates nach Rom gehen zu wollen, vom Banne loszusprechen. Das thaten sie auf seine Unterwerfung hin am 30. November 1207 auf dem Reichstage zu Augsburg. Dort wurde auf ihr Ersuchen auch Bruno von Philipp völlig befreit[6] und ging nun ebenfalls nach Rom. Aehnlich wie mit Adolf handelten die Legaten mit dem Bischofe Leopold von Worms, den sie ebenfalls nach Rom schickten[7]. Dort sollte die Mainzer und Kölner Frage end-

---

Rich. Schwemer, Innocenz III. und die deutsche Kirche von 1198—1208, Straßburg 1882, S. 136 ff., zurückgewiesen.

[1] Er zeigte die Gesandtschaft den deutschen Fürsten in einem besondern Schreiben an. Registr. n. 141 (Baluze I, 750). — Vgl. Ann. Col. max. SS. XVII, 822; Chron. Ursperg. SS. XXIII, 372, wo sie aber irrthümlich in's J. 1206 versetzt ist.

[2] Potth. I, 462 und p. 260, n. 3064.

[3] S. Innoc. Ep. Registr. n. 33 (l. c. I, 703).

[4] Vgl. Chron. Ursperg.; Chron. Sampetr. sowie den Bericht der Legaten im Registr. l. c. I, 750. — Das Versprechen Philipps s. in M. G. H. Leges II, 208. Vgl. auch das päpstl. Glückwunschschreiben an ihn vom 1 Nov. 1207 im Registr. n. 143 (Baluze I, 750).

[5] Innoc. Ep. Registr. n. 145 (Baluze I, 751).

[6] Noch im Monat Nov. 1207 befahl Innocenz den Legaten: „ad plenariam vero liberationem Brunonis intendatis". Registr. n. 148. S. Rayn. 1207, 10. — Vgl. besonders Otto Abel, K. Philipp, der Hohenstaufe. Berlin 1852. S. 221.

[7] S. Innoc. Ep. Registr. n. 144 (Baluze I, 750). — Ann. Col. l. c.

gültig erledigt werden. Sie endete in der Anerkennung Bruno's von Köln und Sigfrieds von Mainz[1].

Der Hoftag zu Nordhausen ward am 15. August 1207 eröffnet. Während desselben verhandelten unter der Vermittlung der Cardinallegaten Philipp, der zu Nordhausen, und Otto, der auf der Harlingsburg bei Goslar weilte, über den Frieden. Um Otto näher zu sein, begaben sich die Legaten am 21. August nach Quedlinburg, woselbst sie bis Ende September blieben. Zwar konnten sie Otto nicht zum Verzichte auf seine königlichen Rechte bewegen, bewirkten jedoch zweimal persönliche Unterredungen der beiden Nebenbuhler und auch einen Waffenstillstand, der bis zum 24. Juni 1208 dauern sollte[2].

Es wird berichtet[3], damals hätte Otto den Legaten vorgeworfen, durch die Lossprechung Philipps, ungeachtet Bruno noch nicht ganz freigegeben war, gegen ihren Auftrag gehandelt zu haben. Allein Otto hätte sich, wenn das der Fall gewesen wäre, schwerlich mit Philipp in Unterhandlungen eingelassen. Außerdem war Philipp gar nicht wegen der Gefangenschaft Bruno's im Banne und darum seine Lossprechung auch nicht von Innocenz III. von der Befreiung Bruno's abhängig gemacht worden[4]. Der Papst lobte auch seine Legaten ausdrücklich, daß sie ihres Amtes klug und treu gewaltet und ihre Hände nicht mit der Annahme unehrenhafter Geschenke befleckt hätten[5].

Zu Augsburg wurden auf dem am 30. November 1207 begonnenen Hoftage in Gegenwart und unter Theilnahme vieler Fürsten zwischen

---

[1] In Köln erhielt Bruno die volle Jurisdiction, während Adolf einstweilen im Besitze der von ihm vor der Gefangennahme Bruno's behaupteten festen Plätze blieb. S. Innoc. Ep. (vom 13. Mai 1208) l. XI, n. 88 (Baluze II, 176). — Er erhielt später eine jährliche Pension und die Erlaubniß, Pontificalhandlungen vorzunehmen. S. Innoc. Ep l. XII in n. 118 (vom 7. Nov. 1209) und l. XIII, n. 177 (vom 12. Nov. 1210). — Die Mainzer Bischofsfrage fand durch die allgemeine Anerkennung Sigfrieds, der schon am 21. März 1202 zu Rom das Pallium erhalten hatte, die erwünschte Erledigung.

[2] Vgl. den auch sonst bestätigten Bericht der Legaten (auszüglich) im Registr. l. c. n. 142.

[3] Arn. Lubic. Chron. Slavor. l. VII, c. 6. Er selbst meint, Philipp hätte die Legaten zu seiner Lossprechung bestochen. — Sein Bericht ist jedoch überhaupt ungenau. Denn darnach hätten die Legaten erst auf jenen Vorwurf hin Philipp zur Freilassung Bruno's bewogen und dann die Besprechungen angefangen. Bruno wurde aber erst nach denselben, am 30. Nov. 1207, definitiv aus der Gefangenschaft entlassen. Otto und Philipp können auch nicht in vollem Unfrieden von einander geschieden sein. Das folgt schon aus dem Zustandekommen des Waffenstillstandes.

[4] S. Innoc. Ep. Registr. n. 142 (Baluze I, 750). Vgl. Winkelmann, Philipp von Schwaben und Otto IV. von Braunschweig, Bd. I (1873), 421, 2.

[5] Innoc. Ep. Registr. n. 148 (l. c. I, 751). Winkelmann a. a. O. 422 Anm. nennt es „eine fast typische Redensart in Briefen des Papstes an Legaten".

Philipp und den Legaten die Berathungen der Reichsangelegenheiten[1] fortgesetzt. Zwar war der Vorschlag[2] der Cardinäle, Otto solle Philipps älteste Tochter Beatrix heirathen und Schwaben wie anderes Eigengut Philipps als Mitgift erhalten, dafür aber letzteren als König anerkennen, an dem Ehrgeize Otto's gescheitert. Dennoch waren bei der Nachgiebigkeit Philipps und der Schwäche Otto's die Friedensaussichten günstig. Wie aber die Legaten in ununterbrochenem brieflichem Verkehre mit dem Papste während dieser ganzen Zeit blieben[3], so berief er sie gegen Ende des J. 1207 zur persönlichen Berathung nach Rom[4]. Philipp entschloß sich, da seine Verhandlungen mit Otto selbst fruchtlos geblieben waren, Gesandte mit den Cardinälen nach Rom zu senden, die dort seine Sache vor dem Papste und den Bevollmächtigten Otto's vertreten sollten[5].

Während ihrer Anwesenheit in Deutschland hatten sie sich auch sonst mit mancherlei kirchlichen Fragen zu beschäftigen gehabt. So war während sie zu Nordhausen weilten der Abt Dietmar von Corvey zum Empfang der Regalien dorthin gekommen, die er auch von Philipp erhielt. Dietmar hatte sein früheres Kloster Helmershausen ohne höhere Erlaubniß verlassen und sein jetziges Amt ohne päpstliche Bestätigung angetreten. Da er sich auch jetzt nicht an die Legaten dieserhalb wandte, wurde er auf ihren Auftrag hin von dem Bischofe von Paderborn suspendirt. Er hatte jedoch

---

[1] Auch das Königreich Sicilien kam in Erwägung. S. das erwähnte Schreiben Innocenz', gegen Ende 1207, an die Legaten. — Zu Nordhausen hatte Philipp am 14. Sept. auf das Hülfegesuch des dort erschienenen Patriarchen von Jerusalem wie der Großmeister der Ritterorden eine Steuer für das heilige Land durch ganz Deutschland ausgeschrieben. S. M. G. IV, 213.

[2] Otto de S. Blas. Chron. cap. 48: „Ottoni a Philippo per cardinales offertur" etc.

[3] Sie unterrichteten ihn über den jeweiligen Stand der Frage und erhielten dann weitere Weisungen und Vollmachten. S. Innoc. Ep. Regist. nn. 144—149; n. 149 bezieht sich auf die Bremer Bischofswahl. Der staufisch gesinnte Erzbischof Hartwig von Bremen war am 3. Nov. 1207 gestorben und an seiner Stelle von dem Bremer Capitel Bischof Waldemar von Bremen postulirt worden, während das Hamburger den Domprobst Burkard von Bremen wählte. Die Legaten hatten darüber an den Papst berichtet, s. l. c. Uebrigens wurde Waldemar, für den sich Philipp von Schwaben beim Papste verwandte (s. Innoc. Ep. l. X, n. 215; vgl. Reg. Imp. n. 173), nicht bestätigt. S. Innoc. Ep. bei Baluze II, 126. 127, nn. 209. 210. Trotzdem bemächtigte er sich des Erzbisthums. Er war ein ehrgeiziger, herrschsüchtiger Mann, der nach langjähriger Gefangenschaft, in die er wegen unbegründeter Ansprüche auf die dänische Krone gerathen war, kaum erst durch die Bitten des Papstes u. A. von Waldemar II. freigelassen worden war. Vgl. Hutter II, 13 ff. 128 ff. 593 ff. [4] Registr. n. 146 l. c.

[5] Zu Ende des J. 1207 forderte Innocenz III. Otto auf, ebenfalls Gesandte nach Rom zu senden, damit seine Angelegenheit nicht ohne Vertheidigung sei. S. Innoc. Ep. Registr. n. 150 (Baluze I, 752). — Vgl. Ann. Col. max. l. c. — S. hierzu Abel a. a. O. 334 und Schwemer S. 138.

in gutem Glauben gehandelt und berief sich auf eine dort allgemein übliche Gewohnheit, deßhalb restituirten ihn die Legaten wieder. Diese Gewohnheit aber konnte zu Rom nicht gebilligt werden. Der Papst nannte vielmehr einen derartigen den kirchlichen Satzungen widerstrebenden Gebrauch einen Mißbrauch. Corvey mußte darauf verzichten und seine Gesandten zu Rom in die Hände der beiden Cardinäle Gehorsam geloben[1].

Erst zu Anfang des J. 1208 kehrten die Cardinäle nach Rom zurück[2].

Spätestens Anfangs April kamen sie dort an, um gegen Anfang Juni wieder nach Deutschland zurückzukehren. Die päpstliche Entscheidung scheint Otto nicht ungünstig gewesen zu sein[3]. Schon in Mantua hörten aber die Legaten gerüchtsweise und in Verona mit Bestimmtheit, daß Philipp ermordet worden. Wirklich war der mildeste und beste der Staufen, gerade da er am Ziel seiner langen Mühen und Kämpfe angelangt zu sein schien, erst 32 Jahre alt, im bischöflichen Palaste zu Bamberg am 21. Juni 1208 von dem Pfalzgrafen Otto von Wittelsbach aus Privatrache ermordet worden. Sie meldeten dieß dem Papste von Verona aus[4] und kehrten dann nach Rom zurück[5].

Es konnte unmöglich im Interesse des Friedens liegen, jetzt Friedrich, dem König von Sicilien, auf den deutschen Thron zu helfen[6]. Sollte etwa die Zwietracht in Deutschland permanent gemacht werden? Vielmehr mußte sich nun Alles Otto zuwenden. Auf dem Reichstage zu Frankfurt am 11. November 1208 erkannten viele Fürsten ihn an. Die Vermählung Otto's mit Beatrix, der Tochter Philipps von Schwaben, sollte das Friedenswerk krönen. Dazu wirkte auch der Papst nach Kräften mit. Von Neuem zogen nun seine treuen Legaten und Vertrauten, die

---

[1] Innoc. Ep. an Corvey vom 3. Mai 1208 l. XI, n. 73 (Baluze II, 165). Wir lesen mit Schaten, Ann. Paderborn. I, 952, Helmershausen statt Herford. Uebrigens erlangte Corvey am 30. April 1208 mehrere Privilegien. L. c. l. XI, nn. 69. 74.

[2] Die Gesandten Philipps waren noch Anfangs 1208 in Deutschland. Vgl. Ann. Col. und Reg. Imp. p. 49, woselbst aber unter n. 179 auch die Berichte über die Gesandtschaft des J. 1206 (s. o. S. 20) zum J. 1208 gezogen sind. — Am 11. April 1208 fungirt Hugolin als Zeuge in einem päpstl. Schutzbriefe für die Benedictiner-Kirche zur hl. Maria in Wien. Auch am 14. April und 5. Mai 1208 bezeugt er zu Rom ausgestellte päpstl. Urkunden. S. Potth. I, 462.

[3] Der Papst schrieb ihm, daß er ihm so wohlgesinnt sei, daß die Gesandten Philipps öffentlich klagten, „quod dominus eorum meliorem potuit tecum pro se quam possit nobiscum pro te compositionem inire". Registr. n. 151 (Baluze I, 752).

[4] Registr. n. 152 (Baluze I, 752).

[5] Hugolin kam spätestens um Mitte Dec. 1208 in Rom an und blieb wenigstens bis zum 23. Jan. 1209. Denn am 20. Dec. und 23. Jan. bezeugte er päpstl. Urkunden; s. Potth. I, 462.

[6] Schirrmacher a. a. O. I, 40 f. meint, Innocenz hätte das jetzt thun sollen.

Cardinäle Hugolin und Leo, über die Alpen. Es muß im Januar 1209 gewesen sein[1]. Zunächst gingen sie nach Speier, wo Otto am 22. März 1209 dem Papste und der Kirche große Versprechungen verbriefte[2]. Die Behandlung geistlicher Angelegenheiten sollte dem Papste und den Bischöfen verbleiben; er selbst werde weder darein noch in die freien Wahlen der Prälaten eingreifen, die Appellationen in geistlichen Dingen nach Rom nicht hindern und das Spolienrecht nicht ausüben; er versprach auch, der Kirche die bereits wiedererlangten Besitzungen zu belassen und die noch nicht erlangten zu verschaffen. Dazu gehören das Land von Radicofani bis Ceperano, die Mark Ancona, das Herzogthum Spoleto, das Land der Gräfin Mathilde, die Grafschaft Bertinoro, das Exarchat Ravenna, die Pentapolis und andere dabei gelegenen Lande.

Schon im August 1208 hatte der Papst den König von Böhmen, den Landgrafen von Thüringen, die Herzoge von Brabant, Zähringen, Meran, Sachsen, Baiern, Oesterreich, die Markgrafen von Meißen, Brandenburg, Landsberg und andere Anhänger Philipps ermahnt, nunmehr Otto anzuerkennen[3]. Die sächsischen Fürsten thaten das auch auf der Versammlung zu Halberstadt am 22. September 1208, und viele andere zu Frankfurt am 11. November 1208. Allein noch im December 1208 mußte der Papst an mehrere Fürsten, besonders den König von Böhmen, wie die Herzoge von Sachsen und Oesterreich eine neue Aufforderung zur Anerkennung Otto's richten[4].

Um die noch Schwankenden zu gewinnen, gaben sich die Legaten auch persönliche Mühe[5]. In Sachsen war der Erzbischof von Magdeburg, der gleich nach Philipps Tode auf Otto's Seite getreten war, sehr in seinem Interesse thätig[6]. Wenngleich genauere Nachrichten über das

---

[1] Der Papst empfahl sie am 16. Jan. 1209 dem Könige Otto, sowie den deutschen Fürsten und besonders bem Erzbischof Albert von Magdeburg, der früher Anhänger Philipps und nun ein eifriger Anhänger Otto's war. S. Innoc. Epp. Registr. nn. 177. 179—184 (Baluze I, 758—761). Er lobte auch Alberts Eifer; ebenb. nn. 162. 173 (Baluze I, 755. 758).

[2] Theiner, Codex diplom. dominii temporalis s. sedis. Roma 1861. I, 42.

[3] Innoc. Epp. Registr. n. 156—158 (Baluze I, 753 sq.).

[4] Schr. an den K. v. Böhmen vom 12. Dec. l. c. n. 176 (Baluze I, 758); an die beiden Herzoge vom 5. Dec. l. c. nn. 171. 175 (Baluze I, 757. 758). S. auch den päpstl. Bericht an Otto IV. vom 4. Dec. 1208 l. c. n. 168 (Baluze I, 757). — Herzog Bernhard von Sachsen hatte auf dem Tage zu Halberstadt für Otto gestimmt (s. Arn. Lub. l. 7, cap. 13), der Papst muß aber an seiner Standhaftigkeit gezweifelt haben.

[5] S. Ann. Col. max. 824: „Qui (cardinales) singulas civitates tam Saxoniae quam Alemanniae visitantes et justiciam undique ecclesiis facientes, post pascha Coloniam venerunt et magno honore per dies 15 sunt detenti." Vgl. Ann. Rein. Leod. SS. XVI, 661.

[6] S. o. Anm. 1.

Wirken der Legaten fehlen, läßt sich doch aus der zahlreichen Betheiligung der Fürsten am Hoftage zu Würzburg im J. 1209, woran auch der König von Böhmen und die Herzoge von Sachsen und Oesterreich theilnahmen, der Schluß ziehen, daß ihren Bemühungen die allgemeine Anerkennung Otto's gelungen ist[1]. „Während sie die einzelnen Städte besuchten, verhalfen sie, wo es Noth that, den Kirchen zu ihrem Recht."[2] Denn im Verlaufe des langen Bürgerkrieges mußte gar manche Unordnung und Ungerechtigkeit ohne Rüge und Besserung geblieben sein. Sie hatten auch die Untersuchung gegen den der Mitschuld an der Ermordung Philipps verdächtigten Bischof Eckbert von Bamberg zu führen, den sie ohne Weiteres entsetzen sollten, falls seine Schuld bewiesen werde; geschehe das nicht, so sollten sie ihm auflegen, sich nach canonischer Vorschrift von dem Verdachte zu reinigen. Der Bischof wollte aber lieber seine Sache in Rom selbst verhandelt haben; er erschien vor dem apostolischen Stuhl und wurde später, da ihm nichts bewiesen werden konnte, wieder in sein Amt eingesetzt[3].

Nach Ostern (29. März) 1209 kamen die Cardinäle nach Köln[4], woselbst sie einen sehr ehrenvollen Empfang und 15 Tage lang festliche Bewirthung fanden. Dann brachen sie gegen Würzburg auf. Dort fand am 24. Mai 1209 ein durch die Zahl wie den Rang der anwesenden geistlichen und weltlichen Fürsten höchst glänzender Hoftag statt. Die Cardinäle überbrachten die päpstliche Dispens zur Eingehung einer Ehe

---

[1] Daß sie dafür den Herzog von Sachsen und den Markgrafen von Brandenburg „in die Zahl der bevorzugten Wähler" (Kurfürsten) erhoben hätten, ist eine ganz grundlose Annahme von Schirrmacher (Entstehung des Kurfürstencollegiums, Berlin 1874, 44). Vgl. dagegen G. Waitz, Forschungen zur deutschen Geschichte, Bd. XIII, 199—219, sowie Winkelmann in v. Sybels Hist. Zeitschrift, Bd. XXXII, 76—86, und K. Otto von Braunschweig (1878), S. 482.

[2] Ann. Col., s. S. 25, Anm. 5. — Sie erhielten auch schon am 31. Mai 1208 den Auftrag, über die von dem Herzoge Leopold von Oesterreich gewünschte Errichtung eines Bischofssitzes in seinem Lande zu berichten. Hansiz, Germania sacra, 2 voll. 1727—1729, I, 354. Der Herzog wollte dazu Wien, dessen bischöfliche Rechte zuerst nach Lorch und dann nach Passau verlegt worden waren, erheben und für die Ausstattung sorgen. Obgleich der Papst dem Vorschlage und der Erhebung Wiens, „welche Stadt nach Köln eine der besseren Städte Deutschlands genannt werde", günstig war (s. päpstl. Schreiben vom 14. April 1207 an den Bischof von Passau, l. c. I, 352), so gelang es doch dem Bischof von Passau, die Sache in die Länge zu ziehen, so daß damals nichts daraus wurde; s. Hansiz II, 320.

[3] Päpstl. Auftrag an die Legaten vom 16. Jan. 1209. Innoc. Ep. Registr. n. 183 (Baluze I, 761). — Er stellte es aber Eckbert frei, seine Sache zu Rom zu führen; s. Schr. an den König von Ungarn vom 21. Jan. 1209. Innoc. Ep. l. XI, n. 220 (l. c. II, 252). — S. dann ebend l. XII, nn. 118—121 (II, 379 sq.); l. XV, n. 225 (II, 717). Vgl. Hurter II, 117 f. Winkelmann, Philipp 477 f.

[4] Es muß gegen Ende April oder Anfang Mai gewesen sein, da sie ja auch in Sachsen und Schwaben waren. Vgl. Ann. Col. max. l. c.

zwischen Otto IV. und seiner Base Beatrix, der Tochter Philipps von
Schwaben. Hugolin hatte seinen Platz zur Rechten des königlichen Thrones.
In lateinischer Rede, die dann der Bischof von Würzburg verdeutschte,
eröffnete er die Versammlung und hob hervor, daß die erwähnte Vermählung im Interesse des Friedens und der Eintracht und damit der vergangenen Uebel nicht mehr gedacht werde, wie auch aus Gehorsam gegen
den apostolischen Stuhl nöthig sei. Als dann der König und die junge
Staufentochter ihre Zustimmung erklärt, wurden sie durch die Hände der
Cardinäle nach fränkischem Recht verlobt[1]. Damit schien der Haß und
das Feuer der Zwietracht zwischen zwei mächtigen Häusern und Parteien
Deutschlands von der Liebe ausgelöscht zu sein.

Von Würzburg aus eilten die Legaten Otto voraus[2] nach Rom.
Im Juli 1209 zog Otto über den Brenner nach Italien. In Rom
salbte ihn am 4. October Hugolin als Cardinalbischof von Ostia der
bei Kaiserkrönungen üblichen Sitte gemäß mit dem heiligen Oele[3], und
der Papst weihte und krönte ihn zum römischen Kaiser. Von Neuem
schwur nun der Kaiser in seinem Krönungseide, wie schon früher[4], die
Kirche und ihre Rechte und Besitzungen schützen und ehren zu wollen[5].
Kaum war das geschehen, als er sich sogleich an Kirchengütern vergriff,
mit einer wahrhaft staunenerregenden Undankbarkeit und Wortbrüchigkeit
zum Kirchenstaat gehörende Orte besetzte und im November 1210, von
den Grafen Diepold von Acerra und Peter von Celano unterstützt, in
Apulien einbrach. Eine Stadt nach der andern trat auf seine Seite, und
schon gedachte er Ende 1211 nach Sicilien selbst, wo einige Große für
ihn waren, überzusetzen, um auch das Reich seiner Herrschaft zu unterwerfen. Der hochfahrende, trotzige Sinn Heinrichs des Löwen beherrschte
ihn, und schon mochte er glauben, unüberwindlich zu sein[6]. Da hörte er,
daß die deutschen Fürsten, von der Gewalt des päpstlichen Wortes er-

---

[1] Arn. Lubic. l. VII, cap. 19. Otto de S. Blas. cap. 51. Vgl. die schöne
Schilderung von Otto Abel, Kaiser Otto IV. und König Friedrich II., Berlin 1856, 31 f.

[2] Otto de S. Blas. cap. 52.

[3] Angelo Mai hat den „Ordo Romanus ad coronandum imperatorem" nach
den Vatic. Manuscr. des Codex Cencii neu publicirt in Spicil. Rom. VI. p. 228—239.

[4] Zu Neuß am 8. Juni 1201 (Theiner l. c. I, 36) und zu Speier am
22. März 1209 (l. c. I, 42).

[5] Vgl. Reg. Imp. n. 301. Vgl. damit ebend. n. 217 und n. 274.

[6] S. das Privileg für Mathelica in der Mark Ancona vom 12. Oct. 1209 in
Boehmer, Acta, p. 213. Vgl. Reg. Imp. n. 306. — Schon am 4. März 1210
klagt der Papst dem Erzbischof von Ravenna, daß Otto IV. seine Hände nach Sicilien ausstrecke. Innoc. Ep. l. XIII, n. 210 (Baluze II, 505). Vgl. Reg. Imp.
n. 349 a. — Spätestens im August 1210 fiel er in das tuscische Patrimonium ein
und eroberte Radicosani und andere zum Kirchenstaat gehörige Orte. S. Reg. Imp.
n. 438 a. Im Nov. 1210 fiel er über Rieti und Sora in das Königreich ein.
Rich. Sangerm.

griffen, von ihm abfielen. Am 18. November 1210, und von Neuem am Grünbonnerstage (31. März) 1211, belegte ihn der Papst, weil er die gegebene Treue gebrochen und gegen den König von Sicilien Krieg führte, mit dem Banne und entband Alle von dem ihm geleisteten Eide der Treue[1]. Des Papstes Einfluß rettete Friedrichs Krone und vielleicht auch sein Leben zum zweitenmale. Er verschaffte ihm nun auch die deutsche Königskrone.

Zu Ende des J. 1210 theilte Innocenz III. den deutschen Fürsten die Excommunication Otto's mit und forderte sie zur Ergreifung geeigneter Maßregeln auf[2]. Im September des folgenden Jahres beriefen sie Friedrich, in Uebereinstimmung mit dem Wunsche des Papstes, zum deutschen Könige[3]. Otto aber, der gerade im Begriff stand, von Calabrien nach Sicilien überzusetzen, verließ das Königreich sofort und eilte nach Deutschland, wo er sich durch seinen Stolz und sein hochfahrendes Wesen die Herzen entfremdet hatte, um seine eigene Krone zu retten. Allein er sollte nur die Früchte seiner Treulosigkeit einernten.

Friedrich trat im April 1212 von Rom aus in Begleitung eines päpstlichen Legaten die Reise nach Deutschland an. Das Glück war mit ihm. Am 5. December 1212 wurde er zu Frankfurt von Neuem von einer zahlreichen Fürstenversammlung zum römischen Könige gewählt und als solcher vier Tage später zu Mainz und am 25. Juli 1215 zu Aachen gekrönt[4].

Otto hingegen, der Ende Februar 1212 nach Deutschland zurückgekehrt war und am 22. Juli 1212 seine Hochzeit mit Beatrix vollzogen hatte, verlor sie schon am 11. August 1212 durch den Tod. Damit verlor er aber auch die Unterstützung der Schwaben und Baiern, die ihn auf die Nachricht von ihrem Tode verließen. Er konnte Friedrichs Fortschritte nicht hemmen. Alles flog diesem zu. Zwar verband sich Otto IV. mit seinem Oheim, dem Könige Johann von England, gegen das Friedrich günstig gesinnte Frankreich. Allein er wurde am 27. Juli 1214 bei Bouvines besiegt und lebte die letzten Jahre seines Lebens fast in Vergessenheit. Er starb versöhnt mit der Kirche am 19. Mai 1218.

---

[1] Ann. Casin. SS. XIX, 320. — Rich. Sangerm. SS. XIX, 334. — Ann. de Wint. in Ann. Monast. II, 81. Noch zu Anfang 1211 erbot sich der Papst zum Frieden, wenn er nur verspreche, König Friedrich und den König von Frankreich nicht zu bekriegen. Chron. Ursp. Vgl. Reg. Imp. 444a.

[2] S. das päpstl. Schreiben in Boehmer, Acta, n. 921. Es gehört aber nicht zu April 1211, wie dort angegeben, sondern Ende Nov. oder in Dec. 1210; vgl. J. Ficker in den Mittheilungen des Instituts für österr. Geschichtsforschung, Bd. IV (1883), S. 337 ff.

[3] Dieß geschah zuerst heimlich zu Bamberg, dann im Sept. 1211 öffentlich zu Nürnberg. Vgl. Ann. Col. und Chron. Sampetr. S. Winkelmann, Otto ꝛc. S. 499.

[4] Ueber seine Fortschritte vgl. Reg. Imp. p. 173. 177. 203.

Alles hatte er nicht so sehr durch eigenes Verdienst, als durch die Unterstützung des Papstes erreicht. Da er es aber erreicht hatte, zeigte er sich undankbar über die Maßen, und da kaum die staufischen Fürsten für ihn gewonnen waren, griff er das Reich des letzten Fürsten des Staufenhauses an. Er ging an seiner eigenen Treulosigkeit zu Grunde.

Die Dankbarkeit Friedrichs gegen die Kirche [1] war aber, wenigstens so lange Innocenz III. lebte, in Worten und Versprechungen ohne Grenzen.

Von Cardinal Hugolin hören wir in dieser Zeit wenig. Die mächtige Persönlichkeit des Papstes und sein reiches Wirken zieht naturgemäß die volle Aufmerksamkeit der Chronisten auf sich [2]. Seinen Antheil an den Sorgen und Mühen des erlauchten Oberhirten wird Hugolin aber sicher gehabt haben. Auch in freudigen Tagen stand er ihm zur Seite. Sicher waren aber die Tage, welche Innocenz III. von Juni bis September 1212 zu Segni verlebte [3], freudige Tage für ihn, vielleicht um so mehr, als auch Hugolin um jene Zeit dorten weilte [4].

Drittes Kapitel.

Thätigkeit des Cardinals Hugolin unter Honorius III. (1216—1227). Sein Wirken als Kreuzprediger und päpstlicher Legat.

Kurz nach dem großen ökumenischen Lateranconcil vom November 1215, welches einen vierjährigen allgemeinen Waffenstillstand zum Besten des Kreuzzuges angeordnet hatte, war Innocenz III. selbst in Italien umhergereist, um zum Zwecke des Kreuzzuges die Streitigkeiten daselbst, besonders zwischen Genua und Pisa, beizulegen. Aber am 16. Juli 1216 hatte der Herr ihn zu Perugia aus einem Leben großartiger, gesegneter Thätigkeit weggenommen. Zu seinem Nachfolger wurde zu Perugia am 18. Juli der Cardinalpriester Cencio Savelli, der sich durch lange Verwaltung der Cameralgüter (seit Cölestin III.) und durch ein Verzeichniß ihrer Patrimonialgüter (liber censuum) [5] verdient gemacht hatte, gewählt. Er nahm den Namen Honorius III. an.

---

[1] Nächst Gott verdanke er Alles Innocenz III., so bekannte er im April 1212; f. Reg. Imp. n. 661.

[2] Auch in den päpstl. Urkunden erscheint er nur dreizehnmal vom 31. Jan. 1210 bis zum 7. März 1216 als Zeuge; vom 21. April 1214 bis 5. Febr. 1216 ist er gar nicht als solcher angeführt.

[3] Rich. Sangerm. 333. In Potth. I, p. 393—397 ist sein Aufenthalt dort vom 23. Juni bis 18. Sept. 1212 auch urkundlich dargethan.

[4] Am 8. Aug. 1212 bezeugte er eine dort ausgestellte Urkunde. Vgl. Potth. I, 462 mit n. 4572.

[5] Ed. Muratori, Ant. Ital. med. aevi V, 852 sq.

Seine Wahl war Hugolin von Ostia und Guido von Präneste zu verdanken, da die Cardinäle zur Beschleunigung der Wahl durch Compromiß zu wählen beschlossen und die beiden erwähnten Kirchenfürsten mit der ehrenvollen Aufgabe, die Person des zu Wählenden zu bestimmen, beauftragt hatten [1].

Er wurde am 24. Juli zu Perugia consecrirt und am 31. August zu Rom gekrönt. Ihm fehlte die geistige Größe und Kraft seines Vorgängers. Allein dessen Ideen, besonders die der Befreiung des hl. Landes, beseelten auch ihn. Während seines ganzen Pontificats hat er auf Erreichung dieses Zweckes sein vorzügliches Augenmerk gerichtet und oft, besonders von Friedrich II., Vieles erduldet, nur damit dem Kreuzzuge nicht geschadet würde.

Dem Zustandekommen desselben standen in Italien besonders die fast ununterbrochenen Bürgerkriege in der Lombardei und Tuscien entgegen. Der Friede von Konstanz vom 25. Juni 1183 hatte die dem lombardischen Bunde angehörigen Städte zu Republiken gemacht, die vom Kaiser fast ebenso unabhängig wie die großen Reichsvasallen waren. Allerdings mußten sie ihm Treue schwören, ihre Beamten alle zehn Jahre von ihm bestätigen lassen und ihm bei seiner Anwesenheit in Italien Unterhalt gewähren. Aber sie hatten gegen jährlichen Zins freie Ausübung ihrer alten Rechte, Autonomie, konnten sich befestigen und einen Städtebund eingehen [2].

Nach dem Frieden von Konstanz erlangten sie allmählich durch neue kaiserliche Gunstbezeugungen sogar noch größere Freiheit, so daß z. B. die kaiserliche Bestätigung der Magistratspersonen nicht mehr stattfand [3]. Als Friedrich von Sicilien im J. 1212 nach Deutschland zur Erwerbung der Krone zog, waren seine Ansprüche von Cremona, Pavia, Mantua und

---

[1] Alph. Ciaconius (Vitae et res gestae Summorum Pontificum Romanorum et S. R. E. cardinalium, ed. Aug. Oldoin, Romae 1677, 4 voll., II, 43) gibt als Grund neben der Sache des Kreuzzuges und den lombardischen Wirren einen Zwiespalt über die zu wählende Person an. — Das Werk des gelehrten Dominicaners Chacon erschien zuerst in Rom 1601 und 1602. Die erwähnte Ausgabe von Oldoin S. J. ist die dritte und geht bis zum J. 1677. Kritisch ist sie verbesserungsbedürftig, wie sich schon daraus ergibt, daß auch in Oldoins Ausgabe die pseudoisidorischen Decretalen als ächt angenommen werden. Alle drei haben Abbildungen von Päpsten ꝛc., die nach der Vorrede in Bb. I Münzen, Siegeln ꝛc. entnommen sind, deren Treue aber zu Bedenken Anlaß gibt. Vgl. Hurter, Nomenclator I, 391 sqq. — Rich. Zoepssel, Die Papstwahlen des 11. bis 14. Jahrh., Göttingen 1871, S. 136, Anm., sagt: „Liverani (im Spicilegium Liberianum, Florent. 1863) sucht überall dem Ciaconius Erdichtungen nachzuweisen, aber mit schlechtem Erfolg."

[2] S. Mur., Ant. medii aevi IV, 307—318. Julius Ficker, Deutsches Königthum und Kaiserthum (1862), 102 f., zeigt, daß der Friede auch für Deutschland günstig war.

[3] S. derartige Begünstigungen in Boehmer, Acta, nn. 164. 178. 179. 1063; Ficker, Forschungen z. Reichs- und Rechtsgesch. Italiens, Bb. IV, nn. 155. 170. 178.

anderen Städten unterstützt worden, während die des Lombardenbundes: Mailand, Piacenza, Lodi und andere, Otto IV. anhingen [1]. Der damals sich offenbarende Zwiespalt war aber kein zufälliger. Denn Mailand stritt überhaupt in fast ununterbrochenem Kampfe mit Cremona und Pavia um die Oberherrschaft, gerade wie die beiden großen Seestädte Genua und Pisa wie Wasser und Feuer sich befeindeten.

Schon im September 1216 mußte Honorius III. Mailand und Piacenza wegen eines Einfalles in das Gebiet von Pavia mit dem Banne belegen [2], und wohl mochte die Pacification der Lombardei fast unmöglich erscheinen. Die Lösung der Aufgabe, über der Innocenz III. gestorben war, erforderte jedenfalls einen ebenso geschäftsgewandten und klugen wie beredten Mann. Diesen fand er in Cardinal Hugolin. Ihm übertrug er im Januar 1217 für die Lombardei und Tuscien das Amt eines Kreuz= predigers und päpstlichen Legaten mit unumschränkter Gewalt [3].

In besonderem Auftrage mußte Hugolin nach Pisa gehen [4]. Pisa sowohl wie Genua erhoben Ansprüche auf die Insel Sardinien, über welche dem apostolischen Stuhl von Niemandem bestrittene oberhoheitliche Rechte zustanden [5]. Die Insel war in vier Provinzen oder Judicate eingetheilt: Cagliari, Arborea, Torres und Gallura, über die den Namen Richter führende Fürsten souveräne Gewalt ausübten. Cagliari war im J. 1193 von dem italienischen Edelmann Wilhelm von Massa er= obert worden, der sich auch des Judicates von Arborea bemächtigte. Nach seinem Tode im J. 1215 übernahm seine mit dem rechtmäßigen Erben von Arborea, Barison, vermählte Tochter Benedicta die Regierung und den von ihrem Vater gegen Pisa geführten Kampf. Sie sowohl wie ihr Gatte erkannten die Oberherrschaft des Papstes an, wurden aber dann von den Pisanern gezwungen, ihnen Treue zu geloben und ihnen die Erbauung einer Zwingburg auf einer Anhöhe bei Cagliari zu gestatten. Trotz ihres Versprechens, die Ehren und Rechte Benedicta's und ihres Gemahles zu achten und zu wahren, sandten die Pisaner dann ein Heer nach Sicilien und benahmen sich wie Herren des Landes [6]. Darum

---

[1] Am 13. Febr. 1213 ernannte Friedrich II. den Bischof Friedrich von Trient zum Reichslegaten für die Lombardei, Tuscien, Romanien und die Mark Verona. H.-B. I, 249. — Der Bischof sprach am 2. Mai 1213 über Mailand, Piacenza, Lodi und andere Städte die Reichsacht aus. S. Boehmer, Acta, n. 926.

[2] S. Rayn. 1216, 27. Potth. n. 5327 g. Schreiben an Mailand bei Potth. n. 5327 c.

[3] Päpstl. Schr. vom 23. Jan. 1217. Bull. Rom. III. I, 181, n. 5.

[4] Päpstl. Schr. vom 6. März an die Pisaner. Rayn. 1217, 88.

[5] Innocenz III. hatte die Rechte des apostolischen Stuhles auf Sardinien wiederholt betont. So sagte er z. B.: „Tota Sardinia dominii juris et proprietatis Apostolicae Sedis exsistit." L. III, Ep. 35; f. Rayn. 1200, 49. Vgl. ebend. 1203, 68; 1204, 78; 1205, 66.

[6] S. den Bericht der Benedicta an den Papst in Rayn. 1217, 90—96.

ersuchte Benedicta den Papst als Oberlehensherrn um Erlaubniß, mit dem Genua tributpflichtigen[1] Richter von Torres, den Genuesen und Andern gegen Pisa ein Bündniß schließen zu dürfen. Auf diese Bitte hin beauftragte Honorius III. den Cardinal Hugolin[2], die Pisaner zu bewegen, ihr Heer von Sicilien abzuberufen und die Insel nicht mehr zu belästigen. Könne er das nicht, so solle er sie wenigstens zur Uebergabe der Burg bei Cagliari bestimmen, damit dieselbe im Namen des apostolischen Stuhles bewacht werde.

Wie es scheint, waren die Bemühungen des Cardinals erfolgreich. Sicher erlangte er von Genua im Mai und von Pisa im Juni 1217 das eidliche Versprechen, ihren Streit seinem Urtheile zu unterwerfen und die Gefangenen und Geißeln freizugeben[3], und legte ihnen dann auf, Vertreter an den Papst zu senden, der die Sache entscheiden werde. In einem am 2. December 1217 zu Rom gehaltenen Consistorium, dem auch Hugolin anwohnte, entschied der Papst selbst in Gegenwart der Boten von Genua und Pisa Folgendes: die Pisaner mußten das von ihnen in Sardinien occupirte Land und besonders die von ihnen errichtete Burg dem Papste übergeben und sich in Zukunft einer Occupation oder Invasion der Insel enthalten und auch mit dem Richter von Torres, Comita II., und seinem Sohn Marian Frieden halten[4]. Nun wandte der Papst auch wieder Pisa seine Gunst zu und ehrte die Stadt durch die Verleihung von Privilegien[5].

Mailand und Cremona versöhnen zu wollen, hieß eine herkulische Arbeit übernehmen. Aber dennoch gelang es der geduldigen Umsicht des Cardinals, ein glückliches Resultat herbeizuführen. Cremona war besonders von Pavia, Mailand von Piacenza unterstützt. Mit letzteren Städten schloß nun Pavia am 31. Mai 1217 einen Separatfrieden[6].

---

[1] Ann. Jan. Caffari et contin. 1100—1293 in SS. XVIII, 318.

[2] Am 6. März 1217; s. Rayn. 1217, 86.

[3] Ann. Plac. (Guelfi et Gibellini, ed. Pertz SS. XVIII, 403—581), p. 434. Ann. Jan. l. c.

[4] Pasqu. Tola, Codex diplom. Sardiniae, 2 voll., Aug. Taur. 1861. 1868, I, 322, n. 38. Vgl. auch das päpstl. Schreiben vom 1. Dec. 1217 an Genua und Pisa, worin Honorius III. ihnen die Friedensbedingungen vorschreibt, in Bull. Rom. l. c. p. 193, n. 17. Vgl. auch Balan l. c. I, 63 sqq.

[5] „Um die Stadt Pisa zu ehren", verlieh er ihrem Erzbischof Vitalis am 8. Febr. 1218 mehrere Vorrechte und bestätigte die von früheren Päpsten verliehenen Privilegien; s. Rayn. 1218, 30. Er verlieh ihm auch Primatialrechte in Torres, Arborea und Cagliari und die eines päpstl. Legaten in Sardinien; s. l. c. n. 31. Cod. dipl. Sard. I, 333, n. 39. — Hugolin hatte auch die Rechtmäßigkeit der Wahl des Alipranbus zum Erzbischof von Pisa zu untersuchen (Rayn. 1217, 87). Er hat sie allem Anscheine nach verworfen. S. Ughelli, Italia sacra, Venet. 1717—1722. III, 425. 426.

[6] Ann. Plac. p. 434. Vgl. zu der Streitfrage zwischen Mailand und Cremona Winkelmann, in den Forschungen ꝛc. VII, 293—318, woselbst er einen Com-

Am 18. Januar 1218 kam sogar ein zehnjähriger Waffenstillstand zwischen Cremona und Parma einer- und Piacenza andererseits zu Stande, wobei jene sich die Unterstützung Friedrichs, diese die Otto's vorbehielten[1]. Allein er wurde in Piacenza für ungültig erklärt. Nun entbrannte der Kampf auf's Neue, in dem am 7. Juni 1218 Cremona, Parma, Modena und Reggio über Piacenza und Mailand bei Zibello den Sieg davontrugen[2]. Letztere wurden am 13. und 14. Juli 1218 von Honorius III. wegen Verletzung des vom Lateranconcil angeordneten Waffenstillstandes, da sie fortfuhren, ihre Gegner zu bekriegen, mit dem Banne belegt[3]. Zwar übertrugen Cremona und Parma im October 1218 die Schlichtung dieser Streitigkeiten dem schiedsrichterlichen Urtheile des kaiserlichen Reichsvikars, des Bischofs Jakob von Turin[4]. Allein das konnte zu nichts führen, da Mailand und sein Anhang nicht das Gleiche thaten. Erfolgreicher waren die Bemühungen des Cardinals Hugolin. Er ließ am 30. October 1218 zu Cremona den Rath zusammenläuten und erschien vor demselben mit glänzendem Gefolge, nämlich den Bischöfen von Brescia, Bobbio, Reggio und Cremona, dem Podesta von Modena wie dem von Parma und dem kaiserlichen Gesandten, Magister Nikolaus, und sprach für das Friedenswerk. In der uns erhaltenen Rede[5] wies er in sehr kluger Weise auf die von den Cremonesen der Kirche[6], wie dem König Friedrich, „der ersten Pflanze der Kirche", erwiesene Treue hin, derentwegen auch die Ehre und Erhebung ihrer Stadt dem Papste am Herzen liege. Es sei wahr, daß Mailand und Piacenza sie gegen die Ehre der Kirche wie des Königs und das Gebot des Papstes mit Krieg überzogen hätten. Allein nichtsdestoweniger wende er sich, da er ihre Ergebenheit kenne und sie gleichsam mit der römischen Kirche und dem Könige Friedrich Einen Leib bildeten, besonders auch des Vortheils des Königs wegen zuerst an sie, damit sie seinem Schiedsspruche die Schlichtung jenes Streites anheimstellten. „So Gott will," fügt er hinzu, „werden eure Ehren deßhalb, daß ihr für die Kirche in den Krieg gezogen seid und euch Gefahren ausgesetzt habet, nicht vermindert, sondern vermehrt werden." Rühmend hebt er hervor, wie großen Schaden sie erduldet und welch großen Gefahren sie sich ausgesetzt hätten, während ihre Gegner sich

---

mentar zu mehreren in Böhmers Acta imp. aus dem Archiv von Cremona veröffentlichten Urkunden gibt.

[1] Boehmer l. c. n. 933.

[2] Ann. Plac. l. c. Ann. Cremon. SS. XVIII, 806. Salimbene, Chron. Parmae 1857, p. 5.

[3] Boehmer n. 935. 936. [4] Ibid. n. 938.

[5] Ibid. n. 939.

[6] In seiner Ermahnung zum Frieden vom 18. Febr. 1217 hebt auch Honorius III. ihre Treue gegen die Kirche hervor. Boehmer n. 932.

treulos der Kirche feindlich erwiesen, und schließt mit der Versicherung, daß, falls auch die gegnerische Partei ihn als Schiedsrichter anerkännte, er mit Beirath der anwesenden Bischöfe und der Stadt Cremona thun werde, was zur Ehre der Kirche und des Königs dienlich sei. Wieder und wieder lobt er ihre Treue, wofür sich der apostolische Stuhl erkenntlich zeigen werde. Wieder und wieder versichert er, daß sie sich darum getrost seiner und der Kirche Entscheidung anvertrauen dürfen. Wenn wir bedauern, daß dieses die einzige von Hugolin erhaltene Rede ist, so freuen wir uns doch, daß sie ein so rühmliches Zeugniß für seine Befähigung ablegt. Nach Hugolin sprach der königliche Gesandte zu den Versammelten und rieth ihnen, dem Cardinal zu folgen, da sie so am besten die Wünsche des Königs erfüllen würden. Am folgenden Tage schwor dann Cremona wirklich, sich seiner Entscheidung unterwerfen zu wollen[1]. Am 15. November gaben auch Mailand, Piacenza und ihre Bundesgenossen[2] eine ähnliche Erklärung. Friedrich hatte aber den Cremonesen befohlen, nur nach seinem Wunsch und Willen Frieden zu schließen, und jene hatten den Cardinal deßhalb gebeten, die Ankunft Friedrichs abzuwarten. Um nun nicht etwa bei ihm anzustoßen, entschuldigte der Cardinal sein rasches Verfahren als auch im Interesse des Königs gelegen, da es sich nicht geziemt haben würde, daß das königstreue Cremona gezögert, die gegnerische Partei aber sich ihm unterworfen hätte, und betonte dabei seinen eigenen Eifer für die königliche Sache[3]. Dann fällte er am 2. December 1218 zu Lodi in Gegenwart vieler geistlichen und weltlichen Großen seinen Schiedsspruch[4]. Darnach müssen beide Parteien alle seit Friedrichs Eintritt in die Lombardei stattgehabten Streitigkeiten auf sich beruhen lassen, und in Betreff der früheren einen vierzigjährigen Waffenstillstand halten, können aber, wenn sie wollen, den Rechtsweg betreten. Alle zukünftigen Streitigkeiten sollen durch ein aus den Vertretern der Städte Cremona, Parma, Mailand und Piacenza gebildetes Schiedsgericht entschieden werden. Dieser Spruch ist bei Strafe des Bannes zu beobachten. Die Anerkennung Friedrichs Seitens der Stadt Mailand und ihrer Bundesgenossen wurde nicht ausdrücklich verlangt, weil sie sich nach dem am 18. Mai 1218 erfolgten Tode Otto's IV. von selbst verstand. Der Papst belobte Cremona aber am 30. Januar 1219 ausdrücklich für seinen Gehorsam gegen die Weisungen Hugolins[5].

Auch der langwierige, von 1198 bis 1227 sich hinziehende Streit zwischen dem Abt von S. Sisto in Piacenza und Cremona über den

---

[1] Boehmer n. 940.   [2] Ann. Plac. p. 437.
[3] Boehmer n. 941. Am 12. März 1219 versprach übrigens Friedrich denen von Cremona, Mailand und Piacenza nur mit ihrer Zustimmung zu Gnaden annehmen zu wollen. Ibid. n. 1080.
[4] Ibid. n. 942. Vgl. Ann. Cremon. 806.   [5] Boehmer n. 1140.

Besitz der Orte Guastalla und Luzzara, welche Cremona als Reichspfand für sich in Anspruch nahm, beschäftigte den Cardinal [1]. Doch zog sich die Sache wieder in die Länge.

Mit Erfolg wirkte er aber auch in Bologna und Pistoja für den Frieden. Beide Städte versprachen am 18. Mai 1219 zu Bologna dem Cardinal eidlich, sich seinem Schiedsspruch unterwerfen zu wollen. Gemäß demselben verließen die von Pistoja das Gebiet von Bologna, während hingegen der Bischof wie die Stadt Pistoja gewisse Vortheile erhielten [2].

Solcher Art waren seine Bemühungen für den Frieden und seine Erfolge. Um von seiner Thätigkeit für die Hebung anderer Mißstände oder die Wiederherstellung des wahren Klostergeistes [3] abzusehen, war die Beruhigung der Lombardei, selbst für kurze Zeit, ein Werk, das in gar manchen Herzen die Worte der heiligen Schrift: „Wie lieblich sind die Füße der Verkünder des Friedens, der Verkünder von Gutem!" (Röm. 10, 15) wiedertönen ließen. Daß die Erfolge nicht nachhaltiger waren, war nicht seine Schuld. Immerhin konnte es dem Cardinal zum Troste gereichen, daß Friedrich, als er im September des J. 1220 durch die Kaiserstraße bei Verona nach Rom zur Krönung zog, nirgendwo ein Hinderniß fand. Denn Dank den Bemühungen Hugolins war selbst Mailand jetzt auf Friedrichs Seite [4].

Am 22. November 1220 wurde der Kaiser zu Rom gekrönt, bei

---

[1] Wie sich Cremona im J. 1185 in den Besitz jener Orte setzen wollte, kann man aus Baehmer, Acta, nn. 908 und 1062 ersehen. Die Geistlichkeit von Guastalla, welche von dem Podesta Cremona's wegen Nichtanerkennung der weltlichen Gerichtsbarkeit mit der Acht belegt worden war, wandte sich im J. 1217 an Hugolin um Hülfe, der die Sache dem Bischof von Cremona übertrug. S. päpstl. Schreiben vom 7. Sept. 1217 in Ficker, Forschungen IV, n. 263. Der Papst befahl dem Cardinal am 27. Febr. 1219 (Potth. n. 5995) die Anberaumung eines Termins, an dem die Streitenden dem apostolischen Stuhle die Sache zur Entscheidung vorlegen sollten. Trotzdem der Cardinal dem Wunsche entsprach, verzögerte sich die Erledigung wieder. S. päpstl. Schreiben vom 26. Mai 1222 in Ficker a. a. O. n. 302.

[2] Der Schiedsspruch wurde am 16. Oct. 1219 zu Viterbo, dem damaligen Aufenthaltsorte des Papstes, von zwei päpstl. Subdiakonen, dem Caplan Albert und dem Magister Roffrid, verkündet. S Savioli, Annali di Bologna (Bassano 1784, 3 voll. 4°), in II b, 403. 410 sqq. 415—417. 426 sqq. Vgl. Winkelmann a. a. O. VII, 308.

[3] Auf Hugolins Veranlassung wurde ein von den Benedictinern in geistlicher und weltlicher Beziehung heruntergebrachtes Kloster den Camaldulensern anvertraut. S. päpstl. Schreiben vom 17. Nov. 1218 und 28. Oct. 1219 in Mittarelli, Ann. Camald. IV. App. p. 386. 394. S. auch seinen Auftrag vom 28. Oct. 1219 an den Bischof und Erzpriester von Florenz rücksichtlich der Erneuerung des schon von Hugolin über die Mönche ihrer Widerspänstigkeit wegen verhängten Bannes.

[4] Friedrich II. nennt die Mailänder am 10. Febr. 1221 seine „dilecti filii". H.-B. II, 126.

welcher Gelegenheit ihn der Cardinalbischof von Ostia seinem Amte gemäß mit dem heiligen Oele salbte[1].

Wiederholt hatte der Kaiser der Kirche ihre Rechte auf das Land von Rabicofani bis Ceperano, Ancona und Spoleto, das Land der Gräfin Mathilde von Canossa, Bertinoro, das Erarchat Ravenna, die Pentapolis, Massa Trabaria, sowie auf Sicilien diesseits und jenseits des Faro, Sardinien und Corsica verbrieft[2]. Nach seiner Krönung that er das von Neuem im J. 1221 zu Capua[3], hauptsächlich weil seine Leute sich durch die gewaltsame Eintreibung des sogenannten Fodrum, d. h. des Unterhaltes für den Kaiser und sein Gefolge, von den Landschaften Campagna und Maritima gegen die in der Bulle ausgesprochene Anerkennung des Kirchenstaates verfehlt hatten und er den Papst beruhigen wollte[4].

Zu Capua bestätigte er auch von Neuem die von ihm schon am 24. September 1220 befohlene Uebergabe des Castells Gonzaga an die römische Kirche, wie die Anerkennung ihrer Eigenthumsrechte auf das Land der Gräfin Mathilde[5]. Uebrigens bot die Geltendmachung dieser Rechte,

---

[1] Am 25. Nov. 1220 sprach Hugolin über Parma wegen Mißhandlung ihres Bischofs und Clerus das Interdict aus, und zwar in Gegenwart des Kaisers, der selbst über die Stadt die Acht verhängte (s. II.-B. II, 48). Im folgenden Jahre schloß die Stadt Frieden mit dem Bischofe. Affò, Storia di Parma, 4 voll., 1792—1795, III, 338, doc. XLI.

[2] Dieß that er zu Hagenau im Sept. 1219 durch Goldbulle (s. Theiner, Codex dipl. etc. I, p. 51, n. 76 [„ex originali"]), welche am 23. April 1220 auch die Zustimmung der Reichsfürsten erhielt. Theiner I, 52, n. 77. Sie war nur eine Wiederholung der am 12. Juli 1213 zu Eger Innocenz III. gegebenen Versprechen (s. Theiner I, 182, n. 330), wozu ebenfalls die Reichsfürsten ihre Zustimmung ertheilt hatten. S. die des Herzogs Ludwig von Bayern vom 6. Oct. 1214 in II.-B. I, 319. Ein ähnliches Versprechen hatte Otto IV. am 22. März 1209 zu Speier beurkundet (s. Theiner I, 42, n. 54), in dem jedoch Sardinien und Corsica nicht ausdrücklich erwähnt sind. Das Recht der Kirche auf die Massa Trabaria erkannte Otto am 7. Oct. 1209 an; s. Theiner I, 43, n. 55. In einigen Exemplaren der Urkunde vom 12. Juli 1213 fehlt ebenfalls die Erwähnung von Sardinien und Corsica, der erstermähnte Text ist aber doch wohl der ursprüngliche, da er in der Form von den Reichsfürsten und im J. 1219 von Friedrich selbst bestätigt wurde.

[3] Theiner I, 62, n. 100. Es ist eine Bestätigung der im Sept. 1219 zu Hagenau gegebenen Urkunde.

[4] Der Kirchenstaat gehörte nicht zum Königreich Italien, welches bloß aus Oberitalien und Tuscien bestand. Der König dieser Länder war nur als Kaiser Schutzvogt der römischen Kirche, und nur als solcher hatte er im Kirchenstaate die zur Ausübung seiner Schutzpflicht nothwendigen Rechte, die aber natürlich keine Herrschaft begründeten. Vgl. Jul. Ficker, Das deutsche Kaiserreich, 1862, S. 96 f. Das Fodrum konnte er nur in zwei, in der Urkunde (Anm. 3) genannten Fällen fordern, nämlich auf dem Krönungszuge nach Rom und sodann, aber nur auf vorher ertheilten päpstlichen Befehl hin, wenn er auf den Ruf des Papstes als Schutzvogt der Kirche zu Hülfe zog. Jene Landschaften lagen nicht einmal auf dem Krönungswege.

[5] Theiner I, 63, n. 101.

da sich das Land in Vieler Hände befand, Schwierigkeiten, deren Lösung dem Cardinal Hugolin übertragen wurde. Dieser entledigte sich seiner Aufgabe zur Zufriedenheit des Papstes[1].

Die Hauptsorge des Papstes wie des Cardinals war aber damals auf das Zustandekommen des Kreuzzuges gerichtet, denn der Kaiser hatte am Tage seiner Krönung aus den Händen Hugolins das Kreuz genommen und versprochen, im August 1221 den Zug antreten zu wollen[2]. Am 14. März 1221 ernannte Honorius III. den Cardinal Hugolin zum Kreuzprediger für Mittel- und Oberitalien. In dem Schreiben, worin er dessen Wahl und Vollmachten verkündete, ertheilte er seinem Eifer und seinem tugendhaften Leben die größten Lobsprüche[3]. Er gleiche den unverweslichen und duftreichen Cedern des Libanon, und wie jene, so rage auch er durch die Betrachtung göttlicher Dinge hoch gen Himmel[4], eine Säule und ein Schmuck der Kirche. Ungern und nur durch die Noth gedrungen entbehre er seines Rathes und seiner Hülfe, hoffend, daß Gott, der diesem Prediger die Gabe der Beredsamkeit verliehen, durch ihn die Herzen der Hörer rühren werde.

Auch der Kaiser, welcher die Wahl bereits am 10. Februar 1221 kannte, freute sich sehr darüber und beglückwünschte den Cardinal dazu. „Auch wir freuen uns," sagt er, „daß ein durch Beredsamkeit, Tugend und Wissenschaft so hervorragender und bekannter Mann zur Ermunterung der Christen bestimmt ist."[5] Hugolin sei vor allen Anderen geeignet, durch sein vom Feuer der Liebe entflammtes Wort in dieser Sache das

---

[1] Päpstl. Schreiben vom 18. Febr. 1221: „(Hug.) Ostiensi episcopo . . . direximus scripta nostra, ut duo castra videlicet Medicinam et Argellatam . . . ad domanium Sedis Apostolicae revocaret, qui . . . illa recipiens Friderico Paragnano commisit gubernanda." Theiner I, 65, n. 104. Andere von Hugolin ertheilte Belehnungen mit zum Mathilde'schen Erbe gehörigen Gütern wurden von Honorius III. am 9. Juni 1221 bestätigt; f in Tiraboschi, Mem. Moden. IV. Cod. dipl. 74, n. 739. Potth. n. 6679.

[2] S. unten S. 55.

[3] Theiner I, 68, n. 111. Aehnlich ist das päpstl. Schreiben an Pisa vom 6. März 1217 (f. bei Rayn. 1217, 88), worin ihn der Papst u. A. einen Mann ganz nach seinem Herzen nennt, mächtig in Wort und That.

[4] Es ist ein Gedanke des hl. Augustinus: „Cedros Libani (i. e. contemplationis altissimae homines) et gregum arietes (i. e. magnos praelatos Ecclesiae) corruisse reperi."

[5] H.-B. II, 124 sqq. „Gaudeamus et nos quia vir fama integer, religione perspicuus, vita purus, facundia eloquentissimus et claris virtutum et scientiae titulis circumspectus ad animandum eos . . . destinatur." — Das Schreiben ist vom 10. Februar. An demselben Tage beglaubigte ihn der Kaiser auch bei den Mailändern und anderen Städten der Lombardei und Tusciens, die er zur Rüstung für den Kreuzzug auffordert (H.-B. II, 126), wie allen Getreuen des Reiches (ebend. II, 123).

gewünschte Resultat zu erreichen. Denn aus seiner Vergangenheit könne man unfehlbar auf die Zukunft schließen. „Damit du aber dein frommes und segensreiches Geschäft wirksamer und rascher fördern könnest," fügt er hinzu, „übertragen Wir dir die volle kaiserliche Macht und Gewalt innerhalb deines Legationsbezirkes, Alle die sich in der Reichsacht befinden, von derselben nach Gutdünken, falls sie unsern Befehlen gehorchen wollen, loszusprechen." Schon der Wortlaut zeigt, daß seine Vollmacht eine beschränkte war und er nicht zum kaiserlichen Legaten in Italien ernannt war. Wäre ja auch durch die militärischen Fragen, womit sich ein solcher zu befassen hatte, das Amt mit dem Charakter eines Cardinals weniger vereinbar gewesen. Immerhin konnte er aber wegen jener Vollmacht nicht bloß apostolischer Legat, sondern auch kaiserlicher Vikar genannt werden [1].

Auch dieses Mal beschränkte sich die Thätigkeit Hugolins durchaus nicht darauf, das Kreuz zu predigen, die Willigen mit dem Kreuze zu bezeichnen [2] und Abgaben für den Kreuzzug zu erheben [3], sondern von Neuem mußte er vor Allem die Wege bereiten, d. h. den Frieden predigen und bewirken. Zu Piacenza waren die Ritter mit den Popolaren wegen Aufnahme gewisser Bestimmungen in das Stadtrecht in große Zwietracht gerathen, die der kaiserliche Legat vergebens zu Gunsten der Ritterschaft hatte beenden wollen [4]. Da übertrugen die streitenden Parteien am 28. April 1221 die Schlichtung des Streites dem Cardinal Hugolin und schworen, sich seiner Entscheidung unterwerfen zu wollen [5]. Am 28. Juli 1221 fällte er zu Bologna im bischöflichen Palaste in Gegenwart des Patriarchen Berthold von Aquileja wie der Bischöfe von Turin, Bologna, Reggio, Como, Padua, Treviso, Piacenza und Imola und anderer Zeugen seinen Spruch [6]. Beide Theile sollten bezüglich aller vergangenen Streitigkeiten Frieden halten und die Bestimmungen des Lateranconcils und die von Friedrich bei seiner Krönung promul=

---

[1] So wird er in den Originalacten seiner Gesandtschaft (f. o. S. 2) genannt, nämlich am 25. März und 4. April 1221. S. Anmerkung 3. Die Rückkehr des kaiserlichen Kanzlers in Italien, Bischofs Conrad von Speier und Metz, nach Deutschland im März 1221 schien die Ansicht, daß Hugolin zu seinem Nachfolger ernannt sei, zu bestätigen.

[2] Zu Siena bezeichnete er 900 durch die Predigt ihres Bischofs schon für den Kreuzzug gewonnene Bürger mit dem Kreuze. S. Ughelli, Italia sacra III, p. 552.

[3] H.-B. II, 143, 1, wonach er am 25. März zu Siena und am 4. April 1221 zu Florenz Abgaben erhielt.

[4] Am 29. Oct. 1220 und von Neuem am 23. Febr. 1221 hatte er gegen die Popolaren die Reichsacht ausgesprochen; s. Boehmer, Acta, nn. 945. 947. Erstere Verfügung war vom Kaiser selbst im Nov. 1220 verschärft worden; ibid. n. 1084.

[5] L. c. n. 948.

[6] Boehmer n. 950. Am 15. Aug. setzte er die Ritter in den Besitz der ihnen zugesprochenen Rechte; ibid. 951.

girten Gesetze[1] bezüglich der Ketzer sowie der Erhaltung der kirchlichen Freiheit in ihr Stadtrecht aufnehmen. Die Ritter behielten die von ihnen sechs Jahre lang innegehabten Vorrechte, das Verfügungsrecht über zwei Stadtthore und einstweilen auch den Thurm der Hauptkirche. Andere Befestigungen sollten zerstört werden und die Ritter einstweilen ihrem frühern Podesta, die Popolaren aber dem Bischofe als Bevollmächtigten des Cardinals gehorchen. Am 28. September 1221 hob er jedoch zu Novara die Genossenschaften der Ritter wie des Volkes zu Piacenza zur Vermeidung aller weiteren Aergernisse ganz auf[2] und verbot die Bildung neuer Genossenschaften bei Strafe des Bannes. Alle auf die bisher bestandenen Genossenschaften sich beziehenden Urkunden mußten verbrannt werden. Die Landleute im Gebiete von Piacenza sollten nur zu denselben Lasten gegen die Stadtgemeinde wie die Bürger verpflichtet sein. — Trotz dieses unparteiischen und gerechten Urtheils kam leider auch jetzt keine dauernde Aussöhnung zu Stande[3], ein Beweis von der Verbitterung der Parteien und der Schwierigkeit der Aufgabe Hugolins.

Wie in Piacenza, so standen sich auch in Mailand im J. 1221 zwei Parteien gegenüber, von denen die eine es mit dem Erzbischofe hielt, während die andere ihn wegen seiner Weigerung, denen von Monza, einer im Mailänder Gebiet gelegenen kleinen Stadt, bedingungslos Lossprechung von dem über sie verhängten Banne zu geben, sogar durch den Podesta, Amisone Sacco, in die Acht erklärte. Diese That hatte dadurch einen besonders gehässigen Charakter, daß sie in Gegenwart eines Gesandten Hugolins, des Magisters Raynald, der ihnen und denen von Monza im Namen des Cardinals volle Gerechtigkeit versprochen hatte, geschah und die Mailänder Hugolins Anerbieten, selbst, ohne einer Partei zu nahe zu treten, die von Monza lossprechen zu wollen, abgewiesen hatten und auch ihre Klagen gegen den Erzbischof vor ihn zu bringen sich weigerten. Als nun der Cardinal zu Bologna von der Achtserklärung gegen den Bischof Nachricht erhielt, excommunicirte er am 31. Juli 1221 den Podesta und Rath von Mailand. Falls sie sich nicht unterwürfen, sagte er, werde er mit um so größerer Strenge gegen sie

---

[1] H.-B. II, 3. Auch am 24. Sept. 1220 hatte der Kaiser befohlen, alle der kirchlichen Freiheit zuwiderlaufenden Bestimmungen aus den städtischen Statuten zu tilgen; ebend. I, 855. — Der Papst hatte dann Hugolin am 25. März 1221 angewiesen, für die allgemeine Publication der Ketzergesetze Friedrichs II. und deren Erklärung in den Rechtsschulen zu Bologna Sorge zu tragen. Theiner l. c. I, 67, n. 106.

[2] Boehmer n. 952. Der Schluß der Urkunde, welcher die Verkündigung des Spruches anordnet, ist vom 28. Oct. 1221.

[3] Schon am 15. Nov. 1221 kämpften Ritter und Popolaren auf's Neue mit einander. Im J. 1223 unternahm dann Cremona die Vermittlung. Ann. Cremon. SS. XVIII, 80. Ann. Plac. p. 438. Boehmer, Acta, n. 953. Erst 1223—1225 hatte man einen gemeinschaftlichen Podesta. Vgl. Winkelmann, Forschungen VII, 315.

einschreiten, je mehr er ihre Stadt bisher geliebt habe. „Vertrautet ihr vielleicht," so schreibt er, „auf eure zeitliche Macht und Tüchtigkeit wie Nabuchodonosor, der, in seinem Herzen sich erhebend und ob des Glanzes und der Stärke seines Reiches aufgeblasen, plötzlich aus der Gesellschaft der Menschen in die von Thieren versetzt wurde? ... Gegen Gott und seine Kirche, welche der Herr über Völker und Reiche gesetzt hat, ist eure Tapferkeit wie ein Stoppelfeuer und euer Werk wie ein Funke; sie werden angezündet werden, und keiner wird sie auslöschen. Oder vertrautet ihr vielleicht auf eure der römischen Kirche erwiesenen Dienste? Wahrlich, wenn diese auch groß sind, so ist euch doch mehr von der Kirche verliehen worden."[1] Der Papst bestätigte den Spruch Hugolins[2], und der Streit zog sich in's J. 1222 hinein, bis endlich, als das Volk schon gegen den Erzbischof und die Vornehmen zur Schlacht bereit stand, im Lager Frieden geschlossen wurde[3].

Wir hören auch von seiner Vermittlung und seinem Schiedsspruche in den Streitigkeiten zwischen dem Bischofe von Feltre und Cividal und der Stadt Treviso über die Grenzen ihres Gebietes, Gerichtsbarkeit und Anderes[4] und der Entscheidung ähnlicher Zwistigkeiten[5]. Daneben nahm er sich der Kirchen[6] wie der Reform der Klöster[7] in besonderer Weise an.

---

[1] S. das Schreiben des Cardinals in Martene et Durand, Veterum Scriptorum etc. ampl. coll. Paris 1724. I, 1154. Es wurde von den Bischöfen von Bergamo und Lodi überbracht. Der Podesta zeigte sich zwar ihnen gegenüber zum Gehorsam willig, wagte aber aus Furcht vor dem Volke nicht, die Acht zu widerrufen; s. das Schreiben der Bischöfe an den Cardinal vom 14. Aug. 1221 ibid. I, 1156. — Vgl. Galvan. Flamma, Manip. florum s. hist. Mediol. in Mur. XI, 668.

[2] Auftrag vom 15. Jan. 1222 an den Bischof von Vercelli, den Am. Sacco zu excommuniciren, erwähnt von Ughelli IV, 178, der ihn unrichtig in's J. 1221 versetzt. Das Schreiben findet sich nun in Rodenberg n. 188 p. 132.

[3] Galvan. Flamma l. c.

[4] S. über diesen Zwist Ughelli, Italia sacra V, 371—373. Honorius III. erwähnt den Schiedsspruch des Cardinals am 6. Sept. 1225 in einem Briefe an den erwählten Bischof von Verona; vgl. denselben im Decret. Greg. IX. l. I. tit. 43 de arbitr. c. 11.

[5] Am 11. Aug. 1221 erimirte er zu Bologna einige dem Abte von Nonantula gehörige Kirchen von der Jurisdiction des Bischofs von Bologna. Savioli III b, p. 16.

[6] Auf seinen Befehl ernannte der Bischof von Padua drei Priester und einen Diakon zu Custoden der Kirche von Padua. S. das päpstliche Schreiben v. 3. Juni 1221 an dieselben. Potth. n. 6674.

[7] Statt der schwarzen Mönche führte er im J. 1221 in das Kloster St. Peter in Coelo aureo zu Pavia, welches die Benedictiner seit dem 8. Jahrhundert besessen hatten, die Augustiner-Chorherren der Congregation von Mortara ein, da diese im Rufe guter Disciplin standen, er aber an einer Reform des Klosters durch die schwarzen Mönche verzweifelte. Potth. nn. 6681 (irrthümlich wiederholt in 6857a). 6714. Am 13. Nov. 1221 bestimmte der Papst das Kloster zu Pavia zum Hauptsitz des Ordens von Mortara; ibid. 6718.

Auch an den wichtigen Verhandlungen zwischen Honorius III. und Kaiser Friedrich II. über den Kreuzzug, welche im April 1222 zu Veroli stattfanden, nahm er Antheil [1] und ging dann mit dem Papste nach Alatri [2]. In dessen Begleitung war er auch gewöhnlich in den folgenden Jahren [3], und war dem Papste, dessen Aufmerksamkeit besonders auf den Kreuzzug, die Lage der Lombardei und Siciliens gerichtet war, alles Fragen, in denen die Entscheidung von dem Verhalten des Kaisers abhing, eine treue Stütze.

In den Schwierigkeiten dieser zahlreichen Geschäfte fand der fromme Cardinal einen großen Trost in der Freundschaft, die ihn mit den heiligen Ordensstiftern jener Zeit verband, und in dem Interesse für ihre Stiftungen.

Viertes Kapitel.

Beziehungen des Cardinals Hugolin zu dem hl. Franciscus und dem hl. Dominicus, sowie zu ihren Orden.

Die ersten Jahrzehnte des 13. Jahrhunderts sind durch das Entstehen und rasche Emporblühen zweier großer Orden, des Franciscaner- und des Predigerordens, besonders merkwürdig. Dem hl. Franciscus erschien die Armuth nicht als etwas Verächtliches, Bemitleidenswerthes, sondern wie ein großer Schatz. Sie war ihm die Braut, die einst Christus dem Herrn bis an seinen Kreuzestod angehört hatte, die aber seitdem verlassen war, bis des Herrn Jünger, Franciscus, um sie warb und mit ihr durch's Land zog. „Ihr heiteres Ansehen, ihre Eintracht ließen," wie Dante [4] singt, „Lieb' und Bewunderung und süßes Schauen Ursache heiliger Gedanken werden." Da sah man denn Tausende „mit dem demuthsvollen Stricke" sich umgürten, sah selbst die Reichsten und Vornehmsten „mit Verachtung alles missen, was geschaffen in der Zeit" [5]. Es erstanden die

---

[1] Am 29. Oct. 1221 war Hugolin noch im Bezirk von Bologna; s. Savioli III b, 17, 18. Am 27. März 1222 bezeugte er päpstl. Urkunden zu Anagni. Ughelli, Italia sacra I, 1187. Nach Potth. I, 678 und n. 6812 hätte er schon am 3. April 1222 zu Veroli dasselbe gethan.

[2] Potth. I, 678, n. 6849 zum 1. Juni 1222.

[3] Nach Potth. I, 678 bezeugte er im Mai und December 1224 und ebenso am 4. und 17. Febr. 1225 zu Rom päpstl. Urkunden. Ende April 1225 verließ Honorius Rom und ging nach Tivoli, dann Mitte Juni nach Rieti. Dort befand sich Hugolin, der wahrscheinlich die ganze Zeit über in des Papstes Begleitung war, nach urkundlichem Zeugniß am 18 Sept. und 26 Sept. 1225. Anfangs Februar 1226 wird er dann den Papst auf seiner Rückreise nach Rom begleitet haben, woselbst wir ihn am 27. Febr. und 9. Mai als Zeugen päpstl. Urkunden finden.

[4] Parad. XI, 76. Vgl. Franz Hettinger, Die göttliche Komödie des Dante Alighieri. Freiburg 1880. S. 412 f.

[5] Jacopone, Lob der Armuth, in Diepenbrocks Geistl. Blumenstrauß. Die Uebersetzung ist von Böhmer.

Bettelorden, gegründet von Heiligen und selbst Erzeuger von Heiligen, im Laufe ihrer Geschichte, wie alles Menschliche, nicht immer und überall in ihren Mitgliedern ganz frei von Makel, aber von einer Fruchtbarkeit, einer Kraft, einer Begeisterung für das wahrhaft Große und Edle, einer thatkräftigen, opfervollen Liebe, wie sie nur der Glaube und die Gnade hervorbringen können. Ein Mann, der an der Wiege dieser Orden als der treue, warme Freund und Berather ihrer Stifter gestanden, der sie mit jugendlicher Wärme geliebt, gepflegt und geschützt, kann kein kleiner, kein gewöhnlicher, kein unheiliger Mann gewesen sein. Von den Gesandtschaften des Carbinals Hugolin mag gesagt werden, daß er sie im Auftrage der Päpste unternommen und nach ihrem Willen durchgeführt habe; aber seine Beziehungen zu den Orden sind etwas rein Persönliches. In ihnen enthüllt sich sein eigenstes Wesen.

Als er im J. 1217 als päpstlicher Legat zu Florenz weilte, besuchte ihn der hl. Franciscus, der sich eben nach Frankreich begeben wollte. Von dieser Begegnung rührt die Freundschaft des Heiligen mit dem Cardinal, den er auch zu den Capiteln des Ordens einlud, her [1].

Wirklich hat Hugolin sicher einmal einem Generalcapitel zu Assisi beigewohnt, auf dem 5000 Brüder zugegen waren und dem auch der hl. Dominicus beiwohnte. Die Brüder holten den Cardinal in Procession ab, wohnten dem von ihm dargebrachten Meßopfer bei und wurden von ihm in seiner Predigt laut belobt. Die Ordnung und die Andacht der Anwesenden erfüllte ihn auch, als er unter ihnen umherwandelte, mit solcher Bewunderung, daß er in die Worte: „Wahrlich, das ist hier ein Heerlager Gottes!" ausbrach [2]. Dieses Generalcapitel war das am 26. Mai 1219 zu Assisi gehaltene zweite Ordenscapitel, welches, da die Brüder auf freiem Felde in aus Binsenmatten errichteten Hütten wohnten, auch das Mattencapitel genannt wird [3].

---

[1] Wadding, Annales minorum fratrum (ed. II. Romae et Anconae 1731 bis 1864. 24 voll. fol.) I, 247 und 261 sq.

[2] Vgl. Wadding I, 284 sqq. Sein Gewährsmann ist Thomas von Celano, wie wir aus dem „Liber conformitatum" des Bartolomaeus Pisanus (l. I, fruct. 10, fol. 99 und l. II, fruct. 12, fol. 184) ersehen. S. Georg Voigt, Denkwürdigkeiten des Minoriten Jordanus von Giano (1207—1238) herausgegeben und erläutert (Abhdlg. der phil.-hist. Kl. der k. sächsischen Gesellschaft b. W. Bd. V, Leipzig 1870. p. 490). Außer seiner um 1229 auf Befehl Gregors IX. verfaßten „Vita S. Francisci", abgedruckt in Acta SS. Octobr. t. II, 683—723, hat der Verf. auch eine zweite, ausführlichere um's J. 1248 geschrieben, die nach Salimbene, Chron. Parm. 1857, p. 60 den Namen „Memoriale beati Francisci in desiderio animi" führte, aber nicht gedruckt ist. Vgl. Voigt a. a. O. 458 ff. Aus dieser zweiten „Legende stammt", sagt Voigt 460, „eine ganze Reihe von Thatsachen und Zügen", die Wadding vortrug und die ihm dann der Bollandist bestritt, weil er ihre Quelle nicht zu finden wußte."

[3] Wir beziehen mit Wadding l. c. den Bericht auf das J. 1219 und nicht 1221, wie Voigt 489 ff. thut. Andere versetzen ihn in eine noch spätere Zeit. Die

Es ist für den Orden hochbedeutsam gewesen, weil es den Ausgangspunkt reicher Missionsthätigkeit bildete[1]. Kurz darnach, im J. 1219, ging der hl. Franciscus in den Orient zu dem damals vor Damiette lagernden christlichen Heere und predigte in Aegypten auch vor dem Sultane, kehrte aber auf die Nachricht von in seinem Orden entstandenen Mißhelligkeiten aus dem Morgenlande zurück[2].

Es war nach der Rückkehr des hl. Franciscus aus Syrien, daß er sich an den Papst mit der Bitte wandte, den Cardinal Hugolin zum Protector seines Ordens, der schon „wie ein vorzüglicher Weinstock seine Rebzweige in die Weiten der Erde verbreitet" hatte, zu ernennen. Eine

Acta SS. Octobr. II. 606—611 vertheidigen die Ansicht, es sei etwa um 1223 gehalten worden. — Es ist richtig, daß weder die erste Legende des Thomas von Celano, noch die Legende der drei Genossen Leo, Rufinus und Angelus (die im J. 1246 dem Ordensgeneral Crescentius gewidmet wurde und Acta SS. l. c. 723 bis 742 gedruckt ist) davon redet, während der hl. Bonaventura in f. „Legenda major b. Francisci" (in Acta SS. l. c. 742—798, p. 752) zwar erwähnt, daß dem Generalcapitel zu Assisi „aliquando" 5000 Brüder beigewohnt hätten, aber keine Jahreszahl nennt. Allein Voigt hat das Mattencapitel vom J. 1219 mit einem von Jordanus, der erst vom J. 1220 aus persönlicher Kenntniß spricht, erwähnten, im J. 1221 abgehaltenen Generalcapitel, dem etwa 3000 Brüder und auch der Cardinal Reynerius angewohnt haben (cap. 15—18), verwechselt. Natürlich würde Jordanus von der Anwesenheit Hugolins und des hl. Dominicus gewußt haben, falls diese auf dem Capitel im J. 1221 zugegen gewesen wären. Zudem hielt Dominicus in den J. 1220 und 1221 um Pfingsten selbst Generalcapitel und zwar zu Bologna ab. S. Acta SS. Aug. t. I, 493, 509. So ergibt sich der Schluß, daß Jordanus von einem andern Capitel spricht als Thomas von Celano und der ihm folgende Wadding. — Hugolin war allerdings am 18. Mai 1219 zu Bologna (s. o. S. 35), findet sich aber nach Potth. I, 678 und n. 6078 am 31. Mai 1219 in Rom, woselbst er an diesem Tage eine päpstliche Urkunde bezeugt. Er kann also immerhin am 26. Mai zu Assisi sich aufgehalten haben. Es konnten aber auch schon im J. 1219 fünftausend Brüder auf einem Capitel anwesend sein, da damals noch alle Professen und selbst Novizen zum Capitel kamen; s. Jordanus c. 16.

[1] Vgl. Jordanus, cap. 3—9. Falls die Lesart in cap. 3: „Anno d. 1219 et anno conversionis ejus 10 frater Franc. in capitulo habito ... misit fratres etc.", richtig ist, erwähnt Jordanus in den gesperrt gedruckten Worten ein im J. 1216 abgehaltenes Missionscapitel, was ganz mit der Ordenstradition (s. Wadding I, 246 sqq., 261 sq.) übereinstimmt. Das Capitel vom J. 1219 ist das zweite Missionscapitel. Auch in den Worten cap. 10: „eodem anno quo alios fratres misit, videlicet anno conversionis XIII° (1219) ... se ad soldanum contulit", scheint sich Jordanus auf das Missionscapitel vom J. 1216 zu beziehen. In cap. 7 und 9 erwähnt Jordanus ein vor dem J. 1219 abgehaltenes Capitel, auf dem der Bruder Elias mit Andern in den Orient gesandt wurde.

[2] Während seiner Abwesenheit im Orient hatten die von ihm zurückgelassenen Vikare Matthäus von Narni und Gregorius von Neapel Anstoß durch einige Fastenvorschriften gegeben, Johannes de Capella eine eigene Genossenschaft zu gründen gesucht ꝛc. S. Jordanus cap. 11—14. Vgl. Voigt 477 ff.

Bitte, die der Papst gerne erfüllte[1]. Der Protector vertrat aber nicht bloß die Interessen der Franciscaner in Rom und beim apostolischen Stuhle, sondern vertheidigte sie auch gegen ihre Widersacher[2]. Denn daran fehlte es dem Orden damals gerade so wenig als zu der Zeit, wo der hl. Bonaventura zu seinen Gunsten gegen die Angriffe Wilhelms von St. Amour stritt.

Der Franciscanerorden konnte sich wirklich Glück wünschen, unter dem Schutze eines so beredten und mächtigen Kirchenfürsten zu stehen, der über ihn mit der ganzen Liebe eines Vaters wachte, und dem der heilige Ordensgründer wie ein Kind seiner Mutter vertraute. Große und heilige Männer verstehen sich leicht in ihrer gemeinsamen Liebe zu Gott und dem Nächsten. Während aber der hl. Franciscus voll prophetischem Geiste seine Briefe „an den ehrwürdigsten Vater oder Herrn Hugo, dem Bischofe der ganzen Welt", somit den zukünftigen Papst richtete, war die bloße Gegenwart des hl. Franciscus genügend, alle Traurigkeit und Unruhe aus dem Herzen des Cardinals zu verbannen. Er verehrte, wie uns der erste Biograph des hl. Franciscus erzählt, den Heiligen wie einen Apostel und diente ihm wie ein Diener seinem Herrn. In seinem Leben aber bemühte er sich, soviel die Umstände es erlaubten, wie einer der Brüder zu sein[3]. Auch noch als Papst besuchte Hugolin im Franciscanergewand, um dadurch unkenntlich zu sein, Stätten der Andacht[4]. Aus seiner Familie traten Mehrere in den Orden selbst ein[5]. Es wäre aber zu weit gegangen, dem Cardinal einen großen Einfluß auf die Ordensregel, d. h. auf diejenige, welche der hl. Franciscus nach seiner Rückkehr aus dem Morgenlande aufstellte[6], zuzuschreiben.

---

[1] S. den Bericht des Jordanus cap. 14; Thomas von Celano a. a. O. cap. 9, n. 74 (p. 703). [2] Thomas von Celano a. a. O.

[3] A. a. O. n. 74 und l. II, cap. 2, n. 99 sq. (p. 710 sq.). Salimbene l. c. p. 8 nennt Hugolin „ordinis fratrum minorum gubernator, protector et corrector". Daß die Ausdrücke nicht in zu engem Sinne genommen werden dürfen, vielmehr ein bloßes Amt bezeichnen, folgt aus § 12 der Ordensregel: „Petant (ministri) unum de S. R. E. cardinalibus, qui sit gubernator, protector et corrector hujus fraternitatis."

[4] S. Thomas von Celano bei Wadding 1217, 8.

[5] Sein Neffe Raynald von Segni, der spätere Papst Alexander IV., war selbst ein Minorit. Gregor IX. hatte ihn am 18 Sept. 1227 „precibus et rogatu fratrum minorum" (Salimbene p. 232) zum Cardinal erhoben. Raynalds Schwester gehörte dem Orden der hl. Clara, sein Neffe dem der Minoriten an (Salimbene l. c.). Der von Innocenz XIII. seliggesprochene Minorit „Andreas Stephani filius e Comitum Signiae clarissimo genere ortus", der die ihm von seinem Neffen Bonifaz VIII. angebotene Cardinalswürde ausschlug und im J. 1302 starb (sein Fest am 1. Febr. s. Brev. Franc.), ist wohl mit dem erwähnten Neffen Raynalds identisch.

[6] S. Jordanus cap. 15, wonach der gelehrte Bruder Cäsarius von Speier beauftragt war, die Regel durch Stellen aus der heiligen Schrift zu belegen.

Denn dieſer beſchränkte ſich darauf, die Beſtätigung derſelben von Ho=
norius III. am 29. November 1223 zu erwirken [1].

Am 18. März 1212 hatte zu Aſſiſi auch eine achtzehnjährige Jung=
frau aus vornehmem Geſchlechte, von der Bußpredigt und dem Wandel
des hl. Franciscus wunderbar ergriffen, der Welt entſagt, und ſich frei=
willig der vollkommenen Armuth geweiht wie dem Gehorſam und der
ſteten Keuſchheit. In dem Klöſterchen St. Damian zu Aſſiſi fand ſie
eine ruhige Stätte. Das iſt die Wiege des Clariſſenordens. Schon im
J. 1214 hatte die hl. Clara acht Gefährtinnen, und in kurzer Zeit bil=
deten ſich in Italien wie Spanien, Frankreich und andern Ländern
ähnliche religiöſe Genoſſenſchaften, die zuerſt unter dem Namen der „armen
Frauen", oder „Clauſur=Frauen" oder der Frauen vom hl. Damian
(Damianiſtinnen) bekannt waren.

Der religiöſen Leitung des Kloſters St. Damian zu Aſſiſi konnte ſich
der hl. Franciscus nicht entziehen, aber er wollte die Brüder ſeines Ordens
mit der Leitung aller andern ähnlichen weiblichen Genoſſenſchaften ver=
ſchont wiſſen. Da er auf dieſer Anſicht in einer vor ſeiner Abreiſe in
den Orient mit Hugolin gehaltenen Unterredung beſtand, nahm der Car=
dinal nach Rückſprache mit dem Papſte ſelbſt die Sorge für dieſelben auf
ſich und beſtellte einen Ciſtercienſer zu ihrem Viſitator [2]. Schon im Jahre
1219 konnte er wenigſtens vier derartige in den Diöceſen Florenz, Lucca,
Siena und Perugia gelegene Klöſter als Eigenthum und Schutzbefohlene
der römiſchen Kirche annehmen [3]. Ihm verdankten ſie auch ihre Regel,

[1] Als Hugolin ſchon Papſt war, gingen ihn die Brüder im J. 1230 um die
Erklärung einiger Punkte der Regel an. In ſeiner Antwort bezog ſich der Papſt
vorzüglich auf ſeine genaue Kenntniß der Intentionen des hl. Franciscus, wodurch
er ſchon anerkannte, daß die Regel hauptſächlich von dem Heiligen herrührte. Dann
ſagt er am 28. Sept. 1230 (Schr. bei Wadding II, 244): „Cum ex longa fami-
liaritate quam idem confessor nobiscum habuit, plenius noverimus intentionem
ipsius et in condendo praedictam regulam, obtinendo confir-
mationem ipsius per Sedem Apostolicam sibi astiterimus." —
Auch die Vita trium Sociorum (l. c. p. 739) bemerkt, „alia regula" ſei durch
Vermittlung des Cardinal=Protectors erwirkt worden. (Die Beſtätigungsbulle in
Wadding II, 70; die Regel ſelbſt ibid. 64—68.) Die Darſtellung der Vita Greg.
in Mur. III, 575: „... minorem ordinem ... infra justitia sub limite in certo
rogantem novae regulae traditione direxit et informavit informem, B. Fran-
ciscum eis ministrum praeficiens et rectorem", gibt zu Mißdeutungen Anlaß,
ſcheint aber auch bloß das Verdienſt Hugolins bezüglich der Beſtätigung des Ordens
hervorheben zu wollen. Denn Innocenz III. hatte den Orden nur mündlich approbirt
(ſ. Vita trium Sociorum, p. 736. 737. 739), Honorius III. ihn zwar ſchon in einem
Empfehlungsſchreiben vom 29. Nov. 1220 zu den approbirten gerechnet (Wadding
I, 301), aber noch nicht förmlich beſtätigt.

[2] Wadding I, 311 sq.

[3] Dieß beurkundete er am 27., 29. und 30. Juli 1219 zu Perugia. Vgl. die
päpſtl. Beſtätigung dieſer Urkunden durch Honorius III. in Sbaralea, Bullar.

die der des hl. Benedict entsprach, jedoch mit einigen von Hugolin herrührenden, dem Zwecke des Ordens entsprechenden strengeren Bestimmungen [1]. Diese Regel war milder als die in St. Damian beobachtete, welche zudem vom hl. Franciscus im J. 1224, als er von Griechenland nach Assisi kam, in Uebereinstimmung mit der für die minderen Brüder gebrachten wurde und so strenge war, daß ihre Abfassung dem daran einigermaßen betheiligten [2] Cardinal Hugolin Thränen auspreßte [3]. Denn sie schrieb nicht nur die äußerste Armuth vor, so daß selbst die Klöster kein Eigenthum und keine Einkünfte haben konnten, sondern auch beständiges Schweigen, beständiges Fasten, und verbot dazu den Genuß von Fleischspeisen überhaupt.

Mit der hl. Clara stand Hugolin in heiliger Freundschaft und vertraute in schwierigen Fällen viel auf die Macht ihres Gebetes. Der folgende Brief [4] des Cardinals an die Heilige zeugt davon:

„An die geliebteste Schwester in Christus und Mutter, Donna Clara, Magd Christi, Hugolin von Ostia, elender und sündiger Bischof ... Geliebteste Schwester in Christus! Seit der Stunde, in der mich die Nothwendigkeit meiner Abreise von frommen Gesprächen mit euch und der heiligen Freude an himmlischen Schätzen losriß, hat mich eine solche Bitterkeit des Herzens, ein solcher Strom von Thränen und eine solche Menge von Schmerzen ergriffen, daß, wenn ich nicht zu den Füßen Jesu den Trost des Gebetes fände, vielleicht mein Geist sich verzehren und meine Seele dahinschmelzen würde. Habe doch auch ich zu meiner großen

---

Francisc. I, 3. 10. 11. 13. Alle vier Klöster waren der heiligen Jungfrau geweiht. Schon am 27. Aug. 1218 hatte der Papst den Cardinal auf dessen Wunsch hin beauftragt, Grund und Boden für Nonnenklöster im Namen der Kirche anzunehmen; a. a. O. I. 1.

[1] S. dieselben bei Wadding I, 312—317; Acta SS. Aug. II, 743, 18. Innocenz IV. bestätigte dieselben am 13. Nov. 1245 (Wadding I, 313. Sbaralea I, 394, n. 1130); Urban IV. am 18. Oct. 1263 (f. Wadding IV, 518. Sbaralea II, 509, n. 98).

[2] Seine Hülfe beschränkte sich auf die Verbesserung des Ausdrucks und die mildere oder genauere Fassung einiger Bestimmungen. Wadding II, 77: „et circa quaedam mitiganda vel cautius praecipienda suum dabat consilium." Vgl. Acta SS. Aug. II, 744 sq. — Diese Regel wurde von Innocenz IV. am 9. Aug. 1253 bestätigt.

[3] Wadding l. c. II, 78. Auch als Papst suchte er die hl. Clara zur Annahme von Besitz, aber vergebens, zu bewegen. Wadding II, 176. Erst Urban IV. gelang es, die meisten Klöster des Ordens zur Annahme einer neuen Regel, wonach die Klöster feste jährliche Einkünfte besitzen durften und die Schwestern nicht zu beständigem Fasten verpflichtet sein sollten, zu bestimmen. S. den Wortlaut derselben in Wadding IV, 507, n. 7. Allein einige Klöster, die nun Clarissen, im Unterschied von den übrigen, genannt wurden, hielten sich auch jetzt noch an die alte Regel vom J. 1224. [4] Wadding II, 16.

Freude mit dir und den übrigen Mägden Ostern gefeiert. Nun aber bleibe ich wegen eurer Abwesenheit traurig und verlassen, wie auch die Jünger große Traurigkeit ergriff, als der Herr ihnen genommen und am Kreuzesstamm angenagelt wurde. Zwar wußte ich schon vorher, daß ich ein Sünder sei, aber doch habe ich erst, als ich deine Verdienste und die Strenge des Ordens sah, mit Gewißheit erkannt, daß ich von einer solchen Menge von Sünden gedrückt bin und so sehr gegen den Herrn der Welt gesündigt habe, daß ich nicht würdig bin, der Schaar seiner Auserwählten beigesellt und von den Geschäften der Erde befreit zu werden, es sei denn, daß deine Thränen und Gebete mir Verzeihung meiner Sünden erwirken. Ich vertraue deßhalb dir meine Seele an und empfehle dir meinen Geist, auf daß du mir am Tage des Gerichtes dafür antwortest, falls du nicht um mein Heil sehr bekümmert gewesen bist. Denn gewiß wird das inständige Flehen eines so frommen Lebens und so vieler Thränen von dem höchsten Richter erlangen, um was immer es bittet. Bald wird der Papst nach Assisi kommen, aber ich wünsche dich und deine Schwestern zu sehen, sobald sich dazu eine Gelegenheit darbietet. Grüße deine Schwester Agnes und alle deine Schwestern in Christus. Rom" 2c.

Hugolin war aber nicht der Mann, seine Liebe dem Orden durch bloße Worte zu bezeugen. Wie er noch als Papst aus eigenen Mitteln für die minderen Brüder zu Viterbo Haus und Kirche schaffte [1], so gründete er auch selbst zu Rom ein Kloster der Armen Frauen, das St.-Cosmas-Kloster [2]. Auch in der Lombardei und Tuscien gründete er solche Klöster [3]. Das mag aber gleich hier bemerkt werden, daß er auf dem päpstlichen Throne nicht aufhörte, den Stiftungen des hl. Franciscus seine väterliche Fürsorge in vollem Maße zuzuwenden. Mit Recht konnte deßhalb der Geschichtschreiber des Ordens die Verdienste des Cardinals und Papstes um den Orden „unsterblich" nennen [4].

Zu derselben Zeit, in der die Gluth der Liebe schon bei Lebzeiten den Glorienschein um das Haupt jenes seraphischen Nachfolgers des armen Lebens Jesu verbreitete, war ein Anderer auf Erden, wie Dante [5] sagt, „durch Weisheit ein Schimmer von dem Licht der Cherubinen". Der

---

[1] Wadding II, 422.

[2] Vita Greg. Mur. III, 575: „Domnabus eisdem in urbe monasterium unum, scilicet monasterium s. Cosmae; in Lombardia ... in Tuscia ... expensis innumeris et ministerii sui subventione construxit, providendo postmodum necessitatibus eorum."

[3] A. a. O. — Dem Clarissenkloster von der hl. Maria de Charitate überwies er als Papst im J. 1228 ein Hospital und eine Kirche, welche Schenkung Alexander IV. am 11. Dec. 1255 bestätigte. S. Wadding II, 213; III, 546, n. 42.

[4] Wadding III, 65.   [5] Parad. XI, 37.

hl. Dominicus, dessen Orden am 22. December 1216 von Honorius III. bestätigt wurde, hielt sich wie zu Ende des J. 1216, so auch zu Anfang des J. 1217 zu Rom auf. Damals trat auch er in enge Verbindung mit dem Cardinal. Denn beide arbeiteten zusammen an dem Werk der Reform und der Vereinigung der zu Rom in kleinen Genossenschaften zerstreut lebenden Nonnen. Diese legten Anfangs dem Werke große Schwierigkeiten in den Weg, bis es dem hl. Dominicus gelang, ein Kloster für die Reform zu gewinnen, dessen Unterwerfung Cardinal Hugolin mit andern Cardinälen entgegennahm. Den Nonnen wurde nun das bisher von den Dominicanern innegehabte Kloster S. Sisto eingeräumt und ihnen von dem hl. Dominicus, der schon im J. 1206 zu Prouille ein Nonnenkloster gegründet hatte, eine Regel gegeben. S. Sisto war das zweite Dominicanerinnenkloster, aber das erste, in dem die Schwestern der Regel gemäß eingekleidet wurden [1].

Als im J. 1219 der Heilige von einer Reise nach Spanien und Frankreich zurückkehrte, begab er sich zunächst nach Bologna, wohnte dann aber wahrscheinlich nebst Hugolin dem Ordenscapitel der Franciscaner zu Assisi bei [2]. Um jene Zeit, und sicher vor dem Ordenscapitel vom J. 1220, auf dem der Dominicanerorden auf Eigenthum verzichtete und von Almosen zu leben beschloß, muß wenigstens die Zusammenkunft des hl. Franciscus, des hl. Dominicus und des Cardinals stattgefunden haben, auf der der Vorschlag des hl. Dominicus, beide Orden in einen zu vereinigen, von dem hl. Franciscus, der gerade die Verschiedenheit ihrer Regeln der Verschiedenheit der menschlichen Neigungen und Charaktere entsprechend hielt, zurückgewiesen wurde [3].

Nach dem zweiten Generalcapitel seines Ordens (30. Mai 1221) begab sich der hl. Dominicus nach Venedig zum Cardinal Hugolin, um mit ihm über die Angelegenheiten seiner Genossenschaft zu berathen [4]. Auf der

---

[1] Außer dem Cardinal Hugolin hatte der Papst dem Heiligen die Cardinäle Nicolaus und Stephan zur Unterstützung gegeben. Vgl. Theod. de Apolda, Vita S. Dom. Acta SS. Aug. I, (562—632) 578 sqq. Lacordaire, Vie de S. Dominique, Paris 1844, 409—433. — Es war Hugolin zu verdanken, daß den Dominicanern in Mailand S. Eustorgio eingeräumt wurde. Vgl. Tristanus Calchus, Hist. Patriae Lib. XIII. in Graevius, Thesaur. Ant. Italiae, t. I, p. I, p. 298.

[2] S. o. S. 42. Acta SS. Aug. I, 484 sq.

[3] Wadding (I, 484) verlegt sie nach Perugia, und zwar in den Mai 1219, was aber, da der Heilige erst im Sommer zurückkehrte (s. Jordanus, Vita S. Dom., cap. 2, in Acta SS. Aug. I, 551), zu früh angesetzt ist. Fiel sie vor das Capitel vom J. 1219, so fand sie zu Bologna statt. Dorthin hatte sich Dominicus begeben, und dort hielt sich auch Hugolin am 18. Mai 1219 auf. S. o. S. 35. Allein der Vorschlag ist am besten durch den Eindruck, den das Generalcapitel auf Dominicus machte, erklärt und die Verhandlung dahin oder darnach zu verlegen.

[4] S. die eidliche Zeugenaussage in Acta SS. l. c. I, 514.

Rückreise nach Bologna zog er sich eine Krankheit zu, an der er am 6. August 1221 zu Bologna starb. Es war dem Cardinal, der gerade um jene Zeit nach Bologna kam, nicht mehr vergönnt, ihn am Leben zu finden. Er konnte seine Liebe zu ihm nur noch dadurch zu bezeugen, daß er die Exequien hielt und ihn in der Ordenskirche zu Bologna begrub[1]. Von der treuen Freundschaft aber, die ihn im Leben mit dem Heiligen verbunden hatte, hat er später selbst in der Canonisationsbulle des hl. Dominicus freudigen Herzens Zeugniß abgelegt[2]. Freundschaft setzt aber gleiche Gesinnung voraus. Können wir von seinen Freunden auf die Gesinnung des Cardinals Hugolin schließen, so war er selbst ein heiligmäßiger Mann.

Die Freundschaft des Cardinals für die Bettelorden sollte für sie sowohl wie für die Kirche von der höchsten Bedeutung werden. Denn da er auch als Papst fortfuhr, sie in jeder Weise zu beschützen und zu begünstigen und sich ihrer Dienste gegen die Häresie wie für die Ausbreitung der Missionen zu bedienen, und ihre Stifter in die Zahl der Heiligen aufnahm, führte er die religiöse Begeisterung jener Tage, die bisweilen in Gefahr stand, in überspannte Schwärmerei zu verfallen, in die richtigen Grenzen zurück. Auf der andern Seite aber wirkte er auch mittelbar durch jene Orden auf Clerus und Laienwelt höchst vortheilhaft ein. Denn, um von einer ketzerischen Schwärmerei wie die der Katharer abzusehen, welche die ganze christliche und staatliche Ordnung bedrohte, war auch auf katholischem Boden eine Bewegung entstanden, die ohne die Orden sehr gefährlich geworden wäre. Erst im J. 1202 war „der Prophet einer neuen Zeit"[3], der Abt Joachim von Fiore, gestorben. Die von ihm geforderte Rückkehr der Kirche in den Zustand der apostolischen Zeit hatte Manche Angesichts des Reichthums der Kirchen und der Prälaten tief erregt, und sein Wort war auch die Losung von weniger gut Meinenden geworden. Da zeigten die Bettelorden, daß, wenngleich jene Forderung unerfüllbar blieb, die Opfergesinnung der ersten Christen, die willig Alles zum gemeinsamen Besitz darbrachten, mit Nichten ausgestorben war. Meist aus dem Volke hervorgegangen und mitten im Volke stehend, wurden sie das Bindeglied zwischen demselben und dem

---

[1] Jordanus l. c. cap. 4, p. 555. Humbert, Vita S. Dom., cap. 53, ibid. p. 524.

[2] Ripolli, Bullar. Praedic. (ed. A. Bremond, 8 voll., Romae 1729—1740) I, 67, n. 108. Jordanus sagt a. a. O. vom Cardinal: „Valde familiariter eum (Dominicum) noverat, et multo dilexerat amoris affectu, sciens virum justum et sanctum."

[3] „Il Calavrese abate Giovacchino
  Di spirito profetico dotato"
nennt ihn Dante (Parad. XII, 140).

reicheren Clerus. Zwar lag es im Charakter menschlicher Dinge, daß nun hinwieder manche Weltgeistliche mit Neid auf die Vorrechte, das rasche Aufblühen und die reiche Wirksamkeit der Bettelorden sahen. Als sie jedoch in kurzer Zeit große Heilige und große Lehrer hervorbrachten, wie den seligen Albert den Großen, den hl. Thomas und den hl. Bonaventura, und die Päpste wie die Bischöfe sie ehrten und liebten, mußten auch solche Angriffe in Nichts zerfallen. Dem Papste Gregor IX. aber gebührt das Verdienst, schon als Cardinal nach besten Kräften an der Hebung dieser Orden mitgearbeitet zu haben.

Zweiter Abschnitt.
Von der Erwählung Gregors IX. (1227) bis zum Frieden von Ceperano (1230).

Fünftes Kapitel.

Gregors Erhebung auf den päpstlichen Thron. Verhältniß des Kaisers Friedrich II. zum apostolischen Stuhle im J. 1227. Der päpstliche Bannspruch gegen den Kaiser.

Papst Honorius III. war am 18. März 1227 verschieden. Mehr Cölestin III. als dem großen Innocenz III. ähnlich, milde und nachgiebig, hatte er besonders gegen manche Uebergriffe Friedrichs II. in Sicilien und Italien die äußerste Langmuth gezeigt. Nichts hatte ihm mehr am Herzen gelegen, als der Kreuzzug. Um diesen zu Stande zu bringen, war ihm kein Kreuz zu schwer, keine Mühe zu groß gewesen, und sein Ruf zum Streit für das Heilige Land war über die ganze Erde erklungen.

Schon am 19. März versammelten sich die Cardinäle nach den Exequien und dem Begräbnisse des Papstes zu Rom in dem unweit des Colosseums gelegenen St.-Andreas-Kloster, dem ehemaligen Wohnhause des hl. Gregor I.[1], zur Neuwahl. Man beschloß, durch Compromiß zu wählen, und übertrug das Stimmrecht auf drei Cardinäle, worunter sich neben dem Cardinalbischof Hugolin von Ostia und Velletri auch der deutsche Graf Conrad von Urach, Cardinalbischof von Porto und S. Rufina, befand. Er gehörte dem Cistercienserorden an und hatte sich sowohl als General durch die Leitung seines Ordens, wie als Cardinallegat in Frankreich und Deutschland ganz hervorragende Verdienste erworben[2].

---

[1] „In domo b. Gregorii Gregorius ejus imitator assumitur apud septem solia." Vita Greg. Mur. III, 575. Rayn. 1227, 15. Vgl. über den Ort Palatius, Gesta Rom. Pontificum etc. tom. II (1680), 748 sq., sowie Zöpffel a. a. O. 332 f. — Auch Innocenz III. war dort gewählt worden; f Hurter I, 84.

[2] Vgl. Stälin, Wirtemb. Gesch. II, 461. K. H. Freih. Roth von Schreckenstein: „K. v. Urach... als Cardinallegat in Deutschland" (Forschungen VII, 319—393). Die Regesten des Cardinals auch in Forschungen IX, 631 f. von F. Winter.

Ihn erkoren seine beiden Gefährten[1]. Aber er wollte nicht, daß man sagen könne, er habe sich selbst zum Papste gewählt[2], und lehnte daher die Wahl ab.

Jetzt wandten sich Aller Augen auf Cardinal Hugolin, der nun einstimmig, „wie durch göttliche Inspiration", am 19. März 1227 zum römischen Papste erklärt wurde. Vergebens suchte er sich der hohen Würde zu erwehren; er mußte dem Drängen und der Gewalt der Anwesenden, wie der Furcht, der göttlichen Eingebung zu widerstreben, zur größten Freude des Volkes und des Clerus nachgeben[3]. Der neue Papst nahm den Namen „Gregor" an, ein Name, an dessen ersten großen und heiligen Träger die Wahlstätte selbst erinnerte und den Gregor VII. zur Losung treuen und muthigen Kampfes für die Reinheit und Freiheit der Kirche gemacht hatte. Die Annahme eines neuen Namens sollte aber das Anziehen eines neuen Menschen versinnbilden. Obgleich wahrscheinlich nicht beabsichtigt, wurde der Name bezeichnend für den Charakter der Regierung des neuen Papstes gegenüber der seines nachgiebigen Vorgängers. Zum Sinnspruche wählte Gregor IX. denselben Spruch wie Innocenz III.: „Domine, fac me signum in bonum" — „Herr, thue an mir ein Zeichen zum Guten."[4]

Begleitet von den Cardinälen, dem Clerus und dem Volke zog nun der Erwählte zur päpstlichen Kirche, S. Johann im Lateran, dort vor dem Altare den Segen Gottes zu erflehen und Besitz zu ergreifen von der Kathedra des hl. Petrus, zum Zeichen, daß dessen Vorrechte auf ihn übergegangen seien. Er mußte sich aber dann auch vor der Kirche auf den Stein, den man den Kothsessel hieß, setzen, um der Güte dessen zu gedenken, der den Armen erhebt aus dem Kothe, wornach ihm erst bei den beiden Porphyrsitzen Ruthen als Sinnbilder seiner Strafgewalt und die Schlüssel der Laterankirche und des Palastes als Sinnbilder seiner Binde- und Lösegewalt gegeben wurden. Diese Besitzergreifung des Lateran geschah am 19. März 1219, dem Wahltage, einem Freitage.

---

[1] Hist. Villariensis (Conrad war 1210—1214 Abt von Villers an der Dyle in Brabant gewesen) bei Martene und Durand., Thesaur. III, 1275.

[2] Vgl. v. Schreckenstein a. a. O. (Forschungen VII, 365.)

[3] Vgl. die Vita Greg. l. c., sodann das päpstl. Schreiben vom 23. März 1227 an Kaiser Friedrich, H.-B. III, 1: „... post aliquantulum tractatum de substitutione pontificis omnes pariter ad imbecillitatem nostram quasi divinitus inspirati oculos direxerunt et nobis renitentibus et invitis cum multa instantia et etiam violentia conati sunt humeris nostris imponere onus."

[4] Ps. 85, 17. Er findet sich auf den Siegeln Gregors IX. wie Innocenz' III. Daß sie diesen Spruch wegen einer darin gefundenen Anspielung auf den Namen „Segni" gewählt hätten, ist nicht wahrscheinlich. Schon Eugen III. führte ihn, während Alexander IV., der doch auch aus der Familie der Grafen von Segni stammt, den Spruch: „Suscipe, Domine, servum tuum in bonum" hatte.

Die Consecration fand am Sonntage, den 21. März, in der St.-Peters-Kirche statt[1]. Dort empfing er das Pallium, das Zeichen der päpstlichen Vollgewalt und brachte das heilige Meßopfer dar. Es war in der Fastenzeit, und aus Rücksicht darauf wurde die Krönung auf den 11. April, das Osterfest, verlegt[2]. Dann zog er am Montage nach dem weißen Sonntag aus der St.-Peters-Kirche, nach der feierlichen Darbringung des heiligen Meßopfers, durch die Triumphbogen der auf's Herrlichste geschmückten Straßen, bekleidet mit den Insignien seiner hohen Würde, in Begleitung der Cardinäle, der Vornehmsten der Stadt und einer unabsehbaren Menge, die Palmen und Blumen trug, unter dem Schmettern der Trompeten wie den Jubelgesängen des Volkes[3].

Sollte man nicht glauben, daß sein eigenes Herz ob all der Ehre und des Glanzes sich nun gefreut hätte? Allein Gregor hatte sein hohes Amt nicht aus Ehrgeiz, sondern aus Gehorsam übernommen. Er konnte seine armen Brüder, die Minoriten, die er als Cardinal so geliebt, und den Frieden der Mägde der glorwürdigen Jungfrau, die „Armen Frauen" nicht vergessen; schmerzlich vermißte er die Freuden, welche die Betrachtung heiliger Dinge ihm gewährt hatte, und betrauerte den Verlust der inneren Tröstungen. Dort auf dem apostolischen Stuhle fühlte er sich, wie er schon wenige Monate nach seiner Erhebung an eines der ihm so theuern Klöster schrieb[4], wie an's Kreuz geschlagen. Mit Galle und Myrrhen sei er getränkt und wünsche, sein Haupt neigen und sterben zu können. „Bittet," so schreibt er, „daß der Herr das Opfer seines Dieners nicht verachte. Bittet für mich, den Knecht der Knechte und Mägde Christi, denn täglich werde ich für euch und alle Schäflein der Heerde Christi geopfert, habe die Arme am Kreuze ausgebreitet und empfehle meine Seele in die Hände meines Herrn und Gottes." Was ihn damals so sehr drückte, war besonders die Sache des Kreuzzuges.

Dem Kreuzzuge, über dessen Vorbereitung Innocenz III. gestorben war, für dessen Zustandekommen Honorius III. Alles erduldet hatte, für den Gregor IX. vor seiner Erhebung auf den päpstlichen Thron als Kreuzprediger in Italien mit allem Eifer gewirkt hatte, wandte der neue Papst alsbald die größte Sorge zu. In demselben Rundschreiben[5] vom 23. März 1227, worin er seine Wahl anzeigte, befahl er, man solle

---

[1] S. den Bericht in Vita Greg. l. c. Ueber die bei der Einführung in den Lateran gebräuchlichen Ceremonien f. Zöpffel S. 191—233.

[2] Sie fand „in Virginis gloriosa Basilica" (Vita Greg. l. c.), Santa Maria Maggiore, statt.

[3] Vita Greg. l. c.

[4] Am 12. Aug. 1227. Dankschreiben an das Arme-Frauen-Kloster zu Siena für ihren Glückwunsch zu seiner Erhebung. Rayn. 1227, 64.

[5] Rayn. 1227, 17.

sich überall für den Kreuzzug bereit machen. Der Erfolg hing aber durchaus von der Haltung Friedrichs II. ab.

Friedrich II. hatte zu Aachen am 25. Juli 1215 bei seiner Krönung zum deutschen Könige voll Dankbarkeit gegen Gott[1] freiwillig, ohne vorherige Mahnung und ohne Wissen des apostolischen Stuhles[2], das Kreuz genommen. Daß durch ihn das Heilige Land, für dessen Befreiung sein Großvater, Friedrich Barbarossa, noch im Alter (im J. 1190) sich in Asien solchen Mühsalen ausgesetzt, und an dessen Eroberung ihn der Tod verhindert hatte, befreit werde, war ein Wunsch, durch dessen Erfüllung er seine Dankbarkeit nicht bloß gegen Gott, sondern auch gegen die Kirche bezeugen[3] und sich unter den christlichen Völkern ewigen Ruhm erwerben konnte. Die Lage der Dinge in Deutschland machte es ihm zwar unmöglich, der Anordnung des vierten Laterancincils, welches im November 1215 für alle Kreuzfahrer den 1. Juni 1217 als Tag der Abfahrt bestimmte, zu folgen; allein er hielt auch die anderen ihm von Honorius III. bestimmten Termine nicht ein[4]. Dieser drängte aber

---

[1] Ann. S. Trudperti SS. XVII, 293. „Personam et posse nostrum non in sacrificium sed holocaustum humiliter obtulimus Domino puro et sincero animo." Kaiserl. Schreiben vom 6. Dec. 1227. H.-B. III, 37.

[2] Rein. Leod. SS. XVI, 673. — „Sponte, non monitus, sede apostolica ignorante", wie Gregor IX. am 10. Oct. 1227 sagt. H.-B. III, 25. Somit konnte man den Päpsten nicht vorwerfen, ihn dazu gedrängt zu haben. Ein Vorwurf liegt nicht in den Worten, gehört ja doch die Freiwilligkeit mit zu den wesentlichen Bedingungen eines Gelübdes. Nach der unrichtigen Auffassung Schirrmachers (II, 41) wollte Friedrich sich „nicht von der Kirche bevormunden lassen", und hat man „in Rom nicht vergessen, sich diese Eigenmächtigkeit zu notiren". — Es läßt sich nicht einmal beweisen, daß der Scholaster Johann von Xanten, der zu Aachen das Kreuz predigte, Friedrich persönlich bewegen wollte, noch viel weniger gilt dieses vom apostolischen Stuhle. Daraus ergibt sich schon der Werth der Bemerkung Winkelmanns (Friedrich II. Bd. I, 69, 2): „Absichtlich (!) unrichtig wird das Verhältniß durch das so unscheinbar eingeschobene ‚non monitus' dargestellt."

[3] Am 21. Aug. 1215 ersuchte er die zum Generalcapitel versammelten Cistercienseräbte, für den glücklichen Erfolg des Kreuzzuges zu beten und dem Papste in seinem Namen für die vielen ihm erwiesenen Wohlthaten zu danken, da er dazu unvermögend sei. Winkelmann, Acta, n. 131.

[4] Schirrmacher (II, 30 ff.) übersah, daß der Beschluß des Laterancincils auch Friedrich band und Friedrich II. das selbst anerkannte. In seinem Schreiben vom 6. Dec. 1227 (B.-H. III, 40) heißt es: „Cum instantia magna postulavimus tam nobis quam omnibus aliis certum sub censura ecclesiastica prefigi terminum veniendi." Er erhielt denn auch Aufstand: „Incidenter absolutionem petiit et accepit" (H.-B. 25), welchen vielleicht der Gesandte, den Honorius III. bei seiner Thronbesteigung auf die Vorstellung des kaiserl. Gesandten hin in Sachen des Kreuzzuges an den Kaiser geschickt hatte (s. Rayn. 1217, 41), überbrachte. — Honorius III. setzte dann am 11. Febr. 1219, Friedrichs eigener Aufforderung (Ep. Fr. vom 12. Jan. 1219. Winkelmann, Acta, n. 151) entsprechend, diesem den 24. Juni 1219 bei Strafe des Bannes als äußersten Termin zur Ueberfahrt fest (s. die päpstl.

um so mehr, als am 5. November 1219, trotzdem Friedrich keine Hülfe geschickt, Damiette, der Schlüssel zu Aegypten, in die Hände der Christen gefallen war und der Sieg nun behauptet und benützt werden mußte.

Am 22. November 1220 nahm Friedrich bei seiner Kaiserkrönung von Neuem das Kreuz, und zwar aus den Händen des Cardinals Hugolin, des nachmaligen Papstes Gregor IX. Er versprach, im August 1221 [1] überzufahren und bereits im März 1221 Hülfstruppen vorauszusenden. Letztere schickte er zwar wirklich ab, nämlich 500 Ritter mit dem Herzog von Baiern und dem Bischofe von Passau im April und eine Flotte von 40 Schiffen im Juni 1221. Allein er selbst fuhr nicht über [2]. Die Flotte aber kam zu spät, um das christliche Heer zu retten. Am 17. Juli 1221 hatte es sich von Damiette aus gegen Kairo zur Eroberung Aegyptens in Bewegung gesetzt, war aber zu schwach, wurde in Folge der Ueberschwemmung des Nils eingeschlossen und mußte seine Befreiung am 30. August 1221 durch Uebergabe von Damiette und einen Waffenstillstand von acht Jahren erkaufen. Die Niederlage war um so schmerzlicher, als wiederholt, und sogar noch auf dem Marsche selbst, dem christlichen Heere Jerusalem und andere von Saladin eroberte christliche Orte Syriens und Palästina's vom Sultan von Aegypten gegen Verzicht auf Damiette angeboten [3], aber von den Christen im Vertrauen auf die Hülfe des Kaisers nicht angenommen worden

---

Schreiben vom 8. und 11. Febr. 1219 in Rayn. 1219, 7, 23), dann den 29. Sept. 1219 (päpstl. Schreiben vom 18. Mai in Forschungen Bd. XV, 377), dann den 21. März 1220 (Schreiben vom 1. Oct. 1219, Rayn. 1219, 9), dann aber höchst ungerne den 1. Mai 1220 (Rayn. 1220, 6). Am 19. Febr. 1220 hatte Friedrich einen Plan entwickelt, wornach er die deutschen Fürsten vorausschicken wolle, da sie, wenn er selbst vorausziehe, ihm vielleicht nicht folgen würden (Winkelmann, Acta, n. 173). Daher brauche er einen neuen kurzen Aufschub! — Er fuhr aber auch dann nicht ab, war also eigentlich dem Banne verfallen und mußte sich deßhalb vor der Krönung im Stillen einer kleinen Buße unterziehen. Vgl. darüber sein Schreiben vom 13. Sept. 1220 in Boehmer, Acta, n. 276: „Quod nobis affectione paterna, volentes consulere anime nostre, providere curastis, licet non inciderimus in latam sententiam impedimentis evidentibus (an solchen Vorwänden fehlte es ihm nie) prepediti, ... nihilominus tamen ... juxta posse ... adimplere curavimus diligenter." — Es liegt auf der Hand, daß, nachdem Otto IV. am 19. Mai 1218 gestorben, ein gewichtiger Grund zum Aufschub nicht vorhanden war. Er hatte aber seitdem schon vier Termine bis zu seiner Krönung verstreichen lassen.

[1] Päpstl. Schreiben vom 15. Dec. 1220 an den Cardinallegaten Pelagius im Heiligen Lande. Rayn. 1220, 21. Rich. Sangerm. 340.

[2] Honorius III. wußte davon schon wenigstens am 20. Juli 1221 (s. Ep. Hon. Rayn. 1221, 7), ließ es aber, wie immer nachgiebig, wenn nur der Kreuzzug gefördert wurde, hingehen.

[3] Ann. Col. max. SS. XVII, 835 sq.

waren[1]. Er hätte wenigstens früher seine Hülfe senden sollen, wenn er denn einmal selbst wirklich nicht abfahren konnte[2]. Nun schrieben nicht bloß die Päpste[3], sondern auch andere unparteiische Zeitgenossen[4] seiner Nachlässigkeit und Gleichgültigkeit[5] den Verlust von Damiette zu, der in der ganzen Christenheit die größte Bestürzung hervorrief.

Nachdem Kaiser und Papst am 12. April 1222 über die Kreuzzugsangelegenheit sich zu Veroli besprochen hatten, versprach[6] der Kaiser im März 1223 eidlich auf der Fürstenversammlung zu Ferentino in Campanien, die Fahrt bis zum 24. Juni 1225 anzutreten, und gelobte, da er seit dem 23. Juni 1222 Wittwer war, Isabella, die Tochter und Erbin Johanns von Brienne, des Königs von Jerusalem, zu heirathen[7]. Dem Letzteren gelang es nicht, in Frankreich und England eine nennenswerthe Hülfe zu finden. Friedrich II. aber bat nun wiederum um einen neuen Termin und hielt inzwischen die von ihm nach Apulien berufenen Prälaten Siciliens, um einen Druck auf den Papst auszuüben, gefangen. Dann verpflichtete er sich am 25. Juli 1225 zu San Germano[8], bestimmt bis August 1227 abzufahren. Und „zur Vermeidung drohenden Aergernisses" verpflichtete er sich auch, zwei Jahre lang 1000 Ritter im Heiligen Lande zu unterhalten, resp. für jeden an der Zahl Fehlenden 50 Mark Silber zum Besten des Kreuzzuges zu verwenden. Außerdem will er 2000 Rittern freie Ueberfahrt geben und 50 Kriegsschiffe und 100 Frachtschiffe zwei Jahre lang dem Kreuzheere zur Verfügung lassen,

---

[1] Durch die im April gesandten Truppen wußte man am 17. Juli auch im Oriente von der Sendung der Flotte, wie daß Friedrich nicht selbst kommen würde. — Schon am 21. Aug. 1221 warf der Papst dem Kaiser vor, das christliche Heer durch seine Versprechungen getäuscht zu haben. Rayn. 1217, 17.

[2] Der Kaiser suchte sich damit zu entschuldigen, daß in dem vor dem Marsche zu Damiette gehaltenen Kriegsrathe seine Gesandten seinem Befehle gemäß abgerathen hätten, vor der Ankunft des kaiserlichen Heeres etwas Neues zu unternehmen (s. H.-B. III, 40); allein nach anderen Nachrichten soll gerade der Herzog von Baiern zum Vorrücken aufgefordert haben, da der Kaiser sich wundere, daß man so lange müßig bleibe. Rayn. 1221, 9. Wilken, Gesch. der Kreuzz., Bd. VI (1830), 318 ff.

[3] Honorius III. wie Gregor IX.; s. Rayn. 1221, 18—22; 1227, 36.

[4] So z. B. die Troubadours; s. Hist. litt. I, 328; II, 45. 378. 460 sqq. Diez, Leben der Troubad. S. 318 f. 562. Vgl. Röhricht, Beiträge zur Geschichte der Kreuzzüge, Bd. I, 1874, S. 59.

[5] Die Flotte war durch die Verfolgung einer ägyptischen Corsarenflotte aufgehalten worden. Ann. Januens. ad a. 1221. Die Führer derselben fielen nun beim Kaiser in Ungnade. Walter von Palearits floh nach Benedig. Graf Heinrich von Malta wurde gefangen, hatte aber schon wieder im J. 1223 ein Commando gegen die Saracenen auf Sicilien. Rich. Sangerm. 341. Ann. Januens. SS. XVIII, 153.

[6] Rich. Sangerm. Päpstl. Schreiben bei Rayn. 1223, 1—6.

[7] Sie wird von Neueren bisweilen unrichtig Jolanthe genannt. So hieß ihre Mutter. — Die Vermählung fand am 9. Nov. 1225 statt.

[8] Rich. Sangerm. H.-B. II, 501.

oder, falls dieß nicht geschieht, Geldersatz dafür leisten. Endlich wird er bis August 1227 dem Könige Johann, dem Patriarchen von Jerusalem, sowie den Ordensmeistern zu demselben Zwecke 100 000 Goldunzen (d. h. 6 150 000 Francs)[1] in fünf bestimmten Fristen zahlen, die er aber beim Antritte des Zuges für die Zwecke desselben zurückerhält. Alle diese Verpflichtungen haften an der Krone Siciliens, sind daher von jedem Inhaber derselben zu erfüllen. Hält Friedrich auch nur eine derselben nicht, so ist er sofort, ohne weitere Erklärung von Seiten des Papstes, dem Banne verfallen.

Wohl durfte er sagen, daß er sich hierzu „zur Vermeidung drohenden Aergernisses"[2] verpflichtet habe. Um Aergerniß zu vermeiden, mußte aber auch der Papst derartige strenge Bedingungen stellen. Denn, welchen Werth konnte ein Kreuzzugsgelübde überhaupt noch haben, wenn der erste Fürst der Christenheit die feierlichsten Versprechen nach Gutdünken und ungestraft brechen durfte? Es handelte sich nicht so sehr um seine Interessen, als vielmehr um Billigkeit und Gerechtigkeit und um das Beste des Heiligen Landes. Friedrich mußte den Zug antreten, auch wenn es ihm nun leid that, denselben je gelobt zu haben. In Wirklichkeit war aber der Zug auch im Interesse seines eigenen Landes. Denn hätten nicht die Päpste die Kreuzzüge so eifrig betrieben und dadurch wenigstens die Ungläubigen aufgehalten, so würde vielleicht Sicilien bald das Schicksal Asiens und Afrika's getheilt haben. Bei gutem Willen hätte er gewiß im J. 1219 oder 1220 einen erfolgreichen Zug unternehmen können. Aber er wollte zuerst nach Sicilien, um dort im Stile seines Vaters die absolute Königsgewalt herzustellen.

Daß die obigen Verpflichtungen der Krone Siciliens auferlegt waren, kann bei den reichen Hülfsquellen des Landes und seiner für einen Kreuzzug so günstigen Lage nicht auffallend erscheinen. Zudem stand der König von Sicilien zum Papste in dem Verhältnisse eines Lehensmannes zu seinem Oberlehensherrn, dem er Treue zu halten hatte, wenn er nicht das Königthum wegen Felonie verwirken wollte. Wiederholt hatte Friedrich II. selbst die Lehenshoheit des Papstes über Sicilien eidlich beschworen und den Lehenseid geleistet[3]. Er war auch auf die Intention des Papstes, wornach die Königswürde Siciliens nicht mit der kaiserlichen vereint und zwischen Deutschland und dem Königreiche weder

---

[1] Röhricht (I, 62, 77), der nach Amari (La Guerra II, 402) die Goldunze zu 61,5 Francs rechnet, bekömmt durch einen Fehler die „ganz enorme Summe" von 61 500 000 statt 6 150 000 Francs heraus.

[2] Schreiben vom 20. April 1239. H.-B. V, 296. Vgl. päpstl. Schreiben an Friedrich vom 18. Juli 1225. H.-B. II, 498.

[3] So im Febr. 1212 zu Messina; s. H.-B. I, 201. Am 12. Juli 1213 zu Eger. H.-B. I, 269 (Theiner I, 182, n. 330).

eine Real- noch Personalunion bestehen sollte, durch das feierliche Versprechen, sobald er Kaiser geworden, Sicilien seinem Sohne Heinrich abtreten zu wollen, eingegangen [1]. Hätte er das Versprechen nur gehalten! Der Papst hatte es seiner Unabhängigkeit wegen verlangen müssen. Denn einmal wünschte er sich nach Sicilien zur Sicherheit in gefährlichen Zeiten zurückziehen zu können. Sobann gehörte auch Apulien, Capua, Neapel, Salerno und Marsien, kurz Süditalien, zum Königreiche Sicilien. Somit war der Kirchenstaat selbst bedroht, falls Sicilien in den Händen eines mächtigen und eroberungssüchtigen Herrschers sich befand, zumal wenn dieser noch, wie der Kaiser, Oberitalien besaß und aus Deutschland Hülfe heranziehen konnte. Erst jüngst hatte die Geschichte Heinrichs VI. das bewiesen. Trotz der feierlichsten Versprechen hatte aber Friedrich insgeheim die Wahl seines damals erst acht Jahre alten Sohnes Heinrich zum deutschen Könige betrieben, die am 23. April 1220 zu Frankfurt stattfand. Dadurch waren die bestehenden Verträge gebrochen [2]. Zwar mußte der Papst, um die

[1] Heinrich, im J. 1211 geboren, war im J. 1212 vor der im März erfolgten Abreise Friedrichs nach Deutschland „ad mandatum ... Innoc. P. III. ..." gekrönt worden, wie Friedrich am 10. Febr. 1220 an Honorius III. schreibt. — Siehe dann Friedrichs Versprechen vom 1. Juli 1216 (H.-B. I, 469) und 10. Febr. 1220 (Reg. Imp. n. 1091. Rayn. 1220, 1).

[2] Er ließ seinen Sohn im J. 1216, kurz nach Innocenz' III. Tode, nach Deutschland kommen (Messina verließ er im Juli 1216; s. Winkelmann, Otto IV. S. 439; vgl. Reg. Imp. p. 694, n. 3845 a), machte ihn zum Herzog von Schwaben und gewann die christlichen Fürsten für die Wahl desselben zum deutschen Könige durch die Verleihung von Reichsrechten. S. die Urkunde Friedrichs vom 26. April 1220 in H.-B. I, 765. Nichtsdestoweniger erblickt O. Lorenz (Drei Bücher Gesch. und Politik, Berlin 1879 [der erste, „Friedrich II. und sein Verhältniß zur römischen Kirche" überschriebene Artikel war schon früher gedruckt in Sybels Hist. Zeitschrift Bd. XI], S. 14) sogar „in der im Widerspruche gegen die päpstliche Politik vollzogenen Wahl Heinrichs VII. nichts Anderes, als eine auf die gleiche Ueberzeugung gegründete Allianz des staufischen Hauses und des deutschen Reiches gegen die päpstliche Uebermacht". Die deutschen Fürsten verbrieften aber eben am 23. April 1220 die Urkunden Friedrichs zu Gunsten der römischen Kirche von Neuem; s. Theiner I, 52, n. 77. — Friedrich hat sich nach seinem eigenen Zugeständniß (s. sein Schreiben an Honor. III. vom 13. Juli 1220 in Winkelmann, Acta, n. 180) vor dem 23. April 1220 für die Wahl bemüht. Seine Vertheidigung bezieht sich bloß darauf, daß die Wahl unerwartet und ohne sein Wissen und in seiner Abwesenheit durch jene Fürsten besonders, die früher dagegen waren, erfolgt sei. Er habe seine Einwilligung verweigert, bis der Papst zugestimmt habe. Sein Bote sei jedoch von der Reise zum apostolischen Stuhle durch Krankheit abgehalten worden. Es ist aber unwahr, daß sich Friedrich weigerte, zuzustimmen. Denn er verbriefte den geistlichen Fürsten am 26. April 1220 mehrere Privilegien nicht bloß wegen ihrer Verdienste um ihn selbst, sondern auch wegen der Wahl — „et demum filium nostrum Henricum in regem sibi et dominum benevole et concorditer eligendo". Er schrieb überhaupt erst drei Monate (!) nach der Wahl an den Papst. — In dem Schreiben seines Boten, des Reichskanzlers Conrad, an den Papst (vom 31. Juli 1220) heißt

Aussichten des Kreuzzuges nicht zu gefährden, sich schließlich zufrieden=
geben[1], allein das Vertrauen der Kirche in Friedrichs Redlichkeit war
verloren. Auf diesem Treubruch lag ein Fluch, der schließlich das
Staufengeschlecht selbst zu Grunde richtete. Denn der Besitz Siciliens
wurde eine Hauptquelle[2] der Kämpfe Friedrichs mit den Päpsten. Der
Besitz Siciliens führte zu dem Plane, Oberitalien sich fester zu unter=
werfen und den Kirchenstaat selbst anzugreifen. Sicilien war der Schau=
platz, wo er eine absolute Herrschgewalt auch hinsichtlich der kirchlichen
Fragen ausübte und dadurch stets die Päpste herausforderte. Dort im
Verkehr mit den Saracenen gab er sich selbst immer mehr orientalischen
Anschauungen und orientalischer Lebensweise hin. Deutschland war gerade
gut genug, um von seinen Söhnen oder Stellvertretern oder aus der
Ferne verwaltet zu werden; denn nicht unser Vaterland, sondern Sicilien
war das Land seiner Jugend und seiner Liebe.

Aus dem Vorhergehenden ergibt sich, daß im J. 1227 Zweifel an
der Aufrichtigkeit Friedrichs nicht unbegründet waren. Solche lagen auch
in der päpstlichen Aufforderung vom 23. März 1223 an den Kaiser
verborgen, mit reinem Herzen und ungeheuchelter Treue die Schlachten
Gottes zu schlagen und nicht sich selbst in eine Lage zu versetzen, aus
der ihn der Papst beim besten Willen nicht leicht befreien könne[3].

Aber der Papst war weit davon entfernt, sich dem Kaiser feindlich
gegenüberzustellen. Im Gegentheil! Denn er war ehedem als Cardinal=

es, die Fürsten hätten ihn nach Rom senden wollen, um den Papst wegen der Wahl
zu befragen; er sei aber durch Krankheit verhindert worden. Dann, als er zum
Aufbruche bereit gewesen (er war also damals nicht mehr krank), „casualiter et
improvisum in filium domini mei ... vota tam electorum, quam etiam omnium
principum et nobilium Teutonie convenerunt ..." (Theiner, Cod. dom. I, 55,
n. 81). Ein zufälliger Streit zwischen dem Erzbischof von Mainz und dem Land=
grafen von Thüringen hat nach Friedrichs Darstellung die Wahl hervorgerufen. Er
mag sie um 1—2 Tage beschleunigt haben. Nach Winkelmann (Friedrich II. Bd. I.
124 f) hat sogar Friedrich noch immer den Vertrag vom 1. Juli 1216 geachtet,
„welcher wohl die Realunion überhaupt nicht die Personalunion in der Person
Friedrichs, nicht aber in der Heinrichs untersagt hatte". Allein ebend. I, 136
sagt er selbst, Innocenz habe jede Union zwischen Sicilien und dem Kaiserthum
verhindern wollen und Friedrich „in diesem Sinne am 1. Juli 1216 eine Ver=
sicherung ausgestellt". — Winkelmann (I, 116) meint auch, Honorius habe am
11. Febr. 1219, da er im Voraus denjenigen zum Stellvertreter Friedrichs während
seines Kreuzzuges bestätigte (H.-B. I, 592), den jener wählen würde, wissen müssen,
daß damit Heinrich gemeint sei. Aber ein Kind von sieben Jahren kann man doch
keinen Stellvertreter nennen. Deßhalb konnte er auch nicht an Heinrich denken,
sicher nicht an dessen Wahl zum deutschen Könige.

[1] Honorius III. erblickte in der Wahl eine directe Verletzung der Verträge;
s. die päpstl. Instruction an seinen Gesandten vom 10. Nov. 1220 (Rayn. 1220, 19).

[2] Jul. Ficker, Deutsches Königthum und Kaiserthum, 1862, S. 113.

[3] H.-B. III, 1.

legat mit demselben in ein wirkliches Freundschaftsverhältniß getreten[1]. Welche Achtung Letzterer aber für den Charakter des Cardinals hegte, hatte er in warmen, höchst anerkennenden Worten in einem Schreiben ausgedrückt, worin er ihn zu seiner Ernennung zum Kreuzprediger am 10. März 1221 beglückwünschte[2]. Auch in der Lombardenfrage zeigte Gregor IX. sich freundlich gesinnt.

Als nämlich der Kaiser zu Ostern 1226 einen allgemeinen Hoftag nach Cremona zur Ausrottung der Ketzerei, zur Ordnung der Reichs= angelegenheiten und zum Besten des Kreuzzuges berief[3], erneuerten Mai= land, Bologna, Brescia, Mantua, Padua, Vicenza und Treviso nach einem ihnen durch den Frieden von Konstanz zustehenden Rechte am 6. März 1226 den lombardischen Städtebund[4], dem auch noch andere Städte sich zeitweilig anschlossen. Des Kaisers Verfahren auf dem Hof= tage zu Capua im December 1220 hatte sie nothwendig argwöhnisch machen müssen. Denn dort hatte Friedrich bestimmt, daß alle seit Wilhelms II. Tode verliehenen sicilischen Privilegien und Besitztitel ge= prüft und, um rechtsgültig zu bleiben, neu bestätigt werden müßten. „Denn," so begründete er dieß Gesetz, „Unser Vater hat Vieles in der Hoffnung späteren Widerrufes weggegeben, was er hätte behalten müssen; außerdem sind auch nach dem Tode der Kaiserin viele Privilegien mit dem kaiserlichen Siegel gefälscht worden."[5] Ein derartiger Grundsatz stellte alle alten, wohlerworbenen Rechte in Frage. Der Kaiser bildete sich zuerst eine bestimmte Ansicht darüber, was der Krone gehöre, und erklärte dann jedes dieser Ansicht, die natürlich noch obendrein wandelbar sein konnte, widerstreitende noch so begründete Recht für Unrecht[6]. Dadurch war speciell der Friede von Konstanz, den die lombardischen Städte auch in der Folgezeit als den Inbegriff ihrer Rechte angesehen und vertheidigt haben und über den hinauszugehen für sie gar kein Grund vorlag, in Frage

---

[1] So schreibt z. B. Gregor am 10. Oct. 1227 (H.-B. III, 30): „Quem (imperatorem) ab olim sincere dileximus in minori etiam officio constituti." Friedrich II. nennt aber noch am 20. April 1239 den Papst „amicus noster praecipuus, dum in minoribus esset ordinibus constitutus" (H.-B. V, 296).

[2] H.-B. II, 124; s. o. S. 37.

[3] „Super exstirpatione hereticorum Italiae et negotio terrae sanctae et concordia civitatum." Chron. Turon. in Martene, Ampliss. Coll. V, p. 1069. Nach den Ann. Plac. SS. XVIII, 439 veranlaßten Cremona und Pavia den Kaiser zum Zuge. Er selbst sagt, derselbe erfolge zur Wiederherstellung der Rechte des Reiches und um den Bedrückungen der Unterthanen abzuhelfen. Brief an Viterbo (H.-B. III, 548). Die Ann. Col. max. p. 840 geben an: „Curiam Cremone indicit pro statu imperii reformando et negotio terre sancte."

[4] H.-B. II, 924.

[5] Schreiben vom 3. März 1321 an Honorius III. H.-B. II, 139.

[6] Vgl. Leo, Vorlesungen über die Gesch. des deutschen Volkes und Reiches, Bd. III (1861), S. 209, Anm.

gestellt, da ja Friedrich nach der Ansicht, daß ihnen der Friede mehr Rechte verliehen habe, als für das Reich zuträglich war, dagegen handeln konnte. Daß sie, „nicht zufrieden mit der Ruhe des Friedens, die Lust einer wilden Freiheit genießen" wollten, war nach des Kaisers eigenen Worten [1] die Ursache ihrer Auflehnungen gegen ihn. Er aber, so fährt er fort, habe zu rächen, was sein Vater und Großvater erduldet hatten, und es sei sein Bemühen, die auch schon auf andere Länder verpflanzten Schößlinge einer gehässigen Freiheit zu ertödten. Stets habe er darauf, seitdem er durch die göttliche Fürsehung die Kaiserkrone erlangt und das Königreich Sicilien sich unterworfen habe, seine Gedanken gerichtet. Die durch den Frieden von Konstanz garantirte Freiheit der Lombarden wollte er also im J. 1226 schon vernichten. Allein der Reichstag zu Cremona kam nicht zu Stande, weil die Lombarden die Engpässe bei Verona auf der Kaiserstraße von Deutschland nach Italien sperrten und den König Heinrich, wie die deutschen Fürsten, nur unter Bedingungen [2] durchziehen lassen wollten, die für den Kaiser unannehmbar waren. Er lud die Lombarden auf den 24. Juni 1226 zur Verantwortung vor sich. Da sie aber nicht erschienen, wurden sie am 11. Juli durch den Bischof von Hildesheim excommunicirt und an demselben Tage vom Kaiser geächtet. Zugleich widerrief dieser alle ihnen ertheilten Rechte und Privilegien, besonders auch den Frieden von Konstanz [3]. Dadurch hatte er die Brücke zwischen sich und den Lombarden abgebrochen. Allein er konnte die Acht nicht vollziehen. Er ersuchte deßhalb den Papst um seine Vermittlung [4], der dann am 5. Januar 1227 in Berücksichtigung des kaiserlichen Programms [5] bestimmte, daß der Kaiser den Lombarden wegen dieser Sache nicht weiter mehr zürnen und die gegen dieselben erlassenen Strafen und Verordnungen widerrufen, die Lombarden aber zwei Jahre lang 400 Mann unterhalten, sich zur Wahrung des Friedens mit den Anhängern des Kaisers verpflichten und die gegenwärtigen wie zukünftigen kaiserlichen Ketzergesetze annehmen und beobachten sollten [6]. Die Milde und Nachgiebigkeit des

---

[1] S. sein im Juni 1236 an den König von Frankreich gerichtetes Schreiben. H.-B. IV, 873. [2] S. dieselben bei H.-B. II, 609.

[3] S. kaiserl. Schreiben an Como ꝛc. vom (12.) Juli 1226 in H.-B. II, 642.

[4] Am 29. Aug. 1226 (H.-B. II, 676). Darin wird wiederholt betont, daß der Reichstag von Cremona zum Besten der Sache des Heiligen Landes abgehalten werden solle. [5] S. o. S. 60. Vgl. vor. Anm.

[6] H.-B. II, 703. Brief an den Kaiser von demselben Tage in (Sartius,) De archigymn. Bonon. professor. II, 74. Fand der Zug des Kaisers aus einem nicht vom apostolischen Stuhle gebilligten Grunde nicht statt, so brauchten die Lombarden keine Mannschaft für's Heilige Land zu stellen. S. Ficker, Forschungen ꝛc. IV, n. 328: „Nisi forsan ipsum imperatorem propter necessitatem evidentem et manifestam et a S. Ap. approbatam contingeret non transire." — Vgl. auch das päpstl. Schreiben vom 12. Aug. 1233: „Celsitudini tuae praedicti milites

Papstes war um so größer, als der Kaiser gegen alles Recht von den Bewohnern des Kirchenstaates Heeresfolge für seinen Zug gegen die Lombarden verlangt hatte[1] und, trotzdem der milde Honorius sogar mit dem Banne drohte[2], erst dann eine unterwürfige Antwort[3] gab, als er durch das Ausbleiben der deutschen Truppen und die Vereitelung des Reichstages von Cremona sowie die Aechtung der Lombarden selbst in eine gefahrvolle Lage gerathen war und der Hülfe des Papstes bedurfte. Es war aber doch schon klar geworden, was der Papst selbst von ihm zu erwarten hatte. Praktisch war schon bekundet, was er im J. 1228 laut aussprach[4], daß der Kirchenstaat wie die Schenkungen an die Päpste nur durch widerrufliche kaiserliche Concession beständen, als ob nicht der Kirchenstaat älter als das Kaiserthum selbst gewesen wäre. Schon am 1. Februar 1227 nahm er den Schiedsspruch des Papstes, dem es allein zu danken war, daß er überhaupt aus seiner bemüthigenden Lage herauskam, an[5], die Lombarden thaten das erst, als Gregor IX. schon auf dem päpstlichen Stuhle saß, am 26. März 1227. Da aber an der Urkunde einige Siegel fehlten, ein Umstand, worin der Kaiser leicht eine schlimme Absicht erblicken konnte, schickte Gregor ihm nur eine Abschrift, und forderte inzwischen die Lombarden auf bei Strafe des Bannes, eine neue, vollständige Urkunde zu senden[6].

Die Zeit rückte nun immer näher, wo Friedrich seinen Kreuzzug endlich antreten sollte, eine Fahrt, die in gläubigen, christlichen Herzen hehre Gefühle der Frömmigkeit erwecken mußte. Zu solchen Gefühlen suchte der Papst am 22. Juli 1227 auch die Seele des Kaisers zu stimmen, der, wenn er seine reichen Geistesgaben besser gebraucht hätte, ein anderer Karl der Große hätte werden können. In einem liebevollen

---

debebantur si statuto a te passagio et per Romanam Ecclesiam approbato in terre sancte subsidinum transivisses." H.-B. IV, 449.

[1] Er forderte dazu sowohl die Bewohner des Herzogthums Spoleto (s. Rieh. Sangerm.), wie auch die der Mark Ancona (s. eine Urkunde vom 4. April 1226 bei Coluccei Mantecchio 60, cit. Reg. Imp. n. 1593) auf. Er schrieb auch an Viterbo in derselben Weise (H.-B. II, 548), welches Schreiben die Reg. Imp. n. 1593 in den Januar 1226 setzen.

[2] Gegen Ende April 1226. S. das Schr. bei H.-B. II, 552. Auf die Vorwürfe Friedrichs antwortete Honorius III. gegen Ende Mai in einem noch schärfern Schreiben. H.-B. II, 589.

[3] Winkelmann, Acta, n. 286.   [4] H.-B. III, 68.

[5] H.-B. II, 712. — Gregor IX. wiederholte am 28. März 1227 die Mahnung Honorius' III. an den Lombardenbund (H.-B. II, 715), dem apostolischen Stuhle baldigst die Anzeige von der Anerkennung des Schiedsspruches zu machen und die Hülfstruppen für den Kreuzzug bereit zu halten. Rodenberg, Epp. p. 263, n. 345.

[6] Schreiben an die Lomb. vom 30. März. Savioli, Ann. Bol. III. II, 76. Dem Kaiser schickte er die Abschrift an demselben Tage (H.-B. III, 6) mit dem kurzen Bemerken, er habe dem gegenwärtigen Boten das Original nicht anvertrauen wollen.

Schreiben mahnte ihn der Vater der Christenheit, seinen Geist zu himmlischen Dingen zu erheben und sich nicht von irdischen Vergnügungen verstricken zu lassen. Habe ihn doch Gott wie einen Engel des Himmels bestimmt, den Irrenden den rechten Weg zu zeigen. Deßhalb solle er seiner eigenen hohen Kaiserwürde gedenken und der Mahnungen, welche ihre Insignien: das Kreuz, die Lanze, die Krone, das Scepter und der Apfel, versinnbildeten. Wie diese ihm den Schutz und die Leitung des Volkes, die Pflege der Gerechtigkeit und der Tugend nahelegten, erklärte der Papst in edler, sinnreicher Weise[1].

Um die Mitte des J. 1227 strömten nach Brindisi, welchen Hafen Friedrich II. als Sammelplatz für die Kreuzfahrer bestimmt hatte, Tausende von Pilgern. Wenn auch vielleicht die Begeisterung, wie sie zur Zeit Gottfrieds von Bouillon herrschte, Vielen fehlte[2], so waren doch die Mahnungen der Päpste mit Nichten überall an taube Ohren und kalte Herzen ergangen. Noch immer waren Viele tief ergriffen von dem Elende der verlassenen Stadt und hatten jenem Rufe mit den Worten des Dichters[3] geantwortet:

„Ihr Christen, auf! von hinnen!
Den Himmel zu gewinnen,
Der Hölle zu entrinnen
Ist keine Noth zu schwer."

Wie konnten sie zugeben, daß die heilige Stadt eine Dienerin der Heiden sei und die heiligen Stätten entweiht würden; wie konnten sie das Grab des Erlösers in den Händen seiner Feinde lassen! Ein großes, unzählbares[4] Heer, darunter so viele reiche und angesehene Pilger, daß man diesen Kreuzzug „den der Reichen und Vornehmen"[5] nannte, war zu Brindisi versammelt.

---

[1] Rayn. 1227, 21. Die Erklärung der Insignien gibt der Papst öfters in den Worten des hl. Bernhard. Vgl. S. Bern. sermo 2 in Epiph. Dom., sowie sermo 50 De diversis. Eine Parallele zu diesem Briefe Gregors IX. bietet der Innocenz' III. an König Richard von England (v. 29. Mai 1198) über die symbolische Bedeutung von vier goldenen, dem Könige geschenkten Ringen. Innoc. Ep. ed. Baluze I, 111, n. 206.

[2] Daß ein Betrüger in Rom, der sich als Bevollmächtigten des damals in Anagni weilenden Papstes ausgab, manche finden konnte, die sich für einige Mark von ihrem Gelübde entbinden ließen (Rich. Sangerm. p. 348), beweist das, wenngleich dieß gegen die große Zahl der zu Brindisi Versammelten nicht in Betracht kommt.

[3] Walther von der Vogelweide (Simrocks Uebers.).

[4] Alle Quellen stimmen darin überein. Aus der einen Stadt Worms zogen im März 1227 über 400 Bürger aus. Ann. Worm. SS. XVII, 38. Nach Roger de Wendover (in Matth. Paris. hist. Angl. ed. Madden II, 297) kamen aus England allein über 40 000. Nach anderer Lesart (vgl. Matth. Par. Chron. ed. Luard III, 126) waren es sogar 60 000.

[5] Hugo Rutl. bei Boehmer, Fontes IV, 129. Vgl. auch Röhricht a. a. O. I, 19 und 64, 109, woselbst viele Edle namentlich angeführt sind.

Allein der Kaiser zögerte mit der Abfahrt. Auch die Schiffe reichten für die große Zahl der Pilger nicht aus [1]. Es war eine Hitze, daß fast die Metalle schmolzen [2]. Eine Seuche brach aus, die bei der faulen Luft und den verdorbenen Speisen [3] immer weiter um sich griff. Tausende kehrten aus Mangel, Furcht vor der Pest und Ungeduld in die Heimath zurück. Um dem Würgengel [4] zu entgehen, bestieg, als endlich der Kaiser am 16. August anlangte, der Herzog von Limburg mit 40 000 Pilgern die Schiffe [5]. Der Kaiser selbst fuhr erst am 8. September, nachdem er sich nach seiner Behauptung kaum selbst von der Krankheit erholt hatte, ab, und zwar zunächst nach Otranto, wo er früher die Kaiserin zurückgelassen hatte. Dort schiffte er sich am 10. September wieder aus. Der Landgraf Ludwig von Thüringen starb dort am 11. September. Friedrich II. aber setzte seine Fahrt nicht weiter fort. Auf die Nachricht hiervon kehrten auch die 40 000 abendländischen Kreuzfahrer, welche schon in Syrien gelandet, auf denselben Schiffen, womit sie gekommen waren, in die Heimath zurück [6].

Der Kaiser wollte alle Vorwürfe durch die Entschuldigung abweisen, er sei sowohl vor der Abfahrt von Brindisi wie von Neuem zu Otranto selbst krank gewesen [7]. Selbst wenn das wahr wäre, würde ihn immerhin der Vorwurf treffen, durch die Wahl des ungesunden, kleinen Brindisi [8],

---

[1] So Gregor IX. H.-B. III, 27. Auch die Denkschrift vom Juni 1245. H.-B. VI, 278. Nachdem sich Tausende von Pilgern wieder entfernt hatten, waren die Schiffe für den Rest hinreichend. Die Behauptung Friedrichs, die Vorbereitungen seien genügend gewesen, wird dann erklärbar. Vgl. Röhricht I, 20. Winkelmann I, 277, 4.

[2] Vita Greg. Mur. 576 nennt Brindisi eine „(regio) pestifera, cujus ardoribus ipsa fere solida metalla liquescunt".

[3] Ann. Scheftlar. SS. XVII, 338; Ep. Greg. H.-B. III, 27.

[4] Die Ann. de Theokesb. (Ann. Monasterii, ed. Luard) I, 69 sagen: „Usque ad quadraginta milia probatae juventutis mortui sunt." Der Bischof von Augsburg starb am 23. Aug. an der Pest, „et alii multi tam divites quam pauperes" (Chron. Ursp.). Auch der Cardinal Conrad von Urach, der persönlich den Kreuzzug mitmachen wollte, starb, vermuthlich am 30. Sept. 1227, an der Pest. S. v. Schreckenstein a. a. O. 366.

[5] Relation française. Cont. Guill. Tyr. H.-B. III, 481.

[6] S. vor. Anm. Ebn Ferath in Reinaud, Bb. IV von Michauds Bibl. des crois., p. 776. Vgl. Wilken, Gesch. der Kreuzzüge VI, 444, 51; Röhricht 70, 175. — Nur 800 Ritter blieben dort mit dem Herzog von Limburg, welche die Befestigung von Joppe und Cäsarea beschlossen; s. das von Gregor IX. am 23. Dec. 1227 veröffentlichte Schreiben des Patriarchen Gerold von Jerusalem u. a. in Mansi, Conc. XXIII, 40. Es ist auch von Hermann von Salza, dem Deutschordensmeister, unterzeichnet.

[7] S. Brief des Kaisers vom 6. Dec. 1227: „... et nos in graviorem recidimus recidivam (turbationem)." H.-B. III, 44.

[8] Nach Gregor hatte er es gewählt, weil er fast allen anderen Hafenplätzen seine Gunst entzogen hatte. H.-B. III, 27.

ober wenigstens durch die ungenügenden Vorbereitungen das Scheitern dieser großen Hoffnung der Christenheit verschuldet zu haben. Daß er einige Tage zu Bett lag, ist richtig, aber krank, wirklich krank war er aller Wahrscheinlichkeit nach nicht. Selbst die in seiner Nähe weilenden Prälaten hielten seine Krankheit für erdichtet[1], und mehrere Zeitgenossen gingen in ihrer Entrüstung über die Vereitelung des Kreuzzuges so weit, den Tod des Landgrafen, der den Rückzug des Kaisers zu entschuldigen schien, nicht der Seuche, sondern Gift zuzuschreiben[2]. War er aber wirklich krank gewesen, so durfte er nicht schon, wie er that, einige Tage nachher in die Bäder von Puteoli gehen, sondern er war es seiner Ehre und seiner Achtung für die Christenheit schuldig, sobald er konnte die Fahrt anzutreten.

Es steht aber auch sonst fest, daß er auf keinen Fall, ob er nun krank oder gesund war, im J. 1227 die Fahrt angetreten haben würde[3]. Er selbst sagt, ihm hätten die Fürsten und andere erlauchte Personen nach Erwägung seines Zustandes und einiger anderer Umstände von der Fahrt abgerathen[4]. Er traf auch nicht im J. 1227, wohl aber

[1] Vgl. päpstl. Schreiben vom 20. Juni 1239 (H.-B. V, 329): „... cum de conficta egritudine ... nobis per literas praelatorum ibi morantium constitisset."

[2] „Ut mundus clamat," sagt der Papst noch im J. 1239. H.-B. V, 329. Vgl. damit Ann. Marbac. SS. XVII, 175; Ann. Scheftlar. l. c. 338; Ann. Reinhardsbr. ed. Wegele (1854), p. 206. Vita Greg. 576. — Die Krankheit wird von einigen Quellen (so b. Chron. Sicul. breve bei H.-B. I, 897 und der franz. Cont. Guill. Tyr. l. c.) bejaht, von anderen (z. B. Roger de Wendover, Flores hist. ed. Coxe IV, 149: „dixit se subita infirmitate praereptum") bezweifelt, von anderen (z. B. sogar dem papstfeindlichen Matth. Paris. ed. Madden II, 298: „fingens se aegrotum") verneint. Rich. Sangerm. sagt: „... Venit Hydruntum. Et spem faciens iis quos premiserat de transitu suo, morari apud Hydruntum ex causa necessaria voluit ... ubi causa accidente dictus lantgravius (Thuringiae) obiit. Et ipse tunc imperator sicut disposuerat superveniente egritudine non transivit." Ob die „egritudo" die des Kaisers oder die des Heeres war, ist nicht ganz unzweifelhaft klar; ganz unklar ist es aber, ob das „sicut disposuerat" heißen soll: „er fuhr nicht ab, und das hatte er auch beabsichtigt", oder: „er fuhr nicht ab, und doch hatte er beabsichtigt, abzufahren". Da Rich. Sangerm. ein dem Kaiser ergebener, kaiserlich gesinnter Mann ist, ist man zu dem Gedanken versucht, die Zweideutigkeit sei absichtlich, um dem Kaiser nicht zu nahe zu treten, und um nicht offen von seiner Heuchelei zu reden.

[3] Vgl. Ann. Waverl. in Ann. Monast. II, 383: „Simulabat se cum ceteris profecturum."

[4] Er sagt so am 6 Dec. 1227, wie am 20. April 1239. H.-B. III, 44; V, 296. Sodann heißt es: schon längst hätten die Fürsten und andere kluge Männer erkannt, daß, selbst wenn er überfahre, er mit der geringen Mannschaft, welche vorausgezogen sei (er meint wohl die 40 000 Mann unter dem Herzog von Limburg; s. o. S. 64 und ebend. Anm. 5), den Waffenstillstand nicht brechen könne, und zur Schande des Reiches Anderer Hülfe in Anspruch nehmen müsse. H.-B. III, 47. — Matth. Par. theilt zum J. 1228 ein nicht unzweifelhaft ächtes Schreiben des Kaisers an den

1228, als er wirklich im Begriff stand, überzufahren, zu Barletta Anordnungen über die Thronfolge. Auf Sicilien hatte er selbst Saracenen in seinem Dienste und wollte mit den orientalischen Fürsten, sofern ihn nicht seine eigene Ehre und sein Interesse im Abendlande durchaus dazu zwangen, nicht brechen. Er erwartete auch einen glücklichen Erfolg des Kreuzzuges nicht von den Waffen, sondern von Unterhandlungen. Denn im J. 1227 unterhandelte er mit dem Sultan Kamel von Aegypten, der ihm, falls er ihn gegen seine Feinde, besonders den Sultan von Damascus, unterstütze, Jerusalem und Palästina versprach. Im J. 1226 hatte sich letzterer, Al-Muazzam mit Namen, mit den Charizmiern gegen den Sultan Al-Aschraf von Chelat in Armenien verbunden und ihn gelegentlich eines Aufenthaltes in Damascus zum Schwure gezwungen, sich den Damascenern gegen seinen eigenen Bruder, den Sultan Al-Kamel von Aegypten, anzuschließen und ihn zu vertreiben. Als aber Aschraf im Juni 1227 in seine Heimath zurückkehrte, erklärte er den Schwur für erzwungen, und nun wandte sich Kamel an die Franken mit dem erwähnten Vorschlage [1]. Einer seiner Gesandten war der gewandte Emir Fachreddin. Friedrich sandte seinerseits den Erzbischof Berard von Palermo nach Aegypten, der im Januar 1228 die Nachricht von dem am 12. November 1227 erfolgten Ableben des Sultans von Damascus überbrachte [2]. Al-Muazzams Nachfolger war sein minderjähriger Sohn, Al-Nâsir.

Acht Termine hatte nun der Kaiser unbenützt verstreichen lassen. Eidlich hatte er sich zur Abfahrt für August 1227 verpflichtet und zugestimmt, daß er ipso facto excommunicirt sein solle, wenn er nicht abfahre. Ein gewaltiges, kriegslustiges Heer war zu Brindisi versammelt worden, und nun war Alles durch die Seuche, die Verzögerungen und

---

König von England mit (unvollständig auch bei B.-H. III, 48), worin es heißt, außer der Krankheit habe ihn auch noch ein Aufstand in Sicilien zurückgehalten. Von einem solchen ist aber nichts bekannt. In Sicilien war nur Introduceum von Richard de Bareto besetzt, der aber mit leichter Mühe unterworfen wurde. Rich. Sangerm. H.-B. III. 46, 3. Der Kaiser erwähnt am 6. Dec. 1227 einen Einfall derer von Rieti in sein Reich, wovon wir sonst nichts wissen. Die ganze Sache muß daher, selbst wenn letztere Richard de Bareto unterstützten, höchst unbedeutend gewesen sein. Uebrigens gehört das Schreiben sicher nicht in's J. 1228 oder Dec. 1227, wie H.-B. annimmt, sondern etwa frühestens in's J. 1239. Die Gedanken über die Reformation der Kirche, daß alle Fürsten im Kaiser verletzt seien, sowie über die Bedrückung der Könige und die habsüchtige Gelderpressung der römischen Kirche, wie der wuthschnaubende, haßerfüllte Ton des Briefes überhaupt sind nicht im J. 1227, wohl aber im J. 1239 und den folgenden Jahren Kennzeichen der Gesinnungen Friedrichs II. Vgl. H.-B. V, 327 sqq. und VI, 392 sq. 468. 707; V, 298—307; 282 sqq. 307 sq.; 464 sqq. und 467 sqq.

[1] Vgl. Ibn-Abatir, Makrisi und Abulfeda in Reinaud 427 sq. 393, 2.
[2] S. Makrisi l. c. 427. Rich. Sangerm. 349. Cont. franç. Guill. Tyr. 481. Vgl. Röhricht I, 29—32.

das Zurückbleiben des Kaisers zerstreut. Briefe von in Brindisi anwesenden Prälaten, aller Wahrscheinlichkeit nach auch von Conrad, Cardinalbischof von Porto und S. Rufina, hatten den Papst in seinem Glauben, die Krankheit des Kaisers sei nur erdichtet, bestärkt. Darum wurden auch die kaiserlichen Gesandten, welche den Kaiser entschuldigen und eventuell um Untersuchung der Rechtmäßigkeit der Gründe seines neuen Aufschubes durch Sachverständige und Richter ersuchen sollten, von Gregor gar nicht vorgelassen[1]. Er sprach vielmehr am 29. September 1227 zu Anagni den Bann über den Kaiser aus[2] und verkündete ihn am 10. October der Christenheit in einer Encyklika[3] voll tiefen, rührenden Schmerzes. „Wie ist doch das Schifflein Petri", heißt es, „von den Stürmen so sehr gepeitscht! Von der einen Seite tobt die Heidenwelt gegen die Kirche und enthält ihr das vom Blute des Erlösers geheiligte Land vor, während ein anderer Sturm gegen die Freiheit der Kirche rast. Ein dritter bedroht die Einheit ihrer Lehre, und in einem vierten stürmen die eigenen Söhne gegen ihre Mutter. Eitel war die Hoffnung, in dem Kinde, das sie genährt, erzogen und erhoben und selbst zum Kaiser berufen hatte, einen Trost zu finden. Vergebens hat sie sich gefreut auf den Arm, der sie vertheidige, auf die Hand, die sie stützen werde in ihrem Alter. Wohl hat er sich wieder und wieder zum Kreuzzuge verpflichtet, aber dort in Brindisi hat er den Bann verachtet, das Heer im Stiche gelassen, das Heilige Land vergessen. Er ist heimgekehrt, heimgekehrt ist er, zu seiner und der ganzen Christenheit Schmach, zu den Lüsten, an die er gewohnt war. Man sagt, er wolle sich jetzt, da er die dem christlichen Volke schuldige Achtung mit Füßen getreten, hinter eiteln Ausflüchten verschanzen.

---

[1] Schreiben Friedrichs vom 6. Dec. 1227 (H.-B. III, 44): „cognitores et judices non concedens". Winkelmann, der (a. a. O. 280, 3) Schirrmachers Darstellung (II, 146) „zu scharf" findet, behauptet (a. a. O. I, 281), der Papst habe sich „nicht genügend von der Wahrheit der Anschuldigungen, die er gegen den Kaiser erhob, überzeugt". Das ist unrichtig. Er hatte ja den Bericht der zu Brindisi anwesenden Prälaten. Sollte er zum achten Mal bloß nachgeben und zusehen?

[2] Rich. Sangerm. 348. Vita Greg. bei Rayn. 1227, 29. Die Notae S. Emmer. SS. XVII, 574 berichten, er habe die Kreuzfahrer, die wahrlich genug zu Brindisi gelitten hatten und für das Scheitern des Zuges nicht verantwortlich waren, von ihrem Gelübde entbunden.

[3] H.-B. III, 24. In einem von Wattenbach (Forschungen, Bd. XV, 213—239) mitgetheilten „Fragmente eines böhmischen Formelbuches aus dem 13. Jahrhundert" findet sich eine an den Erzbischof von Magdeburg gerichtete, „Anagni, Kal. Oct." datirte Abschrift, welche mehrere bessere Lesarten als H.-B. enthält. Dieses ist das berühmte Schreiben, wovon Böhmer (Regesten 1198—1254, S. 339) sagt: „Dieses schon durch den Inhalt so wichtige Aktenstück ist in Bezug auf die Abfassung wohl eines der ausgezeichnetsten, die überhaupt existiren. Warum doch sind so großartige Denkmäler der Gesinnung und des Talentes so wenig bekannt, selbst bei den Freunden der Kirche, deren Hoheit darin so herrlich hervortritt?"

So trauert denn die Kirche über den so schmählich, ohne Schwertstreich besiegten Sohn, nachdem sie zu all dem Unrecht, das er ihren Dienern zugefügt, geschwiegen, damit er doch dem Heiligen Lande seine Hülfe nicht entziehe. Sie weint auch über Jerusalem, wie des christlichen Heeres Schicksal. Möge doch der Herr ihre Hoffnung erfüllen, ihre Thränen trocknen und ihr Heerführer mit reinem Herzen und reinen Händen senden!" — Selbst der Kaiser hat später, gerechter als seine eigenen Vertheidiger, die Gerechtigkeit des Bannes anerkannt und zu Jerusalem öffentlich erklärt[1], der Papst habe ihn mit dem Banne belegen müssen, weil er auf keine andere Weise Lästerungen und Schmach bei den Menschen habe vermeiden können. — Uebrigens bot ihm aber auch jetzt der Papst Gelegenheit zur Versöhnung, indem er schon Ende October in aller Liebe an ihn schrieb und ihn in milden Worten mahnte, für seine Seele Sorge zu tragen, d. h. die Befreiung vom Banne sich angelegen sein zu lassen[2]. — Der Bann wurde am 18. November 1227 auch von einem zu Rom abgehaltenen Provinzialconcil[3] erneuert. Friedrich hatte dorthin die Erzbischöfe von Bari und Reggio, sowie den Herzog Raynald von Spoleto und den Grafen Heinrich von Malta gesandt, denen der Papst eine öffentliche Audienz zur Geltendmachung der kaiserlichen Entschuldigungsgründe gewährt hatte[4].

Der Bann war aber deßhalb über den Kaiser zu Anagni verhängt worden, weil er die Bestimmungen des Vertrages von San Germano, wonach er zur festgesetzten Zeit abfahren, in bestimmten Fristen das Geld bezahlen und zwei Jahre lang 1000 Ritter im Heiligen Lande unterhalten mußte, nicht gehalten hatte[5]. Er antwortete am 6. December 1227 in einem Rundschreiben[6], worin er der Kirche den Vorwurf macht, während seiner Jugend in Sicilien keine Ordnung gehalten und seinen Feind Otto IV. begünstigt zu haben. Zweimal habe er das Kreuz genommen. Das erste Mal sei er an der Erfüllung seines Gelübdes durch die Lage der Dinge in Deutschland verhindert worden, und nachdem er es wieder-

---

[1] H.-B. III, 100. — Auch am 20. April 1239 sagt er: (excommunicationis sententiae) „velut in nos primitus cum nostra voluntate prolatae, cum humilitate paruimus, absolutionis beneficium pristina nobis incolumitate corporis reddita, postulantes, dum nos ad transitum pararemus instanter." H.-B. V, 296.

[2] H.-B. III, 32.   [3] Rich. Sangerm.

[4] In dem einzigen Bericht hierüber, dem kaiserl. Schreiben vom 6. Dec. 1227, klagt Friedrich, daß der Papst sich zuerst mit den am päpstl. Hofe anwesenden Prälaten berathen, ehe er seine Gesandten gehört habe: „Primo consultatis semotim per se singulis prelatorum et communi consilio per cedulam assignato, premonitis, ut dicitur, universis ne a deliberatione, qualitercumque prehabita dissentirent, eisdem nuntiis et procuratoribus audientiam prestitit". Man übersehe nicht das „ut dicitur". Er würde ganz anders gesprochen haben, wenn er gekonnt hätte.

[5] S. o. S. 56.   [6] H.-B. III, 36.

holt, habe er zuerst sein Königreich Sicilien christlichen wie mohammedanischen Rebellen entreißen müssen. Er habe Damiette Hülfe gesandt und dreimal, zu Veroli, Ferentino und San Germano, mit dem Papste wegen seiner Ueberfahrt verhandelt. Kaum hätte er sich zu Brindisi eingeschifft, als die von Rieti[1] in sein Reich eingefallen seien. An der Fahrt sei er durch eine Krankheit, deren Spuren noch sichtbar seien, verhindert worden. 60 000 Goldunzen habe er in drei Terminen und weitere 20 000 in einem vierten zu Brindisi dem Deutschordensmeister übergeben, und die letzte Rate von 20 000 Goldunzen bereits vorausgeschickt. Es würden auch 1000 Ritter auf kaiserliche Kosten im Heiligen Lande unterhalten; nämlich 750, die Hermann von Salza geworben habe, und 250, die bisher von der Kirche unterhalten worden, nun aber im folgenden Jahre auf seine Kosten dort bleiben sollten. Dazu kämen noch 100 Ritter, die auf seine Kosten in's Heilige Land gezogen seien, und die 400, welche ihm die Lombarden versprochen, aber mit Zustimmung der Kirche noch zurückgehalten hätten. Er werde im Mai 1228 überfahren, aber zuerst um Mittfasten zu Ravenna zur Herstellung des Friedens in Italien einen Reichstag halten.

Der Kaiser hatte nicht erwartet, daß Gregor IX., so unähnlich seinem Vorgänger, wirklich den Bann über ihn verhängen würde. Denn obgleich das Vertheidigungsschreiben mit großem Vorbedacht abgefaßt ist, kann er doch weder die Thatsache ganz verdecken, daß die Geldsummen nicht zur gehörigen Zeit gezahlt, noch gehörige Zahl von Truppen im Heiligen Lande war. Blieben doch daselbst mit dem Herzog von Limburg nur 800 Ritter[2].

Nach dem Banne wollte der Kaiser durchaus seine Unschuld darthun. Er traf nicht nur ernstliche Vorbereitungen zur Ueberfahrt für das J. 1228, sondern erließ auch ein strenges Verbot an die Priester, wegen des Bannes die Darbringung der heiligen Messe auszusetzen[3]. Das war aber hinwiederum dem Papste, der bisher noch auf die Unterwerfung Friedrichs gehofft hatte, ein Zeichen, daß der Kaiser die Binde- und Lösegewalt des hl. Petrus und seiner Nachfolger verachte. Deßhalb erneuerte er den Bann am Gründonnerstag 1228 (23. März)[4]

---

[1] S. o. S. 65, Anm. 4. [2] S. o. S. 64, Anm. 6.

[3] Vgl. Rich. Sangerm. ad a. 1227. — Ueber die Mißachtung des Bannes vgl. die päpstl. Encyklika vom 23. März 1228. H.-B. III, 53. Der von H.-B. III, 51 mitgetheilte kaiserl. Befehl an die Justitiare, daß auch zur Zeit des Interdictes bei Strafe des Verlustes der kirchlichen Güter Gottesdienst gehalten werden müsse, gehört übrigens in's J. 1239. Immerhin hatte Friedrich sich nicht, wie er doch später behauptet hat, dem Banne unterworfen. S. o. S. 68, Anm. 1.

[4] S. das päpstl. Rundschreiben von Ende März 1228. H.-B. III, 52—55. Dort wird auch die Gesandtschaft der Cardinäle Thomas von S. Sabina und Otto von St. Nicolaus an den Kaiser erwähnt, die eine Versöhnung bewirken und speciell wegen der auf Sicilien bezüglichen Klagen Genugthuung fordern sollten. Friedrich ließ sie aber gar nicht vor. S. Rich. Sangerm. 348.

und sprach auch das Interdict über den jeweiligen Aufenthaltsort des Kaisers aus. Zugleich drohte er nun dem Kaiser, seine Unterthanen, speciell die Siciliens, von dem ihm geleisteten Treueide loszusprechen. Falls er fortfahre die kirchliche Freiheit zu verletzen und seine Unterthanen zu bedrücken, dürfte nach dem Feudalrechte gegen ihn verfahren werden. Die Erinnerung an seine Abhängigkeit als König Siciliens von dem Papste als Oberlehensherrn war deßhalb geschehen, weil die Vernachlässigung seiner Pflichten gegen das Heilige Land den Papst von der Zurückhaltung entband, die sich Honorius III. auferlegt hatte. Schon dieser hatte ihm ernstliche Vorstellungen wegen seines Verfahrens in Sicilien gemacht, aber Friedrich ihn immer durch Kreuzzugsversprechungen beschwichtigen können. Dann hatte ihn Gregor IX. im October 1227 vergebens ermahnt, vergebens auch eine Gesandtschaft an ihn geschickt[1]. Jetzt wurde jedoch der Bann auch über den Kaiser verhängt wegen des dem Erzbischofe von Tarent zugefügten Unrechts, wegen der Beraubung der Templer und Johanniter, wegen des Bruches eines mit den Grafen von Aversa und Celano abgeschlossenen Vertrages, und endlich wegen des dem Kreuzfahrer Roger von Aquila zugefügten Unrechts.

Der Erzbischof Nicolaus von Tarent hatte eine Zeit lang die Gunst Friedrichs in solchem Grade besessen, daß er, wie Honorius III. sagt, mit ihm Ein Herz und Eine Seele zu sein schien. Aber nach dem März 1224 hatte ihn der Kaiser wie einen Dieb und Verräther des Landes verwiesen. Auch der Bischof von Cefalu wurde in derselben Weise behandelt. Der Bischof Walter von Catanea, früher Kanzler des Reiches Sicilien, lebte, nachdem er beim Falle von Damiette in des Kaisers Ungnade gefallen war, in äußerster Dürftigkeit. Die Bitten Honorius' III. zu ihren Gunsten waren von keinem Erfolge gewesen[2]. Auch die Templer und Johanniter, welche in Sicilien viele Besitzungen hatten, hatten vielfach über widerrechtliche Behandlung zu klagen gehabt[3].

Der Graf Thomas von Celano und Molise hatte sich in den Jahren 1215—1220 in Sicilien gegen Friedrich erhoben und sich dann, als der König bei seiner Krönung zum Kaiser im J. 1220 in keine Unterhandlungen eintreten wollte, mit Waffengewalt zuerst in Rocca Magenul und sodann mit der Unterstützung seines Schwagers, des Grafen Raynald von

---

[1] S. Gregors Schreiben bei H.-B. III, 32. — Vgl. S. 69 Anm. 4. Aus dem Gesagten ergibt sich die Nichtigkeit der von Friedrich am 20. April 1239 aufgestellten Behauptung (bei H.-B. V, 296), er sei wegen Unterlassung des Kreuzzugs und aus anderen Gründen, in Betreff derer er früher nie ermahnt worden sei, verurtheilt worden.

[2] Ep. Hon. Rayn. 1226, 8; Vita Greg. 582.

[3] L. c. 582. Am 5. Aug. 1228 klagte Gregor, daß auch in Syrien der kaiserl. Statthalter widerrechtlich ihre Häuser der kaiserl. Jurisdiction zu unterwerfen suche. H.-B. III, 74.

Aversa, in Celano mit Glück vertheidigt. Endlich war im J. 1223 durch die Vermittelung der Kirche ein Vergleich zu Stande gekommen, für den sie auch auf die Bitten Friedrichs hin die Garantie übernahm [1]. Darin wurde den beiden Grafen und allen ihren Anhängern persönliche Sicherheit, wie auch solche ihres beweglichen Eigenthums gewährt. Celano und einige andere Orte sollten in Zukunft dem Kaiser gehören, aber die Grafschaft Molise dem Grafen Thomas verbleiben. Uebrigens mußte dieser im August 1223 das Königreich verlassen und sich drei Jahre lang entweder auf einem Kreuzzuge im Heiligen Lande oder in der Lombardei aufhalten. Die Söhne der beiden Grafen verblieben als Geißeln in der Obhut des Deutschordensmeisters und waren von diesem, falls die Grafen den Vertrag brachen, dem Kaiser zu übergeben. Trotz der gewährten Sicherheit ließ aber der Kaiser nicht bloß Celano verbrennen, sondern die Einwohner im J. 1224 treulos nach Sicilien und Malta deportiren. Andere wurden sogar mit dem Tode bestraft [2]. Den Grafen von Molise ließ er auffordern, sich über seine Amtsführung als Justitiar zu rechtfertigen [3]. Dieser hatte natürlich den Vertrag für einen förmlichen Friedensschluß gehalten und geglaubt, in keiner Weise für vor dem Vertrage geschehene Dinge verantwortlich zu sein [4]. Dazu mußte er die Hinterlist Friedrichs angesichts des Schicksals seiner Anhänger fürchten. Er erschien nicht, und damit hatte der Kaiser, was er wollte: einen Grund zur Einziehung der Grafschaft Molise, gefunden. Hermann von Salza mußte ihm auch die Geißeln ausliefern, die erst, als der Papst den Kaiser nach dem Frieden von Ceperano bei seinem Schutzgeiste darum beschworen [5], freigegeben wurden.

Roger von Aquila, Graf von Fondi, war Kreuzfahrer und stand deßhalb unter dem besondern Schutze des apostolischen Stuhles. Im J. 1223 war er mit Andern von Friedrich nach Sicilien berufen worden, um ihm im Kampfe gegen die Saracenen beizustehen. Da er aber nach

---

[1] Vgl. Rich. Sangerm. zum J. 1220 wie 1224. Ueber den Streit zwischen den Brüdern von Celano, von denen Richard und Peter zu Friedrich hielten, Thomas aber, durch Diepold von Acerra veranlaßt, sich gegen ihn erhob, s. H.-B. I, 931. — Im Nov. 1220 sandte der Graf Thomas seinen Sohn nach Rom zum Kaiser, konnte aber trotz der freundlichen Vermittlung des Cardinals Thomas von Capua (s. dessen Briefe bei Winkelmann, Acta, n. 596 und 597) nichts erreichen. — S. dann die Briefe Friedrichs an den Papst vom 24. und 25. April ebend. n. 255 und 256.

[2] Ep. Hon. Rayn. 1226, 9. Die Gefangenen wurden erst im Juli 1227 (s. Rich. Sangerm.) befreit, wahrscheinlich auf die Bitten Gregors hin, der um diese Zeit, wie aus seinem Schreiben über die kaiserl. Insignien hervorgeht, den Dominicaner Guala an den Kaiser sandte. Balan I, 239 bezieht die Stelle bei Rich. Sangerm. 348: „Mense Julio Celanenses omnes, qui captivi in Sicilia tenebantur, liberi dimittuntur, imperatore mandante", irrthümlich auf die Freilassung der Geißeln.   [3] Rich. Sangerm.   [4] Leo III, 217.

[5] Am 28. Aug. 1230; s. H.-B. III, 226.

Friedrichs Ansicht mit zu geringer Mannschaft kam, ließ er ihn gefangen nehmen und sein Land einziehen[1]. Als er dann endlich im J. 1226 auf die wiederholten Bitten des Papstes und dessen Versprechen[2], Roger werde nie etwas gegen den Kaiser unternehmen, den Grafen freigab, verbannte er ihn. Roger ging dann nach Rom und erlangte erst Anfangs 1229 die Gnade des Kaisers und beim Frieden von Ceperano im August 1230 auch seine Grafschaft wieder. Sein Sohn blieb aber trotz aller Bitten des Papstes bis zum J. 1229 ein Gefangener des Kaisers[3].

Aus den angeführten Gründen ergibt sich schon, zu welchen Unzuträglichkeiten der Besitz Siciliens in der Hand des Kaisers führte. Er war für die Verwaltung des Landes und besonders die Wahrung der kirchlichen Gerechtsame dem Papste als Oberlehensherrn verantwortlich. Dadurch fühlte er sich aber in seiner kaiserlichen Würde verletzt. Er suchte nun dem Papste im eigenen Hause Feinde zu erwecken. In Rom hatte es immer einige hohe Adelsgeschlechter gegeben, die lieber des zumeist weit entfernten Kaisers Vasallen sein, als vom Papste abhängig sein mochten. Letzterem war aber ihre Macht um so gefährlicher, als einige derselben von ihren befestigten Thürmen aus den Lateran selbst beherrschten. Der Abbruch dieser Thürme[4], den der Papst durchsetzte, war deßhalb eine wohlbegründete Maßregel. Um so leichter war es dem Kaiser, der unter Andern den Frangipani ihre Besitzungen zuerst abgekauft und sie ihnen dann als seine Lehen zurückgegeben hatte[5], diese Familien noch mehr gegen den Papst aufzuwiegeln. Die Römer waren damals überhaupt gegen Gregor aufgebracht, denn sie glaubten, er wolle heimlich die Stadt verlassen und zu Viterbo, ihrer verhaßten Nebenbuhlerin, seine Residenz aufschlagen[6]. Der Aufstand brach schon am 27. März 1228, dem Ostermontag, los. Während der Papst in St. Peter die heilige Messe las, stürzte eine lärmende Menge in die Kirche und stieß gegen den Papst wilde Drohungen aus. Zwar wurde die Bewegung unterdrückt und Genugthuung geleistet. Als sich aber dann die Unruhen

---

[1] Rich. Sangerm. 343. Ep. Greg. H.-B. III, 54.

[2] Rayn. 1226, 10. Der Papst sagt nicht „nie mehr", sondern bloß „niemals". Daß er selbst an Rogers Schuld geglaubt habe, ist also daraus nicht zu beweisen. Er spricht nicht davon.

[3] Rich. Sangerm. ad a. 1229 et 1230. Er wird in einer im Febr. 1230 ausgestellten kaiserl. Urkunde (H.-B. III, 173) „Comes Avellini" genannt. Die Restitution der Grafschaft Fondi an ihn ist erwähnt in einer kaiserl. Urkunde vom Sept. 1230. H.-B. III, 238.

[4] S. Vita Greg. 576: „In Latcrano turres et palatia quorundam nobilium Romanorum qui auctoritati palatii detrahebant et ejus prospectui praestabant obstaculum, absque impedimento contradictionis evertit."

[5] Chron. Ursperg. SS. XXIII, 382. [6] Rich. Sangerm. 349.

wiederholten, verließ Gregor am 20. April die Stadt und begab sich nach kurzem Aufenthalte zu Rieti, Spoleto und Assisi nach Perugia, wo er fast zwei Jahre blieb[1].

Zwar kam der von Friedrich für März 1228 nach Ravenna angesagte Reichstag nicht zu Stande. Er trat auch den Kreuzzug im Mai 1228 nicht an, weil am 8. Mai seine Gemahlin nach der Geburt eines Sohnes, der den Namen Conrad erhielt, gestorben war. Allein seine Vorbereitungen hatte er dennoch getroffen. Anfangs April 1228 sandte er den Marschall Richard Filangieri mit 500 Rittern nach dem Orient[2] und ordnete zu Barletta die Thronfolge dergestalt, daß im Falle seines Todes sein Sohn Heinrich sowohl als König von Sicilien wie als Kaiser ihm folgen sollte. Er ließ auch von den Geistlichen und den Klöstern Siciliens Steuern für den Kreuzzug eintreiben. So mußte z. B. Monte Casino die Ausrüstung für 100 Mann und den Unterhalt derselben während eines Jahres bestreiten, wofür das Kloster 1200 Unzen bezahlte. Im April verbot der Papst, als sich die Bedrängten an ihn um Hülfe gewandt hatten, der sicilianischen Geistlichkeit die Zahlung dieser Steuer, unter Androhung von canonischen Strafen gegen die Zuwiderhandelnden[3]. Auch sandte er wegen dieser Angelegenheit eine Gesandtschaft an den Kaiser[4]. Aber einen Erfolg konnte er sich davon unter diesen Umständen kaum versprechen.

Sechstes Kapitel.
Der Kreuzzug Kaiser Friedrichs II. (1228—1229.)

Am 28. Juni 1228 trat Kaiser Friedrich II. mit geringer Begleitung seine Fahrt in's Heilige Land an. Selbst wenn er 60 Galeeren, wie er behauptete, mit sich geführt hat, obgleich die gleichzeitigen Quellen

---

[1] Ann. Zwifalt. SS. X, 59. Ann. S. Trudperti l. c. XVII, 293. Ann. S. Rudberti l. c. IX, 784. Vita Greg. 576. — Am 17. April ist er noch in Rom, am 25. in Rieti, am 14. Mai in Spoleto, am 26. in Assisi, am 13. Juni in Perugia (vgl. Potth. I, 705—707). Dort blieb er bis in den Februar 1230. Zu Perugia hatte der Papst seine ehemaligen Friedensbemühungen wieder aufgenommen. Es gelang ihm, was der Cardinal Johann von St. Praxedis vergebens versucht hatte, nämlich einen Streit zwischen den Rittern und Popolaren daselbst beizulegen. Um die durch denselben entstandenen Verluste wieder gut zu machen, schenkte er persönlich der Stadt große Summen. S. Theiner I, 85 n. 146. Vita Greg. 577, woselbst übrigens die Chronologie verwirrt ist. Denn er begab sich, wie aus den Regesten folgt, nicht „quarto", sondern „secuudo sui Pontificatus anno" nach Perugia, wie l. c. 576 auch gesagt worden.

[2] Rich. Sangerm. 349. Kaiserl. Schreiben vom April 1228. H.-B. III, 57

[3] S. Rich. Sangerm. ad a. 1228.

[4] S. päpstl. Schreiben an den Kaiser vom 7. Mai. bei H.-B. III, 62.

eine kleinere Zahl angeben, waren die Streitkräfte für einen Kreuzzug sehr gering[1]. Das zeigte auch sein Handeln im Heiligen Lande. Zunächst ging er aber nicht dorthin, sondern nach Cypern. Es war dieses erste Ziel seiner Fahrt wie die geringe Zahl seiner Begleiter, was den Papst zu dem Ausdrucke veranlaßte, der Kaiser habe mit einigen Kriegsleuten Brindisi verlassen, man wisse aber nicht sicher, wohin er gegangen sei, da es eine Schmach sein würde, wenn er mit so schwacher Macht zum Heiligen Lande gezogen sei[2].

Ueber Cypern, welches die Lateiner unter Richard Löwenherz im J. 1191 erobert hatten, hatte Heinrich VI. die Oberlehensherrschaft angenommen. Mit seiner Erlaubniß war Amalrich von Lusignan, König von Cypern, vom Reichskanzler Conrad im September 1197 gekrönt worden. Dessen Nachfolger, Hugo I. von Lusignan, war im J. 1218 mit Hinterlassung eines erst neun Monate alten Sohnes, Heinrich mit Namen, gestorben. Die Vormundschaft, auf welche der Kaiser als Lehensherr Anspruch erhob, wurde factisch von Philipp von Jbelin und nach dessen Tode im J. 1228 von seinem Bruder Johann von Jbelin, dem Onkel des berühmten Rechtsgelehrten gleichen Namens, verwaltet, der auch durch Wahl der Barone Cyperns nebst dem Balian von Sidon Reichsverweser von Cypern war. Den jungen König hatte Honorius III. unter seinen besondern Schutz genommen und ihn auch dem Kaiser anempfohlen[3]. Als nun Friedrich auf Cypern landete, forderte er den Johann von Jbelin zur Uebergabe der Reichseinkünfte Cyperns wie zum Verzichte auf Beirut, welche Stadt nach Johanns Darstellung ihm von Amalrich geschenkt worden war, auf und hielt den jungen König gefangen. Schließlich kam es zu einem Vergleiche[4] zwischen ihm und den Baronen, welche sich in ihren Burgen verschanzt hatten, wonach Johann einstweilen

---

[1] S. sein Schreiben bei Winkelmann, Acta, n. 301. Darnach erwartete er Nachzug auf Cypern. Die Ann. Plac. sprechen von „ungefähr 50", die Ann. de Dunstaplia von 40, Jordanus bei Raynald (1229, 31), Marinus Sanutus und Dandolo sogar bloß von 20 Galeeren.

[2] „Cum paucis militibus mare dicitur intrasse" (Schreiben vom 5. Aug. 1228. H.-B. III, 73). „Quo pro certo iverit, ignoratur" etc. (päpstl. Schreiben vom 30. Aug. 1228. H.-B. III, 494).

[3] Schutzbrief vom 31. Jan. 1226 bei Potth. n. 7526; an den Kaiser am 17. Febr. 1226 ebend. 7534

[4] Marin. Sanutus bei Bongars, Gesta Dei per Francos II, 211. Brief des Patriarchen Gerold von Jerusalem bei H.-B. III, 76. — Johann von Jbelin war mit dem Könige Johann von Brienne verwandt; s. Wilken VI, 454, 5. Mit letzterem, seinem Schwiegervater, hatte sich Friedrich schon bald nach seinem Hochzeitstage (9. Nov. 1225) völlig entzweit, indem er als Gemahl der Erbin von Jerusalem rechtmäßiger Regent des Königreichs Jerusalem zu sein behauptete und sich zum Könige krönen und den Huldigungseid leisten ließ; s. Chron. de reb. Sic. H.-B. I, 897.

Beirut behalten und seine Rechte zu Jerusalem endgültig feststellen lassen sollte, die Reichseinkünfte aber, bis Heinrich das gesetzliche Alter erreicht habe, an den Kaiser fallen sollten.

In Begleitung des Königs von Cypern wie Johanns von Ibelin und anderer Cyprioten wurde nun die Reise fortgesetzt und am 7. September 1228 zu Accon gelandet. Selbst die Johanniter und Templer empfingen Friedrich mit großer Freude und Ehrenbezeugung. Die gesammte Kriegsmacht dort bestand aber nur aus 800 Rittern und 10 000 Fußsoldaten, die Cäsarea und andere Plätze befestigt hatten[1]. Die Ankunft eines gekrönten Königs ermächtigte die Christen zwar vertragsmäßig, den Waffenstillstand von Damiette zu brechen. Allein er wollte und konnte keine kriegerischen Triumphe dort feiern. Kämpfe und Wunden für das Grab des Erlösers zu wagen, lag ihm ferne, denn die religiöse Begeisterung eines Gottfried von Bouillon fehlte ihm. Er wollte nur so viel auf friedlichem Wege erreichen, daß er sein Haupt mit Ehren unter den christlichen Völkern erheben könne.

Jerusalem befand sich damals in den Händen des Sultans Al-Kamel von Aegypten, der sich der Stadt wie auch anderer wichtiger Plätze Syriens nach dem Tode des Sultans von Damascus bemächtigt hatte, und zwar auf Kosten des minderjährigen Sohnes des letzteren, Al-Nâsir[2]. Zwischen den beiden vermittelte der Sultan Al-Aschraf von Chelat in Armenien[3], den Al-Nâsir um Hülfe gegen Al-Kamel gebeten hatte. Obgleich Al-Kamel durch den Tod seines Gegners in eine ungleich günstigere Lage versetzt war, konnte Friedrich, da Al-Muazzams Sohn kein zu verachtender Gegner war, immerhin hoffen, Al-Kamel durch die Furcht, die christliche Armee werde sich mit seinem Gegner verbinden, einzuschüchtern. Friedrich selbst zog von Accon weiter nach Ricordane und sandte nun eine Gesandtschaft an Al-Kamel. Durch diese stellte er ihm vor, wie er bereits ein großes Reich besitze und nicht aus Eroberungssucht über's Meer gekommen sei, sondern der heiligen Orte wegen, die einst die Christen besessen und die jetzt seinem Sohne Conrad als rechtmäßigem Erben zuständen[4]. „Du hast mich veranlaßt, hierher zu kommen," so schrieb er ihm[5]; „die Könige und der Papst wissen von meiner Reise. Kehre ich zurück, ohne etwas erreicht zu haben, so werden sie mich verachten. Gib mir die Stadt Jerusalem, so wie sie ist, damit ich bei meiner Heimkehr mein Haupt unter den christlichen Königen erheben könne." Ob-

---

[1] Roger de Wendover IV, 174 und nach ihm Matth. Par.; Ann. de Margan (sonst übrigens schlecht unterrichtet) in Ann. Mon. I, 36.

[2] S. o. S. 66.

[3] Makrisi l. c., auch wiederholt bei Röhricht I, 95 ff.

[4] Cont. Guill. Tyr.; Marin. Sanut. in Bongars II, 213; Ann. de Margan l. c.

[5] Dehebi in Reinaud IV, 429; s. Wilken VI, 478. Reg. Imp. n. 1735.

gleich Al-Kamel die Gesandten freundlich aufnahm und die kaiserlichen Geschenke erwiederte, enthielt er sich doch einer bestimmten Antwort. Als nun der Sultan am 10. November 1228 mit seinem Bruder Al-Aschraf einen Vertrag abschloß, wonach letzterer Damascus, ersterer aber den südlichen Theil Syriens und Palästina erhalten sollte, und nur Edessa nebst einigen andern mesopotamischen Städten und den armenischen Besitzungen dem Al-Nâsir verbleiben sollten, hatte Al-Kamel auch ohne Friedrichs Hülfe fast alles erreicht, was er wollte, weßhalb ihm auch des Kaisers Anwesenheit nicht mehr willkommen sein konnte.

Friedrich hatte von Accon aus den Erzbischof von Bari und den Grafen Heinrich von Malta als Gesandte an den Papst mit Friedensanträgen gesandt, die darauf hinwiesen, daß der Kaiser den Raynald von Spoleto als seinen Vertreter behufs Abschluß eines Vergleiches mit der Kirche zurückgelassen habe. Dieser war aber inzwischen in den Kirchenstaat eingefallen. Der Papst glaubte deßhalb nicht an die Aufrichtigkeit des Kaisers und antwortete: mit Raynald, der die Kirche verfolge, könne und dürfe er nicht über Aussöhnung verhandeln [1]. Er befahl [2] auch denen im Heiligen Lande, Friedrich als Gebannten und Meineidigen zu meiden. Da die Templer und Johanniter diesem Befehle nachkamen, gerieth Friedrich in eine schlimme Lage. Verlassen konnte er sich nur auf die Deutschritter, die er wegen ihrer Treue später hoch belobt und belohnt hat, und einige Andere. Er trat nun den Befehl über das Heer, welches nach Joppe zog, an den Deutschmeister, Richard Filangieri und Otto von Montbeliard ab, welche die Befehle „im Namen Gottes" verkündeten. Zu Joppe langte das Heer am 15. November 1228 an.

Die Verhandlungen mit dem Sultan Al-Kamel nahmen nun Anfangs 1229 einen günstigen Verlauf. Des Kaisers Benehmen, welches den mohammedanischen Wünschen und Anschauungen alle Rechnung trug, mußte dem Sultan zusagen. So kam denn wirklich im Februar 1229 ein Friede zwischen ihnen zu Stande, auf dessen Kunde sich Al-Nâsir nach Damascus zurückzog [3].

Die Bedingungen hatte der Kaiser zwar mit den syrischen Baronen und den Ordensmeistern berathen; als aber letztere ihre Zustimmung von der des Patriarchen Gerold [4], der auch apostolischer Legat war, ab-

---

[1] S. päpstl. Schreiben vom 30. Nov. 1228 bei H.-B. III, 82. Ann. de Dunst. 114. Cont. Guill. Tyr. l. c. III, 83, 2.

[2] Cont. Guill. Tyr. l. c. III, 83, 2 und al. Cont. l. c. 485.

[3] Gemäß dem Briefe des Patriarchen vom 26. März. H.-B. III, 106.

[4] Er war früher Abt in Clugny, dann Bischof von Valence in der Dauphiné gewesen. Seine Ernennung zum Patriarchen fällt in das Jahr 1224 oder 1225; s. Wilken VI, 443, 49. Gregor IX. meldete am 28. April 1227 seine Ankunft nach Jerusalem. H.-B. III, 69. Der Patriarch war am 16. Aug. 1227 mit dem Herzog

hängig machten, weigerte sich Friedrich, dessen Rath einzuholen. Dazu wäre er aber verpflichtet gewesen, besonders da gemäß dem Willen Gottfrieds von Bouillon, des ersten Königs von Jerusalem, der Patriarch auch Oberlehensherr des Königreiches war[1]. In diesem Vertrage hatte, wie aus den erhaltenen Bestimmungen erhellt[2], der Sultan dem Kaiser und seinem Präfecten die Stadt Jerusalem, Bethlehem, wie die an dem

von Limburg von Brindisi abgefahren. Franz. Cont. Guill. Tyr. H.-B. III, 481. — Dem Kaiser war er so verhaßt, daß er seinen Widerwillen gegen ihn bei kaum einer Gelegenheit verhehlte, wohl ursprünglich deßhalb, weil der Patriarch es mit dem Könige Johann von Brienne (s. o. S. 74 Anm. 4) hielt.

[1] Wilhelm von Tyrus, der nach seinen eigenen Worten mehr als irgend ein Sterblicher die Wahrheit dieser Dinge fleißig erforscht hatte, berichtet, daß Gottfried von Bouillon „die Stadt Jerusalem wie den Thurm Davids mit allem dazu Gehörigen dem Patriarchen von Jerusalem übergeben" und sich zu dessen Vasall gemacht hatte. S. seine Hist. rer. in transmarinis part. gestarum l. IX, cap. 16 (Recueil des hist. des croisades. Hist. occid. t. I, P. I. Paris 1844, p. 386 sq.): „Dux, sicuti vir humilis et mansuetus erat ac timens sermones Domini, in die purificationis B. M. praesente clero et populo universo, ecclesiae S. Resurrectionis quartam partem Joppe resignavit. Postea, die sancto subsequenti Paschae, in praesentia cleri et populi, qui ad diem festum convenerant, urbem Hierosol. cum turri David et universis suis pertinentiis in manu Domini patriarchae resignavit, ea tamen conditione, ut praedictis urbibus cum territoriis suis ipse interim frueretur, uteretur, quousque captis ex aliis urbibus una vel duabus, regnum Dominus permitteret ampliari; quod si, medio tempore, dux absque legitimo defungeretur haerede, praedicta omnia, absque difficultate, omni contradictione remota, in ditionem cederent patriarchae." — Nach der Eroberung von Ascalon hatte der Patriarch Stephan im J. 1129 von Neuem die Frage angeregt, war aber kurz darnach, wie das Gerücht wollte, an Gift, das ihm König Balduin beigebracht, gestorben. S. l. c. Vgl. Hergenröther, Kathol. Kirche christl. Staat. S. 140.

[2] Der vollständige Text des Vertrages ist nicht erhalten. Der Patriarch Gerold übersandte dem Papste, wie er selbst sagt, nur einige Kapitel („aliquae capitula") des ihm vom Deutschordensmeister mitgetheilten Vertrages, woran er dann seine Bemerkungen knüpft. In den Verdächtigungen Schirrmachers (II, 198 u. a. a. St.) ist das ganz übersehen worden. Der Brief ist vom 26. März 1229; s. H.-B. III, 82. Rayn. 1229, 15—22. Schirrmacher (II, 206) will auch die arabischen Quellen als unzuverlässig, weil „voreingenommen gegen den Kaiser", bezeichnen, obgleich sich der Kaiser zum großen Zorn der Christen mehr wie ein Mohammedaner denn wie ein Christ benahm und sich so den Saracenen angenehm machte; s. Reinaud p. 431 sqq. Schreiben des Patriarchen a. a. O. Selbst wenn Kamel den Vertrag nicht veröffentlichte, was daraus zu folgen scheint, daß die arab. Quellen von der Erlaubniß, Jerusalem zu befestigen (s. Treuga § 1), nichts wissen, — so konnten sie schon aus dem, was sie hörten und was thatsächlich vor sich ging, auf den Inhalt des Vertrages schließen. Vgl. auch Röhricht I, 73, 198. — Sonstige Quellen sind der Brief des Kaisers vom 18. März (H.-B. III, 93) und der damit wesentlich übereinstimmende des Deutschmeisters vom 12. März (ibid. 90). — In den Ann. de Waverl. Ann. Mon. II, 305, 307 findet sich ein Brief eines Ungenannten, dat. Accon, 20. April (1229).

von dort nach Jerusalem führenden Wege liegenden Orte, dann Nazareth und das Gebiet der alten, von Accon nach Jerusalem führenden Pilgerstraße, ferner Sidon mit zwei in seiner Nähe liegenden Ortschaften, wie die Burg Tibnin (Turon) und die Städte Ramula und Libba abgetreten. Alle, mit Ausnahme von Turon, konnten befestigt werden. Das Gleiche galt von der dem Deutschorden gehörigen Burg Montfort in der Nähe von Accon. Den Saracenen verblieb aber nicht nur die Umgebung von Jerusalem, sondern in der Stadt selbst die „templum Domini" genannte Moschee Omars, Sakhra-Moschee, die Patriarchalkirche, welche auf dem Platze stand, wo sich früher der jüdische Tempel erhoben hatte, und außerdem die noch innerhalb des alten Tempelrayons im Süden stehende Moschee El-Aksa, die „templum Salomonis" hieß. Kein Christ durfte dieß sogen. „Haram" betreten, während die Saracenen nicht nur dazu, sondern auch zur ungestörten Verrichtung ihrer Andacht in Bethlehem Erlaubniß hatten. Die in Jerusalem wohnenden Saracenen behielten auch eigene Gerichtsbarkeit unter einem saracenischen Kabi. Der Sultan mußte alle christlichen Gefangenen herausgeben und durfte während der Dauer des Friedens keine Befestigungen anlegen. Aber auf der andern Seite verpflichtete sich der Kaiser, den Sultan gegen alle seine Feinde, christliche nicht ausgeschlossen, zu vertheidigen. Tripolis, welches dem Fürsten Bohemund von Antiochien gehörte, sowie das Kurdenschloß „Crach" (zwischen Arabus und Hims) und Margat, welche Eigenthum der Johanniter waren, und auch zwei den Templern angehörige Plätze, nämlich Castelblanc und Tortosa, mußten bleiben wie sie waren. Der Kaiser verbot auch, jedenfalls aus Haß, den Orden Hülfe zu leisten[1]. — Der Friede sollte vom 24. Februar 1229 an und zwar für 10 Jahre, 5 Monate und 40 Tage gelten.

Das Original des Vertrages hat keiner der Christen, mit einziger Ausnahme des Kaisers, gesehen, der es am 18. Februar 1228 beschwor. Die Geheimhaltung des Vertrages seitens des Kaisers wie des Sultans beweist, daß er noch andere geheime Abmachungen enthielt[2]. Sollte darunter auch eine Bestimmung gewesen sein, welche die Befestigung von Jerusalem praktisch verbot? Saracenische Quellen berichten[3] uns wenigstens, Friedrich habe schließlich nur um Ueberlassung Jerusalems in seinem

---

[1] S. Hefele V, 865 f. Röhricht I, 77, 228.

[2] Der Deutschmeister theilte dem Patriarchen Gerold eine Abschrift des Vertrags, natürlich soweit dieser ihm selbst bekannt war, mit; s. S. 77, Anm. 2. — Wahrscheinlich enthielt der Vertrag auch den Handelsverkehr zwischen Sicilien und Aegypten regelnde Bestimmungen. Vgl. Heyd, Geschichte des Levantehandels im Mittelalter, Bd. I, 447 f. — N. 8 der „Treuga": „Si qui pactiones conventas aut quarum mentio facta sit in his induciis transgredi cogitent," scheint auf geheime Abmachungen hinzuweisen.

[3] Bei Reinaud p. 430; Amari, Bibliotheca Arabo-Sicula, p. 512 ss.

damaligen Zustande gebeten, Al-Kamel aber bei den Saracenen sich wegen des Friedens damit entschuldigt, daß er den Franken nur zerfallene Häuser und Kirchen übergeben habe. Sei der Kaiser einmal abgezogen oder halte er seine Verpflichtungen nicht, so könne man das offene Jerusalem leicht wieder gewinnen. Thatsache ist, daß Friedrich zwar den Befehl zur Herstellung der Mauern von Jerusalem gab, aber von der Ausführung des Befehls keine Rede war. Thatsache ist auch, daß außer Jerusalem nur wenige unbedeutende Ortschaften den Christen in Palästina wirklich übergeben wurden [1]. Daß nichtsbestoweniger die Saracenen von Damascus mit dem Vertrage unzufrieden waren, da ja das Land ihres Sultans gegen seinen Willen an Friedrich abgetreten worden war, liegt auf der Hand [2]. Die Christen waren schon froh, die Grabeskirche und die heilige Stadt besuchen zu können [3]. Der Patriarch von Jerusalem aber verbot nach Durchsicht der ihm vom Deutschordensmeister mitgetheilten Friedensartikel auf den Rath erfahrener Männer hin, ohne Erlaubniß des Papstes Jerusalem und die heiligen Orte zu besuchen [4]. Der Papst hat aber noch am 20. Juni 1239 behauptet [5], daß nur die Mauern von Jerusalem restituirt worden seien; denn ihm mußte es als eine Schande für die Christenheit erscheinen, daß die Saracenen den „Tempel des Herrn" besaßen und in der Stadt, worin das Blut des Erlösers und so vieler Martyrer geflossen war, Heiden ihre Religionsgebräuche öffentlich ausüben durften.

Der Kreuzzug Friedrichs II. konnte seiner Natur nach keinen wahren Beifall beim Papste finden. An diplomatische Unterhandlungen, an eine einfache Duldung der Christen an heiliger Stätte, und einen Frieden, der die mohammedanische Religion als gleichberechtigt mit der christlichen erscheinen ließ, hatte das vierte Lateranconcil ebensowenig wie die Päpste gedacht. Diese hielten es für einen Ruhm der Christen, für das Land, in dem der Weltheiland geblutet, ihr Blut zu vergießen; sie wollten einen Kreuzzug, dessen Triebfeder der Glaube, die Hoffnung und die Liebe waren. An der Stätte, wo Gott die Hölle überwunden und „der Weg, die Wahrheit und das Leben" gewandelt, gelehrt, gelitten, konnte das christliche Mittelalter sich nicht damit zufrieden geben, neben saracenischen

---

[1] Bericht des Patriarchen v. Mai 1229. H.-B. III, 135. Vgl. Wilken VI, 482 f.

[2] Schirrmacher (II, 190 ff.) will aus dem angeblichen Unwillen der Saracenen die Richtigkeit der ruhmredigen Worte Friedrichs über die Vortheile des Friedens erweisen. Die Quellen sprechen aber bloß von dem Unwillen der Saracenen von Damascus.

[3] Hermann von Salza schreibt gegen den 12. März an den Papst (s. H.-B. III, 91): „Qualis etiam fuerit exultatio omnis populi in restitutione, vix potest enarrari." Nach dem Berichte des Patriarchen stimmten nur die Deutschen, welche gerne das heilige Grab besuchen wollten, Freudengesänge an und beleuchteten ihre Häuser. [4] S. seinen Brief in H.-B. III, 102.

[5] S. Schreiben in H.-B. V, 327.

Tempeln zu beten und von den Minarets die Lehre von „Allah und seinem Propheten" zu vernehmen. Es war ein Friede „ohne Nutzen für die Christen"[1]. Ein Friede, „der mehr den Schein des Vortheils, als diesen selbst anstrebte, und durch den Einblick, welchen er den Saracenen in die Zerklüftung der christlichen Welt eröffnete, moralisch mehr schadete, als er materiell nützte"[2]. Dieß war das letzte Mal, daß die Deutschen für das Heilige Land kämpfen wollten. Der Untergang des Ritterthums und seines hochherzigen, idealen Strebens begann in dieser Zeit.

Friedrich hatte Anfangs März 1229 den Erzbischof von Reggio als Gesandten an den Papst abgesandt, aber am 7. März schlimme Nachrichten über den Stand der Dinge in Italien erhalten[3], woselbst der kaiserliche Statthalter Raynald von Spoleto wegen Einfalles in den Kirchenstaat gebannt worden und der Papst auch zur bewaffneten Abwehr geschritten war. Er zog nun am 17. März in Jerusalem ein und setzte sich am 18. März mit eigener Hand die Krone auf's Haupt. Hermann von Salza hielt ihn davon ab, sich dort die heilige Messe lesen zu lassen. Aber in einer Rede entschuldigte der Kaiser den Papst, der ihn zur Ueberfahrt gezwungen und dann gebannt habe, weil er auf keine andere Weise die Schmähungen der Leute habe vermeiden können. Sogar über's Meer noch habe Gregor gegen ihn geschrieben, aber weil es geheißen, er sammle ein Heer gegen die Kirche und sei nicht übergefahren. Er glaube, daß der Papst die allbekannten Hindernisse, die man ihm bereitet, mißbillige, und werde er, der Kaiser, nun zur Beilegung seines Streites mit dem Papste alles thun, was zur Ehre Gottes wie der Kirche und des Reiches dienlich erscheine. Politisch klug war die Sprache jedenfalls. Am folgenden Tage, den 19. März, sprach aber der Patriarch von Jerusalem, weil die Saracenen die beiden Tempel inne hatten, das Interdict über die Grabeskirche und die heiligen Orte aus, worauf der Kaiser sogleich nach Joppe zurückkehrte[4].

Es ist nöthig, jene vom Kaiser zu Jerusalem gesprochenen Worte zweimal zu lesen. Denn als er später zum zweiten Male von Gregor IX. gebannt war, hat er gegen den Papst die Anklage erhoben, dieser habe den Sultan brieflich gebeten, ihm Jerusalem nicht zu übergeben[5],

---

[1] Salimbene, Chron. Parm. p. 164. — Uebrigens fehlt es natürlich nicht an anderen günstigen und anerkennenden Urtheilen über den Frieden; s. Wilken VI, 508—510 und Röhricht I, 79, 235.

[2] F. W. Kampschulte („Ueber Charakter und Entwicklungsgang der Kreuzzüge") in „Zur Gesch. des M.-A." Bonn 1864. S. 17.

[3] S. den Bericht des Deutschmeisters an den Papst bei H.-B. III, 90.

[4] S. den Bericht des Deutschmeisters über den Einzug Friedrichs in Jerusalem und das Folgende bei H.-B. III, 99.

[5] So schreibt er am 20. April 1239.

und behauptet[1], Gregor habe seine Rückkehr aus dem Heiligen Lande gewaltsam verhindern wollen. Man staunt über derartige Verleumdungen. Das scheint allerdings sicher zu sein, daß Al-Kamel, vielleicht „um das Feuer der Zwietracht" unter den Christen „zu schüren"[2], einen ihm angeblich von Franken[3] oder Templern[4] nach dem Frieden übersandten Brief, worin er zur Gefangennahme oder Tödtung des Kaisers aufgefordert wurde, an Friedrich selbst schickte. Wenn aber auch bereits im J. 1207 Innocenz III. davon spricht, daß die Templer dem Geize und dämonischen Lehren fröhnten und für Religiose ungeziemenden, weltlichen Sinn zeigten, ja sogar hinzufügt: „viel Schändliches verschweigen wir, um nicht härtere Strafen verhängen zu müssen"[5], und ohne Zweifel frühe Elemente in den Orden aufgenommen und darin geduldet worden waren, die für denselben durchaus nicht taugten, so ist der Bericht doch so wenig beglaubigt und so anekdotenhaft, daß er als unwahr zurückgewiesen werden muß[6]. Veranlassung, derartige Insinuationen gegen die Templer zu erheben, gab ihre Haltung zu Accon; denn dort unterstützten sie den Patriarchen Gerold von Jerusalem gegen den Kaiser[7]. Der Streit begann durch die Bemühungen des Patriarchen, trotz des kaiserlichen Verbotes Soldaten im Heiligen Lande zu behalten, um sich gegen die vom Sultan von Damascus drohenden Gefahren zu schützen[8]. Der Kaiser verbot

---

[1] Am 2. Febr. 1240. [2] So vermuthet Damberger a. a. O. Bd. X, 31 f.
[3] Debebi in Reinaud 429.
[4] Matth. Paris. zum J. 1229 (ed. Luard III, p. 178 sq. Chron. Ursperg. SS. XXIII, 383): „Multa sustinuit ex perfida proditione Templariorum." Friedrich selbst schreibt am 18. März 1229: „De consilio et auxilio quod in Dei servitio a patriarcha Jeros., magistris ac patribus religiosorum domorum recepimus in partibus transmarinis, cum tempus et locus fuerit, apertius vobis curabimus nuntiare." H.-B. III, 97.
[5] Ep. l. X n. 121 ed. Baluze II, 68 (dat. 13. Sept. 1207). Vgl. Hurter IV, 367, sowie Hans Prutz, Geheimlehre und Geheimstatuten des Tempelherrenordens. 1879. S. 16.
[6] Röhricht (I, 75, 202) nennt solche Behauptungen Fictionen und schreibt sie der Absicht Friedrichs zu, eine der großen Menge in die Augen springende Veranlassung zu finden, den Templern in seinen Ländern eine Reihe von Privilegien und Besitzthümern zu entziehen.
[7] Der Bericht des Patriarchen Gerold von Jerusalem an die Christgläubigen über die Begebenheiten seit Friedrichs Landung auf Cypern (Aug. 1228) bis zu seiner Abfahrt von Accon (1. Mai; H.-B. III, 135—140) ist der einzige über diese Streitigkeiten erhaltene. „An der Wahrheit der von ihm angegebenen Thatsachen läßt sich nicht zweifeln" (Wilken VI, 502, 91). Vgl. auch Rich. Sangerm. p. 355: „Patriarcha, magistri domorum Hospitalis et Templi ... contra (imperatorem) intestina bella moverunt in civitate Accon."
[8] Es kam dem Patriarchen dabei zu Statten, daß der König Philipp August testamentarisch Gelder, die jetzt flüssig waren, zum Unterhalt von 300 Rittern auf drei Jahre für's Heilige Land bestimmt hatte. S. Röhricht I, 60, 69.

es, Gerold aber antwortete, er habe den Rath eines Excommunicirten nicht abwarten können, worauf Friedrich den Patriarchen und den Großmeister der Templer förmlich belagerte und auszuhungern suchte, ohne aber etwas zu erreichen. Der Patriarch seinerseits sprach über den Kaiser den Bann aus. Endlich kam ein Vergleich zu Stande, wonach Alles in den Zustand, worin es bei der Ankunft des Kaisers in Accon war, zurückversetzt werden sollte. Da er aber nicht ausgeführt wurde, belegte Gerold die Stadt mit dem Interdicte. Der Kaiser betraute nun den Herrn von Sidon und den deutschen Ritter Werner, an dessen Stelle später Otto von Montbeliard trat, mit der Verwaltung des Königreichs und fuhr am 1. Mai „unter den Verwünschungen des Volkes" ab. Nach dem Abzug des Kaisers zog Al-Kamel seinem Bruder Al-Aschraf, der Damascus bedrängte, zu Hülfe. Sie eroberten die Stadt und vertrieben den jungen Sultan nach Mesopotamien [1]. Al-Aschraf erkannte stillschweigend den Frieden an.

Für den Papst mußten natürlich die Berichte seines Legaten, des Patriarchen Gerold, von besonderem Werthe sein, wenngleich sie keineswegs die einzigen waren, aus denen er seine Kenntniß der Begebenheiten schöpfte; diese kamen aber erst am 1. und 7. Juli 1229 [2] in seine Hände, als der Kaiser schon wieder (seit dem 10. Juni) in Apulien war. Schon am 18. Juli wandte Gregor IX. sich an die Könige von Frankreich und Ungarn und andere [3] mit der Bitte, sich bereit zu halten, der Aufforderung des apostolischen Stuhles, die Schmach von dem christlichen Namen wegzunehmen, zu folgen. Schmach habe aber Friedrich darauf gehäuft, als er, der als Kaiser der Vertheidiger des Glaubens sei, sich verpflichtete, nicht mehr die Waffen gegen den Sultan, den Feind des christlichen Glaubens, zu führen; als er den Tempel des Herrn in den Händen der Saracenen und ihnen wie den Christen offen ließ; als er Stadt und Landschaft Antiochien, Tripolis und andere christliche Besitzungen, indem er sie von dem Vertrage ausschloß, den Heiden bloßstellte; endlich als er sich sogar verpflichtete, alle Gegner des Vertrages nach Kräften zu bekämpfen, denn somit müsse er selbst ein christliches Heer, welches das Heilige Land befreien wolle, bekriegen. Dem Herzog von Oesterreich schrieb der Papst ebenfalls am 18. Juli 1229 [4], der Kaiser habe die vom Altare des hl. Petrus genommene Schwertgewalt dem Sultan überliefert und sich dadurch seiner Gewalt wie seiner Würde beraubt; denn der verdiene, das Privileg seiner Würde zu verlieren, der die ihm anvertraute Gewalt mißbrauche. Allein

---

[1] Reinaud 435 und das S. 77, Anm. 2 angeführte Schreiben vom April 1229.
[2] Vgl. H.-B. III, 149 not. 1.   [3] H.-B. III, 147 und Potth. n. 8432. 8433.
[4] Rayn. 1229, 23—28. Der Kaiser suchte am 21. Oct. 1229 in einem Schreiben an die christlichen Fürsten den von ihm mit dem Sultan abgeschlossenen Waffenstillstand zu rechtfertigen. S. Rich. Sangerm.

wie der Friede von Ceperano im J. 1230 Kaiser und Papst überhaupt versöhnte, so führte er auch die Anerkennung des von ersterem geschlossenen Vertrages herbei. Gerold mußte ihn nun anerkennen und reconciliirte die heiligen Orte wieder[1]. Nach diesem Frieden gab Gregor IX. auch dem Kaiser den Titel König von Jerusalem[2], was übrigens nun auch deßhalb weniger Anstand hatte, weil der König Johann von Brienne am 17. April 1229 zum lateinischen Kaiser erwählt worden war. Nichtsdestoweniger waren die syrischen Barone nicht mit Friedrich II. zufrieden, da nach der Constitution des Königreiches Jerusalem der König im Lande selbst regieren sollte[3].

Auf der Rückreise landete der Kaiser auf Cypern, woselbst die Hochzeit des Königs Heinrich mit der Tochter des Markgrafen von Montferrat gefeiert wurde und Friedrich die Verwaltung des Reiches bis zur Mündigkeit des Königs für 10000 Mark Silber fünf Johann von Ibelin feindlich gesinnten Baronen übertrug[4].

Wie wenig er für die Christen im Heiligen Lande gethan hatte, sollte sich bald zeigen.

Siebentes Kapitel.

Folgen des Bannes in Deutschland und Italien. Kampf in Italien. Der Friede von Ceperano. Zusammenkunft von Papst und Kaiser in Anagni (September 1230).

In Deutschland machten die Nachrichten über das Scheitern des Kreuzzuges einen dem Kaiser sehr ungünstigen Eindruck. Unter den zu Brindisi und Otranto Gestorbenen befanden sich ja auch der Landgraf Ludwig von Thüringen und der Bischof von Augsburg wie manche Andere, deren Tod nun dem Kaiser zur Last gelegt wurde. Der Unwille war so stark, daß er sich gegen das staufische Haus überhaupt wandte, und selbst der Reichsverweser, Herzog Ludwig von Baiern, der ehedem bei dem Verluste von Damiette die Folgen des Zögerns Friedrichs erfahren hatte, und andere Fürsten in ihrer Treue ein wenig zu wanken schienen[5]. Zum Ausbruche kam die Erbitterung aber erst, als Friedrich II. am 28. Juni 1228 zwar wirklich von Brindisi abgefahren war, aber auch durch den von ihm zum Statthalter im Kirchenstaate ernannten Herzog Raynald von Spoleto den Kirchenstaat selbst angegriffen hatte. Denn daraufhin hatte der Papst am 31. Juli 1228 Friedrichs Unter-

---

[1] Alberic. (in Leibn. Access. II, 540).
[2] Das that er zum ersten Male am 12. Aug. 1231.
[3] Cont. Guill. Tyr. bei H.-B. III, 198, 2 et 3.
[4] Cont. Guill. Tyr. l. c. III, 140.   [5] Ann. Scheftlar. SS. XVII, 338.

thanen, speciell die Siciliens, vom Eide der Treue entbunden und war gezwungen worden, der Gewalt mit Gewalt zu begegnen[1]. Nun entschloß sich auch der Papst im Jahre 1228, einen Cardinallegaten, nämlich Cardinal Otto von St. Nicolaus, nach Deutschland zu schicken, welcher dort die kirchlichen Interessen wahren sollte. Einfluß auf diesen Entschluß des Papstes scheint der Herzog von Baiern gehabt zu haben. Sicher kam es zwischen ihm und dem König Heinrich am 25. December 1228 zu einem offenen Bruche. Der Herzog stellte sich mit seinem Anhange auf die Seite des Papstes und begünstigte die Verkündigung des Bannes gegen den Kaiser in Deutschland wie die sonstigen Bemühungen des Cardinals. Deßhalb hatte er aber auch besonderen Grund, auf Vorsichts- und Vertheidigungsmaßregeln gegen die Angriffe des Königs, die ja nicht ausbleiben konnten, bedacht zu sein, mag ihn aber dadurch noch mehr gereizt haben. Um die Mitte des Jahres 1229 eröffnete Heinrich wirklich seinen Feldzug gegen den Herzog und zwang ihn, Geiseln für seine Treue gegen das Reich zu stellen[2].

Heinrich ließ sich nach der Excommunication seines Vaters in seinem Verhalten und seinen Gunstbezeugungen gegen Bischöfe und Städte von deren Parteistellung in der zwischen dem Papst und dem Kaiser schwebenden Frage bestimmen. Am 8. Juni 1228 hatte der Bischof von Straßburg, der mit dem Grafen von Pfirt über die Güter der Gräfin von Dachsburg in Streit lag, die Grafen von Pfirt und Freiburg, beide Anhänger des Königs, sowie die Truppen von vier mit ihnen verbündeten Reichsstädten bei Blabolzheim geschlagen[4]. Dadurch war schon der Zorn des Königs erregt. Straßburg stand aber auch offen auf Seiten der Kirche und beherbergte im August 1229 den Cardinallegaten selbst in seinen Mauern. Sogleich nach der Unterwerfung des Baiernherzogs wandte sich der König gegen Straßburg und belagerte die Stadt, löste aber bald auf den dringenden Rath vieler Fürsten sein Heer auf[5].

---

[1] S. u. S. 89.

[2] Ann. Scheftlar. p. 339, wo es auch zum J. 1229 heißt: „Apostolicus Longobardis et duci Bawarie Ludovico contra imperium confederatur." Vgl. Notae S. Emmerammi SS. XVII, 575: „ll. rex ... ut visum fuit optimatibus regni, non bene ab ipso duce procuratur, eo quod esset familiaris apostolico," und Conrad von Pfävers (de Fabar.) SS. II, 181 sq. „... Hujus consilio et aliorum, ut creditur ... cardinalem misit ad machinationem discordiae." — In den Urkunden erscheint der Herzog zuletzt am 7. Sept. 1228 am königl. Hofe anwesend. H.-B. III, 389; s. ibid. 390, 1. — Dann erschien er wieder zu Weihnachten 1228, und nun kam es zu einem offenen Bruche. Ann. Scheftlar. l. c.

[3] S. den Brief Heinrichs vom 2. Sept. 1234 an den Bischof von Hildesheim. H.-B. IV, 683. Ann. Scheftlar. 339.

[4] Ann. Marbac. SS. XVII, 175. Ann. Ellenhardi ibid. p. 101 sq.

[5] S. den erwähnten Brief an den Bisch. v. Hildesheim. Conr. de Fabar. p. 181.

Wahrscheinlich hatten sie von der Rückkehr des Kaisers nach Italien gehört und seinen Bemühungen, mit dem Papste Frieden zu schließen[1].

Cardinal Otto war von Gregor IX. im J. 1228 nach Deutschland gesandt worden, um dort namentlich für die Hebung der kirchlichen Disciplin zu wirken. Zwar hat König Heinrich später, als er seine eigenen Verdienste um den Kaiser hervorheben wollte, behauptet, er habe den Cardinal, der nach Deutschland gekommen sei, um die kaiserliche Macht zu benachtheiligen und zu bemüthigen, zu Straßburg belagert; der Papst habe den Kaiser absetzen wollen und der Cardinal Otto Besprechungen zum Nachtheil desselben angesagt[2]. Allein diese beschränkten sich auf die Verkündigung des Bannes und Hülfegesuche des in Italien bedrängten Papstes. Weiteres hat er nicht versucht.

Er nahm seinen Weg durch Frankreich, hatte es auch gar nicht eilig, nach Norddeutschland zu kommen, sondern verweilte längere Zeit zu Valenciennes[3] im Hennegau und ging dann nach Verdun[4]. Wohl aber dachte der König von England daran, wie ehemals Otto IV. gegen

---

[1] Vgl. Boehmer, Reg. Imp. Einl. p. LVII. — Heinrich ging mit den Straßburgern im J. 1230 Frieden ein. S. Conr. de Fabar. und die Verzeihungsurkunde des Kaisers vom 28. Aug. 1230. H.-B. III, 221.

[2] S. das erwähnte Schreiben des Königs bei H.-B. IV, 683. — Auch Conrad. de Fabar. l. c. sagt: „Gregorius ... pontifex modis quibus poterat, elaborabat, ipsum (Fridericum) ab imperio perturbare, filiumque suum Heinricum regem, concitatis ad hoc principibus Alemannie quibusdam precipuis ac majoribus episcopis, archiepiscopis ac baronibus in hoc assencientibus; horum precipue dux Bawarie prebuit assensum et consilium, palliacione fallacie, quam erga regem tunc temporis habuisse visus est." Allein er gibt höchstens den am Hofe Heinrichs herrschenden Ideen Ausdruck. — Die Annal. Col. max. (p. 841: „Cujus [i. e. cardinalis] intentio erat, imperatoris gravamen procurare, et super hoc consilium expetere Ottonis ducis de Lunimburg. Sed idem Otto contra imperatorem renuit aliquid attemptare") sagen nicht, daß der Cardinal dem Herzoge Otto von Lüneburg wirklich Vorstellungen gemacht hat. — Alberic. Leibn. Access. II, 535 meint, Otto sei nach Deutschland gesandt worden, um die Wahl eines neuen Königs zu betreiben.

[3] Chron. Andrens. mon. d'Acbery, Spicileg. IX, 659.

[4] Dort war er am 24. Jan. 1229, an welchem Tage er eine Ermächtigung für das Capitel zu Metz (vgl. Pertz, Archiv VIII, 450) ausfertigte. — Die Regesten des Cardinals von 1227—1231 sind von Ed. Winkelmann (Forschungen VI, 412) und Schirrmacher (ebend. Bd. VIII, 58) zusammengestellt worden. (Sie handeln über die Sendung desselben ebend. VI, 406 ff., VIII, 45 ff.) — Der lange Aufenthalt zu Valenciennes spricht auch gegen Schirrmachers Behauptung a. a. O. 48, daß der Cardinal im J. 1228 „den sichern Weg durch Frankreich" genommen habe, um „so schnell als möglich nach Norddeutschland zu gelangen und persönlich auf den Herzog von Lüneburg bestimmend einwirken zu können". Uebrigens war der Herzog bis Anfangs 1229 sogar noch in Gefangenschaft, wie Schirrmacher selbst zugibt. Sollte man denn in Rom einen Gefangenen zum König machen wollen und der Cardinal mit ihm unterhandeln?

die Staufen und Frankreich gekämpft hatte, suchte einen andern Welfen, den Neffen jenes, den Herzog Otto von Braunschweig, zum Gegenkönig aufzustellen, und wandte sich dieserhalb am 4. April 1229 an den Papst wie an den Herzog selbst[1]. Letzterer hatte sich zwar gegen den Willen des Königs Heinrich wie des Herzogs von Baiern nach dem Tode des ohne männliche Erben verschiedenen Herzogs Heinrich von Sachsen (gestorben am 28. April 1227) in den Besitz des ihm von diesem vermachten Braunschweig gesetzt, war aber am 22. Juli 1227 in der Schlacht von Bornhövde von dem Grafen Heinrich von Schwerin gefangen genommen und erst Anfangs 1229 aus der Gefangenschaft befreit worden[2]. Allein er lehnte es ab, etwas gegen den Kaiser zu unternehmen, wofür dieser ihm später seine Anerkennung ausgesprochen hat[3]. Der Cardinal oder der Papst hatten ihm keinerlei Vorstellungen gemacht; das wußte Friedrich II. auch sehr wohl, denn er nahm nicht nur im Mai 1232 die Vermittlung des Cardinals in seinem Streite mit den Lombarden an, sondern nannte ihn auch noch am 10. Mai 1232 seinen „lieben Freund" und sprach überhaupt von ihm mit Wohlwollen[4].

Von dem Cardinal werden uns statt Agitationen für die Aufstellung eines Gegenkönigs nur Reformbestrebungen berichtet. Er visitirte Klöster, hielt Synoden ab und suchte die kirchliche Disciplin wieder herzustellen. Das wäre schon an und für sich nicht so leicht gewesen, wurde aber nun noch durch die feindliche Stellung des Papstes zu Kaiser und König, auf deren Macht der Clerus trotzte, besonders schwierig. Otto begab sich aus diesem Grunde in das seinem Bischofe und dem Papste treu an-

---

[1] Rymer, Foedera et Convent. ed. 1816. I, 194. Dieß geschah, als der Cardinallegat schon in Deutschland war.

[2] Vgl. besonders Ann. Stad. SS. XVI. Die Willensäußerung des Herzogs von Sachsen in Scheid, Orig. Guelf. IV, 98. — Ein Zug gegen Braunschweig blieb wegen der Treue der Stadt gegen Otto erfolglos. Ann. Stad. 359; Orig. Guelf. IV, 111. — In der Schlacht von Bornhövde kämpfte er auf Seiten seines Onkels, Königs Waldemar von Dänemark, gegen Lübeck. Er war nicht vor dem 1. Nov. 1228 wieder frei, wie noch Winkelmann (Friedrich II., Bd. I, 319, 3) meint; denn am 3. Dec. 1228 (f. Scheid l. c. IV, 90) verwandte sich Gregor IX. für seine Befreiung bei der Wittwe des Grafen Heinrich von Schwerin. Otto wurde nun wirklich auf die Verwendung des Papstes hin, dem der König von England dafür besonders dankte (f. Rymer l. c. I, 194), vor dem 7. März 1229 (f. das Gratulationsschreiben des Königs von England an Otto vom 7. März bei Rymer l. c.) befreit.

[3] Im Aug. 1235 (H.-B. IV, 756). Die Worte: „Nec contra honorem nostrum ad suggestionem alicuius voluerit inveniri" beziehen sich nicht auf Cardinal Otto, wie H.-B. IV, 756, 1 meint, sondern auf den König von England.

[4] H.-B. IV, 346. Im März 1232 hatte er Ravenna allerdings vor der Ankunft des Cardinals, aber um mit seinem Sohne zusammenzutreffen, verlassen müssen (H.-B. IV, 939 fragm. de colloquio).

hängende Straßburg[1], woselbst er auch während der Belagerung der Stadt durch König Heinrich weilte. Dort, wie zu Konstanz[2], Lüttich[3], Tongern[4] und andern Stellen, beschäftigte er sich mit der Hebung der Disciplin in den Klöstern und unter der Geistlichkeit. Um die Mitte des Jahres 1230 berief er ein Concil nach Mainz zur Durchführung der Reform. Es kam aber nicht zu Stande, weil Heinrich Allen, die Bischöfe, welche ein Recht dazu hätten, ausgenommen, verbot, im Reiche ein Concil zu halten[5]. Hiernach ging Otto nach Bremen, ebenfalls wieder mit Visitationen und Reformen beschäftigt[6], und scheint gegen Ende des J. 1230 zu gleichem Zwecke auch Dänemark besucht zu haben. Weihnachten 1230 feierte er aber in Köln. Er berief dann ein Provinzialconcil[7] nach

---

[1] Gregor IX. lobt am 27. Sept. 1228 die Bürgerschaft von Straßburg wegen ihrer Unterstützung des Bischofs und mahnt sie, „ut ... venientibus ex adverso vos viriliter opponatis"; er verspricht, sich ihrer beim Friedensschlusse anzunehmen. Forschungen XV, 380, n. 5. — Vgl. Chron. Novient. monast. Boehmer, Fontes III, 29: „Mittitur ab apostolico medio tempore legatus, cardinalis videlicet dictus Otto, statum ecclesiarum Alemannie respecturus. Qui ob metum regis ad singulas dioeceses declinare formidans, quippe quia controversia tunc movebatur inter papam et imperatorem, in Argentinam, in qua defendi poterat, est receptus." [2] Vgl. Conr. de Fabar. de casib. S. Galli cap. 21.

[3] Dort war er im Febr. 1230. Vgl. Aegidius Aureavall. bei Chapeaville, Auct. de gestis pont. Leod. II, 259 (irrthümlich zum J. 1231), und Alberic. (wozu H.-B. III, 403 sq.) wie Ann. Col. p. 841. — Der Bischof, welcher den Cardinal beschützte, wurde dafür von König Heinrich der Regalien beraubt (s. Aeg. Aureav. l. c.). Letzterer verlieh auch mehreren Städten zum Schaden des Bischofs Privilegien (s. H.-B. III, 402. 411. 433), erklärte aber am 20. Jan. wieder, die Rechte desselben schützen zu wollen (H.-B. III, 444 sq.).

[4] Von dort aus empfahl er im Mai 1230 den Bischöfen von Münster, Osnabrück und Paderborn Dominicaner als Visitatoren (H.-B. III, 416).

[5] Quelle ist Conr. de Fabar. p. 182, der nur von einem in Mainz zu haltenden, nicht gehaltenen Concil spricht: „Concilium in Mogunt. civ. habiturus comprovinciales citaverat episcopos et abbates et diversi ordinis clericos, si non abbas (S. Galli) consilio suo cum rege habito, id irritasset ... Disposuerat namque praefatus Alemanniam datis quibusdam dictis spoliare. Videns vero quia non sicut disposuerat haberet processum, ad securitatem sui accepto ducatu pacis, abbate S. Galli duce et comite, Ratisbonam venit cum pace."

[6] Am 18. Aug. 1230 bestätigte der Cardinal zu Straßburg eine von dem Erzbischof Theoderich von Trier am 21. Mai 1230 ausgestellte Urkunde. S. Mittelrhein. Urkundenbuch III, S. 312. Dieß ist um so mehr beachtenswerth, als es auf das freundschaftliche Verhältniß des Cardinals zu einem Manne hinweist, dessen Treue der Kaiser wiederholt belobte. So am 8. Febr. 1230 a. a. O. n. 423; am 3. Dec. 1232 ebend. n. 463. In Bremen setzte er u. A. die Zahl der Mitglieder des Domcapitels auf 24, die der Archidiakonen auf vier fest. Gregor bestätigte dieß am 29. Juni 1231 (Potth. n. 8756).

[7] Vgl. über die Reise nach Dänemark Alberic. p. 536; Ann. Ryenses SS. XVI. 407; Alb. Stad. zum J. 1229. Die Ann. Col. (p. 842) sagen: „Otto card. a Dacie partibus Coloniam veniens, ibidem natalem Domini celebrat. Inde

Würzburg, jedenfalls um seine durch das Scheitern des Concils von Mainz vereitelten Absichten durchzusetzen. Aber auch jetzt erhob sich Widerstand, und zwar von Seiten der sächsischen Großen, welche fürchteten, der Cardinal wolle neue Decrete geben, Abgaben erheben und kirchliche Stellen an Auswärtige verleihen. Wenigstens forderten sie mit diesen Gründen die Bischöfe und Prälaten zum Widerstande auf[1]. Nichtsdestoweniger kam das Concil zu Stande und wurde sogar von nicht zur Mainzer Kirchenprovinz gehörigen Bischöfen besucht[2]. Der Cardinal konnte aber nichts erreichen, weil sich die Versammlung ihm mißtrauisch und abgeneigt zeigte[3]. Er ging deßhalb nach Regensburg und von dort durch Steiermark nach Italien zurück, wo er bereits im Mai 1232 als päpstlicher Vermittler zwischen dem Kaiser und den Lombarden auftrat[4].

Hätte er an der Aufstellung eines Gegenkönigs statt an der Hebung der kirchlichen Disciplin gearbeitet, so wäre er sicher nicht ein annehmbarer Vermittler gewesen.

---

recedens apud Herbipolim concilium provinciale indicit, sed renitentibus principibus laicis et paucis Ecclesiarum praelatis venientibus inde recessit."

[1] H.-B. III, 439 sq.

[2] Der Erzbischof von Magdeburg wie der Bischof von Naumburg u. A. hatten dem Concil beigewohnt. Vgl. Gregors Brief vom 6. Dec. 1232 (H.-B. III, 448, 2). — Schirrmachers (Friedrich II., Bd. I, 314 ff.) Ansicht, daß das Concil von Würzburg ein Plenarconcil war, und ihm ein Provinzialconcil zu Mainz folgte, ist, obgleich Hefele (V, 879) sich ihr angeschlossen hat, unhaltbar. Es liegt kein Grund vor, weßhalb nicht andere, besonders benachbarte Bischöfe auf einem Provinzialconcil anwesend sein sollten. Das erwähnte Schreiben sächsischer Großen ist an alle „archiepiscopi, episcopi aliique praelati ecclesiarum Alemanniae" (H.-B. III, 439) gerichtet, weil man eben auch anderswo die Pläne des Cardinals verhindert wissen wollte. Das Zeugniß der Ann. Col. (s. S. 87, Anm. 7) ist unzweideutig, und Conr. de Fabar. (vgl. S. 87, Anm. 5) ist am besten durch die oben im Text gegebene Ausführung erklärt. Er spricht zuerst von dem nicht zu Stande gekommenen Concil von Mainz, dann von dem Grunde, weßhalb es nicht zu Stande kam, dem Verbote des Königs. Im J. 1230 konnte dieser allerdings „colloquia quae ad incommodum patris nostri idem cardinalis indixerat" verhindern (H.-B. IV, 682), aber am 28. Aug. 1230 hatten Kaiser und Papst Frieden geschlossen. Das Verbot kann sich also nicht auf das erst im J. 1231 gehaltene Concil von Würzburg beziehen. Letzteres wird von Conr. de Fabar. überhaupt nicht erwähnt.

[3] Man begann mit der Verlesung einer Erklärung gegen den Cardinal. Der Cardinal suspendirte den Bischof von Naumburg wie noch einige andere; s. das päpstl. Schreiben vom 6. Dec. 1232 (H.-B. III, 448, 2), worin der Bischof von Hildesheim mit der Untersuchung der Sache beauftragt wird.

[4] Zu Regensburg urkundet er am 24. Febr. wie 22. März 1231. S. Schutzbrief für Kloster Banz (Böhmer, Reichssachen, n. 90), sowie für das Bremer Capitel (v. Hobenberg, Bremer Geschichtsquellen I, 107) und Genehmigung eines Vergleiches des Bischofs von Worms mit den Dominicanern (Winkelmann, Acta, n. 621). — Am 15. April 1231 war er in Rottenmann in Steiermark (s. Böhmer a. a. O. n. 107).

Kampf mit dem Kaiser. Friede von Ceperano.

Die erwähnte[1] Ernennung des Raynald von Spoleto zum kaiserlichen Legaten in der Mark Ancona wie in dem Mathilde'schen Erbe war im Juni 1228 erfolgt[2] und für den Papst äußerst beleidigend. Schaltete doch somit der Kaiser im Kirchenstaate, als ob er ihm gehöre. Ob der Kaiser damals den Herzog Raynald mit dem Herzogthume Spoleto belehnt[3] hat, ist zwar fraglich. Immerhin erhielt die Ernennung durch die Person des „Legaten" noch einen besonders gehässigen Charakter. Denn Raynalds Vater, Conrad von Urslingen, hatte einst durch Heinrichs VI. Gnade das Herzogthum Spoleto bis zum J. 1198 widerrechtlich inne gehabt und Raynald schien schon durch seinen Namen „Herzog von Spoleto" Ansprüche darauf zu machen[4]; er bemühte sich auch wirklich mit seinem Bruder Berthold, in den dauernden Besitz desselben zu kommen. Zu Veroli hatte der Kaiser im J. 1222 das Herzogthum vom Papste verlangt, natürlich vergebens[5]. Allein auf Betreiben des Berthold von Spoleto hatte Gunzelin von Wolfenbüttel in Spoleto wie auch in der Mark Ancona im J. 1222 die Reichshoheit hergestellt[6].

Noch deutlicher und beleidigender, wenn möglich, war ein anderer Schritt des Kaisers. Am 21. Juni 1228 erklärte er die seit Jahrhunderten den Päpsten gehörende Stadt Civitanuova (an der Küste zwischen Ancona und Ascoli) als kaiserliche Stadt. Wenn er der Kirche früher den Besitz derselben erlaubt habe, so habe er die Stadt darum nicht von der kaiserlichen Jurisdiction und Dienstpflicht lossprechen wollen. Er widerrufe jetzt diese Concession (!) und bestimme, daß Civitanuova für immer zum Reiche gehören solle. Raynald von Spoleto solle ihr das im Namen des Kaisers schwören[7]. Damit war Raynalds Auf-

---

[1] Im Anfang dieses Kapitels S. 83.

[2] H.-B. III, 65. Er hatte ihn schon zu Varoli im Mai 1228 zum Reichsverweser des Königreichs Sicilien eingesetzt; f. Rich. Sangerm.

[3] Raynald nennt sich im März 1229: „Dei et imperiali gratia dux Spoleti, imperialis Tuscie et Marchie legatus" (H.-B. III, 113).

[4] Die bezügliche Klage Honorius' III. beantwortete Friedrich II. am 10. Mai 1219 dahin, daß in Deutschland die Söhne von Herzogen, auch wenn sie kein Herzogthum besäßen, sich „Herzog" zu nennen pflegten. — Ueber die „Herren von Urslingen, Herzoge von Spoleto", vgl. Stälin a. a. O. II, 586—594.

[5] S. Ficker, Forschungen zur Reichs- und Rechtsgesch. Italiens, Bd. IV (1874), n. 301. Päpstliches Schreiben vom 13. Mai 1222.

[6] Theiner l. c. I, n. 118. — Eben wegen des Ansinnens des Kaisers bezüglich Spoleto's glaubte man in Rom (vgl. Ficker a. a. O. S. 335) an ein Einverständniß des Kaisers mit Gunzelin. S. die päpstl. Weisungen an Spoleto vom 5. und 13. Mai 1222 in Ficker, n. 301 und S. 335, Anm. 2; die kaiserl. Vertheidigungsbriefe bei Theiner I, n. 115—125, p. 71—75.

[7] S. kaiserl. Schreiben (H.-B. III, 66—68): „Concessionem nostram praedictam ipsi R. E. de vobis duximus revocandam." Raynald von Spoleto versprach im März 1229 einigen Städten der Mark Ancona, z. B. Osimo, Re-

gabe klar. Der ganze Kirchenstaat war bedroht. Außerdem stellte Friedrich vor seiner Abreise ein meist aus Saracenen bestehendes Heer zum Kampfe gegen den Kirchenstaat auf und suchte auch durch Briefe und Geschenke die päpstlichen Unterthanen für sich zu gewinnen [1]. Raynald eröffnete den Angriff im Juni 1229 gegen die Herren von Popplito in Apulien, welche päpstliche Vasallen waren [2].

Unter solchen Umständen konnte Gregor IX. eine von Brindisi an ihn geschickte kaiserliche Gesandtschaft [3] nur als zur Täuschung Unwissender bestimmt betrachten. Er entband nun auch am 31. Juli 1228 zu Perugia alle und besonders die sicilianischen Unterthanen Friedrichs vom Eide der Treue [4].

Raynald antwortete hierauf mit neuen Uebergriffen in Spoleto, woselbst er sich an mehreren Stellen Treue schwören ließ und andere mit Gewalt besetzte [5]. Dann verwüstete er, während Conrad Quizinardi in Spoleto weitere Fortschritte machte, und Berthold von Spoleto, der kaiserliche Statthalter von Toscana, das Schloß Prusa zerstörte, die Mark Ancona [6]. Besonders Geistliche litten unter der Wuth der saracenischen Krieger fürchterlich [7]. Vergebens mahnte der Papst Raynald, die Mark zu verlassen [8], vergebens auch belegte er ihn wie seinen Bruder

---

canati u. a., daß sie in Zukunft dem Kaiser unterstehen sollten (H.-B. III, 112). — Der Kaiser selbst bestätigte diese Zusicherungen im Juli 1229 (s. H.-B. III, 151; Winkelmann, Acta, n. 304). — Osimo, Recanati u. a. werden aber sogar mit Namen in den Schenkungen Ludwigs des Frommen, Otto's und Heinrichs II. als Kirchengut erwähnt. S. Theiner I, n. 3. 4. 7.

[1] Vgl. außer den päpstl. Briefen vom 5. und 30. Aug. 1228 (in H.-B. III, 75, 495) die Ann. de Waverl. (ed. Luard), p. 304, zum J. 1227: „Fr. imperator adductis circiter XV milia Saracenis in imperium, Ecclesiam Dei conculcat atque perturbat, confundit etiam miserabiliter negotium terrae sanctae et, post innumera fraudum commenta, contra Romanam Ecclesiam publice prosilit, in persecutionem ejus totaliter se conflando."

[2] Er besetzte ihre Burgen unter dem Vorwande, der Papst habe sie zum Aufstande gegen den Kaiser aufgefordert. Rich. Sangerm. 350. H.-B. III, 425.

[3] Kaiserl. Schreiben. H.-B. III, 72.

[4] S. päpstl. Schreiben vom 30. Aug. 1228 an Siena (H.-B. III, 494). Vgl. auch das von Rodenberg (n. 831, p. 731 sq.) mitgetheilte, nach ihm encyklikische päpstl. Schreiben von demselben Tage. Alberic. II, p. 526.

[5] Päpstl. Schreiben vom 7. Nov. 1228 bei H.-B. III, 80.

[6] Vita Greg. l. c. 576.

[7] Ebend. und im päpstl. Schreiben vom 30. Nov. 1228. H.-B. III, 82.

[8] „Iterata monitione." Vita Greg. p. 577. — Am 23. Sept. 1228 ersuchte Gregor den Markgrafen von Ancona und Este, schnell der Mark zu Hülfe zu kommen (Theiner I, 87, n. 148). Der Markgraf hatte die Landschaften von der Kirche zu Lehen, hatte aber schon früher zu Perugia den Papst gebeten, sie verlassen zu dürfen. Allein es wäre schimpflich gewesen, sie jetzt, wo seine Hülfe so nöthig war, zu verlassen. Vgl. S. 94.

Bertholb im November 1228 mit dem Banne[1]. Aber Gregor glaubte, nun auch Gewalt mit Gewalt zurückweisen zu dürfen und zu müssen. Er forderte bringend zur Hülfe auf und rückte, nachdem sich die Angriffe Raynalds auf den Kirchenstaat seit Juli 1228 stets gehäuft hatten, in Sicilien ein[2].

Die Berechtigung dieses Vorgehens des Papstes läßt sich nicht abstreiten. Er handelte aus Nothwehr und versetzte den Krieg in feindliches Gebiet. Ueberdieß hatte sich Friedrich durch seine Angriffe auf den Kirchenstaat der Felonie schuldig gemacht, weßhalb der Papst als Oberlehensherr Siciliens das Land einziehen konnte. Zwar hat der Kaiser später behauptet, als Raynald sich gegen sein Wissen und Willen angeschickt, in den Kirchenstaat einzubrechen, habe der Papst die Gelegenheit benutzt, um in Sicilien einzufallen[3]. Allein die Behauptung ist unwahr. Raynald hatte schon Monate lang mit Feuer und Schwert im Kirchenstaat gewüthet, als der Papst Sicilien angriff, und zudem nur fortgesetzt, was Friedrich, indem er ihn zum Statthalter von Kirchenländern ernannte und von Civitannova Besitz ergriff, angefangen hatte. Wie hätte auch Raynald ohne Wissen und Willen Friedrichs, in dessen Reiche Niemand ohne königlichen Befehl Hand oder Fuß rühren durfte[4], solches wagen können? Noch ein ganzes Jahr nach der Rückkehr des Kaisers aus Palästina war er in seiner Gunst und wurde erst im Mai 1231, nicht etwa wegen seines Einfalles in den Kirchenstaat, sondern weil[5] er dem

---

[1] H.-B. III, 82, 84 not.

[2] Rich. Sangerm. SS. 351: „Cum nec excommunicatione Raynaldum revocare posset, vim vi repellere licitum putans etc." — Vgl. die Hülfegesuche an den Erzbischof von Mailand vom 22. Nov. 1228 (H.-B. III, 83, 1), von dem er Anfangs 1229 hundert Bewaffnete erhielt (Mem. Mediol. SS. XVII, 402), an den Erzbischof von Ravenna vom 4. Dec. 1228 (Potth. n. 8286), an den König von Schweden vom 21. Dec. 1228 (Potth. n. 8299).

[3] Zum Beweise beruft er sich darauf, daß er Raynald später bestraft habe. „Terram ecclesiae parabat intrare ... prout nos postmodum per ipsius poenam expressimus." So im J. 1239 (H.-B. V, 296). Am 20. Juni 1241 schweigt er überhaupt von dem Einfalle Raynalds und sagt nur: „Pater noster regnum nostrum Sicilie violenter intravit" (H.-B. V, 1141).

[4] Bemerkung Gregors. S. päpstl. Schr. vom 10. Oct. 1236 (H.-B. IV, 918).

[5] Rich. Sangerm. 364. — Friedrich würde auch sonst des Papstes edelmüthige Bitten vom 7. Juni und 11. Juli 1231 (vgl. Rayn. 1231, 5 et 7) zu Gunsten Raynalds angenommen haben. Zudem sagt der Papst im zweiten Schreiben: er möge seine Bitte erhören, denn sonst könnte man denken, „(homines cogitare) quia ideo motus es principaliter contra eum, quia nos taliter provocarat." (Uebrigens ist das Regest dieses Schreibens bei Potth. [n. 8764] wie auch bei Theiner [94, n. 160] ungenau. Der Papst bittet nicht um Rache, sondern um Erbarmen für Raynald.) — Auch Berthold von Spoleto wurde in den Sturz seines Bruders verwickelt. Er behauptete sich zwei Jahre lang gegen die kaiserlichen Truppen und

Kaiser keine genügende Rechenschaft von seiner Amtsführung geben konnte, verhaftet und seiner Güter beraubt[1].

Gegen Sicilien[2] hatte der Papst im Ganzen drei Heere aufgestellt, welche nach Analogie der „Kreuzfahrer" „Schlüsselsoldaten"[3] genannt wurden. Das erste Heer, unter dem Befehle der Grafen Thomas von Celano und Roger von Aquila, überschritt die Grenze am 18. Januar 1229 und besiegte den Grafen Heinrich von Malta am 17. März bei San Germano. Das zweite stand unter dem Oberbefehl des gewaltigsten Kriegshelden jener Zeit, Johanns von Brienne, vor dem die Feinde zerstoben, als hätten sie den Teufel oder einen Löwen, der sie zu verschlingen drohte, gesehen[4]. Er vertrieb zunächst Raynald aus der Mark und rückte gegen Anfang April 1229 ebenfalls in Sicilien ein. Das dritte Heer, unter dem Befehle des Cardinals Pelagius von Albano, belagerte Capua vergebens und wandte sich gegen Sulmona, woselbst sich Raynald von Spoleto festgesetzt hatte und von Johann von Brienne belagert wurde[5].

Die Grausamkeit der saracenischen Truppen Raynalds rief auch unter den päpstlichen Söldnern Vergeltungsmaßregeln hervor. Als Gregor davon hörte, verbot er auf das Strengste bei Verlust der päpstlichen Gnade und einer Geldstrafe, deren Höhe Pelagius bestimmen sollte, den kaiser-

---

unterwarf sich schließlich nur gegen Zusicherung seiner persönlichen Freiheit (s. Rich. Sangerm. 370), ging dann nach Deutschland an den Hof Heinrichs (er ist zu Wimpina im Mai 1234; s. H.-B. IV, 653) und war sicher wieder im J. 1241 im Besitze der königlichen Gnade (s. H.-B. V, 1154; ibid. not. 2).

[1] J. Ficker in „Erörterungen zur Reichsgesch. des 13. Jahrh." (Mittheilungen d. Instituts f. österr. Gesch., Bd. IV, 3 [1883]), n. IX, nimmt an, die Ernennungsurkunde für Raynald als Statthalter im Kirchenstaate und die für Civitanuova seien nur für den Fall bestimmt gewesen, daß der Papst Sicilien als verwirktes Lehen an sich zu nehmen versuchen würde. Raynald habe die Eventualität nicht abgewartet, und sei somit gegen den Willen des Kaisers in den Kirchenstaat eingefallen. Die Unrichtigkeit dieser Annahme ergibt sich daraus, daß Raynald gar nicht für jenes Vergehen bestraft wurde (s. S. 91, Anm. 5). Vgl. auch die Ann. de Waverl. S. 90, Anm. 1.

[2] Nach Rich. Sangerm. 353 hatten besonders die Franciscanermönche und auch der sonstige Clerus ihm das Reich schon vorher geneigt gemacht.

[3] Das Heer focht unter den päpstlichen Fahnen („clavium signa gerebat", sagt Rich. Sangerm.) und die Truppen, welche „clavesignati" genannt werden (Rich. Sangerm.), trugen auch selbst das Schlüssel-Abzeichen. Vgl. Rayn. 1228, 13.

[4] So Salimbene 16 sq. Vgl. auch Jac. Aurias, Regni Hieros. hist. SS. XVII, 75. — Honorius III. hatte den tapfern König am 27. Jan. 1227 zum Statthalter des Landes von Rabicosani bis Rom, mit Ausnahme von Ancona, Spoleto, Rieti und der Sabina, gemacht (Rayn. 1227, 5), „pro vitae suae sustentatione", wie Rich. Sangerm. sagt.

[5] Vgl. hierzu bes. Rich. Sangerm., sowie das gegen Anfang März 1229 abgesandte Schreiben des Grafen Thomas von Acerra an den Kaiser in H.-B. III, 110.

lichen Gleiches mit Gleichem zu vergelten[1], war somit ängstlich darauf bedacht, Mannszucht unter den Truppen zu bewahren.

Um sich Sicilien leichter zu unterwerfen, gab man, wie es scheint, im päpstlichen Heere vor[2], Friedrich sei gefangen. Allein dieser landete am 10. Juni 1229 in Apulien und versetzte durch seine Ankunft das von Pelagins befehligte Heer in den größten Schrecken. Pelagius selbst forderte den König Johann auf, sich mit ihm zu vereinigen, und belagerte dann mit ihm Cajazzo, nordwestlich von Capua.

Einigen unterworfenen Städten, nämlich Sessa und Gaeta, gab der Papst die Zusicherung, daß sie in Zukunft, gerade wie die Stadt Anagni, unmittelbar der Kirche unterstehen sollten[3]. Città di Castello bei Perugia und Sora in Terra di Lavoro wurden in den päpstlichen Schutz aufgenommen[4], Amiterno und Forcona aber, auf welche der apostolische Stuhl durch die Schenkungen Otto's I. vom J. 962 und Heinrichs II. vom J. 1014 besondere Anrechte hatte, wurden nicht bloß in das Dominium der römischen Kirche aufgenommen, sondern ihnen auch unter gewissen Bedingungen die Erbauung einer neuen Stadt, Accola oder Aquila, am 7. September 1229 gestattet[5]. Es war nicht etwa bloß nach dem Rechte des Eroberers, daß Gregor so verfuhr, sondern er erachtete[6], daß Friedrich wegen seiner offenen Rebellion das Lehen Sicilien verwirkt habe.

Aber die Lage des Papstes war nichtsdestoweniger eine sehr schwierige, theils wegen der Unzuverlässigkeit seiner Truppen und des Mangels an Hülfe, theils wegen der Fortschritte des Kaisers. Diesem war das Glück günstig. Denn die Kreuzfahrer aus Deutschland hatten sich zuerst geweigert, ihn auf der Rückkehr aus Syrien nach Sicilien zu begleiten,

---

[1] Am 19. Mai 1229 (bei Rayn. 1229, 44): „Ministris et aliis qui praesunt in exercitu obtentu gratiae nostrae, necnon et poena pecuniaria, quam videris expedire, districtius inhibendo, ne similia deinceps in ipso exercitu aliquis attentare praesumat."

[2] Das papstfeindliche Chron. Ursp. SS. XXIII, 383, sagt: „Papa cum suis complicibus, ut homines asserebant, famam fecit in Apulia divulgari, imperatorem esse mortuum." Der Kaiser selbst behauptete aber am 20. April 1239 bloß, daß Befehlshaber des päpstlichen Heeres — vom Papste spricht er nicht — vorgegeben hätten, er sei in Gefangenschaft (H.-B. V, 296). Hätten sie ihn todtgesagt, so würde er das sicher erwähnt haben.

[3] S. die päpstl. Schreiben vom 19. und 23. Mai für Sessa (Theiner 89, n. 153. H.-B. III, 144, 1) und vom 21. Juni 1229 für Gaeta (H.-B. III, 142). Gaeta, welches, wie es dort heißt, unzweifelhaft zum „Dominium R. E." gehöre, erhält viele Privilegien.

[4] Erstere am 19. Mai 1229 (Theiner 88, n. 152), letztere am 29. August (H.-B. III, 144, not.).

[5] H.-B. III, 160. Am 27. Juli 1229 gab Gregor IX. dem Bischof von Forcona auf den Bau der Stadt bezügliche Weisungen (l. c. not. 2).

[6] S. das Schreiben vom 7. Sept. 1229 (l. c.).

waren aber dann durch widrige Winde dazu gezwungen worden[1]. So=
bald er gelandet, hatte er dem bedrängten Capua Hülfe gesandt[2] und,
obgleich die hervorragenden Orte Apuliens entweder offen von ihm ab=
gefallen waren oder doch wenigstens schwankten, in Brindisi, Andria,
Barletta und andern Städten Aufnahme gefunden[3]. Er konnte somit
ein Heer sammeln und fand selbst an Dienern der Kirche, wie dem Pa=
triarchen Berthold von Aglei[4], Hülfe. Was aber die dem Papste zur
Verfügung stehenden Streitkräfte angeht, so war der Markgraf Azzo VII.
von Este, der schon seit Innocenz III. die Mark Ancona zu Lehen hatte,
gegen Raynald machtlos. Zudem war er auch fast stets in der Mark
Treviso beschäftigt. Dort fanden zwischen ihm und seinem Freunde und
Anhänger, dem Grafen von S. Bonifacio, einerseits und den Söhnen
Ezelins II. von Romano, Ezelin III. und Alberich von Romano, sowie
Salinguerra, der sich durch seine Gewandtheit zum Haupte von Ferrara
aufgeschwungen hatte, andererseits fast ununterbrochene Kämpfe um die
Oberherrschaft in der Mark Treviso und ihren Städten statt, die Azzo's
Streitkräfte in Anspruch nahmen. Die Lombarden hatten sich zwar ver=
pflichtet, dem Papste auf ihre Kosten Truppen zu stellen, waren aber
sehr nachlässig in der Sendung derselben und sandten schließlich nur
wenige und obendrein schlecht gerüstete Söldner[5]. Als aber der König
Johann von Brienne auf die Nachricht von der Ankunft Friedrichs gegen
ihn zu ziehen sich anschickte, machten die Soldaten Schwierigkeiten, indem
sie sich über schlechte Besoldung beklagten[6]. In all diesem zeigte sich,
wie wenig die Lombarden, für die doch das Vorgehen des Papstes gegen
Friedrich von dem größten Werthe war, sich auf ihren Vortheil verstanden[7].

---

[1] Chron. breve (H.-B. I, 920).

[2] Rich. Sangerm. 353 (nämlich durch den Grafen Thomas von Acerra).

[3] S. Reg. Imp. p. 354 sqq.; H.-B. III, 152, not. 1.

[4] Am 20. Juni 1229 befahl ihm der Papst, den Feinden der Kirche keine
Hülfe zu leihen und in Pola wie anderen Häfen die Ueberfahrt von kaiserlichen
Hülfstruppen nach Apulien zu hindern. Berthold war aber persönlich nach Ungarn
gegangen, um den König für Friedrich zu gewinnen. S. H.-B. III, 176, 1.

[5] Nach den Ann. Plac. Gib. hatten die Lombarden Hülfstruppen gesandt,
„qui milites usque in quantitate 300 apparati, habitis sumptibus a com-
munibus civitatum eorum, ad d. papae curiam perrexerunt". Die Ann. Plac.
Guelf. sagen, sie seien im März 1229 ausgerückt. Am 15. Mai 1229 klagt der
Papst über die Zögerungen und die unangebrachte Sparsamkeit der Lombarden
(Savioli III. II, 83); ebenso am 13. Juli (ibid. 86).

[6] S. päpstl. Schreiben an die Lombarden vom 26. Juni. H.-B. III, 145.

[7] Päpstl. Schreiben vom 9. Oct. 1229 (Rayn. 1229, 33): „Dum refrena-
remus," heißt es dort, „impetum inimici aspirantis ad ipsorum (Lombardorum)
exterminium,' promissum auxilium distulerunt." — In den Jahren 1228 und
1229 war z. B. Bologna mit Modena im heftigsten Streite, den auch der vom
Papste mit der Vermittlung beauftragte (s. Schreiben vom 8. Sept. und 13. Oct.

Aus Frankreich kamen ihm gegen Ende des Jahres auf seine Bitten unter Andern der Bischof von Beauvais und der von Clermont zu Hülfe[1]. In England wurde von dem päpstlichen Gesandten, dem Abte Stephan, der Zehnte von allen kirchlichen Einkünften zum Besten des Kampfes gegen Friedrich erhoben[2], und der Infant Peter von Portugal erbot sich, mit einer Zahl von Rittern der bedrängten Kirche zu Hülfe zu ziehen, worauf ihn Gregor ersuchte, dieses so rasch wie möglich zu thun[3].

Wohl hatte der Papst Grund, sich eifrig nach Hülfe umzusehen. Denn am 31. August war der Kaiser mit seinem Heere aus Barletta ausgerückt und war am 8. September, während Pelagius und Johann von Brienne die Belagerung von Cajazzo aufhoben, zu Capua angelangt. Er machte immer größere Fortschritte und zog auch in San Germano ein, wo das päpstliche Heer Haltepunkt genommen hatte, aber nun nach der Campagna sich zurückzog. Jetzt zeigte es sich, daß allerdings das päpstliche Heer, welches den günstigen Zeitpunkt zum Kampfe gegen den Kaiser, als ihm noch wenig Truppen zu Gebote standen, verfehlt hatte, nachgeben mußte, aber die festen Orte Siciliens nicht dem Kaiser, sondern vielmehr ihrem Oberlehensherrn, dem Papste, anhingen. Denn wie in der Capitanata Foggia, Troia, Casalnuovo, San Severo und Civitate dem Kaiser den Eingang verweigerten, so hielten auch Benevent, Gaeta und S. Agatha sich tapfer. Zwar ergab sich Sessa im October, aber Sora vertheidigte sich muthig, wurde jedoch am 28. October mit Sturm genommen und verbrannt[4]. Auch Monte Casino hielt sich bis zum December 1229, worauf es sich unter günstigen Bedingungen ergab[5].

1229 bei Potth. nn. 8453. 8460) Bischof von Reggio nicht wirklich beilegen konnte. Er brachte nur einen Waffenstillstand zu Wege, den der Papst am 31. Aug. 1230 bestätigte (Potth. n. 8595). Ueber den Streit s. bes. Balan II, 420—425.

[1] Schreiben an den Erzbischof von Lyon vom 28. Sept. (s. Rayn. 1229, 35); an den Bischof von Paris vom 30. Sept. (H.-B. III, 164). Ueber den Bischof von Beauvais s. Cont. Guill. Tyr., p. 424. bei H.-B. III, 165, 1; über den von Clermont in Vita Greg. Mur. III, 577. Daß der Papst aber deren Truppen zurückgesandt, „quasi alienis non egeat, victoriosus in suis" (ibid.), könnte nur dann wahr sein, wenn sie erst um die Mitte des J. 1230, zur Zeit des Friedens, gekommen wären. Jedenfalls blieb der Bischof von Beauvais in Italien und wurde am 25. Sept. 1230 zum päpstlichen Statthalter der Mark Ancona und des Herzogthums Spoleto bestellt (Potth. n. 8615).

[2] Die Ann. de Waverl., p. 305, geben als Grund an: „ad recuperandum patrimonium b. Petri et castella et terras a Frid. imperatore invasas, et ut dissiparet et minueret, ubicumque posset, potestatem dicti imperatoris, qui a Deo et Rom. Ecclesia videbatur aversus". Vgl. auch Ann. de Theokesb. 73.

[3] Am 4. Juni 1229 (Rayn. 1229, 34).

[4] Ann. Col. max. 841. Rich. Sangerm. 357.

[5] Rich. Sangerm. 357. Am 18. April 1230 sicherte der Kaiser dem Kloster sein Wohlwollen zu (H.-B. III, 177).

Inzwischen hatten aber auch schon die Friedensunterhandlungen zwischen dem Kaiser und dem Papste glückliche Fortschritte gemacht. Sofort nach seiner Landung in Apulien hatte der Kaiser Gesandte, darunter auch den Deutschordensmeister Hermann von Salza, an den Papst mit Friedensanträgen geschickt[1]. Zum Frieden mußten ihn die Siege des Papstes über Raynald und in Sicilien, wie seine Stellung zu den christlichen Fürsten drängen. Allein nach den gemachten Erfahrungen, nachdem der kaiserliche Statthalter den Kirchenstaat angegriffen und Friedrich selbst jetzt den Krieg fortsetzte, wurden natürlich solche Anträge mit Mißtrauen betrachtet. Militärische Erfolge des Kaisers würden den Papst, der im J. 1241 im Angesichte des Todes und ohne Hülfe standhaft blieb, nicht zum Frieden gezwungen haben. Jedoch war er zum Frieden geneigt, wenn nur der Kaiser in der Hauptsache nachgab. Ohne Zweifel mußte aber der Kaiser sich hierzu bequemen. So nahmen denn die Friedensverhandlungen im November 1229 einen günstigen Verlauf[2]. Um den Lombarden, welche ihm, wenn auch schlecht, gegen die Uebergriffe Raynalds beigestanden hatten, eine besondere Ehre zu erweisen, übersandte Gregor ihnen am 10. November 1229 die kaiserlichen Friedensvorschläge und wünschte ihre Ansicht zu wissen, um dann, wie es ihm gut scheine, zu handeln. Zugleich gab er ihnen die Versicherung, daß die Kirche sie nicht verlassen, sondern für ihre Ruhe und den Frieden Sorge tragen werde[3].

In Rom war der kaiserliche Anhang nicht im Stande gewesen, mehr als einen vorübergehenden Aufstand gegen den Papst zu erregen. Bald machte sich die Anhänglichkeit an ihn und die Sehnsucht nach seiner Rückkehr wieder geltend. Furchtbare Regengüsse hatten eine derartige Ueberschwemmung des Tiber herbeigeführt, daß das Wasser in den niederen Theilen der Stadt bis an die Dächer der Häuser stieg; mehrere Leute kamen um und der Fluß führte Thiere, Möbel und Nahrungsmittel mit fort. Als die Fluth nachgelassen, ließ sie eine Menge Wasserthiere zurück, die allmählich faulten und dadurch eine Pest, an der Menschen und Thiere starben, hervorriefen. Die Römer erblickten darin eine Züchtigung Gottes für ihr Benehmen gegen den Papst und luden ihn zur Rückkehr ein. Diesem ging das Unglück Roms sehr zu Herzen, und er kehrte im Februar 1230 von Perugia dorthin zurück, wo er mit Jubel empfangen

---

[1] Rich. Sangerm., Vita Greg. 577.

[2] Der Deutschmeister ging im November von Rom zum Kaiser, wohin sich dann auch der päpstliche Legat, der Cardinal Thomas von Sabina, begab. Siehe Rich. Sangerm.

[3] Schreiben vom 10. Nov. 1229 (H.-B. III, 169): „Quia ... vos intendimus tanquam speciales filios honorare, scriptum ipsum ad vos duximus transmittendum, ut vestro intellecto consilio secundum honorem Dei et Ecclesie pacemque suorum procedamus in facto sicut viderimus expedire."

wurde. Zunächst kaufte und verschenkte er Getreide zur Linderung einer Hungersnoth, die zu all dem frühern Elend noch hinzugekommen war. Die in Folge der Ueberschwemmung eingestürzte Tiberbrücke S. Maria baute er wieder auf und sorgte auch durch die Anlage von neuen Abzugskanälen für größere Reinlichkeit und Gesundheit der Stadt. Um aber seine Dankbarkeit gegen Gott für seine glückliche Rückkehr zu bezeugen, ließ er über dem Vestibul der St. Peterskirche einen großen Stein mit vergoldeten Figuren anbringen und schenkte der Kirche eine Glocke, welche alle andern der Stadt durch ihre Größe wie ihren reichen Ton übertraf [1].

Mit der Rückkehr Gregors nach Rom nahmen auch die Friedensverhandlungen einen rascheren Verlauf, besonders nachdem im März 1230 deutsche Fürsten, wie die Herzoge von Oesterreich, Kärnthen und Meran, der Erzbischof von Salzburg, die Bischöfe von Regensburg und Bamberg mit dem Patriarchen von Aglei, um den Frieden zu vermitteln nach Italien gekommen waren [2]. Vom Kaiser gingen sie nach Rom, feierten Ostern [3] (7. April) mit ihm zu Foggia, gingen dann wieder nach Rom und kehrten im Mai von Neuem zum Kaiser zurück. Es liegt demnach auf der Hand, daß es kein leichtes Werk war, das sie unternommen hatten. Der Kaiser selbst erschwerte es noch mehr, denn er setzte, um bessere Bedingungen zu erhalten, den Krieg während der Verhandlungen fort. Im März 1230 hatten sich ihm Foggia, sowie die andern Orte der Capitanata, welche ihm früher den Eingang verwehrt hatten, ergeben, die nun zur Strafe geschleift wurden. S. Severo, dessen Bewohner im August 1229 einen kaiserlichen Beamten ermordet hatten, wurde ganz zerstört [4].

---

[1] Vita Greg. 578. Eine Beschreibung des Denkmals an St. Peter s. in Ciampini, De sacris aedificiis a Constantino M. constructis, Romae 1693, p. 37. Er vergrößerte ein wenig später den Lateran (Vita Greg. 577): „Tunc (nach Sept. 1230) in Lateranensi palatio domus construxit altissimas (er fügte die oberen Gemächer hinzu) et palatium nobile pauperum usibus deputatum." Die Errichtung des Hospizes für Nothleidende scheint aber erst in's J. 1240 zu fallen. Vgl. die päpstlichen Urkunden vom 19. Mai 1240 an den päpstl. Almosenier (Sbaralea, Bull. Francisc. I, 279, n. 311, und 280, n. 312), worin ihm zu Zwecken seines Amtes ein beim Lateran gelegenes Haus und einige Theile des Palastes angewiesen werden.

[2] Ann. Scheftl. 339. Herm. Altah. 391. Cont. Scotor. SS. IX, 625. Cont. Sancruc. I.; ibid. 627. Cont. Claustroneob. 3a; ibid. 636. Ann. S. Rudb.; ibid. 784. Es ist nicht unwahrscheinlich, daß sie im Auftrage der übrigen deutschen Fürsten kamen.

[3] Raynald und Berthold von Spoleto, die damals noch beim Kaiser weilten, waren am Grünbonnerstag (4. April) von Neuem excommunicirt worden, aber von der Erneuerung des Bannes gegen den Kaiser ist nichts bekannt.

[4] Rich. Sangerm. 359.

Betreffs der Lombarden hatte der Kaiser im April 1230 versprochen, sie wieder unter den Bedingungen zu Gnaden annehmen zu wollen, die den von ihm bevollmächtigten Cremonesern genehm sein würden[1]. Er kam mit den päpstlichen Gesandten in Capua am 30. Mai zusammen, allein man konnte zu keiner Einigung über die Städte Gaeta und S. Agatha kommen. Denn diese wollten sich auch auf die Vorstellungen des päpstlichen Legaten Thomas von Capua, Cardinalpriesters von S. Sabina, nicht dem Kaiser unterwerfen, sei es nun aus Furcht vor seinem Zorne, oder weil sie lieber unter päpstlicher Herrschaft leben wollten. Endlich kam man überein, daß die Städte einstweilen unbelästigt bleiben, aber später in irgend einer angemessenen Weise dem Kaiser übergeben werden sollten[2]. Darauf gab dann der Kaiser am 23. Juli 1230 zu San Germano die eidliche Versicherung, die Kirche zufriedenstellen zu wollen, und schloß an diesem Tage die Friedenspräliminarien mit der Kirche ab[3].

Er schwur darin, sich in allen Punkten, derentwegen er gebannt sei, bedingungslos den Weisungen der Kirche unterwerfen zu wollen[4]. Er verzieh auch allen ohne Ausnahme, welche der Kirche gegen ihn beigestanden hatten, was der Graf Thomas von Acerra für ihn beschwor[5], und versprach, niemals das Herzogthum Spoleto oder die Mark Ancona oder irgend einen andern Theil des Kirchenstaates anzugreifen oder verwüsten zu lassen. Die Herzoge Leopold von Oesterreich, Bernhard von Kärnthen und Otto von Meran, wie der Patriarch Berthold von Aglei, der Erzbischof Eberhard von Salzburg und der Bischof Sigfried von Regensburg schwuren, dafür zu sorgen, daß der Kaiser sein Versprechen halte, und der Kirche auf ihr Verlangen mit den Waffen gegen den Kaiser beizustehen, falls er es nicht halte[6]. Er verpflichtete sich auch, alles was er oder seine Anhänger im Kirchenstaat in Besitz genommen, sowie alles, was er Klöstern, Kirchen, Ritterorden und Edeln wegen ihres der

---

[1] Boehmer, Acta imp., n. 1092.

[2] H.-B. III, 208. Rich. Sangerm. — Auch noch im Aug. 1232 weigerte sich Gaeta trotz des Wunsches des Papstes, sich dem Kaiser zu unterwerfen. Rich. Sangerm. — Schließlich wurde das Auskunftsmittel ergriffen, die Stadt nicht dem Kaiser, sondern seinem Sohne Conrad zu übertragen, womit sie sich denn auch auf den päpstl. Brief vom 23. Juni 1233 (H.-B. IV, 439) hin am 30. Juni einverstanden erklärte (H.-B. IV, 440) und wie S. Agatha im Juli dem Kaiser und seinem Sohne den Treueid leistete. Rich. Sangerm. — Darauf wurde sie einfach ihrer Freiheiten beraubt und wie jede andere sicilianische Stadt behandelt; „justiciarius Terrae Laboris jussu imperatoris doanam instituit in ea et consulatu privavit eandem". Rich. Sangerm. zum J. 1233.

[3] Es geschah schließlich auf die Vermittlung des Dominicaners Guala. Rich. Sangerm. 359.   [4] H.-B. III, 207.

[5] L. c. 208: „Nos remittimus omnem offensam et penam Theutonicis, Tuscis et hominibus regni generaliter et Gallicis et omnibus" etc.

[6] Urkunde der Fürsten vom 23. Juli 1230. H.-B. III, 210.

Kirche geleisteten Beistandes entzogen, zu restituiren, und dem Erzbischofe von Tarent und den übrigen verbannten Bischöfen und Prälaten wieder den ruhigen Besitz ihrer Stellen und ihres Einkommens zu gestatten[1].

Das Friedensgeschäft zog sich aber auch noch in den Monat August hinein. Die päpstlichen Gesandten begaben sich am 5. August nach Ceperano in Campanien, an der Grenze des Königreiches Sicilien, wohin auch der Kaiser kam und außerhalb der Stadt ein Lager bezog. Nun gab er wirklich entsprechende Befehle für die Räumung des Kirchenstaates[2] und überlieferte bis zur völligen Ausführung derselben dem Erzbischofe von Reggio (bei Messina) und dem Bischofe von Reggio (bei Modena) einige feste Plätze als Unterpfand[3]. Er übergab auch dem Deutschordensmeister mehrere Burgen als Sicherheit dafür, daß er innerhalb acht Monaten die von der Kirche nach dem Friedensschluß zu bezeichnenden Bürgen für den redlichen Vollzug des Friedens stellen werde, die ihr auf ihr Verlangen, wenn nöthig, mit den Waffen gegen ihn beistehen sollten, falls er nicht den Beschwerden abhelfe[4]. Dann legten ihm die Legaten auf und die Fürsten beglaubigten[5], daß fortan im Königreiche von den Kirchen, Klöstern und geistlichen Personen und deren Sachen keine Steuern oder sonstige Abgaben erhoben werden, und keine Cleriker im Königreiche Sicilien in Civil= oder Criminalsachen vor dem weltlichen Richter belangt werden dürften, es sei denn wegen Lehen im Civilgericht[6]. Allein erstere Freiheit beschränkte er in dem die Ausführung des Versprechens anordnenden Schreiben durch den Zusatz: „vorbehaltlich

---

[1] H.-B. III, 211. In der Urkunde heißt es: „Et quod restituat Tharentinum episcopum, omnes episcopos et prelatos qui sunt exules ad sedes et loca sua et ad omnia bona sua exstantia."

[2] Rich. Sangerm. 362 bezüglich der Mark Ancona.

[3] H.-B. III, 216.   [4] H.-B. III, 215; s. S. 100.

[5] H.-B. III, 216. Diese Beglaubigung wie auch der Eidschwur Friedrichs, sich in allen den Bann betreffenden Punkten den Weisungen der Kirche unterwerfen zu wollen, beweisen, daß diese Mandate auch ohne specielle Anerkennung für den Kaiser bindend waren.

[6] Das Mandat lautet: „Quod nullus tallias vel collectas de cetero imponat in regno ecclesiis, monasteriis, clericis et viris ecclesiasticis seu rebus eorum, et quod nullus clericus vel persona ecclesiastica de cetero conveniatur in regno in civili vel criminali causa coram judice saeculari, nisi super feodis civiliter conveniatur". Der Wortlaut (man vergleiche die gesperrten Stellen) zeigt, daß Schirrmachers Ansicht (Bd. III, 277), das „nisi — conveniatur" bezöge sich unzweifelhaft auf die Einschränkung der Forderung in beiden Punkten, unrichtig ist. — Uebrigens wurde schon im J. 1231 durch die Constitutionen von Melfi der Clerus wieder in Patrimonial= und Erbschaftssachen (H.-B. IV, 40), bald auch in petitorischen und Besitz=Klagen unter den weltlichen Richter gestellt. Vgl. Sentis, Die Monarchia Sicula. Freiburg 1869. S. 85.

der Lasten, welche uns bekanntlich von einzelnen Personen und Kirchen aus besonderem Titel zustehen"[1].

Dann wurden endlich am 28. August 1230 der Kaiser und seine Anhänger in der Kapelle der hl. Justa bei Ceperano in Gegenwart der Erzbischöfe von Arles und Salzburg, wie der Bischöfe von Regensburg, Winchester[2], Beauvais, Reggio, Modena, Mantua, des erwählten von Brescia unter einigen Bedingungen durch die Cardinallegaten, Johann, Bischof der Sabina, und Thomas von S. Sabina, vom Banne losgesprochen. Die Bedingungen[3] waren folgende: Der Kaiser darf in Zukunft die Freiheit der Wahlen, Postulationen und Bestätigungen der Kirchen und Klöster Siciliens nicht hindern; in Betreff der Grafen von Celano und der Söhne des verstorbenen Raynald von Aversa muß er sich nach dem von der Kirche garantirten Vergleich richten; den Templern, Hospitalbrüdern und anderen geistlichen Personen muß er Ersatz leisten und der Kirche innerhalb acht Monaten von ihr aus den Fürsten, Grafen und Baronen Deutschlands, den Städten, Markgrafen, Grafen und Baronen der Lombardei, Tusciens, der Mark und der Romagnola erwählte, geschworene Bürgen für die Ausführung und die Beobachtung des Friedens stellen, die ihr, falls er den Vertrag bricht, beistehen müssen. Dabei bleiben die von ihm früher in Betreff des Heiligen Landes gemachten Versprechungen bestehen, und muß er in Bezug darauf nach Anordnung der Kirche Genugthuung leisten. Schließlich erklärten sie, daß der Papst Ersatz der Kriegskosten verlange, welche die Kirche außerhalb des Königreiches Sicilien für die Erhaltung der kirchlichen Freiheit und das Patrimonium des hl. Petrus gehabt habe, und sprachen schon jetzt im Namen des Papstes den Bann über den Kaiser aus, falls er die Bürgen nicht stelle, oder den Frieden nicht halte, oder in den Kirchenstaat oder andere von der Kirche in Besitz gehaltene Orte einbreche. Die Kriegsentschädigung zahlte der Kaiser in der That[4], ein neuer Beweis, daß er wirklich

---

[1] Winkelmann (Friedrich II. Bd. I, 345) weist darauf hin, daß schon gleich wieder im J. 1231 wie gewöhnlich auch vom Clerus die allgemeine Collecte (eine jährliche Grundsteuer) erhoben und Heeresfolge und Festungsbau verlangt wurden. Vgl. das päpstl. Schreiben vom 7. März 1232 an den Erzbischof von Palermo. Potth. n. 8893. Uebrigens wurde der Bann im J. 1239 über den Kaiser auch deßhalb verhängt, weil er gegen den Frieden Steuern und Abgaben erpreßt habe.

[2] Er war während des Kreuzzuges Friedrichs im Heiligen Lande anwesend gewesen und dort mit dem Kaiser bekannt geworden.

[3] H.-B. III, 218. Der Friedensschluß ist in drei gleichlautenden Urkunden vollzogen worden, von denen die erste von deutschen, die zweite von italienischen, die dritte von Bischöfen Englands (dem von Winchester), Frankreichs (dem von Beauvais) und Arles' (dem Erzbischof von Arles) beglaubigt ist; s. II.-B. Introd. p. CCXCVII.

[4] Ann. Plac. Gib. SS. XVIII, 470: „XXXII milia perusinorum" (von Perusia oder Perusium, nun Perugia in Etrurien); Andere lesen „Priviniensium"

für den Einfall Raynalds von Spoleto in den Kirchenstaat verantwortlich war.

Es war dieser Friede ein großer Sieg des Papstes, eine Anerkennung der Gerechtigkeit der von ihm gegen den Kaiser erhobenen Anklagen[1] seitens der Fürsten, die ihn vermittelten und beglaubigten, und ein Beweis, wie schlecht es mit dem Rechte und den Aussichten Friedrichs, der doch im Felde Sieger geblieben war, gestanden hat. Man muß aber auch nicht das Gewicht übersehen, das der Papst darin den sicilianischen Uebergriffen Friedrichs beilegte; denn nur dann, wenn wir diesen Frieden sorgfältig erwägen, können wir die folgenden Ereignisse richtig verstehen.

Seiner Freude und Dankbarkeit gegen Gott gab Gregor am 28. August 1230 in einem Glückwunschschreiben[2] an den Kaiser beredten Ausdruck. Die Freude der Kirche sei der jener Anna vergleichbar, die einst unstillbare Thränen um ihren fernen Sohn Tobias geweint und täglich hinausgegangen sei auf alle Wege, auf denen er möglicherweise zu ihr zurückkehren konnte, und aufgejubelt habe, als sie ihn endlich von der Höhe des Berges erblickte. In demselben Schreiben drückte er aber auch den Wunsch aus, der Kaiser möge sich in Zukunft vor den bösen Rathschlägen verkehrter Menschen hüten, die ihn bloß wegen ihrer eigennützigen Absichten gegen die Kirche aufzuhetzen suchten.

Am 1. September 1230, einem Sonntage, besuchte der Kaiser in großer und prächtiger Begleitung den Papst in Anagni und wurde von ihm sehr liebevoll aufgenommen. Lange unterhielt er sich dort mit dem Papste in vertraulichem Zwiegespräch, dessen einziger Zeuge der Deutschordensmeister war, über das Vergangene, und gab ihm alle Beweise der Ergebenheit und des Vertrauens. Am folgenden Tage begab er sich in aller Einfachheit in das väterliche Haus Gregors und speiste mit ihm[3]

(von Provins in der Champagne). Nach der Vita Greg. 577 verpflichtete sich der Kaiser zur Zahlung von 120000 Denaren, „fidem tamen sicut et ceteris non daturus".

[1] Angesichts der Friedensbedingungen mag man sich billig wundern, Aeußerungen zu finden, wie die Schirrmachers (Kurfürstencollegium 30, 3): „Durch die Vermittlung der deutschen Fürsten wurde sie (die Curie) zum Frieden, aber auch zu dem Eingeständnisse genöthigt, daß die Anklagen, auf welche hin sie den Kaiser excommunicirt hatte, grundlos gewesen seien", und desselben (Friedrich II. Bd II, 222): „Nicht Billigkeit, nicht die Grundsätze der Religion, sondern nur rohe Gewalt vermochte Gregors eisernen Willen zu brechen" und, so hätte er hinzufügen sollen, zu einem Frieden zu zwingen, worin der Kaiser sich seinen Weisungen bedingungslos unterwarf und in allen Punkten, wegen deren er gebannt war, wirklich Genugthuung leistete!

[2] H.-B. III, 224. Dieses ist das Schreiben, worin er den Kaiser bei seinem Schutzengel beschwört, die Söhne des Grafen Thomas und des Raynald von Aversa freizugeben. S. o. S. 71.

[3] Ueber den kaiserl. Besuch zu Anagni s. Rich. Sangerm., Vita Greg. 577.

zum Zeichen seines freundschaftlichen Verkehres und seiner Liebe zum Papste und in Erneuerung der Freundschaft, die ihn ehedem mit Gregor IX. vor dessen Erhebung auf den päpstlichen Stuhl verbunden hatte. Während aber der Papst in seinen Briefen seiner Freude, daß der Kaiser sich so willig gezeigt habe, seine Wünsche in Bezug auf geistliche Dinge und den Kirchenstaat zu erfüllen, Ausdruck gab[1], schrieb jener an die Fürsten[2]: „Wir haben den Papst in Ehrfurcht besucht. Er hat Uns mit solch väterlicher Liebe aufgenommen, mit heiligem Kusse den Frieden der Herzen besiegelnd, und in Bezug auf das Vergangene mit solchem Wohlwollen und solcher Offenheit seine Absichten und die augenscheinliche Vernünftigkeit jedes einzelnen Schrittes dargelegt, daß seine Güte unsern Groll besänftigt hat und wir beschlossen haben, fürderhin nicht mehr des Vergangenen, welches die Nothwendigkeit hervorgerufen hatte, zu gedenken" — Worte, die den Papst besser als irgend etwas, das seine Vertheidiger vorbringen können, rechtfertigen.

Achtes Kapitel.
Politische Beziehungen des Papstes zu Frankreich und England. Bemühungen für Wissenschaft und kirchliches Leben.

Auf dem Throne Frankreichs saß beim Regierungsantritte Gregors IX. ein Knabe, Ludwig IX. Geboren am 25. April 1215, hatte er schon am 8. November 1226 seinen Vater Ludwig VIII. durch den Tod verloren. Glücklicherweise war seine Mutter Blanca von Castilien, die für ihn die Regentschaft führte, eine Frau von männlichem Geiste. Aber trotzdem hätte sie ohne die kräftige Unterstützung des Cardinallegaten Romanus von S. Angelo sich nicht behaupten können[3]. Denn kurz nach dem Tode ihres Gemahls mußte sie sich gegen ihren eigenen Schwager, den Grafen Philipp von Boulogne, der selbst auf die Regentschaft Ansprüche machte, sowie gegen eine Ligue französischer Großen, wozu

---

[1] Brief an einen Ungenannten bei II.-B. III, 228. S. auch die Briefe an den König von Frankreich und die „rectores fraternitatis urbis". Rayn. 1230, 13. Vgl. H.-B. III, 229.

[2] II.-B. III, 227: „Primo Septembris . . . pontificem vidimus reverenter. Qui affectione paterna nos recipiens et pace cordium sacris osculis federata, tam benevole, tam benigne, propositum nobis suae intentionis aperuit de ipsis quae praecesserant nil omittens et singula prosequens evidentis judicio rationis, quod etsi nos praecedens causa commoverit vel rancorem potuerit aliquem attulisse, sic benevolentia quam persensimus in eodem omnem motum lenivit animi et nostram amoto rancore serenavit adeo voluntatem, ut non vellemus ulterius praeterita memorari quae necessitas intulit, ut virtus ex necessitate prodiens operaretur gratiam ampliorem."

[3] Tillemont, Vie du St. Louis, I, 357.

die Grafen von Champagne und Marche, wie der Herzog der Bretagne gehörten, vertheidigen. Glücklicherweise gelang es ihr zu Anfang des J. 1227, den Grafen Theobald VI. von Champagne auf ihre Seite zu bringen und dadurch mit den übrigen Empörern den Frieden herzustellen. Gregor IX. aber nahm sie mit ihrem Sohne und ganz Frankreich in seinen besondern Schutz [1]. Nichtsdestoweniger wäre es einer neuen vom Grafen Philipp gebildeten Ligue im December 1227 während der Abwesenheit des Cardinals Romanus [2] fast gelungen, sich des jungen Königs zu bemächtigen.

Die Albigenser, eine dem Staate nicht weniger als der Kirche äußerst gefährliche Secte, waren damals noch immer mächtig. Ihr Hauptschützer war der Graf von Toulouse. Die Synode von Bourges hatte am 30. November 1225 Ludwig VIII. den kirchlichen Zehnten für fünf Jahre und kurz darnach im Parlament zu Paris (im Januar 1226) Hülfe gegen die Albigenser bis zu deren Unterdrückung versprochen [3]. Der König hatte dann wirklich mit 50 000 Reitern und vielen Fußsoldaten die Eroberung der Staaten Raymunds VII. von Toulouse, der seinem Vater im J. 1222 in der Regierung gefolgt war, unternommen. Viele Städte, besonders in Languedoc, hatten sich freiwillig, Avignon nach langer Belagerung ergeben, Toulouse aber sich gehalten. Jedoch starb Ludwig VIII. schon am 8. November 1226 [4]. Als nun der Cardinallegat nach dem Tode des Königs die Entrichtung der noch rückständigen Hälfte des Zehnten an die Königin erwirken wollte, weigerten sich einige Capitel, zu zahlen, und appellirten an den Papst [5]. Anfangs tadelte der Papst den Legaten wegen seines Vorgehens [6], gewährte dann aber am 13. November 1227 der Königin und ihrem Sohne Ludwig IX. nach genauer Kenntnißnahme der ganzen Sache die Erhebung des noch rückständigen Zehntrestes [7].

Auf die Bitten des Königs sandte Gregor IX. den Cardinal Romanus im J. 1228 von Neuem als päpstlichen Legaten nach Frankreich

---

[1] Martene, Ampl. Coll. I, 1210 sq. Ueber die Formel „suscipere sub protectione b. Petri" vgl. Hergenröther, Kirche und Staat, S. 254 f.

[2] Martene l. c. 1211.

[3] Vgl. Chron. Turon. l. c. 1067. Matth. Par. Chron. ed. Luard III, 110. Mansi, Conc. XXII, 1212. 1213. Vgl. auch Ep. Greg. vom 13. Nov. 1227 bei Rayn. 1227, 61.

[4] Rayn. 1226, 39—43. Vgl. auch C. Schmidt, Hist. et doctrine de la secte des Cathares ou Albigeois. Paris 1849. 2 voll. Vol. I, 279 ss.

[5] S. auch Chron. Andr. (Benedictinerkloster Aubres in der Diöcese Boulogne) bei d'Achery, Spicil. IX, 655 sq. [6] Rayn. 1227, 59.

[7] Ibid. 1227, 61. Tillemont l. c. p. 471 sagt: „Enfin néanmoins, les députés des chapitres obtinrent que ce qui restait à payer de la décime fût taxé à 100 000 livres tournois, ce qui n'était que la valeur des décimes d'une année."

und gab ihm volle Gewalt in Sachen des Kreuzzuges gegen die Albigenser [1]. Er theilte dieß auch den französischen Bischöfen mit, erneuerte die den Kreuzfahrern von den Päpsten gewährten Ablässe und gab ihnen viele Privilegien, um ihnen die Aufbringung der zum Zuge nöthigen Kosten zu erleichtern. Die Bischöfe selbst sollten die Gläubigen zum Eifer anfeuern und sich durch ihren eigenen Eifer des päpstlichen Wohlwollens und des ewigen Lohnes würdig machen [2]. Gregor ermahnte auch den König, nach dem Beispiele seiner Vorfahren gegen die Albigenser zu kämpfen [3]. Der Papst mußte dieß schon deßhalb thun, weil jene nicht bloß Feinde des Christenthums, sondern auch der staatlichen Ordnung und des Sittengesetzes waren. Die civilisirte Welt konnte nicht mit ihnen bestehen [4].

So dauerte denn der Kampf gegen die Albigenser fort. Seine Beendigung war vorzüglich das Verdienst des päpstlichen Legaten Romanus. Dieser begann schon im Herbste des J. 1228 Unterhandlungen über den Frieden, die, da Raymund durch die Erfolge des Kreuzheeres entmuthigt war, zu einem glücklichen Resultate führten. Nachdem der Legat mit dem Grafen zu Meaux persönlich sich besprochen hatte, kam es zu einem Vertrage, der am 12. April 1229 zu Paris unterzeichnet wurde, worauf Raymund Lossprechung vom Banne erhielt. Durch den Vertrag [5] unterwarf sich Raymund VII. mit seinen Anhängern der Kirche und trat einen Theil seines Gebietes, besonders alles Land diesseits der Rhone, sofort an Frankreich ab. Von der Grafschaft Toulouse behielt er nur die Nutznießung; denn er verpflichtete sich, sie seiner siebenjährigen Tochter Johanna, welche einen Bruder des Königs heirathen sollte [6], als Mitgift zu geben. Das zum Kaiserreich gehörige Land jenseits der Rhone, welches ein kaiserliches Lehen war, übernahm einstweilen, bis es von der

---

[1] Päpstl. Schreiben vom 21. März 1228. Sbaralea I, 37, n. 18. S. Rayn. 1228, 20. [2] Am 21. Oct. 1228. Bull. Rom. ed. Rom. 258 n. 13.

[3] Rayn. 1227, 61; 1228, 20 sqq.

[4] Fr. Chr. Baur (nach den Hist.-pol. Bl. Bd. 82, 454) bemerkt, daß „ähnliche Principien, wie sie im Katharismus als sociale Mächte mit einer Art Naturgesetz in die Massen gefahren, Europa zum Trümmerhaufen umgestaltet" haben würden. Döllinger (Kirche und Kirchen S. 51) sagt: „Sie griffen Ehe, Familie und Eigenthum an. Hätten sie gesiegt, ein allgemeiner Umsturz, ein Zurücksinken in Barbarei und heidnische Zuchtlosigkeit wäre die Folge gewesen." Vgl. über die Albigenser besonders Hergenröther, Kirche und Staat 593 ff. Kirchengesch. I, 941.

[5] S. denselben in Mansi, Conc. XXIII, 163—175. Hefele V, 870 f. — Auch der Graf von Foix unterwarf sich bald nachher. Schmidt I, 285.

[6] Der Graf wurde am 3. Juni 1229 von Ludwig zum Ritter geschlagen. Um diese Zeit verlobte sich seine Tochter mit Alphons von Poitiers nach erhaltener päpstl. Dispens (batirt vom 25. Juni 1229. Potth. n. 8216). Die Heirath fand im J. 1237 statt. Alphons folgte auch Raymund VII., der erst am 27. Sept. 1249 starb, in der Herrschaft. Vgl. u. A. E. Boutaric, La guerre des Albigeois et Alphonse de Poitiers in der Revue des questions hist. Vol. II, p. 155—180.

Häresie gereinigt sei, die römische Kirche, welche die Verwaltung desselben dem Könige von Frankreich übergab. Raymund verpflichtete sich auch besonders, sein Land von der Häresie zu reinigen, einen fünfjährigen Kreuzzug gegen die Saracenen zu unternehmen und an der neugegründeten Universität Toulouse zwölf Lehrstühle, zwei für Theologie, zwei für canonisches Recht, zwei für Grammatik und Literatur und sechs für freie Künste zu errichten. Letztere Bestimmung zeigt, wie sehr der Legat von der Wichtigkeit gründlicher Belehrung zur dauernden Bekehrung der Häretiker überzeugt war. Der Papst bestätigte die neue Universität am 30. April 1233, unterstellte sie dem geistlichen Gericht und verlieh ihr dieselben Privilegien, wie sie die Universität Paris hatte. Damit aber nicht etwa die Bürger von Toulouse die Absichten der Kirche vereitelten, setzte er eine aus Geistlichen und Laien gemischte Commission zur Abschätzung des Miethpreises vacanter Wohnungen ein und bestimmte, daß die Bürger sie zu dem von dieser Commission festgesetzten Preise den Studirenden, für deren persönliche Sicherheit der Graf von Toulouse verantwortlich sein sollte, überlassen müßten [1].

Laut dem Vertrage hatte Raymund auch den Kirchen und dem Clerus dieselben Privilegien, welche sie vor dem ersten Albigenserkrieg hatten, gewährt, und bestimmt, daß die überführten Ketzer bestraft, andere aber aufgesucht und für ihre Entdeckung eine Belohnung gegeben werden sollte. Aehnliche Bestimmungen traf um dieselbe Zeit auch Ludwig IX. für die in seine Hände fallenden neuen Lande [2]. Im November 1229 hielt nun der Legat zu Toulouse eine Synode ab, der auch Raymund VII. beiwohnte. Auf derselben wurde das Institut der bischöflichen Inquisition, welches schon lange bestand und von den Concilien von Verona, Avignon, Bourges, Narbonne und dem vierten Lateranconcil angeordnet worden war [3], auch für Toulouse eingeführt und weiter entwickelt. Die Synode, deren bloße particularrechtliche Bedeutung nicht zu übersehen ist, bestimmte nicht bloß, daß die Bischöfe in jeder Pfarrei einen Priester nebst zwei bis drei Laien zur Aufsuchung und gerichtlichen Anzeige der Ketzer bestellen sollten, sondern setzte auch fest, daß jeder, der Ketzern Asyl gebe, bestraft, und jedes Haus, worin Ketzer gefunden würden, niedergerissen werden solle, und gab genauere Bestimmungen über den Ketzer-

---

[1] Bullar. Rom. l. c. 281 n. 37. Die bezügliche Mittheilung an Raymund von Toulouse vom 30. April 1233 bei Mansi XXIII, 105.

[2] Mansi 186. — Daß die Hypothese einer im J. 1228 von König Ludwig erlassenen sogen. ersten pragmatischen Sanction, die u. a. Geldleistungen an die römische Curie von der ausdrücklichen Zustimmung des Königs und der römischen Kirche abhängig machte, unhaltbar ist, folgt aus der Lage und dem Verhältnisse des Königs zum apostolischen Stuhle. S. Charles Gérin, Les deux pragmatiques sanctions attribuées à St. Louis, 2e éd. 1869, p. 36 s. [3] Hefele V, 872.

prozeß[1]. Die zu Toulouse angeordnete bischöfliche Inquisition stützte sich auf das Civilrecht, welches die Häresie in Zeiten, denen die Einheit der Religion als erstes Axiom galt, als öffentliches Verbrechen erklärte, und hatte keineswegs in einem Lande, welches von fast ununterbrochenen Bürgerkriegen heimgesucht worden war, den gehässigen Charakter, den man ihr angedichtet hat. Denn sie wurde nicht nach der Weise der Kriegsgerichte jener Tage, die kein Gnadenrecht kannten, sondern von Geistlichen, aufgeklärteren und sicher weniger grausamen Leuten ausgeübt. Sie bemächtigte sich nur der Halsstarrigen und Rückfälligen, erkannte die Reue eines jeden, der seinen Irrthum abschwur, an, begnügte sich oft mit moralischen Strafen und rettete viele, welche ein weltliches Gericht verurtheilt haben würde[2].

Am 28. October 1227 war der Bischof von Paris gestorben. Da die vom Capitel vorgenommene Neuwahl uncanonisch gewesen, hatte der Papst selbst den berühmten Wilhelm von Auvergne zum Bischofe von Paris ernannt und ihn zum Priester und Bischof geweiht[3]. Die Wahl war ein nicht bloß dem reinen Leben und großen Eifer, sondern besonders der wissenschaftlichen Tüchtigkeit, den hervorragenden Geistesgaben und der Gelehrsamkeit Wilhelms gezollter Tribut. Werden doch seine Werke auf philosophischem und theologischem Gebiete als die großartigste Leistung in der Zeit vor den Summen des Alexander von Hales und des hl. Thomas angesehen[4]. Wie durch diese Ernennung, so suchte auch sonst der Papst seine Liebe und Ehrfurcht für die Lehrerin seiner Jugend, die Universität Paris, zu bethätigen. Die Ertheilung der Erlaubniß zu Vorträgen stand in Paris dem Kanzler von U. L. Frau zu. Als dieser aber, wahrscheinlich um über die Reinheit der Lehre besser wachen zu können, den Universitätslehrern verbot, in Zukunft außerhalb der City zu lehren, fühlte sich besonders das von der bischöflichen Jurisdiction unabhängige Genovefakloster in seinen Rechten schwer verletzt und wandte sich an den Papst. Dieser war aber der Ansicht, daß durch ein solches Verbot der Verbreitung der Wissenschaft ein Hinderniß in den Weg gelegt würde und die Universität nicht bloß für eine Diöcese, nicht einmal bloß für ein Land sei, und bestimmte am 22. November 1227, daß es den Lehrern auch in Zukunft

---

[1] S. Mansi XXIII, 191 sq. Hefele V, 872 f.

[2] Vgl. „Cantù, Les hérétiques italiens aux XIIIᵉ et XIVᵉ siècles". Revue des quest. hist. I (469—526), p. 506 s.

[3] Gregor zeigte die Wahl dem Capitel am 8. April (nicht 10. April, wie Potth. n. 8169 hat; vgl. Reuter a. a. O. II, 338) 1228 an. Notices et extraits des manuscrits de la Bibl. Imperiale (1865) t. XXI, 206. Am 3. Jan. 1234 mußte der Papst die Canoniker von Sens, zu welcher Provinz Paris kirchlich gehörte, darauf aufmerksam machen, daß, da Wilhelm nicht zu Sens, sondern von ihm selbst consecrirt worden sei, sie von demselben nicht die Gebühren, die sie sonst von den zu Sens consecrirten Bischöfen erhielten, fordern dürften. S. ibid. 209. Potth. n. 9361.

[4] S. Scheeben, Handbuch der kathol. Dogmatik I. 428.

freistehen solle, ungehindert in den Räumen des Klosters zu unterrichten [1]. Seine Anhänglichkeit an die Universität trat aber besonders klar in den vielen Versuchen hervor, die er seit dem J. 1229 zur Beilegung eines die Hochschule löblich schädigenden Zwistes machte.

In den Fastnachtstagen des J. 1229 war es zwischen den Studenten und Polizeipersonen gelegentlich eines von den ersteren angestifteten Krawalls zu einer Schlägerei gekommen, welche die königlichen Beamten nicht etwa gerichtlich untersuchten, sondern durch den Ueberfall und die Mißhandlung schuldloser Studirenden rächten. Es war ein perfider Gewaltact, worin die Universität mit Recht eine Verachtung ihrer Privilegien erblickte. Allein ihre Klagen fanden kein Gehör. Deßhalb stellten alle Facultäten, mit Ausnahme der theologischen, die Vorlesungen ein, und Professoren und Studenten gingen nach Rheims, Orford, Nantes, Toulouse und anderen Orten. Zwar excommunicirte sie nun Wilhelm von Auvergne deßhalb [2], allein sie appellirten an den Papst, der die Sache mit großer Entschiedenheit anfaßte und sie gütlich beizulegen versuchte. Seine Schritte hatten aber bei dem Könige keinen Erfolg, weßhalb er den Bischof und den Kanzler wie Vertreter der Universität zur Schlichtung der Streitigkeiten nach Rom lud [3]. Die Sache zog sich derart in die Länge, daß der Papst sie erst im J. 1231 zum Abschluß bringen konnte, indem er der „Werkstätte der Weisheit" und „Mutter der Wissenschaften", wie er die Universität nannte, nicht bloß selbst ihre alten Privilegien bestätigte, sondern auch den König bewog, Gleiches zu thun [4]. Um aber die Universität vor ähnlichen Angriffen in Zukunft zu beschützen, gab er ihr im J. 1237 das große Recht, in solchen Fällen ihre Predigten und Vorlesungen eigenmächtig suspendiren zu dürfen, und bestimmte, daß während der

---

[1] S. päpstl. Brief an den Kanzler vom 22. Nov. 1227 bei Bulaeus, Hist. univ. Paris. I, 284. Er gab auch Auftrag, den Kanzler, wenn nöthig, durch kirchl. Strafen zum Gehorsam zu zwingen; ibid. III, 125. Benachrichtigung desselben hiervon ibid. III, 124. Am 5. Juni 1228 bestätigte der Papst eine vom Bischofe, dem Kanzler und dem Capitel mit der Universität getroffene Uebereinkunft über die Ertheilung der Lehrbefugniß; ibid. III, 130.

[2] Bulaeus III, 132. Rayn. 1229, 52. — Ueber den Streit s. auch Vita Greg. Bern. Guidonis in Mur. III, 573. Matth. Paris. ed. Madden II, 308 sq.

[3] Brief an den König vom 26. Nov. 1229. Bulaeus 135. Rayn. 1229, 52. Vgl. ibid. 55. Einladungen nach Rom vom 10. Mai 1230 in Baluze, Miscell. ed. Mansi III, 392. Vgl. Potth. nn. 8466. 8467. 8538. 8550.

[4] S. das päpstl. Schreiben an die Universität vom 13. April 1231 im Bull. Rom. 266 n. 26. S. erneuertes Schreiben an den König vom 14. April. Bulaeus III, 143. In dieser Sache der Universität Paris erließ der Papst im April 1231 mehrere Schreiben; s. Potth. nn. 8707—8710. 8722. 8723. Dann im Mai ibid. 8735—8737. Im J. 1237 schärfte er sein Privileg, welches der Bischof verletzt hatte, von Neuem ein. Potth. n. 10446; vgl. auch ibid. 10425. Schon hieraus folgt, daß die Sache im J. 1231 friedlich beendet worden war.

nächsten sieben Jahre Niemand ohne besondere päpstliche Erlaubniß über Lehrer oder Scholaren eine Censur verhängen dürfe [1].

Die Universität Paris machte aber auch noch in anderer Hinsicht dem Papste Sorge. Denn die Grundsätze des im J. 1198 verstorbenen arabischen Philosophen Averroes waren damals auch an der Universität verbreitet. Der Averroismus wollte eine von der religiösen und volksthümlichen Erkenntniß verschiedene, höhere, nur für die Philosophen bestimmte vermitteln. Nach ihm ist die Welt ewig, der Intellect Einer in allen Menschen und daher die individuelle Seele des Menschen nicht wesentlich von der Thierseele verschieden, somit nicht unsterblich. Es war die Philosophie der Freidenker des Mittelalters. Averroes selbst hatte nebst selbständigen Werken viele Commentare zu den Schriften des Aristoteles verfaßt, und manche seiner Schriften waren unter dem Namen des Aristoteles an den Universitäten, besonders zu Paris, verbreitet worden. Im J. 1210 hatte ein Provinzialconcil zu Paris die „Physik" und im J. 1215 der Cardinallegat Robert von Courçon neben der „Physik" auch die „Metaphysik" des Aristoteles verboten [2]. Damit waren aber nur die aus dem Arabischen hergeleiteten, damals in Paris verbreiteten lateinischen Uebersetzungen des Aristoteles und der arabischen Commentare gemeint [3]. Nicht der wahre, sondern der averroistisch-arabische, der Pseudo-Aristoteles war verboten worden. Die erwähnten Schriften mußten aber um so mehr Anstoß erregen, als auch der erst im J. 1204 verstorbene Amalrich von Bena, der am Ende des zwölften Jahrhunderts einer der berühmtesten Professoren der Universität gewesen, sowie dessen Schüler David von Dinanto in ihren ketzerischen Lehren durch die aus dem Arabischen in's Lateinische übersetzten Schriften des Aristoteles beeinflußt worden waren [4]. Wer will es da den französischen Prälaten sehr verdenken, daß sie das Studium der aristotelischen Schriften für glaubensgefährlich hielten? Aber es zeugt auch von dem großen, freien Sinne des Papstes, daß er unter solchen Umständen für das Studium der aristotelischen Werke eintrat. Als er hörte, daß zu Paris gegen das Verbot des Provinzialconcils gefehlt würde, verbot er jene Schriften nur bis sie geprüft und von Irrthümern gereinigt seien [5], eine Aufgabe, womit er Wilhelm von

---

[1] Schreiben vom 12. Juni 1237. Bulaeus III, 159.

[2] S. die Verbote in Jourdain, Recherches critiques sur l'âge et l'origine des traductions latines d'Aristote. Paris 1843. ch. V. Jene Verbote waren allgemein, für immer gegeben. S. B. Hauréau, Hist. de la philosophie scolastique. P. 2e. t. I (Paris 1880), p. 104.

[3] Jourdain 192 ss. Hauréau 101 ss. Hergenröther, Kirchengesch., 2. Aufl., I, 971. [4] Vgl. Reuter 218 ff.

[5] S. das Privileg für die Universität vom 13. April 1231: „Libris illis naturalibus, qui in concilio provinciali ex certa causa prohibiti fuere, Parisiis non utantur, quousque examinati fuerint et ab omni errorum suspicione purgati."

Auvergne und andere Gelehrte beauftragte¹. Da jene vom Provinzial=
concil verbotenen Bücher der Naturphilosophie nützliche und schädliche
Dinge enthielten, sollten jene Gelehrten, damit nicht das Nützliche in den
Büchern durch das Schädliche leide, sie prüfen und von Irrthümern
reinigen, damit diese Werke nach Ausmerzung der schlimmen Stellen von
Allen ohne Verzug und Gefahr studirt werden könnten. Bloß bis zur
Vollendung dieser Arbeit blieben die Bücher verboten. Es ist somit
Gregors unbestrittenes Verdienst, die Bücher des Aristoteles wieder in
die Hände der Pariser Schulen gegeben zu haben, eine große That eines
für die Wissenschaften begeisterten Papstes².

Indem aber Gregor IX. zwischen wahrem und falschem Aristotelismus
unterschied, hatte er auch in anderer Beziehung einen tiefgreifenden Ein=
fluß auf die Hebung der wissenschaftlichen Studien. Er leitete hin zu
einem kritischen Studium des Aristoteles und lehrte darin die Waffen zur
Bekämpfung des Averroismus und falschen Aristotelismus finden. Somit
war der Gedanke, den die Scholastiker, besonders der hl. Thomas, so sehr
verwirklicht haben, den Averroismus durch den wahren Aristoteles zu
bekämpfen, von ihm ausgegangen³. Und es ist wohl der Erwähnung
werth, daß der Heilige eben zu Rom, auf die Veranlassung Urbans IV.,
seine Commentare zu der „Physik" und „Metaphysik" des Aristoteles schrieb⁴.

Das Schreiben Gregors vom 13. April 1231 an die Universität
Paris enthielt auch eine scharfe Mahnung an die theologische Facultät,
nicht Weltweise, sondern Gottesgelehrte zu bilden, nicht wie die von heid=
nischen Weibern geborenen Judenkinder die Sprache des Volkes Gottes
mit der der Heiden zu vermischen, und nur jene Fragen, die wirklich zur
heiligen Wissenschaft gehören und darum aus ihren Quellen gelöst werden
können, zu behandeln⁵. Seine schon am 7. Juli 1228 an die Facultät
gerichtete Mahnung, von dem übermäßigen, falschen Gebrauche der

---

¹ Am 23. April 1231. Potth. n. 8719.
² B. Hauréau l. c. p. 117: „Voilà un grand fait qu'il convient de sig-
naler ... C'est donc un pape lettré, zélé pour la cause des lettres" etc. —
Wie sehr er die Wissenschaften und ihre Pfleger schätzte, zeigte der Papst auch da=
durch, daß er am 27. April 1227 den als Uebersetzer einiger wirklich aristotelischer,
besonders aber mehrerer dem Aristoteles zugeschriebener averroistischer Schriften be=
kannten Arzt und Hofastrologen Friedrichs II., Michael Scot (Scotus), dem Car=
dinal-Erzbischof von Canterbury für ein Beneficium empfahl (Potth. n. 7888). Vgl.
über Scotus, der in den Volkssagen als ein berühmter Zauberer gilt und in Dante's
„Hölle" die ganze Ewigkeit rückwärts blicken muß, weil er im Leben zu weit nach
vorwärts geschaut, Philalethes in der Uebersetzung von Dante zu Inferno XX,
115—117. Hauréau l. c. 124—130. L. Leclerc, Histoire de la médecine arabe.
Paris 1876. 2 vols. II, p. 451—459.
³ Vgl. v. Hertling, Aristoteles in der Scholastik. Hist.-pol. Bl. Bd. 77, 936.
⁴ So sagt sein Reisegefährte Ptolemäus von Lucca. Hist. eccl. l. 22 c. 24.
⁵ Vgl. Kleutgen, Theologie der Vorzeit. Bd. IV. (1873) S. 13.

Philosophie in theologischen Fragen abzustehen[1], erklärt den Gedanken näher. Denn statt die heilige Schrift und die Theologie nach den bewährten Satzungen der Heiligen zu erklären, wird, so sagt der Papst, die Wissenschaft von Einigen zur Dienerin der Philosophie gemacht; dieser will man das inspirirte Gotteswort anbequemen und verfälscht es daher mit philosophischen Irrthümern. Auch die ungebührliche Anmaßung, alle Geheimnisse des Glaubens aus der Vernunft beweisen zu wollen, wird vom Papste mit Recht verworfen, da sonst der Inhalt des Glaubens auf die beweisbare und bewiesene natürliche Wahrheit beschränkt und der Glaube selbst unnütz und eitel sein würde[2], weil er gar keine Gelegenheit mehr haben würde, sich zu bethätigen. Wären alle Glaubenswahrheiten aus der Vernunft beweisbar, oder bei allen eine Probe möglich, so würden sie nur noch Gegenstände des vernünftigen Wissens, nicht aber des Glaubens sein. Er will, daß die Lehrer sich damit begnügen sollen, die ihrer Wissenschaft von den Vätern gesteckten Grenzen inne zu halten, und ihren Zuhörern nicht länger statt der Früchte göttlicher Weisheit bloße Blätter menschlicher Worte darzureichen.

Man hat sich besonders auf jenes Schreiben vom 13. April für die Behauptung bezogen, daß die Scholastik gleich in ihrem Entstehen von der Kirche bekämpft worden sei. Aber der Papst spricht nur von einem Mißbrauche, nur von dem vermessenen Unterfangen, die Philosophie an die Stelle der Theologie setzen und alle Glaubensgeheimnisse auf Vernunftbeweise gründen zu wollen[3]. Auch in dieser Frage legte er somit dieselbe Mäßigung und Weisheit an den Tag, die er in Betreff des Verbotes der aristotelischen Schriften gezeigt hatte.

Die Schlacht von Bouvines vom 27. Juli 1214, in welcher Kaiser Otto IV. mit dem Könige Johann von England gegen Philipp August von Frankreich († 1223) focht, hatte nicht nur das Schicksal des Kaisers entschieden, sondern auch die Anerkennung der Beschränkung der englischen Besitzungen im Westen Frankreichs auf Poitou und Guienne seitens Johanns zur Folge gehabt. Johann hatte schon vorher in seinem eigenen Lande durch seine Tyrannei und sein wüstes Leben sich allgemein verhaßt gemacht, war schon seit 1209 im Banne und hatte sich nur dadurch gerettet, daß er am 13. Mai 1213 sein Land dem Papste zu Lehen gab. Am 19. Juni 1215 zwangen ihn die englischen Barone, den großen

---

[1] Rayn. 1228, 29. Auch in Denzinger, Enchiridion Symbolorum et definitionum etc. n. 56.

[2] „Dum fidem conantur plus debito ratione adstruere naturali, nonne illam reddunt quodammodo inutilem et inanem? Quoniam fides non habet meritum, cui humana ratio praebet experimentum." Rayn. l. c. n 30. Vgl. dazu Scheeben, Handbuch der kathol. Dogmatik. Erstes Buch n. 905. Vgl. auch ebend. nn. 895 f. [3] S. Kleutgen a. a. O. 13 f.

Freiheitsbrief, die Magna Charta, zu unterzeichnen. Da er ihn aber brach, riefen sie den Sohn des Königs Philipp August, Ludwig, nach England zur Uebernahme der Krone, dem es gelang, sich London und die südlichen Provinzen zu unterwerfen und von dem Könige von Schottland wie dem Fürsten von Wales anerkannt zu werden. Allein vor der entscheidenden Schlacht starb Johann am 19. October 1216 mit Hinterlassung eines erst neunjährigen Sohnes, dessen sich nun Papst Honorius III. und sein Legat Gualo gemäß päpstlichem Befehle mit dem größten Eifer annahmen. Dem Grafen von Pembroke wurde die persönliche Sorge für den jungen König anvertraut. Letzterer aber bestätigte am 16. November 1216 den großen Freiheitsbrief mit einigen Aenderungen zu Gunsten der alten Kronrechte. So gewann er die Gemüther seiner Unterthanen immer mehr. Bald mußte sich Ludwig, in London belagert, im Vertrag zu Lambeth am 11. September 1217 dazu verstehen, England zu verlassen, und soll sich nach englischen Quellen eidlich verpflichtet haben, bei seiner eigenen Thronbesteigung alle Provinzen, welche früher dem Könige Johann gehörten, England wieder zu überliefern. Auch der König Alexander II. von Schottland, wie der Fürst von Wales leisteten nun dem jungen Heinrich den Treueid [1]. Von Neuem wurde auch, aber wiederum mit Abänderungen, der Freibrief bestätigt. Gualo's Nachfolger, der Legat Pandulph, wirkte ebenfalls (bis zu seiner Abberufung im J. 1221) redlich und erfolgreich für die Interessen Heinrichs, dessen Erzieher und Kanzler Peter des Roches, Bischof von Winchester (aus Poitou gebürtig), war, während der Großrichter Hubert de Burgh die königliche Gewalt ausübte. Hubert wurde noch mächtiger, als der Bischof von Winchester in's Heilige Land zog.

Als Ludwig VIII. von Frankreich im J. 1223 den Thron bestieg, wurde er von England aufgefordert, seinem Versprechen gemäß nun die Normandie wie die Grafschaften Maine und Anjou an England abzutreten. Er weigerte sich nicht bloß, das zu thun, sondern fiel in Poitou ein, eroberte La Rochelle und drang bis an die Garonne vor. Nun erhielt Heinrich III. zu Westminster um Weihnachten 1224 den Fünfzehnten bewilligt, nachdem er den Großen zuvor die zwei Freiheitsbriefe bestätigt hatte [2], und sandte seinen Bruder nach Frankreich, der sich aber auf die Vertheidigung der Gascogne beschränkte. Es gelang nun aber dem Papste,

---

[1] Rymer, Foedera etc. (ed. 1816) vol. I, p. I. 148. 150. 159. 160. 165. Alexander II. heirathete die Schwester Heinrichs III. im J. 1221. — Vgl. überhaupt hierzu John Lingard, The hist. of England. (Ausg. v. 1855 in 10 Bänden) Bd. II. ch. VI. (p. 188 ff.), sowie auch H. R. Luard, On the relations between England and Rome during the earlier portion of the reign of Henry III. Cambridge 1877.

[2] S. Matth. Par. III, 91, auch in Mansi XXII, 1220 sq.

der vergebens Ludwig von seinem Einfalle in das englische Gebiet abzuhalten versucht hatte, einen Waffenstillstand auf zwölf Monate zu Stande zu bringen[1], der dann auch nach dem Tode Ludwigs VIII. auf Betreiben Gregors IX. von Jahr zu Jahr erneuert wurde.[2].

Gregor IX. wünschte nicht bloß, sondern rieth dem jungen Könige Ludwig IX., der ja schon genug mit den aufrührerischen Großen und den Albigensern zu thun hatte, im J. 1227, das von Ludwig VIII. trotz des Verbotes der Kirche den Engländern auf dem Festlande entrissene Land denselben zurückzugeben[3] und seine Hände nicht nach fremdem Gute auszustrecken, und schrieb dem Könige von England um dieselbe Zeit, daß er den König von Frankreich zwar wegen seines Kreuzzuges gegen die Albigenser in den apostolischen Schutz genommen, aber Angriffe desselben auf englisches Gebiet keineswegs zulassen werde[4]. Er verbot auch dem Cardinallegaten Romanus in Frankreich, ohne besondere päpstliche Erlaubniß gegen Heinrich III. den Bann auszusprechen[5].

Zum offenen Kriege zwischen Frankreich und England kam es erst im J. 1230. Denn als der Herzog von Bretagne, Peter von Dreux, genannt Mauclerc, gegen die von dem Grafen von Champagne unterstützte Königin im J. 1228 nichts ausrichten konnte, rief er den König von England zu Hülfe. Dieser landete im Juni 1230 zu St. Malo in der Bretagne und drang bis Nantes vor, während Ludwig über Angers bis Oudon, nicht weit von Nantes, zog. Jedenfalls ist aber von weiteren Kriegsthaten Heinrichs, der um Allerheiligen 1230 nach einem kurzen Aufenthalte in Poitou und der Gascogne nach England zurückkehrte, nichts bekannt. Der Herzog setzte sich nun wieder in den Besitz von Angers. Aber Heinrichs Schatz war zu erschöpft, als daß er ihm weitere Hülfe hätte gewähren können. So gelang es denn dem Papste im J. 1231, einen Waffenstillstand auf drei Jahre zwischen England und Frankreich zu Stande zu bringen[6]. Auch der Herzog der Bretagne schloß mit seinem Bruder, dem Erzbischof Heinrich von Rheims, und dem Grafen Philipp von Boulogne, als Vertretern des Königs, auf drei Jahre Waffenstillstand[7].

---

[1] S. Potth. nn. 6997. 7169. 7214. 7294. 7297. 7372. 7510. 7561. Matth. Par. 93. Lingard 201.   [2] Lingard 202.

[3] Schreiben vom 25. Mai. Rayn. 1227, 54 sq.

[4] Schreiben vom 27. Mai. Rymer I, p. 192.

[5] Schreiben von demselben Datum in Shirley, Letters illustrative of the reign of Henry III. Bd. I, 548. Am 28. Febr. 1228 gab er dem Könige und seiner Familie ein ähnliches allgemeines Privileg; s. Rymer 103. Neu bestätigt am 20. Jan. 1231; ibid. 109.

[6] Rayn. 1231, 52. Matth. Par. ed. Luard III, p. 198 sq. 204. — Schon am 15. April 1230 hatte der Papst den Cistercienserabt Wilhelm mit der Friedensvermittlung beauftragt. Potth. n. 8528. Baluze, Miscell. ed. Mansi III, 392.

[7] L'art de verifier les dates (3e éd. 1783), I, 583.

Ebenso eifrig, wie in seinem Kriege gegen den König Ludwig, zeigte sich Mauclerc in der Bedrückung der Geistlichen, worin er so weit ging, daß die Chronisten ihn mit den Christenverfolgern der ersten Jahrhunderte in Vergleich bringen und ihn einen zweiten Decius nennen[1]. In ihrer Bedrängniß wandten sich die Bischöfe an den gemeinsamen Vater der Christenheit, der im J. 1228 den Bann, welchen die durch Mauclerc von ihren Sitzen vertriebenen Bischöfe von Rennes, St. Brieuc und Tréguier über diesen verhängt hatten, bestätigte und ihm eine Frist von vier Monaten zur Besserung stellte[2]. Mauclerc machte nun Friedensvorschläge, denn da er in einen Krieg mit Frankreich verwickelt war, wollte er wenigstens Zeit gewinnen. Als er aber im J. 1230 wirklich versprach, den von ihm zugefügten Schaden wieder gut machen und sich den Weisungen der Kirche unterwerfen zu wollen, gab der Papst am 30. Mai 1230 Befehl zu seiner Wiederaufnahme in die Kirche[3].

Gregor IX. beendigte auch den seit dem J. 1198 zwischen dem Abte von S. Sisto in Piacenza und Cremona bestehenden Streit über Guastalla und Luzzara dadurch, daß er sich am 27. September 1227 die Orte von Cremona abtreten ließ, aber anderseits an demselben Tage dem Bischof von Modena befahl, dieselben zu übernehmen, für 3000 Mark an Cremona zurückzugeben und die Stadt vom Banne loszusprechen[4].

Am Anfange seiner Regierung schon ermahnte der Papst, der ja die Lombardei als päpstlicher Legat unter Honorius III. kennen gelernt hatte, die Bischöfe, eifrigst an der Reform ihres Clerus zu arbeiten und selbst ein gutes Beispiel zu geben[5]. Auch an französische und deutsche Prälaten ergingen ähnliche Aufforderungen[6]. Dem Magister Conrad von Marburg befahl er aber schon am 20. Juni 1227, im Concubinate

---

[1] Chron. Turon. Martene, Ampl. Coll. V, 1070.

[2] Am 29. Mai 1228; s. Martene, Thes. anecd. I, 947.

[3] Potth. n. 8560. — Vgl. Rohrbacher, Hist. univ. de l'église cath., vol. XVIII (éd. 1845), p. 150—154. — Den Nachfolger und Sohn Peters, Johann, mußte Gregor im J. 1239 zur Befolgung des Vertrages zwischen Peter und den Bischöfen mahnen (Potth. n. 10736).

[4] Vgl. die Gött. Gel. Anz. (1874), S. 168, und Ficker, Forschungen IV, 359, n. 330. Die Uebergabe der Orte an Cremona fand am 7. Nov. 1227 statt (siehe Winkelmann, Acta, n. 609). Der Kaiser verwies im J. 1223 dem Abte, daß er den vor die kaiserliche Curie gehörigen Streit vor das Gericht des Papstes zu ziehen suche (Boehmer, Acta imp. n. 1086). Honorius III. hatte schon am 17. Mai 1223 die Orte dem Abte zugesprochen und am 7. Nov. 1223 eine Appellation gegen den Spruch verworfen (Potth. nn. 7021. 7110), womit aber der Streit nicht beendet war. Vgl. o. S. 84 f.

[5] Schreiben vom 14. Juli 1227. Rayn. 1227, 63. Potth. n. 7963.

[6] S. das Schreiben an den Erzbischof von Besançon vom 2. Sept. 1227 (Potth. n. 8025); an den Bischof von Passau vom 13. Juni 1228 (ibid. n. 8208).

lebende Geistliche Deutschlands gemäß den von dem Cardinallegaten Conrad von Urach gegebenen Statuten durch kirchliche Strafen zur Besserung zu zwingen [1]. Auf der andern Seite waren aber doch auch die Bischöfe selbst auf Hebung solcher Uebel eifrigst bedacht, wie denn der Bischof von Regensburg mehrere Cleriker seiner Diöcese mit dem Banne belegt hatte, aber im Juli 1230 von Gregor Erlaubniß erhielt, sie unter gewissen Garantien der Besserung loszusprechen [2]. Sehr erfreut war der Papst über den Erfolg, den ein Canonicus des St. Moritzstiftes in Hildesheim, Rudolf, Kaplan und thätiger Gehülfe des Cardinals Conrad von Urach in der Kreuzpredigt, in der Besserung gefallener Frauenspersonen errungen hatte. Er wünschte ihm am 8. Juni 1227 Glück dazu und ermunterte ihn zur eifrigen Fortsetzung seines löblichen Unternehmens [3]. Wie er aber trotz der Bedeutung der Stadt Cremona die Ansprüche des Bischofs von Cremona auf Unabhängigkeit von dem Erzbischof von Mailand, dessen Suffragan er war, abgewiesen hatte, da eine Gnade nicht mit Verletzung wohlbegründeter Rechte Anderer verliehen werden solle [4], so befahl er auch dem Bischofe von Camin in Pommern, dessen Bisthum im J. 1205 die Metropolitanrechte von Magdeburg anerkannt hatte, daraus aber wieder wie früher direct unter dem Papste stehen wollte, dem Erzbischofe seinem Eide gemäß gehorsam zu sein [5].

Nach der Eroberung Cyperns durch die Lateiner hatte man zwar die dortige griechische Hierarchie, an deren Spitze ein Metropolit stand, nicht aufgehoben, aber lateinische Bischöfe unter einem lateinischen Erz-

---

[1] Ripolli, Bull. Praed. I, 21, n. 9.   [2] Potth. n. 8580.

[3] Würdtwein, Nova subs. VI, 3. Vgl. Roth v. Schreckenstein in Forschungen, Bd. VII, 337, Anm. 7. Vgl. auch die päpstl. Urkunden zu Gunsten Rudolfs vom 7. und 11. Juni 1227 in Rodenberg, Epp. nn. 356. 357. 359 (p. 272. 274). — Den Lübeckern befahl er am 18. Dec. 1227, das Verbot des Verkaufes, Schenkens oder Testirens von Immobilien an Kirchen zu widerrufen, widrigenfalls sie dem Banne verfallen sollten (Potth. n. 8085).

[4] Päpstl. Schreiben vom 23. April 1227 an Mailand (Bull. Rom. ed. Rom. 246, 1). S. auch die Mahnung vom 13. Juli 1228 an den Bischof von Cremona, dem Erzbischof von Mailand als seinem Metropoliten zu gehorchen und ihn zu ehren, Ughelli, Italia sacra IV, 607.

[5] Am 1. Juli und 4. Aug. 1228. Hasselbach, Codex Pomeraniae diplom. vol. I (1862), 387, n. 166, und 389. n. 168. Den im J. 1205 von Bischof Sigwin geleisteten Eid (bis dahin stand das Bisthum direct unter dem Papste) erwähnt Gregor am 3. Aug. 1228; f. ibid. I, 388. Ueber den Streit f. Hasselbach a. a. O. S. 242 f. — In dem langwierigen Streite, ob die Verleihung der Regalien an den Bischof von Gurk dem Reiche oder dem Erzbischof von Salzburg zustehe, griff auch der Papst am 6. April 1227 auf die Appellation des Bischofs ein (f. H.-B. III, 20, not. 2), wogegen aber Heinrich (VII.) am 6. Sept. 1228 protestirte. Der Streit wurde schließlich am 4. Oct. 1232 auf gütlichem Wege durch Vertrag des Erzbischofs mit dem Gurker Domcapitel erledigt; f. Winkelmann, Acta, n. 627.

bischöfe danebengestellt. Dieß führte zu allerhand Jurisdictionsstreitigkeiten, mit deren Schlichtung sich das Lateranconcil vom J. 1215 beschäftigte. Es bestimmte nach dem Vorgange der Päpste Cölestin III. und Innocenz III., daß der griechische Metropolit dem lateinischen untergeordnet sein solle und auch die griechischen Geistlichen durch Nachsuchung der Erlaubniß zur Weihe und Amtsführung die Oberhoheit der lateinischen Bischöfe anerkennen müßten. Damit waren aber die Griechen nicht einverstanden. Mehrere gingen sogar so weit, die Gültigkeit der Celebration der Lateiner zu läugnen. Honorius III. hatte zwar am 30. December 1221 einen Vertrag der Königin Alisia mit den Prälaten über den Zehnten bestätigt, sich aber geweigert, die königliche Bitte, griechische Bischöfe neben den lateinischen in lateinischen Diöcesen zuzulassen, zu erfüllen, da in einer Diöcese nicht zwei Bischöfe sein dürften[1]. Am 14. September 1222 war dann durch die Vermittelung des Cardinallegaten Pelagius zwischen dem lateinischen Bischof Eustorgius von Nicosia und seinen Suffraganen einerseits, und der Königinmutter, dem Könige und den Vornehmen andererseits die Zehntfrage wie Streitigkeiten über Besitzungen und andere Angelegenheiten zu Famagusta geordnet worden. Gregor IX. schärfte den Vertrag im August 1228 von Neuem ein, befahl aber auch dem Erzbischofe im März 1231, die griechischen Mönche, welche öffentlich die Gültigkeit der Celebration der Lateiner mit ungesäuertem Brode bestritten, mit dem Banne zu belegen[2]. Später, am 13. April 1240, wiederholte er auch die Weisung Honorius' III., daß griechische Prälaten nicht wie Bischöfe in den Diöcesen der Lateiner weilen dürften, und befahl, die griechischen Geistlichen, falls sie in ihrer Hartnäckigkeit und Bosheit verharrten, zu vertreiben und die verwaisten Kirchen und Klöster den Lateinern zu übergeben[3]. Den griechischen Ritus hat er so wenig wie Honorius III. verboten. Aber auch unter seinen Nachfolgern bestanden die Streitigkeiten fort, vorzüglich darum, weil stets von Seiten des griechischen Patriarchen von Constantinopel und Anderen die Griechen auf Cypern gegen die Lateiner aufgereizt wurden.

Neuntes Kapitel.
Orden und Missionen.

Am 4. October 1226 war der große Volksfreund und Wunderthäter, der hl. Franciscus, in die ewige Glorie eingegangen. „In seinem Leben that er Zeichen und im Tode wirkte er Wunder."[4] Darum

---

[1] Rayn. 1222, 8 sq.
[2] Potth. nn. 8250. 8673. Vgl. Hefele 808 f.; Hergenröther, K.-Gesch. I, 910.
[3] Rayn. 1240, 45.   [4] Eccli. 48, 15.

wurde er schon am 16. Juli 1228 vom Papste zu Assisi in Gegenwart einer zahlreichen Schaar von Armen und Vornehmen, Laien und Geistlichen in die Zahl der Heiligen aufgenommen. Drei Tage nachher empfahl Gregor der ganzen Welt die Verehrung des Apostels der Armuth und Demuth in einer Bulle voll großer Kraft und Wärme [1]. Ihn habe der Herr erweckt, den Weinberg der Kirche von Disteln und Dornen zu reinigen, die Feinde, die schon ihre Mauern erstiegen hatten, zu stürzen, und Alle zur Aussöhnung mit Gott zu ermahnen. Wie ein Engel auf Erden wandelnd, habe er ein wunderbares Beispiel von Abtödtung, Demuth und Armuth gegeben und so über die Welt triumphirt, weiser in seiner schlichten Ungelehrtheit als die Gelehrten dieser Welt. Der Papst selbst predigte zu Ehren des Heiligen zu Assisi über den Text: „Wie der Morgenstern mitten im Nebel und wie der Mond leuchtet, wenn er voll ist in seinen Tagen, und wie die strahlende Sonne, so glänzte er im Tempel Gottes." [2] War er ja wirklich gewesen, was seine Grabschrift rühmend von ihm verkündet, „die Stütze des Erdkreises, der Erneuerer der Kirche" [3]. Dann stieg er von seinem Throne, um auch selbst dem heiligen Leibe seine Verehrung zu bezeugen.

Elias von Cortona, der nach dem Tode des Heiligen den Orden leitete, hatte den Plan gefaßt, zu Ehren des hl. Franciscus zu Assisi eine prachtvolle Kirche und ein großes Kloster zu erbauen, wozu von jeder Provinz Unterstützung gewährt werden sollte. Die Kirche sollte auch die dauernde Grabstätte des Heiligen werden. Der Papst legte dazu bei seiner Anwesenheit in Assisi im J. 1228 den Grundstein, gewährte allen, die zur Vollendung der Kirche beitragen würden, einen Ablaß von 40 Tagen, und bestimmte, daß sie nur dem apostolischen Stuhle unterworfen sein sollte [4].

Es war im Auftrage des Papstes Gregor IX., daß Thomas von Celano, der Verfasser des „Dies irae", die erste Legende oder Biographie des hl. Franciscus schrieb, die auch dadurch ein besonderes Interesse beansprucht, daß sie die Beziehungen des Papstes zu Franciscus, mit dem er als Cardinal enge befreundet gewesen war, hervorhebt. Gregor IX. nahm auch hervorragenden Antheil an der Abfassung des Officiums zu Ehren des Heiligen, denn von ihm rühren u. A. mehrere Hymnen her, die

---

[1] Bullar. Rom. ed. Bern. 257, 12 (vgl. Potth. nn. 8236. 8242. 8256. 8345). Freudig gedenkt der Papst auch, daß er selbst in persönlichem, engem Verkehr mit ihm gestanden, und legt Zeugniß ab, daß er keinen Zweifel über das glorwürdige Leben des Heiligen habe hegen können.

[2] Eccli. 50, 67. S. Thomas v. Celano bei Wadding II, p. 177.

[3] „Orbis fulcimentum, Ecclesiae reparator" bei Wadding II, p. 239.

[4] Wadding II, p. 205. Schreiben vom 29. April 1228 und 22. April 1220 in Sbaralea, Bull. Francisc. I, 40, n. 21; I, 60, n. 49.

den Reichthum des Heiligen der Armuth, der auch im Himmel der Armen und Elenden nicht vergessen wird, preisen [1].

Am 25. Mai 1230 fand die feierliche Translation der Gebeine des Heiligen statt, die aber durch den Eifer des Rathes von Assisi, der selbst die Reliquien tragen wollte und seinen Willen mit Gewalt durchsetzte, für die Stadt Assisi bald schlimme Folgen gehabt hätte. Denn der Papst, welcher allen Theilnehmern der Feier einen Ablaß, der für die Besucher der Kirche bis zum 8. September 1230 dauern sollte, gewährt hatte [2], drohte auf die Klagen des Ordens mit dem Interdicte, falls nicht der Rath und die Bürger Genugthuung leisten würden [3].

Wie die Bettelmönche aber einen regen Eifer in der Vertretung der kirchlichen Interessen zeigten und beßhalb, nachdem der Bann gegen den Kaiser verkündet worden war, durch ihre Treue gegen die Vorschriften des apostolischen Stuhles den besondern Haß des Kaisers auf sich luden [4], so erwies ihnen andererseits der Papst viele Vergünstigungen. Unter Anderem bestätigte Gregor IX. den Franciscanern das ihnen bereits von Honorius III. verliehene, aber von französischen Bischöfen angefochtene Privileg, überall, ohne vorher die Erlaubniß des Bischofs nachsuchen zu müssen, auf einem Reise=Altar Messe lesen zu dürfen [5]. Um sie aber gegen Rechtsverletzungen von Seiten der ihnen oft mißgünstigen Welt= geistlichkeit zu schützen, erließ er am 21. und 22. August 1231 zu Gunsten der beiden Bettelorden Decrete, die einige Jahre später in das Rechtsbuch der Kirche aufgenommen wurden [6]. Bei dem großen Vertrauen, welches sie genossen, wurden sie in den verschiedensten Angelegenheiten um Rath und Hülfe angegangen. Selbst der apostolische Stuhl oder seine Delegirten übertrugen ihnen häufig die Entscheidung von Rechtsfällen oder die Aus= führung der bezüglichen Entscheidungen. Sie erachteten das aber als eine drückende Last. Wurden sie ja dadurch wieder in das Getriebe der Welt, der sie doch hatten entfliehen wollen, zurückgeworfen und von dem eigentlichen Zwecke des Ordens abgezogen. In Berücksichtigung dieser Gründe verlieh ihnen der Papst Gregor IX. wiederholt das Privileg,

---

[1] S. o. S. 42, Anm. 2. — Vgl. Anhang, Beilage II.

[2] Sbaralea I, 64, n. 52. — Am 22. Oct. 1231 nahm er die Kirche, in welcher der hl. Franciscus ruhen sollte, zum Eigenthum des apostolischen Stuhles, dem allein sie unterworfen sein sollte, an. Wadding II, p. 604.

[3] Wadding II, p. 234.   [4] S. o. S. 92, Anm. 2.

[5] Privilegien vom 4. Mai 1227 und 26. Mai 1228 (Sbaralea I, 27, n. 1; I, 41, n. 23). Privilegium Honorius' III. vom 3. Dec. 1224 (ibid. I, 20, n. 17; auch Potth. nn. 7467 sq. 7480). Andere Privilegien Gregors IX. wegen des Be= gräbnisses und des Verhaltens zur Zeit des Interdicts s. ibid. nn. 7974. 8207.

[6] Decret. Greg. IX. lib. V, tit. 31 de excess. prael. c. 16 et c. 17. — In den Regesten finden sich viele Empfehlungsschreiben für die Franciscaner. S. das allgemeine vom 12. Jan. 1235 bei Sbaralea I, 127, n. 131.

daß sie zur Annahme derartiger Aufträge nicht verpflichtet sein sollten[1]. Uebrigens lag die Gefahr nahe, daß bei der raschen Ausbreitung der Orden auch Unberufene aufgenommen würden. Wird aber ein solcher Beruf nicht nach gehöriger Prüfung frei und freudig ergriffen, so wird gewöhnlich später die Regel unerträglich und der Orden selbst leidet unter den Folgen am meisten. Es war daher eine weise Bestimmung des Papstes, daß die Dominicaner und Franciscaner keinen vor der wirklichen Profeß, die erst nach einer Prüfung von einem Jahre erfolgen durfte, zum Eintritt in den Orden verpflichten, noch ihn während des Noviziates vom Rücktritt in die Welt oder dem Eintritt in einen andern Orden irgendwie abhalten durften[2].

Zur Heiligsprechung des hl. Franciscus war der Papst um Mitte Juli 1228 nach Assisi gekommen und hatte bei dieser Gelegenheit einen Besuch in dem Kloster, worin die hl. Clara mit ihren Nonnen lebte, gemacht. Voller Mitleiden mit all den Beschwerlichkeiten, welche durch die Strenge ihrer Armuth die Nonnen zu erdulden hatten, suchte er die hl. Clara zur Annahme von Eigenthum, wofür er selbst sorgen werde, zu bestimmen, aber vergebens. Denn die Heilige wollte von keinem sicherern Schatze als dem der Armuth hören[3]. In demselben Jahre (1228) sandte er ihr und ihren Schwestern, die er seine „Töchter oder vielmehr Herrinnen, weil Bräute unseres Herrn", nennt, ein Trostschreiben, worin er sie ermahnt, in ihren Mühseligkeiten der Liebe des Bräutigams ihrer Seelen und der Zeit zu gedenken, wo sie, auf ewig mit ihm vereinigt, immerwährendes Glück genießen würden, und sich selbst in ihr Gebet empfahl[4]. Trotz der Abneigung, die der hl. Franciscus gegen die Uebernahme einer so großen Last, wie die geistliche Leitung so vieler Nonnenklöster sein mußte, gehegt hatte, beauftragte dennoch der Papst, im Interesse der Nonnen, die, nachdem sie Alles Gott geopfert, eine dem Geiste des Ordens entsprechende Leitung erwarten durften, den Ordensgeneral mit der Sorge für die Klöster[5]. Einen großen Schatz gewann der Orden in der

---

[1] S. das Privilegium für die Dominicaner vom 9. April 1228 bei Ripolli, Bull. Praed. I, 28, n. 28, für die Franciscaner vom 26. Febr. 1236 bei Sbaralea I, 184, n. 190. Beide wurden häufig wiederholt.

[2] S. die Verbote an die Franciscaner vom 13., und an die Dominicaner vom 11. Juli 1236 bei Sbaralea I, 198, n. 203, und Ripolli I, 90, n. 157. Vgl. Potth. nn. 10501. 10548. 10059. Uebrigens hatte schon Honorius III. am 22. Sept. 1220 den Franciscanern das einjährige Noviziat vor der Profeßablegung vorgeschrieben; s. l. c. n. 6361.

[3] Wadding II, 176. [4] Sbaralea I, 37, n. 17.

[5] Ibid. I, 36, n. 16. Schreiben vom 14. Dec. 1227. Wie ängstlich der Papst für den guten Ruf des Ordens besorgt war, zeigt sein Befehl vom 26. Mai 1233 an den Bischof von Placentia in Spanien (Sbaralea I, 106, n. 105), daß nicht in zu großer Nähe eines Franciscanerklosters ein Nonnenkloster errichtet werden sollte.

seligen Agnes von Böhmen, Cousine der hl. Elisabeth von Thüringen und Tochter des Königs Presmysl Ottokar I. von Böhmen. Ehemals mit Heinrich (VII.) verlobt, hat sie selbst die Hand des Kaisers Friedrich II. wie die des Königs von England ausgeschlagen, um in dem von ihr zu Prag gegründeten Clarissenkloster das Ordenskleid zu nehmen. Am 30. August 1234 nahm Gregor IX. das Kloster in seinen besonderen Schutz und befahl am folgenden Tage, die hochherzige Stifterin als erste Aebtissin einzusetzen[1]. Oefters hat sie sich an den Papst um Rath gewandt und auf ihren Bruder, den König Wenzel I., der sie nach seinen eigenen Worten mehr als irgend einen andern Sterblichen liebte[2], häufig in segensreicher Weise eingewirkt. Zu Prag hat sie aber bis zu ihrem am 6. März 1282 erfolgten Tode der Welt das Beispiel strenger Abtödtung gegeben und sich der Freundschaft der hl. Clara, welche sie „die Hälfte ihrer Seele" nannte, wie des Vertrauens und des Lobes[3] Gregors IX. würdig gemacht.

Im J. 1221 hatte der hl. Franciscus den „dritten Orden" für Männer und Frauen, die sich in der Welt einem vollkommenen Leben widmen wollten, gestiftet. Derselbe erfreute sich sehr der Gunst der Laienwelt. Denn nebst anderen königlichen und fürstlichen Personen gehörten ihm der hl. Ludwig IX., die hl. Elisabeth von Thüringen und Bela IV. von Ungarn an. Auch diesem Zweige der Franciscaner-Familie wandte der Papst seine Liebe zu und gab ihm manche Vergünstigungen[4].

Mit den Schöpfungen des hl. Franciscus theilten die des hl. Dominicus die Gunst des Papstes. Die Dominicaner hatten das große päpstliche Privileg, überall predigen und Beicht hören zu können[5]. Gregor IX. wollte, daß sie überall als Prediger aufgenommen und von den Bischöfen begünstigt werden sollten. Sollte aber einer von ihnen aus seinem Missionsamte Gelderwerb machen, so war er als ein Abtrünniger und Verächter des Ordensgelübdes der Armuth zu bestrafen[6]. Aber der Papst wies auch

---

[1] Sbaralea I, 134. 135. Sonstige auf das Prager Kloster sich beziehende päpstliche Vergünstigungen s. bei Potth. nn. 9522. 9524. 9907. 9913 sq. 9972. Vgl. J. Glaubrecht, Agnes von Böhmen und die letzten Premisliden. Regensburg 1874.

[2] So schrieb er an den Papst im J. 1237. S. Palacky, Gesch. von Böhmen, Bd. II, Abth. 1, S. 110.

[3] S. das an die Königin Beatrix von Castilien gerichtete päpstliche Schreiben vom 7. Juni 1235 bei Sbaralea I. 164, n. 172.

[4] S. Potth. nn. 7919. 8159 (und 6736). 8446 (und 7503); die Regel bei Wadding II, 9—15. Vgl. Hergenröther, K.-Gesch., Bd. III, 277.

[5] Bestätigt am 27. Sept. 1227. Potth. n. 8042.

[6] Potth. n. 7896. Häufig wiederholt (s. ibid. nn. 8349. 9306. 9808; vgl. auch n. 8043). Er bestellte sie auch als Klostervisitatoren (s. ibid. n. 8027 sq.).

die Ordensbrüder selbst an, den Bischöfen die schuldige Ehrfurcht und den schuldigen Gehorsam zu leisten [1]. Wie der hl. Franciscus, so hatte auch Dominicus einen Orden für solche, die in der Welt lebten, gestiftet, der „die Miliz Christi" und nach dem Tode des Heiligen und dem Erlöschen ihrer ursprünglichen Bestimmung „die Brüder und Schwestern von der Buße des hl. Dominicus" genannt wurde. Gegründet in Süd-Frankreich, um besonders in der Gegend von Toulouse die Kirchen und kirchlichen Güter gegen die Wuth der Albigenser zu vertheidigen, hatte die aus Personen beider Geschlechter bestehende Genossenschaft sich eines gottgefälligen Lebens in der Welt zu befleißigen und bestimmte Gebetsübungen und Fasten zu beobachten. Verheirathete Männer konnten nur mit Zustimmung ihrer Frauen, die schwören mußten, dieselben nicht an der Vertheidigung des Glaubens hindern zu wollen, aufgenommen werden. Der Orden verbreitete sich besonders auch in Oberitalien; der Papst ermunterte die Bestrebungen frommer Weltleute, in der Welt ein bußfertiges Leben zu führen, und nahm den Orden in Italien in den päpstlichen Schutz auf [2]. Den Brüdern und Schwestern von der Miliz Christi zu Parma bestätigte er am 23. Mai 1235 ihre Regel ausdrücklich [3].

Wenngleich nun über die größere Zuneigung und Liebe Gregors IX. für die neu entstandenen Bettelorden gar kein Zweifel bestehen kann, so war er doch weit davon entfernt, die Rechte der älteren Orden irgendwie zu verkümmern, und beförderte Gutes und löbliche Bemühungen, wo immer sie sich fanden.

So bestätigte er den Camalbulensern am 28. Juni 1227 ihre Rechte, Privilegien und Gewohnheiten und nahm sich auch sonst ihrer mit Wärme an [4]. Den Carmelitern, die gemäß ihrer von Honorius III. am 30. Januar 1226 bestätigten Regel zu strenger Armuth verpflichtet waren, gab er weitere Vorschriften im Geiste der Regel [5]. Den Prämonstratenserorden

---

[1] Schreiben vom 23. Jan. 1229. Potth. n. 8324. — In Worms erschwerte ihnen übrigens der Bischof die Niederlassung nach Kräften, bis der Cardinal Otto von St. Nicolaus für sie eintrat. Der Papst mußte den Bischof auch deßhalb tadeln, daß er sie und die Minoriten nicht gegen die zu Worms üblichen Spottgesänge und Beschimpfungen geschützt habe, und gab ihm am 3. Sept. 1229 bezügliche Weisungen. S. Winkelmann, Acta, n. 616. 621. Vgl. Potth. nn. 9087. 9134.

[2] Ob am 22. Dec. 1228 (Potth. n. 8300) oder 1234 (ibid. 9807), ist nicht ganz sicher. Letzteres Datum ist aber das wahrscheinlichere. S. auch Cuper in Acta SS. Aug. tom. I, p. 421.

[3] Bull. Rom. ed. Romae, p. 284, n. 44. Sonstige Privilegien für dieselben s. bei Potth. nn. 9909—9912. 9921. 9922.

[4] Potth. n. 7959. Es war eine Anerkennung der strengen Disciplin im Orden, daß er den Uebertritt von Mitgliedern anderer Orden in den der Camalbulenser erlaubte (ibid. n. 7949).

[5] Am 6. April 1229 (s. Potth. n. 8368).

führte er in Livland und Semgallen ein¹ und verlieh ihnen viele Privilegien², setzte aber auch, damit Unordnungen, die sich besonders durch die Nachlässigkeit der Visitatoren eingeschlichen hatten, leichter vermieden werden könnten, unter Anderm fest, daß letztere jährlich auf dem Generalcapitel gewechselt, aber nur eifrige Religiosen dazu gewählt werden sollten, auch gab er viele Vorschriften gegen die zu kostbare Kleidung des Abtes wie der Canoniker und zum Besten einer größeren Einfachheit und Strenge überhaupt³. Den Humiliaten, einem einer modificirten Benedictinerregel folgenden Verein der Lombardei zur gemeinsamen Andacht und Arbeit, gestattete er wegen ihrer schweren Arbeit einige Erleichterungen der Regel⁴, die er auch von Neuem bestätigte⁵ und zu deren Beobachtung er sie durch den Erzbischof von Mailand anhalten ließ⁶. Auch die Congregation der Reuerinnen oder Schwestern von der Buße der hl. Magdalena, welche in Deutschland, z. B. in Würzburg, Worms und Frankfurt, mehrere Klöster besaßen, erfreute sich seines besonderen Wohlwollens. Er bestätigte schon am 10. Juni 1227 ihre Besitzungen⁷, gab ihnen statt der Cistercienserregel, die sie bis dahin befolgt hatten, am 23. October 1232 die Regel des hl. Augustinus und die Statuten der römischen Nonnen von St. Sixtus⁸ und erlaubte ihnen die Annahme von Kirchenpatronaten⁹.

Die Augustiner-Chorherren hatten sich seit dem elften Jahrhundert in manchen Diöcesen verbreitet. Jedoch standen ihre Häuser nicht in Verbindung mit einander, sondern bildeten Stifte für sich, oder höchstens kleinere Congregationen. In Italien speciell bestand in jener Zeit eine Reihe von Eremiten-Congregationen, welche das Chorherrenstatut mit einigen Veränderungen befolgten. Eine davon, die Brictiner, so genannt von dem Orte St. Blasius de Brictinis, einer Einöde in der Mark Ancona, erhielt am 26. November 1227 einen Schutzbrief und am

---

¹ Schreiben vom 25. April 1227. Potth. nn. 7886. 8283. Vgl. ibid. n. 10521.
² Ibid. n. 8026. 8107. 8142. 8146. Am 4. Sept. 1238 verlieh er ihnen u. A. Abgabenfreiheit und das Recht, die Pfarrstellen, deren Patronat ihnen zustand, mit Ordensmitgliedern zu besetzen.
³ Am 23. Juni 1232 (Bull. Rom. l. c. 272, n. 32). Auf Bitten des Abtes von Prémontré traf er am 18. Febr. 1234 einige Abänderungen dieser Bulle; s. Potth. n. 9412.
⁴ Sie erhielten besonders Erleichterungen der Fastengebote ihrer schweren Arbeit wegen (Potth. nn. 7916. 7922). Am 30. Mai 1227 sicherte er ihnen von Neuem den päpstl. Schutz zu (ibid. 7923).
⁵ Am 7. Juni 1227 (ibid. n. 7925; vgl. 7929).
⁶ Schreiben vom 16. Dec. 1228 (Potth. n. 8083). Schon am 4. Sept. 1228 hatte er die Visitation ihrer Klöster den Dominicanern übertragen (s. ibid. n. 8027 sq.).
⁷ Potth. n. 7928. Am 4. Juni 1228 befahl er den deutschen Prälaten den Schutz des Ordens an (ibid. n. 8203).
⁸ Potth. n. 9025. Vgl. Hergenröther, K.-Gesch. I, 852.
⁹ Am 7. Oct. 1232. S. Potth. (vol. II, p. 2137), n. 9010a.

8. December 1228 auch die Augustinerregel von Papst Gregor IX.[1] Besonderes Ansehen genossen wegen ihrer strengen Disciplin die Augustiner-Chorherren der Congregation von Mortara. Mortara war der Hauptsitz der Congregation. Gregor IX. hatte sie als Cardinal mit Zustimmung Honorius' III. im J. 1221 auch in das St.-Peters-Kloster zu Pavia, welches ursprünglich den Benedictinern gehörte, eingeführt, da die Disciplin unter den letzteren so schlecht geworden war, daß zu einer Besserung derselben keine Hoffnung mehr übrig blieb. In der Klosterkirche ruhten aber auch die Gebeine des hl. Augustinus, welche einst durch die von den Vandalen vertriebenen Bischöfe nach Sardinien und später durch den Longobardenkönig Luitprand nach Pavia gebracht worden waren. Aus diesem Grunde hatte Honorius III. im J. 1221 das Kloster zu Pavia zum Hauptsitz des Ordens von Mortara gemacht und auch bestimmt, daß in Zukunft die Generalcapitel dort stattfinden sollten[2]. Die in Mortara zurückgebliebenen Chorherren protestirten aber gegen jenes Privileg, weßhalb Gregor IX. anordnete, daß alle Mitglieder der Congregation dem Abte von St. Peter in Pavia gehorchen müßten, die Capitel aber abwechselnd in Mortara und Pavia abgehalten werden sollten[3].

Die Armen und Kranken waren immer die Lieblinge der Kirche und der Gegenstand der Sorge der Orden, wie der Priester, Bischöfe und Päpste gewesen. Im J. 1198 hatte Innocenz III. den etwa 20 Jahre früher von Guido von Montpellier gegründeten Hospitaliter-Orden vom heiligen Geiste bestätigt und an der alten Tiberbrücke in Rom ein Hospital erbaut, welches, wie Virchow sagt, „von Anfang an das herrlichste und größte Spital der Christenheit" war[4]. Derselbe Papst berief im J. 1204 Guido von Montpellier nach Rom und übergab das Spital seiner Leitung. Im J. 1208 weihte er es ein als Vorbild der über die ganze Erde sich verbreitenden Heiliggeistspitäler. Gregor IX. bestätigte am 15. März 1229 das römische Spital als Hauptsitz des Hospitaliterordens[5].

In der an Toulouse grenzenden Gascogne war „die Bosheit des Hochmuths und der Hochmuth der Bosheit so gewachsen", daß der Friede ganz verschwunden war. Zur Vertheidigung des Glaubens und des Friedens daselbst stiftete der Erzbischof Amaneus von Auch einen dem hl. Jacobus geweihten Ritterorden. Ueber seine Nützlichkeit konnte kein Zweifel herr-

---

[1] S. ibid. n. 8064a; dann 8288. S. auch Freib. Kirchenlexikon, 2. Aufl., Art. „Augustiner", I, 1656. [2] S. o. S. 40, Anm. 7.
[3] Potth. n. 8274. Hélyot, Hist. des ordres religieux (Paris 1714), II, 47.
[4] S. Potth. nn. 96. 102. Hurter IV, 223 f. Virchow, Der Hospitaliter-Orden vom hl. Geiste, zumal in Deutschland. Ein Vortrag vom 14. Juni 1877 in der Berliner Akademie der Wissenschaften. Abgedr. in den Monatsberichten, S. 339—369.
[5] Potth. n. 8357. S. vorher ibid. n. 3260. 3439.

schen. Deßhalb bestätigte ihn auch der Papst am 20. April 1230, jedoch mit der Bestimmung, daß der Großmeister des Ordens dem Erzbischofe von Auch Gehorsam schwören mußte[1]. Es war somit ein Orden, ähnlich dem der Schwertbrüder im Nordosten Deutschlands.

Unter den Ritterorden hatte sich um jene Zeit der schon von Heinrich VI. und Clemens III. begünstigte und von Cölestin III. bestätigte Orden der Deutschherren rühmlich hervorgethan. Nicht so reich wie die älteren Orden der Templer und Johanniter, war er auch weniger den Gefahren der Habsucht, des Wohllebens und der Verweltlichung ausgesetzt. Bald war der weiße Mantel mit dem schwarzen Kreuze, den die deutschen Ritter gemäß ihrer am 19. Februar 1199 von Innocenz III. bestätigten Regel trugen, ebenso bekannt wie der weiße Mantel mit rothem Kreuz und der schwarze Mantel mit weißem Kreuze, welche das unterscheidende Merkmal der Templer und der Johanniter bildeten. Die Eifersucht der Templer gegen den neuen Orden stieß sich besonders daran, daß der deutsche Orden ebenfalls wie sie einen weißen Mantel trug. Innocenz III. sowohl wie Honorius III. hatten wiederholt die Templer und Johanniter tadeln müssen, und Honorius III. am 17. April 1222 ersteren besonders ihre Anfeindung des deutschen Ordens verwiesen. Denn an diesem Tage erklärte er die Beschwerde der Templer wegen des Mantels für geradezu lächerlich, da ja eine Verwechslung zwischen den beiden Ordenstrachten wegen der vielen besonderen Kennzeichen unmöglich war[2]. Der Streit zog sich aber dennoch in die Regierungsjahre Gregors IX. hinein. Gregor hatte am 2. Juli 1227 den deutschen Rittern ihre von den Regeln festgesetzte Tracht gestattet und ihnen schon vorher, am 12. Juni, gemäß dem Beispiele seines Vorgängers die Privilegien der Templer und Johanniter verliehen und am 28. Juli 1227 den Orden von Neuem bestätigt[3]. Da er sich aber auch den Templern günstig erwies, so glaubten diese ohne Zweifel, er werde ihnen doch schließlich in der Mantelfrage den Willen thun. Allein er verbot ihnen am 15. September 1231 durch eine eigene Bulle, die Deutschritter wegen des Gebrauches weißer Mäntel weiter zu belästigen[4].

---

[1] S. Gallia christiana, I. instr. 165.

[2] S. Potth. nn. 4598. 6864. 6910. — Schreiben von Honorius ibid. 6814. Zum Streit über den Ordensmantel unter Innocenz III. s. Voigt, Gesch. Preußens, Bd. II (1827), 64—66; Ewald, Die Eroberung Preußens durch die Deutschen, Halle (Bd. I. II, 1873. 1875), I, 96.

[3] Potth. nn. 7932. 7954. 7977. Vgl. die Urkunden Honorius' III. vom 15. Dec. 1220 und 9. Jan. 1221 bei Potth. nn. 6444. 6473. — Die zahlreichen Gunstbezeugungen, welche Gregor IX. am Anfange seiner Regierung, besonders im Juli und August 1227, dem Orden erwies, sind meist Wiederholungen von Privilegien früherer Päpste. [4] Potth. n. 8606.

Sehr ging dem Papste das Unrecht zu Herzen, welches der deutsche Orden in Ungarn erlitt. Im J. 1211 hatte nämlich König Andreas, um sich gegen die Einfälle der heidnischen Cumanen zu schützen, das diesen zunächst gelegene Land Burza (Borzeland oder Burzenland) in Siebenbürgen an der Grenze der Moldau und Walachei den Deutschrittern eingeräumt. Damals war es ein unangebautes, ödes Land, das der Fleiß und die Tapferkeit der Ritter in Kurzem durch Burgen schützte und der Cultur erschloß. Als sie aber das Land zur Blüthe gebracht hatten, nahm Andreas es ihnen ab. Zwar gab er es ihnen auf Zureden des Papstes Honorius III. doch wieder im J. 1222, und Honorius bestätigte nicht bloß (am 19. December 1222) die Uebergabe des Landes an den Orden, sondern nahm dasselbe auch am 30. April 1224 in den apostolischen Schutz [1]. Nichtsdestoweniger widerrief der König in seiner Geldverlegenheit schon im J. 1225 seine Schenkung von Neuem und vertrieb den Orden mit Gewalt. Wie Honorius III., so nahm sich auch Gregor IX. des Ordens mit großer Energie an. Er schickte dem König am 26. April 1231 die von ihm selbst ausgestellten Privilegien [2] und ließ ihm durch Gesandte wie durch seine eigenen Verwandten Vorstellungen machen, ohne aber etwas erreichen zu können [3].

In dem heidnischen Preußen hatte seit dem J. 1209 der Cisterciensermönch Christian, welcher im J. 1215 zum ersten Bischof von Preußen geweiht wurde, mit vielem Eifer und nicht geringem Erfolge an der friedlichen Bekehrung der wilden Bewohner gearbeitet. Aber es schien, als ob sie durch friedliche Mittel nicht bekehrt werden könnten, und er hatte die größten Schwierigkeiten, die wirklich bekehrten Gemeinden vor ihren feindlichen Ueberfällen zu schützen. Selbst das unter polnischer Herrschaft stehende Culmerland und die jenseits desselben gelegenen polnischen Provinzen waren vor ihren Raubzügen nie sicher [4]. Darum hatte Honorius III. am 5. Mai 1218 die Christen der benachbarten Länder zum Kreuzzuge

---

[1] Potth. nn. 6903. 7232. S. die Urkunden des Königs bei Strehlke, Tab. ord. Teutonici (1869), nn. 158. 163. Vgl. auch Voigt a. a. O. II, 85, 125 bis 128. 143—145.

[2] S. Potth. nn. 8728. 8732. S. ibid. n. 8729 die Mahnung an König Bela.

[3] Am 31. Aug. 1232 übertrug er die Sache dem Cardinallegaten Jacob von Palestrina zur Entscheidung (ibid. n. 8993) und hieß am 11. Oct. 1234 den Patriarchen von Aglei, einen Verwandten des Königs, wie den Erzbischof von Gran, dem König Andreas wie seinem Sohne Bela IV. neue Vorstellungen machen (ibid. 9722). Erst im J. 1244 gewährte Bela dem Orden durch Ueberweisung anderer Ländereien einigen Ersatz. S. „Die deutschen Ritter im Burzenlande" in Schullers, Archiv für die Kenntniß von Siebenbürgens Vorzeit und Gegenwart, 1841, Bd. I, 161 ff. Hurter IV, 379.

[4] Wie sehr z. B. die Erzdiöcese Gnesen gelitten, ergibt sich aus dem Schreiben Honorius' III. vom 16. April 1217; s. Voigt, Cod. dipl. Pruss. I, 1.

gegen Preußen aufgerufen[1]. Allein der Zug war von keinem nennenswerthen Erfolge gekrönt. Im J. 1224 fielen die Preußen in Pommern ein, zerstörten Oliva und bedrückten auch wieder die polnischen Länder, besonders die des Herzogs von Masovien und Kujavien.

Durch den Vertrag von Lowicz vom 5. August 1222 erhielt der Bischof Christian von Preußen von dem Herzoge von Masovien reichen Besitz und Rechte und Einkünfte im Culmerland, während der Bischof von Plock ihm nicht nur die bischöfliche Jurisdiction, sondern ebenfalls Besitzungen daselbst überließ. Gregor IX. bestätigte Christian am 11. Juni 1228 die ihm von Herzog von Masovien gemachten Schenkungen, nachdem er schon am 27. Mai 1227 ihn, wie die in Preußen predigenden Geistlichen, durch Androhung kirchlicher Strafen vor Angriffen zu bewahren sich bemüht hatte[2]. Aber wie wollte Christian sich im Culmerland halten, da selbst Masovien und Kujavien von den Preußen verwüstet wurde!

In seiner Noth wandte sich der Herzog Conrad von Masovien im J. 1226 an den deutschen Orden mit der Bitte, ihm gegen Ueberlassung des Culmerlandes und eines anderen Gebietes zu helfen und Preußen zu erobern. Schon im März 1226 erlangte der damalige Ordensmeister, Hermann von Salza, die Zustimmung des Kaisers hierzu und das Recht, alles in Preußen zu erobernde Land wie ein Reichsfürst zu besitzen[3]. Im J. 1226 sowohl wie auch im J. 1228 kamen nun zwar einige Ordensbrüder nach Preußen, aber um weiter zu unterhandeln. Denn der Kreuzzug Friedrichs II. verhinderte einstweilen jede größere Kraftentwicklung des Ordens in Preußen, da er seiner Mitglieder im Morgenlande bedurfte. In Preußen war der Orden erst eigentlich activ seit 1230.

Im J. 1230 überwies der Bischof Christian dem Orden durch den Vertrag von Leslau seine Besitzungen im Culmerlande mit Ausnahme eines kleinen Bruchtheiles, worüber er sich volles Eigenthum und alle Rechte vorbehielt, während der Orden hingegen ihn als Bischof von Preußen und Culmerland anerkannte, in letzterem Lande Lehen nur mit des Bischofs Einwilligung verleihen durfte und ihm eine jährliche Abgabe entrichten mußte[4]. Conrad von Masovien übergab seinerseits im J. 1230

---

[1] Voigt l. c. n. 2. Vgl. Potth. n. 5773. In demselben Monat erließ der Papst noch mehrere andere Schreiben zum Besten der Bekehrung Preußens; s. ibid. I, 3—10.

[2] Potth. nn. 7929 a. 7920 b. Ueber den Vertrag von Lowitz s. Ewald I, 71 bis 76. Honorius III. bestätigte ihn am 18. April 1223. Acta Borussica (3 voll., 1730—1732) I, 270.

[3] H.-B. II, 549. Ohne Zweifel erfolgte damals auch die Bestätigung Honorius' III. Die betreffende Urkunde ist aber verloren.

[4] Es sind zwei Urkunden vom Jan. 1230 (s. Acta Boruss. I, 72 und 406) erhalten, von denen die zweite genauer von den Pflichten der Ritter gegen Christian handelt (Ewald I, 128, Anm.). In Preußen besaß der Bischof durch Geschenke einiger von ihm bekehrten Großen die Landschaften Löbau an der obern Drewenz

dem Orden neben dem Culmerlande noch ein kujavisches Grenzland, nämlich die Burg Nessau auf dem linken Ufer der Weichsel [1], und entsagte im Vertrage zu Crußwitz im Juni 1230 nicht bloß jedem Anspruche auf's Culmerland, sondern auch auf die in Preußen zu erobernden Länder [2]. Der Orden hatte dieß getrosten Muthes thun und erreichen können, weil er des Wohlwollens des Papstes gewiß war. Am 12. Januar 1230 ermahnte der Papst die deutschen Ritter, eifrigst für die Ausbreitung des Christenthums in Preußen thätig zu sein, und bestätigte ihnen, daß der Herzog Conrad ihnen das Culmerland und mehrere Burgen geschenkt habe und daß der Orden Preußen für sich erobern könne [3]. Somit hatte der Orden nun die höchste Sanction für seine Unternehmungen. Auch der Vertrag von Crußwitz erhielt am 12. September 1230 die päpstliche Genehmigung [4]. Im Frühjahr 1230 war Hermann Balk, den Hermann von Salza zum ersten Landesmeister für Preußen ernannt hatte, dort angelangt [5]. Ihm waren die eben erwähnten diplomatischen Erfolge seit Anfang 1230 zu verdanken, allein es lag ihm nun das schwere Werk der Eroberung Preußens ob.

Außer den deutschen Rittern war in jenen Gegenden noch ein anderer, weniger bedeutender Orden thätig, der der Ritterbrüder von Preußen oder von Dobrin, wie er nach seinem Hauptsitze Dobrin, oberhalb Plock an der Weichsel, hieß. Gestiftet war er von Bischof Christian im J. 1228 nach dem Vorbilde des schon über 20 Jahre in Livland thätigen Schwertbrüderordens. Sein Zweck war der Kampf gegen die Preußen, da die Deutschherren noch immer mit ihrer Hülfe zögerten. Als Ordenstracht hatte er einen weißen Mantel mit rothem Schwert und Stern. Am 28. September 1228 wurde er vom Papste bestätigt und mit den ihm von dem Herzoge Conrad von Masovien und dem Bischofe von Plock verliehenen Besitzungen in den päpstlichen Schutz genommen [6]. Zu einer Bedeutung vermochte er sich nie aufzuschwingen. Sein Stern erblich vor dem des deutschen Ordens.

---

und Lansenia, d. i. Groß=Lensk, in Pogesanien. Anfangs 1231 überwies nun Christian dem Orden auch ein Drittel seines ihm vom apostolischen Stuhle schon gegebenen oder noch zu verleihenden Besitzthumes in Preußen, behielt sich aber seine bischöflichen Rechte in Preußen vor. Die Urkunde in Acta Boruss. I, 410.

[1] An der Stelle des jetzigen Dorfes Groß-Nieszewke gelegen. Voigt II, 190, 2.
[2] Acta Boruss. I, 66.
[3] Ibid. I, 418. Datum nach Theiner, Mon. Polon. I, 18, n. 38. Vgl. Potth. n. 8480; s. ibid. n. 8481.   [4] Acta Boruss. I, 415.
[5] Voigt (II, 184, 1) nimmt das J. 1228 an. Vgl. dagegen Töppen, SS. rer. Pruss. I, 47 und Ewald I, 131.
[6] S. Voigt, Cod. dipl. Pruss. I, 19 n. 20. Der Schutzbrief ibid. I, 20 n. 21. Neue Bestätigung der dem Orden gemachten Schenkungen vom 27. Aug. 1230 s. in Acta Boruss. I, 414.

Sonst war der Orden vorzüglich auf die Hülfe von Kreuzfahrern angewiesen. Damit diese ihnen zahlreich zu Hülfe kämen, erließ Gregor IX. auf die Bitten des Herzogs von Masovien und Hermanns von Salza am 13. September 1230 an die Gläubigen in den Kirchenprovinzen von Magdeburg und Bremen, wie in Polen, Pommern, Mähren, Sorabien, Holstein und Gothland eine Aufforderung, sich mit dem Schwerte zu umgürten und ihre christlichen Mitbrüder aus der Hand der Heiden zu befreien[1]. Zu Kreuzpredigern in jenen Ländern bestellte er die Dominicaner, nach deren Rath auch die Kreuzfahrer sich richten sollten[2]. So finden wir denn hier schon den Orden mit der geistlichen Leitung des Kreuzzuges betraut, der auch in der Folge die Feldkapläne für die deutschen Ritter stellte. Christian selbst sowohl wie auch der Cistercienserorden, der ihn gesandt, verschwinden aus dem Gesichtskreise. Selbst zu der langsameren Mission, wie sie von den sich überall fest ansiedelnden und den Boden bebauenden älteren Orden ausging, wurden nicht mehr die Cistercienser, sondern die Prämonstratenser in den Diöcesen Riga in Livland und Selon (Selburg) in Semgallen von Gregor IX. verwandt[3].

Livland verdankte Bremen seine Bekehrung. Von dort waren seine ersten Apostel, zuerst der Augustinermönch Meinhard, dann der Cistercienserabt Berthold von Loccum, gekommen. Ihnen folgte dann der frühere Bremer Domherr und neue Bischof von Livland, Albrecht von Burxhöven (1198—1229), eine Gestalt wie die des berühmten Absaloms von Roskilde, gleich ausgezeichnet als Bischof wie als Krieger und Staatsmann, unternehmend und voll Ausdauer, weitsehend und von großer Gewandtheit. Er ist der Gründer von Riga. Im J. 1202 rief er den geistlichen Ritterorden von Livland, welcher auch der Orden der Schwertbrüder genannt wurde, weil er ein rothes Schwert auf weißem Gewande trug, in's Leben und gewährte den Rittern im J. 1210 ein Drittel von Livland und Lettland zum Unterhalte, wofür sie sich zur Vertheidigung jener Länder gegen die Heiden verpflichteten und zum Gehorsam gegen den Bischof von Riga[4]; in Esthland kämpfte der Schwertbrüderorden seit dem J. 1208 mit vielem Erfolge. Schon im J. 1213 wurde dort ein Rom unmittelbar unterworfenes Bisthum gegründet und am 28. October 1219 dem Bischofe Albert von Riga seitens Honorius' III. der Besitz von Esthland und

---

[1] Rayn. 1230, 23.

[2] Schreiben vom 13. Sept. 1230 in Ripolli, Bull. Praed. I, 32 n. 40. Wiederholt am 17. Sept.; s. Potth. n. 8604 und 8607.

[3] Dort führte er in den J. 1227 und 1228 den Orden ein. S. Schreiben vom 25. April 1227 (Gründung zu Riga); Schreiben an den Bischof von Selon vom 11. Dec. 1228. S. Potth. nn. 7886 und 8293.

[4] S. die Bestätigung durch Innocenz III. vom 20 Oct. 1210 in Baluze II, 479.

Semgallen bestätigt[1]. Allein er hatte noch keineswegs ganz Esthland unterworfen. Der Nordwesten war noch nicht erobert und die Esthen fanden an den Russen und Anderen Unterstützung. Dänemark, damals sehr mächtig, wollte auch dort seine Herrschaft ausbreiten, und sein König Waldemar hatte schon im Voraus von Honorius III. am 9. October 1218 Erlaubniß erhalten, das Land, welches er in Esthland erobern würde, zu behalten[2]. In seiner Noth mußte Albert selbst ihn zu Hülfe rufen. Waldemar kam im J. 1219 dorthin und erbaute zum Schutze gegen die Heiden Reval, eroberte den Nordwesten und wollte nun die dänische Oberhoheit über ganz Esthland ausbreiten, wie er auch verlangte, Livland solle dieselbe anerkennen. Allein er wurde in einer Empörung der Esthen sogar aus den nordwestlichen Landschaften vertrieben. Als er am 6. Mai 1223 von dem Grafen von Schwerin gefangen genommen war, machten die heidnischen Esthen wieder solche Fortschritte, daß sie sogar Reval nahmen; aber das Land wurde gerettet von Albert von Burhövden, der im J. 1224 bei Dorpat auch die mit den Esthen verbündeten Russen schlug. Der deutsche König Heinrich (VII.) erkannte am 1. December 1225 die Hoheitsrechte Alberts über Livland, Lettland, Leale und die Küstenländer an[3], ebenso die seines Bruders, des Bischofes Hermann von Dorpat, über das südliche Esthland[4]. Waldemar II. war nach seiner Befreiung aus der Haft im J. 1225 nicht mehr im Stande, seine frühere Macht auszuüben[5]. Die Schwertritter entrissen aber den heidnischen Esthen nicht bloß Reval, sondern rissen das ganze von den Dänen eroberte Land an sich und erhielten, nachdem die Macht Dänemarks am 22. Juli 1227 in der Schlacht von Bornhövde gebrochen war, die Stadt und Burg Reval nebst den esthischen Provinzen Jerwen, Harrenland und Wirland am 1. Juli 1228 von dem deutschen Könige zum Geschenke[6].

Im J. 1224 hatte Papst Honorius III. den Bischof Wilhelm von Modena, einen in Savoyen geborenen Carthäuser, als Gesandten nach jenen nordischen Gegenden geschickt und ihm Vollmachten für Livland, Preußen, Holstein, Esthland, Semgallen, Samland, Kurland und die

---

[1] Bunge, F. G. v., Liv.-Esth. und Kurländ. Urkundenbuch Bd. I, 50 n. 45. Vgl. Hergenröther, Kirchengesch. I, 920. — Hauptquelle, besonders auch über die Kämpfe mit den Esthen, ist die Chronik Heinrichs des Letten; s. Heinrici Chron. Lyvoniae ed. W. Arndt in M. G. H. SS. XXIII, 231—232. Er war vom Bischofe Albrecht erzogen und Augenzeuge vieler von ihm beschriebener Ereignisse.

[2] Vgl. Bunge III, 4 n. 41 a.

[3] H.-B. II, 865. Ueber das Datum s. Reg. Imp. n. 3995.

[4] H.-B. II, 866. Vgl. Reg. Imp. n. 3996.

[5] Er wurde erst am 17. Nov. 1225 aus der Haft befreit; s. Winkelmann, Friedr. II. Bd. I, 240 und 260.

[6] Bunge I, 118.

Inseln „Guland", Bornholm, Rügen und Gothland gegeben[1]. Wilhelm schlichtete am 7. April 1226 die Schwierigkeiten, welche sich zwischen dem Orden der Schwertritter und dem Bischofe von Riga über das Rechtsverhältniß des ersteren zum letzteren erhoben hatten. Diese Entscheidung erhielt am 23. Januar 1228 die Anerkennung Gregors IX.[2], der auch am 14. Februar 1228 den Orden in den päpstlichen Schutz nahm und ihm alle gegenwärtigen und zukünftigen Besitzungen garantirte[3].

Die Kirche von Riga hatte ursprünglich die Metropolitangewalt des Erzbischofes von Bremen anerkannt. Allein schon Innocenz III. und Honorius III.[4] hatten sie für unabhängig und direct unter dem apostolischen Stuhle stehend erklärt. Als nun am 17. Januar 1229 Albert von Burhövden gestorben und vom Capitel zu Riga der Magdeburger Domherr Nicolaus de Mebeborg gewählt worden war, ernannte Gerhard II., Erzbischof von Bremen, den Bremer Scholasticus Albert Suerbeer, einen Kölner von Geburt[5], zum Bischofe von Riga. Er wollte also wieder seine früheren Metropolitanrechte über Riga zur Geltung bringen. Aber Gregor IX. entschied sich für Nicolaus und verbot dem Erzbischofe von Bremen am 8. April 1231, je wieder Ansprüche auf Riga zu erheben[6]. Damit hatte der Streit auch sein Ende. Es war eine eigenthümliche Fügung, daß nichtsdestoweniger Albert Suerbeer, der im J. 1240 zum Erzbischofe von Armagh in Irland erhoben worden war, einige Jahre nachher Erzbischof von Preußen wurde.

Finnland, welches 1156 bis 1157 von König Erich IX. dem Heiligen von Schweden unterworfen worden war, hatte seit 1221 einen Bischof Namens Thomas, dessen Antrag auf Verlegung des Bischofssitzes von Radamecki nach Abo Gregor am 23. Januar 1229 prüfen ließ,

---

[1] Schreiben vom 31. Dec. 1224 in Hasselbach, Cod. Pomeran. dipl. I, n. 152, auch in Rayn. 1224, 38. Er war seit 1222 Bischof von Modena, wurde am 28. Mai 1244 zum Cardinalbischof von Sabina ernannt und starb am 31. März 1251. S. Ciac. II, 116. Seine Regesten f. in E. Strehlke, Script. rer. Pruss. II, 117 sqq. Ergänzungen dazu von Winkelmann in „Livländ. Forschungen" (Riga 1868) S. 24. 25. Vgl. auch P. Balan, Sulle legazioni compite nei paesi nordici da Guglielmo vescovo di Modena. Modena 1872.

[2] v. Bunge III, 18 n. 98a. Vgl. die Bestätigung Honorius' III. vom 19. Nov. 1226 bei Potth. n. 7612.

[3] v. Bunge I, 117 n. 99. Eine Erneuerung vom 15. Febr. 1234 f. bei Potth. n. 9408. [4] v. Bunge I, n. 26 und n. 40; Potth. n. 8521.

[5] S. Matth. Par. (ed. Luard) IV, 49, der ihn aber statt Albertus „Andelmus" nennt. Wahrscheinlich war letzteres sein Taufs, ersteres sein Ordensname. Er war nämlich Franciscaner; f. Ewald II, 260, 6.

[6] v. Bunge I, 143 n. 108. Die päpstliche Entscheidung stimmte mit der des Cardinallegaten Otto von St. Nicolaus, den der Papst am 4 April 1230 (Potth. n. 8521) mit der Untersuchung und Entscheidung der Frage beauftragt hatte, überein. S. Bunge a. a. O.

ohne aber dem Wunsche, der erst im J. 1300 erfüllt wurde, zu willfahren. Er bestätigte ihm jedoch am 31. Januar 1229 das ihm von den Neubekehrten gemachte Geschenk der früheren Opferplätze [1]. Uebrigens hatten die jungen christlichen Gemeinden Finnlands und der angrenzenden Länder viel von den umwohnenden Heiden zu leiden. Deßhalb verbot Gregor IX. unter kirchlicher Strafe den in jenen Gegenden ansäßigen Christen die Unterstützung der Heiden durch Waffen oder Nahrungsmittel, sowie überhaupt den Handel und Schiffsverkehr mit denselben, so lange sie nicht von der Verfolgung abstünden [2].

Schließlich noch ein Wort über die Cumanen. Dieses heidnische, ursprünglich am Schwarzen Meere angesiedelte rohe Volk war von König Ladislaus I. von Ungarn, in dessen Reich sie eingefallen waren, im J. 1089 besiegt worden. Stephan II. (1114—1131) hatte sie in sein eigenes Land aufgenommen und Bela IV., Sohn von Andreas II., ihnen schon bei Lebzeiten seines Vaters Gunst erwiesen, da er sich ihrer Hülfe gegen den widerspenstigen Abel bedienen wollte. Später, in der Mongolengefahr, da er selbst König war, gab er ihnen Erlaubniß, zwischen Donau und Theiß zu wohnen, während die ungarischen Großen sie hingegen im Reiche vertheilen wollten, damit sie leichter für das Christenthum gewonnen würden. Unter diesem Nomadenvolke, welches in Zelten lebte, hatte der Erzbischof Robert von Gran segensreich gewirkt und auch einige Vornehme zum Christenthume bekehrt. In Anerkennung seiner Bemühungen ernannte ihn Gregor IX. im J. 1227 zum apostolischen Legaten und sprach ihn, damit das Bekehrungswerk nicht gehindert werde, von dem Gelübde der Kreuzfahrt in's Heilige Land los [3]. Der Dominicaner Theodorich, dessen Orden in jenem Lande mit dem größten Eifer wirkte, wurde zu ihrem Bischofe bestellt [4] und die Sache der Mission dem ihnen günstig gesinnten Bela IV. von Gregor empfohlen. Der Papst verlieh am 21. März 1228 allen, die den Neubekehrten Hülfe leisten würden, einen besondern Ablaß [5]. Er wandte sich auch an sie selbst und wünschte ihnen im April 1229 voll väterlicher Freude Glück zu ihrer Bekehrung [6]. Sein scharfer Blick hatte die Eigenart des Volkes, welches viel auf die Erhaltung seiner Eigenthümlichkeit hielt, erkannt. Deßhalb verlieh er ihnen das Vorrecht, daß ihr Bischof unter keinem andern stehen, sondern nur dem apostolischen Stuhle unterworfen sein sollte [7]. Um aber die

---

[1] Potth. nn. 8322. 8329.

[2] Ibid. nn. 8320 sq. 8327. 8340. Päpstliches Hülfegesuch an die Schwertritter ibid. n. 9047. Vgl. auch Hergenröther, Kirchengesch. I, 919.

[3] Am 31. Juli 1227; s. Rayn. a. 1227, 50.

[4] S. die Bulle vom 21. März 1228 in Ripolli, Bull. Praed. I, 27 n. 24.

[5] S. Potth. n. 8153 sq. Ripolli I, 27 n. 24.   [6] Rayn. 1229, 60.

[7] Am 13. Sept. 1229. Ripolli VII, 8 n. 207.

junge Pflanze neuen christlichen Lebens, die noch keine tiefen Wurzeln gefaßt hatte, vor Stürmen zu schützen, nahm er die Cumanen unter den besondern Schutz des hl. Petrus und bestätigte am 1. October 1229 alle ihnen von Andreas II. gewährten Vergünstigungen und Freiheiten [1]. Bela IV. hatte versprochen, die bischöfliche Kathedrale auf eigene Kosten zu errichten, weßhalb Gregor ihn am 25. October 1234 an sein Versprechen erinnerte [2]. Unter den Cumanen lebten Walachen zerstreut, die zwar Christen waren, aber ihre Pflichten sehr vernachlässigten. Mit dem Bischofe der Cumanen wollten sie nichts zu thun haben und empfingen entweder die Sacramente gar nicht oder nur aus den Händen griechischer Schismatiker. Um diesem Uebelstande abzuhelfen, gewährte der Papst im J. 1234 ihnen einen eigenen Bischof [3].

---

[1] Potth. n. 8457.   [2] Ibid. 9750.
[3] Vgl. Rayn. 1234, 38 sq., woselbst das diese Angelegenheit behandelnde päpstl. Schreiben vom 14. Nov. 1234 an König Bela mitgetheilt ist.

Dritter Abschnitt.

Vom Frieden von Ceperano bis zum Kriege Friedrichs II. gegen die Lombarden (Ende 1230 bis Anfang 1236).

Zehntes Kapitel.

Verletzung des Friedens von Ceperano durch den Kaiser. Schwierigkeiten des Papstes mit den Römern und im Kirchenstaate.

Nach dem Frieden von Ceperano bestand äußerlich mehrere Jahre hindurch ein friedliches und freundliches Verhältniß zwischen den Trägern der höchsten geistlichen und weltlichen Gewalt, aber auch nur äußerlich. Es war kein wahrer Friede, keine wahre Freundschaft. Unter der Asche brannte das Feuer der Zwietracht fort, durch Friedensverletzungen Friedrichs von Zeit zu Zeit neu geschürt.

Als Bürgen für die Ausführung und die Beobachtung des Friedens von Ceperano erwählte der Papst, dem die Wahl nach dem Friedensschlusse zustand, u. A. die Erzbischöfe von Köln, Mainz, Trier, Bremen, Magdeburg und viele Bischöfe, darunter die von Cremona, Parma und Pavia, die Herzoge von Baiern, Oesterreich, Sachsen, Brabant, Lothringen, Limburg, den König von Böhmen, die Markgrafen von Este, Montferrat und Malaspina, sowie die Grafen von S. Bonifacio, Ezelin von Romano, Salinguerra, die Städte Pisa, Lucca, Florenz, Cremona, Mailand u. a.[1] Es waren also sowohl Anhänger der päpstlichen Sache wie des Kaisers gewählt. Da in dem ersten kaiserlichen Entwurfe der von den Fürsten und Städten zu leistenden Bürgschaft einige Bestimmungen fehlten, verzögerte sich die Entgegennahme des Eides der Bürgen durch die Bevollmächtigten des Papstes, konnte aber doch noch in den ersten Monaten des J. 1231 geschehen[2].

---

[1] Genannt in dem päpstl. Schreiben an den Erzbischof von Salzburg und Regensburg vom 16. Jan. 1231; s. H.-B. III, 253, auch in Potth. I, p. 743.

[2] Am 3. Dec. 1230 sandte der Papst den Erzbischof von Capua mit einem andern Entwurf an den Kaiser und bat ihn um die Genehmigung desselben; H.-B. III, 247. — Zu Bevollmächtigten hatte Gregor am 16. Jan. den Erzbischof von Salzburg und den Bischof von Regensburg, sowie den Erzbischof von Mailand, an

In den Jubel über die Wiederherstellung des Friedens hatten sich die Klagen der von Friedrich schwer gestraften Einwohner von Foggia, Casalnuovo, San Severo und anderer Orte der Capitanata gemischt, die im September 1229 den Papst gegen den Kaiser unterstützt hatten[1]. Gregor bat ihn am 15. October 1230[2], das so lange erhoffte Friedensfest nicht für so Viele zu einem Trauerfeste zu machen, zu gedenken, daß Christus Barmherzigkeit lieber als Opfer wolle, und auch ihm, dem Papste, zu Gefallen jenen zu vergeben. Das that aber der Kaiser nicht, sondern ergriff den Ausweg, die früheren Anhänger der Kirche dem Marschall Richard Filangieri, der damals Truppen nach Syrien führte, mitzugeben, worin natürlich der Papst wie die so Bestraften selbst eine Verbannung erblicken mußten[3].

Auch sonst erhoben sich hier und da kleine Schwierigkeiten. So z. B. in der päpstlichen Stadt Ascoli, die mit den königlichen Justitiaren der Abruzzen in Betreff einiger zum Königreiche gehörenden Lehen in Streit gerathen war, aber auch über die Raubgier und Bedrückung jener Beamten klagte. Der Papst gab jedoch in der Hoffnung auf entsprechendes Entgegenkommen von Seiten des Kaisers dem Statthalter[4] der Mark Ancona und des Herzogthums Spoleto Befehl, keine Beeinträchtigung der Rechte Friedrichs zu dulden[5].

Seinerseits wünschte der Kaiser[6] die Rückgabe der Reichslehen in den arelatischen Ländern, welche dem Grafen von Toulouse genommen waren und deren einstweilige Verwaltung die Kirche übernommen hatte[7]. Letzteres war in Folge der Bestimmung des vierten Laterauconcils geschehen, wornach von der Häresie angesteckte Länder, im Falle deren Herrscher sich gegen die Häresie lässig zeigten, von Kreuzfahrern, jedoch

---

dessen Stelle am 6. März der Bischof von Brescia trat (Boehmer, Acta, n. 958), ernannt. H.-B. III, 253. — Am 20. Jan. 1231 ermahnte er den Kaiser, die versprochene Friedensbürgschaft nun auch zu leisten. H.-B. III, 257. Am 24. März 1231 wies er, nachdem der Kaiser ohne Zweifel den genannten Entwurf genehmigt und zur Ausführung seiner Verpflichtung geschritten war, die päpstlichen Bevollmächtigten an, auf das Verlangen des kaiserlichen Gesandten, Thaddäus' von Sessa, die Lombarden zur Leistung der Bürgschaften anzuhalten. H.-B. III, 493.

[1] S. oben S. 95.   [2] H.-B. III, 245.
[3] Rich. Sangerm. 363. — S. päpstl. Schreiben vom 26. Febr. 1231 bei H.-B. III, 265.
[4] Am 25. Sept. 1230 hatte der Papst den Bischof von Beauvais dazu ernannt. Baluze, Misc. ed. Mansi III, 393.
[5] Schreiben an den Kaiser vom 8. März 1231. H.-B. III, 269. — Uebrigens übergab der Papst am 5. Nov. 1231 die Grafschaft Ascoli gegen Entrichtung eines jährlichen Tributes dem Bischofe von Ascoli. Rayn. 1231, 8.
[6] Den Wunsch hatte er durch den Erzbischof von Capua, den der Papst am 3. Dec. 1230 an ihn gesandt hatte (s. S. 132, Anm. 2), ausdrücken lassen.
[7] S. o. S. 105.

mit der Wahrung der Rechte des Oberlehensherrn, besetzt werden konnten[1]. Friedrich II. hatte diese Bestimmung selbst anerkannt[2]. Schon früher hatte Honorius III. ein ähnliches Gesuch abgelehnt[3], dabei aber von Neuem den apostolischen Legaten Romanns angewiesen, jede etwaige Schädigung der kaiserlichen Rechte zu verhindern. Auch Gregor glaubte nach Berathung mit den Cardinälen ähnlich antworten zu müssen, weil in jenen Ländern die Ruhe noch nicht völlig hergestellt war und sie in diesem Zustande anzugeben soviel hieß, als sie der Gefahr des Rückfalles in die Häresie auszusetzen[4]. Aus weltlichen Machtgründen handelte die Kirche nicht, aber sie durfte nicht die Verantwortung auf sich nehmen, die Frucht all der Kriege in jenen Ländern ohne die Hoffnung auf dauernde Bekehrung derselben daranzugeben. Nicht lange nachher stellte aber auch Ludwig IX. eine ähnliche Bitte an den Papst. Dieser ließ nun durch den damaligen apostolischen Legaten, den Bischof Walter von Tournay, auf einer Synode die Bischöfe selbst über die Klugheit einer solchen Aenderung befragen[5]. Aber auch jetzt wurde die Verwaltung dem Grafen nicht zurückgegeben. Als aber Raimund im J. 1234 dem von den Römern bedrohten Patrimonium der Kirche zu Hülfe zog, wurde er vom Kaiser, nachdem er diesem den Treueid geschworen, mit dem Lande Venaissin und allen anderen Ländern, welche im Kaiserreiche und im Reiche Arelat und Vienne seine Vorfahren zu haben pflegten, belehnt und in die Würde eines Markgrafen der Provinz wieder eingesetzt[6]. Der Papst hatte dazu seine Zustimmung nicht gegeben, und der Graf gelangte auch nicht in den wirklichen Besitz von Venaissin[7].

---

[1] Vgl. Mansi XXII, 986.

[2] Denn am 22. Nov. 1220 hatte er in seinem Ketzergesetze (s. dasselbe z. B. bei Theiner I, 59 n. 93) die Worte des Lateranconcils einfach wiederholt. Wie unbegründet ist also die Aeußerung von Schirrmacher (II, 128): „Kann es etwas Eigenmächtigeres geben, als bloß Verfahren der römischen Curie?" u. s. w.

[3] Rayn. 1226, 31.

[4] Schreiben vom 2. Jan. 1231 (H.-B. III, 248). Potthast (n. 8635) gibt (nach H.-B. l. c.) den 10. Dec. an; aber der Erzbischof konnte kaum in der kurzen Zeit von Rom nach Apricena in der Capitanata, woselbst die kaiserliche Curie war, und wieder zurück nach Rom gehen. H.-B. III, 251, 1 hat daher richtig ein anderes Datum, welches sich in einer zweiten Copie findet, nämlich „IV. non. Jan.", vorgezogen.

[5] Schreiben vom 4. März 1232. Mansi 102. Vgl. ibid. 103 die päpstlichen Schreiben an die Königin Blanca und den Grafen Raimund von demselben Tage. — Am 18. Febr. 1232 hatte er seinen Legaten und später die dortigen Prälaten zur Milde und Nachsicht gegen den Grafen ermahnt; l. c. 101. 106. Der Bischof von Tournay hielt im J. 1233 ein Concil zu Beziers ab. S. Mansi 269 sqq.

[6] H.-B. IV, 845.

[7] Gregor hatte ihm erst noch am 15. Jan. 1234 die Gründe, weßhalb Venaissin einstweilen nicht zurückgegeben werden könne, auseinandergesetzt. S. Mansi 106; vgl. ibid. 102 sqq. — Im Febr. 1235 gab Gregor auch zu, daß Ludwig IX., der

Auch über die Stadt Città bi Castello konnte man sich nicht einigen. Der Kaiser verlangte sie Ende 1230 ebenfalls zurück, der Papst erklärte sich aber nur bereit einer rechtlichen Entscheidung der Frage Folge zu geben, indem er sich auf das urkundlich beglaubigte und von den Kaisern anerkannte Recht des apostolischen Stuhles berief [1]. Somit blieb die Sache einstweilen unerledigt, um noch häufig vom Kaiser zu Vorwürfen gebraucht zu werden.

Während seines Aufenthaltes in Palästina hatte sich der Haß des Kaisers wie gegen den Patriarchen Gerold, so besonders auch gegen die Templer gewandt. Er war so erzürnt, daß er bei seiner Rückkehr aus dem Heiligen Lande alle Güter derselben in Sicilien mit Beschlag belegen ließ [2]. Aber im Frieden von Ceperano hatte er sich auch verpflichtet, die den Templern und Johannitern entzogenen Besitzungen denselben wieder= zugeben. Er erließ auch wirklich einen entsprechenden Befehl [3]. Aber allem Anschein nach erhielten sie nur einen Theil der Güter zurück [4]; und auch diese wurden schon zu Ende 1230 oder im Anfange des J. 1231 wiederum mit Beschlag gelegt. Die ihnen von Gregor während der Occupation des Königreiches übergebenen Güter hatten sie überhaupt fast nur einen Augenblick besessen [5].

Damit aber das Vorgehen Friedrichs nicht damit entschuldigt werde, daß die Templer im Heiligen Lande den von ihm geschlossenen Waffen= stillstand mißachteten und seinem Statthalter keine Folge leisten wollten, gab der Papst auf Friedrichs Klagen dem Großmeister Befehl, alles zu vermeiden, wodurch dem Heiligen Lande oder den Pilgern Schaden er= wachsen könnte [6]. Um die Sache gütlich beizulegen, schlug der Papst selbst

---

Benaisin bisher für die Kirche verwaltet hatte, darauf vor Peter de Collemedio, der es anderen geeigneten Personen übertragen sollte, verzichten könne, wünschte aber, daß der König einstweilen noch wie bisher das Land behalte. S. die päpstl. Briefe vom 13. und 14. Febr. bei Rodenberg, Epp. nn. 625—626.

[1] S. das auf S. 134 in Anm. 4 angeführte päpstl. Schreiben.
[2] Cont. Guill. Tyr. p. 424. — Vgl. oben Kap. 6 S. 81 f.
[3] S. Registr. Frid. II. in Winkelmann, Acta, n. 759.
[4] S. die von Gregor IX. am 28. Oct. 1238 erhobene Beschwerde: „Templarii et hospitalarii bonis mobilibus et immobilibus spoliati juxta tenorem pacis non sunt integre restituti." Hätte Friedrich, wie Schirrmacher (III, 274) meint, nur dem Wortlaute nach die Vorschrift des Friedens erfüllt und kurz nachher die Restitution widerrufen, so würde gewiß Gregor eine solche Perfidie erwähnt haben.
[5] S. die päpstl. Schreiben an den Kaiser vom 19. Jan. (H.-B. III, 255) und besonders vom 26. Febr. 1231 (ibid. 264). Hierhin gehört wohl auch Rich. Sangerm. 364: „Domorum omnium Hospitalis et Templi possessiones, quae in regno sunt et eorum fructus (mense junio 1231) jubet capi ad opus suum."
[6] Schreiben vom 26. Febr. 1231 (H.-B. III, 267); an demselben Tage er= suchte er die Erzbischöfe von Reggio und Capua um ihre Vermittlung beim Kaiser in dieser Sache (ibid. 266).

am 29. April 1231 vor, über das Recht der Orden an die Lehensgüter drei Schiedsrichter, über die anderen Güter aber den Papst oder dessen Delegaten was Rechtens sei entscheiden zu lassen und bis zur Entscheidung die erstgenannten Güter der Obhut des Deutschordensmeisters anzuvertrauen[1]. Am 12. August 1231 gab er Friedrich zum erstenmale den Titel König von Jerusalem und wiederholte seine inständige Bitte, den Orden ihre Güter wiederzugeben[2]. Aber wir hören nicht, daß irgend etwas geschah. Man sieht jedoch, wie wenig sich eigentlich der Kaiser um seine im Frieden gemachten Versprechungen kümmerte.

Endlich im J. 1235 gab Friedrich vor seiner Abreise nach Deutschland Befehl, auf einem Hoftage zu Melfi die Klagen der beiden Orden zu untersuchen. Aber der Hoftag kam nicht zu Stande. Nach den wiederholten Klagen Gregors ließ sich dann der Kaiser am 20. September 1236 zu dem Versprechen herbei, daß die Klagen auf einem andern Hoftage demnächst behandelt werden sollten[3]. Auf die erneuerten Beschwerden des Papstes am 28. October 1238 erfolgte schließlich eine Antwort des Kaisers[4], möglicherweise das Resultat jenes versprochenen Hoftages, obgleich davon sonst nichts bekannt ist. Es sind drei Klassen von Ordensgütern unterschieden worden: einmal Lehen und Privatgüter, welche den Orden während der Minderjährigkeit Friedrichs von seinen Feinden verliehen worden seien; die wären ihnen, heißt es, durch gerichtlichen Urtheilsspruch[5] und gemäß einer alten Constitution des Reiches entzogen worden. Hingegen wäre eine zweite Klasse von Gütern, nämlich alle vor dem Tode Wilhelms II. († 1189) gemachten Verleihungen, ihnen gelassen worden; zur dritten Klasse gehörten durch Kauf erworbene Privatgüter. Mehrere dieser seien ihnen auf Grund eines alten Statutes des Königreiches, wonach u. A. alle den Templern und Johannitern durch Schenkung oder Verkauf oder Vermächtniß übertragenen Privatgüter innerhalb eines Jahres bei Strafe der Confiscation derselben an Laien gegeben werden

---

[1] H.-B. III, 281. Der Papst spricht bloß von einer einstweiligen Uebernahme der Güter durch den Ordensmeister. Deßhalb kann die aus Rich. Sangerm. auf S. 135 in Anm. 5 angeführte Stelle nicht, wie Schirrmacher (III, 276) will, als eine Ueberweisung an den Deutschmeister und somit als Annahme des päpstl. Vorschlages aufgefaßt werden.

[2] H.-B. III, 298. — Auch am 13. Juni 1231 in dem Beglaubigungsschreiben für den an Friedrich in dieser Angelegenheit gesandten Wilhelm von Modena ist die Bitte, den Orden ihr Eigenthum wiederzugeben, auf das Wärmste ausgedrückt. Rodenberg, Epp. p. 356 n. 442. [3] H.-B. IV, 906 sqq. (p. 913). [4] H.-B. V, 252.

[5] Das ist sicher nicht eine Entscheidung des vom Papste im J. 1231 angerathenen Schiedsgerichtes, wie Schirrmacher (III, 276) meint, eine Annahme, die willkürlich ist und die Klagen des Papstes nicht erklärt. Es wird wohl ein zu Capua im J. 1221 bei Gelegenheit des allgemeinen Widerrufes aller Belehnungen, resp. der theilweisen Erneuerung der Privilegien gefällter Spruch zu verstehen sein.

mußten, entzogen worden: eine Constitution, die in ganz Sicilien, diesseits wie jenseits des Meeres gelte, und ohne die jene Orden bald ganz Sicilien an sich bringen würden. Das erwähnte Gesetz war allerdings altnormannisch, aber veraltet gewesen, bis der Kaiser es frühestens wieder im J. 1231 in den Constitutionen von Melfi erneuerte [1]. Da es aber veraltet war, konnte es vor seiner Erneuerung nicht verpflichten, und es war demgemäß gegen Recht und Billigkeit, daß jenen Orden rechtlich erworbene Güter deßhalb, weil sie dieselben nicht in einer erst später rechtlich festgestellten Frist an Andere abgegeben, entzogen wurden. Der Papst war mit der Antwort des Kaisers um so weniger zufrieden, als er in der Schädigung der Orden eine Schädigung des Heiligen Landes erblickte [2]. Wozu war der Friede von Ceperano überhaupt nütze, wenn der Kaiser nach demselben sich befugt erachtete, alle möglichen denselben vernichtenden Gesetze einseitig zu erlassen und sich dann darauf als Recht zu beziehen? In diesem Falle ist zudem die Annahme berechtigt, daß alle seit dem Jahre 1189 an den Orden gefallenen Güter vom Kaiser in der willkürlichsten Weise eingezogen und trotz der Klagen des Papstes und trotz der zu Ceperano geleisteten Versprechungen behalten worden sind [3].

Die Constitutionen von Melfi sind im September 1231 veröffentlicht worden. Sie enthielten außer den Gesetzen Friedrichs auch manche seiner Vorgänger, regelten die Angelegenheiten Siciliens, enthielten aber neben manchen guten, theilweise auf kirchliche Gesetze zurückgehenden Bestimmungen gar Vieles, wodurch nicht bloß der Friede von Ceperano, sondern das gute Einvernehmen zwischen Papst und Kaiser überhaupt schwer geschädigt wurde [4]. Zwar bezeichnet der Eingang es als die Hauptaufgabe des Fürsten, die Kirche gegen innere und äußere Feinde zu schützen und den Völkern Frieden und Gerechtigkeit zu erhalten, sonst

---

[1] Const. l. III. tit. 29: „Praedecessorum nostrorum veterum principum constitutionem, quam antiqua turbatio praeteriti temporis antiquarat ... novantes" etc. Die Constitution findet sich aber nicht in den alten Texten des Gesetzbuches von Melfi. H.-B. IV, 227 sq. setzt daher die Erneuerung des Gesetzes nach dem J. 1231. Die Reg. Imp. n. 2439 verlegen dieselbe in den Mai 1239 nach dem Banne, wenngleich sie dafür halten, daß schon 1220 zu Capua eine ähnliche Constitution erlassen worden sei, die aber nicht in das Gesetzbuch aufgenommen wurde.

[2] S. Gregors Briefe vom 19. Jan. und 26. Febr. 1231 bei H.-B. III, 255. 264.

[3] In seinem Testamente erkannte der Kaiser die Gerechtigkeit der päpstlichen Forderung an, indem er die Rückgabe aller sequestrirten Güter der Templer an dieselben bestimmte.

[4] „Von Melfi" genannt, weil dort von Aug. bis Sept. 1231 auf einem Hoftage verhandelt und im Sept. 1231 veröffentlicht. Gedruckt bei H.-B. IV, 1 sqq. Die Sammlung ist wiederholt von Friedrich selbst durch weitere Gesetze vermehrt worden (s. ibid. 179 sqq.).

verrathen sie aber wenig, daß sie für ein unter der Oberlehensherrschaft der Kirche stehendes Reich bestimmt waren.

Jedoch war gleich das erste dieser Gesetze gegen die Ketzer, besonders die Katharer, hier Patarener genannt, gerichtet[1], die mit dem Feuertode, falls sie hartnäckig bleiben, zu bestrafen sind, und deren Aufspürung den königlichen Beamten zur Pflicht gemacht wird. Gotteslästerern soll die Zunge ausgerissen werden[2]. Schon Innocenz III. hatte am 9. Januar 1212 erklärt[3], daß die Kirche die von weltlichen Richtern zugelassene Feuer- und Wasserprobe wie auch das Duell als Beweismittel nicht zulasse, da es ja in der heiligen Schrift heiße: „Du sollst den Herrn, deinen Gott, nicht versuchen". Wie er, so hatte der apostolische Stuhl überhaupt die „Gottesurtheile" stets verworfen[4]. Aber gewiß verdient es Lob, daß Friedrich II. gegen die Vorurtheile der Zeit, von denen selbst Bischöfe und Particular-Synoden nicht frei waren, den Gerichten die Zulassung der Feuer- und Wasserprobe untersagte. Denn die Ordalien (leges paribiles) seien nicht so sehr Wahrheitserweise als Wahrheitsverdunkelungen, da sie weder in der Natur begründet seien, noch die Wahrheit bewiesen. Der Kaiser verbot auch nach dem Vorgange kirchlicher Concilien, z. B. des Concils von Valence im J. 855, den Zweikampf als gerichtliches Beweismittel, wenn derselbe gleich in Ausnahmefällen gestattet blieb[5].

Wucher wird zwar im Allgemeinen mit Vermögensverlust bestraft, jedoch wird den Juden gestattet, jährlich 10 Procent Wucherzinsen zu nehmen; was sie darüber nehmen, verfällt dem Fiscus[6]. Gregor klagte später wiederholt darüber, daß in Folge dieses Gesetzes die Geistlichen nicht länger die kirchlichen Strafen gegen Wucherer in Anwendung zu bringen wagten und daß thatsächlich die königlichen Beamten den Bischöfen solches untersagten, woraufhin Friedrich versprach, in letzterem Punkte Remedur eintreten zu lassen[7], was aber nicht geschehen zu sein scheint, da bald darnach der Papst seine Klage erneuerte[8].

---

[1] L. I, tit. 1 und 2. Die kaiserliche Worterklärung: „In exemplum martyrum, qui pro fide cath. martyria subierunt, Patarenos se nominant velut expositos passioni", ist interessant. Andere leiten den Namen von der Pataria oder einem Orte Patarea oder Pateria im Mailändischen ab.   [2] L. III, tit. 91.

[3] L. XIV, Ep. 128, und l. XII, Ep. 134.

[4] S. Hergenröther, Kirchengesch. I, 578. 998; III, 208. 336.

[5] L. II, tit. 31. 32. 33. — Vgl. Mansi XV, 9 (can. 12).

[6] Für die Juden wird eine Ausnahme gemacht, weil bei ihnen „fenus non divina lege prohibitum" sei (H.-B. IV, 11).

[7] Am 20. Sept. 1236 (H.-B. 911).

[8] Am 28. Oct. 1238 antwortete der Kaiser, den Geistlichen sei es unverwehrt, einzuschreiten (H.-B. V, 253). Unter andern hatte das dritte Lateranconcil (can. 25) offenbare Wucherer von der hl. Communion und, falls sie in ihren Sünden stürben, von dem christlichen Begräbniß ausgeschlossen (H.-B. IV, 40).

Durch diese Gesetze wurden die Cleriker wieder in Patrimonial- und Erbschaftssachen und bald auch in petitorischen und Besitzklagen dem weltlichen Gerichte unterworfen, trotzdem ihnen Friedrich im J. 1220 wie im Frieden von Ceperano das Privilegium fori, der Befreiung von der weltlichen Gerichtsbarkeit, zugesagt hatte[1]. Zudem sollen Cleriker in Criminalsachen nicht bloß wegen Felonie, sondern auch wegen anderer Majestätsverbrechen von der königlichen Curie gerichtet werden[2]. Jeder Cleriker oder Laie aber, der in Sachen, welche diesen Gesetzen gemäß vor die königliche Curie gehörten, an ein anderes Forum sich wandte, wurde dafür mit Verlust aller seiner Güter bestraft[3]. Somit war der Appell an ein geistliches Gericht oder nach Rom verboten. Was konnte aber nicht alles mit der Lehenstreue in Verbindung gebracht werden, besonders in kirchenpolitischen Streitigkeiten? Thatsächlich wurden denn auch Cleriker fast stets vor der königlichen Curie abgeurtheilt[4]. Auf die Klagen des Papstes aber antwortete der Kaiser nur: Er erlaube nicht, daß Geistliche in Beneficial- und Obligationssachen (also in allen anderen wurde es erlaubt) bei dem weltlichen Richter verklagt werden könnten; in Criminalsachen werde aber, selbst bei Majestätsverbrechen, nur selten gegen Geistliche von dem weltlichen Gerichte Recht gesprochen[5]. Auch der Erwerb von Kirchengut wurde fast unmöglich gemacht, denn die Constitutionen verboten dem Clerus wie frommen Stiftungen überhaupt, weiteres Immobiliarvermögen zu erwerben. Selbst was ihnen durch Schenkung von Lebenden oder durch Testament zufiel, mußte baldigst veräußert werden, widrigenfalls es dem Fiscus gehörte[6].

In anderer Hinsicht mußten aber diese Gesetze dem Papste als Oberlehensherrn des Reiches auch deßhalb mißfallen, weil sie an Stelle der Anarchie, der sie allerdings ein Ende machten, den Despotismus setzten, den römischen Rechtsanschauungen überhaupt zu großen Einfluß gewährt hatten und jedes freie Leben zu ersticken strebten. Denn der Kaiser ist nicht bloß die „Quelle der Gerechtigkeit"[7] und seine Constitutionen „heilige"[8], sondern er ist auch „der Herr über die Per-

---

[1] L. I, tit. 58, und l. I, tit. 69 p. II (ibid. p. 227).

[2] L. I, tit. 45. Die Dehnbarkeit dieses Gesetzes wird durch eine kaiserliche Verordnung vom Nov. 1239 über wegen Mordes und „maledicta" von den königl. Justitiaren (!) abzuurtheilende Geistliche und Mönche (H.-B. V, 519) illustrirt.

[3] L. I, tit. 64.   [4] Vgl. Sentis a. a. O. S. 86

[5] Kaiserl. Schreiben vom 20. Sept. 1236 (H.-B. IV, 906).

[6] L. III, tit. 29. Vgl. Sentis a. a. O. S. 85. H.-B. IV, 227, 2 macht darauf aufmerksam, daß in Sicilien dieses Verbot auch dem deutschen Orden gegenüber aufrecht erhalten wurde.

[7] L. I, tit. 31. Er selbst sagt auch in einer Urkunde vom April 1232 (s. Boehmer, Acta, n. 299): „(Majestas nostra) est lex animata in terris, et a qua jura civilia oriuntur."   [8] L. I, tit. 32 und 47.

sonen"[1] seiner Unterthanen. „Ueber die königlichen Urtheilssprüche, Handlungen, Gesetze und Rathschläge oder über die Würdigkeit eines vom Könige Erwählten oder Ernannten zu urtheilen, ist ein Sacrileg"[2]; wahrlich ein Gesetz, das jedem freien Manne des Mittelalters empörend schien[3]. Im ganzen Königreiche Sicilien durften nur vom Könige Angestellte ein Amt bekleiden oder Jurisdiction ausüben[4]. Diese überwachten sich gegenseitig. Allein trotz aller Vorsichtsmaßregeln des Königs herrschte frühzeitig eine große Corruption unter ihnen[5].

Der Papst erhielt allem Anscheine nach zuerst im Juli 1231 von den damals in Vorbereitung begriffenen Gesetzen Kenntniß. Schon am 5. Juli erging deßhalb seine Mahnung an den Erzbischof von Capua, der nebst dem Großrichter Peter von Vinea, seinem intimen Freunde, an der Abfassung der Constitutionen von Melfi einen vorzüglichen Antheil hatte, sich jeder Mitwirkung zu enthalten und sich nicht damit zu entschuldigen, daß er ja nicht die Gesetze gebe, sondern sie nur schreibe[6]. Der Papst kannte auch schon deren Hauptinhalt, denn an demselben Tage ersuchte er auch den Kaiser, von der Veröffentlichung jener Gesetze, die der kirchlichen wie bürgerlichen Freiheit gleich zuwider und deßhalb gegen sein eigenes Interesse seien, abzustehen. Aber dieser antwortete in so scharfem Tone, daß Gregor am 27. Juli 1231 sich damit entschuldigte, daß er nur aus Liebe für den Kaiser so geredet, und der Tadel nicht öffentlich, sondern nur brieflich ausgesprochen worden sei[7]. Er wollte nicht zu dem äußersten Mittel seine Zuflucht nehmen und begnügte sich einstweilen, diesen Gesetzen sein eigenes kirchliches Gesetzbuch entgegenzustellen. Aber dennoch waren weder seine Bedenken noch seine Klagen geschwunden. Die Bedrückung Siciliens und der kirchlichen wie bürgerlichen Freiheit daselbst war sogar einer der Hauptgründe des Bannes im J. 1239,

---

[1] L. III, tit. 9 (H.-B. IV, 127): „Nos qui sumus domini personarum absque nostrae serenitatis assensu personas servitiis perpetuis cum conditionibus nolumus obligari." [2] L. I, tit. 4 (ibid. p. 9).

[3] So Hergenröther, Katholische Kirche rc. 184. [4] L. I, tit. 50.

[5] Vgl. Winkelmann, Friedrich II., Bd. I, 366 f.

[6] H.-B. III, 290. Der Antheil des Erzbischofs Jakob von Capua an der Redaction der Constitutionen ist hiernach unzweifelhaft. Allein die Tradition, für die auch das Zeugniß König Conrads IV. in's Gewicht fällt, der im Febr. 1251 ein ganz sicher den Constitutionen von Melfi angehöriges Gesetz als „constitutio Petri de Vinea proditoris" bezeichnet (s. O. Hartwig in Forschungen Bd. VI, 634 ff.), schreibt dieselbe vorzüglich seinem Freunde (über deren Freundschaft s. Epp. P. de Vinea l. III, ep. 37) Peter de Vinea zu, der seit dem J. 1225 Großhofrichter war. S. Huillard-Bréholles, Vie et correspondance de Pierre de Vigne etc. Paris 1861, p. 13 s. Die Lösung dürfte darin liegen, daß beide Anfangs zusammen arbeiteten, der Erzbischof von Capua sich aber auf den Brief des Papstes hin wenigstens öffentlich von der Theilnahme daran zurückzog.

[7] H.-B. III, 289 und 499.

als sich der Kaiser in der Verfolgung seiner Principien immer rücksichts=
loser gezeigt hatte.

Was die Sicilianer selbst von den Gesetzen dachten, zeigte sich schon
im J. 1232; denn im August des Jahres brach in Messina, als der
königliche Justitiar Richard von Montenigro dort die Constitutionen ein=
führen wollte, ein Aufstand aus, welcher die Vertheidigung der alten
Privilegien und Rechte der Stadt bezweckte, in Folge dessen Richard zur
Flucht gezwungen wurde[1]; die Städte Catania, Centorbi, Nicosia und
Syrakus erhoben sich; auch auf dem Festland griff die Empörung um
sich. Friedrich mußte selbst gegen die Empörer ziehen. Er nahm Messina
im April 1233 und ließ, trotzdem er eine Amnestie gewährt hatte, mehrere
Rebellen aufknüpfen und andere verbrennen. Centorbi, welches er im
Juni nahm, wurde zerstört. Aehnlich ging es anderen Orten. In Apulien
dauerte der Aufstand bis in's Jahr 1234[2].

Wie wenig beneidenswerth aber die Lage Siciliens damals war,
ergibt sich selbst aus den Schriften derer, die Friedrich sonst günstig ge=
sinnt sind. Sie müssen nicht bloß die Vernichtung jedes politischen
Lebens in Sicilien, sondern auch seine rücksichtslose Ausbeutung des Lan=
des zugeben[3]. Außer den vielen Regierungsmonopolen wurde besonders
der zu Gunsten der Krone auf dem Getreidehandel lastende Druck bitter
empfunden. Am härtesten war aber neben den vielen anderen Lasten eine
von Friedrich neu eingeführte Grundsteuer. Früher waren die Vasallen
nur in wenigen bestimmten Fällen zu einer directen Steuer verpflichtet
gewesen. Unter Friedrich wurde sie aber im ganzen Königreiche zuerst
im J. 1223, dann siebenmal bis zum J. 1235, und von da an jedes
Jahr erhoben[4]. Niemand durfte sich durch Bitten, Drohungen, Be=
stechungen oder sonstwie der Zahlung von Abgaben entziehen[5], die in
ungerechtester Weise erhoben zu werden pflegten[6]. Es kam so weit, daß
im J. 1239 der Papst die Lage selbst der Edeln des Landes mit der von
Sklaven verglich, und, wie er sagte, die Einwohner froh sein mußten,

---

[1] Rich. Sangerm. 370; Aun. Siculi SS. XIX, 497.

[2] Vgl. noch Ann. Col. max. SS. XVII, 843; Chron. Sic. breve H.-B. I, 905.
Rich. Sangerm. bemerkt zum Jan. 1233, daß die Stadt Traina geschleift wurde;
fügt dann aber zum Sept. 1234 hinzu: „1234 Septembri imperator in regnum
rediens casalia quaedam Apuliae depopulari jubet." S. H.-B. IV, 780, 2.

[3] S. Winkelmann, Friedrich II. Bd. I, 379.

[4] S. H.-B. Introd. p. CDXVIII; Winkelmann I, 379.

[5] Rich. Sangerm. zum Jan. 1231 sagt, der Kaiser habe zwei Beamte gesandt
„ad inquirendum si qui fuerint a talleis et collectis exempti sive potentia, prece,
precio, amore vel timore cujusque . . . ut universis et singulis praedictorum
collectam imponant".

[6] Friedrich II. befahl selbst im Nov. 1240, gegen die „solita impositorum et
collectorum nequitia" einzuschreiten (H.-B. V, 1060).

wenn sie noch auf elendem Stroh schlafen, ihre Blöße mit einem rauhen Sacke bekleiden oder ihren Hunger mit Hirsenbrod stillen konnten[1], und das Vasallenreich des apostolischen Stuhles von Friedrich an den Rand der äußersten Erschöpfung gebracht worden war[2]. Das Land hatte schon früher viel, zuerst durch die eigenen Unruhen, dann in Folge der steten Kriege Friedrichs, gelitten, deßhalb kann man auch nicht jene Vorwürfe mit dem Hinweis auf moderne Staaten entkräften, die, trotzdem sie noch andere Steuern, als Friedrich Sicilien auferlegt, zu tragen hatten, dennoch nicht erschöpft waren[3]. Möglicherweise hat sich später der Wohlstand des Landes durch die Eröffnung neuer Verkehrsquellen gehoben, obgleich es bekannt ist, daß der Kaiser in seiner Geldverlegenheit sich durch die Ausgabe von Ledergeld zu helfen suchte[4]. Aber hat nicht Friedrich selbst die Anklagen des Papstes bestätigt, da er in seinem Testamente verfügte, daß die Steuern wieder auf den Standpunkt, den sie zu Zeiten König Wilhelms II. hatten, gebracht werden sollten?[5]

Hätte der Papst Friedrich II. in seinen Bestrebungen, eine absolute Gewalt zu begründen, unterstützt, so wäre er dessen Gedanken hinsichtlich der Einheit von Papst- und Kaiserthum nahe gekommen. Denn am Ende des J. 1232, als der Aufstand gegen die Constitutionen von Melfi immer weiter um sich griff, und der Kaiser auch gegen die Lombarden die Hülfe des Papstes brauchte, schlug ihm Friedrich am 3. December 1232 ein Bündniß vor[6], wornach Kaiser und Papst die ihnen anvertrauten Schwerter, das geistliche wie das weltliche, gegen Ketzer und Rebellen gemeinsam gebrauchen sollten. Wie einst Friedrich I. jeden, den er mit dem weltlichen Schwerte verfolgte, mit dem Bann belegt wissen wollte, damit so das päpstliche Ansehen und der Einfluß Roms zur Gründung einer politischen Weltmonarchie wirksam biene[7], so sollte jetzt Gregor Rebellen gegen des Kaisers Autorität mit dem Banne bestrafen, wofür der Kaiser

---

[1] S. päpstl. Schreiben vom 20. Juni 1239 bei H.-B. V, 336.
[2] Schreiben vom 7. April 1239 (ibid. 291).
[3] Clemens IV. hat, allerdings in übertriebener Weise, am 15. Sept. 1267 Karl von Anjou, der über seine Armuth klagte, auf die reichen Hülfsmittel des Reiches hingewiesen, wodurch Friedrich II., der doch größere Ausgaben gehabt, sich und die Seinigen unermeßlich bereichert und dazu noch die Lombardei, Tuscien, die Mark und Deutschland befriedigt habe (s. Martene, Vet. SS. et Mon. Ampl. Coll. II, 524). Er wollte wohl sagen, daß Friedrich und sein Hof unermeßlich viel gebraucht, und obgleich ersterer das Land bedrückt, doch verschieden von dem finstern Anjou, eine Welt beherrscht und sich mit dem Glanze orientalischer Fürsten umgeben hatte.   [4] Vita Greg. Mur. III, 584.
[5] H.-B. VI, 805. Vgl. Reg. Imp. n. 3835.   [6] H.-B. IV, 409.
[7] Vgl. Joh. Saresber. Ep. 59: „Id enim agebat, ut in quemcumque demutatis inimicitiis materialem gladium imperator, in eundem Romanus pontifex spiritualem gladium exerceret."

Verletzung des Friedens durch den Kaiser. Der Kirchenstaat.

die Ketzer mit dem Schwerte verfolgen werde; denn so würden die Rechte der Kirche wie des Kaiserthums am besten gewahrt, seien ja Kaiser und Papst Eins wie Vater und Sohn. Was wäre aus der Freiheit der Völker geworden und aus dem Papstthume selbst, wenn Gregor den Gedanken angenommen hätte! Was er aber von derartigen Vorschlägen dachte, drückte er klar genug am 15. Juli 1233 aus. Gerade einen Monat vorher hatte nämlich Friedrich, der, wie erwähnt, mehrere Aufrührer in Sicilien, trotzdem er ihnen Amnestie versprochen hatte, hatte verbrennen lassen, dem Papste mitgetheilt, er habe gegen einige überführte Ketzer seines Reiches den Feuertod verhängt, auch den königlichen Beamten zur Ausforschung von Ketzern Befehl gegeben, und bitte nun den Papst, damit so in seinen „glücklichen Zeiten" der Glaube erhöht werde, ihn in seinem löblichen Bemühen zu unterstützen[1]. Allein dieser durchschaute die elende Heuchelei gar wohl und protestirte dagegen, daß Unterthanen, die sich bloß gegen ihn verfehlt, als Ketzer verbrannt würden, das sei eine Beleidigung Gottes, ein dem Volke gegebenes Aergerniß und eine Schädigung des kaiserlichen Ansehens. Er solle nicht vergessen, daß nicht die Furcht, sondern die Liebe der Unterthanen eine unüberwindliche Burg sei[2].

Wo es sich aber um eine Unterstützung des Papstes handelte, zeigte sich Friedrich keineswegs so sehr um die Einheit von Papst und Kaiserthum bekümmert. Das mußte Gregor besonders in seinen Schwierigkeiten mit den Römern erfahren.

Diese glaubten, wenn sich ihnen eine Gelegenheit darbot, sogar die Provinzen des Kirchenstaates als städtische Districte behandeln, Steuern von ihnen erheben und sie zur Heeresfolge zwingen zu dürfen. Besonders hatten sie im J. 1232 ihr Augenmerk auf die durch innere Zwistigkeiten zerrissene Campagna geworfen, waren in dieselbe verwüstend eingefallen und im Juli 1232 bis Montefortino vorgerückt, als sie durch eine aus drei Cardinälen bestehende päpstliche Gesandtschaft, besonders aber durch Geldgeschenke sich zur Umkehr bestimmen ließen[3]. Sie hatten denen von Montefortino Auftrag gegeben, sich des Castells Pagliano, welches sie als Stützpunkt für ihre Operationen benützen wollten, zu zu bemächtigen. Allein der Papst[4] hatte von dem Plane gehört und

---

[1] H.-B. IV, 434. [2] H.-B. IV, 444.
[3] S. Rich. Sangerm. zum J. 1232 und Vita Greg. 579.
[4] Dieser war im Nov. 1230 auf Bitten des römischen Senators (Rich. Sangerm.) von Anagni nach Rom zurückgekehrt, hatte aber die Stadt wieder am 1. Juni 1231, an welchem Tage zu Rom ein Erdbeben stattfand, verlassen und war zunächst nach Rieti, dann im Aug. 1232 nach Anagni gegangen (s. Rich. Sangerm., Vita Greg. Mur. 578). Nach Ausweis der Reg. pont. I, 765 sqq. ging er von Rieti im Mai 1232 nach Terni, dann nach Narni und Spoleto, und Mitte Juli wieder zurück

kam ihnen so zuvor. Er ließ das Castell stark befestigen, und kaufte, um besser für die Sicherheit des Ortes sorgen zu können, den Edlen von Pagliano ihre Besitzungen ab, um sie ihnen dann wieder als Lehen der Kirche zurückzugeben. Er kaufte auch den benachbarten festen Platz Serrone; besonders wichtig aber war der Wiedererwerb des stark befestigten Castells Fumone, wobei der Papst gegen seine eigene Familie vorging. Denn das Castell gehörte zuvor der Kirche, war aber damals in den Händen einiger Verwandten Gregors, die nun Eigenthumsrechte darauf zu haben behaupteten. Es wurde ihnen aber trotzdem entzogen und mit einer päpstlichen Besatzung versehen [1].

Der Haß der Römer galt besonders der Stadt Viterbo, welche sie für vom Papste begünstigt hielten. Schon im J. 1199 hatte Rom gegen Viterbo, als diese Stadt sich des unter römischem Schutze stehenden Castells Vitorchiano bemächtigt hatte, Krieg geführt, und in einem durch Innocenz III. vermittelten Frieden die Anerkennung der Oberhoheit der römischen Commune von Viterbo verlangt [2]. Unter Gregor brach der Haß gegen Viterbo besonders um die Zeit aus, als ihn die Anhänger Friedrichs im April des J. 1228 zwangen, Rom zu verlassen. Zu Viterbo hatte nämlich eine von zwei miteinander streitenden Parteien, deren Haupt, Nicolaus von Cocco, sich nach Vitorchiano geflüchtet hatte, die Römer zu Hülfe gerufen. So hatte sich der Streit hingezogen. Im J. 1231 hatte der Kaiser in die bedrohte Stadt eine Besatzung gelegt, worauf die Römer aus Haß gegen den Papst, der durch seine Begünstigung Viterbo's das erwirkt habe, im November 1231 den Kirchen Roms eine Steuer auferlegten. Im April 1232 zogen sie gegen Viterbo, kehrten aber schon im Mai wieder nach Rom zurück, worauf im Juni die Viterbesen sich des von den Römern besetzten Vitorchiano bemächtigten und es zerstörten [3].

Als nun die Römer, wie schon erwähnt, im Juli 1232 die Campagna zu verwüsten sich anschickten, bat der Papst am 24. Juli 1232 den Kaiser, der Kirche zu Hülfe zu kommen [4]. Zugleich suchte er Viterbo zum Frieden mit den Römern zu bewegen, sandte deßhalb zwei Cardinäle dorthin und ersuchte auch den Kaiser am 21. October 1232 um seine Vermittlung zwischen Viterbo und Rom [5]. Allein dessen Hülfe beschränkte

---

nach Rieti. Das dort p. 766 genannte Alatri liegt in der Campagna. Wie konnte er dort am 17. Mai und am 18. zu Narni sein? Augenscheinlich ist entweder die Ortsbezeichnung oder das Datum von Potth. n. 8929 unrichtig.

[1] Rich. Sangerm. und Vita Greg. Mur. III, 579. Die Verkaufsurkunde des Otto Colonna, Herrn von Olevano, Pagliano und Serrone, an den Papst (dat. 21. Dec. 1232) s. in Muratori, Antiq. Ital. medii aevi I, 681 (Mediol. 1738).

[2] Vgl. Reumont, Geschichte der Stadt Rom II, 473 f.

[3] Rich. Sangerm. ad a. 1231 et 1232. Vgl. Balan l. c. I, 430 sq.

[4] H.-B. IV, 376. [5] Rayn. 1232, 39.

sich auf den Befehl an den Grafen von Provence, die Großen von Burgund und seinen Sohn Heinrich, mit Bewaffneten zur Vertheidigung des Patrimoniums zu ihm zu kommen[1], auf das Versprechen, zu helfen, und die Verhängung der Reichsacht über die Römer[2]. Auch als ihn der Papst am 3. Februar 1233 bat, doch schnell und in Person der Kirche Beistand zu leisten[3], that er dieß nicht, sondern ging mit dem von ihm gesammelten Heere nach Sicilien, obgleich die Kirche ein Recht hatte, Hülfe von ihm zu erwarten. War er doch als König von Sicilien ihr Lehensmann, und als Kaiser Schutzvogt der Kirche[4]. Allerdings war gerade damals in Folge der Constitutionen von Melfi ein Aufstand auf Sicilien ausgebrochen; diesen hätten jedoch auch seine Feldherren beendigen können, während es nun scheinen mußte, als ob er der Kirche nicht beistehen wollte[5]. In der That beabsichtigte er, nicht sogleich zu helfen, sondern vielmehr die Noth wachsen zu lassen, um dann für seine Hülfe möglichst viele Vortheile erlangen zu können[6]. An der Erhaltung des Kirchenstaates und der Ruhe in demselben war ihm nie etwas gelegen.

Unter diesen Umständen konnte natürlich der Papst an ein wirkliches Niederwerfen der Rebellion nicht denken, sondern mußte auf einen Nothbehelf bedacht sein. Er nahm seine Zuflucht zu Unterhandlungen, die in Folge großer von ihm gespendeter Geldsummen einen so guten Erfolg hatten, daß er von einer römischen Gesandtschaft eine Einladung zur Rückkehr erhielt, welcher er im März 1233 Folge leistete. Ein Theil der Cardinäle hatte aber so wenig Vertrauen in den Frieden, der auch wirklich nur ein Jahr dauerte, daß sie zu Anagni zurückblieben[7]. Immerhin gelang es im April 1233 zweien Cardinälen, dem Cardinalbischof Raynald von Ostia, sowie dem Cardinal von S. Sabina, Tho-

---

[1] Der Zuzug aus der Provence (vgl. H.-B. IV, 386) und Burgund (kaiserliche Aufforderung vom 15. Nov. 1232 bei H.-B. IV, 403) war erst für Mai 1233 verlangt (l. c.). Um dieselbe Zeit sollte auch Heinrich von Deutschland aus Truppen senden. S. sein Schreiben an den Papst vom 26. Jan. 1233 bei Balan II, 280, worin er auf Befehl seines Vaters Hülfstruppen nach Italien zu senden verspricht.

[2] Das Versprechen gab er durch seine Gesandten, den Erzbischof von Messina und Peter von Vinea. S. die päpstlichen Schreiben vom 27. Oct. 1232 und 20. Juni 1239 bei H.-B. IV, 302 und V, 327, und vom 7. Dec. 1232 bei Rodenberg n. 497, p. 400, sowie die des Kaisers vom 3. Dec. 1232 und 20. April 1239 bei H.-B. IV, 409, und V, 295. [3] H.-B. IV, 402.

[4] S. die Klage Gregors vom 10. Febr. 1233 bei H.-B. IV, 423. Ueber die Sammlung des Heeres s. Rich. Sangerm. zum Jan. 1233.

[5] „Quasi fuga capta", sagt Gregor am 20. Juni 1239 (H.-B. IV, 322).

[6] Die Vita Greg. p. 578 beschuldigt ihn sogar, in den Jahren 1232 und 1233 die Zwietracht heimlich genährt zu haben. Immerhin hält auch Winkelmann (Bd. I, 419) gegen Schirrmacher (II, 293) „die Anklagen" Gregors, Friedrich habe die Kirche in größter Noth verlassen, „für begründet".

[7] S. Rich. Sangerm. zum J. 1233.

maß von Capua, einen Frieden zwischen Rom und Viterbo zu Stande zu bringen[1].

Schon im J. 1234 brach in Rom der Aufstand von Neuem aus. Unter Anderem hatte nämlich der Senator[2] Lucas Savelli in neuen Statuten erklärt, daß den Römern die freie Wahl des Senators zustände, und dem Papste seine Rechte darauf, wie auch auf die Prägung von Münzen und auf die Steuern von Backöfen abgesprochen. Es war dieß ein directer Bruch des im J. 1188 zwischen Clemens III. und dem Senate und dem römischen Volke abgeschlossenen Vertrages[3], wie der feierlichen Anerkennung des päpstlichen Rechtes, den Senator zu ernennen, welches die Römer erst im J. 1204 gewährleistet hatten[4]. Dann wurden Truppen nach Tuscien und in die Sabina gesandt, welche die dortigen Vasallen der Kirche zur Huldigung zwangen und Steuern von ihnen erpreßten. Zu Montalto errichteten sie einen hohen Thurm als Wahrzeichen der römischen Herrschaft und zur bessern Vertheidigung derselben[5]. Augenscheinlich war die Rebellion nicht bloß darauf gerichtet, dem Papste zu trotzen, sondern seine Herrschaft überhaupt umzustürzen und wenigstens Tuscien, Sabina, die Campagna und die Maritima der römischen Republik zu unterwerfen[6]. Gregor selbst mußte Rom wieder verlassen und ging im Mai 1234 nach Rieti, wo er den Senator und seine Rathgeber mit dem Banne belegte[7]. Während nun der bedrängte Papst sich nach Hülfe umsah[8], kam der Kaiser, der Anfangs 1234 die Insel Sicilien wieder verlassen hatte, aus freien Stücken und „uneingeladen"[9]

---

[1] S. den Vertrag vom 3. Juni 1233 bei Mur., Antiqu. I, 685.

[2] Vgl. Gesta. c. 142; Hurter I, 617. Innocenz III. hatte im J. 1204 die Wahl von 56 Senatoren gestattet, allein auf die eigenen Bitten der Römer traf er schon im folgenden Jahre wieder die Einrichtung, daß von nun an nur ein Senator je sechs Monate lang der Stadt vorstand (s. Gesta, c. 143; Hurter II, 38).

[3] Baronius a. 1188, 25.

[4] Gesta Innoc. III., cap. 142. Die dort erzählten Ereignisse werden von Rayn. zum J. 1208 berichtet (n. 6), aber irrthümlich, wie Hurter (a. a. O. I, 617, 28) zum J 1204 nachweist. [5] Vita Greg. p. 579.

[6] Auch Gregorovius (167) erblickt in der Rebellion der Römer einen „Versuch, die päpstliche Herrschaft abzuwerfen und einen Freistaat zu bilden".

[7] Rodenberg, Epp. n. 591, p. 479.

[8] Gubbio z. B. sollte zwei Monate lang 30 Ritter und ebenso viele Schleuderer stellen. S. päpstl. Schreiben vom 23. Juni 1234 bei Potth. n. 9476; s. ibid. n. 9453 Schreiben vom 4. Mai an Gubbio.

[9] So sagt er selbst am 20. April 1239, womit die Aussage Gregors vom 20. Juli 1239 wie die der Vita Greg. übereinstimmt. Allein in seinem Schreiben an den Erzbischof von Trier vom 1. Juli 1234 (bei Boehmer, Acta, n. 303) sagt der Kaiser, er sei durch eine feierliche Botschaft eingeladen worden: „Vocati ad colloquium summi pontificis et per sollempnes nuntios invitati, perveniente domino papa Reate, ibidem cum eo convenimus."

nach Rieti und bot dort seine Unterstützung an. Ganz uneigennützig war das Anerbieten allerdings nicht; denn der Kaiser brauchte damals des Papstes Beistand gegen seinen eigenen Sohn Heinrich, der in Deutschland immer kühner die Fahne des Aufruhrs gegen seinen Vater entfaltete. Damit aber Gregor, der ja erst ein Jahr vorher von ihm im Stiche gelassen worden war, ihm nun nicht mißtraue, bot er seinen zweiten Sohn Conrad als Geisel an. Der Papst, welcher Friedrich II. so wie so als Schirmvogt wie als Lehensmann der Kirche zu ihrer Unterstützung verpflichtet hielt, nahm sein Anerbieten an und forderte am 20. Mai und am 3. Juli die Lombarden auf, den von Deutschland erwarteten Truppen kein Hinderniß in den Weg zu legen[1].

Zum Führer der päpstlichen Truppen war Cardinaldiakon Rayner von St. Maria in Cosmedin bestimmt; dieser traf zu Montefiascone mit dem Kaiser im August 1234 zusammen, worauf sich beide nach Viterbo wandten und mehrere Wochen lang die acht Miglien westlich von Viterbo gelegene, damals von den Römern besetzte Feste Raspampani belagerten[2], aber im September die Belagerung als erfolglos aufgaben. An demselben Tage, an welchem er von Raspampani aufbrach, flog der Kaiser mehr, als daß er ging, nach Sicilien. Er erreichte die Grenze noch an demselben Tage und ging, wie er dem Papste schrieb[3], seiner angegriffenen Gesundheit wegen nach Apulien. Nach seinem Abzuge wurden die Römer so kühn, daß sie bis an die Thore von Viterbo ritten. Auf dem Rückwege aber wurden sie am 8. October 1234 von deutschen Rittern und Viterbesen überfallen und manche von ihnen getödtet, andere gefangen[4]. In Folge dieses Sieges gelang es den Truppen, sogar bis Camporotundo, zehn Miglien von Rom, vorzubringen und die Sabina wieder unter die Herrschaft des Papstes zu bringen[5].

Aber damit war der Aufstand noch lange nicht bezwungen. In den letzten drei Monaten des J. 1234 wandte sich der Papst nicht bloß an die geistlichen und weltlichen Fürsten Deutschlands, sondern auch an die Großen Frankreichs und Spaniens, wie die Könige von Portugal, Ara-

---

[1] Savioli III. II, 140; H.-B. 472.
[2] Vita Greg. 580; Rich. Sangerm. Ann. Col. Vgl. Reg. Imp. nn. 2052a. 2058a und b. Ficker hebt dort (n. 2058a) hervor, daß Conrad schon wahrscheinlich von Rieti, da Rich. Sangerm. seinen Aufenthalt zu Montefiascone nicht erwähnt, in's Königreich zurückgekehrt sei. — Auch der Graf von Toulouse war mit seinen Truppen beim kaiserlichen Heere. H.-B. IV, 485.
[3] Vita Greg. l. c. — Schreiben des Kaisers gegen Ende Sept. bei Winkelmann, Acta, n. 334.
[4] Rich. Sangerm. — Der Papst hatte einige vornehme Deutsche bewogen, zu Viterbo zu bleiben (s. Vita Greg. 580).
[5] Vita Greg. 580; Rayn. 1234, 6.

gonien, Navarra und Castilien u. A. um Hülfe[1], und mußte eine Steuer von den nicht-italienischen Prälaten erheben[2]. Der Feldzug sollte im März 1235, zu welchem Termine er die fremden Mächte ersucht hatte, ihre Hülfstruppen zu senden, beginnen. Inzwischen griffen die Römer Velletri an und fügten der Stadt großen Schaden zu. Dafür gewährte ihr aber der Papst am 3. Januar 1235 viele Privilegien und sprach die Bürger von den Eiden, die sie vielleicht den Römern gegen die dem apostolischen Stuhle schuldige Treue und gegen die Rechte desselben geleistet hätten, los[3]. Um die Tyrannei der Edlen, die von ihren Burgen aus das Land bedrückten, zu brechen, bestimmte er, daß in Zukunft in der Sabina keine Burg ohne besondere päpstliche Erlaubniß, bei Strafe des Bannes, neu gebaut werden dürfe[4], ließ Montefiascone und Radicofani befestigen[5] und kaufte auch im Herzogthume Spoleto das Castell des Gualdo Tadino[6]. Als es den Römern aber gelungen war, Viterbo so zu bedrängen, daß die Stadt Frieden schloß und sogar Rom Treue schwor, entband sie der Papst im J. 1235 von diesem Eide[7], worauf der Krieg fortdauerte. Endlich kam es im Mai 1235, nachdem auf den Senator Lucas Savelli Angelo Malabranca gefolgt war, durch Vermittlung der Cardinäle zu einem Frieden zwischen den Römern und dem Papste, worin erstere sich verpflichteten, nach Weisung des Papstes rücksichtlich des Geschehenen, besonders wegen der Erbauung des Thurmes zu Montalto und der Angriffe auf den Kirchenstaat, der Besetzung des Lateran-Palastes und der Ausraubung desselben, wie auch einiger Cardinalswohnungen, Genugthuung zu leisten, die Immunität des Clerus anerkannten, mit dem Kaiser wie mit den Bürgern von Segni, Velletri, Viterbo und allen Andern, die dem Papste Hülfe gewährt hatten, Frieden zu halten versprachen und alle gegen die Kirche wie den Papst gerichteten Handlungen widerriefen. Die Gefangenen wurden von beiden Seiten freigegeben[8]. Der

---

[1] S. Potth. nn. 9747. 9773. 9776. 9780. 9791. Daß Dänemark wirklich Truppen sandte, ergibt sich aus dem päpstlichen Schreiben vom 1. Aug. 1235 bei H.-B. 738: „Militibus Danis ab obsequio Romano ecclesiae redeuntibus."

[2] Die erhobenen Summen wurden, da man ihrer nicht mehr bedurfte, zurückgegeben (Vita Greg. 580). Vgl. die bezüglichen päpstlichen Weisungen bei Rodenberg, Epp. (vom 16. und 17. Juli 1235) n. 645, p. 541.

[3] Rayn. 1235, 1. Vollständig bei Rodenberg, Epp. n. 617, p. 505. Vgl. Potth. n. 9811 sqq. [4] Bullar. Rom. III, 284, n. 43. [5] Vita Greg. 581.

[6] Vita Greg. l. c. Ueber den Kauf des Castrum Mirandae durch den päpstlichen Rector des Herzogthums Spoleto im J. 1234 s. Mur. I, 689 (dissert. XII).

[7] Am 5. März 1235 (s. Potth. n. 9849).

[8] S. den Vertrag und die darauf bezüglichen Briefe, Vollmachten und sonstigen Schriftstücke bei Papencordt, Geschichte der Stadt Rom im Mittelalter, herausg. von C. Höfler (Paderborn 1857), S. 293 ff. Vgl. auch Rayn. 1235, 2 sqq., und Rich. Sangerm. ad a.

Papst gab nun am 13. August 1235 Weisung, daß die Römer Montalto und die dort erhaltenen Geiseln wieder aufgeben müßten, das Territorium der Kirche nicht mehr besetzen und in Zukunft auch nicht mehr Unterthanen der Kirche eidlich zum Gehorsam gegen den Senator und das römische Volk verpflichten dürften.

Als der Kaiser von den päpstlichen Friedensverhandlungen mit den Römern hörte, von denen aber schon gleich die erste Bestimmung wegen der Aufgabe Montalto's zu Schwierigkeiten Anlaß gab[1], schrieb er dem Papste am 27. März 1235: Trotz seiner schweren Verluste in dem von ihm nur zur Vertheidigung der Kirche gegen die Römer geführten Kriege sei er einem Frieden, der den Wünschen des Papstes entspreche, nicht entgegen; allein Gregor solle sich nicht wegen seiner nothgedrungenen Reise nach Deutschland verleiten lassen, einen schlechten Frieden abzuschließen, denn er werde auch in seiner Abwesenheit die Kirche nicht unvertheidigt lassen[2]. Das hört sich gewiß recht gut an. Allein von einer wirklichen Hebung der Unruhen durch den Kaiser war so wenig die Rede, daß sie schon im J. 1236 von Neuem ausbrachen. Die schlichten Thatsachen lassen darüber keinen Zweifel, daß auch im J. 1234 seine Unterstützung wenigstens sehr lau war. Sicherlich konnte die Einnahme von Raspampani bei einigermaßen gutem Willen unmöglich eine große Schwierigkeit bieten. Auf die Belagerung dieses Ortes beschränkte sich aber seine ganze Hülfe. Im J. 1239 berief sich der Papst nicht bloß auf die Ereignisse selbst, sondern auf die eigenen Briefe des Kaisers, die er nun in Händen habe, als Beweis, daß Friedrich, statt der Kirche zu helfen, vielmehr sie verrathen und den Römern versprochen habe, an einem vorher festgesetzten Tage von Raspampani abzuziehen, worauf sie von dem Patrimonium mit Gewalt Besitz ergreifen könnten. Dieses Urtheil Gregors wurde von unparteiischen Zeitgenossen[3] getheilt, wie auch sonst Manches dafür zu

---

[1] Papencordt a. a. O. n. 17, S. 297, und n. 21, S. 298 (notarielle Beurkundung [vom 25. Aug. 1235] der Mittheilung jener Weisung an den Senator und dessen Antwort). [2] H.-B. IV, 535. 945.
[3] Päpstl. Schreiben vom 20. Juni 1239 (H.-B. V, 322). Rich. Sangerm. sagt, Friedrich habe nach dem Rathe des Cardinals Rayner Raspampani belagert, dort zwei Monate gelegen („ubi per duos menses faciens moram, cum in capiendo castro non proficeret") und sei dann in das Königreich zurückgekehrt. — Die Vita Greg. 580 erzählt aber, seine Treue sei gleich Anfangs verdächtig gewesen und aus diesem Grunde ihm Cardinal Rayner beigegeben worden. Er habe sich meist mit der Vogeljagd beschäftigt, sei mit den Feinden im Einverständniß gewesen und habe den Tag seiner Abreise mit ihnen verabredet und ihnen Bürgschaften darüber gestellt: „Mutatus in hostem hostibus se conjunxit, recessus sui diem certis cautionibus statuens" etc. Schirrmacher (II, 310 f.) greift den Bericht an, übersetzt aber die angeführten Worte grammatisch unrichtig dahin, daß Friedrich dem Papste sichere Caution gestellt habe, an einem bestimmten Tage abzuziehen. Wozu hätte dann der Kaiser seine Abreise beim Papste entschuldigt? — Die Vita verschweigt auch nicht

sprechen scheint. Wäre es doch für die Kirche viel vortheilhafter gewesen, wenn sie gar nicht auf ihn gerechnet, sondern vielmehr von anderer Seite sich Hülfe verschafft hätte. Aber sie sollte in Noth und Sorge gehalten werden, damit er um so leichter seine Zwecke erreichen könnte. Er war ihr Schirmherr dem Namen nach, in der That aber, wenn nicht ein Verbündeter, sicher ein Begünstiger ihrer Feinde. Darüber konnte auch der Papst nicht im Unklaren sein, und wenngleich er in dem Versuche fortfuhr, den Kaiser durch Güte zu gewinnen, so mußte doch der Same des Mißtrauens sich immer mehr entwickeln.

Die Wiederherstellung der päpstlichen Autorität in den zum Kirchenstaate gehörenden Städten und Burgen, welche dem Kaiser während des Krieges den Treueid geleistet hatten, war in Ancona und Spoleto nicht ohne Schwierigkeiten, wenngleich der Kaiser ihnen, dem Frieden von Ceperano gemäß, befohlen hatte, zum Gehorsam gegen die römische Kirche zurückzukehren[1]. Deren Unterwerfung war zunächst Aufgabe des Bischofs von Beauvais, Milo von Chatillon-Nanteuil. Denn am 25. September 1230 hatte ihn der Papst zum Statthalter der Mark Ancona, des Herzogthums Spoleto und der zum Patrimonium gehörigen tuscischen Städte Perugia, Todi, Orvieto, Narni und Amelia ernannt[2]. Vergebens versuchte er im J. 1231 Spoleto mit Gewalt zum Gehorsam zu bringen, während die von Ancona mit Andern sogar sich gegen ihn verbündeten. Auch als er im J. 1232 nach Frankreich zurückkehrte und der Cardinal Johann von St. Praxedis sein Statthalteramt übernommen hatte[3], dauerte der Widerstand der Rebellen fort. Da sie sich an den von dem Cardinal über sie verhängten Bann nicht kehrten, gab Gregor IX. dem Bischof der Stadt Anstrag, sie zu ermahnen und, falls sie nicht folgen wollten, mit dem Banne zu belegen. Der Papst selbst befahl ihnen am 22. November 1233 bei Strafe von 1000 Mark Silber, ihren Podesta nebst dem Syndicus und sechs der vornehmeren Bürger innerhalb eines Monates nach Rom zu schicken, damit sie Rechenschaft ablegten und die Befehle des Papstes entgegennähmen, während er zugleich dem Bischof von Osimo den Befehl gab, gegen Ancona, falls es sich nicht in

---

(vgl. o. S. 147) die Niederlage der Römer vom 8. Oct., wie Schirrmacher (II, 311) will. Denn sie sagt a. a. O.: „Quosdam Theutonicos, ... (Pontifex) decrevit apud Viterbium ... retineri" etc.

[1] Rich. Sangerm., wonach der Kaiser an alle Städte und festen Orte der Mark durch Boten und Briefe den Befehl erließ, bei Strafe des Reichsbannes zum Gehorsam gegen die römische Kirche zurückzukehren.

[2] Baluze, Miscell. ed. Mansi III, 393. Bei „Urbs vetus" ist nicht Civitavecchia, wie Balan (II, 68) hat, sondern Orvieto gemeint. Ersteres hieß „Civitas vetus". — Am 27. Sept. (s. ibid. 394) zeigte Gregor den betreffenden Bischöfen, wie allen in der Mark und im Herzogthum, die Wahl an.

[3] Johann ist am 23. Oct. 1232 als Statthalter erwähnt (s. Potth. n. 9024).

der gegebenen Frist unterwerfe, Bann und Interdict und Entziehung all seiner Privilegien zu verkünden. Darauf hielt es die Stadt, die Strenge des Papstes fürchtend, für angebracht, sich zu unterwerfen, und wurde nun von Gregor gnädig behandelt[1].

Auf der andern Seite war die Stadt Perugia sehr eifrig in der Vertheidigung der Rechte der Kirche, aber auch so kampflustig, daß der Papst ihr sogar am 15. Mai 1232 auf's Strengste die Befehdung von Chiusi oder anderer zum Reiche gehöriger Städte verbieten mußte[2].

Perugia wurde auch in den Streit wegen der neugegründeten Stadt Pergola, in der Mark Ancona, verwickelt. Zu Seralta oder, wie es auch hieß Pergola, hatte nämlich der Cardinallegat Johann Colonna, um den aus Cagli, Urbino und andern benachbarten Städten der Mark vertriebenen Bürgern eine Zuflucht zu gewähren, im J. 1232 eine neue Stadt gegründet. Während Gubbio nach dem Auftrage des Cardinals die Erbauung der Stadt schützte, suchte Cagli dieselbe mit allen Mitteln zu hindern und schloß einen Bund mit Perugia, Ancona, Jesi, Fano, Sinigaglia, Pesaro und Urbino, um Pergola zu zerstören. Gubbio hingegen fand Bundesgenossen in Assisi und Città di Castello. Da aber Cagli schuld an der Vertreibung vieler Bürger gewesen war, mußte dem Papste das Vorgehen der Stadt als ein großes Unrecht erscheinen. Deßhalb verbot er ihr unter schwerer Strafe, Pergola oder seine Bewohner zu beunruhigen. Am 10. Februar 1235 wies er den Bischof von Assisi an, die Stadt Cagli, falls sie sich dem apostolischen Stuhle ungehorsam zeige, mit dem Banne zu belegen, und verbot unter derselben Strafe den Bundesgenossen von Cagli, Seralta überhaupt zu belästigen. Darauf wurde der Friede wieder hergestellt[3]. Die zum Mathilde'schen Erbe gehörige Provinz Garfagnana in Tuscien, welche kirchlich unter der Jurisdiction des Bischofs von Lucca stand, wurde auch in weltlicher Hinsicht von der

---

[1] Ancona hatte am 15. Mai 1232 mit Jesi, Camerino, Fano, Cagli, Sassoferrato, Roccacontraba und Montecchio ein gegen den Bischof von Beauvais gerichtetes Bündniß geschlossen, das natürlich indirect sich gegen den apostolischen Stuhl richtete (s. Balan II, 150. 226 sq.). Vgl. Ughelli, Italia sacra I, 333. Das päpstl. Schreiben vom 22. Nov. 1233 bei Ughelli l. c.; Theiner l. c. I, 101, n. 172.

[2] Theiner l. c. I, 98, n. 167. — Am 20. Nov. 1232 schon hatte er der kriegerischen Stadt eine ähnliche allgemeine Verwarnung geben müssen (s. ibid. I, 97, n. 164.

[3] S. die päpstlichen Schreiben vom 10. Febr. 1235 an den Bischof von Assisi bei Sbaralea, Bull. Fr. I, 146, n. 154, und von demselben Datum an Ancona, Jesi, Fano, Sinigaglia, Pesaro und Urbino bei Potth. n. 9842a. Perugia ist zwar nicht genannt, hatte sich aber damals noch nicht vom Bunde losgesagt, wie Balan (II, 433 sq.) meint, denn noch am 13. Nov. 1235 war es im Bunde mit Cagli (s. Potth. n. 10046 sq.). Ueber Gregors Vertheidigung der kirchlichen Interessen Cagli's s. Potth. nn. 10038. 10039.

Stadt Lucca als ihr gehörig behandelt, obgleich sie dazu gar kein Recht hatte. Pisa machte Lucca auch die Rechte streitig, aber die Provinz selbst litt natürlich unter diesen Umständen am meisten. Deßhalb wandten sich die Vornehmen von Garfagnana an den Papst um Hülfe und versprachen, als er ihnen den Subdiakon und päpstlichen Kaplan Cinthius als Legaten sandte, am 23. November 1228 eidlich dem hl. Petrus, Gregor IX. und seinen Nachfolgern Treue und Gehorsam[1]. Aber die Stadt Lucca, welche sich auch sonst durch Verletzung und Verachtung der kirchlichen Freiheit wenig Anspruch auf Nachsicht erworben hatte, verachtete die päpstlichen Rechte ebenso wie die päpstlichen Mahnungen, den Bann und das Interdict. Auch die Drohung vom 20. August 1229, Garfagnana der Jurisdiction ihres Bischofes zu entziehen, machte keinen Eindruck auf sie[2]. Als Gregor aber am 3. Juli 1230 dem Erzbischofe von Pisa schrieb, er wolle der Sache ein Ende machen und den bischöflichen Sitz überhaupt von Lucca wegnehmen[3], ließ letzteres sich dadurch nur noch zu weiteren Ausschreitungen hinreißen. Deßhalb führte der Papst am 28. März 1231 die Drohung wirklich aus, beraubte die Stadt des Bischofs und übertrug die Jurisdiction über dieselbe dem Bischofe von Florenz, während die Diöcese unter die benachbarten Bischöfe vertheilt wurde[4]. Zwar versuchte Lucca, von Florenz unterstützt, wiederholt im Felde gegen die Stadt Pisa, welche die päpstlichen Interessen vertrat, sein Glück, aber mit so geringem Erfolge, daß es alle Hoffnung aufgeben und im J. 1234 die Rechte des Papstes über Garfagnana anerkennen mußte. Darauf wurde Lucca vom Banne losgesprochen und der Stadt am 12. December 1236 auch wieder ein Bischof (der letzte war schon im J. 1231 gestorben) mit allen bischöflichen Rechten, wie sie sein Vorgänger gehabt hatte, gegeben[5].

Sehr erfreulich und ein Zeichen, daß das Beispiel der Gräfin Mathilde von Canossa noch immer Nachahmer fand, war das Vermächtniß

---

[1] Pacchi, Ricerche istoriche sulla Provincia della Garfagnana (Modena 1785), Appendice p. XVI; auch citirt in Balan I, 434, 1.

[2] Das päpstliche Schreiben an den Bischof von Lucca vom 20. Aug. s. bei Pacchi l. c. p. XVIII; Potth. n. 8444. Vgl. das Schreiben Honorius' III. vom 5. Nov. 1222 (Bull. Rom. ed. Rom. III, 223, n. 61). — Cinthius hatte auch gegen den Podesta, den Rath und das Volk von Cremona den Bann ausgesprochen, weil sie ihren Mitbürger, der Podesta von Lucca war, trotz der Mahnung nicht von dort abberufen hatten. Der Papst beschränkte ihn aber am 12. Juni 1230 bloß auf den Podesta und den Rath, da er das Volk für unschuldig hielt (Winkelmann, Acta, n. 619). [3] Bull. Rom. ed. Rom. III, 261, n. 20.

[4] S. Potth. nn. 8688—8691. 8699. 8810. Am 16. April 1231 untersagte er dem Capitel von Lucca den ferneren Gebrauch seiner Privilegien (ibid. 8712).

[5] Potth. nn. 9486. 9506; Ptolemaeus Lucensis Ann. in Mur. SS. XI, 1280. Die päpstliche Bestätigung des neuen Bischofs bei Potth. n. 10275; Bull. Rom. III. I, 290, n. 50.

eines gewissen Hugnccio Dabei, der der Kirche alle seine Länder und Burgen vermachte, nämlich Alfano, Corneto, Montavusto, ein Theil von Frageto, seine Besitzungen zu Monterotondo, Calanta und Rocchetta, sowie die Burgen von Selvapiana, Monteportola, Fonte Chiuso, Vedo, Bertolino, Fusciana und ein Landgut Nusello [1].

Die Namen derjenigen Orte aber, an die, von dem allgemeinen Titel, den die Kirche auf den Kirchenstaat hatte, abgesehen, dem apostolischen Stuhle ein directes Eigenthumsrecht zustand und die für ihn eine besondere Wichtigkeit hatten, waren nach Gregors Ansicht besonders: in der Campagna Fumone, Pagliano, Serrone, Lariano; in der Maritima Acquapntriba, Ostia, welches der Bischof von Ostia von der Kirche zu Lehen hatte, Aricia, Ninfa, Tolana, Cora, Cisterna, Terracina; in Tuscien Montefiascone, Ortele, Montalto, Radicofani, Pienza, Acquapendente, Bolsena und das ganze Thal des Bolsena-Sees; in dem Herzogthum Spoleto Rocca di Cesi und Rocca di Gualdo; im Bisthum Spoleto Rocca Sacrata, Brusino, Lorino und Rocca di Sasso; im Bisthume Narni Santo Gemini, Stroncone, Miranda, Oricoli; in der Sabina Roccavetere und die ganze Sabina mit allen Burgen und Dörfern; in der Mark Ancona Rocca di Plorago, Serravalle und Torre di Parma. Damit diese Orte nie veräußert würden, erneuerte Gregor IX. am 16. Januar 1234 die Constitution des Papstes Symmachus rücksichtlich der Veräußerung von Kirchengut und bestimmte, daß dessen Veräußerung, besonders hinsichtlich der erwähnten Orte, von der einstimmigen Zustimmung der Cardinäle abhängig sein sollte und seine Nachfolger zum Widerrufe von der Kirche nachtheiligen Veräußerungen ermächtigt wären [2]. Auf diese Weise wollte er Angesichts der steten Unruhen in Rom und der Träume von der Herstellung einer römischen Republik die weltliche Macht der Päpste festigen, ihre Schwächung aber gleichsam unmöglich machen.

Elftes Kapitel.

Gregor IX. vermittelt in der Lombardei. Empörung Heinrichs VII. von Deutschland.

Zwischen den Lombarden und dem Kaiser hatte, seitdem erstere im J. 1227 den päpstlichen Schiedsspruch angenommen hatten, Friede geherrscht. Zwar hatten sie dann den Papst in seinem Kriege gegen

---

[1] Rayn. 1232, 38; Balan II, 146. — Der Graf von Savoyen schenkte das Castell Avigliana dem Papste, der es ihm am 10. April 1228 wieder zu Lehen gab. Bull. Rom. l. c. III, 252, n. 9; auch Theiner I, 86, n. 147.

[2] Päpstliche Bulle vom 16. Jan. 1234 in Bull. Rom. l. c. 281, n. 38; auch in Theiner l. c. I, 102, n. 174.

Friedrich unterstützt, wenngleich mit großer Lauigkeit, waren aber auch in die im Frieden von Ceperano allen Anhängern des Papstes gewährte Amnestie ausdrücklich eingeschlossen worden[1]. Der Papst hatte sie darauf, daß die Verzeihung des Kaisers auch ihnen gelte, am 10. October 1230, damit sie nun nicht wieder durch Mißtrauen den Kaiser reizten, noch ausdrücklich aufmerksam gemacht[2]. Sie sollten nicht daran zweifeln, daß der Papst jede ihnen zugefügte Beleidigung als eine persönliche betrachten werde.

Aber trotz seiner Anerkennung des erwähnten Schiedsspruches hatte der Kaiser keineswegs den Gedanken, die Freiheit der Lombarden zu vernichten, aufgegeben. Gründe dazu gaben ihm ja die fortwährenden Streitigkeiten daselbst in Hülle und Fülle. Schon im März 1231 befahl er[3] den tuscischen Städten, Gesandte zu einem am 25. April zu haltenden allgemeinen Hoftage zu senden, auf dem die Herstellung eines allgemeinen Friedens und besonders die Hebung der Zwietracht in Italien berathen werden sollte. Wenigstens bis zu seiner Ankunft solle in Tuscien bei Strafe der Acht Friede gehalten werden. Auf sein Ersuchen schrieb auch der Papst am 13. Mai 1231 in ähnlichem Sinne[4], mahnte aber um dieselbe Zeit den Kaiser ab, gegen die Lombarden nicht auf rechtlichem, sondern gewaltsamem Wege vorzugehen[5]. Der Hoftag kam zwar nicht zu Stande, wenigstens ist nichts davon bekannt, allein schon im Juli 1231 schrieb Friedrich einen neuen nach Ravenna auf den 1. November 1231 „dem Rathe des Papstes gemäß" aus, als dessen Zweck er die Herstellung des Reichsfriedens, die Ordnung der Angelegenheiten Italiens, die Beschwichtigung der in und außerhalb der Städte herrschenden Zwietracht, sowie die Beseitigung der Unruhe und des Hasses unter den benachbarten Völkern erklärte[6]. Der Papst hatte zur friedlichen Lösung der Angelegenheit seine Vermittlung angeboten, die der Kaiser auch annahm[7]. Obgleich nun am 12. Juli 1231, jedenfalls aus Furcht vor Friedrichs Plänen, Mantua, Brescia, Vicenza, Padua, Verona

---

[1] H.-B. III, 208. S. o. S. 98, Anm. 5.
[2] H.-B. III, 244.   [3] H.-B. III, 273.
[4] Schreiben an Pistoja, wenigstens bis zur Ankunft des Kaisers Frieden zu halten (ibid. III, 282).
[5] Am 18. Mai warnt er ihn, gegen die Lombarden „non juris ordine, sed virium potestate" vorzugehen (Rodenberg, Epp. p. 355, n. 441). Schon zu Anagni hatte er dem Kaiser gerathen, nur mit geringer Macht nach Italien zu kommen (s. kaiserl. Schreiben vom 20. April 1239 bei H.-B. V, 297), da er der Meinung war (s. päpstl. Schreiben vom 20. Juni 1239 ibid. 331), der Kaiser werde mehr durch Milde als durch Strenge gegen die Lombarden ausrichten.
[6] Kaiserl. Schreiben an Genua u. A. vom Sept. 1231 (H.-B. IV, 266). Die Einladungen waren schon am 21. Juli ergangen. S. die an Rimini in Reg. Imp. n. 1882.   [7] S. das Schreiben vom 18. Mai 1231.

und Ferrara wieder dem Lombardenbunde beigetreten waren[1], so bemühte sich der Papst in jeder Weise, das Zustandekommen des Reichstages zu ermöglichen. Er stellte den Lombarden am 4. September vor, daß der Kaiser nur eine friedliche Besprechung beabsichtige, und wies sie einige Wochen später (am 27. September) darauf hin, daß Friedrich versprochen habe, sich des päpstlichen Rathes zu bedienen und weder die Kirche noch die Glieder des Lombardenbundes zu verletzen, ja zur Sicherheit der letzteren dem Papste Bürgschaft zu stellen[2]. Er pries ihnen den kaiserlichen Gesandten, den Deutschmeister, als einen Mann von erprobter Rechtlichkeit[3] und ersuchte auch mehrere Bischöfe, auf die Rectoren des Lombardenbundes zu Gunsten Hermanns von Salza einzuwirken, auf daß der Reichstag zur Ehre Gottes, der Kirche wie des Kaisers und zum Frieden wie zur Beruhigung der Lombardei glücklichen Erfolg habe[4]. Die Lombarden sollten auch dem König und den deutschen Fürsten, die ebenfalls zu Ravenna erwartet wurden, freien Durchzug gewähren, denn jede Verhinderung der Besprechung von Seiten der Lombarden würde sehr unklug sein[5]. Aber nichts war im Stande, das Mißtrauen der Lombarden zu besiegen. Sie schworen vielmehr am 26. October 1231 auf einer Bundesversammlung zu Bologna einmüthig, sich gegen jeden Angriff zu unterstützen und ein Heer aufzustellen. Zugleich wurde beschlossen, den Papst bitten zu lassen, er solle verhindern, daß der Kaiser mit einem Heere in die Lombardei komme, da daraus auch der römischen Kirche Nachtheil erwachsen könne[6].

Friedrich selbst erschien erst im December 1231 in Ravenna mit sicilianischen Truppen, die er aber zu Weihnachten entließ[7]. Da die Lombarden den Deutschen den Weg nach Italien verlegten, so konnten die Fürsten von dort nur mit ganz geringer Begleitung kommen. Anwesend waren u. A. der Erzbischof von Magdeburg, die Bischöfe von Regensburg, Bamberg, Osnabrück, Brixen, Lausanne und Worms, der Landgraf von Thüringen, die Herzoge von Sachsen, Meran und Kärnthen. Es fanden sich auch Gesandte der Städte Parma, Cremona, Pavia, Modena und Tortona

---

[1] H.-B. III. 291.

[2] H.-B. IV, 935; ibid. 268 und 936. Die Briefe sind an die Bischöfe von Reggio, Modena, Brescia und den Erwählten von Mantua gerichtet. In dem vom 27. Sept. ist auch der Bischof von Vercelli ein Adressat.

[3] Päpstl. Schreiben vom 27. Sept. an die Lombarden (Savioli III. II, 113).

[4] Päpstl. Schreiben vom 27. Sept. (H.-B. IV, 936).

[5] Am 4. Sept.: „Proviso ne si ejus colloquium per ipsos contra nostrum consilium contingeret minus provide impediri, pacis negotium videatur per eos et quoad eos quasi studiose dissolvi." Unmittelbar vorher befiehlt der Papst: „ne eidem (regi) ad hoc (d. h. zur Reise) impedimentum patiantur opponi". Jede Verhinderung der Besprechung betrachtet er deßhalb als unklug.

[6] H.-B. IV, 937. [7] Rich. Sangerm. ad a. 1231.

ein. Statt nun dem Rathe des Papstes gemäß[1] zu versuchen, Mailand auf friedliche Weise für sich zu gewinnen, stellte sich der Kaiser sofort wieder auf Seite der Stadt Cremona, der Gegnerin Mailands, und verhängte von Neuem über Mailand, wie auch die übrigen Bundesstädte, den Reichsbann[2]. Damit stieß er natürlich alle die Städte wieder von sich. Daneben hatte das ebendort erlassene Verbot, Podestaten aus den dem Kaiser feindlichen Städten der Lombardei zu nehmen[3], geringe Bedeutung. Wie wenig sein Handeln aber darnach angethan war, die Lombarden zu gewinnen, ergibt sich auch aus Folgendem. Die Städte Asti und Alessandria hatten sich eidlich verpflichtet, in einer zwischen ihnen schwebenden Streitfrage den Schiedsspruch Mailands anzunehmen, in Folge dessen Mailand der Stadt Alessandria Canelli, Calamandrana und andere Besitzungen zuerkannt hatte. Auf Bitten derer von Asti kassirte aber der Kaiser im April 1232 den Spruch, weil die Mailänder Gott aus den Augen gelassen und einen unbilligen Spruch gefällt hätten, und fügte zur Begründung hinzu: „Denn, da die Alessandriner und Mailänder sich gegen Unsere Majestät, welche das lebendige Gesetz auf Erden ist und von der alles Civilrecht seinen Ursprung hat, vergangen haben, ist es nicht billig, daß sie von diesem Rechte und in Bezug auf Dinge, die sich darauf stützen, irgend eine Hülfe oder Gunst haben." Deßhalb hätten sie allen Rechtsschutz, der sonst gelegentlich des Schiedsspruches ihnen zu Gut hätte kommen können, verwirkt[4].

Der Kaiser sowohl wie die Lombarden trugen dem Papste das Schiedsgericht an, weßhalb er zu Anfang des J. 1232 die Cardinäle Jakob von Palestrina und Otto von St. Nicolaus sandte, die am 1. März 1232 mit den Boten des Lombardenbundes zu Bologna zusammentrafen. Letztere wollten zwar dem Kaiser die gebührende Ehre erweisen, aber sonst weder an Gut noch Leuten sich ihm verpflichten und dem deutschen Könige nur dann freien Durchzug gewähren, falls er mit bloß 100 Rittern und unbewaffnet käme[5]. Als nun die Cardinäle von dort eiligst nach Ravenna zum Kaiser reisten, verließ dieser, als er von ihrer Ankunft hörte, die Stadt, um nach Venedig zu gehen[6]. Aber am 10. Mai 1232 bevollmächtigte er zu Pordenone den Deutschordensmeister zu Verhandlungen

---

[1] Gregor IX. bezeichnet dieses Vorgehen des Kaisers am 20. Juni 1239 als die Ursache seines Mißerfolges (H.-B. V, 331).

[2] Corio, Istor. di Milano p. 95 (s. H.-B. IV, 285). Vgl. Reg. Imp. S. 383 sq.

[3] Ann. Jan. 178.

[4] Bochmer, Acta, n. 299. „Cum enim . . . in majestatem nostram, quae est lex animata in terris et a qua jura civilia oriuntur, commiserint" etc.

[5] Bericht der Boten von Brescia an ihren Podesta bei Ficker n. 336 p. 363.

[6] Rich. Sangerm. p. 365. Nach ihm waren die Cardinäle schon im Jan. 1232 gesandt. Vgl. auch Ann. Plac. Guelf. SS. XVIII, 453; fragm. de colloq. bei H.-B. IV, 939.

mit den Städten Mailand, Piacenza, Brescia, Mantua, Ferrara, Bologna und Faenza, übertrug den Legaten die Entscheidung und verbürgte sich auch für die Zustimmung seines Sohnes Heinrich[1]. Er klagte die Lombarden an, den „zur Unterstützung des Heiligen Landes, zur Ordnung des Reiches und aus einigen anderen nothwendigen und guten Gründen" berufenen Reichstag gehindert zu haben und noch jetzt ihm und den Seinigen den Durchzug zu wehren. Die Lombarden hingegen behaupteten, nur aus Furcht vor der Bedrückung des Kaisers und zur Vertheidigung gehandelt zu haben und zu handeln. Am 13. Mai 1232 wurde der Compromiß zu Padua wirklich abgeschlossen[2]. Darnach sollte die Entscheidung dem Kaiser eine passende Genugthuung, den Städten Sicherheit verschaffen, aber auch die Frage betreffs des freien Durchzugs des Königs und der deutschen Fürsten nach Italien auf den Ruf des Kaisers behandelt werden. Falls es den Legaten nicht gelinge, eine beide Theile befriedigende Lösung und Entscheidung zu finden, müsse die ganze Sache dem Papste überlassen werden. Somit hatten also die Verhandlungen bloß den letzten Streit zwischen den Lombarden und dem Kaiser zum Gegenstand. Allerdings heißt es, daß, falls sich noch andere Punkte, woraus neue Zwietracht entstehen oder die alte wieder angefacht werden könne, zeigten, in Betreff dieser in ähnlicher Weise verfahren werden solle.

Demgemäß stand die Sache für den Lombardenbund günstig. Allein gerade um die Zeit, wo der Compromiß festgestellt wurde, veränderte sich dieselbe durch das Bündniß der Romanos mit dem Kaiser plötzlich. Ezelin und Alberich von Romano, die schon lange in der Mark Treviso mit dem Markgrafen von Este und dem Grafen von S. Bonifacio um die Obergewalt gerungen hatten, waren damals gegen die Lombarden wegen der Aufnahme des Grafen von Este in den Lombardenbund und der Begünstigung des Grafen von S. Bonifacio aufgebracht. Ezelin befand sich schon seit dem 14. April 1232 im Besitze von Verona, welches die Hauptstraße von Deutschland nach Italien beherrschte. Es wird im Mai 1232, um welche Zeit sich Alberich von Romano zu Pordenone beim Kaiser befand, oder vielleicht noch etwas früher gewesen sein, daß sie das Bündniß mit dem Kaiser abschlossen, wodurch Friedrich Verona und die Straße nach Deutschland gewann, während er seinerseits die beiden Brüder nebst ihren Besitzungen in seinen Schutz nahm[3].

---

[1] H.-B. IV, 345. [2] H.-B. IV, 346.
[3] Ann. Veron. SS. XIX, 8; Ger. Mauris. in Mur. VIII, 34; Ann. S. Justinae Patav. SS. XIX, 154. Alberich bezeugt im Mai 1232 eine kaiserliche Urkunde (s. H.-B. IV, 360). — Am 3. Dec. 1232 beauftragte Friedrich II. die Bischöfe von Padua, Vicenza und Treviso mit der feierlichen Verkündigung der Aufnahme Ezelins und Alberichs in den kaiserlichen Schutz (H.-B. IV, 408; den Schutzbrief selbst s. ibid. IV, 406).

Die Folge hiervon war, daß sich die Entscheidung der lombardischen Streitfrage in die Länge zog. Zu Lodi, wo eine Besprechung mit den Cardinälen stattfinden sollte, erschienen nur die Lombarden. Nun wurde ein Termin bis zum 29. September, dann bis zum 1. November 1232 gesetzt, auf welchem die Gesandten der Lombarden vor dem Papst erscheinen und auch die des Kaisers sich einfinden sollten. Aber bloß die Lombarden kamen zur Zeit nach Anagni; die Gesandten des Kaisers, worunter sich der Großhofrichter Peter von Vinea befand, erst im December[1]. Allein nun waren die Boten nicht genügend instruirt[2], und die Verhandlungen zogen sich noch lange fort.

Im Verlaufe derselben waren aber von beiden Seiten Forderungen erhoben worden, die, weil sie die Natur des ganzen Verhältnisses berühren, Erwähnung verdienen.

Darnach wollte der Kaiser im J. 1232 nicht bloß die Leistung des gewohnten Treueides seitens der Lombarden und Aufgeben aller gegen die Ehre und das Recht von Kaiser und Reich geschworenen Eide, sondern drittens auch, daß sie sich vor ihm oder seinen Vikaren oder Legaten in der Lombardei über ihre Streitigkeiten verantworten und deren Entscheidungen gehorchen sollten. Wegen der Beleidigungen und Unbilden aber, die sie selbst dem Kaiser zugefügt hatten, sollten sie sich entweder der Gnade des Kaisers oder dem Rechtsspruche unparteiischer, italienischer und deutscher Fürsten, wobei übrigens die Curie nicht ganz ausgeschlossen war, unterwerfen. Regalien, die als solche klar erkannt würden, sollten sogleich zurückgegeben, aber mit den zweifelhaften nach der Entscheidung der Fürsten verfahren werden. Endlich wurde sechstens die Rückgabe des den Anhängern des Kaisers jüngst Entrissenen verlangt.

Mailand, Brescia, Vercelli, Novara und Como witterten aber voll Argwohn in der zweiten Forderung etwas wie ein Verlangen, den Frieden von Konstanz und die darauf bezüglichen Eide aufzugeben, wozu sie natürlich nicht geneigt waren. Der dritte, wie auch der sechste Punkt, meinten sie, sei nicht der Ehre und des Nutzens wegen, sondern auf dringende Bitten der Feinde der Lombarden hin aufgestellt worden. Nichtsdestoweniger waren sie bereit, zwischen Städten bestehende Streitigkeiten über Immobilien dem Kaiser selbst oder seinem Legaten entweder in der Lombardei oder einem andern ihnen nicht verdächtigen Orte zur Entscheidung zu übertragen. — Piacenza wollte jedoch von dem dritten und sechsten Punkte nichts wissen, da, wenn man sie annehme, bei der feindlichen Ge=

---

[1] S. Gregors Schreiben vom 12. Juli 1231 (H.-B. IV, 366; Rich. Sangerm. 369.

[2] S. das päpstl. Schreiben an den Kaiser vom 26. Jan. 1233, bei Strafe von 3000 Mark Silber genügend instruirte Procuratoren für die Friedensverhandlung mit den Lombarden bis zum 17. April an den apostolischen Stuhl zu senden, bei Rodenberg, Epp. n. 515, p 405. Aehnlich an die Lombarden, s. ibid.

sinnung des Kaisers das Recht der Lombarden überhaupt vernichtet werden würde. Außerdem verlangten die Lombarden selbst vom Kaiser Aufrechterhaltung des Friedens von Konstanz und der den Lombarden früher gewährten Rechte und Privilegien [1].

Was nun die im Compromiß von Padua festgestellten Punkte angeht, so erklärten die Lombarden dem Papste am 24. Mai 1233, daß eine Genugthuung ihrer Ansicht nach dem Kaiser nicht geleistet zu werden brauche, da ihm kein Unrecht geschehen sei. Zu ihrer eigenen Sicherstellung wollten sie aber den Besuch des Kaisers oder des deutschen Königs oder der deutschen Fürsten in der Lombardei vor der vollen Bestätigung des Compromisses überhaupt nicht, und nach derselben nur unter den größten Einschränkungen erlaubt wissen. Außerdem sollte er alle gegen den Bund erlassenen Strafen widerrufen, ihn selbst aber und alle seine Privilegien bestätigen [2].

Unter diesen Umständen mußte der Schiedsspruch, der doch beide Theile zufriedenstellen sollte, große Schwierigkeiten haben. Nichtsdestoweniger erfolgte er am 5. Juni 1233. Der Papst hielt sich darin genau an den am 13. Mai 1232 zu Padua festgestellten Compromiß und bestimmte [3], daß der Kaiser und sein Sohn den Lombarden, d. h. insbesondere dem Markgrafen von Montferrat und den Städten Mailand, Brescia, Bologna, Piacenza, Padua, Como, Mantua, Ferrara und Faenza verzeihen und die über sie in diesem Streite verhängten Strafen widerrufen müßten und der Zustand vor dem Streite wieder hergestellt werden solle. Die Lombarden hingegen müssen Allen, die dem Kaiser in dieser Zeit beigestanden haben, verzeihen und außerdem zwei Jahre lang 500 Mann im Heiligen Lande unterhalten. Die Entscheidung über andere im Compromiß erwähnte Punkte behält sich der Papst noch vor. Unter ähnlichen Verhältnissen hatte früher Honorius III. einen ähnlichen Spruch gefällt [4], den der Kaiser weit eher als die Lombarden angenommen hatte. In seiner Klage hatte er vorzüglich darauf Gewicht gelegt, daß der Reichstag zur Unterstützung des Heiligen Landes berufen worden sei [5]. Somit war ihm durch diesen Spruch eine Genugthuung geleistet, ohne daß deßhalb den Lombarden, die behaupteten, sich keiner Schuld bewußt zu sein, offenbar die Schuld am Streite zugeschoben war.

---

[1] S. die Forderungen des Kaisers wie die Antwort von Mailand, Brescia, Vercelli, Novara, Como einerseits, und die schärfere von Piacenza andererseits, bei Ficker l. c. vol. IV, n. 338, p. 365 sqq. In den interessanten Anträgen von Brescia (ibid. n. 337, p. 364 sq.) wird ganz besonders der durch den Frieden von Konstanz geschaffene Rechtsstandpunkt zu wahren gesucht. [2] Ficker n. 344, p. 374 sq.
[3] S. den päpstl. Brief an den Kaiser vom 5. Juni bei H.-B. IV, 431; am 7. Juni mahnt Gregor die Lombarden, ihre Zustimmung einzusenden (Savioli l. c. 126).
[4] S. o. S. 61. [5] S. o. S. 157.

Aber beide Theile hielten den Spruch für unbillig. Die Lombarden fühlten sich verletzt, weil keine Bestimmung zu ihren Gunsten beigefügt sei und auch die Anhänger des Kaisers, die doch nicht im Compromiß von Padua eingeschlossen seien, berücksichtigt worden, nahmen aber dennoch die Entscheidung an [1]. Friedrich II. antwortete erst am 12. Juli, und zwar, daß er sich zuerst mit dem von ihm erwarteten Deutschmeister berathen müsse. Aber in einem Schreiben an das Haupt des Cardinalcollegiums, den Cardinal Raynald von Ostia, beklagte er sich über die Unbilligkeit des Spruches, der ihm weder eine Genugthuung gewährt habe, noch überhaupt der Ehre des Kaisers und des Reiches eingedenk gewesen sei [2]. Der Cardinal wies jedoch den Vorwurf als ungerecht und undankbar zurück [3]. Wenn aber der Kaiser in jenem Briefe an die bessere Einsicht Raynalds appellirte und davon sprach, daß, wenn „diese Fürsorge" bekannt werde, andere Könige und Fürsten sich nicht gerne dem schiedsrichterlichen Urtheile der Kirche unterwerfen würden, so mußten derartige Bemerkungen den Papst, der nach dem Rathe der Cardinäle und ohne Ansehen der Person entschieden hatte, nothwendig verletzen, zumal es sich ja gar nicht um ein gerichtliches Urtheil über etwaige von den Lombarden dem Kaiser zugefügte Unbilden (denn ein richterliches Verfahren hatten die Boten des Kaisers abgelehnt), sondern um einen Schiedsspruch und eine gütliche Entscheidung des Streites gehandelt hatte, und die Lombarden keineswegs der Ansicht waren, sie seien begünstigt worden. Dieses stellte er dem Kaiser am 12. August 1233 vor [4], wie auch, daß, wenn er es wünsche, der Schiedsspruch überhaupt rückgängig gemacht werden könne. Allein ehe noch dieser Brief in die Hände des Kaisers kam, hatte dieser schon, vielleicht auf die Antwort des Cardinals Raynald hin, ohne Zweifel aber besonders durch die schwierige Lage der Dinge in Deutschland veranlaßt, die Entscheidung am 14. August 1233 angenommen [5]. Gewiß wäre es Friedrich lieber gewesen, wenn seine Feinde, d. h. solche, die er dafür ansah, auch vom Papst als Feinde betrachtet und behandelt worden wären. Allein selbst wenn Gregor der hohen Pflichten der Stellung, welche ihm das Vertrauen der christlichen Nationen als Schiedsrichter der Völker übertrug, hätte vergessen können,

---

[1] Die Klagen der Lombarden, welche zugleich am 7. Juni 1233 um Aufklärung über einige Punkte des Schiedsspruches baten, s. bei Ficker n. 345, p. 376. — Die Annahme des Spruches bei H.-B. IV, 434.

[2] H.-B. IV, 441. Der Brief an den Cardinal Raynald ist von demselben Tage (ibid. 442). [3] Ibid. IV, 450.

[4] Ibid. IV, 448: „... quia Lombardis paratis subire judicium procuratores tui nil sub figura judicii proponere voluerunt, in favorem tui nominis ad provisionis remedium nos oportuit habere recursum..."

[5] Ibid. IV, 451; Boehmer, Acta, n. 302. Ueber die Aechtheit der Urkunde s. Winkelmann, Friedrich II., Bd. I, 426, 2.

so mußte ihm schon die Rücksicht auf die eigene Sicherheit gebieten, mit den Lombarden, falls es nach Ehre und Recht geschehen konnte, in Frieden zu leben. Wie hätte er zudem auch hoffen können, fernerhin auf sie im Sinne des Friedens einzuwirken, wenn er, einseitig bloß die Wünsche und Ansichten des Kaisers berücksichtigend, durch Ungerechtigkeit ihr Vertrauen und ihre Liebe verscherzt hätte?

Daß er aber bereit war, den Kaiser zu unterstützen, hatte er Ende 1232 in dem Streite zwischen Florenz und Pistoja einerseits und Siena andererseits gezeigt. Denn als zu Ende des J. 1232 der Kaiser gegen die erstgenannten Städte wegen ihres Streites mit Siena und ihres Ungehorsames einschritt, that er nur, was der Papst in Begünstigung der kaiserlichen Friedensbemühungen schon am 15. October 1232 gethan hatte, da er Rath und Podesta von Florenz wegen ihrer Weigerung, mit Siena einen billigen Frieden zu schließen, mit dem Banne belegen ließ[1]. Aber es schien fast, als ob nichts im Stande wäre, die Parteiwuth der italienischen Städte zu überwinden. Und dennoch gab es noch ein Mittel: ihr Glaube und die Liebe gottbegnadigter, großer Prediger. Nur diese waren stark genug, der Blutrache Einhalt zu thun, aus Feinden Freunde zu machen und ganze Städte und Landschaften umzuwandeln. Erst im J. 1231 war der hl. Antonius von Padua gestorben und damals, im J. 1233, in der Lombardei der Dominicaner Johann Schio aus Vicenza mit hinreißender Beredsamkeit und, wie man glaubte[2], mit der Wundergabe von Gott beschenkt, als Friedensapostel aufgetreten. Tausende kamen, ihn zu hören, und Städte und Lande folgten seinen Worten. Zu Bologna war er so beliebt, daß die Bürger ihn nicht von sich lassen wollten und ihn zum Schiedsrichter in einem schon lange zwischen ihnen und ihrem Bischofe bestehenden Streit erwählten, den er auch wirklich schlichtete[3]. Das schien der geeignete Mann, um auch Florenz und Siena zu versöhnen, weßhalb ihn der Papst am 28. April, und da er zu Bologna aufgehalten wurde, von Neuem am 27. Juni 1233 ersuchte, dorthin zu gehen[4]. Wie hoch sein Ansehen war, sehen wir daraus, daß Gregor

---

[1] S. das Protocoll des in Gegenwart des Kaisers gegen Florenz gehaltenen Gerichtsverfahrens bei H.-B. IV, 415. Vgl. Ficker IV, nn. 341—343. 346. Gottfried de Prefectis, Caplan und Bote des Papstes, excommunicirte den Podesta und Rath von Florenz, die sich weigerten, mit Siena einen billigen Frieden einzugehen oder die Entscheidung ihrer Streitigkeiten dem römischen Stuhle zu überlassen. Ficker l. c. n. 343, p. 372 sqq.

[2] Auch der Papst glaubte dieß; s. das päpstl. Schreiben an Johann vom 26. Mai 1233 bei Ripolli, Bull. Praed. I, 51, n. 78.

[3] Savioli III. II, 128. (Der Spruch ist vom 29. Juni.)

[4] Ripolli I, 48, n. 73, und I, 56, n. 86. Am 29. April befahl er Podesta und Volk von Bologna, ihn nicht zu hindern, falls er dorthin gehen wolle (ibid. n. 74); ebenso von Neuem am 28. Juni (s. ibid. 57, n. 87).

am 27. Juni 1233 den Bischöfen befehlen mußte, über Alle, die den Bruder Johann gegen seinen Willen zurückhielten, die schwersten kirchlichen Strafen zu verhängen. Auch sonst ermuthigte der Papst die Unternehmungen desselben[1]. Es war ein wunderbarer Erfolg, daß dem Bruder sogar die Versöhnung Ezelins mit seinen alten Widersachern, dem Grafen von S. Bonifacio und dem Markgrafen von Este, gelang. Die goldene Zeit schien für jene Lande angebrochen, als Johann am 28. August zu Paquara bei Verona vor einer unabsehbaren Menschenmenge predigte und als Siegel der Versöhnung zwischen Todfeinden die Verlobung einer Tochter Alberichs von Romano mit einem Sohne des Markgrafen von Este verkündete[2]. Leider folgte schon kurz darauf der Sturz Johanns, der sich in der Absicht, seine Mission besser erfüllen zu können, zum Haupte der Städte Verona und Vicenza hatte machen lassen, aber in letzterer Stadt am 3. September von den Feinden Ezelins, die ihn wahrscheinlich für einen Verbündeten desselben hielten, gefangen genommen wurde. Zwar wurde er kurz darnach wieder befreit und erhielt einen liebevollen Trostbrief[3] von Gregor, worin dieser ihn zur Geduld und zum Gleichmuthe in seinen Widerwärtigkeiten ermahnte, da ja der Jünger nicht über dem Meister sei und dem Triumphzuge des Heilandes sein Leiden gefolgt sei. Allein das Ansehen des großen Predigers war so sehr geschwunden, daß er weder zu Verona noch zu Bologna mehr Eindruck machte und zu Gregors Zeiten nichts mehr von ihm gehört wurde[4].

Wahrscheinlich ist er gar nicht nach Florenz gekommen[5]. Sicher wurde der Friede dort nicht hergestellt. Wie wenig die Einwohner dieser Stadt den Frieden wünschten, zeigte die Aufnahme, welche die Nachricht fand, daß Johann dorthin zu kommen beabsichtige. Er möge nur da bleiben, wo er wäre, sagten sie, denn sie hätten gehört, er erwecke Todte wieder auf; in ihrer Stadt seien aber schon Leute zu viel[6]. Die Streitigkeiten

---

[1] Ripolli I, 56. n. 85. Am 13. Juli verlieh er einen Ablaß für die Beiwohnung der Predigten des Bruders (ibid. I, 57, n. 88); am 5. Aug. gab er ihm Vollmacht, u. a. Städte wegen Verletzung der kirchlichen Freiheit vom Banne loszusprechen (ibid. I, 58, n. 91), wie dieselbe Wohlthat Ezelin und der Stadt Verona, die wegen Verletzung des Friedens im Banne waren, zu ertheilen (ibid. I, 59, n. 92).

[2] S. Roland. Patav. de factis in marchia Tarvis, l. III, c. 7; Ger. Mauris. u. A. Vgl. auch Rayn. 1233, 35 sqq.

[3] Päpstl. Schreiben vom 22. Sept. 1233 bei Ripolli I, 60, n. 95. Gregor beauftragte den Bischof von Vicenza mit einer Untersuchung gegen die Uebelthäter.

[4] In Erinnerung seines großen Eifers beauftragte ihn Innocenz IV. am 13 Juni 1247 mit der Predigt gegen die Häresie in der Lombardei: „... Diligentiam tuam, ... alias facti experimento probatam, ad id (ad prosequendum Fidei negotium) providimus requirendam" (Ripolli I, 174, n. 178).

[5] Die Annahme, daß Johann in Florenz gepredigt, fällt wegen der chronologischen Schwierigkeiten. [6] Salimbene 41.

zwischen Florenz, das an Orvieto Unterstützung fand, und Siena dauerten noch zwei Jahre fort. Ebenso fochten Mailand und Brescia gegen Cremona, Bologna gegen Modena, während auch in der Mark Treviso und in der Romagna gestritten wurde und Siege und Niederlagen wechselten. Reich, mächtig, unabhängig und von großer Freiheitsliebe, waren die Städte zugleich heißblütig und zur Rache geneigt und seit langer Zeit an Krieg gewöhnt.

Je auffallender nun das Benehmen des jungen Königs Heinrich in Deutschland wurde, desto mehr mußte dem Kaiser daran gelegen sein, die Lombardei zu beruhigen, um sich die Verbindung mit Deutschland offen zu halten. Aus diesem Grunde übertrug er, obgleich er sich im J. 1233 über die päpstliche Vermittlung beklagt hatte, im April und von Neuem im September 1234 dem Papste die Vermittlung und endgültige Entscheidung über alle zwischen ihm und den Lombarden bestehenden Streitpunkte, sowohl hinsichtlich der Vorenthaltung der Regalien wie anderer Unbilden [1]. Allein die Lombarden wollten sich zur Ausstellung einer ähnlichen Compromißurkunde trotz der Mahnungen des Papstes nicht verstehen [2] und waren so mißtrauisch, daß er sie zur Zeit, als er Hülfe von Deutschland gegen die Römer erwartete, zweimal [3] ermahnen mußte, den Hülfstruppen doch den Durchzug zu gestatten. Wenngleich er ihnen aber versicherte, der apostolische Stuhl höre nicht auf, auf passende Wege zur glücklichen Erhaltung ihrer gegenwärtigen Lage zu sinnen [4], so ließ er sie doch nicht darüber im Unklaren, daß er, wenn nöthig, durch kirchliche Strafen den Frieden unter ihnen herstellen wolle.

Aber zu ihrem eigenen Schaden kehrten sich die Lombarden überhaupt nicht an die päpstlichen Mahnungen und suchten sich gegen Friedrich II. dadurch sicher zu stellen, daß sie am 17. December 1234 mit König

---

[1] Er that dieß im April, „nach dem Rathe des Johann, Bischof von Sabina, und des Peter von Capua, Cardinaldiakon von St. Georg" (H.-B. IV, 466). In der Urkunde vom Sept. (H.-B. IV, 490; Reg. Imp. n. 2058) fügt er aber hinzu, daß er auch etwaiges seinerseits den Lombarden zugefügtes Unrecht dem Urtheil der Kirche überlasse.

[2] Päpstl. Mahnung vom 27. Oct. 1237 (H.-B. IV, 491). Die Lombarden hatten das päpstl. Schiedsgericht bis zum 28. Juli 1235 überhaupt nicht angenommen. In seinem Schreiben von diesem Tage an die deutschen Fürsten (H.-B. IV, 375) sagt der Papst nur: „(imperialem formam) ab ipso imperatore recepimus et dictae societatis rectoribus sub bulla nostra misimus interclusam". Die bei H.-B. IV, 493, und Rayn. 1234, 35, mitgetheilte Urkunde ist ein bloßes Formular. Vgl. Winkelmann, Bd. II, 6, 6.

[3] Schreiben vom 20. Mai und 3. Juli (H.-B. IV, 470. 472).

[4] Schreiben vom 3. Juli 1234: „Maxime cum ... non cessemus pro statu vestro salubriter conservando opportuna consilia cogitare." Er mußte sich die Lombarden geneigt erhalten, um nicht seinen Einfluß auf sie zu verlieren.

Heinrich ein Bündniß abschlossen, ihm den Treueid leisteten und versprachen, ihn als König innerhalb der Lombardei zu vertheidigen, ohne aber zu Geldleistungen oder Bürgschaften oder militärischer Unterstützung außerhalb der Lombardei verpflichtet zu sein. Seinerseits versprach Heinrich, den Lombarden gegen alle ihre Feinde, besonders Cremona und Pavia, beistehen und keinen Frieden mit denselben ohne Zustimmung Mailands und des Bundes eingehen zu wollen[1]. Sie sollten also den Zuzug sicilianischer Truppen nach Deutschland und vielleicht den Kaiser aufhalten, und eventuell dem Könige Heinrich einen Zufluchtsort gewähren oder ihm den Weg zur Kaiserkrönung bahnen. Das war ein harter Schlag für die Friedensvermittler. Gregor selbst stand voll und ganz in der Empörung Heinrichs auf Seiten des Kaisers und schritt deßhalb gegen die Unterhändler des Bündnisses mit kirchlichen Strafen ein[2]. Allein auch jetzt suchte der Papst den Kaiser zu bewegen, allen Groll über diese neue Vermessenheit der Lombarden aufzugeben, und bat[3] am 28. Juli 1235 die in Mainz zu einem Reichstage versammelten deutschen Fürsten, da die Zeit, in der für das Heilige Land endgültige und dauernde Sorge getragen werden müsse, heranrücke, beim Kaiser auf Beobachtung des früher geschlossenen Compromisses zu wirken. Er vergaß auch nicht, darauf hinzuweisen, welcher Vortheil aus der an Geld und Leuten reichen Lombardei dem Heiligen Lande erwachsen würde. Aber zu Mainz verpflichteten sich die deutschen Fürsten, dem Verlangen des Kaisers gemäß[4] im April 1236 sich zur Heerfahrt nach Italien einzufinden und die Lombardei von zwei Seiten anzugreifen. Jedoch riethen sie dem Kaiser, obwohl sie ihm sonst zu Willen sein wollten[5], nichtsdestoweniger, die

---

[1] H.-B. IV, 707.   [2] Päpstl. Schr. vom 13. März 1235 (H.-B. IV, 532).

[3] H.-B. IV, 735. — Zu Rieti war beschlossen worden, daß der Kaiser auf seiner Reise nach Deutschland von einem Carbinallegaten „pro negociis terrae sanctae et universalibus christianitatis negociis disponendis" begleitet sein solle. S. kaiserl. Schreiben vom 1. Juli 1234 an den Erzbischof von Trier (Boehmer, Acta, n. 303).

[4] Ann. Marbac. SS. XVII, 178: „In eadem curia . . . postulavit a principibus auxilium contra Lombardos." Weber das kaiserl. Schreiben an den Papst, welches eine „deliberatio" der Fürsten „super facto Lombardorum" (H.-B. IV, 759) erwähnt, noch das vom J. 1241 (H.-B. VI, 3: „Olim . . . fuimus ab universis principibus et exquisita totius curiae deliberatione submoniti" etc.) widerlegt dieß, denn der Kaiser selbst fordert gegen Ende Juni die Getreuen in der Lombardei auf (H.-B. IV, 945), Boten nach Mainz zu senden mit der Vollmacht zu erklären, daß sie bereitwilligst für die Rechte des Reiches in der Lombardei einstehen wollten, damit dadurch die Fürsten und die ganze Versammlung angefeuert würden.

[5] Gregor schreibt am 21. März 1236, der Kaiser erwähne in seinem Schreiben, „quod de principum solemni consilio super negotio Lombardiae te praecise in manibus Ecclesiae juxta compromissi formam, quam a te recepimus in Thuscia, poneres, ita tamen" etc. (H.-B. IV, 825).

Angelegenheit noch einmal, wie er zuletzt im September 1234 gethan, dem Papste zur Vermittlung zu übertragen. Dasselbe that auch der Deutschordensmeister, der entschieden für den Wunsch des Papstes eintrat [1].

Um nun die Unterstützung, welche der Papst dem Kaiser gegen seinen Sohn Heinrich angedeihen ließ, würdigen zu können, ist ein Blick auf die Zustände, wie sie sich in Deutschland entwickelt hatten, unerläßlich. Das Land hat Friedrich II., seitdem er im August 1220 nach Italien zur Krönung gezogen, in 15 Jahren nicht mehr gesehen. Die Regierung wurde von seinem Sohne zuerst unter Reichsverwesern, Vormündern und einem geheimen Rathe, und seitdem er sich im J. 1228 mit dem Herzoge Ludwig von Baiern überworfen hatte, thatsächlich selbständig geführt. Unreif und wankelmüthig und dabei von großer Herrschbegierde, gab sein Benehmen gar bald dem Kaiser zu großen Klagen Anlaß. Zwar zürnte dieser seinem Sohne sicher nicht wegen dessen Krieg mit dem Herzoge von Baiern, den Heinrich im J. 1229 zwang, Geiseln für seine Treue zu stellen [2]. Denn als Ludwig am 16. September 1231 zu Kelheim ermordet wurde, standen mehrere, darunter Friedrich wohlgesinnte und gut unterrichtete Zeitgenossen nicht an, den Kaiser des Mordes zu beschuldigen [3]. Eher mochte Heinrich Letztern dadurch erzürnt haben, daß er sich im Juni 1230 wieder dem Herzoge genähert hatte [4]. Aber jedenfalls mußte es den Zorn

---

[1] S. kaiserl. Schreiben an den König von Frankreich (ibid. 876).

[2] S. o. S. 84.

[3] Herzog Ludwig von Bayern war seit seinem Bruche mit Heinrich und seiner Begünstigung der päpstlichen Sache auch mit dem Kaiser zerfallen. Allein als jener aus dem Heiligen Lande zurückkehrte, sandte Ludwig den Bischof von Passau an ihn und war jedenfalls in die allgemeine Amnestie des Friedens von Ceperano eingeschlossen. Vgl. Böhmer, Wittelsbacher Reg. S. 13. Ohne Zweifel wurde ihm aber auch besonders die Gunst der Verzeihung, die der Kaiser am 28. Aug. 1230 sogar dem Bischofe und der Stadt Straßburg erwies (H.-B. III, 221), zu Theil. — Conrad von Pfäffers (S. 181) sagt direct: „Misso sicario violentissimo (ducem Bavariae) prout male gesserat, pugione fecit occidi." Daran schließen sich die Ann. Col. max. p. 842: „Ludwicus — a quodam Sarraceno nuncio vetuli de montanis in medio suorum est occisus. Hoc autem conscientia imperatoris creditur gestum esse." Der Verdacht gegen den Kaiser war so allgemein, daß Innocenz IV. in der Absetzungsbulle darauf hinwies: „... per assasinos occidit, sicut pro certo asseritur" (Rayn. 1245, 44). Auch Gregor IX. deutete am 24. Nov. 1239 darauf hin: „(Fr.) quosdam de (principum) majoribus, quod actibus suis illicitis consentire renuunt, incarcerando, proscribendo et proditoriae necis gladio feriendo, ac paganorum, qui Asisini vocantur, quod inauditum est, quolibet principe christiano gladiis exponendo deturpat" (Höfler, Albert von Beham, Stuttgart 1847, S. 7). — Vgl. auch Winkelmann, Bd. I, 399, 1; Riezler, Geschichte Bayerns, Bd. II (Gotha 1880), S. 61.

[4] Am 17. Juni 1230 bezeugt Ludwig eine zu Gunsten seines Sohnes von Heinrich ausgestellte Urkunde (H.-B. III, 421). Vgl. Reg. Imp. n. 4158. Es ist auffallend, daß Siegel dieser Bulle der erste Beweis ist, daß Heinrich auch die

des Kaisers erregen, daß, während doch andere deutsche Fürsten Ende 1231 über die Alpen nach Ravenna zum Kaiser zogen, Heinrich selbst dazu gar keine ernstlichen Anstalten traf. Des Kaisers Politik in Deutschland war gegen die Städtefreiheit auf Hebung der Macht der Fürsten, deren Ergebenheit er sich sichern wollte, gerichtet. Darum hatte er im December 1231 zu Ravenna wichtige Verordnungen gegen die Autonomie der bischöflichen Städte erlassen[1]. Allein Heinrich handelte schon am 17. März 1232 dagegen, indem er der Stadt Worms erlaubte, einen Stadtrath zu haben, da sein Vater ihm die Regierung Deutschlands „vollständiger" übertragen habe[2]. Daß dieß nicht geschehen war, erfuhr die Stadt schon im Mai 1232, zu welcher Zeit sie der Kaiser wegen der Bildung des Stadtrathes mit der Reichsacht belegte[3]. Schließlich kam Heinrich dennoch, vorzüglich durch die Bemühungen des Bischofs Sigfried von Regensburg, im April 1232 nach Aglei und versprach, seinem Vater in Zukunft gehorsamer zu sein, widrigenfalls die Fürsten demselben gegen ihn beistehen sollten[4]. Allein er hielt sein Versprechen sehr schlecht. Abgesehen davon, daß er gegen des Kaisers Willen die Städte begünstigte[5], stritt er sich mit seinem Schwager, dem Herzoge Friedrich von Oesterreich, der seinem im J. 1230 in Italien verstorbenen Vater Leopold gefolgt war, über die Mitgift und wollte sich sogar von seiner Gemahlin Margaretha scheiden lassen, obgleich er durch sie Aussicht hatte, in den Besitz von Oesterreich zu gelangen, da der Herzog kinderlos war. Auch mit dem Herzoge Otto, dem Sohne Ludwigs von Baiern, fing er im J. 1233 Streit an, zog gegen ihn im August 1233 zu Felde und zwang ihn, seinen Sohn als Geisel zu stellen, mußte letztern aber auf Befehl des Kaisers hin wieder freigeben. Unter solchen Umständen war die Besorgniß des Kaisers[6] wohl begründet. Allein es sollte noch schlimmer kommen. Denn obgleich Heinrich sich am 2. September 1234 in einem

---

selbständige Verwaltung des Herzogthums Schwaben übernommen hatte. Denn er nennt sich darauf „dux Sueviae" (Reg. Imp. l. c.).

[1] H.-B. IV, 286. Im Mai 1232 bestätigte er den Fürsten das berühmte Privileg des Reichstages von Worms (Mai 1231), wodurch sie auch rechtlich zu Landesfürsten wurden (H.-B. IV, 332).

[2] H.-B. IV, 564; vgl. dazu Winkelmann 408 und Ficker in den Reg. Imp. n. 4228. [3] H.-B. IV, 335.

[4] S. die Verbriefung der Fürsten bei H.-B. IV, 325. Vgl. auch das Schreiben des Königs an den Papst vom 10. April 1233 ibid. IV, 952.

[5] Am 3. Aug. 1232 bestätigte er der Stadt Worms ihre Privilegien, hob aber Rath und Innungen schon am folgenden Tage, jedenfalls aus Furcht vor den Fürsten und dem Zorne seines Vaters „auf Antrag" seines „Rathes" wieder auf (H.-B. IV, 579. 581).

[6] S. das Schreiben an den Erzbischof von Trier vom 3. Dec. 1232, mit der Bitte, den König persönlich an seine Versprechen zu mahnen (Boehmer, Acta, n. 300).

längern an den Bischof von Hildesheim gerichteten Schreiben den deutschen Fürsten gegenüber zu rechtfertigen suchte und auch um dieselbe Zeit Gesandte an den Kaiser schickte, entfaltete er auf einer Versammlung zu Bopparb im September 1234 offen die Fahne der Empörung. Mehrere Städte stellten ihm Geiseln und er gewann auch unter den Bischöfen und sonstigen Großen mehrere Anhänger[1]. Es wurde schon bemerkt, daß er am 17. December 1234 auch mit den Lombarden ein vorzüglich gegen den Kaiser gerichtetes Bündniß abschloß[2].

Hätte der Papst wirklich verrätherisch die Lombarden gegen Friedrich schützen oder die Macht des letztern untergraben wollen, so hätte er nun wenigstens eine abwartende Stellung einnehmen müssen. Allein er wirkte alsbald mit größter Entschiedenheit im Interesse des Kaisers. Schon am 10. April 1233 hatte ihm König Heinrich das Versprechen abgelegt, falls er gegen den Befehl oder Vortheil des Kaisers handle, sich willig dem vom Papste auf einfaches Verlangen des Kaisers auszusprechenden Banne unterwerfen zu wollen[3]. Daran erinnerte ihn der Papst gegen Anfang Juli 1234, indem er ihn ermahnte, doch seiner Kindespflicht gegen den Kaiser eingedenk zu sein. Um eine bloße Drohung war es ihm nicht zu thun. Denn am 5. Juli gab er dem Erzbischof von Trier bestimmten Auftrag[4],

---

[1] H.-B. (IV, 682 sqq.) gibt das sehr wichtige Rechtfertigungsschreiben. Vgl. dann Ann. Marbac. zum J. 1235 u. a. — In Deutschland hingen ihm besonders die Bischöfe von Würzburg und Augsburg, sowie der erwählte Bischof von Worms und der Abt von Fulda an. Vgl. die päpstl. Briefe vom 13. März und 24. Sept. 1235 bei H.-B. IV, 532. 777.

[2] S. o. S. 164. — Schirrmacher will (I, 242; II, 314; IV, 539) den Papst für das Bündniß des Königs mit den Lombarden moralisch verantwortlich machen, und demgemäß aus dem Rechtfertigungsschreiben des Königs herauslesen, daß der König über die päpstliche Entscheidung gegen ihn überrascht worden sei. Die angezogenen Worte lauten: „Unde merito credendum non esset vel etiam praesumendum a Sede Apostolica, a qua iura prodire debent et non iniuriae, tales literas et mandata contra personam nostram de certa scientia emanasse" (H.-B. IV, 685). Heinrich behauptet demnach bloß, im Rechte zu sein und deßhalb auf Anerkennung desselben gehofft zu haben. Vom Papste hoffte er sonst keine Gunst. Denn schon am 26. Jan. 1233 beklagt er sich, daß die Kirche ihn öfters geschädigt habe: „licet pluries gloriae nominis nostri ab ecclesia sit detractum" (bei Balan II, 280), und will nach seinem Schreiben vom 10. April 1233 vom Papste mit dem Banne belegt werden, falls er sich gegen seinen Vater vergehe (H.-B, IV, 952). — Die Lombarden wollten aber damals auch vom Papste, resp. seinem Schiedsgerichte nichts wissen (s. o. S. 163 f.).

[3] H.-B. IV, 952. Es bezieht sich dieses auf ein von Heinrich bei der Zusammenkunft mit seinem Vater im J. 1232 geleistetes Versprechen, das, wie Ficker (Reg. Imp. n. 4269a und 4278) meint, bei einer Zusammenkunft mit dem Erzbischof von Trier (s. o. S. 166, Anm. 6) nicht bloß wiederholt, sondern (auch dann erst) durch die Unterwerfung unter den Bann verschärft wurde.

[4] H.-B. IV, 473. Dort ist der Hauptinhalt des päpstlichen Schreibens an

"den Edeln" Heinrich (er nennt ihn nicht mehr König), falls er die seinem Vater gegebenen Versprechen nicht halte, ohne Weiteres mit dem Banne zu belegen, der dann nach der Versammlung von Boppard gegen Ende des J. 1234 durch den Erzbischof von Salzburg wirklich verkündet wurde[1]. Der Papst war es auch, der Heinrich die Hülfe des Auslandes entzog, denn er verhandelte mit England zu Gunsten einer Heirath zwischen dem Kaiser und der Schwester des englischen Königs, Isabella, und empfahl die Ehe dem Könige von England[2]. Allerdings konnte gerade durch diese Ehe Frankreich nun zum Anschlusse an Heinrich getrieben werden, denn in einem Bündnisse, welches der Kaiser im Mai 1232 mit dem Könige von Frankreich geschlossen, hatte er sich ausdrücklich verpflichtet, ohne den Willen des französischen Königs weder Freundschaft noch Bündniß mit England zu halten. Es war deßhalb auch von Heinrich klug berechnet, daß er im Februar 1235 Ludwig IX. zu einer Verlobung ihrer Kinder und zu einem Bündnisse zu bewegen suchte[3]. Aber auch hier verwandte sich der Papst in wirksamer Weise für das kaiserliche Interesse, indem er selbst brieflich ein etwa wegen der Heirath gegen Friedrich geschöpftes Mißtrauen zerstreute[4]. Endlich bahnte auch der Papst dem Kaiser den Weg nach Deutschland, denn er hatte nicht bloß Heinrich mit dem Banne belegen, sondern auch am 13. März 1235 die demselben geleisteten Eide für ungültig erklären

---

den König mitgetheilt. Besonders bemerkenswerth ist die Stelle: „Quod cum illatam imperatori memorato injuriam nostram merito reputamus, eo quod Ecclesiae provisus a Domino sit defensor, arbitrantes nobis accrescere quidquid sibi in bonis contigerit advenire, saepefacto nobili si eidem imperatori obnoxius et devotus exstiterit, erit sedes ap. in favorum munere liberalis." Denn mehr wie das hat er auch nie den Lombarden, die er doch unrechtlich begünstigt haben soll, geschrieben.

[1] S. päpstl. Schreiben vom 1. Aug. 1235 (H.-B. IV, 738). Der dort dem Bischof von Regensburg gegebene Auftrag, Heinrich vom Banne loszusprechen, war gegeben worden, weil der Papst irrthümlich meinte, er sei wieder im Besitze der kaiserlichen Gnade.

[2] S. die kaiserl. Briefe an den Papst vom 15. Nov. und 9. Dec. 1234 (H.-B. IV, 503. 515). Das päpstl. Schreiben an den König von England ist vom 5. Dec. (Rymer, Foedera [ed. 1816] I, 220), der Ehevertrag vom 22. Febr. 1235 (H.-B. IV, 522).

[3] Bündniß mit Fr. (ibid. IV, 354); von Heinrich im eigenen Namen wiederholt (ibid. 570). Ueber Heinrichs erfolglose Gesandtschaft an Ludwig s. Ann. Marbac. l. c.

[4] Schreiben vom 16. April 1235 (H.-B. IV, 537). Aehnlich das Friedrichs vom 25. April (ibid. 539). Lorenz (a. a. O. 28) erwähnt Gregors Schreiben an Ludwig IX. gar nicht, sagt aber: „So viel ist gewiß, daß Gregor IX. von diesem Schritte des Kaisers einen Bruch mit Frankreich erwartete, und daß er hieran die außerordentlichsten Pläne knüpfte" (!). Wann wird man endlich die Thatsachen selbst reden lassen?

lassen¹ und die geistlichen Anhänger desselben nach Rom zur Verantwortung geladen².

Bei dieser Haltung des Papstes allein schon war es nicht zu verwundern, daß, als der Kaiser im Juni 1235 nach Deutschland kam, ihm Alles zufiel und Heinrich, von Allen verlassen, ihm sich auf Gnade und Ungnade ergab. Da er aber die Bedingungen, unter denen ihm sein Vater Gnade zusicherte, nicht erfüllen wollte, wurde er in Gefangenschaft gehalten, worin er sich selbst im Februar 1242 den Tod gab³.

Zwölftes Kapitel.

Gregors Fürsorge für das Heilige Land und das lateinische Kaiserthum von Constantinopel.

Nachdem Friedrich II. das Heilige Land verlassen hatte, zeigte es sich bald, daß die Lage der Christen daselbst durchaus nicht sicher war. Eine saracenische Horde griff kurz nachher sogar Jerusalem an⁴. Wie es scheint, wurden dadurch die Templer zu eigenmächtigem Vorgehen gegen die benachbarten Feinde der Christen gereizt. Sicher ließen sie sich auch durch das Verbot des kaiserlichen Statthalters, wie des von Friedrich II. abgeschlossenen Waffenstillstandes in ihrem Handeln nicht hindern, obgleich sie bei der geringen Zahl der Christen deren Lage dadurch noch mehr gefährden mußten. Deßhalb gebot ihnen auf den Wunsch des Kaisers der Papst selbst, den Frieden zu halten⁵.

Auch das Gerücht von einem seitens des Königs von Persien drohenden Einfalle erschreckte die Christen nicht wenig. Der Kaiser machte

---

¹ H.-B. IV, 530. S. auch Vita Greg. 581: „Pia mater, ingratitudinis oblita praeteritae, compassionis viscera resumens in filium . . . eidem contra filium et ejus complices concessit Apostolicas literas."

² S. das Schreiben an den Bischof von Regensburg vom 13. März 1235 bei H.-B. IV, 532. Da sie nicht gehorchten, ließ er sie am 24. Sept. 1235 mit kirchlichen Strafen belegen (ibid. 777). Daraufhin gingen sie wirklich nach Rom, erhielten Verzeihung und von dem Deutschordensmeister das Versprechen, sich beim Kaiser für sie verwenden zu wollen (H.-B. IV, 778, 2; Ann. Worm. SS. XVII, 45). Friedrich scheint ihnen verziehen zu haben, denn am 5. Mai 1236 gab Gregor Auftrag rücksichtlich der Consecration des Bischofs von Worms (H.-B. IV, 882).

³ Vgl. die Reg. Imp. p. 414. 793—796.

⁴ Cont. Guill. Tyr., vgl. bei H.-B. III, 299, 1. — Al-Kamel konnte dafür nicht verantwortlich gemacht werden. Allein daß er Kaufleute aus Accon, die, auf sein öffentlich gegebenes Wort vertrauend, in Alexandrien Handel trieben, ihrer Güter berauben und in's Gefängniß werfen ließ (s. Gregors Schreiben an ihn vom 11. Aug. 1231 bei Rayn. 1231, 56), mußte auch das Vertrauen auf ihn erschüttern.

⁵ Päpstl. Schreiben vom 26. Febr. 1231 an den Großmeister der Templer bei H.-B. III, 266.

sogar dem Papste davon Anzeige, theilte ihm aber auch seinen Entschluß, dem Königreiche Jerusalem wirksame Hülfe zu schicken, mit[1] und bat ihn, die Christenheit aufzufordern, sich zur Abwehr des Einfalles bereit zu halten. Friedrich sandte wirklich im März 1231 sicilianische Lehensleute, denen er im Juli den Marschall Richard Filangieri mit andern Truppen nachschickte[2]. Wie der Papst gerne nach dem Wunsche des Kaisers die erwähnte Aufforderung an die Christenheit gerichtet hatte[3], so empfahl er auch den Marschall der syrischen Geistlichkeit[4] und unterstützte die Bemühungen des Kaisers, im Königreiche Jerusalem Ordnung zu schaffen, soweit er konnte.

Der Marschall war besonders beauftragt, gegen Johann von Ibelin vorzugehen. Denn Letzterer hatte nach der Rückkehr des Kaisers die von diesem mit der Vormundschaft über den jungen König Heinrich betrauten Barone zur Verzichtleistung gezwungen. Zwar hatte dann der Kaiser von dem Könige als seinem Vasallen die Vertreibung Johanns und seiner Familie verlangt, Heinrich aber dem Ansinnen nicht entsprochen[5]. Sobald Richard im Orient angelangt war, confiscirte er die Güter Johanns in Jerusalem und nahm die Stadt Beirut mit Ausnahme der Johann gehörigen Burg ein. Er sei gekommen, so verkündete er zu Accon, um gemäß dem Willen des Kaisers mit dem Rathe der Barone des Königreiches Jerusalem Recht und Ordnung im Lande aufrecht zu erhalten. Allein des Kaisers Absicht war, wie in Sicilien, so auch in Jerusalem die absolute Monarchie aufzurichten, wobei er den Ursprung und die Constitution des Reiches als eines Lehensstaates, an dessen Gründung viele gleichmäßig betheiligt gewesen, ganz aus den Augen ließ und bei den Baronen nothwendig Unwillen und Widerspruch hervorrufen mußte. Auch die Angelegenheit wegen Beiruts brachte der Marschall nicht vor den Lehenshof und kümmerte sich um die Vorstellung der Barone, daß nach ihren Satzungen kein Lehensherr seinem Vasallen eigenmächtig sein Lehen nehmen dürfe, nicht, als ob die Verfassung des Reiches gar nicht existirt und der Kaiser das Land erobert hätte[6]. Aber damit waren

---

[1] Päpstl. Schreiben vom 19. Jan. an den Kaiser, worin er seinen Entschluß lobt (H.-B. III, 255).

[2] Rich. Sangerm., Registr. Frid. bei Winkelmann, Acta, n. 766.

[3] Am 28. Febr. 1231; s. Rayn. 1231, 55.

[4] Am 12. Aug. 1231 (H.-B. III, 298). Allein er wollte ihn mit Recht nicht Gesandten des Kaiserreiches, wie Friedrich gethan, sondern bloß des Kaisers nennen, da das Königreich Jerusalem ja nicht zum Reiche gehörte.

[5] H.-B. III, 299, 1; Wilken VI, 528 ff.

[6] Wilken VI, 530 f. Der Balian de Saiette entwickelte nach der Cont. Guill. Tyr. (vgl. Martene, Vet. SS. Ampl. Coll. V, 707) vor dem Marschall die Gedanken, wie das Reich durch die vereinigten Kräfte ursprünglich gleichgestellter Großen entstanden, und kraft der Satzungen des Reiches den Baronen rechtlich

die Barone nicht zufrieden. Sie vereinigten sich in der alten Hadrians=
bruderschaft, die also einen politischen Charakter hatte, zur Behauptung
der Rechte und Freiheiten des Königreiches. Mit ihnen verband sich
Johann von Ibelin, der mit dem Könige und vielen Baronen von Cypern
hinübergekommen war, um Beirut zu gewinnen. Zwar wurde sein
Heer von dem Marschall bei Casal Imbert am 3. Mai 1232 besiegt.
Als dieser aber nach Cypern selbst ging, erlitt er dort am 15. Juni
1232 bei Nicosia eine vernichtende Niederlage [1]. Dazu war auch Accon
im April 1232 in die Hände der Gegner des Marschalls gekommen.
Zwar sammelte der Kaiser im Juli 1232 ein Heer, aber er entließ es
klugerweise wieder, um die Sache dem Papste zu überlassen [2].

Der Papst war nun auch ängstlich für die Förderung der Interessen
Friedrichs im Heiligen Lande thätig. Den Patriarchen Gerold von Je=
rusalem tadelte er am 17. Juni 1237, daß er gegen seine Mahnung
den Rebellen und Feinden des Kaisers beistehe. Kurz darnach rief er
ihn, da er dem Kaiser besonders anstößig war, am 7. Juli 1232 [3] ab
und ernannte den als treuen Anhänger Friedrichs bekannten Patriarchen
von Antiochien zum päpstlichen Legaten. Als dessen Aufgabe wurde die
Zurückführung der Edeln des Reiches wie der Bürger von Accon zum
Gehorsam und zur Treue gegen den Kaiser bezeichnet. Denn selbst wenn
sie gerechten Grund zur Klage gegen Friedrich hätten, so sei doch sein
Sohn Conrad, der Erbe des Reiches, unschuldig. In der Ausführung
seines Auftrages sollte sich aber der Legat des Rathes der Großmeister
der Orden und Anderer bedienen [4].

Zwar brachten nun der Patriarch von Antiochien und der Deutsch=
ordensmeister einen Frieden zwischen denen in Syrien und dem Kaiser
zu Stande, aber die Barone waren damit so wenig zufrieden, daß der
Papst, der dem Entwurfe schon am 22. März 1234 seine Zustimmung
gegeben hatte [5], ihn bis zum 8. August 1234 noch nicht officiell bestätigen

---

großer Einfluß zustand, woran auch die Bürgerschaft ihren Theil hatte. Vgl. auch
Winkelmann I, 494.

[1] Erstern Sieg meldete Friedrich am 18. Juli 1232 nach Genua (H.-B.
IV, 368). Die Niederlage, die doch schon vor einem Monate erfolgt war, er=
wähnt er nicht.

[2] Rich. Sangerm. S. besonders die Cont. Guill. Tyr. bei Martene l. c.
V, 711 sqq.

[3] Rodenberg, Epp. n. 467, p. 377; dann das Schreiben an den Patriarchen
Gerold vom 7. Juli (ibid. n. 468, p. 377); Gregor wiederholt seine Aufforderung
am 25. Juli (VIII. Kal. Aug.) 1232 (ibid. n. 474, p. 382).

[4] S. päpstl. Schreiben vom 26. Juli 1232 an den Patriarchen von Antiochien
(H.-B. IV, 376); Aufforderung an die Johanniter von demselben Tage, den Ver=
theidigern der Rechte des Kaisers gegen die Rebellen hülfreiche Hand zu leisten
(ibid. 378).   [5] Rodenberg, Epp. n. 578, p. 471.

konnte, weil die Zustimmung der Barone ausblieb[1]. Inzwischen hatte aber Gregor im Juni 1234 zu Rieti mit dem Kaiser, den Patriarchen von Constantinopel, Antiochien und Jerusalem und vielen Bischöfen die Angelegenheit des Heiligen Landes berathen und in Verbindung mit dem Kaiser den Erzbischof von Ravenna mit der Durchführung des von dem Patriarchen von Antiochien und dem Deutschordensmeister vermittelten Friedens beauftragt[2]. Sollten sich die Barone und Bürger weigern, den Frieden anzuerkennen, so sollte der Erzbischof Alles wieder auf den Zustand vor Entstehung der Zwietracht zwischen ihnen und dem Marschall, d. h. also auf den Zustand von 1230 zurückführen und die Widerspenstigen mit dem Banne belegen. Auch Johann von Jbelin wurde nun vom Papste mit kirchlichen Strafen bedroht[3], falls er sich nicht zur Genugthuung oder wenigstens zur Unterwerfung unter den Schiedsspruch der Kirche verstehe. Allein der Erzbischof von Ravenna war nicht der Mann, die Verhältnisse im Heiligen Lande zu ordnen. Er betrachtete sich mehr als kaiserlichen denn als apostolischen Gesandten und gab, statt zuerst, wie ihm doch der Papst vorgeschrieben hatte[4], auf Anerkennung des Friedens zu bringen und sich zu vergewissern, ob man den Frieden halten wolle, sogleich Befehl, in allen nach alter, bekannter Gewohnheit dem Könige von Jerusalem zustehenden Rechten dem Kaiser, seinem Sohne und den kaiserlichen Beamten zu gehorchen, hob die Hadriansbruderschaft auf und forderte zu Accon in schroffer Weise Abschaffung der Stadtglocke, des Rathes und der Capitäne der Stadt. Obgleich nun die Bürger den Frieden hatten anerkennen wollen, wurden sie hierdurch abgestoßen und weigerten sich, dem Befehle des Erzbischofes nachzukommen. Darauf sprach dieser das Interdict über die Stadt aus und belegte die öffentlichen Vertreter der Bürger- und Ritterschaft und ihre Rathgeber und Helfer mit dem Banne. Deßhalb appellirten aber die von Accon an den Papst

---

[1] An dem Tage befahl er ihnen, den Frieden zu beobachten (H.-B. IV, 483). Die Worte: „Pacem quam jam dudum praedicti . . . facere curaverunt", beweisen, daß schon eine geraume Zeit seit der vom Patriarchen und dem Hochmeister vermittelten Einigung, die also nicht eine ganz neue, sondern ohne Zweifel eben jene am 22. März 1234 bestätigte war, verflossen sein mußte. Auch der Kaiser erwähnt den Vergleich am 8. Aug. 1234 mit den Worten: „Si formam concordiae . . . jam contractae volueritis a modo conservari" (H.-B. IV, 479).

[2] S. Brief Gregors vom 8. Aug. 1234 an die syrische Geistlichkeit bei H.-B. IV, 481 (vgl. auch Anm. 4); Beglaubigung des Erzbischofs als apostolischen Legaten durch den Papst ibid. 482; als kaiserlichen Machtboten durch den Kaiser ibid. 481.   [3] Schreiben vom 7. Aug. 1234 bei H.-B. IV, 943.

[4] Ueber das Verfahren des Erzbischofs s. das päpstl. Schreiben vom 22. Sept. 1235 bei H.-B. IV, 772, wo es heißt: „Antequam sibi de praedictae pacis quam dicti Acconenses probare volebant forma constaret, nostri mandati ordine non servato" etc.

und sandten Philipp von Troyes und Heinrich von Nazareth an ihn[1], während andererseits die kaiserlichen Gesandten, Peter von Vinea und der erwählte Bischof von Patti (in Sicilien), um Bestätigung des Vorgehens des Erzbischofes baten.

Als nun der Kaiser im J. 1235 in Deutschland weilte, nahm sich Gregor wiederum auch seiner Interessen im Heiligen Lande an, wobei er wohl auch von dem Wunsche geleitet war, durch die dem Kaiser geleisteten Dienste ihn desto geneigter zum Nachgeben in anderen Fragen zu machen. Johann von Jbelin schickte sich damals an, die in kaiserlichen Händen befindliche Stadt Tyrus zu belagern, ein Unternehmen, worin ihn vielleicht die Templer und Johanniter unterstützt hätten. Allein der Papst verhinderte die Belagerung[2], hob aber auch das Interdict über Accon, da die Bürger ihm Bürgschaft für ihren Gehorsam gegen seine Gebote leisteten, wieder auf. Er war der richtigen Ansicht, daß das Interdict in einem Lande, welches eine verschiedenen Riten folgende Bevölkerung hatte, sich überhaupt nicht empfehle, da es leicht Viele dem römischen Ritus entfremden und dadurch der Gefahr der Häresie aussetzen konnte. Am 22. September 1235 ging er sogar so weit, mit Genehmigung der Gesandten und Vertreter von Accon dem Kaiser einen Frieden[3] vorzuschlagen, der thatsächlich mit dem von dem Erzbischofe von Ravenna gegebenen Befehle übereinstimmte und nur geringe Zugeständnisse verlangte. In Betreff des Mein und Dein soll Alles in den Zustand vom J. 1230 gebracht, die Ausübung der nach alter und bekannter Gewohnheit den Königen von Jerusalem zustehenden Rechte, aber unter Garantie der Assisen und der alten und gutgeheißenen Gewohnheiten des Reiches, den im Namen Friedrichs und Conrads handelnden Beamten zustehen, die Habriansbruderschaft, wie auch die Stadtverfassung von Accon aufgehoben sein und der Treueid dem Kaiser und seinem Sohne erneuert werden. Dagegen sollte der im Heiligen Lande äußerst mißliebige Marschall Richard am 1. März 1236 einen Nachfolger erhalten. Da aber im Heiligen Lande kein Friede herrschen konnte, so lange Cypern nicht

---

[1] Cont. Guill. Tyr. l. c. 717. Auch Gregor erwähnt am 22. Sept. 1235 die Anwesenheit von „nuntii et procuratores dictorum Acconensium compromittendi in nos habentes plenariam potestatem" wie die der kaiserlichen Gesandten. — Winkelmann (I, 497, 3) setzt die Sendung der beiden Ritter irrthümlich vor den 22. März 1234, weil er glaubt, an jenem Tage sei ein von ihnen mit dem Kaiser eingegangener und von der durch den Patriarchen von Antiochien vermittelten Einigung verschiedener Friede bestätigt worden. Vgl. aber o. S. 172, Anm. 1. S. auch S. 174, Anm. 1.

[2] S. die päpstl. Schreiben vom 28. Juli 1235 an Johann von Jbelin (Rayn. 1235, 42), und den Großmeister der Johanniter, die Belagerung von Tyrus oder irgend einer andern kaiserlichen Stadt zu verhindern (H.-B. IV, 737).

[3] H.-B. IV, 772.

beruhigt war, erbat sich der Papst vom Kaiser Vollmachten zur Unterhandlung mit Cypern, um wenigstens einen Waffenstillstand zu Stande zu bringen. Den auf das Heilige Land sich beziehenden Vorschlägen gab auch der Kaiser seine Zustimmung, worauf dann der Papst im Februar 1236 das Gelingen des Versöhnungswerkes verkündete[1]. Ueber Cypern wolle er ihm bei seiner Rückkehr nach Italien schreiben, meldete der Kaiser einige Monate später; aber wir hören von weiteren Schreiben nichts. Augenscheinlich hoffte er, nach einem glücklichen Siege über die Lombarden, auf Cypern, wie im Königreiche Jerusalem, seine absolute Macht doch noch begründen zu können. Er rief auch den Marschall Richard nicht ab. Darum kann es nicht Wunder nehmen, daß die syrischen Barone, denen ohnehin schon Bedingungen, wie die Auflösung der Hadriansbruderschaft, recht schwer fallen mußten, den Frieden nicht annahmen oder ihn wenigstens nicht als bindend erachteten. Denn sie schickten vielmehr in Verbindung mit dem Könige von Cypern eine neue Gesandtschaft, deren Haupt der Ritter Gottfried Letort war, an den Papst. Auf Letorts Vorstellungen hin soll Gregor den Baronen schriftlich seinen Schutz zugesichert und sich sogar für die Verbindung der beiden Königreiche Cypern und Jerusalem ausgesprochen haben[2]. Allein die Nachricht ist wenig verbürgt und in sich selbst sehr unwahrscheinlich. Thatsächlich dauerte der Kampf zwischen dem kaiserlichen Marschall und den Christen in Palästina zum größten Schaden des Heiligen Landes fort.

Die Politik des Kaisers und seines Statthalters war auf den Umsturz der bestehenden Verfassung und die Herstellung des absoluten Königthums gerichtet; die Durchführung derselben aber war ohne die Unterwerfung Cyperns und einer größern Macht, als dem Statthalter zu Ge-

---

[1] S. das Schreiben an den Kaiser vom 21. Febr. 1236 bei H.-B. IV, 808. S. auch die Briefe vom 19. Febr. an die Deutschritter zu Accon und vom 23. Febr. an den Erzbischof von Nazareth und Bischof von Accon ibid. 808, not. Die Briefe sind von Viterbo datirt. Wenn aber die Cont. Guill. Tyr. 717 die Gesandtschaft der Ritter Ph. von Troyes und H. von Nazareth nach Rom kommen läßt, so ist das eine Verwechslung mit Viterbo. Die Stelle lautet: „Quant cil furent venus à Rome, si firent tot ce qui li maistres des Alemans vout, tout au gré de l'empereor, et orent ses lettres scellées de son scel des convenances de la pes."

[2] Cont. Guill. Tyr. in Martene, p. 718; bei Guizot, Coll. des Mém. XIX, 488: „Ains lor promettoit l'aide et le maintenement de l'yglise, et lor envoioit lettres, en quoi il lor mandoit, qu'il voloit que li dui roiaume fussent toute une chose, et manda en Acre as quatre regions et à toutes les communes qui au roi de Chipre et à sa terre, et à ceus du roiaume au roiaume de Jerusalem feussent aidant à garder et à deffendre eus et lor choses, et si lor commandoit-il mult especiaument et à la poeste de Gennes et au commun manda il ce meismes." Die Gesandtschaft fällt, da Gottfried den Papst zu Viterbo traf, nach dem 21. März 1237; denn der Papst weilte dort von etwa dem 21. März bis in die ersten Tage des October 1237.

bote stand, nicht möglich. Hätte Friedrich die Streitkräfte Siciliens dazu dauernd verwenden können, so wäre vielleicht durch die Personal=Union der beiden Königreiche der Plan und die Stärkung des Heiligen Landes gegen äußere und innere Feinde geglückt, da er aber voraussehen konnte, daß er dazu nicht im Stande sein werde, war sein Vorgehen politisch verkehrt, wenn gleich das Lehensystem, wie es dort bestand, ein großer Uebelstand war. Der von Gregor IX. im J. 1235 gemachte Vorschlag ging immerhin sehr weit zu Gunsten der Absichten des Kaisers, weil der Papst ihn dadurch auch zu einer friedlichen Beendigung der lombardischen Schwierigkeiten bestimmen wollte.

Allein der Papst bemühte sich keineswegs bloß für die Herstellung der Ordnung und des Friedens im Heiligen Lande im Interesse Friedrichs und seines Sohnes Conrad, sondern auch im Interesse des von der Versammlung von Rieti[1] im Juni 1234 angesagten allgemeinen Friedens. Der war dort auf vier Jahre zum Besten der Hilfeleistung für's Heilige Land angesagt und auf seine Verletzung Bann und Interdict als Strafe gesetzt worden[2]. Mit jugendlichem Feuer predigte der Papst selbst zu Perugia das Kreuz[3] und suchte die deutschen Fürsten zu bewegen, schon im März 1235 die Fahrt anzutreten[4]. Ihm schwebte nichts Geringeres als ein zehn Jahre lang dauernder Aufenthalt eines Kreuzheeres im Heiligen Lande vor, das nun dauernd den Ungläubigen entrissen werden sollte[5]. In der That war der Eifer für das Land, welches schon so manche Herzen begeistert hatte, nicht erkaltet. In England nahm der Bruder des Königs, Graf Richard von Cornwallis, das Kreuz, und

---

[1] Hefele (884) läßt nach H.-B. IV, 482, 1, der sich irrthümlich auf die Vita Greg. (vgl. Mur. III, p. 580) bezieht, die Versammlung zu Spoleto statt zu Rieti abgehalten werden. Dort war der Papst aber nicht vor dem 8. Aug., denn am 3. Aug. urkundet er noch zu Rieti, am 7. „ap. Arronem", seit dem 8. zu Spoleto (s. Potth. I, p. 811). Aber am 8. Aug. 1234 schrieb er: „nuper deliberatione praehabita ... providimus". — Vgl. auch Schirrmacher III, 297, 16 und III, 298, 20.

[2] Päpstl. Schreiben vom 8. Aug. 1234 an die syrische Geistlichkeit (H.-B. IV, 481); vgl. auch das Rundschreiben vom 4. Sept. und den Aufruf an die christliche Jugend und alle Waffenfähigen vom 17. Nov. 1234 bei Mansi, Conc. XXIII, 69; Rayn. 1234, 30.

[3] Vita Greg. 580. Er war in Perugia von Mitte Sept. 1234 bis Mitte Sept. 1235. Am 17. Oct. 1234 bestimmte er Kreuzprediger für die Lombardei (Potth. n. 9730 sq.), am 22. Nov. für Deutschland (ibid. n. 9769); s. ibid. n. 9773 Mahnung an die deutschen Fürsten, die Sache des Kreuzzuges zu fördern.

[4] Rayn. 1234, 31. Vgl. hierzu S. 176, Anm. 3. — Er verbot Sonderzüge, drang auf Anschluß an ein Heer und schützte die Kreuzfahrer gegen wucherische Erpressungen. Rayn. 1235, 45.

[5] Päpstl. Schreiben an den Erzbischof von Rheims vom 28. Juni 1235 bei Rayn. 1235, 46 sqq.

Manche folgten seinem Beispiele. Dasselbe thaten Viele in Flandern und Frankreich, so u. A. Thibaut, Graf der Champagne und König von Navarra, Mauclerc von Bretagne und die Grafen von Montfort und Bar[1]. Deren Eifer mußte aber der Kaiser, als er schon gegen Ende des J. 1236 im Kampfe mit den Lombarden war, durch die Bemerkung abzukühlen, daß er einen Bruch des Waffenstillstandes mit dem Sultane, der noch drei Jahre dauere, nicht zugeben werde[2]. Einen solchen wollte aber auch der Papst nicht[3]. Allein eine zeitige Abfahrt war wünschenswerth, um im Heiligen Lande selbst einige Plätze zu befestigen und sonstige Vorbereitungen zu treffen. Zudem würde die Anwesenheit der Kreuzfahrer die Christen am sichersten vor Einfällen der Saracenen, wovor sie, wie das J. 1230 bewiesen hatte, keineswegs sicher waren, geschützt haben.

Seit dem J. 1204 war durch die Errichtung des lateinischen Kaiserthums von Constantinopel, welches, von seinen Anfängen an innerlich schwach und dazu von vielen äußern Feinden umgeben, große Anstrengungen für seine Erhaltung nöthig machte, eine neue Sorge zu der für das Heilige Land hinzugetreten. Der erste Kaiser, Balduin I., war schon im J. 1205 von dem Könige der Bulgaren, Kalojohannes, gefangen genommen worden und starb in der Gefangenschaft. Sein Bruder und Nachfolger Heinrich wurde im J. 1216 vergiftet. Der dritte Kaiser, Peter von Courtenay, wurde zu Rom im J. 1217 gekrönt, aber im Kampfe gegen den griechischen Kaiser von Nicäa gefangen genommen und starb kurz darnach. Sein Sohn Robert konnte auch nichts Rühmliches vollbringen, mußte mit dem Kaiser von Nicäa einen schimpflichen Frieden schließen und starb schon im J. 1228 mit Hinterlassung eines unmündigen zehnjährigen Sohnes, Balduins II. Da aber das Reich eines kriegserfahrenen Herrschers bedurfte, wandten sich die Augen der Barone auf den treuen General des Papstes und großen Kriegshelden jener Tage, Johann von Brienne. Mit Zustimmung des Papstes schlossen sie einen Vertrag mit ihm ab, wodurch er das Kaiserthum und auch den kaiserlichen Titel bis zu seinem Ende besitzen, somit wirklicher Kaiser, nicht bloß Reichsverweser sein sollte. Er seinerseits verpflichtete sich, seine Tochter dem jungen Erben des Reiches, der ihm auch im Kaiserthume nachfolgen solle, zur Ehe zu geben. Der Vertrag erhielt am 9. April 1229 die päpstliche Be-

---

[1] Matth. Paris. (ed. Luard) III, 368 sq.; Rayn. 1235, 49; Wilken VI, 564 f.
[2] H.-B. IV, 878.
[3] Er betont das am 6. Nov. 1234 (Schreiben an den König von Frankreich bei Rayn. 1234, 28 sq.) und am 28. Juni 1235 (Schreiben an den Erzbischof von Rheims l. c. 46 sqq.). Darin heißt es: „Cum treugae cum Sarracenis initae modico sint tempore duraturae, ne si quod absit, invenitur christiana professio imparata, verendum sit, quod non solum difficilis terrae recuperatio jam amissae, verum etiam desperabilis retentio sit retentatae" etc.

stätigung[1]. Leider fehlte es Johann, wie auch den übrigen Kaisern von Constantinopel, an einer Hausmacht, um der Würde Nachdruck zu geben. Deßhalb konnte er erst im August 1231 zur See (zu Lande hätte er zu viele Hindernisse gefunden) nach Constantinopel gehen, mußte aber wegen seiner geringen Macht noch längere Zeit unthätig bleiben.

Unter den Widersachern des Reiches war damals der Herrscher von Epirus, Theodor Comnenus, machtlos. Zwar hatte er, während Demetrius von Montferrat, König von Thessalonich, hülfesuchend in Italien weilte[2], sich Thessalonichs bemächtigt, den Titel Kaiser von Thessalonich angenommen, seine Augen sogar nach Constantinopel gerichtet und, allerdings vergebens, vom Papste gebannt[3], versucht, mit Friedrich II. ein Bündniß gegen den neuen Kaiser von Constantinopel einzugehen[4]. Als er aber den König der Bulgaren, Johannes Asan, mit Krieg überzog, wurde er von diesem im J. 1230 besiegt, gefangen und im Gefängnisse geblendet. Sein Bruder Manuel Comnenus, Schwiegersohn des Königs Asan, setzte sich mittlerweile in den Besitz des Reiches und suchte sich die Gunst des Abendlandes dadurch zu verschaffen, daß er dem Papste seine Absicht, zur katholischen Kirche überzutreten und sein Reich vom apostolischen Stuhle als Lehen zu nehmen, kund that. Der Papst antwortete, sein Entschluß werde dem apostolischen Stuhle angenehm sein, wenn er ihn erst ausgeführt habe. Das that Manuel aber nicht, wurde jedoch bald wieder von seinem blinden Bruder Theodor, dessen Tochter Asan inzwischen geheirathet hatte, entthront[5].

Der Krieg zwischen dem Könige der Bulgaren, Kalojohannes, der sein Reich dem apostolischen Stuhle unterworfen hatte und in Tirnowo am 8. November 1204 von einem päpstlichen Legaten gekrönt worden war, und dem Kaiser Balduin I., war durch die unkluge Weigerung des letzteren, den bulgarischen Besitzstand anzuerkennen, entstanden und hatte die Niederlage Balduins, sowie die Entfremdung Bulgariens von Rom zur Folge. Letzteres besonders lag im Interesse der Griechen, die es auch nie an Aufhetzungen gegen die Lateiner fehlen ließen. Unter Innocenz III. war die katholisch-bulgarische Kirche in acht Diöcesen: Tirnowo am Balkan, die Hauptstadt des Reiches und Sitz des Patriarchen, Belesbud

---

[1] Tafel und Thomas, Urk. zur ältesten Gesch. der Republik Venedig, Theil II (Fontes rer. Austr. vol. XIII), 265. Vgl. auch Rayn. 1229, 47.

[2] Er starb dort Ende des J. 1230 zu Melfi (s. Rich. Sangerm. 362) und setzte den Kaiser zum Erben ein. Dieser verzichtete aber im Aug. 1239 auf seine Rechte zu Gunsten des Markgrafen Bonifaz von Montferrat (Winkelmann, Acta, n. 661). Vgl. auch Ficker in Reg. Imp. n. 2468.

[3] Rayn. 1229, 41 et 49.   [4] Rich. Sangerm. ad a. 1229.

[5] S. Georg. Acropolita, Chron. Comp n. 25 sq. 38; Niceph. Gregoras, Hist. Byzant. l. II, c. 3; Rich. Sangerm. ad a. 1230.

(Köstendil), Presthlawa, Skopia, Prischtina, Nissa, Widin und Branitschewo, getheilt worden[1]. Allein obgleich unter Boril (1207—1218) die Bulgaren sich wieder mehr den Lateinern genähert hatten, so geriethen sie dafür unter Johann Asan (1218—1241) doch immer mehr unter den Einfluß der Griechen. Schon im J. 1232 drohte Gregor IX., zwei bulgarische Bisthümer, falls nicht deren dem römischen Bischofe unterworfene Bischöfe bald zur Einheit der Kirche zurückkehrten, dem Bischofe von Syrmien zu unterstellen[2]. Im J. 1234 schlossen aber die Bulgaren sogar eine Allianz mit dem Hauptfeinde des lateinischen Kaiserthumes, dem griechischen Kaiser von Nicäa.

Dem im J. 1204 aus Constantinopel glücklich nach Nicäa entkommenen griechischen Kaiser Theodor Laskaris war im J. 1222 sein Schwiegersohn, Johann II. Vatazes, ein hochbegabter und kühner Herrscher, gefolgt. Im J. 1233 war es diesem trotz des Widerstandes der Lateiner geglückt, sich auch der Insel Rhodus zu bemächtigen, nachdem er schon vorher Lesbos, Chios, Samos und die benachbarten Inseln an sich gebracht hatte. Zuerst hatte er mit dem Papste erfolglos wegen der Union der griechischen mit der lateinischen Kirche verhandelt, dann mit den Bulgaren im J. 1234 gegen die Lateiner eine Allianz abgeschlossen, welche durch die Verlobung und bald folgende Vermählung des Sohnes des Vatazes, Theodor, mit Helena, der Tochter Asans, bekräftigt wurde. Zugleich wurde der bulgarischen Kirche die ihr vom Papste verliehene Autonomie, sowie das Patriarchat Tirnowo seitens des Kaisers Vatazes, wie des griechischen Patriarchen Germanus und seiner Synode bestätigt[3]. Jetzt konnten die Verbündeten daran denken, Constantinopel selbst anzugreifen. Vatazes landete zu Gallipolis und nahm die Stadt, dann zog er nach Lampsacus, wo die Hochzeit seines Sohnes mit der Tochter Asans gefeiert wurde, und drang mit leichter Mühe bis nach Constantinopel vor, das er nun im J. 1235 zu Wasser und Land bedrängte. Zwar hatte sich Johann von Brienne um Hülfe an das Abendland gewandt und der Papst auf die Kunde von der Gefahr den König von Navarra und die mit Johann und Balduin verwandten französischen Großen zur Hülfeleistung ermahnt. Allein auch ohne Hülfe, die ja doch nur nach

---

[1] Ernennung des Erzbischofs Basilius von Tirnowo zum Primas, vom 25. Febr. 1204, bei De Brequigny et La Porte du Theil, Diplomata etc. P. II. II, 443. Ueber die Namen der Diöcesen s. den Brief der bulgarischen Bischöfe an den Papst vom J. 1203 ibid. 449. Vgl. Rattinger, Der Patriarchats- und Metropolitansprengel von Constantinopel und die bulgarische Kirche zur Zeit der Lateinerherrschaft in Byzanz, im Hist. Jahrbuch (Bd. I, 77 ff., II, 3 ff.) I, 85 ff., II, 3.

[2] S. die päpstl. Briefe vom 21. März 1232 (Potth. nn. 8900. 8901). Dort ist die Rede von den bulgarischen Bischöfen von Alba, wahrscheinlich, wie Rattinger (II, 8, 2) vermuthet, Belgrab (Alba Graeca), und Brandusium, d. h. Branitschewo.

[3] G. Acrop. n. 27 sqq.; Nic. Greg. II, c. 3; Rayn. 1233, 15.

einiger Zeit kommen konnte, gelang es der Kriegskunde und Heldengröße Johanns, den Angriff zu Lande trotz seiner kleinen Streitmacht zurückzuschlagen und seine Feinde zur Flucht zu nöthigen, während die griechische Flotte von der venetianischen überrascht und fast vernichtet wurde [1].

Der Papst wußte aber gar wohl, daß, falls Johann keine Hülfe erhielte, er durch die Uebermacht seiner Feinde erdrückt würde, denn die verbündeten Fürsten sammelten alsbald ein neues Heer. War aber erst das lateinische Kaiserthum gefallen, so mußte auch die Vertheidigung des Heiligen Landes immer schwieriger werden, wie sich aus dem Verfahren der Griechen in den ersten Kreuzzügen folgern ließ. Am leichtesten konnte Constantinopel von Ungarn aus wegen der größern Nähe des Landes unterstützt werden. Deßhalb wandte sich auch der Papst in dieser Gefahr wieder besonders an Ungarn, wie er schon im J. 1231, als Johann die Herrschaft antrat, gethan hatte [2].

Wie öfters, wenn die griechische Kirche von äußern Feinden bedrängt war, so waren auch nach der Wahl Johanns von Brienne zum Kaiser Vorschläge wegen einer Wiedervereinigung der morgen- und abendländischen Kirche gemacht worden. Dieselben waren von Kaiser Vatazes ausgegangen, dessen Absicht dahin ging, Constantinopel der Unterstützung des Abendlandes zu berauben. Denn dann hätte er sich der Stadt leicht bemächtigen können, und die Griechen konnten, wenn sie Constantinopel wieder hatten, noch immer in der Frage der Glaubenseinheit nach Belieben handeln. Ehrlicher waren wohl die Absichten des in Nicäa residirenden griechischen Patriarchen Germanus [3], der auf die Bemühungen mehrerer sich in Nicäa aufhaltenden Franciscanermönche im J. 1232 an den Papst selbst behufs Wiederherstellung der kirchlichen Einheit schrieb. Sein Brief [4] enthält eine eigenthümliche Mischung von Zugeständnissen und Vorwürfen. Er erkennt den Primat des apostolischen Stuhles an, beschwert sich aber über die Verfolgungen der griechischen Kirche. Auf Cypern, behauptet er fälschlich [5], seien die Griechen bloß wegen einer Ver-

---

[1] G. Acrop. c. 33 sq.; Ducange, Hist. de l'empire de Constantinople (1657), p. 97. S. besonders den Bericht des Papstes an König Bela von Ungarn vom 16. Dec. 1235 bei Rayn. 1235, 53 sq.

[2] Außer an Bela (s. vorige Anm.) schrieb Gregor auch an die Erzbischöfe von Gran und Colocza und befahl ihnen, den Kreuzfahrern ihr Gelübde in das eines Zuges nach Constantinopel zu verwandeln (s. Rayn. 1235, 54). — S. das Schreiben vom 9. Mai 1231 an den Erzbischof von Gran (Potth. n. 8739), worauf sich 300 Ritter wirklich bereit zeigten, dem Kaiser zu Hülfe zu ziehen (ibid. n. 8878).

[3] Er war dem im J. 1221 verstorbenen Patriarchen Manuel gefolgt. Vgl. Cuper, Hist. chronol. Patriarch. Const. in Acta SS. Aug. t. I, p. 151. 156. 158. S. auch Le Quien, Oriens christ. (Paris. 1740) I, 278.

[4] Rayn. 1232, 46—50. Er schrieb auch an die Cardinäle (s. ibid. n. 50).

[5] S. Cuper, p. 156 sq.

schiedenheit im Ritus der Abendmahlsfeier von den Lateinern verfolgt und einige sogar verbrannt worden. In seiner Antwort vom 26. Juli 1232 entwickelte der Papst besonders die Lehre vom Primate und wies darauf hin, wie die griechische Kirche seit ihrer Trennung von der römischen unter der Knechtschaft der weltlichen Gewalt seufze. Er zeigte aber auch die Absendung einer Gesandtschaft an. Diese bestand aus zwei Dominicanern, worunter der spätere berühmte Cardinal Hugo von S. Caro war, und zwei Franciscanern. In einem zweiten Schreiben, welches er nach der Abreise der Geistlichen am 18. Mai 1233 abschickte, handelte Gregor über den Gebrauch der zwei Schwerter in der Christenheit; zugleich erörterte er darin die Frage von der Gültigkeit der Consecration mit ungesäuertem Brode [1]. Er vermied es, alle von Germanus berührten Punkte richtig zu stellen, indem er nur die wichtigsten herausgriff und diese in lichtvoller Weise erklärte.

Die Gesandtschaft wurde sowohl von Seiten des Patriarchen wie des Kaisers gut aufgenommen. Allein, als die Erörterungen über den Hauptstreitpunkt, den Ausgang des heiligen Geistes, etwas vorangeschritten waren, behauptete Germanus, wohl weil er sich seinen Gegnern nicht gewachsen fühlte, er könne die Frage nicht allein entscheiden, noch auch allein die Union bewerkstelligen, sondern müsse vielmehr die Patriarchen von Jerusalem, Antiochien und Alexandrien zu einer Synode berufen. Diese fand in Nympha in Bithynien statt und beschäftigte sich besonders mit der Frage über den Ausgang des heiligen Geistes und die Consecration mit ungesäuertem Brode. Allerdings waren Männer wie Nicephoras Blemmydes, der eine Zeitlang Haus- und Tischgenosse des Patriarchen Germanus war und später selbst in zwei Schriften für den Ausgang des heiligen Geistes von dem Sohne und für die Formel: „Der heilige Geist geht vom Vater durch den Sohn aus", eintrat, der Union günstig; aber dennoch wurde nicht nur nichts erreicht, sondern die Gemüther nur noch mehr erbittert [2]. Germanus blieb im Schisma [3], und das Anerbieten des Kaisers Vatazes, den Namen des Papstes in die Diptychen seiner Kirche aufzunehmen, falls Gregor IX. und die Lateiner Constantinopel nicht weiter unterstützen würden, scheiterte an der Unerfüllbarkeit der Bedingung [4].

---

[1] Mansi, Conc. XXIII, 55. 59.
[2] S. den Bericht der Gesandten bei Wadding a. 1233, 9 sqq. (II, p. 324 sqq.). Ueberhaupt vgl. Rayn. 1233, 1—15; s. ibid. ed. Mansi t. XXI, p. 563—587 die beiden Abhandlungen des Nic. Blemmydes. Vgl. auch Cuper l. c. I, 157 sq.; Hefele V, 925 ff.; Freib. Kirchenlexikon, Art. Blemmiba; Hergenröther, Kirchengesch. III, 289. [3] Vgl. Cuper 158.
[4] Pachymeres, Hist. rer. a Mich. Palaeologo gest. l. V, 11 sqq.; auch Rayn. 1233, 14; 1235, 40. Vita Greg. 580.

Dreizehntes Kapitel.
Wirken des Papstes zum Besten Frankreichs, Englands und anderer Länder, besonders von 1230—1236.

Während in Frankreich die Regierung noch in den Händen der Königin Blanca und ihres Rathes war, hatte schon der am 25. September 1229 verstorbene Erzbischof Thibaut von Rouen sein Recht, in geistlichen und weltlichen Rechtsfragen nur dem Gerichte des Papstes zu unterstehen, in einem Streite mit den königlichen Beamten vertheidigt, aber dadurch den Unwillen des königlichen Rathes und die Beschlagnahme der Güter des erzbischöflichen Stuhles sich zugezogen. Er hatte darauf das Interdict über die königlichen Schlösser und Domänen innerhalb der Erzbiöcese ausgesprochen. Der Papst nahm sich seiner an und überwies die Entscheidung des Streites dem Cardinallegaten Romanus, der dann die Sache zu einem dem Erzbischofe durchaus günstigen Ende führte [1].

Allein im J. 1232 brach ein neuer Streit zwischen dem erzbischöflichen Stuhle von Rouen, den damals der frühere Bischof von Le Mans, Moritz, inne hatte, und dem Könige aus. Denn als der Erzbischof in einem Nonnenkloster eine uncanonische Wahl verworfen, dasselbe für dieses Mal des Wahlrechtes beraubt und ihm eine Vorsteherin gegeben hatte, wandten sich mehrere Nonnen an den König, um diese Ernennung zu hindern. Auch ein anderes Kloster, welches von dem Bischofe mit dem Banne belegt worden war, appellirte an den König. Dieser forderte nun den Erzbischof zur Verantwortung auf und ließ, als Moritz sich zu erscheinen weigerte und sich auf die alte Freiheit und bisher beobachtete, auch schon von seinem Vorgänger vertheidigte Gewohnheit seiner Kirche berief, nach der er sich nur vor dem Papste zu verantworten habe, die Kirchengüter mit Beschlag belegen. Der Erzbischof seinerseits griff zu kirchlichen Strafen und wandte sich an den Papst um Hülfe. Aber erst auf die wiederholte Aufforderung Gregors und nach Aufhebung des Interdictes verstand sich der König zur Aufhebung der Temporaliensperre [2].

Vor. größerer Bedeutung war der Streit Ludwigs mit dem Bischofe von Beauvais und der ganzen Rheimser Kirchenprovinz. Beauvais hatte nach einem alten Privileg der französischen Könige das Recht, seine Magistratspersonen zu wählen, und dieß auch im J. 1232 ausgeübt.

---

[1] S. Gallia christiana, tom. XI, 61.
[2] S. die päpstl. Schreiben vom 29. Nov. 1232, 25. Aug., 1. Sept. und 23. Oct. 1233 bei Potth. nn. 9051. 9279. 9283. 9317 sq. Vgl. Stilting, Acta SS. Aug. V, § 21, p. 328—331; Rohrbacher, Hist. univ. t. 18, l. 73, n. 1, p. 137. Daß die Regentschaft das Recht des Erzbischofs anerkannte, ist eine unläugbare Thatsache. S. Gérin a. a. O. 107.

Man konnte sich aber nicht über die Wahl des Maire einigen, woraufhin der König eine Person für diese Würde, und zwar einen Fremden aus Senlis, sandte. Allein die Bürger von Beauvais sahen darin eine Verletzung ihrer Rechte, widersetzten sich und mißhandelten den Ernannten des Königs. All dieses war in Abwesenheit des Bischofes geschehen, der allerdings dem Könige das Recht bestritt, im vorliegenden Falle einen Maire zu senden, weil dem Bischofe nach altem Rechte die Entscheidung obgelegen, übrigens aber sich bereit erklärte, in der Bestrafung der Schuldigen nach königlicher Weisung zu verfahren. Allein der König, der um Mariä Reinigung 1233 selbst nach Beauvais kam, nahm trotz aller Gegenvorstellungen des Bischofs die Ausübung der Gerichtsbarkeit in der Stadt als ein ihm zustehendes Recht in Anspruch und verbannte gegen 500 Einwohner und ließ ihre Häuser zerstören. Von dem Bischofe forderte er dann eine Entschädigung für die Kosten seines Aufenthaltes zu Beauvais und ließ, als dieser sich zuerst noch mit seinem Capitel berathen wollte, bischöfliches Hausgeräth in Beschlag nehmen und versteigern. Die Angelegenheit erhielt weitere Bedeutung, als sie der Bischof von Beauvais vor die Synode der Rheimser Kirchenprovinz, welche in der ersten Woche der Fastenzeit des J. 1233 zu Noyon gehalten wurde, brachte, denn die Bischöfe ergriffen die Partei des Bischofes Milo von Beauvais und verhängten sogar zeitweilig, als der König ihren Vorstellungen kein Gehör gab, über ihre Diöcesen das Interdict; Milo seinerseits appellirte an den Papst, dem auch der Erzbischof von Rheims von dem Geschehenen Nachricht gab. Der Papst mahnte am 6. April 1234 den König und seine Mutter zum Frieden, bat, dem Bischofe die frühere Oberherrlichkeit über die Stadt wieder zu gewähren, und ernannte den späteren Erzbischof von Rouen und Cardinal von Albano, Peter von Colmieu, Propst von St. Omer, zum Vermittler [1].

Aber im J. 1235 erhoben sich in der Rheimser Kirchenprovinz noch größere Schwierigkeiten, als die Bürger von Rheims, durch die Streitigkeiten zwischen den Bischöfen und der Regierung ermuthigt, mit Waffengewalt gegen den Erzbischof und das Capitel für ihre Unabhängigkeit von Ersterem auftraten. Weder der vom Erzbischofe gegen sie ausgesprochene Bann, noch die auf seine Bitten vom Papste ernannten Vermittler konnten den Aufruhr, den man vom Könige selbst begünstigt glaubte, stillen. Erst auf die wiederholten Klagen und Vorstellungen der Bischöfe kam der König schließlich selbst nach Rheims

---

[1] S. das päpstl. Schreiben an den König bei Rayn. 1234, 12; die Concilsacten bei Mansi 249—264. Vgl. Stilting § 22, p. 331—335; Hefele V, 920 ff.; Rohrbacher vol. 18, 139 sqq. — Bischof Milo von Beauvais starb am 6. Sept. 1234 in Italien, wohin er dem Papste zu Hülfe gezogen war.

und zwang die Einwohner, dem Erzbischofe wie dem Capitel Genugthuung zu leisten [1].

Während aber die Bischöfe gemeinsame Sache zur Vertheidigung der kirchlichen Rechte und Privilegien machten, hatte eine Versammlung französischer Großen im September 1235 zu St. Denis, wo damals auch der König weilte, eifersüchtig auf die Competenz der geistlichen Gerichte in weltlichen Dingen, eine Klageschrift an den Papst gerichtet, in der sie sich besonders über die Weigerung des Bischofes von Beauvais und des Erzbischofes von Rheims, sich vor dem weltlichen Gerichte zu verantworten, beklagte. Die Schrift trägt weder den Namen noch das Siegel des Königs [2]. Nichtsdestoweniger hat man behaupten wollen, der König habe sogar ein auf jener Versammlung gegebenes Statut, wornach kein Unterthan sich vor einem kirchlichen Gerichtshofe verantworten durfte, zum Gesetze erhoben. Thatsache ist, daß am 15. Februar 1236 Gregor IX., stets wachsam, wenn es die Vertheidigung kirchlicher Rechte galt, den König mahnte, die jüngst gegen die kirchliche Freiheit erlassenen Gesetze zu widerrufen. Gerne hätten ehedem Karl der Große und Kaiser Theodosius gestattet, daß jede Sache vor das bischöfliche Gericht jederzeit gebracht werden könne, deren Beispiel solle er nachahmen. Hätten ja auch die Nachfolger Karls, statt die alten Freiheiten der Kirche zu schmälern, vielmehr neue hinzugefügt. Gregor bemerkt auch, daß Honorius III. alle mit dem Banne belegt habe, welche nicht innerhalb zwei Monaten die von ihnen gegen die kirchliche Freiheit erlassenen Gesetze widerrufen würden. Allein der Papst wußte nicht sicher, ob das Gesetz wirklich zu St. Denis beschlossen worden war. Es erwähnt nur ein Gerücht, daß solches geschehen sei, als Grund seines Schreibens. Aber selbst wenn die Großen einen derartigen Beschluß gefaßt hatten, so ist es das Wahrscheinlichere, daß der König sich

---

[1] S. die Acten der in dieser Sache von den Bischöfen am 23. Juli 1235 zu Saint=Quentin, am 29. Juli 1235 zu Melun, dann in der ersten Woche des August zu Compiègne und schließlich am 11. Nov. 1235 zu Senlis abgehaltenen Concilien bei Harduin, Conc. t. VII, p. 197 sqq. 258 sqq.; Mansi XXIII, 365 sqq. — Der Papst hatte schon am 16. Sept. 1235 die Bischöfe der Rheimser Kirchenprovinz zur Unterstützung des Erzbischofs aufgefordert (Potth. n. 10016) und am 11. Oct. 1235 den Decan und Archidiakon von Paris, wie einen Canonicus von Langres mit der Verkündigung des Bannes gegen die Bürger von Rheims beauftragt (Gallia christ. X, instr. 60). Sie waren so halsstarrig, daß sie der Aufforderung des Papstes, sich in Rom zu verantworten, keine Folge leisten wollten (Potth. nn. 10079. 10091. 10098). Erst am 10. März 1238 gab er Erlaubniß, sie vom Banne loszusprechen (ibid. 10533). — Auch nach Beendigung des Rheimser Conflicts dauerten die Streitigkeiten zwischen dem Könige und Beauvais fort, wie aus drei päpstlichen Briefen vom 24. Sept. 1236 (f. Sbaralea I, 203, n. 209 et not. f [Potth. nn. 10246 sqq.]) und dem vom 26. Mai 1238 (ibid. I, 244, n. 265 [Potth. n. 10607]) hervorgeht.

[2] Tillemont, Vie du S. Louis II, 253; Stilting 345.

zu demselben gerade so, wie zu der Klageschrift gestellt hatte, wenn auch noch so sehr andere Gerüchte verbreitet worden waren [1].

Es ist übrigens in all diesen Fragen nicht zu vergessen, daß Ludwig erst im J. 1236 — wenigstens ist dieß die gewöhnliche Annahme — die Selbstverwaltung antrat. Möglich ist es immerhin, daß er sie seit seiner Heirath führte, denn am 27. Mai 1234 hatte er sich nach dem Wunsche seiner Mutter mit der Tochter des Grafen Raymund von Provence, Margaretha, vermählt. Es war eine Ehe, von der sich der Papst mit Recht Förderung des Friedens und des Glaubens in der Provence versprechen konnte, weßhalb er auch am 2. Januar 1234 gerne von dem Ehehinderniß der Blutsverwandtschaft im vierten Grade Dispens ertheilte [2].

Auf die Erhaltung des Friedens zwischen England und Frankreich mußte der Umstand, daß König Heinrich III. von England eine andere Tochter des Grafen Raymund, Eleonore von Provence, am 14. Jan. 1236 ehelichte [3], einen guten Einfluß haben. Allein schon vorher war es dem Papste im J. 1234, besonders durch den Hinweis auf die Noth des Heiligen Landes gelungen, zwischen den beiden Ländern einen Frieden für fünf Jahre zu Stande zu bringen [4]. Dadurch wurde auch von ihnen der Gottesfrieden, den Gregor im Juni 1234 auf vier Jahre hin zum Besten eines Kreuzzuges angesagt hatte, befolgt. Nichtsdestoweniger verweigerte der Graf von Marche, der im J. 1230 von der englischen Partei auf Seite Ludwigs getreten war, seinen Zutritt zu dem Waffenstillstand, falls ihm nicht Heinrich die Insel Oléron übergebe, und bemächtigte sich nach Abschlag seiner Forderung der englischen Festung Blaye an der Mündung

---

[1] S. das päpstl. Schreiben bei Rayn. 1236, 31—36. Der Papst ersuchte auch den König von Navarra und Andere, Ludwig zum Widerruf jener Bestimmung zu bewegen (Rayn. 1236, 36). Aber er sagt bloß (ibid. n. 34): „Communi statuto ... sicut dicitur, firmavistis ut" etc. Vgl. besonders Stilting, p. 345 bis 347, und Thomassin, Vetus et nova Ecclesiae disciplina, P. II, l. III, c. 110 über die Jurisdiction der Bischöfe „in causis civilibus laicorum".

[2] Rayn. 1234, 16. Vgl. Stilting 338—340. Der Papst bediente sich auch des Grafen von Provence zur Vermittlung eines Streites zwischen Ludwig IX. und Jakob von Aragonien über die Grafschaft Carcassonne, wodurch er offenen Krieg verhinderte (Rayn. 1234, 17: Stilting 340).

[3] Heinrich war zuerst mit Johanna, der Tochter des Grafen von Ponthieu, verlobt, hatte aber das Verlöbniß, als er erfuhr, daß er mit ihr doppelt im vierten Grade blutsverwandt sei, wieder aufgehoben. Der Papst befahl am 27. April und 30. Mai 1236, das erste Verlöbniß wegen des Ehehindernisses für ungültig zu erklären. Rymer (ed. 1816), p. 213.

[4] Päpstl. Schreiben vom 22. März 1235 bei Shirley I, 559, n. 40. Das Schreiben vom 14. Mai 1233 an den König von England (Shirley I, 551, n. 31) hatte keinen weitern Erfolg. Darauf hatte Gregor sich mit mehr Glück am 12. Febr. 1234 an die Könige gewandt. S. das Schreiben an Ludwig IX. vom 12. Febr. 1234 bei Rayn. 1234, 18; ebenso vom 6. Nov. 1234; s. Shirley I, 557, n. 37.

der Garonne. Aber der Papst befahl ihm im März 1235 nicht bloß die Herausgabe des Castells, sondern ließ ihn auch durch kirchliche Strafen zur Anerkennung des Waffenstillstandes zwingen [1].

Außer mit Frankreich lag Heinrich III. auch in häufigem Kampfe mit dem kriegerischen Fürsten Llewellyn von Wales, der öfters in den Urkunden Fürst von Aberthraw (in Nordwales) und Herr von Snowdun genannt wird. Obgleich dem Namen nach ein Vasall des Königs, fiel er doch jedes Jahr raubend und plündernd in England ein. Auf den Raub=zügen, denen übrigens von Seiten der englischen Grenzbewohner Ueber=griffe auf dem Gebiete Llewellyns entgegenstanden, verschonte er weder Kirchen noch kirchliche Personen. So that er besonders auch im J. 1231. Deßhalb begnügte sich der König nicht bloß damit, gegen ihn zu ziehen, sondern schilderte auch den Bischöfen und englischen Prälaten das ge=schehene Unrecht, die dann am 13. Juli 1231 über Llewellyn und seine Helfer den Bann aussprachen, den auch der Papst bestätigte [2].

Schottland wurde von England als ein englisches Lehen angesehen, bestritt aber die englische Lehensherrlichkeit und behauptete, bloß dem apo=stolischen Stuhle unterworfen zu sein. Zwar hatte der im J. 1214 ver=storbene König Wilhelm von Schottland dem König Heinrich II. mit Zustimmung der Großen seines Landes im J. 1174 den Vasalleneid für Schottland geleistet, um aus der englischen Gefangenschaft befreit zu wer=den, aber die Schotten hielten sich daran nicht gebunden; sie meinten, der von ihrem Könige geleistete Eid sei ungültig, weil erzwungen, gewesen. Aber er hatte darnach auch dem Könige Johann Lehenstreue geschworen. Dasselbe hatte sein Sohn Alexander II., gethan, und zu York, wo er am 23. Juni 1221 die Schwester des Königs Heinrich II. heirathete, dem Könige Vasallendienste erwiesen. Jedoch erneuerte er darnach nicht bloß die Forderung des Königs Wilhelm auf Herausgabe der Grafschaften Northumberland, Cumberland und Westmoreland, welche Wilhelms Groß=vater, König David, an sich gerissen hatte, sondern bestritt auch die Ober=lehensherrlichkeit Englands über Schottland. Heinrich III. wandte sich deßhalb an den Papst um Hülfe. Aber auch der konnte Alexander nicht zu einer ausdrücklichen Anerkennung der englischen Oberhoheit bewegen, denn der König behauptete, auch früher bloß wegen einiger englischer Lehen Vasallendienste geleistet zu haben. Endlich gelang es dem päpst=

---

[1] Briefe vom 2. und 22. März 1235 bei Shirley I, 559, n. 39 sq. Vgl. ibid. p. 457, n. 382. Ueber den Abfall des Grafen von Marche s. ibid. I, 370, n. 307.

[2] „Dominus Papa confirmavit sententiam latam in Lewelinum et ejus complices ab episcopis Angliae, domino regi Henrico rebellantes." Ann. de Theokesb. ad a. 1231 in Ann. Mon. I, 80. Vgl. ibid. p. 88 ad a. 1232; Roger de Wend., Flores hist. ad a. 1231 et 1234; Rymer (ed. 1816), p. 201. 208 und öfters. S. auch Lingard, vol. II, c. 6, p. 200 sq.

lichen Cardinallegaten Otto im J. 1237, zwischen den beiden Königen eine Uebereinkunft zu Stande zu bringen. Darnach gab Alexander am 14. September 1237 zu York seine Ansprüche auf die englischen Grafschaften auf und erhielt gegen einen jährlichen Zins einige Lehen zu Penrith und Sowerby in Cumberland. Für diese leistete er auch den Treueid; aber die Frage über das Verhältniß Schottlands zu England blieb einstweilen unerledigt [1].

Heinrich III. war im J. 1227 für mündig erklärt worden, blieb aber immer von Andern abhängig. Fromm aber schwach, mißtrauisch und wankelmüthig, lebte er in beständiger Furcht vor den englischen Baronen, die ihn seiner Meinung nach um die ihm gesetzlich zustehenden Kronrechte bringen wollten; deßhalb wandte er seine Gunst lieber Fremdlingen zu [2]; diese setzte er in die einflußreichsten Aemter des Landes ein. Dadurch wurden die Barone noch mehr erbittert. Da der König aber sehr häufig sie um Bewilligung von Subsidien angehen mußte, benutzten sie die Gelegenheit, um von ihm Anerkennung ihrer Rechte und Entlassung der Fremden aus seinem Rathe zu erzwingen. Wie während seiner Jugend an den päpstlichen Legaten, so fand er auch jetzt an dem Papste selbst einen treuen Freund. Wiederholt traf dieser Anordnungen, daß die Friedensstörer auch von kirchlicher Seite bestraft würden [3], und erlaubte dem Könige einige Male, die zum Nachtheile der Krone gegen den Krönungseid aus Furcht verliehenen Rechte und Privilegien zu widerrufen [4].

Im J. 1231 war der Erzbischof Richard von Canterbury am 3. August in Italien gestorben. Er war auf der Rückreise von Rom nach England begriffen gewesen; denn zu Rom hatte er dem Papste unter Anderem seine Klagen über Eingriffe Huberts de Burgh in die Rechte der Kirche von Canterbury vorgelegt, war von ihm sehr freundlich aufgenommen worden und hatte bereitwillige Unterstützung gefunden [5]. Nach

---

[1] S. die päpstl. Briefe vom 27. April 1232 und 4. Jan. 1235 bei Rymer (ed. 1816) I, p. 199. 214. Vgl. Rayn. 1235, 29; Lingard, vol. II, c. 3. 5. 6. Vgl. u. Kap. 21.

[2] Der mächtige Bischof von Winchester, Peter des Roches, war selbst aus Poitou. Er begünstigte auch die Ausländer, während sein Nebenbuhler, der Großjustitiar Hubert de Burgh, ihnen entgegentrat.

[3] S. den päpstl. Auftrag an den Bischof von Ely vom 20. Juli 1231 bei Rymer (ed. 1816) I, 200, und vom 11. März 1234 an die Bischöfe von Durham und Rochester bei Shirley I, 554, n. 34.

[4] Briefe vom 10. Jan. 1233 und Juni 1235 bei Shirley I, 551, n. 30 und Rymer l. c. 229. Den englischen Bischöfen, welche meist mit den Baronen verbündet waren, wie auch den Bischöfen Irlands befahl er, nur in dringenden Fällen und nach canonischer Mahnung königliche Beamte zu bannen (Rymer l. c. 200). Vgl. Potth. n. 9816.

[5] Matth. Paris. (ed. Luard) III, 201. Er war im J. 1229 dem im vorigen Jahre verstorbenen berühmten Cardinal Langton gefolgt. Vgl. Le Neve I, 11.

seinem Tode wurde der Bischof von Chichester, Rudolf von Neville, Kanzler des Königs, gewählt, der aber ebenso wenig wie zwei Andere die päpstliche Bestätigung fand. Statt dessen wurde dann ein Canonicus und Schatzmeister der Kirche von Salisbury Namens Edmund Rich gewählt, der hl. Edmund von Canterbury, der am 2. April 1234 die bischöfliche Weihe erhielt [1]. Inzwischen war Hubert de Burgh zwar am 16. Juni 1232 zum Justitiar auf Lebenszeit ernannt worden, aber wenige Tage nachher in die Ungnade des Königs gefallen [2] und zeitweilig im Tower zu London gefangen gehalten worden. Er hatte seit dem Tode des Grafen Pembroke im J. 1220 dem Könige wie dem Lande viele Dienste geleistet und war mehr durch die Mißgunst seiner Feinde als durch andere Gründe in seine jetzige schlimme Lage gekommen [3]. An seine Stelle als Vertrauter des Königs war der Bischof von Winchester getreten, aber die Barone hatten nun dem Könige den Gehorsam verweigert. Der Papst verwandte sich für Hubert im J. 1233 wiederholt; auch der neue Erzbischof von Canterbury nahm sich seiner an. In Folge dessen wurde, als im April 1234 die Barone mit dem Könige zu Westminster Frieden schlossen, auch Hubert wieder in seine Würden und sein Eigenthum eingesetzt [4].

Während so der Papst den König sowohl in seinen Schwierigkeiten mit äußern wie mit innern Widersachern kräftigst unterstützte, wurde er selbst durch die Behandlung italienischer Geistlichen in England sehr verletzt. Viele solcher waren häufig mit den Legaten nach England gekommen und hatten daselbst, nachdem sie eine Zeitlang in kirchlichen Angelegenheiten thätig gewesen waren, Beneficien erlangt. Dieß war öfters mit Beiseitesetzung des Rechtes der einheimischen Patrone geschehen, besonders als unter Johann viele Beneficien lange unbesetzt geblieben waren. Aber wenn auch das Patronatsrecht überhaupt nur ein bedingtes, innerhalb einer gewissen Frist auszuübendes ist, so sollte es, wenn einmal verliehen, gewiß nur unter rechtlich festgestellten Umständen und in Ausnahmefällen bei Seite gesetzt werden. Gregor IX. hatte schon am 11. Januar 1228 den englischen Prälaten ein von Johann ohne Land gegebenes und von Innocenz III. bestätigtes Privileg, welches

---

[1] Vgl. Le Neve I, p. 12 sq. Gregor zeigte am 22. Dec. 1233 den Suffraganbischöfen die Bestätigung Edmunds unter großem Lobe seines heiligen Lebens, seiner Gelehrsamkeit und Geschäftsgewandtheit an. Rayn. 1233, 64.

[2] Shirley I, 407, n. 334.

[3] Ueber die wahre Ursache seines Falles vgl. Lingard, cap. 6, p. 196, sowie Shirley I, p. XXXI.

[4] Vgl. Matth. Paris. (ed. Luard) III, 220 sqq. 240. 249. 253. 268. 290; Ann. Dunst. 138. Briefe Gregors IX. vom 3. Mai und 17. Oct. 1233 an den König s. bei Rymer (ed. 1816) I, 211; Shirley I, 553, n. 33.

allen Kirchen und Klöstern freies Wahlrecht zusicherte, erneuert. Zwei Jahre nachher garantirte er den geistlichen Patronen ihr Recht, gegenwärtig von italienischen Geistlichen besessene Beneficien bei deren Erledigung frei zu verleihen[1]; aber im J. 1231 wurden durch's ganze Reich Briefe verbreitet, um die Unzufriedenheit mit jenen Geistlichen anzufachen. Besonders eifrig zeigte sich ein Edelmann aus Yorkshire, Robert de Thwinge, der sich darüber verletzt fühlte, daß ein Beneficium (zu Kirkleatham in Yorkshire), wozu seine Familie das Präsentationsrecht hatte, gegen seinen Willen vom Papste einem römischen Cleriker verliehen worden war. Er stellte sich an die Spitze der Unzufriedenen, die, obgleich an Zahl gering, großen Schrecken zu erregen wußten. Sie brannten die Scheunen der Geistlichen nieder, mißhandelten diese selbst, ja griffen sogar päpstliche Eilboten an, von denen sie den einen in Stücke schnitten, den andern halbtodt liegen ließen. Deren Schreiben hatten sie zerrissen. Aber, von dem Bischofe von London abgesehen, schritten weder die Bischöfe noch der König hiergegen ein; deßhalb forderte der Papst im Juni 1232 Genugthuung[2]. Erst daraufhin raffte sich der König auf, machte aber nun den Justitiar des Reiches, Hubert de Burgh, Grafen von Kent, den damals seine politischen Gegner überhaupt beim Könige mißliebig gemacht hatten, für die Unordnungen verantwortlich. Wenn dieser auch dagegen hätte einschreiten sollen, so hielt ihn jedenfalls der Papst für unschuldig[3]. Um aber die Ursache der Unzufriedenheit wegzuräumen, bestimmte der Papst am 28. Juli 1232, daß päpstliche Provisionen in England überhaupt nur auf die in den Händen der Geistlichen und geistlichen Körperschaften befindlichen Pfründen erfolgen, und auch die Geistlichen von ihrem Pfründenverleihungsrechte nur durch einen besondern Befehl des apostolischen Stuhles suspendirt werden könnten[4].

Der Graf von Champagne hatte im J. 1227 durch seinen Uebertritt zu der Partei des Königs[5] den besondern Haß der letzterem feindlichen französischen Großen auf sich geladen. Da diese ihn nicht für sich gewinnen konnten, entschlossen sich der Herzog von Bretagne und seine

---

[1] Päpstl. Schreiben vom 11. Jan. 1228 und 17. April 1230 bei Wilkins, Concilia M. Britanniae etc. I, 621 et 629. Vgl. auch Ann. de Theokesb. (in Ann. Mon. I) 75. S. die angeführte Bulle Innocenz' III. vom 30. März 1215 im Bull. Rom. III, 170, n. 103.

[2] Der Bischof von London hatte auf einer Synode am 11. Febr. 1232 die Urheber jener Excesse mit dem Banne belegt (Mansi 241). Gregors Schreiben an den König vom 7. Juni 1232 bei Rymer I, 203; an die Bischöfe vom 9. Juni 1232 in Ann. Burton. (in Ann. Mon. I) 229; Rayn. 1232, 28.

[3] S. o. S. 187.

[4] Shirley I, 550, n. 229. Der Erzbischof von Canterbury sollte die Unzufriedenen darauf hinweisen, daß vor Gott kein Ansehen der Person gelte. Päpstl. Schreiben vom 3. April 1234 ibid. 556, n. 36. [5] S. o. S. 103.

Verbündeten, ihn mit Krieg zu überziehen. Als Vorwand diente ihnen die Vertheidigung der angeblichen Ansprüche der Königin Alice von Cypern auf die Champagne. Sie war die ältere Tochter aus der Ehe des Grafen Heinrich von Champagne mit Isabella, der Tochter des Königs Amalrich von Jerusalem. Als aber Isabella den Grafen heirathete, war ihr erster Gatte, Humfrid von Thoron, noch am Leben. Nach dem Tode des Grafen Heinrich, der im Heiligen Lande starb, hatte sich sein Bruder Theobald V. der Champagne bemächtigt und der König Philipp August ihn als den legitimen Erben anerkannt. Als nun die Verbündeten im J. 1228 in die Champagne einfielen, um Theobald VI., den Sohn Theobalds V., zu Gunsten der Königin Alice zu vertreiben, rief er den König zu Hülfe. Zu einer Entscheidung kam es aber einstweilen nicht. Auch in dieser Frage nahm sich der Papst, wie früher Ludwigs, so jetzt des ihm getreuen Grafen an. Schon am 30. August 1227 hatte er ihn in seinen besondern Schutz genommen[1]. Gregor bestand darauf, daß die Rechte des Grafen Theobald VI. nicht verletzt werden dürften, bis die Vorfrage der Legitimität der Königin Alice von Seiten der Kirche entschieden sei. Er lud die Königin vor den apostolischen Stuhl, aber sie hatte zu wenig Vertrauen in ihre eigenen Rechte, als daß sie der Vorladung, dieselben in Rom zu erweisen, Folge geleistet hätte[2]. Sie zog es vielmehr vor, im J. 1234 gegen eine Geldentschädigung auf alle ihre Ansprüche auf die Champagne zu verzichten[3].

Theobald hatte als Schwestersohn des Königs Sancho VII., des Starken, von Navarra gerechte Ansprüche auf Navarra, als Sancho am 7. April 1234, ohne nähere Erben zu hinterlassen, starb. Aber ein mächtiger Nebenbuhler erwuchs ihm in dem König Jakob I. von Aragonien. Sancho hatte mit diesem im J. 1231 einen Scheinvertrag geschlossen, wornach der den Andern Ueberlebende dessen Reich erben sollte. Aber das Volk wollte von Jakob nichts wissen. Der Papst machte seinen Einfluß zu Gunsten des Friedens geltend, und so konnte Theobald, der im Mai 1234 zu Pampelona gekrönt worden war, Besitz von Navarra nehmen[4]. Der Papst vertrat auch später Theobalds Rechte. Denn

---

[1] Potth. n. 8022. Der Schutzbrief sollte für drei Jahre Geltung haben. S. ibid. n. 8040. Vgl. Rayn. 1234, 52.

[2] Schon am 30. Aug. 1227 bat Gregor Ludwig IX., die Frage der Erbfolge in Champagne bis zur Entscheidung des apostolischen Stuhles über die legitime Geburt der Königin Alice unentschieden zu lassen (Potth. n. 8021). Vgl. Auftrag vom 27. Sept. 1227, die Königin nach Rom zu laden (ibid. 8041). Von Neuem verbot er einen Urtheilsspruch über die Erbfolgefrage im April 1233 (s. ibid. 9147—9150. 9156—9160. 9162 sqq. 9186 sqq.).

[3] S. Nangis, Vita et gesta Lud. IX. in Duchesne, Script. Hist. Fr. V, 328, und u. A. Stilting 328. 336 sq.

[4] Rayn. 1234, 52; Potth. nn. 9515. 9518.

als im J. 1235 mehrere Vornehme des Reiches gegen den König sich verbanden, ließ sie Gregor durch kirchliche Strafen zum Frieden zwingen [1].

Auf der iberischen Halbinsel gab es beim Regierungsantritte Gregors IX. außer Navarra noch vier andere christliche Staaten: Castilien, Leon, Aragonien und Portugal. Gerade wie in Frankreich, so schmückte auch in Castilien ein Heiliger den königlichen Thron, Ferdinand III. (1217—1252). Im J. 1230 hatte er nach dem Tode seines Vaters, Alfons' IX. von Leon, das Königreich Leon mit Castilien vereinigt. Die Ordnung dieser Angelegenheit unterbrach für kurze Zeit seine Kämpfe gegen die Mauren, die er seit dem J. 1224 mit großem Glück geführt hatte. Im Sommer 1234 eroberte er auch Ubeda, während inzwischen sein Bruder, der Infant Don Alfonso, die große Armee des maurischen Königs vor Sevilla geschlagen hatte. Voll Freude über den Erfolg Ferdinands, ließ es der Papst an Ermuthigung und Anerkennung nicht fehlen [2]. Er freute sich ganz besonders, als im J. 1236 auch die fast eine Million Einwohner zählende Stadt Cordova, "die Zierde der Welt und Mutter der Städte und der Augentrost für Einheimische und Fremde", wie sie eine alte Chronik [3], "die Stadt der Martyrer", wie sie sich selbst nennt, in die Hände des tapfern Königs gefallen war; sie war über 500 Jahre in den Händen der Ungläubigen gewesen und wurde nun wieder in eine christliche Bischofsstadt verwandelt. Denn öfters hatte der Papst die Aufmerksamkeit der christlichen Eroberer und seine eigene Sorge auf die Errichtung oder Wiederherstellung von Bischofssitzen in den den Mauren entrissenen Provinzen gerichtet [4], damit so das Christenthum dort wirksam gefestigt würde. Nun forderte er nicht bloß die spanische Geistlichkeit auf, die Unternehmungen des Königs gegen die Mauren in jeder Weise zu unterstützen, sondern gab auch am 3. September 1236 Befehl, dem Könige drei Jahre lang jährlich eine Summe von 20 000 Goldstücken aus den Einkünften der Kirchen und Klöster Castiliens zur Bestreitung der Kosten seines Feldzuges zu geben [5].

Wie Ferdinand, so kämpfte auch der ritterliche König Jakob I. von Aragonien (1213—1276) mit großem Eifer und Erfolge gegen die Mauren; denn die Erinnerung an die große Schlacht von Navas de

---

[1] Päpstl. Schreiben vom 5. Dec. 1235 (Potth. n. 10059; Rayn. 1235, 49).

[2] Am 31. Oct. 1230 wünschte er den Kreuzfahrern von Leon Glück, und gewährte Ablässe für den Kreuzzug gegen die Saracenen (Rayn. 1230, 34).

[3] Es ist eine zu Kopenhagen aufbewahrte arabische Chronik (fol. 139); siehe Schirrmacher, Gesch. von Spanien, Gotha 1881, S. 390.

[4] Vgl. die Briefe an den Erzbischof von Compostella vom 29. Oct. 1230 bei Rayn. 1230, 35, und an den Erzbischof van Toledo vam 26. Juni 1234 ibid. 1234, 50.

[5] S. die päpstl. Schreiben vom 3. und 4. Sept. 1236 bei Rayn. 1236, 58 und 60. Am 27. Sept. 1237 forderte der Papst die Christgläubigen zur freigebigen Unterstützung der Kirche van Cordova auf (Potth. n. 10455).

Tolosa vom 16. Juli 1212, in der die spanischen Christen ruhmreich über die mohammedanische Uebermacht siegten, begeisterte fort und fort zu ähnlichen großen Thaten. Um Jakob zu unterstützen, sandte Gregor IX. im J. 1228 den Cardinal Johann von S. Sabina nach Aragonien, damit er gegen die Saracenen das Kreuz predige. Der Legat that dieß mit großem Erfolge. Er hielt auch mehrere Provincial-Synoden in Spanien ab, und ordnete, gemäß dem Auftrage des Papstes, die Thronfolge; er erklärte nämlich die Ehe des Königs mit Eleonora von Castilien wegen zu naher Verwandtschaft für ungültig, aber auch in Anbetracht des guten Glaubens der beiden, daß der aus der Ehe entsprossene Sohn Alfons für legitim und deßhalb als Thronerbe zu erachten sei[1]. Gregor IX. zeigte sich auf die Bitte des Königs, ihn persönlich zu krönen, am 27. April 1229 dazu bereit, mußte aber wegen der schwierigen Zeitumstände den Zeitpunkt dafür unbestimmt lassen[2]. Uebrigens machte Jakob bisweilen Versprechen mit größerem Eifer, als er sie ausführte. Als er im J. 1229 die Insel Majorca erobert hatte, versprach er, dort einen Bischofssitz zu errichten. Allein er war nicht geneigt, denselben in einer würdigen Weise auszustatten, wodurch sich die Errichtung desselben bis in's J. 1237 verzögerte[3]. Es ist eine in den Maurenkriegen nicht ungewöhnliche Erscheinung, daß auch die Bischöfe selbst in den Kampf ziehen. So machte es der Erzbischof von Toledo, so machte es auch Wilhelm von Mongri, Administrator von Tarragona. Der Papst selbst forderte am 1. Mai 1235 zur Unterstützung des von letzterem beabsichtigten Zuges gegen die pityusische Insel Joiza auf, deren Eroberung und dadurch auch die Sicherung der nordöstlich davon gelegenen Balearen wirklich gelang[4].

Während die christlichen Herrscher Spaniens sich durch ihre große Thatkraft auszeichneten, war hingegen der König Andreas II. von Ungarn

---

[1] S. die päpstl. Aufträge und Vollmachten für den Cardinal vom Febr. 1229 bei Rayn. 1229, 57; Potth. nn. 8335—8337. Vgl. Mansi XXIII, 206 sqq. 214. — Da sich Jakob I. am 8. Sept. 1235 mit einer Tochter des Königs Andreas II. von Ungarn verehelichte, erlangte Alfons zur größeren Sicherheit schon vorher (am 20. April 1235) noch ein besonderes päpstl. Breve, worin seine Legitimität und Ansprüche auf die Nachfolge anerkannt wurden (Rayn. 1235, 32).

[2] Rayn. 1229, 58.

[3] S. die päpstl. Schreiben vom 20 Dec. 1230 (Rayn. 1230, 36) und 15. Juli 1237 (ibid. 1237, 27). Ueber die Eroberung von Majorca spricht Gregor am 29. Nov. 1229 (f. Potth. n. 8471). Minorca wurde von Jakob im J. 1232 erobert.

[4] Päpstl. Schreiben vom 1. Mai 1235 (Rayn. 1235, 34). Jakob I. gab Majorca und Minorca gegen Ueberlassung der Grafschaft Urgel dem Infanten Peter von Portugal zu Lehen, der im J. 1233 auch in den päpstlichen Schutz aufgenommen wurde (f. Rayn. 1233, 68). Allein Peter gab das Lehen, dessen Behauptung ihm ohne Zweifel zu schwer fiel, bald wieder auf.

(1205—1235) ein unfähiger, wankelmüthiger und, wie er schon vor seiner Herrschaft durch wiederholte Aufstände gegen seinen Bruder Emmerich bewiesen hatte, unzuverlässiger Mann. Im J. 1217 hatte er einen Kreuzzug unternommen, aber nichts Nennenswerthes vollbracht, war auch schon im J. 1218 wieder in die Heimath zurückgekehrt. In seinem eigenen Lande war durch seine Mißregierung Alles in der größten Unordnung. Einen Bürgerkrieg und den Verlust seiner Krone hatte er nur dadurch verhindern können, daß er im J. 1222 dem Adel große Vorrechte einräumte und sich verpflichtete, künftig nicht die Krongüter zu verschenken, und keine Juden und Mohammedaner zur Bekleidung öffentlicher Aemter zuzulassen. Für den Fall, daß er dieses Gesetz nicht beobachte, gestand er selbst den Bischöfen und Adeligen das Recht zu, sich gegen ihn zu erheben [1]. Und dennoch hielt er es nicht. Die Noth des armen Volkes war groß. Juden und Mohammedaner verwalteten nach wie vor die Salzwerke, die Münzen und die Erhebung aller Kroneinkünfte und mißbrauchten ihre Macht nicht bloß zum Schaden des Volkes, sondern auch der Kirche und des christlichen Namens. Manche Christen verkauften in ihrer Noth ihre eigenen Kinder an Mohammedaner. Andere traten in einem christlichen Lande weltlichen Vortheils wegen selbst zur Religion der letzteren über. Auch manche getaufte oder doch zum Empfange der heiligen Taufe geneigte Cumanen wurden von den Saracenen gekauft und zur Annahme des Islam gezwungen. Deßhalb griff nun der Papst selbst ein und beauftragte am 3. März 1231 den Erzbischof Robert von Gran mit der Abstellung jener wie anderer die kirchlichen Rechte verletzender Mißbräuche. Gregor klagte besonders darüber, daß Ehescheidungen von weltlichen Richtern ausgesprochen und weder das Eigenthum der Kirche noch die ihr gewährte Abgabenfreiheit geachtet wurde [2]. Allein der Erzbischof konnte auch nichts erreichen und belegte deßhalb zu Anfang des J. 1232 Ungarn mit dem Interdicte und die Hauptrathgeber des Königs, den Palatin Dionysius, den Kammergrafen Samuel und andere Hofherren, mit dem Banne, widerrief aber dann auf Bitten des Königs den Spruch einstweilen. In seiner Noth appellirte nun Andreas an den Papst und erließ auch zur Ordnung der Angelegenheit eine Constitution, die aber nichts oder nur wenig half, sei es, daß der König sich die Ausführung derselben nicht angelegen sein ließ, sei es, daß die Macht der Juden und Saracenen zu groß und er ihr gegenüber, besonders bei seinem schwachen Charakter, ohnmächtig war [3]. Wie dem auch sein mag, der

---

[1] S. die Bulle bei Endlicher, Rerum Hung. monumenta Arpadiana P. I. (Sangall. 1848) p. 412 sqq. Vgl. L'art de vérifier les dates, tom. II, p. 54.

[2] Päpstl. Auftrag bei Rayn. 1231, 39 sqq. Vorher (am 26. bis 28. Febr. 1231) hatte der Papst dem Erzbischof von Gran mehrere Vergünstigungen verliehen. S. Potth. n. 8668—8670. [3] Vgl. Rayn. 1232, 12 sqq.

Papst gab dem Erzbischof am 22. Juli 1232 Befehl, keine kirchlichen Strafen zu verhängen, und sandte den Cardinal Jakob von Palestrina als päpstlichen Legaten nach Ungarn, um an Ort und Stelle die Sachlage zu prüfen[1]. Um aber dem schwachen Könige einen Beweis seiner Huld zu geben, verlieh ihm Gregor am 22. August 1232 das Privileg, nur mit Erlaubniß des apostolischen Stuhles excommunicirt werden zu können[2]. Als nun der Cardinal die Sachlage genau geprüft und sich von der Rechtmäßigkeit des durch den Erzbischof von Gran verhängten Interdictes überzeugt hatte, ließ er es wirklich im December 1232 in Verbindung mit dem Erzbischof von Colocza und den ungarischen Bischöfen verkünden[3]. Aber dennoch fuhr der Papst fort, den König selbst zu unterstützen; dieser hatte sich zuerst eidlich verpflichtet, die Kronrechte unverletzt zu bewahren, dann aber solche abgetreten und geschworen, sie nicht wieder zu fordern. Um nun die Macht der Krone zu stärken und den König zu kräftigerem Einschreiten gegen die vielen Unordnungen zu ermuthigen, erlaubte ihm der Papst, den Verzicht auf königliche Rechte trotz geleisteten Eides zu widerrufen. Um dieselbe Zeit gab er dem Legaten Anweisung, über die Wunder und das Leben des um das J. 1179 im Rufe der Heiligkeit verstorbenen Lukas von Hebervára, Erzbischofs von Gran, genaue Erhebungen anzustellen, weil Andreas seine Heiligsprechung betrieb[4]. Dem Legaten war es nun im J. 1233 gelungen, vom Könige eine Erneuerung seines Decretes vom J. 1222 zu Gunsten der kirchlichen Rechte zu erlangen[5], aber die Hebung der sonstigen Mißstände im Reiche ließ sich Andreas auch jetzt, trotz der Mahnungen des Cardinals, nicht angelegen sein, weßhalb ihn der Papst am 12. August 1233 von Neuem und dringender mahnte, und nun auch Befehl gab, die schon von dem Erzbischofe von Gran ausgesprochene Strafe über die königlichen Räthe und das Reich zu verhängen, den König selbst aber nicht zu bannen[6]. Hier sehen wir dieselbe Politik wie in Frankreich befolgt. Der Papst unterschied strenge zwischen dem, was auf Rechnung des Königs und was auf Rechnung von dessen Räthen zu schreiben war, und erwog genau die Schwierigkeiten der Lage des Königs. Nun raffte Andreas sich endlich wieder auf. Er sowohl wie seine Söhne und die Vornehmen des Reiches ver-

---

[1] Schreiben an den Erzbischof von Gran bei Theiner, Mon. Hungar. I, 105, n. 181. Schon am 31. Aug. 1232 gab der Papst dem neuen Legaten Aufträge wegen der Vertreibung des deutschen Ordens aus dem Burzenlande (ibid. 106, n. 185).

[2] L. c. 106, n. 183.   [3] L. c. 107, n. 187.

[4] Theiner III, n. 188 (Schreiben vom 31. Januar 1233). Bezüglich des Erzbischofs Lukas s. die päpstl. Schreiben vom 28. Aug. 1231 und 17. Febr. 1233 ibid. I, 99, n. 173 und 111, n. 189.

[5] L. c. I, 112, n. 190; Balan II, 265 sq.

[6] Theiner I, 114, n. 195; 115, n. 196; 116. n. 197.

sprachen dem Legaten bei Strafe des Bannes, daß in Zukunft Juden und Saracenen nicht mehr königliche und öffentliche Aemter bekleiden sollten, worin sie die Christen schädigen könnten, und gaben sonstige die Mißstände beseitigende Anordnungen[1]. Der König schloß auch durch Vermittlung des Cardinals mit dem Erzbischof von Gran eine Uebereinkunft betreffs der zwischen ihnen streitigen Zehnten[2]. Da nun um dieselbe Zeit, gemäß dem Vorschlage des Papstes, der König Jakob von Aragonien sich mit der Tochter des Königs Andreas von Ungarn verlobte (am 22. Februar 1234), hätte der König nach dieser Stärkung seiner Macht sicher gute Gelegenheit zur Ordnung der innern Angelegenheiten seines Reiches gehabt. Aber er ließ den mit dem Legaten vereinbarten Termin unbenützt verstreichen. Als nichtsdestoweniger der Erzbischof von Gran die Verkündigung des Bannes gegen den König hinderte, mußte ersterer sich zu Rom verantworten[3]; allein der Papst mahnte zwar den König, den von ihm geschädigten Kirchen Genugthuung zu leisten, ließ aber doch das kirchliche Strafverfahren gegen ihn einstellen[4]. Bei den steten Intriguen des Hofes und den Gewaltthätigkeiten der Vornehmen war eben der König häufig machtlos. Die ihm von dem Legaten auferlegte Pflicht, fünf Jahre lang jedes Jahr 2000 Mark Silber an die Kirchen zur Entschädigung zu zahlen, wurde ihm am 31. August 1235 vom Papste dahin erleichtert, daß er zehn Jahre lang jährlich 1000 Mark zahlen solle[5]. Gregor erneuerte ihm auch an demselben Tage das Privileg, daß niemand ohne besondere päpstliche Erlaubniß über ihn und seine Familie den Bann oder das Interdict verhängen dürfe[6]. Am 15. August 1235 hatte der Papst auch die Abtretung von Bosnien durch den König Andreas an seinen Sohn Coloman, der sich König der Ruthenen nannte, bestätigt[7], aber Andreas starb schon im October 1235. Ihm folgte in der Herrschaft sein Sohn Bela IV.

---

[1] Theiner I, 117 sqq.; Rayn. 1233, 50—54. Der Bischof von Bosnia und andere waren von dem Legaten beauftragt, eventuell Bann und Interdict über den König zu verhängen.

[2] Der Papst bestätigte den Vergleich am 23. Jan. 1234 (s. Theiner I, 122, n. 206).

[3] Schreiben vom 19. Juli 1234 (Potth. n. 9492; Theiner I, 126, n. 213). Am 24. Aug. 1235 verzieh ihm der Papst (Potth. n. 9998; Theiner I, 134, n. 232).

[4] Brief an den König vom 28. Juli 1234 (Potth. n. 9497; Theiner 126, n. 214). — Schreiben an den Bischof von Bosnia vom 16. Aug. 1234 und 31. Aug. 1235 (Potth. nn. 9508. 10013; Theiner I, 127, n. 215: 136, n. 239 [Andere lesen 7 Junii statt 31. Aug; s. Potth. n. 9934]). Lob des Bischofs von Bosnia in Gregors Schreiben an Andreas vom 18. Aug. 1235 (Potth. n. 9991; Theiner I, 134, n. 231).

[5] Potth. nn. 10007. 10009; Rayn. 1235, 26. Andere Bestimmungen s. bei Potth. nn. 10006—10013.

[6] Theiner I, 135, n. 235; Potth. n. 10010. Vgl. ibid. 10013.

[7] Potth. n. 9986; Theiner I, 133. n. 229.

Die polnischen Fürsten kriegten miteinander und mit ihren Nachbarn. Dabei zeigten sie so geringe Bedenken in der Wahl ihrer Mittel, daß sie in ihrem Kriege gegen Swantopelk, den Fürsten von Danzig, und seine Brüder, welche sich den Dominicanern in ihren Bekehrungsarbeiten günstig erwiesen hatten, auch Heiden zum Brennen und Plündern und zur Gefangennahme von Christen gebrauchten. Wie schädlich derartige Unternehmungen christlicher Fürsten für das Bekehrungswerk sein mußten, liegt auf der Hand. Der Papst nahm die Sache auch so ernst auf, daß er die Fürsten am 5. Mai 1227 mit Kirchenstrafen bedrohte, wenn sie sich nicht änderten[1]. Zu ihrer Entschuldigung diente jedoch, daß Swantopelk, der dem Fürsten Leszek V. oder dem Weißen, Herzog von Krakau und Sandomir (1194—1227), tributpflichtig war, sich unabhängig zu machen suchte. Ebenso tapfer wie verschlagen, überfiel er im J. 1227 in Verbindung mit dem Herzoge Ladislaus Otho von Großpolen den Herzog Leszek und seinen Bundesgenossen Heinrich den Bärtigen, Herzog von Schlesien. Leszek, der gehofft hatte, den Unabhängigkeitsbestrebungen Swantopelks durch dessen Gefangennahme ein Ende zu machen, wurde getödtet (14. November 1227), Heinrich entkam trotz schwerer Verwundung. Von nun an war Swantopelk unabhängiger Herzog von Oberpommern. Im J. 1228 wurde Ladislaus Otho von seinem Oheim, dem Herzoge Ladislaus Laskonogi von Gnesen, mit dem er schon lange im Kriege war, gefangen genommen; allein er entfloh und ging nach Pommern zu Swantopelk. Nun zog Swantopelk gegen Laskonogi, der Großpolen räumte und seine Zuflucht zu Casimir Mieszkowic, Palatin von Ratibor, nahm[2]. Gnesen selbst kam in den Besitz Otho's. Zwar belagerte es Laskonogi später wieder, gab aber alle Hoffnung, sein Land wieder zu erobern, auf, als er hörte, daß Otho mit pommerschen Hülfstruppen nahe, floh nach Ratibor und starb dort am 15. August 1231 „ohne Erben und ohne Ruhm". Otho war nun unbestrittener Herr des Landes. Er beschenkte die Kirchen von Gnesen und Posen mit vielen Privilegien und Freiheiten[3].

Auf dem bischöflichen Stuhle von Krakau saß damals Ivo, der ehedem zu Paris mit dem nachmaligen Papste Gregor IX. befreundet gewesen war. Ivo hatte im J. 1220 die von Honorius III. beabsichtigte Erhebung zum Erzbischof von Gnesen ausgeschlagen, aber auf der Synode von Leczyc, welche im J. 1226 oder vielleicht ein wenig später

---

[1] Potth. n. 7891. Vgl. Rayn. 1227, 50. Auch am 27. Febr. 1233 drang Gregor IX. darauf, daß die polnischen Fürsten in ihren Kämpfen wenigstens nicht die Heiden zu Hülfe rufen sollten (Potth. n. 9108). Leszek ließ er am 23. Mai 1227 ermahnen, sich der Bedrückung geistlicher Personen zu enthalten (Potth. n. 7912).

[2] Vgl. Joh. Dlugoss (oder Longinus). Hist. Polon. II. XII (Lipsiae 1711), p. 641. [3] Ibid. 613 sqq. 647.

stattfand, war es zwischen ihm und dem Bischof Lorenz von Breslau zu einem Rangstreite gekommen. Da dieser nicht erledigt werden konnte, ging Jvo nach Italien zum Papste, der ihn höchst ehrenvoll aufnahm, den Streit zu seinen Gunsten entschied und Krakau auf seine Bitte nunmehr zum Sitze eines Metropoliten erhob. Jvo hatte den Papst zu Perugia getroffen, war dann nach Rom zu den Gräbern der Apostel gewallfahrtet, starb aber auf der Rückreise am 21. Juli 1229 und wurde in Modena begraben, seine Leiche jedoch im J. 1237 nach Krakau gebracht. Seine Nachfolger machten übrigens auf die Metropolitanwürde keinen Anspruch mehr [1].

In den polnischen Kämpfen spielte auch der Herzog von Schlesien, Heinrich I., der Bärtige (1201—1238), der Gemahl der hl. Hedwig, eine hervorragende Rolle. Durch die von dem Herzoge Otho an die Bischöfe gemachten Schenkungen waren die Adeligen von Großpolen gegen ihn so aufgebracht worden, daß sie sogar den Herzog Heinrich zu Hülfe riefen, und Otho zwangen, zu dem Herzoge Swantopelk von Pommern zu flüchten. Heinrich nahm nun von den Hauptstädten des Landes Besitz [2]; die Burg von Gnesen hielt sich jedoch. Er hatte auch einen Streit mit dem Herzoge Conrad von Masovien über den Besitz Krakau's, worauf Heinrich Ansprüche machte, und die Vormundschaft des jungen Herzogs Boleslaus V. des Schamhaften von Krakau und Sandomir (1227 bis 1279), des Sohnes des im J. 1227 gestorbenen Lesk des Weißen. Die Wittwe des letzteren, Grzymislawa, wie einige Vornehme des Landes unterstützten ihn, denn Boleslaus wurde von Conrad wie ein Gefangener behandelt. Heinrich siegte zwar in einer Schlacht, wurde darauf aber von Conrad überfallen und gefangen nach Masovien gebracht. Sein Sohn sammelte ein Heer, um ihn zu befreien; nur durch die Vermittlung der Gemahlin Heinrichs, der hl. Hedwig, wurde weiteres Blutvergießen vermieden und Heinrich gegen Ueberlassung der Vormundschaft über Boleslaus an Conrad aus der Gefangenschaft befreit [3]. Conrad machte sich

---

[1] Dlugoss p. 642. 660; Rayn. 1227, 50 sq.; Hergenröther, Kirchengesch. I, 878. Ueber Jvo s. o. S. 8. — Unter den Studenten zu Krakau hatte die Unsitte, die Weihnachtstage durch Excesse und Travestien zu begehen, derart um sich gegriffen, daß der Papst am 7. Mai 1230 den Befehl geben mußte, sich bei kirchlicher Strafe davon zu enthalten (Potth. n. 8545). Vgl. hiermit Potth. III, nn. 2967. 13789, und Hergenröther a. a. O. III, 335.

[2] Dlugoss p. 648 sq. Ein von dem Erzbischof von Gnesen und dem Bischof von Posen am 22. Sept. 1234 zwischen Heinrich und Ladislaus vermittelter Vergleich wegen des Besitzes des schlechthin Polen genannten Landes setzte die Warthe als Grenze fest. Der Papst bestätigte diesen Vertrag am 26. Juni 1235 (Potth. n. 9948 sq ; s. Rayn. 1235, 28).

[3] Dlugoss I, 638 sq.; Acta SS. Octobr. tom. VIII, 198 sq. 215. Jvo hatte sich u. a. deßhalb nach Italien begeben, um dem Papste die Lage darzulegen und ihn

in Sandomir und Krakau sehr verhaßt, besonders durch seine und seines Sohnes Boleslaus, der in Sandomir selbständig regierte, Tyrannei und die verrätherische Gefangennahme des jungen Boleslaus und seiner Mutter; denn er hatte sie zu einer Besprechung eingeladen und dann gefangen genommen. Er handelte nicht wie ein Vormund, sondern wie ein Herr des Landes. Stets waren die Päpste die Zuflucht der Wittwen und Waisen. Das zeigte sich auch jetzt: Gregor nahm die Wittwe in seinen besondern Schutz, ließ Conrad durch den Erzbischof von Gnesen und die Bischöfe von Posen und Krakau auffordern, ihr und ihrem Sohne das ihnen entzogene Eigenthum wieder zu geben, und ersuchte am 23. December 1233 den König Coloman wie Heinrich den Bärtigen, Grzymislawa, ihren Sohn und ihr Land zu vertheidigen[1]. Während nun Conrad im Kriege gegen die Preußen verwickelt war, gelang es den beiden Gefangenen, zu entfliehen. Sie gingen zu Heinrich von Schlesien, der sie auf's Ehrenvollste empfing[2]. Heinrich zog nun nach Krakau und Sandomir, wo er wie ein Befreier aufgenommen wurde und mit leichter Mühe sich das Land unterwarf. Boleslaus trat ihm Krakau ab und behielt selbst Sandomir und Lublin. Auch Conrad von Masovien konnte das Geschehene nicht ändern[3].

Nachdem Heinrich so seine Macht sehr gekräftigt hatte, versuchte er im J. 1236 auch Gnesen, den einzigen Ladislaus Otho treu gebliebenen Ort, in seine Gewalt zu bringen und belagerte die Stadt. Aber Ladislaus kam ihr zu Hülfe und Heinrich konnte nichts ausrichten. Bei dieser Gelegenheit hatte letzterer aber auch die kirchlichen Güter schwer geschädigt und trotz wiederholter päpstlicher Mahnung dafür keine Genugthuung geleistet[4]. Selbst als er am 19. März 1238 starb, war die Angelegenheit noch nicht zur Zufriedenheit des Papstes erledigt, weßhalb dieser sich an Heinrichs Sohn, denselben, der später, am 9. April 1241, im Kampfe gegen die Mongolen bei Liegnitz fiel, wandte[5].

---

zu bitten, Heinrich von seinem Eide, nicht die Vormundschaft über Boleslaus beanspruchen zu wollen, loszusprechen. S. Dlugoss 642.

[1] Potth. nn. 9350 sqq.   [2] Dlugoss 651.

[3] Ibid. 652. — Conrad fiel, sobald er konnte, mit einem Heere in Krakau ein, verlor aber, obgleich es zu keiner großen Schlacht kam, allmählig den größten Theil seines Heeres und mußte das Land verlassen (l. c. 654). Schließlich mußte er sich zu einem Frieden verstehen, den der Papst am 18. Juni 1235 bestätigte (Potth. n. 9939). Einige Tage nachher, am 22. Juni, nahm Gregor IX. auch den Sohn Heinrichs des Bärtigen, Heinrich II. den Frommen, in seinen Schutz (Potth. n. 9944).

[4] Dlugoss 656. 657. — Acta SS. Octobr. tom. VIII, p. 215. Potth. nn. 10128. 10190. 10456. 10497. S. Rayn. 1236, 65. Am 25. März 1238 tadelte der Papst auch den Herzog Conrad von Masovien und andere polnische Große wegen Bedrückung der Kirchen der Gnesener Provinz (ibid. 10551).

[5] Schreiben vom 25. Mai 1238 (Rayn. 1238, 56).

Wie drückend die Tyrannei der polnischen Großen oft gewesen sein muß, ergibt sich daraus, daß manche Christen, um ihr zu entgehen, zu den Ruthenen übergingen. Diese ließen aber ihre katholischen Frauen wieder taufen und zwangen sie, auch andere Irrlehren anzunehmen. Gregor IX. verbot deßhalb am 24. Februar 1233 das Eingehen solcher Ehen[1]. Damit that er nur, was die katholische Kirche, welcher die Pflicht aufliegt, ihre Kinder gegen die Gefahr des Abfalles zu schützen, immer gethan hat. Seine väterliche Sorge erstreckte sich sogar auf die armen Falkenhüter, denen, wenn ein Junges ausflog oder sonst ohne ihre Schuld verloren ging, die polnischen Großen eine Geldstrafe auferlegten. Daß derartiger Bedrückung in Zukunft gewehrt werde, gab der Papst am 25. Februar 1233 Befehl, mit kirchlichen Strafen dagegen einzuschreiten[2].

Unter dem Papste Innocenz III. hatte sich Suerus, der die Krone Norwegens usurpirt hatte, um seine Stellung zu sichern, mit der Bitte um Anerkennung nach Rom gewandt, aber seiner Bitte wurde nicht Folge geleistet; sein Sohn Hakon IV. jedoch, ein viel besserer Mann als Suerus, wurde kirchlicherseits anerkannt. Ohne Zweifel wäre auch, als Hakon IV. im J. 1204 starb, sein Sohn Hakon V. vom Volke und dem Clerus als dessen Nachfolger angenommen worden, hätte nicht seine erst nach des Vaters Tod erfolgte Geburt Zweifel an seiner Legitimität hervorgerufen. So wurde Ingo II. König, der aber im J. 1217 starb. Nun erhob das Volk Hakon V. Zum Beweise seiner Legitimität unterzog sich seine Mutter der Feuerprobe, die sie auch bestand. Obgleich ihm mehrere Kronprätendenten den Thron streitig machten, wurde sein Anhang immer größer. Er wandte sich auch an den Papst um Anerkennung, der mit der Prüfung seiner Ansprüche zuerst die Erzbischöfe von Lund und Drontheim, und später, als diese vor Erledigung der Frage starben, einige Andere beauftragte[3].

Aber auch gegen Hakon V. mußte der Papst die Rechte der Kirche vertheidigen. Hakon hatte im Territorium des Bischofs von Hamar eine Burg gebaut, vom Bischof Gebannte beschützt und dessen Rechte so mißachtet, daß dieser hülfesuchend zum Papste floh. Gregor empfahl deßhalb den Bischof dem Schutze des Schwiegervaters des Königs, des Herzogs Skule, bat selbst am 5. October 1234 den König um Genugthuung, gab aber auch an demselben Tage dem Erzbischofe von Lund und Andern Auftrag, den König, falls er nicht Folge leiste, mit dem Banne zu belegen[4].

---

[1] Ripolli I, 43. 63.   [2] Ripolli I, 43. 65 (Potth. n. 9107).
[3] Rayn. 1231, 44. Vgl. Potth. n. 8339. Schreiben vom 13. Febr 1229
[4] Rayn. 1234, 47; Potth. nn 9712 sq. 9718 sqq. 9723 sq.

Vierzehntes Kapitel.
Gregor IX. als Gesetzgeber.

Seitdem Gratian um die Mitte des zwölften Jahrhunderts in seiner unter dem Namen „Das Decret Gratians" berühmten „Concordia discordantium canonum" den Wust des damals vorhandenen kirchenrechtlichen Materials geordnet und von den zwischen manchen Canones bestehenden Widersprüchen gereinigt hatte, waren viele neue Gesetze von Päpsten sowohl wie den in den Jahren 1179 und 1215 gehaltenen Lateranconcilien erlassen und dadurch wieder neue Decretalen-Sammlungen nothwendig geworden. Unter diesen erwarben sich fünf Compilationen in den juristischen Schulen besondere Anerkennung. Die erste war um 1190 von Bernhard von Pavia, die zweite von Johann von Wales verfaßt. Keine von beiden hatte einen officiellen Charakter, ebenso wenig die vierte, welche Decretalen Innocenz' III., vorzüglich aus seinen letzten Regierungsjahren, gab. Aber die dritte Compilation, welche Gesetze Innocenz' III., und die fünfte, welche Gesetze Honorius' III. enthielt, waren von den Päpsten für authentisch erklärt worden. Innocenz III. hatte die in seinem Auftrage verfaßte dritte Compilation im J. 1210 an die Universität Bologna, Honorius III. aber die Sammlung seiner Decretalen im J. 1226 an den Archidiaconus Tancred von Bologna sowie die Universität Padua gesandt [1]. Immerhin war die Zerstreuung des Materials in so viele Bände recht mißlich.

Es war daher nicht zu verwundern, daß, sobald in Gregor IX. eine durch hervorragende Geistesanlagen wie vorzügliche Kenntniß beider Rechte [2] berühmte Persönlichkeit den päpstlichen Stuhl bestieg, sich gleich nach seiner Erhebung das Gerücht verbreitete, er beabsichtige, aus den vorhandenen Sammlungen eine einzige machen zu lassen [3]. Ohne Zweifel war das auch gleich Anfangs die Absicht des Papstes, allein die Verwirklichung derselben wurde theils durch den Mangel einer zu einer solchen Arbeit geeigneten Persönlichkeit [4], theils durch den alle andern

---

[1] S. G. Phillips, Kirchenrecht, Bd. IV (1851), S. 207 ff.

[2] Vgl. o. S. 8.

[3] (Gregorio P. IX.) creato statim fuit fama, quod compilationem, qua utimur, facere intendebat." Joann. Andr. Addit. ad Speculum Guil. Durantis bei Philips 233, 34.

[4] Die im J. 1261 von Clemens VIII. erlassene Canonisationsbulle Raymunds von Pennaforte (häufig gedruckt, z. B. in Acta SS. Jan. tom. I, 404—418, auch in der schönen Ausgabe von Raymunds „Summa de poenitentia". Veron. 1744. fol.) bemerkt, daß man schon lange nach einem passenden Manne gesucht habe: „Decreta RR. PP. ... ad communem omnium et maxime studentium ultilitatem in ordinem et compendium redigi jamdin omnibus fere placuerat; sed tanto

Interessen hemmenden Kampf mit Friedrich vorschoben. Wie bekannt, erfolgte im J. 1231 seitens Friedrichs II. die Veröffentlichung der der Kirche in mancher Beziehung mißliebigen Constitutionen von Melfi. Drei Jahre später, am 5. September 1234, publicirte dann Gregor IX. das kirchliche Gesetzbuch, die Decretalen, in einer an die Universitäten Bologna und Paris gerichteten Bulle, welche nach den Anfangsworten „Rex pacificus pia" genannt wird [1].

Dort gibt der Papst selbst über den Zweck des Werkes die gehörige Auskunft. „Die verschiedenen Constitutionen und Decretalbriefe Unserer Vorgänger," so heißt es dort, „welche in verschiedene Bände zerstreut waren, brachten, einige wegen zu großer Aehnlichkeit, andere wegen der zwischen ihnen bestehenden Widersprüche und wieder andere wegen ihrer zu großen Länge, sichtlich Verwirrung hervor; einige fanden sich aber überhaupt nicht in jenen Bänden und erzeugten so häufig als unsicher in den Gerichten Schwankungen. Deßhalb haben Wir sie mit Weglassung des Ueberflüssigen zum Nutzen Aller und besonders der Studirenden durch Unsern theuren Bruder Raymund, der unser Kaplan und Pönitentiar ist, in Einen Band bringen lassen und ihnen Unsere eigenen Constitutionen und Decretalbriefe, wodurch Einiges, das in den früheren Gesetzen zweifelhaft war, erklärt wird, beigefügt. Wir wollen nun, daß in den Gerichten sowohl als in den Schulen nur diese eine Sammlung gebraucht werde, und verbieten deßhalb jedermann auf das Strengste, eine andere ohne besondere Ermächtigung des apostolischen Stuhles herzustellen."

Aus diesen Worten Gregors folgt, daß die neue Gesetzessammlung nicht an die Seite, sondern an die Stelle der alten als ein wirklicher Gesetzescode, als die einzige authentische Quelle des gemeinen Rechts, soweit es seit dem Decrete Gratians bis zum J. 1234 vorlag, treten sollte. Gregor that deßhalb für das Kirchenrecht, was Justinian in seinem Code für das weltliche Recht that. Was für diesen Tribonianus, war für Gregor der hl. Raymund von Pennaforte.

Raymund von Pennaforte [2], um 1186 aus einer dem königlichen Hause

operi vir idoneus quaerebatur. Itaque Gregorius praedecessor B. Raimundum huic muneri aptissimum esse ratus, id oneris ei imposuit; quod tandem ipso ingenti labore trium annorum spatio feliciter absolvit."

[1] S. die Bulle in den Ausgaben der Decretalen; deutsch bei Phillips a. a. O. 268—271.

[2] Ueber Raymunds Leben s. Acta SS. Jan. tom. I, 404—429; Alban Butler, The Lives of the Saints, vol. I, zum 23. Jan.; auch Phillips IV, 257—267. — Der Heilige mußte im J. 1235 aus Gesundheitsrücksichten in die Heimath zurückkehren. Das ihm vom Papste vorher dankbarlichst angebotene Erzbisthum Tarragona, dessen Bischof Sparago de Barca am 3. März 1233 gestorben war, hatte Raymund standhaft abgelehnt (Acta SS. 410 sq.). — Auch das von ihm seit dem J. 1238 bekleidete Amt eines Generals der Dominicaner legte er im J. 1240 freiwillig

von Aragonien verwandten Familie geboren, hatte schon als junger Mann zu Barcelona einige Jahre gelehrt, vermuthlich Philosophie. Dann war er um 1210 nach Bologna gegangen, war dort Doctor der Rechte geworden und hatte selbst drei Jahre lang die Rechte mit großem Erfolge vorgetragen. Von Bologna kehrte er jedoch wieder auf Ansuchen seines Bischofes nach Barcelona zurück, trat aber im J. 1222 in den Dominicanerorden ein. In Spanien wurde der Cardinallegat Johann von Sabina mit ihm bekannt und empfahl ihn bei seiner Rückkehr nach Rom dem Papste. Dieser rief ihn im J. 1230 nach Rom und ernannte ihn nicht bloß zum päpstlichen Kaplan und Pönitentiar, sondern auch zu seinem Beichtvater.

In Raymund hatte Gregor den rechten Mann für die beabsichtigte Gesetzessammlung gefunden. Raymund führte denn auch das Werk, wie die Canonisationsbulle sagt, „nach ungeheurer Arbeit, in drei Jahren" glücklich durch. Die Anordnung des Stoffes ist dieselbe, welche Bernhard von Pavia in seinem Brevier zuerst eingeschlagen hatte. Wie jener, theilte auch er das Werk in fünf Bücher ein, deren Inhalt der Memorialvers „Judex, judicium, clerus, connubia, crimen" ausdrückt. Das erste Buch handelt nämlich vorzüglich von den kirchlichen Personen und den verschiedenen kirchlichen Aemtern, das zweite von den Gerichten und dem Gerichtsverfahren, das dritte von den Clerikern und Mönchen, das vierte von den Ehesachen, das fünfte von den Verbrechen und deren Strafen[1]. Jedes Buch ist, wie in der erwähnten ersten Compilation, in Titel[2], die Titel in Kapitel abgetheilt. Raymund gibt allerdings die ältere Quelle, aus der ein Rechtsspruch geschöpft war, denn das Werk war ja besonders auch zum Nutzen der Studirenden veröffentlicht, aber er wollte durchaus nicht damit auf jene Quelle als eine noch fortwährend gültige hinweisen. Dennoch erweist sich das Werk als ein Kind seiner Zeit in

---

nieder. Er starb am 6. Jan. 1275 und wurde am 29. April 1601 von Clemens VIII. heilig gesprochen.

[1] Eine ausführliche Inhaltsangabe findet sich bei Joan. Doujat, Praenotionum canonicarum libri quinque (Venetiis 1762), lib. IV, cap. XIX.

[2] Die neue Gesetzessammlung hat außer den schon von Bernhard und den folgenden Sammlungen aufgestellten fünf neue Titel (s. Phillips IV, 273, 13). Davon haben I, 32 und III, 44 je zwei, die drei übrigen Titel (II, 5; V, 2 und V, 11) nur je ein Kapitel. — Eine vergleichende Uebersicht über die Bücher und Titel des Cod. Justin., der fünf alten Compilationen und der neuen Compilation Gregors IX. s. bei Phillips IV, 236 ff.; eine „vergleichende Uebersicht der Anordnung der Kapitel in der Gregorianischen und in den fünf alten Compilationen" ebend. IV, 304 ff. — Auffallend ist, daß von der fünften Compilation, der des Papstes Honorius III., „verhältnißmäßig die meisten Kapitel, nämlich mehr als ein ganzes Drittel, ausgeschlossen sind" (s. Phillips a. a. O. 283). Dieser Umstand schließt wohl die Annahme aus, daß Gregor der bis jetzt unbekannte Verfasser jener Compilation sei, aus, denn er würde schwerlich sein eigenes Werk so hintangesetzt haben.

den Fehlern der Bearbeitung [1]. Denn es gelang Raymund darin nicht, sich über die Mängel der früheren Compilationen etwa zu der Höhe der Methodik, wie sie sich im Code Napoléon findet, zu erheben.

Wie bemerkt, ist die Bulle, wodurch Gregor IX. das Werk publicirte, vom 5. September 1234. Raymund hatte auf letzteres drei Jahre lang seine ganze Arbeitskraft verwandt. Somit würde der Beginn seiner Arbeit, falls die Zeitbestimmung von drei Jahren einigermaßen wörtlich genommen werden könnte, in die Mitte des J. 1231 fallen. Um jene Zeit, wenigstens schon am 5. Juli 1231, hatte der Papst bestimmte Nachricht, daß die Constitutionen von Melfi, die dann im August zu Melfi berathen und im September 1231 publicirt wurden, in Vorbereitung seien. Thatsächlich vertheidigen die Decretalen z. B. im öffentlichen Recht das Privilegium fori des Clerus in Civil- und Strafsachen, welches die Constitutionen von Melfi mißachteten [2]. Während die Constitutionen im Privatrechte im Titel über die Verjährungen das reine römische Recht enthalten, schärfen die Decretalen die Nothwendigkeit ununterbrochener bona fides ein [3]. Derartiger Fälle gibt es mehrere, und somit liegt die Möglichkeit der Annahme vor, den unmittelbarsten Anstoß zu der Veröffentlichung der Decretalen Gregors IX. in den Constitutionen von Melfi zu suchen. Dabei bleibt bestehen, daß die Anfertigung des Werkes Gregors schon ohnehin beschlossen war und ausgeführt worden wäre, und daß sie vornehmlich geschah, um der aus dem mangelhaften Zustande der existirenden Rechtsquellen folgenden Rechtsunsicherheit abzuhelfen, wie das auch die Bulle „Rex pacificus pia" bemerkt.

Das vorhandene kirchenrechtliche Material hat Raymund natürlich verändert, gekürzt, mit Einem Worte bearbeitet, wie es ihm gut schien. Gregor gab dann dem Ganzen gesetzgeberische Autorität. Denn wie ein Papst ein Gesetz seines Vorgängers aufheben kann, kann er es auch verändern. Jede in das Gesetzbuch aufgenommene Decretale ist eine Decretale Gregors IX., weil sie eben von ihm nun gesetzgeberische Kraft herleitet. Aber unter den 1972 Kapiteln des Werkes sind 195, somit ungefähr ein Zehntel, von Gregor IX. selbst erlassen und theils an bestimmte Personen gerichtet, theils ohne Adresse [4]. Letztere sind

---

[1] Vgl. Phillips § 186 (IV, 275 ff.), besonders 277 f.

[2] L. II, tit. 2 De foro competenti. Vgl. o. S. 139.

[3] S. Const. Melf. l. III, tit. 32 de praescriptionibus und Cap. ult. X, 2, 26, ein Canon von 1215, worin es heißt: „Synodali judicio definimus, ut nulla valeat absque bona fide praescriptio, tam canonica quam civilis."

[4] Die Decretalen enthalten in fünf Büchern 185 Titel (im ersten Buche 43, dann in den folgenden 30, 50, 21 und 41) und 1972 Kapitel (439, 418, 492, 166 und 457). Von diesen gehören Gregor IX. direct an im ersten Buche 65, im zweiten 45, im dritten 40, im vierten 10 und im fünften 35, zusammen 195 Kapitel. Die Kapitel Dilecti 15, X De renunciatione (1, 9), Dilectus 15, X De temp.

meist während der Arbeit Raymunds und mit Rücksicht auf dieselbe gegeben worden und haben vornehmlich den Zweck, das Verständniß der einzelnen Decretalen zu vermitteln und ihre Anwendung zu regeln[1]. Besonders reich an neuen gregorianischen Decretalen ist das erste Buch, welches in dem Titel (3) über Rescripte, wie in dem von den Wahlen und der Gewalt des Erwählten (Tit. 6) je 12 und im Ganzen 65 Decretalen Gregors IX. enthält.

Auch von dogmatischem Interesse ist die Entscheidung des Papstes, daß, falls in der Diakonats- und Priesterweihe die Handauflegung, welche ein von den Aposteln eingeführter Ritus genannt wird, unterlassen worden, die Weihe nicht wiederholt, sondern vielmehr vorsichtig ergänzt werden soll, was irrthümlich unterlassen wurde. Jene Weihen werden nun außer dem Gebete und der Handauflegung des Bischofs durch Ueberreichung des Evangelienbuches in der Diakonatsweihe und der Ueberreichung des Kelches mit der Patene und Brod und Wein in der Priesterweihe ertheilt. Die Materie ist also eine doppelte, die Handauflegung und die Ueberreichung der betreffenden heiligen Geräthe oder Instrumente an den Ordinanden. Gregors Entscheidung besagt, daß, falls in der Weihe nur eine, nämlich die letzterwähnte Materie gebraucht worden, die andere hinzuzufügen ist. Es ist eine Entscheidung für die Praxis. Denn, wie man sieht, vermeidet der Papst die dogmatische Bestimmung der Frage, welches die eigentliche, wesentliche, die Gültigkeit des Sacramentes absolut bedingende Materie sei. Allerdings nennt er die Handauflegung einen von den Aposteln eingeführten Ritus, aber bloß weil sie denselben nach der heiligen Schrift wirklich zuerst angewandt haben. Die Einsetzung jenes Ritus durch Christus wird damit keineswegs verneint[2].

---

ordin. (1, 11), sowie Licet multum 1, X De restit. spol. (2, 13) gehören trotz ihrer Inscription nicht Gregor IX. an, sondern die beiden ersten Honorius III., das letzte Gregor I. Phillips (287, 26) erwähnt das erste nicht, weist aber doch S. 304 richtig auf V. Comp. cap. 2 desselben Titels hin. Ueberhaupt stimmt das Resultat meiner Zählung der Kapitel und Titel mit Phillips (IV, 287 und 303) überein.

[1] S. Phillips 286 f. Höchstens 61 unter den 195 Constitutionen Gregors sind solche „zur Feststellung bestimmter normirender Principien gegebene" (ebend. 287). — Gregor hat seine eigenen Constitutionen vielfach aus dem römischen Recht entnommen. Gonzalez Tellez (Commentaria perpetua in 5 libros decretalium Greg. IX., 5 voll.) bemerkt in der Note zu l. III, tit. 17, 7 in Betreff derselben: „Fere omnes deductas ex juris caesarei visceribus … deprompsit."

[2] Die an den Erzbischof von Lund unter dem 9. Dec. 1232 adressirte Decretale lautet: „Presbyter et Diaconus cum ordinantur, manus impositionem tactu corporali (ritu ab apostolis introducto) accipiunt. Quodsi omissum fuerit, non est aliquatenus iterandum, sed statuto tempore ad huiusmodi ordines conferendos caute supplendum, quod per errorem exstitit praetermissum. Suspensio autem manuum debet fieri, cum oratio super caput effunditur ordi-

Von den sonstigen von Gregor IX. unmittelbar gegebenen Bestimmungen ist eine ursprünglich an das Domcapitel von Straßburg gerichtete und nun auch in die Decretalen aufgenommene merkwürdig. Der Papst verbietet darin, unadelige Cleriker von der Aufnahme in das Domcapitel auszuschließen; denn nicht der Adel des Geschlechtes, sondern der Tugenden und die Ehrbarkeit des Lebens mache zu Gott wohlgefälligen und tauglichen Dienern [1]. Er erklärt auch alle Verträge zur Erlangung geistlicher Würden für ungültig, auf daß nicht Würden und Beneficien auf simonistische Weise erlangt würden [2]. Fehlt es einer Kirche an Geistlichen, so sollen die durch Privileg Abwesenden durch Entziehung der Einkünfte zur Rückkehr gezwungen werden [3]. Berühmt ist Gregors Bestimmung, daß eine dem Ehecontracte beigefügte Bedingung, welche etwas Unsittliches oder Unmögliches enthält, zu Gunsten der Ehe für nicht beigefügt gelten soll, wenn sie nicht gegen das Wesen der Ehe gerichtet sei [4]. Denn bis das Gegentheil erwiesen ist, wird gesetzlich vermuthet, daß solche Bedingungen nicht ernstlich gemeint sind. Der Gotteslästerer soll sieben Sonntage lang, am siebenten Sonntage ohne Schuhe und Oberkleid und mit einem Riemen um den Hals, während der feierlichen Messe vor der Kirchenthüre stehen und an den sieben vorhergehenden Freitagen bei Wasser und Brod fasten und die Kirche nicht betreten dürfen. Außerdem soll er an jedem der genannten Tage einen oder mehrere Arme speisen oder im Unvermögensfalle eine andere Strafe erdulden. Weigert er sich, die Buße zu übernehmen, so soll er mit dem Kirchenbanne bestraft werden und im Tode kein christliches Begräbniß haben. Außerdem soll die weltliche Gewalt mit angemessenen Geldstrafen gegen ihn vorgehen [5]. Niemand wird es bei der bekannten großen Liebe des Papstes für die Bettelorden wundern, daß auch in den Decretalen selbst ihnen Exemptionen von der Jurisdiction der Bischöfe und Pfarrer und manche Privilegien gewährt werden [6]. Juden und Heiden sollen keine öffentlichen Aemter bekleiden, auch kein Jude einen Christen oder Katechumenen kaufen oder als Sklaven behalten dürfen [7]. Den Laien verbot er, zu predigen, und bestimmte unter Anderem, daß offenbare Häresie von der Pflicht der Treue und aller Folgeleistung befreie [8].

---

nandi." L. I, tit. 16 de Sacram. non iterandis, cap. 3. Vgl. Halller, De sacris electionibus et ordinationibus. Sect. 8, cap. IX (bei Migne, Theol. curs. compl. tom. 24, p. 1493. 1498 sq.); Oswald, Die dogmatische Lehre von den heiligen Sacramenten. Bd. II (3. Aufl. 1870) S. 345.   [1] III, 5, 37.
 [2] I, 35, 8. Vgl. Gonzalez Tellez vol. 1 ad 35, 8.   [3] III, 4, 16.
 [4] IV, 5, 7. Vgl. dazu Schulte, Handbuch des katholischen Eherechts (Gießen 1855), S. 142 ff.
 [5] V, 26, 2. Vgl. Möhlers Artikel „Blasphemie" im Freiburger Kirchenlexikon.
 [6] V, 31, 16. 17.   [7] V, 6, 18. 19.   [8] V, 7, 14. 16.

Bis zu den Tagen Gregors IX. hatte man sich vorzüglich des Decretes Gratians bedient und alle nicht darin enthaltenen Decretalen als „außerhalb des Decretes" (extra decretum vagantes, decretales extravagantes) bezeichnet. Letzterer Name ging auch auf das Decretalenbuch Gregors über. Es galt als „das Buch außerhalb des Decretes", Liber extra (decretum), ein Name, den selbst spätere kirchliche Gesetzbücher ihm nicht genommen haben [1].

Immer noch ist das Gesetzbuch Gregors IX. wie eine Grundlage, so auch eine Quelle des geltenden Rechts [2], zwar nicht unveränderlich wie die Lehre der Kirche, aber doch Zeuge und Kind ihres Geistes. Wie es als eine Quelle des bürgerlichen Rechtes in den verschiedenen Ländern anerkannt worden und damit die Entwicklung der Völker gefördert hat, hat es auch ununterbrochen die weise Fürsorge des Papstes verkündet, dessen Name mit seinem Gesetzwerke unsterblich geworden ist.

Auch nach dem 5. September 1234 hat Gregor IX. noch manche Decretalen erlassen, von denen wenigstens sechs in die von Bonifaz VIII. im J. 1298 publicirte Sammlung, Liber sextus genannt, Aufnahme gefunden haben. Darunter befindet sich auch die Bestimmung Gregors, daß, während früher für die Degradation eines Priesters sechs, für die eines Diakons drei Bischöfe erforderlich waren, in Zukunft ein Cleriker von seinem Bischofe wegen des Verbrechens der Häresie degradirt werden könne [3]. Aber von dem Liber sextus abgesehen, finden sich auch sonst manche die Gelehrsamkeit und den Eifer des Papstes bekundende Decretalen [4].

---

[1] Beim Citiren wurde statt der Worte „Liber extra" kürzer „Extra" und noch kürzer X gebraucht. S. über die Citirweise Phillips 300 ff.

[2] S. Phillips S. 411 ff. Schulte, Quellen des katholischen Kirchenrechts S. 356 ff. — Soweit die Decretalen als Quellen des geltenden Rechts in Betracht kommen, ist die römische Ausgabe von 1582 maßgebend. — Der Verfasser der Glossa ordinaria ist der im J. 1263 verstorbene Rechtslehrer Bernhard de Botone. Vgl. über ihn Schulte, Geschichte der Quellen und Literatur des canonischen Rechts. Bd. II, 114—117.

[3] Im L. VI, l. V, tit. 2 de haereticis cap. 1. Die anderen Kapitel sind: l. I, tit. 3 de rescriptis cap. 1; tit. 21 de restit. in integrum cap. 1; sodann im zweiten Buche tit. 13 de decimis etc. cap. 1. Uebrigens sind die Aufschriften nicht durchaus richtig. Vgl. Phillips 364. Schulte, Geschichte ꝛc. II. 37 sagt: „In Wirklichkeit sind entweder vollständig, oder, wenn auch verändert, dennoch dergestalt, daß sie als Quelle erkennbar sind, neun Kapitel (also nicht bloß sechs) von Gregor IX."

[4] Ein in der Gazzetta d' Italia (vgl. The Tablet 1880, March 13, p. 343) beschriebenes Manuscript, welches dem 13. Jahrhundert angehören soll, enthält u. A. eine Sammlung von 41 unter 22 Titel geordneten Decretalen Gregors IX., Innocenz' IV. und des Concils von Lyon. Darunter befinden sich (nach The Tablet) acht bisher unbekannte Decretalen, nämlich fünf von Gregor IX. und drei

Fünfzehntes Kapitel.
Stellung des Papstes zu den Häretikern.

Wer einmal die Thatsache gehörig erwogen hat, daß unter den Aposteln ein Judas und daß an der Seite des Gekreuzigten nicht bloß die Reue und der Glaube, sondern auch die Verstockung und der Unglaube vertreten war, wird sich nicht über den Abfall vom Glauben oder über die große Zahl solcher Abtrünnigen in den Tagen der Glaubenswärme des 13. Jahrhunderts wundern. Je stärker das Licht, desto dunkler die Schatten. Aber ebenso wenig, wie die Erscheinung der Ketzer, sollte bei genauerer Kenntniß jener Zeiten die Behandlung, welche den Ketzern zu Theil wurde, befremden. Damals kannte und schätzte man nur die Einheit des christlichen Bekenntnisses, das treue Festhalten an den Dogmen, mit denen die christliche Staatenordnung und Gesetzgebung selbst auf's Innigste verwachsen war. Ketzerei war ein Vergehen gegen die öffentliche Ordnung, war ein Angriff gegen die Sicherheit der Person. Sie ging darauf aus, den Erdenpilger seiner mühsam erworbenen Schätze für den Himmel zu berauben und in ihm das Leben des Glaubens und der Gnade zu ertödten. Sie zu lehren, hieß Seelen morden; ihr zu folgen, war Hochverrath gegen Gott, den König der Könige, ein Bruch der Treue, die man der Kirche geschworen hatte. Jedenfalls waren es solche Gründe, die selbst dem hl. Bernhard[1], der doch gesagt: „Häretiker sind mit Beweisen, nicht mit Waffen zu fangen", und: „der Glaube ist anzurathen, aber nicht aufzuzwingen", auch die Worte in den Mund legten: „Nichtsdestoweniger werden die Ketzer ohne Zweifel besser durch das Schwert, nämlich dessen, der es nicht umsonst trägt, bezwungen, als daß es ihnen gestattet sei, Viele in ihren Irrthum hineinzuziehen." Auch der hl. Thomas[2] folgert das Recht der weltlichen Autorität, Ketzer zu tödten, daraus, daß es ein größeres Verbrechen sei, den Glauben, der das Leben der Seele sei, als Geld, welches nur zum Unterhalte des weltlichen Lebens

---

von Innocenz IV. — Schulte (Die Decretalen zwischen den Decretales Gregorii IX. und dem Liber sextus Bonifacii VIII. [Wien 1867] und Geschichte der Quellen 2c. II, 32 f.) erwähnt eine private Extravagantensammlung in Prag, die neun, wahrscheinlich nach 1234 fallende Decretalen Gregors IX. enthält. Er bemerkt ebend. II, 33: „Die Existenz einer zweiten derartigen Sammlung wird bewiesen durch eine kurze Summa zu Decretalen verschiedener nicht bei den einzelnen genannter Päpste, die nur in der Ueberschrift ‚Constitutiones Alex. IV. Urbani et Clementis' (vgl. Phillips IV, 523 ff., wo sie zuerst beschrieben) allgemein bezeichnet werden. Sie bezieht sich auf 77 Extravaganten, von denen 58 auch in der Prager Sammlung stehen. Acht gehören sicher, zwei vielleicht Gregor IX. an."

[1] S. Bern. Serm. 64 in Cant. n. 8; Serm. 66 in Cant. n. 12.
[2] Summa Theol. II. II, qu. XI, a. 3.

biene, zu fälschen. Falschmünzer wurden aber damals, wie noch zu Karls V. Zeiten, mit dem Tode bestraft.

Es ist wichtig, sich in diese Anschauungsweise zu versenken, um jene Zeit begreifen und ihren großen Männern Gerechtigkeit erweisen zu können.

Besonders zahlreich und gefährlich unter den Sectirern des 13. Jahrhunderts waren die Katharer, welche nicht bloß die Formeln und Gebräuche der alten Manichäer nachahmten, sondern ihnen auch in der Lehre verwandt waren. Diese sandten von Thracien und Bulgarien, in welchen Ländern sie sich besonders erhielten, Missionäre aus, die einem obersten Bischofe gehorchten und allerhand apokryphe und phantastische Schriften verbreiteten. Der Mönch Reiner Saccone [1], der selbst 17 Jahre lang ein Katharer gewesen war, zählt 16 katharische Kirchen auf, wovon sich sechs in der Lombardei befanden. Dort hatten sie einige Tausend Anhänger, d. h. solche, die zu den „Vollkommenen" gehörten. Dazu kam aber eine große Zahl einfacher „Gläubigen". Außer der Lombardei waren sie besonders in Südfrankreich verbreitet. Auf das Wort: „Man muß Gott mehr gehorchen als den Menschen" gestützt, versagten sie jeder menschlichen Autorität Anerkennung. Ob sie sich aber all der Verbrechen schuldig gemacht haben, die man ihnen vorgeworfen hat, ist fraglich [2]. Die richtige Ansicht scheint die zu sein, daß die Einen ein sehr strenges, die Anderen aber dafür ein um so laxeres Leben geführt haben, wie das auch Saccone hinreichend andeutet [3]. Aber wie es sich auch mit ihrem moralischen Leben verhalten haben mag, das Christenthum wie die ganze sittliche Ordnung und Civilisation konnte nicht mit ihnen bestehen [4].

Aus diesem Grunde finden wir auch, daß die geistliche und weltliche Obrigkeit sich zur Ausrottung dieser Secten verbanden. Besonders eifrig war der Kaiser. Am Tage seiner Krönung erließ er ein Gesetz, welches die Anhänger genannter Secten für immer ehrlos, geächtet und ihrer Güter verlustig erklärte; ihre Kinder sollten das Erbrecht verlieren u. A. Es waren, kurz gesagt, die Bestimmungen des vierten Lateranconcils, die er dort zu den seinigen machte [5]. Das Gesetz gehörte zu den Reichsgesetzen, galt also auch für Deutschland ebenso wie für Italien. Für Sicilien wurde durch die Constitutionen von Melfi der Feuertod

---

[1] Seine „Summa de Catharis et Leonistis sive pauperibus de Lugduno" vgl. bei Martene et Durand, Thes. nov. anecdot. tom. V, 1761 sqq. Er schrieb um 1250. — Vgl. über die Katharer o. S. 104.

[2] Cantù (l. c. 477 sqq.) hält es sogar für sehr wahrscheinlich, daß die Vorwürfe auf Mißverständniß der in ihren Versammlungen gebräuchlichen Formeln beruhen.

[3] Saccone 1763 sq.: „Multi credentes . . . non timent magis accedere ad sororem suam vel fratrem, filiam seu filium etc. quam ad uxorem et virum proprium."   [4] S. o. S. 104, Anm. 4.   [5] H.-B. II, 3.

als Strafe für hartnäckige Ketzer festgesetzt[1], und schon im März 1224 hatte der Kaiser für die Lombardei bestimmt, daß ein überführter Ketzer verbrannt oder wenigstens nach Umständen der Zunge beraubt werden solle[2]. Die Bestimmungen vom 22. November 1230 wurden von ihm auch am 22. Februar 1232 und später öfters wiederholt[3] und ihre Ausführung im Reiche durch eine im März 1232 zu Ravenna gegebene Verordnung geregelt. In letzterer wurde für's ganze Reich unter Anderem bestimmt, daß alle überführten Ketzer mit dem Tode bestraft werden sollten[4].

Ohne Zweifel kam der Kaiser mit diesen Ketzerbestimmungen den Wünschen der Päpste vielfach entgegen. Gregor IX. hatte ehedem als Cardinalbischof von Ostia aus Auftrag Honorius' III. im J. 1221 die Ketzergesetze Friedrichs in der Lombardei publicirt. Als Papst hatte er denselben am 12. August 1231 ermahnt, sein Königreich von der Häresie zu reinigen[5]. Gregors Anschauungen über Ketzer und das gegen sie einzuschlagende Verfahren waren dieselben, wie die seiner Vorgänger auf dem päpstlichen Throne, und seine bezüglichen Gesetze fußten auf der von dem vierten Lateranconcile geschaffenen Gesetzesgrundlage. Schon im J. 1228 untersagte Gregor den Laien, zu predigen, und belegte im August 1229 die Katharer, Patarener, die Armen von Lyon, Arnaldisten, Speronisten, Passagier und alle übrigen Ketzer mit dem Banne[6].

Während der Abwesenheit des Papstes von Rom (1228—1230) hatten dort die Ketzer einen fruchtbaren Boden gefunden. Als aber der Papst zurückgekehrt war, wurden im Februar 1231 mehrere Patarener in der Stadt entdeckt, von denen einige Unverbesserliche mit dem Feuertode bestraft, Andere in Monte Casino und La Cava, bis sie Reue zeigen würden, in strengem Gewahrsam gehalten wurden. Unter den Schuldigen hatten sich sogar Priester und andere Cleriker befunden, die der Papst nun ihrer Würde auf immer entsetzte[7]. Es war wahrscheinlich im Monat

---

[1] S. o. S. 138.   [2] H.-B. II, 421; Rayn. 1231, 18.

[3] H.-B. IV, 298. Wiederholt am 14. Mai 1238 zu Cremona, zu Verona am 26. Juni 1238, zu Padua am 22. Februar 1239.

[4] H.-B. IV, 300. Vgl. Reg. Imp. n. 1942.

[5] H.-B. III, 298. — Brief vom 25. März 1221 bei Theiner, Cod. dipl. I, 67, n. 106.

[6] Chron. Erph. Min. SS. XXIV, 172; Rayn. 1229, 37. Er erneuerte den Bann am 8. Nov. 1235 (f. Mansi, Conc. XXIII, 73). — Ueber die genannten Secten vgl. Hergenröther I, 927. 935 f.; III, 300 f.

[7] Vita Greg. 578. — Rich. Sang. ad a. 1231: „Mense Febr. nonnulli Patarenorum in urbe inventi sunt, quorum alii sunt igne cremati, cum inconvertibiles essent, alii donec poeniteant sunt ad Casinensem ecclesiam et apud Cavas directi." Vgl. dazu H.-B. III, 296 nota: „Exstant Greg. P. literae dat. Later. IV. non. mart. anno IV°. (4. März 1231) n. 127 abbati Cavensi directae, quibus quosdam haereticos eius custodiae committit in arctissima fovea et sub vinculis ferreis separatim carcerandos."

Februar, sicher im J. 1231, daß nun Gregor die Bestimmungen des vierten Lateranconcils gegen die Ketzer wiederholte und verschärfte [1]. Das Concil hatte zwar schon die Hehler und Begünstiger der Ketzer mit dem Banne belegt. Gregor IX. verhängte ihn aber ausdrücklich über Jeden, der selbst ohne besondere Aufforderung den Inquisitoren keine Nachricht von ihm bekannten Ketzern oder deren geheimen Zusammenkünften gebe. Ueber das Lateranconcil hinaus ging auch die weitere, später (im J. 1234) in das gregorianische Gesetzbuch aufgenommene Bestimmung, daß Ketzer, welche aus Furcht vor dem Tode zur Kirche zurückkehren wollen, ewig zur Bußleistung gefangen gehalten werden sollten [2]. Thatsächlich wurden aber auch solche, falls ihre Bekehrung oder Buße wirklich aufrichtig war, nach einigen Jahren aus dem Gefängnisse entlassen [3].

Das Verfahren gegen die Ketzer war unter Gregor IX. gemäß dem von ihm im J. 1234 veröffentlichten Decretalenbuch dieses: Eine Untersuchung sollte überhaupt nur auf vernünftigen Verdacht hin eingeleitet werden. Der Ankläger konnte nicht zugleich Richter sein. Die Anklagepunkte wie die Namen und Aussagen der Zeugen sollten dem Angeklagten mitgetheilt werden und ihm das Recht zustehen, mißliebige Personen von vornherein als Zeugen abzulehnen und durch Gegenzeugen seine Unschuld zu erweisen [4].

Neben den neuen päpstlichen Statuten vom J. 1231 hatte auch der Senator unter dem Einflusse der Entdeckung der Patarener zu Rom im J. 1231 neue Bestimmungen über die Ketzer getroffen. Darnach sollte der Senator bei Verlust seines Amtes und der Möglichkeit, irgend ein

---

[1] Rayn. 1231, 14 sq. Auch in Decret. Greg. IX. l. V, tit. 17 de haeret. c. 15.

[2] „Si qui autem de praedictis postquam fuerant deprehensi redire voluerint ad agendam condignam poenitentiam, in perpetuo carcere detrudantur," heißt es in der Decretale c. 15 de haer. l. V, tit. 7. Der Text hat „voluerint", nicht „noluerint", wie Kaltner (Conrad von Marburg und die Inquisition in Deutschland [1882] S. 9, Anm. 5) sagt. S. die maßgebende römische Ausg. von 1582. Dieselbe Bestimmung war übrigens schon im J. 1229 von der Synode von Toulouse Can. 11 gegeben. — Friedrich II. nahm sie im Jahre 1232 in seine Verordnung von Ravenna auf: „Si vero territi metu mortis redire voluerint ad fidei unitatem juxta canonicas sanctiones ad agendam poenitentiam in perpetuum carcerem detrudantur." H.-B. IV, 301.

[3] Vgl. Gonzalez Tellez, Note zu cap. 15 de haereticis l. V, tit. 7.

[4] Allerdings sind diese Bestimmungen oft nicht gehalten und besonders die Namen der Zeugen, um sie vor der Rache der Angeklagten oder der Freunde derselben zu schützen, geheim gehalten worden. Aber dennoch bestimmte selbst Bonifaz VIII., der die Geheimhaltung für den Fall einer wirklichen Gefahr gestattete, daß die Inquisitoren und Bischöfe gewissenhaft darauf zu achten hätten, daß solch ein Fall nicht zu leicht angenommen würde. S. cap. XXX de Simonia l. V, tit. 3; cap. XXIV de accusationibus l. V, tit. 1; Bonifaz VIII. im Lib. VI, cap. XX de haereticis l. V, tit. 2.

öffentliches Amt zu bekleiden, jährlich schwören, gegen Ketzer und deren Helfer mit der Acht und überhaupt mit gebührenden Strafmitteln einzuschreiten. Er bestimmte auch, daß ein Drittel der Güter der Schuldigen an diejenigen, welche zu ihrer Haft beigetragen, das andere an den Senator und das dritte an einen zur Instandhaltung der Stadtmauern bestimmten Fonds fallen sollte [1].

Die neuen Statuten Gregors IX. nebst den im Anschluß an dieselben erlassenen Constitutionen des römischen Senators erhielten eine weitere Bedeutung dadurch, daß der Papst sie auch anderswo, besonders in der Lombardei und in Deutschland zur Grundlage des Verfahrens gegen die Ketzer zu machen suchte und daß er die Inquisition aus den Händen der zu sehr beschäftigten Bischöfe nahm [2] und sie den Dominicanern übertrug. Diese waren von ihm gewählt worden, weil sie im Gegensatz zu anderen nachlässigen und bestechlichen Inquisitoren schon durch ihr Gelübde vollkommener Armuth gegen Bestechungen und Parteilichkeit gefeit schienen. Außerdem mußte ihr großer Ruf als Prediger und Theologen und ihr bereits in Südfrankreich bethätigter großer Eifer sie zu dem Werke besonders geeignet erscheinen lassen. Zudem war es überhaupt dem Einfluß eines ihrer Ordensmitglieder, des berühmten Raymund von Pennaforte, zuzuschreiben, daß der Papst der Inquisition eine so regelmäßige Organisation gab. So wurden denn nun die Dominicaner von ihm nicht bloß mit der Predigt gegen die Ketzer beauftragt, sondern sie sollten auch, von anderen erfahrenen Männern unterstützt, den Ketzern selbst nachforschen und gegen die Widerspenstigen nach den päpstlichen Ketzerstatuten verfahren [3].

In Italien hatte sich die Ketzerei besonders in der Lombardei verbreitet. Dort, bei dem regen Verkehre, unter dem Schutze größerer Freiheit, welche die Verfassung der lombardischen Städte gewährte, konnte sie sich leichter unbemerkt entwickeln. Aber weit entfernt, daß sie in jenen Städten begünstigt wurde, ist vielmehr das Gegentheil richtig. In Mailand z. B. bestanden schon vorher strenge Gesetze gegen dieselbe. Jeder konnte Ketzer gefangen nehmen; die Häuser, worin Ketzer gefunden

---

[1] Rayn. 1231, 14 sq. Diese Bestimmungen finden sich auch nebst den päpstl. Gesetzen bei Boehmer, Acta n. 959.

[2] Denen war sie im J. 1184 auf der vom Papste Lucius und Friedrich Barbarossa besuchten Reichsversammlung von Verona übertragen worden. S. das berühmte Decret cap. 9: Ad abolendum l. V, tit. 7.

[3] S. päpstl. Auftrag vom 27. Nov. 1231 an die Dominicaner von Friesach bei Winkelmann, Acta, n. 624, p. 499 sqq. — Bald findet sich nun in Spanien, Frankreich, Italien, Deutschland und anderen Ländern das Inquisitionsverfahren in den Händen der Dominicaner (s. Ripolli, Bull. Ord. Praed. I, 34 sqq.), die seit 1232 vielfach von Franciscanern und Weltgeistlichen unterstützt werden. — Ueber Raymund s. u. S. 211.

wurden, sollten zerstört, ihre Güter confiscirt werden. Besonders eifrig zeigte sich dort Olbrab de Tresseno, der im J. 1233 Podesta war, sowie der Erzbischof von Mailand. Gregor IX. lobte des letzteren Eifer und sandte auch die von ihm erlassenen Statuten dorthin [1]. Als Ketzer war auch der ältere Ezelin bekannt. Wegen seines großen Einflusses war sein Beispiel besonders gefährlich. Schon am 1. September 1231 forderte ihn der Papst auf, sich von der Häresie und der Beschützung der Ketzer loszusagen, und suchte, die Fruchtlosigkeit seiner Mahnung voraussehend, Padua am 2. September durch das Versprechen eines Ablasses von drei Jahren zum Kampfe gegen den Apostaten zu bewegen [2]. Ezelins eigene Söhne, Ezelin III. und Alberich, versprachen, ihn, wenn er hartnäckig bleibe, der Inquisition zu überliefern. Der Papst antwortete, sie sollten ihren Vater zur Besserung zu bewegen suchen, und falls das fruchtlos bleibe, ihn im Interesse seines Seelenheiles dem apostolischen Stuhle überliefern [3]. Wer sich an dem Rathe stößt, muß sich den Geist der Zeit vergegenwärtigen, denn die Verordnung Friedrichs vom J. 1232 erklärt die Erben und Nachkommen von Ketzern bis in's zweite Geschlecht aller Begünstigungen, Ehren und Würden für verlustig, ausgenommen rechtgläubige Kinder, welche ihre ketzerischen Eltern zur Anzeige bringen.

In Spanien war dem Könige Jakob I. von Aragonien die Einführung der Inquisition in seine Länder gegen die Waldenser und andere Secten von Raymund von Pennaforte empfohlen worden [4]. Das Inquisitionstribunal wurde aber dort thatsächlich durch eine Bulle Gregors vom 26. Mai 1232 [5] errichtet, auf deren Erlaß Raymund jedenfalls hervorragenden Einfluß ausgeübt hat. Darin fordert der Papst den Erzbischof von Tarragona auf, in der Provinz sowohl selbst wie auch

[1] Das Belobungsschr. des Papstes an den Erzbischof vom 1. Dec. 1233 bei Ripolli I, 65, n. 105. Den Erlaß des Erzbischofs vom 13. Jan. 1228 s. bei Corio, Stor. di Milano P. II, cap. 2, I, 409; Balan II, 47. Am 22. Jan. 1229 erklärten die Mailänder, jeden Schuldigen gebührend nach den kaiserl. Gesetzen zu strafen. Corio l. c. 406; Balan l. c. Von Olbrab sagt eine Inschrift: „Catharos ut debuit ussit." S. Cantù l. c. 513. Aehnlich wie in Mailand, war es auch in anderen lombardischen Städten (Cantù 513 ss.). — Welche Gefahren die Inquisitoren zu bestehen hatten, zeigt u. A. ein Vorgang in Piacenza, wo die Brüder im J. 1233 angegriffen, verwundet und einer sogar getödtet wurde (Winkelmann, Acta, n. 635 sqq.).

[2] Den Anfang des Briefes an Ezelin s. bei Winkelmann, Acta n. 623; den Rest bei Rayn. 1231, 20; Schr. an Padua bei Ughelli, Italia sacra V, 445.

[3] Rayn. 1231, 22. Raynald bemerkt hierzu: „Nec mirum cuiquam videri potest datum hoc filiis adversus parentem consilium, cum numinis, a quo descendit omnis paternitas, causa humanis affectibus debeat anteferri."

[4] S. die Canonisationsbulle cap. V, n. 23.

[5] Ripolli I, 38, n. 52. Die Ketzerbestimmungen der Versammlung von Tarragona, die Jakob I. im Febr. 1233 veröffentlichte, s. bei Mansi XXIII, 329 sqq.

durch Dominicaner und Andere den Ketzern nachzuforschen und gegen sie gemäß den päpstlichen Statuten vom J. 1231 vorzugehen.

Die Inquisition in Frankreich wurde den Dominicanern durch ein vom Papste am 13. April 1233 an alle Bischöfe gerichtetes Schreiben übertragen und ihnen am 20. April 1233 befohlen, auch die Vertheidiger der Häretiker zu verfolgen[1]. Gegen Ende des vorhergehenden Jahres war Graf Raymund von Toulouse auf der Versammlung von Melun, welcher der König, Blanca, der päpstliche Legat Walter von Tournai, der Erzbischof von Narbonne und viele Bischöfe anwohnten, zu größerem Eifer gegen die Ketzer ermahnt worden. In Folge dieser Mahnung hatte der Graf zu Anfang des J. 1233 eine ähnliche an seine Beamten gerichtet und die früheren Bestimmungen gegen die Ketzer erneuert[2]. Der päpstliche Legat ernannte nun Peter Cellani und Wilhelm Arnauld, zwei Dominicaner, zu Inquisitoren für Toulouse[3], der Papst aber lobte seinerseits den Eifer des Grafen Raymund in der Ausrottung der Häresie[4].

Die Inquisitoren machten sich in Toulouse durch ihre Strenge sehr verhaßt, besonders als sie darauf bestanden, daß die in geweihten Gräbern ruhenden Ketzer wieder ausgegraben werden müßten. Schließlich wurde Arnauld aus der Stadt verwiesen; dieß geschah am 5. November 1235. Am folgenden Tage mußten nicht nur alle anderen Dominicaner, sondern auch der Bischof, der dem Dominicanerorden angehörte, auf Befehl des Grafen Raymund die Stadt verlassen. Dafür wurde dann am 10. November 1235 unter Anderen auch Graf Raymund von Wilhelm Arnauld, gemäß der Weisung der Bischöfe von Toulouse und Carcassonne, wie des Erzbischofes von Narbonne, wegen Begünstigung der Häresie mit dem Banne belegt. Der Graf hatte auch den Gehalt der Professoren zu Toulouse unterdrückt und dadurch die dortige Universität unmöglich gemacht, verurtheilten Ketzern in seinem Lande zu wohnen erlaubt und somit wirklich zu dem Vorwurfe, ein Begünstiger und Vertheidiger der Ketzer zu sein, Anlaß gegeben[5]. Am 28. April 1236 mahnte ihn deßhalb

---

[1] Potth. n. 9143; Ripolli I, 47, n. 71. Auf die Vorstellung, daß in manchen Diöcesen gar keine Ketzer seien, wurde die allgemeine Vollmacht widerrufen, dann aber wieder am 21. Aug. 1235 erneuert (Ripolli I, 80, n. 137 sqq.). Ueber den von Gregor hoch belobten Frater Robertus s. ibid. 81, n. 130 Note.

[2] Mansi XXIII, 264 sqq.; Hefele 915; Schmidt, Hist. de la secte des Cathares I, 297.

[3] Schmidt l. c. 297 sqq. — Die Vita Greg. Bern. Guidonis Mur. SS. III, 573 bemerkt zum 22. April 1233: „Per summum P. Greg. IX. commissa est fratribus ord. Praed. inquisitio in partibus Tholosanis, Albigensibus et Carcassonensibus atque Agennensibus contra haereticos facienda." S. den Auftrag Gregors von demselben Tage an den Dominicaner-Provincial, Prediger in die Provence zu senden (Ripolli I, 47, n. 47, n. 72). [4] Potth. n. 9771.

[5] S. die „Narratio de illatis Arnaldo inquisitori apud Albiensem civi-

Stellung des Papstes zu den Häretikern.

der Papst selbst zur Besserung und Sühne, und bestimmte nunmehr, daß Raymund im nächsten März (1237) die von ihm versprochene Fahrt in's Heilige Land, um dort fünf Jahre lang der Sache der Christenheit zu dienen, antreten müsse[1]. Es war ihm damit so ernst, daß er auch den König von Frankreich um seine Mitwirkung zur Durchführung dieser Maßregel ersuchte[2]. Der Legat wurde mit Herstellung der Universität und der Ordnung beauftragt[3]. Raymund hatte nun mit dem Legaten eine Unterredung zu Carcassonne und erlaubte im J. 1236 die Rückkehr des Bischofs und der Dominicaner nach Toulouse. Aber er fürchtete deren Eifer und bat deßhalb Ludwig IX., sich beim Papste dahin zu verwenden, daß jenen ihre Inquisitionsvollmachten entzogen würden. Das that der König auch mit Erfolg. Denn schon am 3. Februar 1237 gab der Papst dem apostolischen Legaten, dem Erzbischof von Vienne, Befehl, das Vorgehen der Inquisitoren zu prüfen und, falls der Graf wirklich einen vernünftigen Grund, denselben zu mißtrauen, habe, ihnen die Inquisition zu entziehen[4]. Er verlängerte auch dem Grafen auf die Bitten Ludwigs hin den Termin zur Fahrt auf ein Jahr[5]. Um nun dem Wunsche des Papstes nachzukommen, gab der Legat dem Dominicaner Arnauld, um dessen Strenge zu mildern, einen Franciscaner, Anfangs den Provincial der Provence, Johann von Retona, später den Bruder Stephan von S. Tiberii, zum Gefährten. Als aber auch jetzt die Inquisition keinen Anklang fand und sich die Bürger von Montpellier im Interesse einiger Verfolgten an den Papst wandten, gab dieser zuerst dem Erzbischof von Vienne Befehl, das Vorgehen der Inquisitoren genau zu prüfen, und suspendirte später ihre Macht. Thatsächlich bestand diese Suspension der Inquisition in der Grafschaft Toulouse von October 1237 bis zum Tode Gregors IX. (August 1241)[6]. Im folgenden Jahre (1238) sandte dann der

tatem injuriis" bei Martene et Durand, Nov. thes. anecd. I, 985—987. Die Excommunicationssentenz Arnaulds ibid. 992 sq. — Vgl. Chron. de Podio S. Laurentii cap. 43, woraus Bern. Guidonis Vita Greg. 573 fast wörtlich entlehnt ist, und Acta SS. Aug. tom. I, 418; Hefele 978.

[1] Das Schreiben bei Rayn. 1236, 39—45.

[2] Ludwigs Bruder, Alphons von Poitiers, sollte die Grafschaft während der Abwesenheit Raymunds verwalten. Alphons war schon seit dem J. 1229 mit Johanna von Toulouse, der Tochter Raymunds, verlobt. Am 27. Mai 1236 gab der Papst die Dispens von dem Ehehinderniß der Blutsverwandtschaft im vierten Grade (Rayn. 1236, 45). Vgl. Stilting, Acta SS. l. c. p. 359, n. 351.

[3] Potth. n. 10152.

[4] Vaissette et de Vic, Hist. gén. du Languedoc. (1re ed.) Paris 1730, III, 410; Robrbacher 129.   [5] Schr. vom 9. Febr. an Ludwig IX. bei Rayn. 1237, 33.

[6] Vaissette etc. III, 411 s.; Rohrbacher 129. Das an die beiden Inquisitoren am 24. April 1238 gerichtete päpstl. Schr. bezieht sich bloß auf die Untersuchung, ob ein gewisser, früher der Ketzerei verdächtiger Bürger von Toulouse zum Kreuzzuge verpflichtet sei oder nicht S. Sbaralea I. 239, n. 259.

Graf eine eigene Gesandtschaft an den Papst, erbot sich zur völligen Genugthuung, bat, das Amt der Inquisitoren den Bischöfen zu geben, seinen Vater, der reumüthig gestorben sei, kirchlich begraben zu dürfen, um Befreiung vom Banne wie auch der Pflicht, fünf Jahre lang im Heiligen Lande zu kämpfen, da er nicht gezwungen, sondern freiwillig, wie die übrigen Christen, dort kämpfen wolle[1]. Es war sehr klug von ihm, daß er auf diese Weise den Papst zu besänftigen suchte. Denn diesen hatte er im J. 1237 von Neuem verletzt. Indem nämlich Raymund der von dem Grafen Berengar von Provence abgefallenen Stadt Marseille Hülfe leistete, statt sich auf den Kreuzzug vorzubereiten, wurde auf der andern Seite Jakob I. von Aragonien von seinem Kriege gegen die Mauren abgezogen, um Berengar zu Hülfe zu ziehen. Glücklicherweise war jedoch noch in demselben Jahre durch die Bemühungen des Papstes und die Vermittlung Ludwigs IX. ein Friede zwischen den beiden Grafen zu Stande gekommen[2].

Nun gewährte der Papst dem Grafen Raymund im J. 1238 unter gewissen Bedingungen Lossprechung vom Banne und erfüllte seinen Wunsch rücksichtlich des Kreuzzuges gegen eine Bürgschaft dafür, daß er sich an der nächsten allgemeinen Ueberfahrt in's Heilige Land betheilige[3]. Dieselbe Klugheit und Mäßigung, welche der Papst in seinem Verfahren gegen den Grafen von Toulouse zeigte, beweist auch seine Mahnung an die französischen Bischöfe vom 6. October 1237, in der Verhängung des Interdictes vorsichtig zu sein[4]. Denn in einem Lande, wo die Albigenser so großen Einfluß besaßen, war es gewiß von Nutzen, den Gebrauch der kirchlichen Heilsmittel nicht zu erschweren.

In Navarra waren die Verhältnisse weit günstiger als in Toulouse, wenngleich bei der Nähe des Reiches die Albigenser sich auch dorthin von Toulouse aus verbreitet hatten. Der Papst gab deßhalb am 24. April 1238 den dortigen Franciscanern und Dominicanern Befehl, den Ketzern nachzuspüren[5].

---

[1] Rayn. 1239, 71. S. päpstl. Befehl an den Erzbischof von Vienne vom 28. Juli 1237, der Sendung von Gesandten durch den Grafen kein Hinderniß in den Weg zu legen (Potth. n. 10422. Vgl. ibid. 10598 sq.).

[2] Päpstl. Schr. an den Grafen von Toulouse vom 18. Mai 1237 (Potth. n. 10357). Am 20. Mai 1237 ersuchte er Ludwig IX., Blanca und die Grafen von Bretagne und Marche, den Grafen Raymund zu bewegen, von der Parteinahme für Marseille abzustehen (ibid. n. 10361; Rayn. 1237, 37). — Vgl. Ann. Massiliac. Joan. Bapt. Guesnay bei Stilting 353, n. 348.

[3] S. die dem zum Legaten für Frankreich ernannten Cardinal von Präneste am 9. Juni 1238 ausgestellten Vollmachten (Rayn. 1239, 72 sq.). — Da aber der Legat kein freies Geleit vom Kaiser erhalten konnte, wurde an seiner Stelle der Bischof Guido von Sora ernannt und am 20. August 1238 mit der Lossprechung Raymunds beauftragt. S. Potth. n. 10644. Anzeige hiervon an Ludwig IX. vom 10. Aug. ibid. 10641.   [4] Potth. n. 10460.   [5] Sbaralea I, 238, n. 248.

Uns interessirt natürlich besonders die Frage, wie weit Deutschland in der Frage der Häresie in Mitleidenschaft gezogen worden ist. Im Juni 1231 hatte der Papst die neuen Ketzer-Statuten mit den Constitutionen des Senators auch nach Deutschland, damit sie monatlich feierlich verkündet und in die Statuten und Rechtsbücher aufgenommen würden, gesandt[1]. Aber auch dort sollten nun nicht sowohl die Bischöfe, als vorzüglich die Dominicaner die Inquisition übernehmen[2]. Auch der Kaiser nahm die Ordensbrüder, wie alle sonstwie mit der Verfolgung der Ketzer Beauftragten, im März 1232 in seinen besondern Schutz. Es geschah dieses durch die damals von Friedrich II. gegebene strenge Verordnung gegen die Ketzer, worin u. A. den letzteren, sowie deren Begünstigern das Recht der Proclamation und Appellation genommen wird, damit die Schmach der Ketzerei auf jede Weise aus dem glaubenstreuen Deutschland entfernt werde[3]. Diese Verordnung war von dem allergrößten Einflusse auf die Vorgänge von 1232—1234.

In Deutschland, wohin ebenfalls die Katharer wie auch andere Secten ihre Lehren verpflanzt hatten, war die Ketzerverfolgung im J. 1231 am Ober- und Mittelrhein von zwei Privatpersonen, dem Dominicaner-Laienbruder Conrad Dorso und einem gewissen Laien Johannes, in Scene gesetzt worden. Da das Volk ihnen überall günstig war, wurden sie in ihrem Vorgehen immer kühner und trotz des Widerspruches des Clerus immer einflußreicher. Die Großen wurden für die Verfolgung gewonnen, als König Heinrich am 2. Juni 1231 bestimmte, daß von dem Nachlasse derer, welche wegen Ketzerei zum Tode verurtheilt worden, die Erbgüter an deren Erben, die Lehengüter an den Lehensherrn, die fahrende Habe Höriger an deren Herren fallen solle[4]. Um aber ihrem Vorgehen mehr Ansehen zu geben, verbanden sich jene Ketzerverfolger mit dem Beichtvater der hl. Elisabeth, Conrad von Marburg. Conrad war Welt=

---

[1] Er sandte sie am 20. Juni 1231 an den Erzbischof von Salzburg, am 25. Juni an den von Trier (Potth. n. 8753; Boehmer, Acta n. 959). (Böhmer bemerkt l. c., daß diese päpstl. Gesetze vielfach wörtlich mit denen Friedrichs vom J. 1220 übereinstimmen. Beide beruhen eben auf dem Lateranconcil.) Weitere Aufträge an den Erzbischof von Mainz vom 29. Oct. 1231 und die Dominicaner von Straßburg vom 2. Dec. 1232 s. bei Würdtwein, Nova subs. VI, 28; Straßburger Urkundenbuch I, 179. Vgl. Winkelmann, Acta n. 624.

[2] Päpstl. Empfehlungsschr. der Dominicaner-Inquisitoren vom 3. und 4. Febr. 1232 an die Herzoge von Brabant und Baiern. S. Potth. nn. 8859. 8866. Am 30. Mai 1232 weist der Erzbischof von Salzburg seine Richter und Amtsleute an, die Dominicaner in der Verfolgung der Ketzer zu unterstützen. Gleiches that der Herzog von Kärnthen. S. Winkelmann, Acta n. 626.

[3] Die Ketzergesetze vom März 1232 wurden für die verschiedenen Dominicanerklöster besonders ausgefertigt. S. Reg. Imp. n. 1942.

[4] H.-B. III, 465. Vgl. Ann. Wormat. SS. XVII, 38 sq.

priester [1]; strenge gegen sich selbst, war er auch strenge gegen Andere, eifrig und furchtlos, wo es die Befolgung seiner Pflicht, oder was er für seine Pflicht hielt, galt. Seit dem J. 1214, wo er unter Innocenz III. als Kreuzprediger auftrat [2], hatte er sich in Deutschland einen guten Namen gemacht [3]. Er betheiligte sich im J. 1224 an dem Processe gegen den Propst Heinrich Minnike von Goslar, einen Anhänger der neumanichäischen Irrlehre [4], und mag auch sonst schon früher seinen Eifer gegen die Ketzer gekehrt haben. Aber sein eigentliches Wirken in dieser Hinsicht begann unter Gregor IX. Bei diesem stand er in hohem Ansehen. Schon am 12. Juni 1227 lobte der Papst Conrads Eifer in der Bekämpfung der Ketzer in Deutschland und bevollmächtigte ihn, zur Auffindung derselben geeignete Gehülfen anzunehmen [5]. Wir hören auch, daß er im J. 1229 gegen die Ketzer predigte [6] und im Mai 1232 vier Personen als Ketzer verbrannte [7].

Nach der allgemeinen Aufforderung vom J. 1231 an die deutschen Bischöfe, die zu Rom erlassenen Ketzergesetze auch in Deutschland einzuführen, erfolgte nun am 29. October 1232 die päpstliche Aufforderung an den Erzbischof von Mainz, sich frommer und tüchtiger Männer zur

---

[1] Vgl. Kaltner 76 ff. Conrad scheint wenigstens in den letzten Jahren seines Lebens dem dritten Orden des hl. Franciscus angehört zu haben (ebend. 82).

[2] Chron. Sampetr. bei Mencken, SS. rer. Germ. III, 242. Am 8. Jan. 1216 wird er vom Papste in einer Aufforderung zum Kreuzzuge als einer der Specialbevollmächtigten und Geldeinsammler genannt (Mittelrheinisches Urkundenbuch III, 48). Nach dem Chron. Ursperg. ad a. 1217 (SS. XXIII, 378) predigte er noch damals das Kreuz. Die Ann. Wormat. breves p. 75 sagen: „1214 frater C. de M. predicare incepit et hereticos, quoscumque volebat ... combussit", und unterscheiden nicht klar zwischen dem Beginn seiner öffentlichen Predigt überhaupt und seiner Thätigkeit als Ketzerverfolger.

[3] Die Ann. Reinhardsbrunn. ed. Wegele (Jena 1854) p. 191 nennen ihn „wohlunterrichtet, rein in seinem Wandel, voll guter Lehre, einen Eiferer für den katholischen Glauben und einen gewaltigen Bekämpfer ketzerischer Bosheit".

[4] Kaltner 90 ff.

[5] Ripolli I, 20, n. 7. An demselben Tage bestätigte ihm der Papst nach dem Wunsche des Landgrafen Ludwig das Besetzungsrecht der thüringischen Patronatspfarreien (ibid. n. 6). — Conrad von Porto hatte ihn mit der Reform der Klöster beauftragt. Diese Vollmacht erneuerte ihm Gregor am 20. Juni 1227 und ermächtigte ihn, gegen im Concubinate lebende Weltgeistliche einzuschreiten. S. ibid. 21, n. 9. Vgl. Kaltner 106 ff. — Der Papst schrieb auch später öfters an ihn, besonders in Sachen des Canonisationsprocesses der hl. Elisabeth und des von ihr gegründeten Hospitals zu Marburg (Potth. nn. 9015. 9017. 9059; s. ibid. 9014. 9016). Am 4. Febr. 1233 bestätigte der Papst einen von Conrad zwischen dem Erzbischof von Mainz und dem Landgrafen Conrad von Thüringen vermittelten Vergleich (ibid. n. 9084).

[6] „1229 Cuonradus de Marpurg praedicat." Ann. Colmar. min. SS. XVII, 189.   [7] Ann. Erph. SS. XVI, 27.

Stellung des Papstes zu den Häretikern.

Aufspürung der Ketzer zu bedienen[1]. Aehnliche Erlasse ergingen auch an die übrigen Bischöfe[2].

Aber dennoch blieb die Erzdiöcese Mainz der Hauptschauplatz der Ketzerverfolgung. Ein Provincialconcil vom 13. März 1233 bestimmte Genaueres über dieselbe[3], und der Erzbischof mit dem Bischofe von Hildesheim und dem Magister Conrad von Marburg übersandten dem Papste in demselben Jahre einen Bericht von einer Secte, die sich schmählichster Unzucht hingebe und einen schwarzen Kater (wohl als Stellvertreter des bösen Princips) verehre. Damit waren die Luciferianer gemeint[4]. Da man auch sonst derartigen Ausschweifungen unter den Katharern begegnet war[5], mußte der Bericht so angesehener Männer dem Papste glaubwürdig erscheinen und nothwendig den Wunsch in ihm erregen, daß solcher Schändlichkeit ein Ende gemacht werde. Er schrieb nun am 10. Juni 1233 an Conrad von Marburg, um ihn zu größerem Eifer gegen die Ketzer zu entflammen. Nütze Lehre und Predigt nichts, so solle er die Gewalt des geistlichen und weltlichen Schwertes gegen sie anrufen. Denen, welche gegen sie kämpften, verlieh er den Kreuzfahrer-Ablaß, wenn sie reumüthig beichteten, und gab Conrad Vollmacht, auch Solche, die sich wegen eines thätlichen Angriffes auf Geistliche oder Brandstiftung im Banne befänden, falls nicht ihr Verbrechen so groß sei, daß sie nach Rom behufs Lossprechung gesandt werden müßten, vom Banne loszusprechen[6].

---

[1] Würdtwein, Nova subsidia VI, 28.

[2] Das ergibt sich aus den päpstlichen Ermächtigungen vom 12. und 22. Nov. 1232 an die Erzbischöfe von Bremen und Salzburg, in Zukunft ohne Zuziehung anderer Bischöfe die Degradation ketzerischer Priester vorzunehmen (Potth. nn. 9042. 9046; Winkelmann, Acta, n. 628). Dadurch konnten letztere dann um so rascher der weltlichen Obrigkeit zur Bestrafung überwiesen werden. S. o. S. 205.

[3] Die Akten wurden zuerst von Mone im dritten Bande der „Zeitschrift für die Geschichte des Oberrheins" (1852) publicirt. S. auch Kaltner 146 ff.

[4] Raynald (1233, 41 und 43) dachte irrthümlicher Weise an die Stedinger. Vgl. Hefele 907; Schumacher, Die Stedinger (1865), S. 220.

[5] S. Gesta Trevir. bei Martene et Durand, Vet. SS. ampl. coll. IV, 242 sq.

[6] Ripolli I, 51, n. 80: „Qui pro injectione violenta manuum et incendiis vinculo sunt astricti excommunicationis." Henke (Conrad von Marburg [1861 und 1867]), dem Winkelmann (Friedr. II., Bd. I, 442, 4 und 445) folgt, liest zu viel, wenn er von einer päpstlichen Vollmacht, selbst Mörder und Brandstifter vom Banne loszusprechen, spricht. — Kuchenbecker (Analecta Hassiaca II, 73 sqq.) theilt eine angebliche Urkunde Gregors IX. vom 11. Oct. 1231 mit, worin er dem Conrad von Marburg große Vollmachten rücksichtlich der Ketzer verleiht. Darnach sollte Conrad nicht bloß kirchliche Censuren ohne Zulassung einer Appellation verhängen, sondern auch in Zukunft die Untersuchung der Schuld oder Unschuld der Ketzer, um Zeit zu gewinnen, Anderen überlassen und selbst bloß das Urtheil sprechen. „Ut ad hujusmodi vulpeculas capiendas insistere liberius valeas, te a cognitionibus causarum habere volumus excusatum." Aber wozu hätte das Schreiben vom 29. Oct. 1232 an den Erzbischof von Mainz gedient, wenn dort schon ein Ketzerverfolger

Am 13. Juni gab er Vollmachten, ein Kreuzheer gegen die Ketzer aufzubieten[1], und schrieb darüber an König Heinrich[2].

Conrad von Marburg war durch den Glauben an die Gefährlichkeit der Ketzer und eigenen Eifer zu einem äußerst summarischen Verfahren veranlaßt. In blindem Eifer maß er den Anklägern ohne Weiteres Glauben bei und war ein „Richter ohne Erbarmen"[3]. Bekannte ein Angeklagter nicht, so wurde er als hartnäckig verbrannt, bekannte er aber, so war und blieb er ehrlos und wurde als Ketzer geschoren. Die größte Verwirrung griff um sich, und da noch dazu die Anklagen geheim angenommen wurden, fanden solche aus den niedrigsten Motiven, Eigennutz, Haß u. dgl., statt. Bald richteten sich die Beschuldigungen auch gegen die Großen, besonders den Grafen Heinrich von Sayn, die Grafen von Solms und Arnsberg und die Gräfin von Loz. Vergebens mahnte der Erzbischof von Mainz Conrad zuerst allein, später auch in Gegenwart der Erzbischöfe von Köln und Trier, zu größerer Mäßigung. Dieser wollte davon nichts hören[4]. Dem Grafen von Sayn gelang es aber, seine Angelegenheit statt vor das Gericht Conrads, vor einen am 25. Juli 1233 zu Mainz abgehaltenen großen Hoftag, dem auch König Heinrich anwohnte, zu bringen. Dort wurde er einstweilen freigesprochen und appellirte, dem Rathe der Versammlung gemäß, die auch selbst Gesandte an den Papst schickte, nach Rom. Conrad predigte aber trotz des Widerspruches der Großen zu Mainz gegen die außer dem Grafen Angeklagten, aber nicht Erschienenen, das Kreuz. Auf der Rückkehr von dort wurde er am 30. Juli 1233 bei Marburg ermordet[5].

Was der Papst von dem Verfahren Conrads dachte, zeigte sein Befehl vom 21. October 1233, in Zukunft gegen Ketzer nach dem vierten Laterancоncil und den päpstlichen Statuten vom J. 1231 zu verfahren und genaue Vorkehrungen zu treffen, daß allerdings die Schuldigen gestraft, aber die Unschuldigen nicht verletzt würden[6]. Er soll auf die Nach-

---

mit solchen Vollmachten existirte? Conrad tritt erst nach diesem letztern Schreiben in den Vordergrund. Auf jene angeblichen Vollmachten vom J. 1231 wird aber nirgends Bezug genommen. Zudem stehen sie im Widerspruch mit anderen päpstlichen Instructionen und den Statuten vom J. 1231, worin die vorherige, durch die Inquisitoren selbst zu geschehende Prüfung betont wird. S. z. B. das Schreiben an die Dominicaner von Friesach vom 27. Nov. 1231: „Nisi examinati velint absolute mandatis ecclesiae obedire procedatis" etc. Winkelmann, Acta, n. 624, p. 500.

[1] Ripolli I, 52, n. 81. Noch einmal legt er ihnen das Gesagte am 14. Juni an's Herz (ibid. p. 54, n. 82).

[2] Mansi XXIII, 323.   [3] Ann. Wormat. 39.

[4] Vgl. den ausführlichen Bericht des Erzbischofs von Mainz und des Dominicaners Bernard an den Papst um Mitte April 1234 bei H.-B. IV, 649. Siehe Gesta Trevir. p. 797 bei Hontheim, Prodr. hist. Trev. — Ann. Wormat. 39.

[5] Bes. Ann. Erph. SS. XVI, 28; Ann Col. 843; Ann. Wormat. 39.

[6] Ripolli I, 64, n. 103.

richt von der Ermordung Conrads gesagt haben: „Die Deutschen waren immer grimmige Leute, deßhalb hatten sie nun auch grimmige Richter."[1] Aber den Mord konnte er nicht ungestraft lassen und ließ deßhalb gegen die Mörder Conrads, den er einen Mann von vollendeter Tugend nennt, und deren Vertheidiger und Gönner den Bann verkünden. Er mochte von dessen Ermordung eine Ermuthigung der Ketzer befürchten. Denn am 31. October 1233 gab er von Neuem Befehl, in Deutschland gegen die Ketzer das Kreuz zu predigen[2]. Das war aber leichter gesagt als gethan. Nicht bloß die drei rheinischen Bischöfe, sondern der Clerus überhaupt mißbilligte von Anfang an die Weise des Vorgehens Conrads. Nur der Bischof von Hildesheim nahm ihn auf dem Hoftage zu Frankfurt Anfangs 1234 in Schutz. Zwar wurde am 11. Februar 1234 unter den Reichsgesetzen auch ein Gebot der Unterdrückung der Häresie verkündigt, aber es lautete dahin, daß Alle, die richterliche Gewalt hätten, die Ketzer richterlich verfolgen und beim Rechtsprechen die Billigkeit vorwalten lassen sollten. Auch die Synode von Mainz vom 2. April 1234 begnügte sich damit, über die Mörder Conrads die Excommunication zu verhängen, und sprach die der Ketzerei Angeklagten, darunter den Grafen von Sayn, der sich schon zu Frankfurt am 2. Februar 1234 von dem auf ihm lastenden Verdachte gereinigt hatte, los[3]. Mehr wie ein Jahr nachher, nämlich am 31. Juli 1235, tadelte Gregor, daß man die der Ketzerei Verdächtigen ohne genauere Untersuchung absolvirt und die Mörder Conrads, statt ihnen eine Strafe aufzulegen, zur Lossprechung nach Rom gesandt habe. In Betreff derselben sollten der Erzbischof von Salzburg, der Bischof von Hildesheim und der Abt des Cistercienserklosters Buch in der Diöcese Meißen in Gegenwart des Kaisers folgenden Spruch verkünden: Die Mörder werden unter der Bedingung vom Banne losgesprochen, daß sie an der nächsten Kreuzfahrt nach Palästina theilnehmen und schwören, in allen Hauptkirchen der Gegend, worin sie den

---

[1] Ann. Wormat. 39. Alberic. (bei Leibnitz, Acc. II, 544) erwähnt den S. 218, Anm. 4 angeführten Bericht, weiß aber über die Antwort des Papstes nichts Näheres. Nach den Ann. Erph. 28 erklärte Gregor zuerst das Verfahren Conrads für nichtig, zerriß aber auf die Nachricht von dessen Ermordung das Schreiben. Schließlich entließ er doch die von Mainz an ihn Gesandten in Frieden und gab ihnen ein neues Schreiben mit. Darnach wäre das vom 21. Oct. 1231 datirte Schreiben nie abgeschickt worden. Der Bericht ist übrigens vereinzelt, wenn auch an sich nicht unwahrscheinlich. [2] Ripolli I, 63, n. 102; I, 65, n. 104.
[3] Ann. Erph. 28; H.-B. IV, 636; s. den S. 218, Anm. 4 erwähnten Bericht. Ueber die Reinigung des Grafen von Sayn s. Ann. Erph. Vgl. Reg. Imp. n. 4299 a. Fromme Stiftungen des Grafen vom 1. Nov. 1232 zu Gunsten der Abtei Laach, und vom J. 1233 und 28. Dec. 1234 zu Gunsten der Abtei Marienstadt s. in Mittelrhein. Urkundenb. III, n. 461, S. 361, n. 490, S. 383 und n. 510. S. 396.

Mord begangen, halbnackt, d. h. nur mit Beinkleidern angethan, und mit einem Stricke um den Hals Buße zu thun und sich vor dem Eingange jener Kirchen von den Geistlichen geißeln lassen zu wollen [1].

Die Stedinger haben mit der Geschichte Conrads, der in ihrer Gegend nie gewesen [2], nichts zu thun. Sie waren ein derber, kräftiger Bauernstamm an der untern Weser [3]. Glückliche Fehden hatten das Gefühl der Selbständigkeit genährt. „Liewer dued üs Slaw" war ihr Wahlspruch [4]. Ihr Freiheitsgefühl mag sie auch bewogen haben, dem Erzbischof Gerhard II. von Bremen den gewohnten Zehnten zu verweigern. Als dieser dann mit Hülfe seines Bruders, des Grafen Hermann von Lippe, seine Ansprüche mit Waffengewalt geltend machen wollte, brachten sie ihm sogar eine Niederlage bei. Aber auf einer Bremer Synode vom J. 1230 wurden sie als Ketzer verurtheilt und mit dem Banne belegt. Besonders warf man ihnen Vermehrung des heiligen Altarssacramentes, Verachtung der Sacramente überhaupt und Aberglauben vor [5].

Nach Kenntnißnahme der Gründe dieses Urtheils schrieb nun Gregor IX. an den Propst Rembold von Münster und Andere, sie sollten Sorge tragen, daß das Urtheil, bis Genugthuung geleistet worden, beobachtet würde. Da die Stedinger den Bann verachteten, gab der Papst am 26. Juli 1231 dem Bischofe von Lübeck und einigen Dominicanern Befehl, die Stedinger in einer ihnen gut scheinenden Weise von ihrer Verkehrtheit abzubringen [6]. Als auch Kaiser Friedrich, der sie am 14. Juni 1230 wegen des von ihnen dem Deutschorden geleisteten Vorschubes lobte, sie mit der Reichsacht belegte [7], forderte Gregor IX. am 29. October 1232 die Bischöfe von Lübeck, Minden und Ratzeburg zur Kreuzpredigt gegen die Stedinger, die er Teufelsverehrer nennt, auf. Ebenso schrieb er am 19. Januar 1233 an die Bischöfe von Paderborn, Hildesheim, Münster, Osnabrück und Verden. Als sich aber die Stedinger des ersten Kreuzheeres erwehrt und, von Otto von Lüneburg unterstützt, sogar erfolgreiche Einfälle in bremisches Gebiet gemacht hatten, verlieh Gregor am 17. Juni 1233 den gegen sie Kämpfenden denselben Ablaß wie

---

[1] S. die zwei Schreiben des Papstes vom 31. Juli 1235 an die drei Genannten bei Mansi, Conc. XXIII, 343. 346; Hartzheim (Conc. III, 554. 556) gibt den 22. Juli, Kaltner (179, 2) versetzt sie aus Versehen sogar in den Juni.

[2] Ibid. 164 sq.   [3] Ueber ihre Wohnsitze s. Schumacher a. a. O. 25 ff.

[4] Ihr Wappen trug diesen altfriesischen Spruch.

[5] S. das Protokoll der Synode bei Sudendorf, Registrum II, 156.

[6] Potth. n. 8773; Schumacher 90 und 179, 26. Einer der Dominicaner wird „der päpstliche Pönitentiar und Dominicanerbruder Johannes" genannt. Schwerlich ist Schumachers (S. 88 und 178, 21) Vermuthung, er sei Johann von Vicenza, richtig. Dessen Wirken hat sich sicher in jenen Jahren auf die Lombardei beschränkt. Denn daß er im J. 1233 dort so berühmt war, setzt doch vorheriges Wirken voraus.   [7] H.-B. III, 497 et 497, 1.

den Kreuzfahrern[1]. Zwar schlugen sie im J. 1233 auch das vom Grafen Burkard von Oldenburg geführte Kreuzheer, aber der Uebermacht konnten sie nicht widerstehen und wurden am 27. Mai 1234 bei dem einige Stunden unterhalb Bremens gelegenen Altenesch von dem Kreuzheere fast vernichtet[2].

Was nun ihre Ketzerei angeht, so wirft ihnen der Papst am 29. October 1232 neben der Teufelsverehrung besonders Verachtung der Sacramente, Beobachtung heidnischer Gebräuche und grausame Mißhandlung von Geistlichen, von denen sie einige zur Verspottung des Gekreuzigten kreuzweise an die Wand nagelten, vor. Im Großen und Ganzen scheinen aber die Kölner Annalen, die ihnen außer groben Excessen nur Verweigerung des Zehnten und Verachtung des Kirchenbannes zur Last legen, das Richtige getroffen zu haben. Ihre grausame Behandlung von Geistlichen läßt sich nicht läugnen. Manche von ihnen waren auch vielleicht wirkliche Ketzer und den Luciferianern verwandt. Sonst sind aber Gregors Anklagen, soweit sie allgemein richtig sind, mehr auf Rechnung ihrer Unwissenheit als wirklicher Ketzerei zu setzen[3].

Gregor selbst neigte sich schon Anfangs 1234 zu der Ansicht, daß dem Kampfe gegen die Stedinger hauptsächlich politische Rücksichten zu Grunde lägen. Denn am 18. März 1234 übertrug er dem Bischofe von Modena die Vermittlung in dem von ihm so genannten Streit zwischen den Stedingern und dem Erzbischofe, der Geistlichkeit und den Bürgern von Bremen. Er bezeichnet den Kampf gegen sie also einfach als einen Streit, der vermittelt werden konnte. Von der Ketzerei der Stedinger spricht er nicht. Ebenso wenig erwähnt er deren Ketzerei in dem wichtigen Vollmachtsbriefe vom 21. August 1235. Nur von ihrem Ungehorsam gegen den Erzbischof ist die Rede, und dieser und das Bremer Capitel werden angewiesen, die Stedinger gegen das Versprechen, ihren Geboten in Zukunft zu gehorchen, vom Banne loszusprechen[4].

---

[1] Rayn. 1232, 8. Vgl. damit ibid. 1232, 48; Hartzheim, Couc. III, 353, und Ripolli I, 52, n. 83.

[2] Vgl. besonders Schumacher 111 und 187, 66, der auch über die Theilnehmer an der Schlacht (ebed. 191 ff.) und das Datum handelt (240 ff.).

[3] Ganz wie Gregor IX. spricht auch Albert von Stade (SS. XVI, 361) von den Stedingern. Die Ann. Col. 843 sagen: „Fuerunt Stedingi populi ... qui pro suis excessibus et subtractionibus decimarum multis annis excommunicati, contemptores clavium Ecclesiae sunt inventi." In der Hist. archiepisc. Brem. bei Lindenborg, SS. rer. Germ. Septembr. p. 97 (Hamburg. 1706) heißt es: „Clericos etiam religiosos impie lacerantes cruciabant omni genere tormentorum."

[4] Potth. unn. 9420. 9992. Damit steht die dem Bremer Capitel am 28. Nov. 1234 gewährte Erlaubniß (ibid. n. 9777), die Kirchen und Kirchhöfe im Stedinger Gau, weil die vielen Leiber der dort im Unfrieden mit der Kirche gestorbenen Ketzer und Gebannten von denen der übrigen nicht getrennt werden können, neu zu weihen, nicht im Widerspruch.

Sechzehntes Kapitel.
Disciplin und Cultus, Orden und Missionen.

Wer erinnert sich nicht an den gewaltigen Kampf und den Eifer Gregors VII. gegen die zu seiner Zeit herrschenden Laster der Unkeuschheit und Simonie? Wie er, so waren alle seine großen Nachfolger darauf bedacht, den Clerus, als das Salz der Erde, rein und hoch zu halten. In der Rede, womit Innocenz III. die vierte allgemeine Lateransynode eröffnete, hatte er die Verderbniß des Volkes durch das schlechte Beispiel mancher Geistlichen schmerzlich beklagt. „Alle Verderbniß," so sagt er, „geht vornehmlich aus vom Clerus. Denn wenn die Laien sehen, daß die Geistlichen sich schimpflicher und schwerer Vergehen schuldig machen, so werden sie durch deren Beispiel auch zu Sünden und Lastern hingerissen und entschuldigen sich damit, daß es für den Schüler genüge, so zu sein, wie sein Meister." Gregor IX. wollte, daß die Geistlichen wie die Sterne am Firmamente ihr Licht verbreiteten, nämlich den Glanz ihrer Verdienste und ihres guten Beispiels. Auch er wollte nicht dulden, daß die Ehre der Braut Christi durch die Laster ihrer Diener beschmutzt werde. Wie streng er darauf hielt, ergibt sich daraus, daß er den Mitgliedern des römischen Clerus, bei Strafe der Suspension auf ein Jahr, verbot, mit verdächtigen Frauenspersonen zu sprechen[1]. Besonders in Sicilien scheint die Reform nöthig gewesen zu sein. Denn am 28. October 1230 befahl der Papst den sicilianischen Bischöfen, innerhalb drei Monaten das Concubinat und andere Laster des Clerus abzustellen, damit nicht deren schlechtes Beispiel vom Volke als Entschuldigung seiner Sünden angeführt werde[2]. Aber auch die Bischöfe Italiens wurden angewiesen, allen Eifer auf die Ausrottung der Laster und die Pflege der Tugenden unter dem Clerus zu verwenden[3]. Eine ähnliche Aufforderung erging an die französischen und englischen Bischöfe[4].

Für den Cultus der Kirche war diese Periode namentlich durch die Heiligsprechung des hl. Dominicus, des hl. Antonius und der hl. Elisabeth wichtig.

Um die Heiligsprechung des hl. Dominicus bemühte sich besonders der große Friedensprediger Johann von Vicenza[5], den der Bischof Wil-

---

[1] Potth. n. 9258.   [2] Rayn. 1230, 19.

[3] S. die päpstl. Schreiben vom 24. Sept. 1230 und 2. Jan. 1231 bei Potth. nn. 8611. 8644. Vgl. ibid. n. 8661. — Am 28. Jan. 1232 bestätigte Gregor die Reformationsgesetze des Bischofs Arbingus von Florenz (ibid. n. 8851; Ughelli III, 111).

[4] Das Schreiben an den Erzbischof von Rheims vom 15. März 1231 bei Potth. n. 8680. In Betreff Englands s. Matth. Paris., Chron. III, 234 et 238. Die Pfarrer der Kirchenprovinz York mußten am 10. Sept. 1231 gemahnt werden, die Residenzpflicht zu beobachten (Potth. n. 8801).   [5] Salimbene 34.

helm von Modena unterstützte. Gregor IX. hatte selbst als Cardinal zu Bologna die Exequien für den Stifter des Predigerordens abgehalten und ihn auch persönlich gekannt. Er gab nun am 13. Juli 1233 Auftrag zur Prüfung der Wunder desselben und konnte schon am 8. Juli 1234 zu Rieti zur Heiligsprechung schreiten. Einige Tage nachher, am 15. Juli 1234, veröffentlichte er die Canonisationsbulle, worin die Verehrung des Heiligen allen Christgläubigen empfohlen wurde[1].

Erst am 13. Juni 1231 war ein anderer großer Heiliger der Kirche gestorben, der hl. Antonius von Padua. Im J. 1195 (zu Lissabon) geboren, hatte er als Chorherr vom hl. Kreuze in Coimbra, wie seit 1220 als Franciscaner seine innere Heiligkeit unmöglich verbergen können. „Testamentslade" hatte man ihn wegen seiner Kenntniß der heiligen Schrift, und „Ketzerhammer" wegen des Erfolges seiner Predigten gegen die Irrlehren in Frankreich und Italien genannt. Aber freilich hatten ihn nicht bloß Kenntnisse und beredte Worte empfohlen. Man erzählte sich, wie er nicht bloß selbst Ezelin im Namen der Religion und Freiheit bekämpft, sondern wie er in seinem Eifer, da Menschen ihn nicht hören wollten, den Fischen zu Rimini geprediget, wie sein Herz so von Gottesliebe durchglüht gewesen, daß ihm das Christkind selbst erschienen sei. Kaum war der große Wunderthäter todt, als ganz Padua, welches in ihm seine „Hoffnung und Zuversicht, seinen Beschützer, Helfer und Patron" sah, den Papst um seine Heiligsprechung ersuchte, die auch schon am 30. Mai 1232 zu Spoleto erfolgte[2].

Wir haben noch besondere Ursache, dem Papste dafür zu danken, daß er uns die hl. Elisabeth von Thüringen zur Verehrung empfohlen hat. Was für ein mildes, freundliches Licht war in der demüthigen Magd des Herrn erloschen! Schon gleich nach ihrem Tode (19. November 1231) hörte man, daß Gott durch ihre Fürbitte Wunder wirke, worüber auch ein Bericht an den Papst gesandt wurde. Da dieser aber ungenügend beglaubigt war, so befahl Gregor am 13. October 1232 eine genauere Prüfung der Wunder, damit auch der Zweifler von ihrer Wahrheit überzeugt werde[3]. Aber der Bericht gelangte nicht in die Hände des

---

[1] Ripolli I, 57, n. 89 und 67, n. 108. Die Canonisation erfolgte A. D. 1234 VIII. id. Jul.; f. Vita Greg. ex Ms. Bern. Guid. in Mur. III, 574. Vgl. auch Rayn. 1233, 39; 1234, 24 sq.

[2] Der Papst zeigte die Canonisation am 1. Juli der ganzen Christenheit (Potth. n. 8938; vgl. n. 8941) und speciell dem Bischofe und der Stadt Padua an (ibid. n. 8937). Vgl. Rol. Patav. Chron. SS. XIX, 57; Wadding 1220, 53 sqq.; 1225, 16 sq.; 1227, 15; 1231, 1—5. Am 9. Juni 1233 befahl Gregor IX. dem Prior des Klosters vom heiligen Kreuze zu Coimbra, wo man den Verlust des hl. Antonius an die Minoriten nicht verschmerzen konnte, von ferneren Schmähungen der letzteren abzustehen (Wadding II, 353).

[3] Das Schreiben ist an den Erzbischof von Mainz, den Abt von Eberbach und

Papstes[1], und der Proceß erlitt durch die Ermordung Conrads von Marburg (am 30. Juli 1233), der nebst Anderen die Untersuchung anstellen sollte, eine unliebsame Verzögerung. Daß der Proceß wieder in Gang kam, war dem Landgrafen Conrad von Thüringen zu verdanken, der im J. 1234 nach Italien ging, um vom Papste die Lossprechung vom Banne zu erhalten, und am Sterbetage der hl. Elisabeth, am 19. November 1234, selbst zu Marburg in den deutschen Ritterorden trat. Letzterem war schon am 1. Juli 1234 auf seine und seines Bruders Bitten das Spital von Marburg, worin sich die Grabstätte der Heiligen befand, übergeben worden[2]. Gegen Ende des Jahres hatte sich der Papst die Acten der über die Wunder derselben angestellten Untersuchung schicken lassen[3]. Die Heiligsprechung selbst fand am 27. Mai 1235 (Pfingsten) zu Perugia statt. Dort pries Gregor Elisabeth in seiner Predigt als „ein wunderbares Gebilde und Werk des Allerhöchsten" (Eccli. 43, 2). Als am 1. Mai 1236 ihre Gebeine erhoben und „die Perle Deutschlands" in einen neuen Schrein gelegt wurde, war auch der Kaiser selbst, dem sie einst zur Gattin bestimmt gewesen, zugegen. Er hob den ersten Stein von ihrem Grabe und setzte ihr eine goldene Krone auf's Haupt. Er gab auch selbst in einem an die Franciscaner gerichteten Schreiben von ihren Wundern, besonders von der in seiner Gegenwart geschehenen Heilung eines zehn Jahre lang Gelähmten, Zeugniß[4].

Conrad von Marburg gerichtet (Boehmer, Acta 668, n. 961). Am 14. Oct. 1232 schrieb Gregor von Neuem an die Genannten (Ripolli I, 40, n. 57). In diesem Schreiben verlangt er nicht bloß wie in dem vom 13. Oct. authentische Nachrichten über die Wunder, sondern auch über das Leben der Heiligen. Die dem Conrad von Marburg, der Beichtvater der Heiligen gewesen, übersandte Anweisung über das Zeugenverhör s. ibid. n. 56.

[1] Dieß folgt aus Gregors Schreiben vom 11. Oct. 1234 (Sbaralea I, 138, n. 145). Somit war der dem Magister Conrad zugeschriebene Bericht (bei Kuchenbecker, Analecta Hassiaca, Coll. IX, 107—147; vgl. darüber Kaltner, S. 187 ff.) dem Papste unbekannt.

[2] Päpstl. Bestätigung von demselben Tage an die Deutschherren bei Sbaralea I, n. 132; s. ibid. 133 Schreiben an das Spital. Dem Hospitale hatte der Papst schon früher manche Gunst erwiesen (s. Potth. nn. 8678. 9012 sq. 9017, dann n. 9043 sq.). — Auch am 6. Nov. 1234 beschenkte Conrad wie sein Bruder den Orden reichlich; s. die päpstl. Bestätigung der Schenkung vom 4. Juli 1235 bei Retter, Hess. Nachrichten II, 50. [3] Sbaralea I, 138, n. 145.

[4] S. das Schreiben bei Winkelmann, Acta, n. 338. Außer allgemeinen politischen Erwägungen mögen den Kaiser seine verwandtschaftlichen und freundlichen Beziehungen zu dem Gemahl der hl. Elisabeth, dem im J. 1227 verstorbenen Landgrafen Ludwig und zu dem deutschen Orden zur Theilnahme an der Feier veranlaßt haben. Winkelmann (Friedrich II., Bd. 2, S. 25) will dem deutschen Orden auch einen besondern Einfluß auf die Heiligsprechung zuschreiben. Uns scheint dazu kein Grund vorzuliegen. Die Aufforderung vom 11. Oct. 1234 war dem Landgrafen Conrad zu verdanken. Die Heiligsprechung erfolgte dann auch rasch auf die Ein-

Deutschland wurde auch durch die Canonisation des hl. Virgilius, Apostels von Kärnthen und Bischofs von Salzburg, am 10. Juni 1233 erfreut[1]. Leider führte eine von Gregor veranlaßte Untersuchung über das Leben und die Wunder der am 17. September 1179 verstorbenen Aebtissin Hildegard vom Rupertsberg bei Bingerbrück nicht zur formellen Canonisation derselben. Zwar hatte der Papst auf die Bitten des Klosters um die Heiligsprechung Hildegards schon im J. 1233 die Untersuchung angeordnet, aber am 6. Mai 1237 um einen genaueren Bericht, da der erste mangelhaft sei, und um Zusendung der Werke der Heiligen gebeten. Ob dem Befehle entsprochen wurde, wissen wir nicht[2].

Wie Gott wundervoll in seinen Heiligen ist, so auch in den Orden. Die Kirche ist daran unerschöpflich, und dennoch ist keiner dem andern

---

sendung und Prüfung des Berichtes, nämlich am 27. Mai 1235, ohne jede weitere Veranlassung. In anderen Canonisationen war die Zwischenzeit länger. Der Befehl zur Untersuchung über die Wunder des hl. Virgilius z. B. erfolgte schon am 11. Sept. 1230 (Potth. n. 8601), die Heiligsprechung aber erst am 10. Juni 1233 (s. Ann. Admunt. Contin. Florian. in SS. IX, 785).

[1] S. vorige Anm. Die Canonisationsbulle ist vom 18. Juni 1233 (Rayn. 1235, 55). — Schon im J. 1200 hatte Innocenz III. auf Bitten Salzburgs Erhebungen zum Zwecke der Heiligsprechung anstellen lassen (Potth. n. 1133). — Zur Canonisation des am 27. Mai 1045 verstorbenen Bischofs Bruno von Würzburg, über dessen Werke und Wunder er am 21. April 1238 eine Untersuchung anstellen ließ (Rayn. 1238, 63), ist es unter Gregor IX. nicht gekommen. S. Acta SS. Maji, tom. IV, p. 39.

[2] S. das päpstl. Schreiben im Mittelrhein. Urkundenb., Bd. III, n. 589, S. 432 f.; Rayn. 1237, 59. — Innocenz IV. gab am 24. Nov. 1243 von Neuem Befehl zur Untersuchung (Rayn. 1243, 39). Wir wissen aber nicht einmal, ob sie stattgefunden hat. Obgleich Hildegardis vielleicht niemals formell canonisirt war, ist doch ihr Name schon seit dem 15. Jahrh. als der einer Heiligen in den Martyrologien angeführt. S. Stilting, De S. Hildegard. Virg. in Acta SS. Sept. tom. V (p. 629 sqq.), 678, n. 212. — Der siebenhundertjährigen Gedächtnißfeier der Heiligen verdanken wir nicht bloß eine vorzügliche Biographie derselben durch J. P. Schmelzeis (Freib. 1879), sondern auch die „Analecta s. Hildegardis opera", ed. J. B. Card. Pitra (1882). Vgl. den oben erwähnten Bericht „Acta inquisitionis de virtutibus et miraculis s. Hildegardis" in der Ausgabe des Dr. P. Bruder (Brüssel 1883). — Wie gründlich übrigens Gregor überhaupt in derartigen Fragen zu Werke ging, sehen wir z. B. aus dem Canonisationsproceß des am 27. Juni 1232 zu Corneto in Apulien verstorbenen Franciscanerbruders Benvenuto. Seine Heiligkeit war durch mehrere Wunder bezeugt, deren Untersuchung der Papst am 24. März 1232 anordnete. Aber auch in diesem Falle bestand er auf einer zweiten genaueren Prüfung. S. Rayn. 1236, 28 und Sbaralea I, 189, n. 193 nebst den Noten daselbst. Durch die stürmischen Zeiten wurde, wie Wadding (1232, 19) bemerkt, diese Angelegenheit weiter verschoben. „Interim," sagt er, „concessum a Pontifice, teste Mariano, ut in tribus vicinis Episcopatibus ejus celebraretur festum, et de eo divinum recitaretur officium." Vgl. auch Acta SS. Junii, tom. V, p. 327 sqq.

ganz gleich), gerade wie von jedem Heiligen gesagt werden kann, daß keiner ihm gleich erfunden wird.

Kaum war der Orden der Trinitarier zum Loskauf der Gefangenen von Innocenz III. bestätigt, als im J. 1218 von Petrus Nolasco und Raymund de Pennaforte der der Gottesmutter geweihte Orden der Mercedarier, der Orden der heiligen Jungfrau Maria von der Gnade für den Loskauf der Gefangenen, wie sein voller Titel lautete, gestiftet wurde. Während der ersterwähnte ein Mönchsorden war, war letzterer ein Ritterorden. Er trat unter Gregor IX. am 17. Januar 1235 dadurch in die Zahl der kirchlich vollbestätigten Orden ein, daß ihm der Papst an diesem Tage Erlaubniß zur Annahme der Augustinerregel gab [1].

Der Orden der regulirten Chorherren von St. Marcus zu Mantua, so von seiner Hauptkirche genannt, dessen Regel schon Innocenz III. approbirt und dann mit einigen Verbesserungen auch Honorius III. bestätigt hatte, erhielt unter Gregor IX. am 1. September 1231 eine Bestätigung seiner Regel und später neue Beweise des päpstlichen Wohlwollens durch die wiederholte Ernennung von Ordensmitgliedern zu Kloster-Visitatoren [2].

Im Franciscanerorden hatten sich auf dem Ordenscapitel vom J. 1230 Meinungsverschiedenheiten über die Verbindlichkeit einiger Punkte in der Regel, Vorboten der späteren Kämpfe der Spiritualen, erhoben. Zur Entscheidung der Frage sandte man eine Deputation, welcher u. A. auch der hl. Antonius von Padua angehörte, an den Papst. Die Entscheidung, welche sich besonders mit einigen das Gelübde der Armuth, die Befolgung der evangelischen Räthe und die Annahme und Entlassung von Mitgliedern betreffenden Schwierigkeiten befaßt, ist vom 17. October 1230, und war an den General Johann Parens und die übrigen Ordensmitglieder gerichtet [3].

Es ist vielfach behauptet worden, daß es sich damals um die Absetzung des Ordensgenerals Elias von Cortona gehandelt habe. Das ist unrichtig. Elias hatte allerdings schon damals zu Klagen großen Anlaß gegeben. Er war ehedem noch vor dem hl. Franciscus nach Syrien gegangen und von dem Heiligen zum Provincial der überseeischen Ordensprovinz, d. h. der syrischen, eingesetzt worden. Dort hatte er den berühmten Bruder Cäsarius von Speier für den Orden gewonnen und war mit dem hl. Franciscus nach Italien zurückgekehrt [4]. Elias hatte

---

[1] Bull. Rom. ed. Rom. III, P. I, p. 284, n. 42.

[2] Ibid. 268 sqq., n. 28. Die Ernennungen vom 29. April 1234 und 26. Aug. 1235 s. bei Potth. nn. 9451. 10002. Ueber den Orden, der zur Zeit seiner Blüthe in der Lombardei 18—20 männliche und auch einige weibliche Niederlassungen hatte, s. Helyot (Paris 1714) II, 306 ss. [3] Bull. Rom. p. 263, n. 22.

[4] Jordanus von Giano cap. 9. 14. Nach Wadding (I, 331 [1220, 1]; II, 3 [1221, 3]) war Elias vom hl. Franciscus bei seiner Reise in's Morgenland im

dem Heiligen besonders nahe gestanden und war von ihm kurz vor dessen Ende gesegnet worden, wie kein Anderer[1]. Er stand nun vom Tode des Heiligen (4. October 1226) bis Pfingsten 1227, da erst auf dem wie gewöhnlich um Pfingsten stattfindenden Generalcapitel der neue General gewählt[2] wurde, als „Vicar" des hl. Franciscus an der Spitze des Ordens. Somit war er nicht eigentlich Generalminister, sondern nur Stellvertreter desselben. Ohne Zweifel genoß er in Folge seines vertrauten Umganges mit dem hl. Franciscus großes Ansehen[3]. Trotzdem wurde nicht er, sondern Johann Parens von dem Capitel zum General gewählt[4]. Allein schon im J. 1230, bei Gelegenheit der Uebertragung der Gebeine des demüthigen Ordensstifters in die ihm geweihte Ba-

---

J. 1219 als Vicar zurückgelassen und auch im J. 1221 wieder mit der Würde bekleidet worden. Beides ist ein Irrthum. Der Heilige hatte „duos vicarios, fratrem Matheum de Narrio et fratrem Gregorium de Neapoli" bestellt; s. Jord. cap. 11. Im J. 1221 aber führte Elias nur das Wort, weil Franciscus krank war (ibid. cap. 17). Vgl. Voigt a. a. O. 61 f.

[1] Celano l. 2, c. 3 in Acta SS. Octob. tom. II, 713. Vgl. ibid. 849.

[2] Der Provincial von Deutschland reiste erst nach einem am 2. Febr. 1227 zu Mainz gehaltenen Provincialcapitel behufs der Wahl nach Italien zum Generalcapitel. Jordanus c. 51. Voigt 78.

[3] „Vicarius b. Francisci fratribus turbatis super obitu tanti patris per totum ordinem literas consolatorias destinavit." Jordanus c. 51. Vgl. folgende Anm.

[4] Jordanus l. c. Derselbe sagt ibid. c. 61: „Anno domini 1232 in generali capitulo Romae celebrato absolutus est frater Johannes Parens, minister generalis, et ei est frater Helias substitutus." Elias war darnach Vicar des Ordens vom 4. Oct. 1226 bis Pfingsten 1227; General vom J. 1232—1239. Dieses Verhältniß ist von einigen Ordensschriftstellern, denen Wadding gefolgt ist, so aufgefaßt worden, als ob Elias zweimal General gewesen. Andere drücken sich ungenau aus, wie z. B. Salimbene, der in dem als Anhang zu den Chron. Parm. p. 401—414 gedruckten Werke De Praelato fast ausschließlich von Elias handelt und sagt (p. 402): „Helyas, bis factus Generalis minister", aber p. 404 sich klarer ausdrückend die drei ersten Ordensgeneräle in folgender Ordnung aufführt: der hl. Franciscus, dann Johann Parens, dann Elias, „qui bis praefuit et obfuit"; da er aber selbst von Elias in den Orden aufgenommen worden war, konnte er wohl den Thatbestand kennen. — Wichtig für die Geschichte des Ordens ist auch Thomas de Eccleston, De adventu fratrum min. in Anglia, herausgegeben von Brewer, Monum. Franciscana (London 1858) p. 1—72. Er ist ein Zeitgenosse Heinrichs III. von England. Denn er erwähnt von einem Lector, welcher mit ihm zu Oxford studirt hatte, daß derselbe von dem Bischofe von Lincoln, Robert Grossetete (starb im J. 1253), belobt worden sei (ibid. p. 39 und Pref. p. LXXII sq.). Thomas nennt den Elias allerdings „primus minister generalis post B. Franc.", und fügt hinzu: „Cui successit Frater Johannes Parens de Florentia . . . quo per fautores Fratris Helinae absoluto, iterum factus est Generalis Frater Helias." Er nennt wie Salimbene die interimistische Leitung des Ordens durch Elias ein Generalat, was es aber streng genommen nicht war. Ueber die Reihenfolge der ersten Minoritengenerale vgl. Voigt 76 ff.

silika, erzwangen sich am 25. Mai mehrere Anhänger des Elias Zutritt zu dem Generalcapitel und setzten ihn mit Gewalt auf den Sitz des Generals. Die Selbstverdemüthigung des Johann Parens, der den Habit auszog und sich schlechter Verwaltung schuldig erklärte, und der Unwille der Versammelten zwangen sie, sich beschämt zurückzuziehen. Elias selbst zog sich in die Einsamkeit zurück und versöhnte den Orden wieder durch die anscheinende Heiligkeit seines Lebens [1]. Auf die Kunde von letzterer legte sich auch der Unwille des Papstes über das Geschehene [2]. Aber Elias, der schon bei Lebzeiten des hl. Franciscus eine so bedeutende Stelle im Orden eingenommen hatte, konnte es nicht ertragen, nach dem Tode des Heiligen hintangesetzt zu werden. Denn er hatte, wie heiligmäßig auch sein Leben bis zum J. 1226 gewesen sein mag, weder des Heiligen Liebe zur Armuth, noch zu Verdemüthigungen geerbt. Er wurde zwar auf dem Generalcapitel des J. 1232 wirklich an Stelle des Johann Parens zum General eingesetzt [3] und bekleidete die Würde nun bis zu seiner Absetzung im J. 1239, aber Herrschsucht und Freude an Pracht richteten ihn zu Grunde.

Für den ungeheuer ausgedehnten Orden der Benedictiner war bei seinem großen Reichthum, sowie der Aufnahme so mancher den besseren Ständen angehörender, aber unberufener Mitglieder und dem Mangel eines gemeinsamen Bandes zwischen den Klöstern die Gefahr der Verweltlichung sehr groß. In der That war auch wenigstens die Disciplin in der Congregation von Clugny so sehr gesunken, daß schon Innocenz III. dem Generalcapitel am 15. März 1213 Habsucht und Unordnung vorwerfen mußte. Gregor begnügte sich nicht mit Klagen, sondern gab dem Orden am 13. Januar 1233 neue Statuten [4], worin er u. A. bestimmte, daß dem jährlich abzuhaltenden Capitel auch drei Karthäuserprioren anwohnen sollten, um über den Eifer und den Gang desselben dem Papste zu berichten. Außerdem schärfte er jährliche Visitationen, Strenge in der Wahl und Absetzung der Prioren, einfacheres Leben und einfachere

---

[1] Thomas de Eccleston 44 sq.

[2] Die im J. 1230 vom Generalcapitel wegen der Auslegung der Regel an den Papst gesandte Deputation erzählte auch dem Papst von dem durch Elias gegebenen Aergernisse, und daß er, aus Zorn darüber, daß der General nicht allen Brüdern, die Zutritt zu dem Capitel zu haben wünschten, denselben gewähren wollte, die Uebertragung des heiligen Leibes des Stifters drei Tage vor der Zusammenkunft der Brüder erlaubt habe. Thomas de Eccl. 45.

[3] Die Wahl muß als ein Sieg der Anhänger des Elias (s. die S. 227, Anm. 4 angeführte Stelle aus Thom. Eccl.: „per fautores Heliae absoluto") bezeichnet werden. Wo die Wahl stattfand, ist ungewiß. Jord. (c. 61) verlegt sie nach Rom; Thom. de Eccl. (45) nach Rieti.

[4] Bull. Rom. 278, n. 35; ibid. 157, n. 91, womit betreffs des Datums Potth. n. 4680 zu vergleichen.

Tracht ein. Auch den Benedictinern von Narbonne hatte er im J. 1228 die Abhaltung jährlicher Generalcapitel befohlen und von ihnen im J. 1226 verfaßte Reformstatuten bestätigt. Ebenso reformirte er die Benedictiner der Kirchenprovinz Rouen [1].

Hingegen blühte der Cistercienserorden noch immer. In Armuth und großer Strenge hatten die ersten Aebte, worunter besonders der hl. Stephan Harding, ein Engländer, hervorragt, ihn stark gemacht und, um mit Honorius III. zu reden [2], der Herr ihn reich gesegnet und seine Zweige von einem Meere bis zum andern ausgebreitet. Wenngleich seine Wirksamkeit vor der der Bettelorden in den Hintergrund trat, so gab ihm Gregor IX. doch viele Privilegien, theils zum Schutze gegen Uebergriffe von Fürsten und Vornehmen, theils zur Sicherung der Wahl. Indem er aber den Bischöfen jeden Einfluß auf die Abtswahl und auf die Aebte überhaupt entzog, somit den Orden von der bischöflichen Jurisdiction befreite, gab er ihm ein Privilegium, welches der Orden selbst Anfangs durchaus nicht gewünscht hatte [3].

Der Orden von Grammont, der in Frankreich gegen 60 Häuser zählte [4], sollte allerdings der Regel gemäß ein sehr strenges Leben führen, hatte sich aber von großen Unordnungen nicht frei erhalten. Die Laienbrüder waren zahlreicher als die eigentlichen Ordensbrüder, maßten sich alle Gewalt über die Geistlichen an und bedrückten dieselben in der ärgerlichsten Weise. Unter Innocenz III. war allerdings die Ordnung größer geworden, aber noch Honorius III. hatte den Orden zu größerer Eintracht ermahnt und die Laienbrüder den geistlichen Brüdern wieder untergeordnet [5]. Nichtsdestoweniger sah sich Gregor IX. im J. 1231 veranlaßt, Cistercienser und Dominicaner mit der Visitation und Reformation des Ordens zu beauftragen [6].

---

[1] Bull. Rom. 254 sqq. — S. päpstl. Schreiben vom 24. Juni 1235 in Conc. Rotomag. Provinciae ed. G. Bessin p. 141. Er milderte die Statuten am 7. Jan. 1237; s. Martene, Ampl. Coll. I, 1269 und Paris, Additam. (ed. 1640) 173 sqq.

[2] Schreiben vom 25. März 1221 bei Rayn. 1221, 47.

[3] S. die Privilegien vom 23. Jan. 1234 bei Potth. n. 9375—9378. Eines vom 3. Febr. (ibid. 9387) bestimmte, daß Niemand, außer dem Papste, Cistercienser verpflichten könne, die Städte und Dörfer ꝛc., in denen ihr Kloster gelegen, mit dem Bann zu belegen. Gregor befreite sie auch von der Zehntpflicht rücksichtlich der von ihnen urbar gemachten und bearbeiteten Aecker (ibid. 11061).

[4] Hurter IV, 140. Gregor IX. empfahl ihn am 7. Januar 1229 dem Schutze der Königin Blanca (Potth. n. 8313. Vgl. ibid. n. 8312). Empfehlungsbrief vom 4. Juni an französische Bischöfe.

[5] Ueber die innere Spaltung im Orden s. Hist. Prior. Grandimont. bei Martene, Coll. ampl. VI, 121. 128. 130; Hurter IV, 143—148.

[6] Schreiben vom 5. April 1231; Ripolli I, 33, n. 42; vgl. ibid. I, 36, n. 48 das päpstl. Schreiben vom 8. Sept. 1231. Im J. 1236 mußte der Papst wiederum wegen Streitigkeiten einschreiten. S. Potth. n. 10159.

Die von dem Orden von Clugny, Grammont und den Cistercienfern befolgte Benedictinerregel wurde auch von den durch den hl. Sylvester Gozzolin, Abt von Osimo, im J. 1231 auf dem Monte Fano bei Fabriano in der Mark Ancona gestifteten Sylvestrinern angenommen, einem Orden, der allein in Italien bei Lebzeiten des Stifters († 1267) fünfundzwanzig Klöster zählte, aber erst am 27. Juni 1248 von Innocenz IV. bestätigt wurde [1].

Dem deutschen Orden erwies der Papst fortwährend durch Gewährung oder Erneuerung großer Privilegien seine Liebe [2]. Ihm verdankte der Orden auch seinen spätern Ordensmeister, Conrad von Thüringen. Eine wilde, ungebändigte Natur, hatte ihn tiefe Reue wegen der bei der Niederbrennung von Fritzlar am 15. September 1232 begangenen Frevelthaten, wo weder Kirchen noch Altäre geschont wurden, ergriffen, weßhalb er vom Papste Verzeihung erbeten und sich zu jeder Genugthuung bereit erklärte. Voll Verständniß für die reuige und doch so starke Seele des Mannes legte ihm Gregor auf, die Armen zu pflegen, sich mit seinen Feinden zu versöhnen, die geplünderten Kirchen zu beschenken, ein Kloster zu Fritzlar zu errichten und selbst in den deutschen Orden zu treten [3]. Alles hat er getreulich erfüllt und sich bemüht, sich mit dem demüthig frommen Geiste der hl. Elisabeth zu durchdringen.

Trotzdem die Bekehrung Preußens so langsame Fortschritte machte, hatte sich doch an manchen gefährdeten Orten das Christenthum ungeachtet aller Verfolgungen erhalten. Denn am 9. Juli 1231 ermahnte Gregor IX. die neubekehrten Gemeinden von Pomesanien wie die Passalucenser, treu im Glauben zu beharren, und nahm sie unter den besondern Schutz des apostolischen Stuhles [4]. Inzwischen hatte sich Bischof Christian von

---

[1] Rayn. 1231, 29. Vgl. Helyot, Hist. des ordres rel. t. VI (Paris 1718) p. 170 ss. Er versetzt mit dem Bull. Rom. 308, n. 12 die Bulle in das J. 1247. Nach der Indiction ist es aber 1248; s. Potth. n. 12971.

[2] Am 9. April 1231 und öfters später erneuerte er ihm die bereits von Honorius III. gewährte Begünstigung, einmal im Jahre in allen Kirchen um Almosen zur Erhaltung der Spitäler des Ordens zu bitten. Voigt II, 114. 115; Strehlke, Tab. 351, n. 453. Erneuert z. B. am 10. Oct. 1231; 10. Febr. 1235; 27. April 1235; 26. Aug. 1238. Er bestätigte dem Orden auch im J. 1233 zwei ihm bereits von Honorius III. verliehene Privilegien; am 28. Juni das Vorrecht, einige Priester zu haben, die bloß dem Orden untergeben sein sollten, und am 1. Juli das der Befreiung von der Jurisdiction der Erzbischöfe, Bischöfe und sonstiger Prälaten, die auch weder Interdict noch Bann über ihn verhängen dürfen. Strehlke, Tab. n. 460. 461.

[3] Ann. Reinhardsbr. p. 215; Hist. de Landgrav. Thuring. in Pistor. I, 1325. Am 20. Oct. 1233 nahm der Papst Conrad von Thüringen in den apostolischen Schutz. Rodenberg, Epp. n. 557, p. 451.

[4] Rayn. 1231, 42, wo jedoch besser statt Pomerani „Pomezani" gelesen wird. Denn die Passalucenses wohnten in dem südöstlich vom Drausensee an Pomesanien

Preußen, da der Aufruf des Papstes aus dem vorigen Jahre ohne Erfolg gewesen war, an den Papst mit der Bitte um einen neuen Aufruf gewandt. Am 18. Juli 1231 befahl hierauf Gregor den Dominicanern in Pommern und Gothland, die Bewohner jener Preußen naheliegenden Länder zum Kreuzzug zu bewegen[1]. Zwar gelang es dem deutschen Orden im J. 1231, im Culmerlande festen Fuß zu fassen, aber er war noch zu schwach, um nach Preußen selbst vorrücken zu können. Auf der andern Seite kannte Gregor auch den Schrecken, welchen die Preußen in den christlichen Nachbarländern durch Mord und Brand anrichteten, zu gut, als daß er nicht Alles daran gesetzt hätte, den Orden zu unterstützen. Er ging jetzt so weit, die böhmischen Kreuzfahrer am 23. Januar 1232 aufzufordern, statt in's Heilige Land zu ziehen, in Preußen zu streiten, und legte ihnen, um sie mehr anzuspornen, dar, wie die Heiden sehr viele Kirchen und Dörfer zerstört und mehr als zwanzigtausend Christen getödtet hätten, und weder des Alters noch des Geschlechts schonten[2]. Auch in Dänemark und anderen Ländern ließ er zu gleichem Zweck das Kreuz predigen[3].

Im J. 1232 war es auch den Glaubensboten gelungen, in Preußen viele Heiden zur Annahme des Christenthums geneigt zu machen. Um den Neubekehrten einen Beweis seiner Liebe zu geben, forderte sie der Papst am 11. Januar 1233 voller Freude über ihre Bekehrung auf, einige von ihnen nach Rom zum Empfange der heiligen Taufe zu schicken. Ohne Zweifel gedachte er des besondern Eifers, den einige zu Rom unter Innocenz III. feierlichst in die Kirche aufgenommene Neubekehrte nach ihrer Rückkehr in die Heimath bekundet hatten, und wünschte auch jetzt eine ähnlich gute Wirkung hervorzurufen[4]. Als sich nun im J. 1233 das Kreuzheer nach Pomesanien wandte, eiferte der Papst die Predigerbrüder von Neuem zur Predigt des Kreuzzuges an[5]. Aber er wußte wohl, daß Eifer und guter Wille allein nicht helfen würden, und kannte nicht bloß die Wichtigkeit der Anlage fester Plätze, wozu Hermann Balk im J. 1231 durch die Gründung von Thorn den Anstoß gegeben hatte, sondern auch die Nothwendigkeit der Einigkeit und des Gehorsams gegen den deutschen Orden, der seine kriegerische und civilisatorische Thätigkeit schon

---

grenzenden Theile Pogesaniens (Ewald I, 147, 1). Es handelt sich also hier um die nördlich vom Culmerlande gelegenen Landschaften.

[1] Voigt, Cod. dipl. Pruss. I, 25, u. 26.   [2] Rayn. 1232, 6.

[3] Potth. nn. 8868. 8877. Er bewog damals auch den Grafen Albert von Bogen, den er am 16. Febr. 1232 in seinen Schutz nahm, zum Kreuzzuge (ibid. 8855. 8880).

[4] Voigt, Cod. dipl. Pruss. I, 27, n. 28. Die Taufe der Großen Suabuno und Warpoda war von der Bekehrung Vieler gefolgt; s. Ewald I, 56.

[5] Am 6. Oct. 1233. Schreiben an den Dominicaner-General bei Voigt 29, n. 30); s. ibid. 32, n. 33 die Aufforderung an die Christenheit vom 7. Oct.

im Burzenlande rühmlichst bewährt hatte. Deßhalb hieß er die Dominicaner in Preußen für die Errichtung von Verschanzungen gegen die feindlichen Einfälle Sorge tragen und ermahnte sie und die Kreuzfahrer überhaupt, dem deutschen Orden und seinem Landmeister in Allem Folge zu leisten[1]. Am 7. October 1233 ermahnte er auch die Predigerbrüder, in der Spendung der Sacramente vorsichtig zu sein[2]. Denn die Heiden suchten sich häufig vor dem christlichen Heere durch angebliche Bereitwilligkeit, die Taufe zu empfangen, zu schützen, um dann natürlich bald wieder abzufallen. Den Bischof Christian von Preußen hatten sie sogar unter dem Vorgeben, die Taufe von ihm empfangen zu wollen, gefangen genommen und seine Begleitung getödtet[3].

Das erwähnte Kreuzheer errang gegen Ende des J. 1233 einen großen Sieg über die Preußen an der Sirgune; sobald es sich aber aufgelöst hatte, fielen letztere in Pommern ein und zerstörten am 2. Januar 1234 das Kloster Oliva[4]. Für die deutschen Ritter war es deßhalb doppelt angenehm, daß ihnen der Papst in einer für sie sehr wichtigen Bulle am 3. August 1234 das freie Eigenthumsrecht an das Land Culm und das eroberte wie auch an das noch zu erobernde Preußen gab und das Land des Ordens in den besondern Schutz des apostolischen Stuhles und zum Eigenthume des hl. Petrus nahm[5]. Damit sie aber stets den vollen Genuß der ihnen verliehenen Rechte und Freiheiten hätten, wurden alle Erzbischöfe, Bischöfe und Prälaten der Kirche an dieselben von Neuem erinnert und ermahnt, für die Bekanntmachung und Befolgung dieser Privilegien Sorge zu tragen[6].

Der Ritterorden von Dobrin war, nachdem einmal der deutsche Orden das Culmerland besaß, überflüssig geworden und vereinigte sich deßhalb mit dem deutschen Orden, eine Vereinigung, die der Papst am 19. April 1235 bestätigte[7]. Da sich aber zwischen dem Herzoge Conrad von Masovien, in dessen Land Dobrin lag und der auch dem gleichnamigen

---

[1] Ibid. 29, n. 31.   [2] Ibid. 30, n. 32.
[3] S. Voigt 30, n. 32. Vgl. Rayn. 1233, 58.
[4] Die Schlacht fiel zwischen Ende October und Mitte December 1231; s. Ewald I, 163 f. — Oliva hatte erst am 10. Juni 1233 einen päpstl. Schutzbrief erhalten. Hasselbach, Cod. Pom. I, 453, n. 203.
[5] Voigt I, 34, n. 35. S. die Bestätigung des Besitzes von Culm 2c. vom 12. Sept. 1230. Potth. n. 8602. Von ersterer Bulle wurde der Herzog von Masovien am 9. Sept. 1234 benachrichtigt und an demselben Tage der Orden auch den Bischöfen von Masovien und Cujavien empfohlen, die Kreuzfahrer und Neubekehrten zum Gehorsam gegen den Orden ermahnt und auch der päpstl. Legat, Wilhelm von Modena, angewiesen, die Interessen des Ordens in jeder Weise zu fördern. S. Voigt I, nn. 36—42; Potth. nn. 9697—9702.
[6] Päpstl. Urkunde vom 10. Febr. 1235. Strehlke l. c. n. 462.
[7] S. die päpstl. Urkunde bei Voigt, Cod. dipl. Pruss. I, 42, n. 43

Orden besonders viele Schenkungen gemacht hatte, und dem deutschen Orden wegen der Dobriner Besitzungen Schwierigkeiten erhoben, kam unter Vermittlung des päpstlichen Legaten Wilhelm von Modena ein Vergleich zu Stande, den der Papst ebenfalls am 12. Januar 1236 bestätigte[1].

In Kurland hatte das Christenthum durch dänische Kaufleute Einlaß gefunden. Balduin von Alna, Pönitentiar und Begleiter des Cardinals Otto von St. Nicolaus, der eine Zeitlang nach dem Tode Alberts von Burhövden das Bisthum Riga bis zur Erledigung der Streitigkeit wegen seiner Wiederbesetzung verwaltete, hatte am 28. December 1230 mit dem Fürsten Lamechin in Kurland einen Vertrag abgeschlossen, wodurch die bekehrten Kuren direct dem Papste unterworfen wurden, Balduin ihnen stete Freiheit zusicherte und viele Privilegien, darunter besonders das der Unabhängigkeit von Dänemark und Schweden, verlieh, wogegen sie dem ihnen vom Papste zu sendenden Bischofe Gehorsam versprachen und sich zum Kampfe gegen die Heiden verpflichteten[2]. Am 17. Januar 1231 schloß Balduin auch einen ähnlichen Vertrag mit den östlichen Kuren, die zugleich sich den Schwertrittern und der Kirche und Bürgerschaft von Riga gegenüber zu Zins und Hülfe gegen die Heiden verpflichteten[3]. Die Kirche hat sich stets geweigert, die Völker, welchen sie den Segen des Evangeliums geschenkt, in Folge ihrer Bekehrung in größere Knechtschaft gerathen zu lassen[4]. In ihrem Sinne wollte auch Balduin den Neubekehrten volle Freiheit sichern, hatte aber dabei einen Gegner an dem neuen Bischofe, Nicolaus von Riga (seit 1229 Bischof von Riga)[5]. Um nun doch sein Vorhaben auszuführen, ging Balduin nach Rom und fand in Gregor IX. dieselben Anschauungen, wie sie die früheren Päpste bezüglich der zu erhaltenden Freiheit der neubekehrten Völker vertreten hatten, und einen Begünstiger

---

[1] Dogiel, Cod. dipl. Polon. IV, n. 18. Der Vergleich selbst vom 19. Oct. 1235 findet sich bei Voigt l. c. n. 45. Vgl. Voigt Bd. II, 275 ff.; Ewald I, 186. Einige Dobriner setzten übrigens ihre gesonderte Thätigkeit als Vertheidiger Masoviens fort und erhielten vom Herzog Conrad die Burg Drohiczin zum Eigenthum. Seit dem J. 1240 verschwinden sie aber ebenfalls.

[2] S. Balduins Urkunde bei Bunge, Livländisches Urkundenbuch I, 103. Das Datum ist in der päpstl. Bestätigungsurkunde (Rayn. 1232, 3 sq.) genau angegeben.

[3] Bunge ebend. I, n. 104.

[4] Innocenz III. wehrte am 13. Aug. 1212 dem Unterfangen der Herzoge von Pommern und Polen, welche die neubekehrten Preußen zu knechtischen Dienstleistungen anhielten (Innoc. Epp. l. 15, n. 148, ed. Baluze II, 669). Auch Honorius III. verbot bei seiner Aufforderung zum Kreuzzuge gegen die Preußen (vom 16. Mai 1218; s. Voigt I, 8, n. 6), die Neubekehrten zu bedrücken und ihrer Unabhängigkeit zu berauben.

[5] Er nahm mit dem Orden und den rigischen Bürgern eine Theilung von Kurland, Semgallen und der Insel Oesel vor. Vgl. die Urkunden des Bischofs Nicolaus vom 9. Aug. 1231 und 16. Febr. 1232 bei Bunge a. a. O. I, 109. 125. S. Ewald I, 202.

seiner Pläne. Der Papst bestätigte am 11. Februar 1232 Balduins Verträge mit den Kuren [1], weihte Balduin selbst zum Bischofe von Semgallen und übertrug ihm die Vollmachten eines apostolischen Legaten für Livland, Esthland, Gothland, Kurland und die umliegenden neubekehrten oder noch zu bekehrenden Provinzen und Inseln [2]. Kurland, welches ihm seine friedliche Bekehrung verdankte, sollte er Zeitlebens selbst verwalten [3], und dazu erhielt er Wirland, Jerwen und die Wiek [4]. Er sollte auch besonders der Anmaßung des Bischofs von Riga, die Bekehrung der Kuren zu ihrer Unterdrückung zu benutzen, entgegentreten [5]. Aber Balduin war der Aufgabe nicht gewachsen. Deßhalb [6] nahm ihm der Papst seine Vollmachten und übertrug dieselben dem bewährten Bischofe Wilhelm von Modena, der, im J. 1228 von seiner frühern Gesandtschaft nach Modena zurückgekehrt, nunmehr sein Bisthum ganz aufgab, um sich dem Bekehrungswerke in jenen Ländern zu widmen [7].

Der Papst hatte überhaupt viele Mühe, um die junge Pflanze der christlichen Religion in jenen Gegenden zu beschützen. In Livland wurden die Neubekehrten von Raubrittern, die sich Templer nannten, bedrückt. Die Kreuzfahrer konnten überdieß gar nicht dorthin kommen, weil Waldemar im Kriege mit Lübeck und um dem Schwertbrüderorden zu schaden, den Hafen von Lübeck durch Versenkung einiger Schiffe gesperrt hatte. Der Papst trat aber den ersterwähnten Raubrittern entgegen [8], nahm die Schwertbrüder wie die Kreuzfahrer in den apostolischen Schutz auf und zwang den König durch Androhung des Bannes zur Freigebung des Hafens [9].

---

[1] Rayn. 1232, 3—4. Vgl. Hergenröther, Kirchengesch. I, 921.

[2] Urkunde vom 28. Jan. 1232. Rayn. 1232, 1; s. Bunge I, 152, n. 115.

[3] Urkunde vom 3. Febr. 1232. Bunge 156, n. 119.

[4] Päpstliche Weisung vom 30. Jan. 1232 an den Bischof von Riga u. A. Ebend. I, 154, n. 117.

[5] Päpstl. Urkunde vom 5. Februar 1232. Bunge 158, n. 123. Vgl. das päpstl. Schreiben an den Bischof, das Capitel und die Stadt Riga und den Schwertbrüderorden vom 4. Febr. Ebend. 157, n. 122.

[6] Am 20. Nov. 1234 wurde der Bischof von Riga aufgefordert, persönlich, die Bürger von Riga und die Schwertbrüder durch Procuratoren sich zu Rom wegen ihres Benehmens gegen Balduin zu verantworten. Potth. n. 9767.

[7] Er war schon am 21. Februar 1228 zu Modena, wie (nach Balan I, 493, 3) Urkunden im dortigen Capitelsarchiv erweisen. Die Ernennung zum Legaten ist vom 9. Febr. 1234 (ibid. II, 386). Am 21. Febr. 1234 zeigte der Papst sie den Christen jener Länder an. Rayn. 1234, 45. Weitere Vollmachten erhielt Wilhelm am 28. Febr. 1234; s. Bunge I, 171, n. 131.

[8] Potth. nn. 8996. 8996 b. Sie waren (nach Alberic. SS. XXIII, 930 [ad an. 1232]) dem Templerorden selbst nicht unterworfen „et olim a Saxonia pro sceleribus banniti".

[9] S. die päpstl. Urkunden vom 15. Febr. 1234 bei Potth. 9406—9408. Am 30. Aug. 1234 drohte er dem Könige von Dänemark sogar mit dem Interdict

Disciplin und Cultus, Orden und Missionen.

Selbst in Rußland hatte sich unter Honorius III. schon eine Neigung zur Wiedervereinigung mit der römischen Kirche gezeigt. Der hl. Hyacinth und seine Gefährten aus dem Dominicanerorden hatten dort seit dem J. 1223 mit großem Erfolge nicht bloß vor den griechischen Schismatikern, sondern auch den Heiden geprebigt und in Kiew ein großes Kloster gegründet [1]. Mehrere russische Fürsten ersuchten im J. 1227 den damaligen päpstlichen Legaten Wilhelm von Modena, persönlich zu ihnen zu kommen, da sie geneigt seien, den Irrthümern, in die sie aus Mangel an Predigern gefallen, zu entsagen. Honorius III. ermuthigte sie deßhalb am 17. Januar 1227 zur Ausdauer und forderte sie auf, Behufs genauerer Willensäußerung Gesandte nach Rom zu schicken und mittlerweile mit den christlichen Esthen und Livländern Frieden zu halten. Gregor IX. suchte besonders das Wirken der Dominicaner in Rußland zu unterstützen und verlieh deßhalb am 15. März 1233 einen Ablaß für die Anhörung ihrer Predigt. Als er aber von der Absicht des Königs Georg von Rußland hörte, sich dem apostolischen Stuhle zu unterwerfen, ermunterte er ihn am 18. Juli 1231 zur Annahme der Ceremonien und Gebräuche der römischen Kirche. Leider war die Absicht keine aufrichtige und uneigennützige gewesen [2].

Nach Georgien am Kaukasus sandte Gregor im J. 1233 Franciscaner, an ihrer Spitze den Bruder Jakob von Rossano, und empfahl sie am 11. April 1233 dem ihnen schon so günstig gesinnten Könige [3]. Als im J. 1240 die Königin Rusuda und ihr Sohn David, von den Tataren bedrängt, sich der römischen Kirche anschließen wollten, sandte ihnen der Papst Dominicaner, die er am 13. Januar 1240 warm empfahl [4]. Aber das Land blieb im Schisma, wozu auch der große Einfluß Rußlands, dem sich Georgien später ganz angeschlossen hat, beitrug.

Im J. 1233 entwickelte der Papst überhaupt eine rege Thätigkeit für die Missionen in fernen Ländern. Denn er hatte keinen geringern Plan gefaßt, als ganz Asien und Afrika zu bekehren. Ueberallhin sandte er die eifrigen Bettelmönche als Missionäre und suchte auch durch Schreiben an die Sultane den Zweck zu erreichen. So wandte er sich im J. 1233 in einem gemeinsamen Schreiben an die Sultane von Aegypten, Bagdad

---

(Bunge I, 175, n. 137; vgl. Rayn. 1234, 46). Ueber den Erfolg Gregors s. auch sein Schreiben vom 10. März 1235 an den Erzbischof von Bremen (Bunge I, 181, n. 141).

[1] Vgl. Acta SS. Aug. tom. III. ad 16. Aug. p. 309 sqq.; Stilting, De conversione Russiorum in Acta SS. Sept. tom. II, p. XIX sq.

[2] Ughelli II, 123; Rayn. 1227, 8—11; die Schreiben Gregors IX. s. Ripolli I, 44, n. 67; Rayn. 1231. 43.

[3] Sbaralea I, 102, n. 99. Vollmachten für die Brüder vom 8. April und 17. Mai 1233 s. ibid. 100, n. 97 und 103, n. 102. Vgl. Rayn. 1233, 23.

[4] Rayn. 1240, 39. Ueber die späteren Bekehrungsversuche s. Hergenröther II, 642.

und Marocco. Darin lud er sie ein, den Weg der Wahrheit zu betreten, belehrte sie über den christlichen Glauben und drohte, im Falle sie ungläubig blieben, mit den göttlichen Strafen [1]. Das Schreiben an Al-Kamel, worin er ihm Franciscanermönche empfiehlt, fand sicher gute Aufnahme. Denn auch christliche Quellen rühmen nicht bloß die Tüchtigkeit und Gelehrsamkeit, sondern auch die Gerechtigkeit und den Edelmuth des Sultans, der bei seinem am 11. März 1238 erfolgten Tode wirklich Christ gewesen sein soll [2]. Aber von einem Einflusse der bei den Kapellen, welche in Aegypten für christliche Kaufleute von ihren Staaten errichtet waren, angestellten Cleriker auf die eingeborenen Ungläubigen hören wir nichts [3]. Aehnlich wie an Al-Kamel, schrieb Gregor IX. auch am 26. Mai 1233 an die Sultane von Bagdad und Marocco [4].

In Marocco war im J. 1232 der erste Bischof, ein Dominicaner, nebst mehreren Minoriten als Martyrer gestorben. Dorthin sandte Gregor im J. 1233 nun den Minoriten Agnellus als Bischof. Er richtete auch dieserhalb am 27. Mai 1233 ein Schreiben an den Kalifen Rechib von Marocco [5], worin er ihn wegen der Behandlung, die er dem Bischofe und den Missionären habe zu Theil werden lassen, lobt. Falls er selbst zur katholischen Kirche übertrete, so werde Christus sein Ansehen schon in dieser Welt hundertfach erhöhen und auch der Papst sich ihm günstig zeigen. Wolle er aber die Kirche verfolgen, so werde und dürfe der Papst nicht dulden, daß christliche Soldaten in seinem Dienste stünden. In Marocco gab es nämlich neben christlichen Sklaven und christlichen Kaufhäusern, in deren Kapellen die christliche Religion ausgeübt werden durfte, nicht weniger als zwölftausend christliche Soldaten, welche von dem im September 1232 verstorbenen Kalifen Almamun, dem Vater Rechids, von

---

[1] Das Schreiben Gregors vom 15. Febr. 1233 in der Ausfertigung für Al-Kamel s. in Rayn. 1233, 16—22.

[2] S. das Charakterbild Al-Kamels nach den Quellen gezeichnet bei Röhricht a. a. O. I, 68, Anm. 161. Der hl. Franciscus hatte vor dem Sultan im J. 1219 gepredigt. Die Berichte darüber bei Voigt, Denkwürdigkeiten &c. S. 477. — Das von Riezler in den Forschungen zur deutschen Gesch. (Bd. XI, 633 f.) mitgetheilte Schreiben des Ayubidensultans Salih, eines Sohnes von Al-Kamel, ist nicht etwa im J. 1238 an Gregor IX., sondern an Innocenz IV. gerichtet. S. Rayn. 1246, 52; Winkelmann, Forschungen, Bd. XIII, 647.

[3] Bei den von christlichen Staaten in Aegypten errichteten Kaufhäusern befanden sich vertragsmäßig auch Kapellen, in denen ungestört Gottesdienst, bisweilen allerdings bloß für die Angehörigen des betreffenden Staates, abgehalten werden durfte. Vgl. z. B. den Vertrag zwischen Venedig und Aegypten vom J. 1238. S. Tafel und Thomas, Urkunden zur ältern Handels- und Staatsgeschichte der Republik Venedig, Thl. II, S. 339; vgl. 487. — S. auch Kunstmann, Die Missionen in Afrika im vierzehnten Jahrh. I. Art.: „In Aegypten, Nubien und Abyssinien", in Hist.-pol. Bl. Bd. 39 (1857), S. 489—518. [4] Rayn. 1233, 22.

[5] Wadding II, 351. Vgl. Hergenröther I, 916.

Spanien nach Afrika mitgenommen worden waren[1]. An der Spitze der christlichen Leibwache hatte von 1216—1220 der Infant Don Pedro, Bruder des Königs Alphons II. von Portugal, der mit letzterem zerfallen war, gestanden; Franciscaner waren dorthin im J. 1219 wie im J. 1221 gesandt worden und als Martyrer dort gestorben; neben ihnen hatten auch Dominicaner segensreich unter den Christen gewirkt[2]. Agnellus war nicht bloß Bischof von Fez, wie er in dem päpstlichen Schreiben vom 27. Mai 1233 genannt wird, sondern auch von Marocco, und hatte seinen Sitz als Missionsbischof daselbst, wie er auch am 12. Juni 1237 als Bischof von Marocco bezeichnet wird. Denn an diesem Tage empfahl ihn Gregor IX. den dortigen Christgläubigen als ihren Hirten und Bräutigam ihrer Kirche, und gab seiner Freude lauten Ausdruck, daß ihre bisher unfruchtbare Kirche nun fruchtbar geworden sei und auf den Jagdplätzen der Strauße die Lilien des christlichen Namens emporwüchsen[3].

In Tunis hatten die Almohaden, welche dort durch Statthalter regierten, zwar den christlichen Kaufleuten, wie auch der aus freien Christen bestehenden Leibwache des Statthalters, die freie Ausübung ihrer Religion gestattet. Allein weder die Trinitarier, welche gelegentlich des Loskaufes von Gefangenen gern das Evangelium verkündeten, noch die Franciscaner, welche im J. 1219 nach Tunis kamen, konnten und durften dort predigen. Einer der letzteren starb sogar den Martyrertod[4]. Aber im J. 1228 verloren die Almohaden die Herrschaft über Tunis an die Hafßiden, die bisher als bloße Statthalter dort regiert hatten. Der

---

[1] Ibn Khaldun in seiner Geschichte der Barbaren (Uebersetzung von Slane II, 235). S. Kunstmann a. a. O. III. Art.: „Die Missionen in Marocco im 13. und 14. Jahrh." (Hist.-pol. Bl. Bb. 45 [1860], S. 177 ff.) S. 187. Almamun, Statthalter von Sevilla, war nach dem Tode seines Bruders Aladil († Oct. 1227), Emirs von Marocco, von dort zur Nachfolge eingeladen, aber noch vor seiner Ankunft Jahja zum Emir proclamirt worden. Auf die Nachricht hiervon schloß Almamun ein Bündniß mit dem Könige von Castilien, worin er sich unter anderem verpflichtete, den Christen in Marocco eine Kirche bauen zu lassen. Er setzte nun nach Marocco über und schlug mit Hülfe christlicher Truppen Jahja und besetzte Marocco im Febr. 1229. Als aber Almamun im J. 1231—1232 Ceuta belagerte, überfiel Jahja Marocco, plünderte die Stadt und ließ Viele hinrichten. S. G. Weil, Gesch. der islamitischen Völker (1866), S. 289. Der erste Bischof von Marocco und seine Gefährten starben wahrscheinlich auf seinen Befehl. Rechib blieb erst seit dem Tode Jahja's (Juni 1236) in unbestrittenem Besitze Marocco's; f. Weil 290.

[2] Kunstmann 179. 181. 183.

[3] Rayn. 1237, 28; Kunstmann 187. Letzterer macht darauf aufmerksam, daß die Worte dieses Schreibens theilweise dem Propheten Jsaias entnommen sind.

[4] Wadding II, p. 303 sq. 1219, n. 32 et 34. Vgl. Kunstmann, II. Art.: „Die Missionen in der Berberei im 13. und 14. Jahrh." in Hist.-pol. Bl. Bb. 45 (1860), S. 81 ff.

erste derselben, Abu-Zakaria, schloß am 20. April 1231 einen Handels- und Freundschaftsvertrag mit dem Kaiser ab, wodurch die beiderseitigen Gefangenen freigegeben wurden [1]. Damit wurden alle christlichen Sklaven in Tunis frei. In dem von Pisa mit Tunis im J. 1230 abgeschlossenen Vertrage [2] wurde den Pisanern zugleich mit der Erlaubniß, in allen Provinzen des Staates Tunis Kaufhäuser zu haben, gestattet, bei jedem Kaufhause eine eigene Kirche und einen Kirchhof anzulegen. Die Lage der dortigen Missionen ist besonders aus einer von Raymund von Pennaforte verfaßten, zum Jahre 1234 gehörenden apostolischen Entscheidung [3] über mehrere von den Dominicanern und Franciscanern in Tunis an den heiligen Stuhl gerichtete Fragen zu erkennen. Darin handelt es sich besonders um übereilte Gelübbe der eingeborenen Christen, Arromes, d. h. Römer, genannt, die Grenzen, innerhalb welcher den christlichen Kaufleuten der Handel gestattet sein solle, die Taufen mohammedanischer Kinder und den Umgang mit Saracenen. Letzteren verkauften die christlichen Leibwächter sowohl wie andere Christen in der Noth bisweilen sogar die eigenen Familienmitglieder, die dann zur Annahme des Islam gezwungen wurden. Der Sultan von Tunis ließ auch durch zwei in seinen Diensten stehende Italiener den Papst von seiner guten Gesinnung unterrichten und war sogar zu einem förmlichen Vertrage bereit. Daraufhin sandte Gregor IX. den Bruder Johannes, den er Minister des Ordens der mindern Brüder in der Berberei nennt, mit noch einem andern Franciscaner zur persönlichen Unterhandlung an den Sultan [4]. Leider wissen wir aber nichts Näheres über den Erfolg und den Gegenstand der Verhandlungen.

---

[1] H.-B. III, 276.

[2] Der Vertrag ist abgedruckt bei Flaminio del Borgo, Raccolta di scelti diplomi Pisani (Pisa 1765), 4, p. 210, und Tafel und Thomas, Urkunden rc., Thl. II, S. 300 (Wien 1856), jedoch mit abweichendem Texte. S. Kunstmann a. a. O. 100, 1.

[3] S. Bandini, Catalogus codicum latinorum bibl. Mediceae Laurentianae (Florent. 1774), vol. I, col. 740, n. IV.; Kunstmann 87 ff. Die Antwort erfolgte entweder im J. 1234 oder doch Anfangs 1235. Denn (c. 19, X de usuris I, 19) eine um 1234 von Gregor IX. an den Frater R(aymundus) erlassene Entscheidung wird als „decretalis nova" angeführt. Außerdem bemerkt der Verfasser, er habe die Anfragen persönlich dem Papste vorgetragen und gebe dessen Entscheidungen. Raymund war aber bloß bis zum J. 1235 in Rom anwesend; s. o. S. 200, Anm. 2.

[4] Rayn. 1235, 36. Aus der Erwähnung eines Ministers der Berberei läßt sich schließen, daß die Franciscaner auch in anderen Stationen als Tunis ihre Missionen hatten. Sie waren wahrscheinlich auch im Reiche Tlemsen in Algier, dessen Fürst Yaghmoracen, der sich 1235–1236 von den Almohaden unabhängig gemacht hatte, eine Leibwache von 2000 christlichen Lanzenreitern aus den Bewohnern der besiegten Länder gebildet hatte. Die Truppen wurden alle im J. 1254 in Folge eines Aufstandes niedergemacht. S. Kunstmann 95.

Besonders gut gesinnt scheint der Sultan Alaaddin von Rûm oder Ikonium gewesen zu sein. Dieser sandte im J. 1235 nicht bloß eine Gesandtschaft mit kostbaren Geschenken an den Papst, sondern ließ ihm sogar ein Bündniß zur Wiedereroberung des Heiligen Landes antragen. Wenn nun auch seine Verbindung mit dem Kaiser Vatazes eher ein Hinderniß als ein Vortheil für seine Bekehrung war, so soll er doch heimlich Christ geworden sein[1]. Er war der größte Fürst des seldschukischen Herrscherstammes in Ikonium, starb aber schon im J. 1236 oder 1237 an ihm von seinem eigenen Sohne gereichtem Gift.

Damit aber über die Missionen in der Ferne die in nächster Nähe nicht vergessen würden, schickte Gregor im J. 1233 auch Dominicaner an die Saracenen in Sicilien, die, von Friedrich II. völlig unterworfen, sich in der ihnen als Wohnort angewiesenen Veste Luceria angesiedelt hatten. Sie waren dem Kaiser in seinen Kriegen von großem Nutzen und genossen deßhalb große Freiheit; leider mißbrauchten sie diese aber nach der Klage des Papstes vom 3. December 1232 zu Ausschreitungen. Gregor bat nun den Kaiser am 27. August 1233, ihnen die Aufnahme von Dominicanern anzubefehlen[2]. Das that der Kaiser auch, aber er selbst that nichts für deren Bekehrung[3].

Die Juden klagte man damals unter Anderem an, daß sie christliche Sklaven hielten, dieselben beschneiden ließen und zum Uebertritt zum Judenthum zwängen; daß sie trotz des erst jüngst vom vierten Lateranconcil wiederholten Verbotes öffentliche Aemter bekleideten und zum Nachtheil der Christen mißbrauchten, und daß sie in ihren eigenen Häusern christliche Ammen und Dienstboten zum großen Nachtheile des Seelenheiles derselben hielten. Gregor forderte im März 1233 die deutschen Bischöfe auf, derartige Ausschreitungen der Juden zu unterdrücken[4], und

---

[1] Vita Greg. 580; Rayn. 1235, 37 sqq. 40 sq. Am 22. März 1235 zeigte ihm Gregor die Ankunft seines Gesandten an und versprach baldige Absendung eines Boten mit einer Antwort (Rayn. 1235, 40; Chron. Triveti bei d'Achery III, 164). Vgl. über ihn Flügel, Gesch. der Araber (1867), S. 412. Ueber die Ausdehnung seines Reiches vgl. v. Spruner-Menke, Hist. Handatlas (1880), n. 86.

[2] S. die Briefe Gregors bei H.-B. IV, 405. 452.

[3] Am 3. Dec. 1233 drückt er seine Bereitwilligkeit aus (H.-B. IV, 457) und behauptet am 16. April 1236 (ibid. 831), bereits ein Drittel der Bevölkerung sei, wie ihm gemeldet worden, bekehrt. Aber deren Bekehrung würde ihnen die Freiheit verschafft und damit den Einfluß des Kaisers auf sie verringert haben. Die Vita Greg. 583 gibt ein ganz anderes Bild der Lage Luceria's. Darnach hatte der Bischof, ehe die Saracenen hinkamen, Tausende von Christen, jetzt nur noch ein Dutzend. „Luceriae antistes," heißt es dort, „. . . duodecim christicolas habere permissus, dum inmunito populo fidelium caret consortio, alienigenarum contubernia circuire compellitur et linguae nativae officium in Arabum convertere idioma." [4] Bull. Rom. III. I, 280 sqq. Vgl. Rayn. 1233, 49.

suchte darauf hinzuwirken, daß Juden nicht in öffentlichen Aemtern über Christen gesetzt würden[1]. Aber während er z. B. den König Ferdinand von Castilien ermahnte, die Frevel der Juden nicht zu dulden, warnte er zugleich davor, nicht noch größere Frevel in der Verfolgung derselben zu begehen[2]. Er erwies sich auch den Juden, wie ehedem Innocenz III.[3], als ein Schirmer in der Noth. Gewiß ist es sehr bedeutsam, daß eben zu der Zeit, in welcher selbst der Kaiser untersuchen ließ, ob die Juden zu ihrer Osterfeier Christenblut gebrauchten, in demselben J. 1235, in welchem zu Fulda am 28. Februar vierunddreißig Juden getödtet wurden, Gregor ihnen am 3. Mai seinen Schutz zusicherte und verbot, sie zur Taufe oder Aenderung ihrer bisherigen guten Gewohnheiten zu zwingen oder sie zu verletzen oder zu berauben[4]. Auch im J. 1236 entsprach er, als die Juden in Frankreich grausame Verfolgung litten, gerne ihrer vertrauensvollen Bitte um Hülfe und ersuchte den französischen Clerus wie den König von Frankreich, die Wuth ihrer Verfolger zu hemmen und die Rückgabe der ihnen geraubten Güter zu bewirken[5].

---

[1] In den Decr. Greg. IX., l. V, tit. 6 de judaeis c. 18.
[2] Rayn. 1233, 67.
[3] Er sicherte ihnen z. B. am 15. Sept. 1199 Schutz gegen Taufzwang und andere Bedrückungen zu. Vgl. Hurter I, 331—335.
[4] Rayn. 1235, 20 sq.
[5] Päpstl. Schreiben vom 9. Sept. 1236 an den Erzbischof von Bordeaux ꝛc. bei Rayn. 1236, 48. Auch die Synode von Tours hatte im Juni 1236 Verordnungen zum Schutze der Juden erlassen (Mansi XXIII, 411).

Vierter Abschnitt.
Vom Anfange des Krieges Friedrichs II. gegen die Lombarden bis zu dessen zweiter Excommunication (1236—1239).

Siebenzehntes Kapitel.
Die päpstliche Vermittlung und die Lombardenfrage im J. 1236. Neue Schwierigkeiten mit dem Kaiser. Gregors Auffassung des Verhältnisses zwischen Kaiser und Kirche.

Zu Ende des J. 1235 hatte der Kaiser nur scheinbar auf das Ansuchen des Papstes und die Bitten des Deutschordensmeisters dem Papste noch einmal die Vermittlung in seinem Streite mit den Lombarden übertragen. Denn durch die Clausel, die Angelegenheit müsse bis kommende Weihnachten „zur Ehre des Kaisers und zum Nutzen des Reiches" geordnet sein, machte er alle Bemühungen des Papstes illusorisch[1]. Er ging auch auf die Bitte des Papstes[2], von der Clausel, die den ganzen Compromiß verhindere, abzusehen, nicht ein, wenn er gleich dem Wunsche Gregors gemäß[3] den Deutschmeister an ihn sandte. Die Lombarden kamen zwar nicht zum verabredeten Termine (1. December 1235), aber kurz darnach, und entschuldigten ihre Verspätung. Sie waren auch gewillt, sich bedingungslos dem päpstlichen Compromisse zu unterwerfen. Allein der Deutschmeister hatte sich inzwischen auf Befehl des Kaisers entfernt. Er habe, sagte Friedrich[4], seinem Gesandten nicht erlauben wollen,

---

[1] H.-B. IV, 876. Auf seiner Bedingung vom 24. Aug. 1235 (s. Reg. Imp. n. 2107), daß die Angelegenheit bis Weihnachten geordnet sein müßte, bestand er nicht so sehr, sondern gab dem Papste durch P. von Vinea Hoffnung auf Verlängerung des Termins bis zum 2. Febr. 1236 (H.-B. IV, 875).

[2] S. päpstl. Schreiben vom 22. Sept. 1235 an den Deutschmeister (Forschungen zur deutschen Gesch. VI, 630).

[3] Päpstl. Schreiben an den Kaiser vom 23. Sept. 1235 (H.-B. IV, 776, 1). — Am 26. Sept. 1235 beauftragte der Papst den Patriarchen von Antiochien, die Lombarden auf den 1. Dec. nach Rom zu laden (ibid. 779).

[4] H.-B. IV, 878; vgl. ibid. 825 im päpstl. Schreiben an den Kaiser (vom 21. März 1236).

ohne Vorbehalt der Ehre und Rechte des Reiches und ohne Erwähnung des Rathes der Fürsten, auf den Papst zu compromittiren.

Was die Lombarden selbst von der Zukunft fürchteten, zeigten sie zu Brescia. Denn dort erneuerten am 5. und 7. November 1235 die Städte Mailand, Lodi, Novara, Alessandria, Como, Treviso, Padua, Bologna, Brescia und Faenza ihren Bund und nahmen Ferrara unter der ausdrücklichen Bedingung, daß die Stadt innerhalb ihres Gebietes den Deutschen und deren Anhang zu Wasser und zu Land den Durchzug und Angriff des Lombardenbundes verwehren wolle, darin auf [1]. Sie hatten auch ihr Augenmerk auf Verona gerichtet und scheinen dort den Glauben zu erregen gesucht zu haben, die Kirche wolle den Anschluß der Stadt an den Lombardenbund [2]. Sicher ist es, daß sie überhaupt, um ihre Sache zu fördern, falsche Gerüchte über die Haltung der Kirche aussprengten. Der Papst machte den Kaiser darauf am 28. Februar 1236 besonders aufmerksam [3]. An Hetzereien fehlte es ja auch sonst nicht, noch an Leuten, die sich zur Erreichung ihrer Zwecke vor Fälschungen nicht im Geringsten scheuten. So hatte schon am 20. September 1235 Gregor den Kaiser vor gewissen geheimen Briefen und Entwürfen gewarnt [4], welche angeblich vom Papste ausgegangen, in der That aber Fälschungen waren.

Nach dem Kaiser waren die Lombarden bloß durch die zufällige Anwesenheit des Deutschordensmeisters zu Verona verhindert worden, sich, während der päpstliche Legat dort weilte, der Stadt zu bemächtigen. Auch den Markgrafen von Este wie Ezelin hätten sie zur Beschwörung des Bundes gezwungen [5]. Der Legat war der von Friedrich hochgeschätzte und ihm günstig gesinnte Patriarch von Antiochien [6], der damals mit Entgegennahme der Zustimmungserklärungen der Lombarden hinsichtlich des päpst-

---

[1] H.-B. IV, 796.

[2] S. das unten, Anm. 5, angeführte kaiserl. Schreiben, sowie das päpstl. Schreiben vom 28. Febr. 1236.   [3] H.-B. IV, 810.

[4] H.-B. IV, 771. Das canonische Recht verhängt schwere Strafen über die Fälscher päpstl. Bullen. S. Ferraris, Bibl. Can., Art. „Falsum, Falsarii." — H.-B. (VI, 185) theilt ein dort zu April 1244 gezogenes Schreiben des Kaisers an den Papst mit, wornach Briefe, in denen der Kaiser die Römer gegen den Papst aufreizte, eine Fälschung waren. Der Brief gehört nach Reg. Imp. n. 2207 in's Ende des J. 1236, falls er nicht noch früher, vor den 20. Sept. 1235, zu setzen ist.

[5] Schreiben an den König von Frankreich um die Mitte des J 1236 (H.-B. IV, 877). Die gleichzeitigen Quellen wissen von all diesem nichts.

[6] Er wünschte ihn im J. 1236, als er selbst nach Italien zog, als Legaten. Päpstl. Schreiben vom 10. Juni 1236 (H.-B. IV, 870). — Den Bischof von Ascoli (s. über ihn unten S. 248, Anm. 2) beauftragte übrigens Gregor am 27. März 1236 (s. Rodenberg, Epp. n. 680, p. 579) besonders mit der Herstellung des Friedens zu Verona und gab ihm Vollmacht, wenn nöthig, gegen die Rebellen mit dem Banne vorzugehen.

lichen Schiedsgerichts beschäftigt war. Schon vorher hatte sich aber der Papst auch in Verona um den Frieden bemüht, ehe er noch etwas von einem Reichstage von Mainz ahnen konnte. Am 7. Mai 1235 hatte er dem Cardinalbischofe von Präneste specielle Aufträge für die Herstellung des Friedens zu Florenz, Siena und Orvieto gegeben und den Patriarchen von Antiochien am 21. Mai zu gleichem Zwecke in die Mark Treviso gesandt[1]. Vor diesem aber hatten, nachdem der Einfluß Johanns von Vicenza gebrochen worden, die Bischöfe von Reggio und Treviso sich in päpstlichem Auftrage um die Pacification Ober=Italiens bemüht[2] und in Verona Frieden zwischen den Parteigängern Ezelins und denen des Markgrafen von Este und des Grafen von S. Bonifacio herzustellen gesucht. Da der vom Kaiser ernannte Podesta sich weigerte, das Amt anzutreten, hatte der Papst selbst auf Bitten beider Parteien einen Podesta dort ernannt, dessen Lob wenigstens nach Gregors Darstellung beide Parteien öffentlich verkündeten. Aber kaum hatten die Bischöfe die Stadt verlassen, als Ezelin und die kaiserlichen Anhänger, die Verona für den Kaiser sicher halten wollten, den Podesta vertrieben. Darauf drohte der Papst am 29. Februar 1236, kirchliche Censuren über die Veroneser, weil sie trotz ihres Eides den kraft päpstlicher Autorität hergestellten Frieden verletzt hätten, zu verhängen. Aber sie kümmerten sich darum nicht, und der Kaiser schrieb dem Papste am 16. April 1236: bloß die von den Lombarden Bestochenen seien aus der Stadt vertrieben worden; die Veroneser deßhalb zu bannen, würde gegen die eigene Ehre des Papstes sein, zumal da Manche behaupteten, der Papst habe durch die Forderung von Geiseln Verona für den Lombardenbund gewinnen wollen[3]. Am 16. Mai 1236 zog dann Gebhard von Arnstein mit 500 Rittern und 100 Schützen in Verona ein.

Der ausgesprochene Wille des Kaisers, sich die Lombardei zu unterwerfen, und die Steigerung seiner Macht wie seine Haltung den päpstlichen Wünschen gegenüber mußte aber auch eine endliche Entscheidung der fortwährenden Streitigkeiten über die Verletzung der kirchlichen Freiheit und der Rechte der Kirche, besonders in Sicilien, immer mehr wünschenswerth machen. In demselben Schreiben vom 29. Februar 1236, worin der

---

[1] Theiner, Cod. dipl. I, 103, n. 177. — Die Anzeige an die Mark ꝛc. ist vom 21. Mai (f. Rayn. 1235, 12; vgl. ibid. 14).

[2] Paris. de Cereta, Chron. Veron. Mur. VIII. 628; Ger. Maur., Historia de reb. Ecelini. Mur. VIII, 41; Vita Ricc. comitis 129.

[3] H.-B. IV. 810. 829. Am 3. April 1236 bevollmächtigte Gregor den mit der Herstellung des Friedens in der Lombardei beauftragten Bischof von Ascoli, über die Veroneser, falls deren Empörung es nöthig mache, kirchliche Strafen zu verhängen (Rodenberg, Epp. n. 684, p. 582). Vgl. auch das päpstl. Schreiben an denselben vom 27. März 1236 ibid. n. 680, p. 579.

Papst sein Vorgehen Betreffs Verona's darlegt, beschwert er sich über die kirchliche Lage Siciliens: Kirchen wären ihrer Privilegien und Güter beraubt und ihre Diener verbannt oder gefangen oder widerrechtlich vor das weltliche Gericht gezogen. Dazu müßten sie Auflagen zahlen und die Güter der Kirchen, um sich von den Quälereien zu befreien, erschöpfen. Bei Vacanzen würde entweder Druck auf die Wahl ausgeübt oder sonstwie jemand in uncanonischer Weise eingeschoben. Nicht genug, daß die Saracenen gleichsam mitten in's Reich gesetzt wären, wodurch sie leichter den christlichen Gläubigen schaden könnten, würden aus den Ruinen katholischer Kirchen für die Mohammedaner Tempel gebaut. Endlich würden diejenigen, welche der Kirche im letzten Streite in Sicilien beigestanden, gegen den Frieden von San Germano besonders sehr bedrückt, ihrer Güter beraubt und zur Auswanderung gezwungen. Die Klagen seien dort so groß, daß der Papst, der vielleicht schon mehr Nachsicht als billig ausgeübt, dazu in Zukunft ohne Beleidigung der göttlichen Majestät und Schaden seines Rufes und Gewissens nicht mehr im Stande sei. Darum möge der Kaiser Wandel schaffen [1]. Was die Frage der kirchlichen Wahlen angeht, so sollten nach einem im J. 1198 zwischen Innocenz III. und Constanze abgeschlossenen Vertrage die Canoniker ganz frei wählen, die Einführung des Gewählten aber erst nach der königlichen, und der Antritt der Verwaltung erst nach der päpstlichen Bestätigung stattfinden können [2]. Friedrich selbst verbürgte canonische Wahlfreiheit im Februar 1212 zu Messina [3] und zugleich mit der Freiheit der Appellation in kirchlichen Dingen und Verzicht auf das Spolienrecht zu Eger am 12. Juli 1213 [4]. Letztere Urkunde wiederholte er späterhin zu Hagenau im September 1219 [5]. Er hatte also allerdings ein Recht, den von den Capiteln frei Gewählten zu bestätigen oder zu verwerfen, aber er respectirte das freie Wahlrecht mit Nichten, weil er den Clerus von sich abhängig zu machen suchte. Deßhalb war es schon unter Innocenz III. wie Honorius III. dieserhalb zu Klagen gekommen [6]. Von Neuem hatte er nun unter Gregor IX. die Freiheit der Wahlen im

---

[1] H.-B. IV, 810.

[2] S. Schreiben Innocenz' III. an die Kaiserin (vom 19. Nov. 1198). H.-B. I, 19.

[3] H.-B. I, 203.   [4] H.-B. I, 269.

[5] H.-B. I, 675. Beide, diese wie die Urkunde von Eger, beziehen sich nicht, wie Winkelmann (I, 197, 3) meint, bloß auf Deutschland, sondern auch auf Sicilien. Das folgt aus dem Texte, worin auch außerdeutsche Verhältnisse behandelt werden, der Auffassung des Papstes, der sich auf dieselbe für Sicilien beruft (H.-B. II, 384), und selbst aus der Auffassung sicilischer Autoren, wie Gregorio, Considerazioni ecc. l. III, c. 8, p. 287. Vgl. Sentis a. a. O. 84, 3.

[6] Schon am 9. Jan. 1209 ermahnte ihn der Papst, da Friedrich drei Capitulare, weil sie bei der streitigen Bischofswahl in Palermo nach Rom appellirt, des Landes verwies, sich nicht die Jurisdiction in geistlichen Dingen anzumaßen. H.-B.

Frieden vom J. 1230 bewilligt[1], schrieb aber nun auf die Klagen des Papstes, daß er kein Unrecht darin sehe, wenn er das ihm von seinen Vorfahren überkommene Wahlrecht ausübe, und daß er in diesem seinem alten Rechte, kirchliche Vacanzen zu besetzen, benachtheiligt werde, könne er niemals und nirgends dulden[2]. Alles andere vom Papste Vorgebrachte wird von Friedrich am 16. April 1236 entweder als ihm unbekannt, da er doch nicht von Deutschland aus sehen könne, was in Sicilien vorgehe, oder als unbegründet oder als bloß seinen Beamten zur Last fallend dargestellt. Er glaube kein Unrecht zu begehen, wenn er nach dem ihm zustehenden Rechte, von Geistlichen oder Kirchen, die Lehen oder Patrimonien von ihm hätten, die schuldigen Leistungen verlange, oder die Ansprüche des Fiscus an Domänen wieder geltend mache und bisweilen mit geistlichen Stellen einen Tausch eingehe[3]. Auf die Klage des Papstes wegen der Aburtheilung der Cleriker vor dem königlichen Gerichtshofe, welche ein Bruch des Friedens vom J. 1230 war, erwiederte er nichts, denn sie war eben die Regel[4]. Ebenso wenig konnte er läugnen, daß der Clerus von der ihm noch im J. 1230 bewilligten Steuer- und Abgabenfreiheit wenig Nutzen hatte und durch Grund- und andere Steuern bedrückt wurde[5]. Auch die Klage, durch die Behandlung der Anhänger der Kirche den Frieden vom J. 1230 verletzt zu haben, läßt er thatsächlich unerwiedert, vertheidigt aber um so ausführlicher seine Behandlung der Saracenen. Früher, als sie in den Bergen hausten, seien sie der Schrecken des ganzen Reiches gewesen, während sie jetzt, da er sie in die Ebene verpflanzt, selbst unfrei, die christliche Freiheit begehrten. Ihre eigenen Alkaden hätten geklagt, daß bereits der dritte Theil die christliche Religion angenommen hätte. Er wolle übrigens nicht läugnen, daß sich seine Beamten bisweilen aus übergroßem Eifer zur Ungerechtigkeit gegen den Clerus hinreißen ließen. Das habe er aber schon mehrere Male verboten, wie er auch das, was der Deutschordensmeister denselben dieserhalb eingeschärft habe, durchaus billige. Als er aber auch am 20. September 1236 die Schuld für etwaige wirkliche Bedrückung auf seine Beamten schob, antwortete der Papst treffend[6], er habe schon so oft dieselben Klagen vorbringen müssen, daß der Kaiser dieselben nicht bloß gut kenne, sondern auch Abhülfe hätte schaffen können, zumal in Sicilien keiner ohne den kaiserlichen Willen Hand oder Fuß rühre.

Inzwischen setzte der Papst auch seine Bemühungen zur Erhaltung

---

I, 140. S. dann die Klagen Honorius' III. vom 21. August 1221, dem 27. Juni 1223 und 25. Sept. 1225 bei Rayn. 1221, 32; 1223, 15; 1225, 45.
[1] Vgl. o. S. 100.
[2] S. die kaiserl. Briefe vom 16. April und 20. Sept. 1236 (H.-B. IV, 829. 906).
[3] H.-B. IV, 829.   [4] S. o. S. 139.   [5] S. o. S. 99. 100, Anm. 1.
[6] Am 23. Oct. 1236 (H.-B. IV, 918).

des Friedens zwischen den Lombarden und dem Kaiser fort. Am 11. Februar 1236 hatten die Gesandten von Mailand, Mantua und Viterbo auf der einen Seite das Schiedsgericht des Papstes ohne Vorbehalt, die von Cremona, Pavia, Parma, Modena, Forli und Rimini mit der Clausel „zur Ehre des Reiches und des Kaisers" anerkannt [1]. Ohne Zweifel geschah das nach der Weisung des Kaisers, der im Bewußtsein seiner Stärke ohne den Papst fertig zu werden hoffte. Von Neuem wandte sich Gregor am 21. März 1236 an den Kaiser mit der Bitte, die Clausel fallen zu lassen und den Deutschmeister Hermann mit Vollmachten zur friedlichen Entscheidung der Lombardenfrage zu ihm zu senden. Dießmal wies er besonders auf die Beschlüsse von Rieti vom J. 1234 und den dort angesagten allgemeinen Gottesfrieden hin. Würde er jetzt mit bewaffneter Hand gegen die Lombarden vorgehen, so würden, zumal diese sich bedingungslos der Entscheidung der Kirche anvertraut hätten, Andere, die zum Frieden angehalten worden oder das Kreuz genommen hätten, glauben, die Kirche habe sie getäuscht. Besonders aber in einer Angelegenheit, welche die Ehre des Erlösers betreffe, dürfe kein Ansehen der Person gelten [2]. Eine ähnliche Drohung hatte Gregor schon am 22. September 1235 Hermann von Salza gegenüber ausgesprochen [3]. Es war die, daß der Kaiser sich der Gefahr aussetze, wegen Bruchs des Gottesfriedens den kirchlichen Strafen zu verfallen. Friedrich II. berief sich aber in seiner ablehnenden Antwort darauf, daß das Schwert der Gerechtigkeit nicht wegen des Zuges nach dem Heiligen Lande stumpf werden dürfe und der Waffenstillstand daselbst noch drei Jahre lang dauere [4]. Selbst im Juni 1236 glaubte noch der Papst die Sache friedlich schlichten zu können, und bat deßhalb den Kaiser am 10. Juni um Zusendung des Deutschmeisters [5].

Aber die Zeit friedlicher Unterhandlungen war vorbei. Schon hatte der Kaiser auf den 25. Juli 1236 einen Reichstag nach Piacenza berufen..

---

[1] S. Winkelmann in den „Forschungen" Bd. VI, 632.

[2] H.-B. IV, 824. — Ueber den Kreuzzug und die zum Besten des Gottesfriedens geschehenen Schritte s. o. S. 175 f. 184.

[3] S. o. S. 241, Anm. 2. Am 21. März 1236 schrieb er ähnlich wie an den Kaiser auch an den Deutschmeister, sowie die Erzbischöfe von Mainz und Trier, den Bischof von Hildesheim und den von Trier (H.-B. IV, 826). Am 1. April 1236 sandte er den Bischof von Ascoli an die Lombarden, um unter ihnen selbst wie zwischen ihnen und dem Kaiser den Frieden herzustellen (H.-B. IV, 826 not. 1; 827 not. 1. S. Potth. n. 10134).

[4] Die Antwort ist nicht erhalten, der Inhalt aber aus Friedrichs Brief an den König von Frankreich (H.-B. IV, 876; vom Mai 1236 s. Reg. Imp. n. 2160) zu ersehen; s. dort H.-B. IV, 879.

[5] H.-B. IV, 870; am 4. Juni hatte er dem Deutschmeister selbst geschrieben. Ibid. 871 not.

Dort sollten mit den Fürsten seines Gefolges und den Gesandten der italienischen Städte diesseits Roms[1] und Roms selbst[2] auch Vertreter der meisten abendländischen Könige[3] sich einfinden. Denn nun wollte er, wie er in einem Rundschreiben vom Mai 1236 aussprach, die Absicht verwirklichen, auch das zwischen seinen Reichen Jerusalem, Sicilien und Deutschland in der Mitte liegende Italien zum Gehorsam gegen die kaiserliche Majestät und zur Einheit des Reiches zurückzuführen. Deßhalb ziehe er mit den Fürsten nach Italien, um nach Ausrottung der Ketzerei dort die Rechte der Kirche und des Reiches wieder herzustellen, um der Zwietracht ein Ende zu machen und Allen ohne Ansehen der Person Gerechtigkeit zu erweisen, endlich um mit Italienern und Deutschen über wirksame Hülfe für das Heilige Land zu berathen. Denn das Ende des Waffenstillstandes mit dem Sultan stehe vor der Thüre, die Unterdrückung der Rebellion in Italien werde aber erst die Unterstützung des Heiligen Landes ermöglichen[4].

Der Kaiser selbst hatte ursprünglich am 24. Juni 1236 von Augsburg aus nach Italien aufbrechen wollen, aber sein Zug verzögerte sich um einen ganzen Monat. Erst am 24. Juli zog er mit 1000 Rittern nach Italien und langte am 16. August zu Verona, welches ihm diesmal keine Schwierigkeiten machen konnte, an[5]. Aber schon war Piacenza für ihn verloren und somit die Curie, auf die er als den Beginn seines Triumphes gehofft hatte, unmöglich.

Statt des Patriarchen von Antiochien, den der Kaiser den Papst gebeten hatte[6], in die Lombardei als päpstlichen Legaten zu senden, hatte dieser den Cardinalbischof von Präneste „zur Wiederherstellung des Frie-

---

[1] S. das Schreiben an den Bischof von Como (H.-B. IV, 847). Durch ihn ließ er auch Mailand, Novara, Bergamo, Vercelli, Alessandria, Brescia, Lodi und Como einladen.

[2] Rich. Sangerm. Vgl. hierzu Reg. Imp. n. 2178.

[3] Kaiserl. Schreiben an den König von Frankreich u. a. (s. H.-B. IV, 873). Daraufhin schickt des Kaisers Schwager, Heinrich III. von England, am 30. Juni 1236 Gesandte und Briefe (bei Rymer [ed. 1816] p. 229) an den Papst und die Cardinäle mit der Bitte, sich der Sache des Kaisers gegen die Lombarden anzunehmen. Das Schreiben des Königs Bela vom 5. Juli s. bei Balan III, 102.

[4] S. das S. 246 Anm. 4 angeführte Schreiben (H.-B. IV, 847). Ueber den Kernpunkt des Streites s. o. S. 61; über den kaiserl. Begriff der Einheit des Reiches S. 62. 89. Er benutzte den Umstand, daß es in der Lombardei viele Ketzer gab (vgl. aber o. S. 210 f.), um seinem Zuge gegen die Lombarden den Schein eines Kreuzzuges zu geben.

[5] Er ließ einen Krieg mit Oesterreich im Rücken. Von einem warmen Interesse der deutschen Fürsten an dem Zuge gegen die Lombarden war nichts zu bemerken. Auch der Aufruf Friedrichs an die am Niederrhein hatte geringen Erfolg gehabt. (s. Ann. Col. Reg. Imp. n. 2160 a).

[6] Ergibt sich aus dem päpstl. Schreiben vom 10. Juni (H.-B. IV, 870).

bens" dorthin gesandt[1], der auch nach Piacenza, seiner eigenen Vaterstadt, kam. Dort waren im März 1236, um die Zeit, als die kaiserliche Partei in der Lombardei daselbst eine Besprechung hielt, die Ritter in offener Feindschaft aus der Stadt gegangen und bekriegten dieselbe nun von den zum Bisthum gehörigen Schlössern. Dem Cardinal gelang es aber, „unter ausdrücklichem Vorbehalt der Rechte des Kaisers und des Reiches" die streitenden Parteien zu versöhnen. Als aber Rainer Zeno aus Venedig zum Podesta gewählt wurde, trat Piacenza im Juli zu den Lombarden über[2]. In seinem Zorne hierüber stieß der Kaiser nicht bloß den Legaten, als dieser sich im Verlaufe seiner Sendung auch zu ihm begab, unter Schmähungen und Drohungen von sich, sondern beklagte sich auch beim Papste bitterlich über das „schmähliche" Vorgehen des Legaten, wofür er den Papst mit verantwortlich machte[3]. Allem Anscheine nach fürchtete der Papst nach dem Abfalle Piacenza's vom Kaiser, die Feinde der Kirche möchten den Glauben zu verbreiten streben, als ob er den Lombarden den apostolischen Schutz verheißen habe. Wenigstens forderte er am 19. August die Erzbischöfe von Ravenna und Mailand auf, den Groll des Kaisers gegen den Legaten zu beschwichtigen, benachrichtigte auch den Subdiakon und päpstlichen Kaplan Gregor hiervon und befahl ihm, falls sich jene nachlässig zeigten, selbst die Verleumdungen gegen die Kirche zurückzuweisen; er beauftragte auch den Legaten am 17. August, die Haltung der Kirche gegen ihre Verleumder zu vertheidigen. Zugleich übersandte er ihm eine Liste der Punkte, in denen der Kaiser der Kirche zu Klagen Anlaß gegeben hatte[4]. Dem Kaiser selbst aber schrieb er am

---

[1] Anzeige der Ernennung an den Kaiser vom 10. Juni 1236 bei H.-B. l. c. Ueber die Beglaubigungsschreiben für den Legaten an die geistlichen und weltlichen Vornehmen und Städte der Lombardei, Mark Treviso und Romagna ibid. 871. — Noch im J. 1246 klagte Friedrich den französischen Baronen, daß ihm der Papst seinen „Feind", den Bischof von Präneste, in die Lombardei entgegengesandt. H.-B. VI, 390.

[2] S. Ann. Plac. Gib. SS. XVIII, 470. 472. 474; H.-B. IV, 904 not. 2. — Der päpstl. Subdiakon Gregor, den Gregor IX. am 10. December 1233 wegen eines auf die Inquisition gemachten Angriffes (vgl. Winkelmann, Acta, n. 635. 636) nach Piacenza sandte (ibid. n. 637), wurde am 15. Febr. 1234 auch mit der Herstellung des innern Friedens daselbst beauftragt (ibid. n. 639). Dann wurde der Bischof von Ascoli am 2. April 1236 bei dem Podesta (Potth. n. 10135; Sbaralea I, 190, n. 194) und am 24. März bei den Rittern und Bürgern von Piacenza beglaubigt. S. Rodenberg, Epp. n. 679, p. 578.

[3] Vita Greg. 581. Das kaiserliche Schreiben an den Papst ist nicht erhalten. Der Inhalt ergibt sich aus Gregors Antwort vom 23. October 1236.

[4] H.-B. IV, 904; ibid. not. 1; Rodenberg n. 698, p. 594; vgl. Rayn. 1236, 7. Jüngst hat Rodenberg (n. 700, p. 596) die bei dieser Gelegenheit dem Cardinalbischof von Präneste seitens des Papstes übersandten Klagepunkte gegen den Kaiser veröffentlicht. Sie beziehen sich zumeist auf die bedrückte Lage der Kirche

23. October 1236, er habe den Bischof von Präneste als Legaten deßhalb gesandt, weil dieser als Ordensmann weniger von Haß oder Liebe beeinflußt sei. Zudem habe ihn der Deutschmeister selbst wegen seiner Unparteilichkeit empfohlen und erklärt, daß er auch im J. 1232 nichts gethan habe, wodurch er dem Kaiser mit Recht verdächtig scheinen könne. Uebrigens wolle er aber gerne dem Kaiser in dieser Sache Gerechtigkeit erweisen, falls der Bischof des ihm zur Last gelegten Verbrechens überführt werden könne [1].

Nachdem der Kaiser eine Zeitlang unthätig bei Verona gelegen und gegen Mantua, welches erst nach seiner Ankunft in Italien — in Folge Umtriebe des Cardinallegaten von Palestrina, wie Friedrich II. am 16. März 1240 behauptete — sich gegen ihn entschieden hatte, nichts hatte ausrichten können, ging er nach Cremona und blieb dort aus Furcht vor dem Lombardenheere, welches ihm den Weg nach Pavia versperrte, längere Zeit. Nach Cremona kamen nun die Bischöfe von Bergamo und Como, wie der päpstliche Kaplan, G. von Romania, um mit ihm über den Frieden zu unterhandeln. Allein er wollte bloß seine Fürsten und Begleiter als Friedensunterhändler zulassen, übersandte aber doch den Lombarden seine Forderungen. Er forderte [2] Leistung des Treueides, Restitution der Regalien an das Reich oder die von demselben damit belehnten geistlichen und weltlichen Großen, unter Vorbehalt ihrer etwaigen Ansprüche und Rechte, worüber dann nach Recht und Brauch aller Reiche von den italischen und deutschen Fürsten zu entscheiden sei, Genugthuung für die ihm und dem Reiche zugefügten Beleidigungen entweder außergerichtlich auf Grundlage von ihnen zu machender, seiner und des Reiches Ehre genügender Anerbietungen, oder auf Grund eines von ihm als ihrem ordentlichen Richter zu fällenden Urtheils, bei dessen Ausführung er mildernde Gnade werde walten lassen; in beiden Fällen aber Stellung genügender Sicherheit, wie auch er ihnen solche in mit der kaiserlichen Ehre verträglicher Weise gewähren werde.

Wie man sieht, sind es so ziemlich dieselben Forderungen, die auch im J. 1232 gestellt wurden. Auch die Antwort der Lombarden war der damals gegebenen entsprechend [3]. Sie wollten die Einhaltung des Friedens von Konstanz. Ihn aufgeben hieß für sie die Frucht langer Kämpfe und die Basis ihrer Freiheit und ihrer Größe ohne Kampf aus der Hand geben. Aber Friedrich wollte von der Einhaltung des Friedens

---

in Sicilien und stimmen mit den sonst aus dieser Zeit bekannten Klagen des Papstes gegen den Kaiser überein. [1] H.-B. IV, 914 sqq.

[2] S. das von H.-B. übersehene Schreiben Friedrichs an den Papst vom Oct. 1236 bei Hahn. Coll. Mon. I, 218 und in den Reg. Imp. n. 2198 und vorher 2197 c, wornach die im Texte mitgetheilten Forderungen gegeben sind.

[3] S. o. S. 158 f.

nichts wissen[1], da sie dem Reiche nachtheilig sei und der kirchlichen Freiheit widerspreche.

Wiederholt[2] und zuletzt noch im October 1236 in dem Schreiben, worin er dem Papste Mittheilung von den erwähnten Forderungen machte, ersuchte er ihn, über die Lombarden kirchliche Strafen zu verhängen. Aber wie konnte der Papst das thun, da sie ihm doch ohne Vorbehalt die Vermittlung hatten übertragen wollen? Sie waren doch deßhalb noch nicht Feinde der Kirche, weil der Kaiser über sie zu klagen hatte. Die Kirche solle mit dem geistlichen Schwerte für die Rechte des Reiches eintreten, wie seinem Wunsche gemäß seiner Zeit das Reich mit dem weltlichen Schwerte für die Kirche eintreten würde. Es ist, wie man sieht, eine Wiederholung des bei der Unterdrückung des sicilianischen Aufstandes vorgebrachten Wunsches[3], daß Reichsrebellen als Ketzer verbrannt werden sollten. Aber der Wunsch trug dazu bei, die Vorgänge auf Sicilien immer mehr als ein Vorspiel dessen erscheinen zu lassen, was sich in der Lombardei ereignen sollte.

Nachdem der Kaiser den ganzen Monat October zu Cremona verbracht hatte, eilte er am 30. October Ezelin, der von dem Lombardenheere bedroht war, zu Hülfe und nahm dann am 1. November 1236 die Stadt Vicenza ein, die darauf ausgeplündert und verbrannt wurde. Das war die Hauptthat des Feldzuges vom J. 1236. Zwar unterwarf sich im November auch Salinguerra mit der Stadt Ferrara, aber von einem durchgreifenden Erfolge war nichts zu merken und die kaiserlichen Aussichten für den Augenblick nicht günstig. Deßhalb kehrte er, da der Krieg gegen Oesterreich seine Anwesenheit daselbst wünschenswerth machte, im December 1236 nach Deutschland zurück.

Sein Verhältniß zu dem Papste hatte sich in diesem Jahre immer schlechter gestaltet. Scharfe Klagen und Gegenklagen füllen die beiderseitigen Briefe. Bedeutsam in dieser Beziehung ist besonders das päpstliche Schreiben vom 23. October 1236[4], welches Gregors Erwiederung auf die Rechtfertigung und Angriffe des Kaisers enthält. Darin vertheidigt der Papst nicht bloß die Lombarden gegen den Vorwurf der Verstocktheit, da sie bereit seien, sich bedingungslos dem päpstlichen Schiedsspruche

---

[1] S. das S. 249 Anm. 2 angeführte Schreiben.

[2] Schon am 20. Sept. 1236 beklagte sich Friedrich, daß der Papst statt einer Gewährung seiner Bitte, über die Lombarden kirchliche Strafen zu verhängen, nur neue Anklagen vorgebracht habe, und warf ihm schließlich vor, er verweigere ihm gegen den Rath der Cardinäle den Besitz der ihm gehörigen Stadt Città di Castello (H.-B. IV, 906). [3] S. o. S. 142 f.

[4] H.-B. IV, 914 sqq. Vgl. auch die vom Papste dem Bischof von Präneste übersandten Klagen der Kirche gegen den Kaiser, sowie die Beschwerden des Kaisers gegen den Papst und dessen bezügliche Vertheidigung bei Rodenberg n. 700, p. 596; 702, p. 598. S. o. S. 248 Anm. 4.

zu unterwerfen, sondern sagt auch geradezu, daß er den kaiserlichen Versprechen, wegen der der Kirche in Sicilien zugefügten Unbilden Genugthuung zu leisten, von Anfang bis zu Ende nicht glaube, da er schon zu oft durch ähnliche Versprechungen getäuscht worden sei.

Auf Gregors Klagen hatte der Kaiser dem Papste am 20. September 1236 vorgeworfen, er enthalte ihm gegen sein Gewissen und den Rath der Cardinäle Città di Castello vor[1]. Später hat er noch daneben behauptet, zu Rieti habe ihm der Papst bei ihrer Zusammenkunft die Herausgabe der Stadt wegen einer geringen Summe, die er empfangen, damit er sie behalte, verweigert. Das heißt doch wohl, er wäre durch Bestechung bewogen worden, die Stadt zu behalten[2]. Der Papst hatte die Stadt, welche, nachdem Heinrich VI. sie am 28. October 1196 in seine unmittelbare Herrschaft genommen, später Innocenz III. den Treueid geleistet hatte[3], im Kriege mit Friedrich besetzt und ihr am 19. Mai 1229 ihre Freiheiten und Gewohnheiten bestätigt. Als dann nach dem Frieden der Kaiser ihre Rückgabe verlangte, berief sich der Papst auf das urkundlich erweisbare Recht des apostolischen Stuhles an dieselbe[4]. Aber er war durchaus bereit, die Sache auf gütlichem Wege, entweder vor Schiedsrichtern oder sonst, zum Austrage gebracht zu sehen. Nach seiner Behauptung hatte sich die Stadt ursprünglich mit Verletzung des Treueides ohne Wissen der Kirche dem Kaiser verrätherisch überliefert. Da aber der Kaiser sich mehrere Male eidlich verpflichtet habe, der Kirche ihre Besitzungen zurückzugeben, so könne er doch nun nicht von ihr fordern, was er nicht ohne Eidbruch hätte behalten können[5]. Auf eine gerichtliche Behandlung der Frage aber ließ der Kaiser sich nicht ein. Ob wirklich die Ansicht der meisten Cardinäle, wie Friedrich behauptet, ihm günstig

---

[1] S. S. 250 Anm. 2. Die Forderung wurde erneuert am 28. Oct. 1238, am 20. April 1239 und 16. März 1240. H.-B. V, 254. 299 sq. 842.

[2] Er sagt im J. 1238 (l. c.): „Pro qua detinenda in prejudicium imperii recepit pecuniam". Aehnlich im J. 1239. Daß der Kaiser dem Papste für die Herausgabe nach Geld bezahlt habe, wie Winkelmann (a. a. O. Bd. II, S. 108. 141 f.) meint, liegt in den Worten zu wenig, als in denen vom J. 1239 (H.-B. V, 299 sq.): „quam ... receptis 300 libris illius monete, que ad 50 marcarum numerum non ascendunt, nobis cum eo permanentibus in Reate et pro eo multa marcarum millia expendentibus, reddere recusavit." Sie deuten vielmehr auf die Bestechung durch die Stadt hin, wie aus H.-B. V, 842: „existentibus nobis ... apud eum, Civ. Castelle subtraxit imperio, prout per literas suas, quas Castellani nobis noviter assignarunt, manifeste probetur", folgt. Daß die Bürger lieber unter kirchlicher Herrschaft bleiben wollten, ist Angesichts des Schicksales von Foggia u. a. (s. o. S. 97) begreiflich.

[3] Boehmer, Acta, n. 209. Vgl. Pottb. nn. 548. 911.

[4] S. o. S. 93. 135.

[5] S. neben den päpstl. Ausführungen vom 23. Oct. 1236 die vom 21. Juni 1239 bei H.-B. IV, 918; V, 333.

war, läßt sich nicht feststellen. Nach der päpstlichen Antwort vom 23. October 1236 sind sie vielmehr überhaupt nicht um ihre Ansicht gefragt worden, weil eben die kaiserlichen Gesandten die Sache gerichtlich nicht weiter verfolgen wollten, obgleich sie damit begonnen hatten[1].

Der Kaiser hatte von der Erlaubniß, Tauschverträge zwischen Kirchen und Fürsten abzuschließen, geredet. Der Papst läugnet am 23. October 1236 keineswegs, daß sie erlaubt seien, sagt aber, daraus folge doch nicht, daß die Kirchen ohne Erlaubniß der Obern und gegen den von ihnen geleisteten Eid, keine Kirchengüter veräußern zu wollen, zu derartigen Tauschverträgen zu ihrem eigenen Schaden gezwungen werden dürften. Ferner, wenn auch dem Kaiser wirklich das Recht zustehe, einige vacante Beneficien zu verleihen, so könne er doch deßhalb nicht nun auch ohne Weiteres die damit verbundene Seelsorge vergeben, oder gar über Beneficien, die überhaupt nicht rechtlich erledigt seien, frei verfügen. Endlich, wenn auch wirklich, wie er behaupte, mit dem Tode eines Bischofs dessen Recht der Verleihung von Beneficien auf ihn übergehe, so könne er doch keinesfalls mehr Rechte dadurch erlangen, als der Bischof selbst hatte, und deßhalb auch nicht das päpstliche Devolutionsrecht aufhören.

Unter andern vom Papste am 23. October 1236 ausführlicher behandelten Klagen findet sich auch die, daß der Kaiser den jungen Fürsten von Tunis, um es nicht mit dem Könige von Tunis zu verderben, an der Reise nach Rom, um dort seinem Wunsche gemäß die heilige Taufe zu empfangen, hindere, sowie daß er mit dem Grafen von Toulouse verkehre, als ob dieser gar nicht im Banne sei[2]. Aber wie schlecht es schon damals um den Frieden stand, ist daraus besonders zu erkennen, daß der Papst den Kaiser offen beschuldigt, er suche in Rom durch Be-

---

[1] L. c. 333: „Nec credi debet in hoc nos sibi omnimodam coram arbitris vel alio modo justitiam exhibere paratos, fratrum nostrorum despexisse consilium, quod nuntiis ejus inceptum judicium recusantibus prosequi, non fuerat requirendum." Vgl. H.-B. IV, 919. — Die Stadt wurde vom Kaiser wieder im Januar 1240 in Besitz genommen (H.-B. V, 763).

[2] S. u. Kap. 19. — Der Graf von Toulouse war im Banne (s. o. S. 212). Im Dec. 1235 hatte er aber dem Kaiser den Treueid geleistet und von ihm von Neuem, wie schon vorher im Sept. 1234, das Land Venaissin und die Würde eines Markgrafen der Provinz erhalten (H.-B. IV, 485. 799). Im Dec. 1235 gab ihm der Kaiser auch die Herren von Isle, Carpentras u. a. zu Vasallen. S. ibid. 800. Vgl. auch l. c. 802 Schreiben an die Vorgenannten. Auf die frühere Beschwerde des Papstes hin hatte der Kaiser am 20. Sept. 1236 geltend gemacht, daß seine Lehensrechte durch den Bann keine Einbuße erleiden dürften (H.-B. IV, 912). Da aber der Kaiser nicht bloß im Verkehr den Bann übersah, sondern sogar dem Grafen besondere Gunst erwies, blieb der Papst natürlich auch am 23. Oct. 1236 bei seiner Behauptung (H.-B. IV, 921), daß der Kaiser trotz des Bannes persönlich mit Raymund verkehre.

stechung Aufstand gegen den Papst zu erregen. Er hätte so etwas nie wagen können, wenn nicht die Anklage nur zu sehr gerechtfertigt gewesen wäre. Denn wir lesen nicht bloß, daß Frangipani damals die Römer mit kaiserlichem Gelde aufwiegelte, sondern der Kaiser suchte sie auch durch ein eigenes, gegen August 1236 erlassenes Schreiben mit der Erinnerung an ihre einstige Größe aufzustacheln. Auch jetzt hätten sie, so heißt es dort, einen Kaiser, wie in den glorreichen Tagen ihrer Vergangenheit, der, da er nicht unter ihnen weilen könne, wenigstens ihren Rath nicht entbehren wolle. Deßhalb sollten sie schnell die Gesandten, um welche er schon von Augsburg aus sie gebeten habe, an ihn senden [1].

Da redet man von der ausschließlichen Wichtigkeit der Lombardenfrage. Was Friedrich wollte, lag klar am Tage. In Sicilien wollte er auch in kirchlichen Dingen herrschen und sich nichts einreden lassen; ja selbst in Rom war der Papst vor dem „Beschützer der Kirche" nicht sicher. Denn seine Vorstellung von der Ausdehnung der kaiserlichen Rechte auch in Rom stellte die Unabhängigkeit des Oberhauptes der Kirche überhaupt in Frage.

Unter diesen Umständen glaubte Gregor nicht bloß auf seine Rechte an Rom, sondern auch darauf hinweisen zu müssen, daß Friedrich II. das Kaiserthum nur durch die römischen Päpste besitze. Die Schenkung Pipins und Karls des Großen, die Krönung Karls durch Leo III., die ganze Anschauung und Handlungsweise der Zeit konnten dafür in's Feld geführt werden. Aber Gregor wollte wohl dem Kaiser mehr imponiren, indem er auf die damals noch allgemein als ächt angenommene constantinische Schenkung sich bezog. Nachdem er kurz auf das ehrfurchtsvolle Benehmen anderer Kaiser, wie Valentinians und Karls des Großen, hingewiesen, sagt er: „Das will ich aber mit nichten übergehen, was der ganzen Welt offenkundig ist. Constantin, der die Alleinherrschaft über die ganze Welt besaß, hielt es mit Zustimmung des Senates und aller Unterthanen seines Reiches für recht, daß, wie der Stellvertreter des Fürsten der Apostel überall die Herrschaft über die Geistlichen und die Seelen führte, er so auch überall die Oberhoheit über die Dinge und die Leiber (Personen) habe, und glaubte, daß der auch das Irdische mit dem Zügel der Gerechtigkeit leiten müsse, dem, wie er wußte, Gott die Herrschaft über das Himmlische anvertraut hatte. Deßhalb gab er dem römischen Papste die kaiserlichen Insignien und das kaiserliche Scepter sowie die Stadt Rom mit ihrem ganzen Ducate, überdieß auch das Kaiserthum selbst für immer zur Pflege und überließ Italien, weil er es für sündhaft hielt, daß dort, wo das Haupt der ganzen Christenheit von dem himmlischen Herrscher bestellt worden, ein irdischer Kaiser irgendwelche Gewalt ausübe, der

---

[1] Rich. Sangerm. 374; H.-B. IV, 901.

Verfügung des Papstes und wählte sich selbst eine neue Wohnung in Griechenland. Von dort hat dann später der apostolische Stuhl das Kaiserthum in der Person Karls des Großen an die Deutschen übertragen und es seinen Vorgängern durch die auch dir erinnerliche Weihe und die Salbung verliehen, ohne dabei die Substanz seiner eigenen Jurisdiction zu verringern oder seine Oberhoheit über das Kaiserthum aufzugeben, und ihnen in der darauffolgenden Krönung auch das Schwert gegeben. Du wirst deßhalb der Verletzung des Rechtes des apostolischen Stuhles, der Treue wie deiner eigenen Ehre überwiesen, wenn du den, der dich zu dem gemacht, was du bist, verachtest."

In diesen Worten behauptet der Papst vorzüglich zweierlei: einmal das Recht des apostolischen Stuhles an Rom und den römischen Ducat, sodann daß dem Papste die Obhut über das Kaiserthum zustehe. Ein drittes wird mehr nebenbei erwähnt, nämlich daß durch die Constantinische Schenkung Constantin dem Papste die Oberhoheit über Dinge und Personen zugestand, und der Ansicht Ausdruck gegeben, daß der Papst auch alles Irdische am Zügel der Gerechtigkeit führen müsse. Wenngleich sich nun auch Gregor irrthümlich auf die angebliche Schenkungsurkunde Constantins, die wahrscheinlich erst im 9. Jahrhundert in Frankreich zur Vertheidigung der Legitimität der abendländischen Kaiser gegen die Griechen entstand[1], beruft, so ist doch die Berechtigung seiner Ansprüche durchaus nicht davon abhängig. Denn schon vor der Pipin'schen und Karolingischen Schenkung war dem Papste durch die ganze Entwicklung der Verhältnisse im achten Jahrhundert thatsächlich die Herrschaft über Rom und den Ducat wie die politische Führerschaft in Italien anheimgefallen. Wie aber dann Pipin dem Papste auch die von den Lombarden eroberten Gebiete, das frühere griechische Exarchat und die Pentapolis, übergab, und seine Schenkung nicht bloß von seinem Sohne, Karl dem Großen, bestätigt, sondern noch erweitert wurde, ist bekannt[2]. Wenn sodann der Papst wiederum, der Constantinischen Schenkung gemäß, die Krönung Karls des Großen und seiner Nachfolger zum römischen Kaiser eine Uebertragung des Kaiserthums von den Griechen an die Deutschen nennt, da es doch vielmehr eine Wiederherstellung des im J. 476 untergegangenen abendländischen Kaiserthums in verjüngter Form mit neuer Zweckbeziehung war, so kann ihm daraus ebenso wenig ein Vorwurf gemacht werden. Beruft sich doch schon im J. 871 Ludwig II., der Sohn Lothars I., dem

---

[1] Vgl. Hergenröther, Katholische Kirche 333 ff. und Grauert, „Die Const. Schenkung" im Hist. Jahrbuch Bd. III, 3—30; IV, 45—95; 525—617. S. ebend. III, 15 ff. den Text der Schenkung

[2] Vgl. Hergenröther, Kirchengesch. I, 487 ff. „Bezüglich Roms und des römischen Districtes war der Papst schon vorher (vor Pipins Schenkung) als Oberhaupt auch im Zeitlichen anerkannt" (ebend. 495).

griechischen Kaiser Basilius I. gegenüber zur Vertheidigung der Legitimität seines Kaiserthumes darauf, daß er, wie seine Vorgänger, vom römischen Papste mit dem heiligen Oele gesalbt worden[1]. Sonst behauptet Gregor IX. bloß, daß der Papst Oberherr über das Kaiserthum sei, d. h. daß er es verleihe, eine Anschauung, die der Innocenz' III. wie der Zeitgenossen durchaus entsprach[2].

In der Idee des römischen Kaisers, als des Schutzvogtes der katholischen Kirche, die, weil katholisch, sich über alle Länder erstrecken sollte, lag naturgemäß die der Oberhoheit über die Dinge und die Personen. Der Schutzvogt hatte nicht bloß den Vorrang vor allen andern Fürsten, sondern auch die Weltherrschaft[3]. Indem Constantin nach der Anschauung Gregors dem Papste die Sorge für das Kaiserthum überließ, gab er ihm die Gewalt, die Oberhoheit über Dinge und Personen, das Kaiserthum zu verleihen. Gregor sagt mit keinem Worte, daß dem hl. Petrus und seinen Nachfolgern die Herrschaft über die ganze Erde zustehe[4] oder von Constantin verliehen worden sei; der Territorialbesitz ist speciell aufgeführt, und Gregor, wie alle Päpste, unterschieden stets genau zwischen den Staaten, worüber sie die Oberlehensherrschaft hatten, und denen, die unabhängig von ihnen waren. Allerdings behauptet er einen Vorrang der geistlichen vor der weltlichen Gewalt. Schon in dem Briefe an den Patriarchen Germanus führt er nach dem Vorgange und zum Theil mit den Worten des hl. Bernhard aus, wie der Kirche sowohl das weltliche wie das geistliche Schwert zustehe, letzteres, um von ihr selbst, ersteres, um für die Kirche durch die Hand des weltlichen Fürsten geführt zu werden[5]. In diesem Schreiben vom 23. October 1236 aber weist er den Kaiser darauf hin, daß Gott den Erdkreis dem obersten Urtheilsspruche des apostolischen Stuhles unterworfen, der selbst von Keinem gerichtet werde, und daß die Priester Christi auch als die Väter und Lehrer der Könige und Fürsten anzusehen seien. Wie man sieht, sind es Gedanken, wie sie Bonifaz VIII. im J. 1302 in der berühmten Bulle „Unam Sanctam" ausgedrückt hat. In beiden Fällen aber haben wir

---

[1] S. Grauert a. a. O. 562—563.

[2] S. Innoc. Epp. Registr. Imp. n. 47 (ed. Baluze I, 708); c. 34 Venerabilem I, 6 de elect. Hergenröther I, 796

[3] Vgl. besonders Hergenröther, Kirchengesch. I, 506 f.

[4] In den Tagen schwerer Kämpfe gegen den Kaiser gegen Ende Juli 1240 warf Gregor IX. dem Kaiser die Besetzung des Kirchenstaates mit den Worten vor: „Patrimonium b. Petri, quod inter cetera imperii jura, quae seculari principi tanquam defensori sacrosancta commisit Ecclesia, ditioni suae in signum universalis dominii reservavit, juramenti transgressor et beneficiorum oblitus . . . non veretur" (H.-B. V, 777). Uns scheint, daß die Worte wiederum die Gewalt des Papstes über das Kaiserthum ausdrücken sollen. Vgl. o. S. 253.

[5] S. Rayn. 1233, 3. Vgl. S. Bern. ep. 256 und De consid. IV, 3.

dennoch nur Wiederholungen von Gedanken und Worten, wie sie sich in den Schriften solcher Männer, wie des hl. Bernhard, Hugo von St. Victor und Anderer, finden.

Wer sich über die scheinbare Schroffheit der Sprache Gregors wundert, darf nicht verkennen, daß es eine Antwort auf die Beschuldigung des Sacrilegs ist, die Friedrich gegen den Papst und die Cardinäle zu erheben wagte, weil sie sein Urtheil in Betreff der Würdigkeit kirchlicher Personen für gewisse Stellen in Zweifel zu ziehen sich erlaubten. Man vergesse nicht, daß der Lehensmann seinen Oberlehensherrn, der Kaiser den Papst, in Bezug auf kirchliche Stellen, nach dem Frieden von San Germano, der die Frage in einem der kirchlichen Freiheit günstigen Sinne geregelt hatte, auf ein später erlassenes sicilianisches Gesetz hinweist, welches[1] ein Urtheil über die Würdigkeit eines vom Könige Gewählten für sacrilegisch erklärte. Wer will es da dem Papste sehr verübeln, wenn er in Bezug darauf den Kaiser daran erinnert, daß die Priester auch die Lehrer und Väter der Könige seien, und fragt: ist es nicht ein Zeichen von Wahnwitz, wenn der Sohn den Vater, der Schüler den Lehrer, von welchem er laut göttlicher Einsetzung nicht bloß auf Erden, sondern auch im Himmel gebunden werden kann, zurechtzuweisen wagt? Aber unwillkürlich erinnert man sich an andere Aeußerungen des Kaisers, wie er seinen Sohn als „den göttlichen Sprossen des kaiserlichen Blutes" anredet, seine Mutter „göttlich" nennt und sich nicht scheut, seinen Geburtsort Jesi mit Bethlehem und sich selbst mit dem Heilande zu vergleichen[2]. Wenn man auch davon absehen will, daß seine Anhänger, Anbeter hätten wir fast gesagt, von ihm als einem zweiten Heiligen der Heiligen reden[3] und er sich bei Abfassung jener Briefe einer fremden Feder, der des Peter von Vinea, bediente, so wären doch ohne seine Zustimmung derartige Worte, von denen Tillemont schon das erste als „infam" bezeichnet[4], nicht gefallen.

Achtzehntes Kapitel.

Die Beziehungen zwischen Papst und Kaiser vom J. 1237 bis zum Anfange des J. 1239.

Im December 1236 war Friedrich aus dem Kriegsschauplatz nach Oesterreich gezogen. Denn der Herzog Friedrich von Oesterreich und

---

[1] H.-B. IV, 922. Vgl. über das Gesetz o. S. 140.
[2] Vgl. H.-B. V, 378. 665. 1003. Vgl. H.-B., Pierre de la Vigne p. 179. 207 ss.
[3] „Si papalis cessavit unctio, veniet ergo alius sanctus sanctorum, et quis ille est?" Petr. de Vin. ep. l. 1, cap. 17, angef. bei H.-B., Introd. p. DVIII.
[4] A. a. O.

Steiermark, der seinem am 28. Juli 1230 verstorbenen Vater Leopold in der Herrschaft gefolgt war, hatte dermaßen zu Klagen Anlaß gegeben[1], daß er im Juni 1236 zu Augsburg geächtet worden war. Die Vollziehung der Acht war dem Könige Wenzel I. von Böhmen[2], den Bischöfen von Bamberg und Passau und dem Herzog Otto von Baiern[3], wie dem Markgrafen von Brandenburg übertragen worden. Aber sie konnten außer der Verwüstung des Landes nicht viel ausrichten, weßhalb der Kaiser selbst auf dem Kriegsschauplatz erschien. Er unterwarf sich zuerst Steiermark, dann auch Oesterreich, und nahm nicht bloß die Stadt Wien, sondern auch die Herzogthümer unter seine und des Reiches unmittelbare Regierung. Den Herzog selbst, der sich in Neustadt vertheidigte, hatte aber auch er nicht ganz unterwerfen können[4]. Der Kaiser hatte übrigens noch einen andern großen Erfolg in Oesterreich errungen. Auf sein Ersuchen wählten im Februar 1237 elf deutsche Fürsten seinen Sohn Conrad, der, am 25. April 1228 geboren, damals noch nicht neun Jahre alt war, zum römischen Könige; dessen Wahl ließ er auch am 7. Juni 1237 von den deutschen Fürsten zu Speyer bestätigen[5].

Nach diesen neuen Erfolgen konnte sich Friedrich nun mit um so größerem Nachdruck der Unterwerfung der Lombarden widmen. In dieser

---

[1] Vgl. das an den König von Böhmen gerichtete Schreiben bei H.-B. IV, 852. Darnach hatte er sich in seinem Lande jede Willkür erlaubt, die kaiserlichen Einladungen zu verschiedenen Hoftagen verachtet, sich mit den Mailändern und Andern gegen den Kaiser verbunden, und sogar den Alten vom Berge zur Ermordung des Kaisers zu bewegen gesucht. Vgl. auch die Klagen über den Herzog in dem kaiserl. Privileg für die Stadt Wien vom April 1237. H.-B. V, 55.

[2] Er war am 15. Dec. 1230 seinem Vater Presmysl in der Herrschaft gefolgt. Die hl. Agnes von Böhmen war seine Schwester.

[3] Im Juni 1235 hatte sich Friedrich zu Regensburg, bei Gelegenheit einer Besprechung mit den Fürsten, mit Otto von Baiern „pro morte patris, de qua suspectus habebatur", versöhnt (Ann. Scheftlar.).

[4] Im J. 1239 bemächtigte er sich mit Hülfe des Königs von Böhmen auch der Stadt Wien und erlangte auch die Gunst des Kaisers wieder. S. das kaiserl. Schreiben an ihn vom Juni 1240 bei H.-B. V, 1006.

[5] Nach der Behauptung des Kaisers vom 16. März 1240 hätte Gregor die im August 1235 zu Mainz versammelten Fürsten beschworen, Niemanden aus Friedrichs Geschlecht zum Könige zu wählen. „Per nuntium suum literas de credentia deferentem principibus nostris nobiscum presentibus in curia Maguntina sub omni qua potuit attestatione latenter injunxit, ne electioni filii nostri minoris vel cujuslibet de domo et sanguine nostro modo quolibet consentirent" (H.-B. V, 842). Wiederholt im J. 1246 (ibid. VI, 390). Möglich ist das an und für sich. Denn es konnte dem Papste keineswegs wünschenswerth erscheinen, die Vereinigung Siciliens mit dem Reiche permanent zu machen. Allein der Papst glaubte noch am 1. Aug. 1235 (s. o. S. 168, Anm. 1), Heinrich sei wieder mit dem Kaiser versöhnt; an Verhandlungen über eine Neuwahl konnte er deßhalb überhaupt nicht denken.

Angelegenheit hatte der Papst mittlerweile neue Friedensversuche gemacht. So hatte er in Berücksichtigung des Widerwillens des Kaisers gegen den Bischof von Palestrina die Cardinäle von Ostia und S. Sabina mit der Legation, speciell mit der Wiederherstellung des Friedens in der Lombardei beauftragt[1]. Aber obgleich Friedrich gegen die Personen weniger einzuwenden hatte, war er mit deren Aufträge, welcher der nämliche wie früher sei, unzufrieden. Nichtsdestoweniger schickte er auf die besondern Bitten des Deutschmeisters denselben im Februar 1237 an den Papst zur Unterhandlung[2]. Hermann kam im April des Jahres mit Peter von Vinea beim Papste an. Als Resultat seiner Besprechungen mit demselben machte der Papst dem Kaiser am 23. Mai 1237 officielle Anzeige, daß er die beiden genannten Cardinäle zur Pflege der Gerechtigkeit gegen Kaiser und Reich in die Lombardei als Gesandte schicke[3]. Man hatte sich augenscheinlich, wie auch aus der ebenfalls am 23. Mai an die Lombarden erlassenen päpstlichen Weisung, zum 14. Juni wegen ihrer Streitsache mit dem Kaiser Bevollmächtigte nach Mantua zu senden[4], hervorgeht, über einen neuen päpstlichen Vermittlungsvorschlag geeinigt.

Die päpstlichen Gesandten sollten den Frieden unter den lombardischen Städten nöthigenfalls durch kirchliche Strafen erzwingen[5]. Aber auf der Reise nach Mantua mußten sie durch den Anblick der unter den Städten herrschenden Zwietracht wie der grausamen Behandlung der Gefangenen sehr entmuthigt werden. Das Uebel sei so groß, schrieben sie an den Papst[6], daß kein Theil der Lombardei sicher von Schuld und Strafe freizusprechen sei. Weder Wittwen noch Waisen würden verschont und selbst das Heilige nicht geachtet. Ueberall wüthe Feuer und Schwert. Sie hätten nur in einigen Städten Erleichterung der Lage der Gefangenen oder völlige Befreiung derselben erreicht, sonst nichts!

Als sie in Mantua am 19. Juni ankamen, fanden sie dort erst einige lombardische Gesandte. Sie verlegten nun wegen der schlechten Luft zu Mantua die Versammlung nach Brescia. Dann zeigte es sich, daß die Städteboten keine hinreichenden Vollmachten hatten, weßhalb ein neuer Termin für den 25. Juli angesetzt wurde. Derartige Verzögerungen waren wenig angebracht. Gegen Ende Juli 1237 schrieb Hermann von Salza den Legaten[7], er werde am 15. August bei ihnen sein.

---

[1] S. das päpstl. Schreiben vom 29. Nov. 1236 an den Patr. von Aquileja u. A. bei H.-B. IV, 925. In der kaiserl. Antwort (vom Febr. 1237) heißt es: „Ille Silvester eum plenae legationis officio venerat super negotio Lombardiae" (H.-B. V, 33). Es sollte aber „silvester" heißen, denn der Name bezieht sich auf den Cardinal von Palestrina, wie Palan (III, 109) richtig vermuthet und der Zusammenhang ergibt. [2] H.-B. V, 33. [3] H.-B. V, 75.
[4] H.-B. V, 76. [5] Auftrag vom 31. Mai 1237. H.-B. V, 78.
[6] H.-B. V, 88. [7] H.-B. V, 93.

Ließen dann die Lombarden nicht von ihrem gewohnten Stolze ab, so dürfe er nicht weiter in der Sache verhandeln, da schon so seine eigenen Ordensbrüder seine weitere Betheiligung mißbilligten und die deutschen Fürsten die Lombarden nicht durch Verhandlungen, sondern durch die Schärfe des Schwertes zum Gehorsam gegen die kaiserlichen Befehle zwingen wollten. Der Kaiser folge ihm nach und werde sich nicht aufhalten lassen, wie auch seine Vorbereitungen darauf hinwiesen, daß er weder im Sommer noch im Winter die Lombardei verlassen werde, bis die Sache zu seiner und des Reiches Ehre ein glückliches Ende gefunden habe.

Als nun die Lombarden im Juli 1237 mit den Cardinälen zu Fiorenzula im Gebiete von Piacenza zusammenkamen, waren sie ob der drohenden Gefahr geneigt, auf die Forderungen des Kaisers[1] einzugehen, besonders da auch die Cardinäle sehr dazu drangen[2]. Sie boten ihm an[3], sich öffentlich seiner Gnade zu unterwerfen, ihre Fahnen zu seinen Füßen zu legen, ihre Bündnisse aufzulösen und auf den Frieden von Konstanz zu verzichten. Als Genugthuung wollten sie nach der frühern Abmachung (vom April 1233) mit den Cardinälen 400—500 Mann für das Heilige Land auf zwei Jahre stellen oder eine entsprechende Geldsumme erlegen. Mailand, welches den Zorn des Kaisers am meisten zu fürchten hatte, machte noch besondere Anerbietungen. Ihrerseits verlangten die Lombarden Amnestie für alle ihre Vergehen gegen das Reich, freie Ausübung der Hoheitsrechte, welche nach dem Konstanzer Frieden ihnen durch besondere Privilegien gewährt worden waren, und den Fortbesitz der ihnen nach dem Abschlusse des Friedens urkundlich zuerkannten Besitzungen. — Aber man konnte sich über mehrere Punkte nicht einigen, die Lombarden wollten die vom Kaiser verlangten Geiseln nicht stellen, wohl aber eine andere Bürgschaft geben. Dann stritt man darüber,

---

[1] Derselbe forderte nach den Ann. Plac. Gib. 476 den Treueid, Auflösung des Lombardenbundes, Soldaten für das Heilige Land und Anerkennung aller Rechte des Reiches. Die Anerbietungen der Lombarden werden sicher nicht die genaueren Forderungen des Kaisers überstiegen haben; der Verzicht auf den Frieden von Konstanz ist besonders beachtenswerth.

[2] „(Imp.) legatis petita et ampliora adimplere paratis et delusis nobis, reformationem pacis per ipsos noluit acceptare." Gregor IX. am 20. Juni 1239. H.-B. V, 337.

[3] So schreibt er selbst im August 1244 (H.-B. VI, 215 sqq.). Dieses Actenstück ist neben den Ann. Plac. Gib. Hauptquelle für die damaligen Verhandlungen. Letztere gehören in diese Zeit, und nicht in den Nov. 1237, wie Ficker (Reg. Imp. p. 460) will; denn die in Anm. 2 angeführte Aeußerung des Papstes weist auf Verhandlungen durch die Legaten hin, die den Kaiser im Anfange des Monats October verließen. Die Abweisung der Cardinäle durch den Kaiser nach der Einnahme von Mantua (s. S. 260) ist aber ein Beweis, daß er damals überhaupt nichts von Verhandlungen wissen wollte; allerdings ist dadurch eine Erneuerung der Anerbieten seitens der Lombarden nicht ausgeschlossen.

ob die Kirche oder die Reichsfürsten nebst den natürlichen Söhnen Friedrichs den Vertrag garantiren sollten. Mailand fand noch eine besondere Schwierigkeit in der kaiserlichen Forderung, daß alle nicht durch besondere kaiserliche Privilegien den Städten zuerkannten Gerichtsbarkeiten einfach dem Kaiser zustehen sollten. Allein bei all diesen Schwierigkeiten leistete nur Piacenza dem Friedenswerke wirklichen Widerstand: Von der kaiserlichen Forderung, daß der im J. 1236 vertriebene Podesta Wilhelm von Aubito und seine Anhänger zurückberufen und entschädigt werden müßten, wollte jene Stadt nichts wissen; sie schwur vielmehr auf den Antrieb ihres Podesta Rayner Zeno, eines Venetianers, der von dem Dogen von Venedig beauftragt war, jedem Frieden, in dem nicht Venedig mit einbegriffen wäre, zu widerstehen, die Rückkehr der Verbannten nie zulassen zu wollen. — Damit waren die Bemühungen der Cardinäle vereitelt. Möglicherweise hatten sie dennoch im October 1237 mit den Lombarden eine Vereinbarung erzielt, als sie sich zum Kaiser begaben. Aber dieser, siegesgewiß, wie er sich fühlte, — er hatte am 1. October 1237 Mantua eingenommen — ließ sie nicht einmal vor; unverrichteter Sache mußten sie nach Rom zurückkehren [1].

Der Kaiser hatte seinen Kampf gegen die Lombarden zur gemeinsamen Angelegenheit aller Monarchieen machen wollen. Aber der Plan mißglückte dadurch, daß der König von Frankreich zu dem Fürstentag, welcher zur Berathung wichtiger, das Kaiserthum wie andere monarchische Staatswesen gleichmäßig angehender Angelegenheiten von Friedrich II. auf den 24. Juni 1237 nach Vaucouleurs einberufen war, zur Vorsicht mit einem großen Heere kommen wollte, weßhalb der Kaiser vorzog, den Tag bis über's Jahr zu verschieben [2]. Aber er selbst sammelte zu Augsburg ein Heer, mit dem er am 12. September 1237 nach Verona kam. In demselben Monate zog er die saracenischen und sonstigen Hülfstruppen aus Apulien, wie das Heer der reichstreuen Städte an sich, gewann am 1. October Mantua, welches freiwillig zu ihm übertrat, nahm am 22. October nach vierzehntägiger Belagerung durch Hinterlist Montechiaro im Gebiete von Brescia ein und zwang am 27. November das zum Schutze Brescia's herangezogene Lombardenheer zur Schlacht bei Cortenova, südöstlich von Bergamo: sie endete mit einem großartigen Siege des Kaisers; an 10 000 Lombarden wurden gefangen oder getödtet und in Cortenova selbst der mailändische Fahnenwagen erbeutet, der auch beim Triumphzuge in Cremona mitgeführt wurde. An dem gesenkten Maste des Wagens war aber kein Geringerer festgebunden, als der gefangene

---

[1] Ann. Plac. Gib. l. c. — Vgl. S. 259, Anm. 2.
[2] S. Matth. Par. Chron. (ed. Luard) III, 393; Hist. Angl. (ed. Madden) II, 397 und Guill. de Nang. in Acta ss. Aug. tom. V, 353.

Podesta von Mailand, Pietro Tiepolo[1], ein Sohn des Dogen von Venedig. Auch Lodi unterwarf sich nun im December 1237 dem siegreichen Kaiser, und selbst die stolzen Mailänder baten um Frieden und sandten deßhalb den Minoritenbruder Leo zweimal an den Kaiser. Sie wiederholten ihre zu Fiorenzula gemachten Anerbieten, wollten Geiseln stellen, sahen ab von der Garantie des Friedens durch die Kirche und waren geneigt, vom Kaiser einen Capitän zur Ausübung der Gerichtsbarkeit in ihrer Stadt und ihrem Gebiete anzunehmen[2]. Allein da Friedrich, wie guelfische und ghibellinische Quellen bezeugen, unbedingte Unterwerfung forderte[3], wurden die Unterhandlungen abgebrochen. Auch Piacenza hatte über den Frieden unterhandelt, weigerte sich aber ebenfalls, auf das Verlangen unbedingter Unterwerfung einzugehen[4]. So gab der Kaiser nun selbst durch seine tyrannischen Forderungen den großen Gewinn, der sich ihm darbot, aus der Hand, machte den Kampf seiner Gegner wirklich zu einem Kampfe für Freiheit und Leben und beging einen Fehler, der sich bitter an ihm gerächt hat.

In Rom war der Versuch des Peter Frangipani, im J. 1236 mit kaiserlichem Gelde die Stadt gegen den Papst aufzureizen[5], gescheitert[6]. Im J. 1237 wollte der vom Kaiser bestochene römische Senator Johann Cenci den Papst mit Gewalt an der Rückkehr nach Rom hindern und besetzte zu diesem Zwecke die Thore der Stadt. Allein er wurde von der Gegenpartei geschlagen und eine Gesandtschaft nach Viterbo gesandt, um den Papst zur Rückkehr nach Rom einzuladen: um die Mitte October 1237 entsprach er dieser Bitte. In seiner Abwesenheit war in der Stadt eine neue Theuerung ausgebrochen, deren Hebung nur seinen großmüthigen und freigebigen Geschenken zu verdanken war[7]. Als der Papst Viterbo[8] verließ, um nach Rom zu gehen, empörten sich die über den Vorzug Roms eifersüchtigen Viterbesen wieder gegen die Kirche und konnten weder

---

[1] Nach Paris de Cereta, Chron. Veron. (Mur. VIII, p. 630) ließ er ihn später, als die Venetianer sich gegen ihn erklärt hatten, in Apulien aufhängen. Vgl. über die Schlacht auch Reg. Imp. p. 461.

[2] S. das kaiserliche Schreiben vom J. 1244 bei H.-B. V, 216. — Bruder Leo war von 1241—1263 Erzbischof von Mailand. Vgl. über ihn Salimbene 35 sq.

[3] Ann. Plac. 478; Ann. S. Justin. Patav. ad a.; Thomas Tuscus SS. XXII, 513; Matth. Par. III, 495 sq. Gegen Schirrmacher, der Pb. III, 26 und 253 ff. schreibt: „Von unbedingter Unterwerfung der Mailänder war keine Rede" u. f. w., vgl. Winkelmann, Friedrich II., Bd. II, 82.

[4] Ann. Plac. l. c.   [5] S. o. S. 253.

[6] Rich. Sangerm. 374. Vgl. Gregors Schreiben an den Kaiser vom 23. Oct. 1236: „Urbem . . . sparsis in ea pecuniis nobis turbare moliris." H.-B. IV, 921.

[7] Vita Greg. 582.

[8] Von Rom war er im Mai des J. 1234 nach Rieti gegangen, hatte sich aber von Nov. 1235 bis Mai 1236, und wiederum von März 1237 an zu Viterbo aufgehalten und sich bemüht, die dort herrschende Zwietracht zu heben; s. Vita Greg. 581.

durch Bitten noch Drohungen zum Frieden bewogen werden; selbst die im J. 1238 gegen sie ausgesprochene Excommunication wurde von ihnen verachtet. Später traten sie offen auf Friedrichs Seite [1].

Zwei Tage nach der Ankunft des Papstes trafen in Rom auch die vom Kaiser abgewiesenen Legaten ein [2] und meldeten die Uebergabe von Mantua. Friedrich selbst aber theilte am 2. December 1237 dem Papste und den Cardinälen seinen Sieg von Cortenova mit [3] und bemerkte in seinem Briefe an den Erstern, er werde so lange nicht ablassen, den alten Drachen zu zertreten, als der Schwanz sich noch rege. Schließlich bittet er den Papst und ebenso die Cardinäle, Gott dem Herrn für die siegreiche Erhöhung des heiligen Kaiserthums zu danken. Verletzender noch, als dieses Schreiben für den Papst nach allen seinen Bemühungen, den Frieden zwischen dem Kaiser und den Lombarden zu vermitteln, sein mußte, waren des Kaisers Briefe an die Römer und die Uebersendung des Fahnenwagens von Mailand. Der Kaiser, der sie durch Aufmerksamkeiten und Schmeicheleien zu gewinnen suchte [4], schrieb ihnen, sie möchten daraus, daß er Rom, die Quelle des Kaiserthums, nach dem Beispiele der alten Cäsaren der kaiserlichen Triumphe wieder theilhaftig mache, auf seinen Willen, den alten Glanz der Stadt herzustellen, schließen [5]. Der Wagen kam im April 1238 in Rom an und wurde trotz des Widerstrebens des Papstes, der ihn gar nicht in Rom einlassen wollte, gemäß dem Befehle des Senates auf dem Capitol aufgestellt [6]. Sogar Cardinäle, darunter ohne Zweifel Johann von Colonna, nahmen an der

---

[1] Rayn. 1237, 14; 1238, 66; 1240, 9 et 10.

[2] Rich. Sangerm. Vgl. den kaiserlich gefärbten Brief des später offen auf die kaiserliche Seite getretenen Cardinals Johann von Colonna vom 18. Oct. 1237 an den in England weilenden Cardinallegaten Otto. Er meldet ihm den Tod des Cardinalbischofs Johann von Sabina und die Rückkehr der Legaten aus der Lambardei und scheint die Kirche unklugen und vorschnellen Handelns zu beschuldigen. Schließlich fordert er ihn auf, sich zur Rückkehr vorzubereiten, da er in den kommenden Stürmen der Kirche nöthig sein werde. H.-B. V, 124.

[3] H.-B. V, 142.

[4] S. die Schreiben vom Aug. 1236 (H.-B. V, 901; vgl. Reg. Imp. n. 2192) und Aug. 1237 (bei Winkelmann, Acta, n. 340).

[5] H.-B. V, 161.

[6] Man setzte den Wagen auf fünf Säulen von kostbarem Marmor und brachte darauf die Inschrift an (nach Muratori, Antiq. Ital. Diss. XXVI, vol. II, p. 491 [Mediol. 1739]):

Caesaris Augusti Friderici, Roma, secundi
Dona tene, currum, perpes in Urbe decus.
Hic Mediolani captus de strage triumphos
Caesaris ut referat, inclita praeda venit.
Hostis in opprobrium pendebit, in Urbis honorem
Mictitur, hunc urbis mictere jussit amor.

feierlichen Aufstellung Theil[1] — ein Zwischenfall, der hinlänglich schon die Stärke der kaiserlichen Partei zeigen mußte.

Im Juni 1238 versprachen römische Bürger dem Kaiser Lehenstreue gegen Jedermann, auch gegen den Papst[2]. In demselben Monate erregte die kaiserliche Partei einen neuen Aufstand gegen den Papst, in Folge dessen er sich nach Anagni begab. Aber bald änderte sich die Sachlage wieder, besonders durch die Bemühungen des neuen Senators Johann de Judice. Das Volk griff nun die Häuser der kaiserlich gesinnten Vornehmen, welche sich in den alten Kaiserpalästen und Denkmälern wie in Festungen zu behaupten pflegten, an und zerstörte dieselben. So konnte Gregor im October 1238 wieder nach Rom zurückkehren[3].

Trotzdem der Kaiser selbst nach dem Siege von Cortenova Mailand und Piacenza von sich gestoßen hatte, wuchs doch sein Anhang immer mehr. Aber noch hielten sich nicht bloß die erwähnten Städte, sondern auch Brescia, Alessandria und andere. Im J. 1238 sollten nun die Rebellen völlig vernichtet werden[4]. Deßhalb hatte Friedrich auch seinen Sohn Conrad und die deutschen und andere Fürsten aufgefordert, mit einem Heere sich zu dem nach Verona auf den 1. Mai 1238 angesagten Hoftag einzufinden. Um sich aber nicht bloß als Vertreter der monarchischen, sondern auch der kirchlichen Interessen darzustellen, und dem Kriege gegen die Lombarden, unter denen sich allerdings manche Häretiker befanden, einen religiösen Nimbus zu verleihen, erneuerte er am 14. Mai 1238 seine Ketzergesetze[5].

Aus dem Hoftage von Verona wurde zwar nichts, weil Conrad erst zu Ende Juni in Italien anlangte[6]. Aber dennoch kam ein gewaltiges Heer, zu dem Sicilien und Deutschland, die kaiserfreundlichen Städte der Lombardei, England, Frankreich, Castilien, Burgund, ja sogar der Sultan von Aegypten und der griechische Kaiser Vatazes Truppen gestellt hatten, zu Stande. Am 11. Juli brach Friedrich gegen Brescia auf und begann seit dem 3. August die Stadt auf's Engste einzuschließen und zu bedrängen. Gewiß hofften die aus allen Ländern eingeladenen Ritter, in kurzem die ganze Lombardei besiegt zu sehen. Aber Brescia

---

[1] Ann. Plac. 478. Rich. Sangerm. 376.

[2] S. den von Jakob Girandi am 2. Juni 1238 geleisteten Eid bei H.-B. V, 209.

[3] Vita Greg. 582; Rich. Sangerm. ad a. 1238. Nach Ersterem standen Pobacianus und Aegibius Poetii an der Spitze der Kaiserlichen.

[4] S. das Schreiben an den König von Ungarn (H.-B. V, 183).

[5] S. H.-B. V, 201. 501. Die Ausfertigungen für Arelat vom 26. Juni 1238 s. ibid. V, 215. 216. Noch am 22. Febr. 1239, kurz vor seiner Ercommunication, hat er diese Gesetze erneuert (H.-B. V, 280).

[6] Wir hören bloß von der dort am 23. Mai 1238 stattgehabten Verlobung Ezelins von Romano mit Selvaggia, einer natürlichen Tochter des Kaisers. Paris de Cereta, Chron. Veron. SS. XIX, 11.

war weder durch Kriegskunst, Schrecken und Drohungen, noch durch friedliche Vorstellungen zur Unterwerfung zu bewegen. Ein in die Hände der Belagerten gefallener spanischer Ingenieur Calamandrin erfand ihnen Wurfmaschinen und lehrte sie die Vertheidigungskunst; vergebens ließ der Kaiser Gefangene an seine Thürme und Maschinen binden, um die Brescianer zu schrecken: die Gefangenen selbst ermuthigten sie zum Kampfe. Zuletzt mußte der Kaiser am 9. October 1238 die Belagerung als aussichtslos aufgeben [1].

Doch auch jetzt noch voll stolzen Uebermuthes, schlug er seinen natürlichen Sohn Enzio zum Ritter und sandte ihn mit einem Heere nach Sardinien, um sich dort gegen den ausgesprochenen Willen des päpstlichen Oberlehensherrn mit Abelasia, der Erbin von Torres und Gallura, zu vermählen und sich das Land zu unterwerfen [2]. Sie war die Tochter des im J. 1233 verstorbenen Richters Marian und mit Ubald Visconti, einem pisanischen Edelmann, der sich des Judicates Cagliari bemächtigt hatte, vermählt. Ubald war schon von Honorius III. [3] und im August 1229 auch von Gregor IX. [4] wegen widerrechtlicher Occupation Sardiniens mit dem Banne belegt worden, hatte sich jedoch im J. 1237 freiwillig der Kirche unterworfen und ihr den Treueid geleistet [5]. Abelasia verpflichtete sich in demselben Jahre zur Zahlung eines jährlichen Tributes an die römische Kirche für Torres und Gallura, welche Länder durch den im J. 1235 erfolgten Tod ihres minderjährigen Bruders, des Richters Barijo, an sie gefallen waren [6]. Ein ähnliches Versprechen wurde von dem

---

[1] Ann. Plac. Gib. 479; Rich. Sangerm. ad a.; Mem. pot. Reg. (Mur. VIII, p. 1110).

[2] Die Heirath war im October 1238 (s. Rich. Sangerm.; Rayn. 1238, 68). Ueber Sardinien s. o. S. 31—32. Die Rechte der Kirche an Sardinien und Corsica waren vom Kaiser im J. 1213 (s. Rayn. 1213, 25; Theiner I, 182) wie im J. 1219 (s. H.-B. I, 675) gewährleistet worden.

[3] S. Bullar. Rom. III, 200, n. 27 die Aufforderung Honorius' III. vom 10. Nov. 1218 an die Mailänder, dem Richter von Torres gegen die Pisaner Ubald und seinen Bruder Lambert, die wegen widerrechtlicher Besitzergreifung eines Theiles von Sardinien mit dem Banne belegt seien, Hülfe zu leisten. Vgl. damit Rayn. 1217, 97 und 1218, 31.

[4] Rayn. 1229, 41. — Am 6. Oct. 1235 beklagte sich Gregor darüber, daß der Erzbischof von Pisa gegen die bisher übliche Sitte ohne besondere Erlaubniß des Papstes sich nach Sardinien zur Ausübung des Amtes eines apostolischen Legaten begeben habe (Ughelli III, 430). Ueber die Privilegien des Erzbischofs s. ibid. III, 425 und Rayn. 1218, 30 und 31.

[5] Rayn. 1237, 17 sqq. Ein ähnliches Versprechen hatte Benedicta von Massa im J. 1224 geleistet. S. Muratori, Antiq. med. aevi, Dissert. LXXI, vol. VI (ed. Mediol.), p. 7. Dort finden sich S. 7 ff. mehrere auf das Verhältniß Siciliens zum apostolischen Stuhle bezügliche Urkunden zusammengestellt.

[6] Cod. diplom. Sardin. I, 357, doc. 76. Schon vorher, am 3. März 1236, hatte sie die Oberhoheit des Papstes über Torres und ihre anderen Besitzungen an=

Richter von Arborea geleistet, der auch, gerade wie Abelasia gethan hatte, im Falle seines kinderlosen Absterbens den Papst zum Erben einsetzte[1]. Als nun Ubald zu Anfang des J. 1238 starb, hinterließ er Cagliari seinem Sohne aus erster Ehe, Johann Visconti. Seine Wittwe Abelasia aber konnte nun mit ihrer Hand Torres und Gallura vergeben. Wer will es da dem Oberlehensherrn ihres Landes übel nehmen, daß er sie am 30. April 1238 darauf hinwies, sich mit einem der Kirche ergebenen Manne zu vermählen? Am 31. Mai verbot er ihr dann, einen Verdächtigen, er meinte zweifelsohne Enzio, zum Manne zu nehmen, der die kirchlichen Rechte verletzen könne, und befahl ihr, den Guelfus von Porcaria, einen Pisaner aus vornehmem Geschlecht, den er ihr zum Gemahl bestimmt hatte, zu heirathen. Aber Enzio ging noch im October 1238 mit einem Heere nach Sardinien, heirathete Abelasia und kümmerte sich wenig darum, daß Gregor nun Abelasia, wie er schon am 4. Mai 1238 gedroht hatte[2], mit dem Banne belegen ließ[3]. Friedrich II. hat später (am 20. April 1239), als er von Neuem gebannt worden war, behauptet, der Papst sei so gegen ihn erzürnt, weil er Enzio nicht dem Wunsche des Papstes gemäß mit einer päpstlichen Nichte habe vermählen wollen — eine Verbindung, die ihm unpassend geschienen. Nach der Aussage des Papstes[4] aber war es gerade der Kaiser, der mit dem Plane, durch Burgen und Familienverbindungen den Papst für sich zu gewinnen, entschiedenen Mißerfolg hatte. Eine gleichzeitige Quelle sagt sogar ausdrücklich, der Papst habe die ihm vorgeschlagene Verbindung Enzio's mit einer päpstlichen Nichte zurückgewiesen[5]. Das ist

---

erkannt (s. ibid. I, 347, doc. 57). Sie sowohl wie Ubald leisteten auch den Schwur rücksichtlich Galluras (s. Liber censuum camerae apost. Arch. Vatic. MS. nach Balan III, 142).

[1] Cod. diplom. Sardin. I, 358, doc. 77; Rayn. 1237, 68. Vgl. Balan III, 142.

[2] H.-B. V, 1222. In seinem Beileidschreiben vom 30. April 1238 (H.-B. V, 1221) hatte er ihr in ihrem wie in des Landes Interesse baldige Wiedervermählung angerathen. Vgl. Reg. Imp. n. 2397 sq. Balan III, 198.

[3] Der Bann wurde über ihr von dem päpstlichen Subdiakon Orlandus ausgesprochen (H.-B. VI, 136). Sie wurde erst im J. 1243 auf Befehl Innocenz' IV. (vom 23. Oct.), nachdem sie sich zum Gehorsam gegen die Kirche verpflichtet hatte, davon befreit (s. ibid.).

[4] Gregor schreibt am 20. Juni 1239 (H.-B. V, 338): „Murum integritatis Ecclesiae multis et specialiter oblatione castrorum et parentela inter suos et nostros contrahendo, pro qua nos et quosdam magnos praelatos et nuntios suos pluries requirit, tentavit infringere" etc.

[5] Mur. III, 582: „Post recusata munera, quae sedentem in medio movere non poterant, fortiora Cesar ipse incitamenta corruptionis adjecit, ut summus Pontifex neptem suam naturali ejus filio copularet uxorem." Vgl. ibid. 585, woselbst der Verfasser sich für die Wahrheit seiner Behauptung auf das Zeugniß der Erzbischöfe von Messina und Palermo, des Deutschmeisters, Peters von Vinea u. A. beruft.

auch nach der ganzen Sachlage das Wahrscheinlichere[1]. Die Occupation Sardiniens bildete aber einen der Gründe, weßwegen im J. 1239 der Bann über Friedrich II. verhängt wurde, und widerlegt allein schon nicht bloß die Behauptung, daß „die Gründe der Excommunication ohne Ausnahme sich auf Thatsachen und Ereignisse bezogen, die mit der unmittelbaren Gegenwart so gut wie nichts zu schaffen hatten", sodann auch die, daß der Streit von Gregor IX. begonnen wurde[2].

Da der Kaiser die päpstlichen Legaten zu Mantua nicht einmal vorgelassen hatte, mußte der Papst sich natürlich darauf beschränken, den Erfolgen Friedrichs den Lombarden gegenüber ruhig zuzusehen. Erst am 3. Juni 1238 beauftragte er[3] einen päpstlichen Gesandten, den Bischof Ardingus von Florenz, unter Anderem auch mit dem erneuerten Gesuch, seinen Streit mit den Lombarden dem Schiedsspruch der Kirche zu überlassen und sich vielmehr gegen die Ungläubigen im Heiligen Lande zu wenden. Friedrich wollte aber davon nichts wissen und antwortete[4], daß er geneigt sei, den Rebellen Gnade zu erweisen, falls sie darum flehten; da sie aber dazu noch nicht geneigt seien und auch die Gesandtschaft selbst allzu formlos gewesen, so habe er gar nicht entdecken können, was sie überhaupt eigentlich bezweckt habe. Nichtsdestoweniger schickte er im August 1238, als Brescia nicht so leicht als er gedacht hatte, sich ergab, eine Gesandtschaft an den Papst, worin er ihm anbot[5], tausend Ritter auf seine Kosten in's Heilige Land zu senden, falls der Papst ihm helfen wolle, die rebellischen Lombarden zur Anerkennung der Reichshoheit, zur Auflösung ihres Bundes und zur Wiederherstellung der Rechte des Reiches zu bewegen, wie auch dazu, daß sie ihm so als Unterthanen unterworfen sein wollten, wie ihm und anderen Königen und Fürsten der Erde ihre Unterthanen unterworfen seien. Nach dem neuen, durch kaiserliches Geld in Rom angestifteten Aufstande, nachdem Friedrich überdieß Ferrara und anderes Eigenthum der Kirche besetzt hatte und seine Absichten auf Sardinien schon bekannt waren, ist es wahrscheinlicher, daß er Genugthuung angeboten[6], als daß der Papst jene Vor-

---

[1] Friedrichs Bestreben war darauf gerichtet, den Papst seinen Plänen dienstbar zu machen, während Gregor nach allem Vorgefallenen naturgemäß vermeiden mußte, die päpstlichen Interessen als mit den kaiserlichen identisch darzustellen. Zudem konnte es ihm kaum als eine erstrebenswerthe Ehre erscheinen, mit dem natürlichen Sohne des Kaisers verwandt zu sein!

[2] Lorenz a. a. O. S. 39 behauptet beides. Aber selbst Matth. Par. (ed. Luard) III, 527. 532, sieht in dem Verfahren des Kaisers rücksichtlich Sardiniens die Hauptursache des Bruches zwischen dem Papste und dem Kaiser.

[3] Ughelli III, 117. [4] Winkelmann, Acta, n. 351, p. 312.

[5] S. Friedrichs Schreiben vom 20. April 1239 (H.-B. V, 301).

[6] Vgl. das päpstl. Schreiben vom 20. Juni 1239, nach welchem der Papst darin, daß Friedrich trotzdem vor und nach Weggang der Gesandten von der Curie

schläge angenommen und noch obendrein das Versprechen gegeben hat, die Hindernisse, welche er bisher dem Kaiser bereitet habe, wegräumen lassen zu wollen[1]. Was aber auch immer der Papst geantwortet haben mag, thatsächlich war er auf Vorsichtsmaßregeln bedacht und ernannte deßhalb am 6. August 1238 den thatkräftigen und vielerfahrenen Gregor von Montelongo zum päpstlichen Legaten für die Lombardei, damit er die Zwietracht hebe, den Frieden herstelle und der Kirche nützliche Bündnisse zuwege bringe[2]. Dieses geschah, als der Fall von Brescia wie anderer Städte der Lombardei noch wahrscheinlich war.

Es war erst nach Aufhebung der Belagerung, aber auch nachdem die neuen Uebergriffe rücksichtlich Sardiniens durch die bewaffnete Sendung Enzio's nach Sardinien die Absichten Friedrichs immer klarer gemacht hatten, daß eine aus den Bischöfen von Würzburg, Worms, Vercelli und Parma bestehende päpstliche Gesandtschaft im October 1238 dem Kaiser zu Cremona genau formulirte Klagepunkte vortrug. Darin wiederholte Gregor von Neuem seine Klagen über die Verletzungen der kirchlichen Rechte und Freiheiten in Sicilien, die Beraubung und Verbannung früherer Anhänger der Kirche, sowie über die Gefangenhaltung des Neffen des Königs von Tunis, die Anstiftung von Unruhen in Rom und endlich die Hinderung der Sache des Heiligen Landes durch seinen Streit mit den Lombarden, da doch die Kirche bereit sei, ihm auf schiedsrichterlichem Wege Genugthuung von den Lombarden zu erwirken, und jene, dieselbe zu leisten. Der Kaiser hörte die Klagen, wie die Gesandten dem Papste am 28. October 1238 berichteten[3], in unerwarteter Demuth an und beantwortete sie einzeln in Gegenwart[4] der Erzbischöfe von Pa-

---

Sardinien und Massa in der Diöcese Luni, welches ebenfalls zum Erbe der Abelasia gehörte, occupirte, einen Beweis erblickte, daß keine Besserung von ihm zu hoffen und weder ihm noch seinen Gesandten Glauben zu schenken sei.

[1] S. die kaiserliche Darstellung vom 20. April 1239 l. c.
[2] S. Cacciaconti, Summ. Monum. Vercell. p. 120: „Pro sedandis discordiis ac reformationibus pacis et concordiis faciendis prout utile ecclesiae foret," citirt von Winkelmann in Forschungen XII, 274, 2. — Friedrich behauptet am 20. April 1239, ehe noch seine Gesandten mit der günstigen Antwort des Papstes drei Tagereisen von der Curie entfernt gewesen, sei „eis omnino celatis et in confusionem ipsorum" G. de Montelongo „cum legationis officio plenae in Lombardiam" gesandt worden. — Nach dem Banne sandte der Papst ihn im April 1239 nach Mailand (s. Ann. Plac. Gib. 481). Er war der Sohn des L. de Montelongo, den Innocenz III. seinen Consobrinus nennt (Baluze II, 776), ein päpstlicher Notar, „homo magni cordis et doctus ad bellum", „vir sapiens et in multis expertus" (Salimbene 197, 81). Schon im J. 1213 hatte Innocenz III. ihm eine Präbende zu Vercelli verliehen (s. päpstl. Schreiben vom 14. Juni 1213 bei Baluze II, 776). In den Jahren 1251—1269 regierte er die Kirche von Aquileja und starb am 8. Sept. 1269. [3] S. den Bericht bei H.-B. V, 249.
[4] Schirrmacher (III, 45) erklärt die Worte des bischöflichen Berichtes: „prae-

lermo und Messina und mehrerer Bischöfe und Ordensleute. Unter Anderem wies er darauf hin, daß er schon vor einiger Zeit seinen Notar, Wilhelm de Tocco, behufs Abstellung gegründeter Klagen in's Königreich gesandt habe, der aber noch nicht alle Provinzen hätte bereisen können. Schließlich gab er im Allgemeinen die Versicherung, er werde, da er selbst wegen seiner langen Abwesenheit von Sicilien den Zustand des Landes nicht genau kenne, Befehl geben, alles, was je zum Schaden der Kirche geschehen und noch nicht gehoben sei, zu verbessern, und erbot sich, in Anbetracht des großen Nutzens der Eintracht mit der Kirche, jede mit der Ehre des Reiches vereinbare Bürgschaft dafür zu leisten, daß er gewillt sei, mit ganzer Kraft für die Ehre und Erhöhung des christlichen Glaubens, wie für die Ehre und Freiheit der Kirche einzutreten. — Gewiß sind das schöne Versprechen. Aber sie hätten mehr Werth gehabt, wenn sie nicht schon öfters vorher gegeben und gebrochen worden wären.

Wer sich aber darüber, daß der Papst immer wieder auf die Freiheit der Kirche und die Lage Siciliens zurückkommt, wundert, mißversteht die principielle Bedeutung dieses alten Streitpunktes. Was mußte von Friedrich erst in anderen Ländern erwartet werden, wenn in Sicilien, welches in besonderer Weise dem Papste als Oberlehensherrn unterworfen war, solches ungestraft hingehen konnte? Um so nöthiger war eine Aenderung seines Verfahrens dort, je größer die Wahrscheinlichkeit wurde, daß er auch anderswo gerade so verfahren wolle.

Schon wurden die Anzeichen, daß es mit der Nachsicht des Papstes zu Ende gehe, deutlicher. Im November 1238 sandte der Kaiser nun eine neue Gesandtschaft, worunter sich die Erzbischöfe von Palermo und Messina befanden, sowie der Graf von Acerra und der Magister Porcastrella, an den Papst. Aber Näheres wissen wir nicht darüber. Sie verließen Rom im December. Gegen Ende des Jahres überbrachte Porcastrella dem Kaiser die päpstliche Antwort[1]. Nach allem Vorhergegangenen wird sie entschieden genug gelautet haben.

Der Papst konnte sich jetzt um so freier bewegen, weil er nun einen Rückhalt an den beiden mächtigen Handelsstädten Genua und Venedig hatte. Beide Städte waren dem Kaiser feindlich gesinnt[2], hatten aber

---

sentibus quoque venerabilibus ... archiepiscopis", dahin, daß die Bischöfe rc. durch ihre bloße Gegenwart die Wahrheit der kaiserlichen Antworten „gewährleistet" (!) haben. [1] Rich. Sangerm. ad a.; H.-B. V, 258, 1.

[2] Genua war mit dem Kaiser seit 1232 wegen Annahme eines Mailänders zum Podestaten zerfallen (s. Ann. Januens. 178 sqq.; vgl. Reg. Imp. n. 1931a und 1990). Auch im Anfange des J. 1238, als der Kaiser in der Nähe der Stadt weilte und fast Alles von ihr abfiel, hielt die Stadt sich spröde. Obgleich sie nun später, als Friedrich seinen Unterthanen den Verkehr mit ihr verboten hatte (H.-B.

unter sich bisher allerhand Zwistigkeiten gehabt. Allein auf Bemühen des Papstes schlossen ihre Vertreter am 30. November 1238 zu Rom ein alle vier Jahre zu erneuerndes Bündniß auf neun Jahre ab, wodurch sie sich auf dem Meere wie in Sicilien, Calabrien, Apulien, dem Principate und allen überseeischen Ländern zur gegenseitigen Hülfeleistung verpflichteten. Außerdem verpflichteten sie sich, innerhalb der neun Jahre mit dem Kaiser keinen Frieden, Vertrag, Bündniß oder Versprechung einzugehen, außer mit der Zustimmung und nach dem Willen des Papstes. Streitfragen zwischen ihnen sollten durch päpstlichen Schiedsspruch geschlichtet werden[1]. Von irgend welcher Verbindlichkeit des Papstes ist in dem Vertrage gar keine Rede[2]. Allein die Umstände, unter denen er abgeschlossen wurde, während eine kaiserliche Gesandtschaft kurz nach der Occupation Sardiniens und der Erneuerung der Klagen in Rom war, deuten genugsam darauf hin, daß die Städte dem Papste in seinen Streitigkeiten mit dem Kaiser einen Rückhalt und eventuell Schutz gewährt haben würden. Der Papst nahm nun auch Venedig wie Genua in seinen besondern Schutz[3].

Im Januar 1239 ging der Kaiser selbst in die trevisanische Mark, um Ezelin von Romano gegen den Markgrafen Azzo VII. von Este und andere Gegner zu unterstützen[4]. Von Padua aus ersuchte er am

---

V, 238; Reg. Imp. n. 2324), dennoch im Mai 1238 Boten an ihn abfertigte und ihm durch dieselben den Treueid leisten ließ (vgl. Ann. Jan. p. 188), wollte der Kaiser, daß jeder Einzelne Treue wie den Lehenseid schwöre, und sandte zur Entgegennahme desselben um die Mitte des J. 1238 Gesandte nach Genua (H.-B. V, 205; Reg. Imp. n. 2354). Zugleich forderte er sie auf, bei Finale ihre Seemacht zu seiner Verfügung bereit zu halten (H.-B. V, 207). Beides war aber der Stadt zu viel; sie verweigerte den Eid (vgl. gegen Schirrmacher III, 36, wonach die Menge noch trügerisch gegen den Kaiser aufgereizt wurde, Winkelmann, Bd. II, 86, 5) und wurde nun wieder in die Acht erklärt (H.-B. V, 237). — Venedigs feindliche Stellung war schon im J. 1237 bei Gelegenheit der Verhandlungen von Fiorenzula, welche Venedig vereitelte (s. o. S. 260), klar hervorgetreten.

[1] S. H.-B. V, 1223. — Venedig bevollmächtigte seine Gesandten am 10. Sept., Genua am 14. Oct.

[2] Schirrmacher (III, 46) will in dem Vertrage ein Bündniß des Papstes mit den Lombarden sehen, und beruft sich auf eine Stelle im kaiserlichen Schreiben vom 20. April 1239 (H.-B. V, 306): „De assistendo eis contra nos et imperium corporaliter praestitit juramentum, eum eos peregrinantibus nobis in partibus Syriae transmisit in regnum." Offenbar bezieht sich die Stelle auf das J. 1229, wird aber überdieß von Gregor IX. am 20. Juni 1239 als offenbare Lüge erklärt.

[3] Schutzbrief für Venedig vom 5. Dec. 1238 s. bei Rayn. 1238, 74; für Genua s. in Ann. Jan. p. 189.

[4] Die Schreiben Friedrichs an Ezelin vom 21. Nov. 1238 (H.-B. V, 268), wie das von Ezelin an den Kaiser (ibid. V, 266) sind unächt. Vgl. Ficker in den Reg. Imp. n. 2410.

10. März die Cardinäle, den Papst, der, wie die ganze Welt wisse, aus ungerechten und willkürlichen Gründen gegen ihn erzürnt sei, zu beschwichtigen; bloß der Lombarden wegen wolle der Papst das geistliche Schwert gegen ihn kehren; denn den Beschwerden, die er sonst noch gegen ihn vorgebracht habe, sei entweder schon abgeholfen oder werde doch in der allernächsten Zeit (!) seinem bereits ertheilten Befehle gemäß abgeholfen werden. Zugleich droht er, im Falle er gebannt würde, sich rächen zu wollen. Seine Rache würde sich dann nicht bloß auf den Papst beschränken [1]. Aber ehe noch dieser letzte Versuch, den Papst durch Drohungen und Ausflüchte hinzuhalten, demselben zugekommen war, hatte er schon am 20. März 1239 zum zweitenmale über den Kaiser den Bann ausgesprochen.

Neunzehntes Kapitel.
Die Berechtigung der päpstlichen Beschwerden und die Gründe des Bannes.

Am 20. März 1239 starb zu Salerno der Deutschmeister Hermann von Salza, ein Mann, eifrig und klug, dabei kühn und tapfer. In ihm verlor der Kaiser einen treuen und dabei ehrlichen Freund, den auch der Papst hoch geschätzt hatte. Friedrich weilte an dem Tage, es war der Palmsonntag, zu Padua, ein Volksfest fröhlich mitfeiernd. Aber an demselben Tage sprach der Papst zu Rom den Bann gegen ihn aus, der am 24. März, dem grünen Donnerstage, auch öffentlich und feierlich verkündet wurde [2].

Im Einzelnen werden 17 Gründe angeführt, von denen die meisten den schon im October 1238 von den päpstlichen Gesandten zu Cremona

---

[1] H.-B. V, 282. — In seinem Schreiben vom 20. April 1239 sagt der Kaiser, der Papst hätte vor dem Banne durch die Bischöfe von Bergamo, Brescia und Como von ihm verlangt, er solle entweder ihm (dem Papste) anheimstellen, welche Genugthuung die Lombarden zu leisten hätten, oder aber den wegen des Heiligen Landes im Juli 1234 zu Rieti auf vier Jahre angesagten Waffenstillstand halten, obgleich seitdem schon fünf Jahre verflossen seien. Zudem sei ihm von den Gesandten mit Zustimmung des Legaten G. von Montelongo Zeit zur Ueberlegung gewährt, er aber während derselben plötzlich gebannt worden. — Sonst ist von dieser Gesandtschaft gar nichts bekannt. Der angebliche Inhalt ihrer Meldung stimmt auch zu wenig mit den thatsächlichen Gründen des Bannes, als daß er ohne Weiteres als wahrscheinlich angenommen werden könnte. — Ficker (Reg. Imp. n. 2428) bezieht ein von H.-B. VI, 276 mitgetheiltes Schreiben an die Cardinäle ohne hinreichenden Grund hierhin, da es ganz allgemein gehalten und von dem entschiedenen, sicher ächten Schreiben vom 10. März 1239 durchaus verschieden ist.

[2] Rayn. 1239, 2—12; H.-B. V, 286—289; Hefele V, 939 f. — Der Bann wurde am Palmsonntag zuerst ausgesprochen, dann am Grünbonnerstage feierlich wiederholt und bekanntgegeben. Vgl. Potth. vol. I, p. 907. 908.

dem Kaiser übergebenen Klagepunkten entsprechen, aber auch schon früher hervorgehoben worden waren. Indem wir sie im Folgenden genauer erörtern, berücksichtigen wir zugleich die ebenfalls zu Cremona gegebene kaiserliche Rechtfertigung.

Die erste Beschwerde des Papstes war die, daß der Kaiser in Rom Empörungen zu dem Zwecke, den Papst und die Cardinäle von dort zu vertreiben, angestiftet habe. Die wirkliche Absicht Friedrichs, sich auch Rom zu unterwerfen, ergibt sich unzweifelhaft daraus, daß er in seinen schon vor dem J. 1239 erlassenen Briefen nicht bloß Italien als sein Erbe bezeichnete, sondern auch den Römern die größte Aufmerksamkeit erwies und ihre Stadt als die **Hauptstadt und den Sitz seines Reiches** und sich selbst als den Wohlthäter des römischen Volkes pries [1]. Immer sei es seine Absicht gewesen, schreibt er ihnen um October 1236 [2], Rom wieder zur alten Würde zu erheben und römischen Bürgern einen Theil der Sorge für das Reich zu übertragen, sei es als Hofbeamten oder als Statthaltern der Provinzen oder in anderen wichtigen Posten. Nun sei er aber nicht länger im Stande, die Erfüllung seines Willens hinauszuschieben, weßhalb er sie auffordert, ohne Säumen ihre Proconsuln, den Grafen Napoleon Johannis Gactani, Johann de Polo, Otto Frangipani und Angelus Malabranca, denen er besondere Ehren und Aemter verleihen wolle, zu ihm zu senden, damit so eine unauflösliche Verbindung zwischen dem römischen Reiche und den Römern hergestellt werde. Um die Römer zu gewinnen, hatte er ihnen nicht bloß den eroberten Fahnenwagen der Mailänder gesandt, sondern noch im Juni 1238 wieder durch seine Anhänger neue Unruhen in der Stadt erregen lassen [3]. Auf die Beschwerden des Papstes hatte der Kaiser zu Cremona zugegeben, daß er, wie ehedem seine Vorgänger und die Könige von Sicilien, Vasallen in Rom habe, daß er sie beschütze und beschützen werde, so oft als die von der Gegenpartei gewählten Senatoren sie bedrückten. Aber mit der Entfernung der Ursache, nämlich sobald ein anderer Senator gemeinsam von den Parteien gewählt worden sei, habe auch der Aufruhr aufgehört. Darnach

---

[1] „Italia haereditas mea est," heißt es in einem Fragment eines übrigens nicht unzweifelhaft ächten Schreibens Friedrichs an den Papst (s. H.-B. IV, 881). Der Gedanke ist aber jedenfalls Friedrichs bekannten Intentionen durchaus entsprechend (s. o. S. 62. 89 s. 247). Ueber seine Bemühungen, die Römer für sich zu gewinnen, vgl. o. S. 253. Sonstige Aeußerungen, wie z. B. daß er Rom „caput imperii" und sich selbst „urbis auctor et benefactor populi R." nennt, s. bei Rayn. 1239, 2.

[2] H.-B. V, 761, der das Schreiben irrthümlich (s. Ficker, Reg. Imp. n. 2199) in den Februar 1240 setzt. Immerhin bleibt die Behauptung, es sei stets sein Wunsch gewesen, wie ihnen auch ihre mehrfach an ihn gesandten Boten berichtet haben würden, „ut auctorem pariter et auctricem imperii Romani reformaremus Romam in statu dignitatis antiquae", bestehen. [3] S. o. S. 263.

sollte man schließen, daß, sobald die Wahl auf einen der kaiserlichen Partei genehmen Senator fiel, der Papst immer zurückgerufen, sonst aber vertrieben worden sei. Thatsächlich lag die Sache gerade umgekehrt[1].

Der zweite Grund des Bannes war der, daß Friedrich seinen Unterthanen befohlen habe, den Bischof von Palestrina und apostolischen Legaten an der Ausführung seiner Mission gegen die Albigenser zu hindern, die der Papst ihm am 13. Mai 1238 für Toulouse und Alby übertragen hatte[2]. Um diese Zeit hatte Gregor IX. den Kaiser um einen Geleitsbrief für den Legaten gebeten, Friedrich aber die Bitte nicht gewährt. Er könne die Wahl nicht billigen, schrieb er, besonders jetzt nicht, wo er die Unterwerfung der Rebellen, welche der Bischof von Palestrina zu hindern suche oder wenigstens hindern zu wollen mit Grund verdächtig sei, erwarte. Außerdem müsse er dem Legaten in seinem eigenen Interesse den gewünschten Geleitsbrief versagen. Denn die kaiserlichen Unterthanen würden denselben für erzwungen halten und trotz desselben, im Glauben, dem Kaiser einen Dienst zu thun, an der Person des Legaten für das große von ihm im Juli 1236 dem Kaiser zu Piacenza zugefügte Unrecht Rache nehmen[3]. Als im October 1238 der Papst die Anklage dahin formulirt hatte, die Gefangennahme des Legaten sei vom Kaiser befohlen worden, läugnete dieser das geradezu, wenngleich der Legat als sein offenbarer Feind das wohl verdient gehabt hätte. Er hatte eben nicht direct die Gefangennahme, sondern bloß die Hinderung (!) desselben befohlen. Unter diesen Umständen stand natürlich der Papst einstweilen von der Sendung des Bischofs von Palestrina ab und schickte an dessen Stelle im November 1238 den Bischof von Sora. Aber nach der Verkündigung des Bannes ging Jakob von Palestrina im November 1239 in Pilgerkleidung mit nur einem Genossen nach Genua und schiffte sich dort nach Frankreich ein, um daselbst den Bann gegen Friedrich II. zu verkünden[4].

An dritter Stelle führt die Bulle an, daß der Kaiser die Besetzung mehrerer Kathedral- und anderer Kirchen im Königreiche Sicilien nicht zulasse, wodurch die Freiheit der Kirche und selbst der Glaube in Gefahr gebracht werde, weil wegen Mangels des Hirten keiner das Wort Gottes verkünde und die Seelen leite. Damals waren gemäß der Bannbulle

---

[1] S. o. S. 263. Römer hatten nicht bloß Lehen vom Kaiser, wofür sie ihm den Huldigungseid leisteten, sondern auch jährliche Renten. S. u. a. die C.-O. vom 19. Oct. 1239 (H.-B. V, 454. 455).

[2] H.-B. V, 270, 1. Vgl. o. S. 214, Anm. 3.

[3] Winkelmann, Acta, n. 349. S. auch das allem Anschein nach an den Erzbischof von Messina in dieser Angelegenheit gerichtete Schreiben Friedrichs bei H.-B. V, 269. Die Schreiben werden bald nach dem 13. Mai 1238 erlassen sein.

[4] Rich. Sangerm. 376 (ad Nov. 1238) et 378 (ad a. 1239). — Vgl. auch Gregors Brief an Ludwig IX. vom 21. Oct. 1239 bei H.-B. V, 457.

im Königreiche Sicilien 20 Bisthümer ohne Hirten. Daß dieß aber keine Uebertreibung des Papstes war, folgt aus einem am 10. October 1239 erlassenen officiellen Befehl des Kaisers an seine Beamten, die Einkünfte von 31 namentlich angegebenen, vacanten bischöflichen Kirchen und Klöstern durch zuverlässige Personen für die Curie verwalten zu lassen[1]. Zu Cremona hatte er erklärt, er wolle bei der Besetzung jener Stellen nur die Privilegien und Vorrechte wahren, die seine Vorgänger gehabt hätten, zumal er einen mäßigern Gebrauch als jene davon gemacht habe. Dabei läßt er ganz außer Acht, daß er eben eidlich die Freiheit der canonischen Wahlen zugestanden hatte[2]. Welchen Werth konnten seine Versprechungen und die mit ihm geschlossenen Verträge überhaupt haben, wenn er sie, sobald es ihm paßte, einfach ignorirte!

Der vierte Punkt ist der, daß im Königreiche Geistliche gefangen, verbannt und getödtet würden. Auf eine ähnliche Anklage hin hatte der Kaiser im October 1238 erklärt, daß von seinen Beamten nur einige Geistliche festgenommen worden seien, damit sie gemäß der Natur ihrer Vergehen dem geistlichen Gerichte übergeben würden. Einige seien wegen Hochverraths gebannt worden. Was aber die Getödteten angehe, so beklage wegen der Straflosigkeit der Geistlichen und Mönche die Kirche von Venosa den Tod ihres von einem Mönche erschlagenen Bischofs, wie auch in der Kirche des hl. Vincenz ein Mönch einen andern getödtet habe, ohne daß darauf eine canonische Strafe erfolgt sei. Allein nach guten Nachrichten starben der Erzbischof von Neapel und andere Geistliche im Kerker[3]. Den Bischof von Cefalu wie den Archidiaconus von Salerno hatte er nach Gregors Behauptung[4], ohne daß sie geständig

---

[1] Nach der Bulle waren es die Diöcesen Catanea, Reggio, Acerenza, Squillace, Ruvo, Potenza, Otranto, Policastro, Sarno, Aversa, Valva, Monopoli, Polignano, Melfi, Rapolla, Cariati, Alife, Mazzara, Bisceglia und Frigento; außerdem die Klöster von Venosa und S. Salvator zu Messina. — Das Verzeichniß vom 10. Oct. 1239 s. bei H.-B. V, 438 sq., wozu die Bemerkungen von Winkelmann, Forschungen XII, 534, 3. Dazu kamen noch vor Ende 1239 (vgl. ebenb.) Gajazzo und Fonbi, deren Bischöfe vom Kaiser vertrieben wurden, und Amalfi, dessen Bischof im J. 1239 starb und erst im J. 1254 (s. Gams p. 848) einen Nachfolger erhielt.

[2] S. o. S. 100.

[3] „Neapolitanum archiepiscopum, archipresbyterum Montorii, et Thomasinum, Cantorem Messanensem, longa maceratione carceris interemit." Vita Greg. 583.

[4] S. Schreiben vom 23. Oct. 1236 bei H.-B. IV, 920. Der Kaiser hatte sie am 20. Sept. 1236 des Hochverrathes beschuldigt (s. ibid. 911) und im Oct. 1238 speciell in Bezug auf den Bischof von Cefalu gesagt: „Quod falsarius, homicida, proditor et schismaticus publico testimonio comprobatur" (H.-B. V, 251; s. u. S. 279, Anm. 2). Ihre Einkünfte hatte er nach seiner Behauptung vom 20. Sept. 1236 beiden gelassen, allein am 10. Oct. 1239 erscheint auch Cefalu auf der amtlichen Liste der Diöcesen, deren Einkünfte der Kaiser verwalten ließ.

ober überführt worden waren, verbannt. Außerdem wissen wir, daß der Erzbischof von Tarent wie die Bischöfe von Catanea, Alife, Carinola, Sora, Venafro und andere [1] von ihm des Landes verwiesen wurden [2]. Wie genau er es mit der den Geistlichen von Neuem im Frieden von Ceperano gewährten Befreiung von der weltlichen Gerichtsbarkeit nahm, hatte er schon im J. 1231 in den Constitutionen von Melfi aller Welt dargethan, indem er das Privileg praktisch zu nichte machte [3]. Sein Verfahren war eine offenbare Verletzung des von ihm beschworenen Friedens und wird deßhalb mit Recht hier als einer der Banngründe erwähnt.

An fünfter Stelle wird die Zerstörung und Entweihung von Kirchen angeführt, eine Anklage, die Gregor am 28. Februar 1236 genauer dahin ausgeführt hatte, daß christliche Kirchen von den Saracenen zerstört worden seien. Schon am 3. December 1232 hatte Gregor einen solchen Fall in Bangio Fojetano namentlich angeführt [4]. Friedrich läugnete, wie am 16. April 1236, so auch im October 1238 jede Kenntniß dieser Sache ab, es sei denn, daß es sich um die Kirche von Luceria handle, die, wie es heiße, wegen ihres Alters zusammengefallen sei und zu deren Wiederaufbau er dem Bischof gerne behülflich sein wolle. Allein von anderer Seite wissen wir, daß er die dortige Kathedrale abbrechen ließ und an ihrer Stelle einen Palast baute [5].

Hierzu kam als sechster Grund, daß der Kaiser die Herstellung der Kirche von Sora nicht gestattete. Die Stadt war von ihm im October 1229, weil sie in dem Kampfe, den der Herzog Raynald von Spoleto dem Papste aufgezwungen hatte, auf des letzteren Seite getreten war, genommen und eingeäschert worden [6]. Sora sei und bleibe zerstört und

---

[1] Vita Greg. 583 erwähnt nur die im Text Genannten. Carinola, Venafro wie Sora sind auch in der kaiserlichen Verordnung vom 10. Oct. 1239 (s. o. S. 273, Anm. 1) aufgezählt. Rich. Sangerm. bemerkt zu Mai 1239: „Theanen., Calinen., Venafranus, Aquinen. Episcopi de Regno exeunt, imperatore mandante." — Am 23. Oct. 1239 befahl der Kaiser, den Bischof von Fondi „propter ingratitudinem et indevotionem et quem merito suspectum habemus" unverzüglich aus dem Reiche zu vertreiben und seine Güter einzuziehen (H.-B. V, 463). — Die Verwandten der Bischöfe wurden mitbestraft. So war der Schwiegersohn des Bischofs von Cefalu verbannt worden. S. C.-D. vom 15. Dec. 1239 bei H.-B. V, 575.

[2] In der Vita Greg. 583 heißt es, daß er Minoritenbrüder, wie den Subdiakon Magister Nicolaus von Messina (vielleicht im J. 1233 in Folge des Aufstandes der Stadt) verbrennen ließ. Außerdem, daß der Kaiser „Militensem Decanum in maris fluctibus levi suspicione demersit".

[3] S. o. S. 139.   [4] Rayn. 1232, 43.   [5] Vita Greg. 583.

[6] S. o. S. 95. — Nach einer Urkunde König Karls II. (Reg. Angiov. 1295 B, f. 53, erwähnt in Reg. Imp. n. 1775 nach H.-B.) ließ der Kaiser (im J. 1230) die Kirchen universitatis sancti Severi zerstören und aus den Steinen das palatium quod vocatur Bellovidere bauen. — Nach der Anklageschrift (H.-B. VI, 288) ließ Friedrich II. die Domkirche zu Amelia in eine Burg verwandeln.

darum der vom Papste gewünschte Aufbau der dortigen Kirche überflüssig, erklärte er lange nach dem allgemeine Amnestie zusichernden Frieden von Ceperano, am 20. September 1236. Allein im October 1238 hatte er wenigstens den Bau einer Kirche daselbst erlaubt. Die Stadt selbst solle aber bei seinen Lebzeiten zerstört bleiben.

Die Wahrheit der siebenten Anklage, daß der Kaiser den Neffen des Königs von Tunis an seiner Reise nach Rom zum Empfange der heiligen Taufe hindere, ist durch Friedrichs eigenes Geständniß erwiesen. Im J. 1228 hatte Abu=Zakaria seinen Bruder Abu=Mohammed, Fürsten von Tunis, vertrieben und sich allmählich zum unabhängigen König gemacht. Anfangs 1236 floh nun der Sohn des Abu=Mohammed, Abdul=Azis mit Namen, von Tunis nach Sicilien[1]. Wahrscheinlich hatten die Minoriten, welche Gregor IX. im J. 1235 nach Tunis gesandt hatte[2], den jungen Fürsten in der christlichen Religion unterrichtet. Er war wenigstens entschlossen, sich zum Empfang der heiligen Taufe nach Rom zu begeben, wurde aber an der Reise auf Befehl des Kaisers verhindert. Vergebens drohte der Papst denen, die ihn gefangen hielten, mit dem Banne, vergebens wandte er sich auch am 24. Juni 1236 an den Kaiser selbst mit der Bitte, die Freilassung des gefangenen Fürsten zu verfügen[3]. Friedrich verlangte nämlich zuerst den Beweis, daß der Fürst mit dem Willen des Königs von Tunis und aus freien Stücken zu Rom die Taufe empfangen wolle, wodurch er sowohl zugab, daß jener wirklich getauft sein wollte, als auch daß er von ihm gehindert wurde[4]. Es lag ihm eben mehr daran, den König von Tunis, mit dem er am 26. April 1231 einen Handelsvertrag auf zehn Jahre abgeschlossen hatte[5], nicht zu verletzen, als den Papst. Sonst hätte er ja einfach den Prinzen nach seinem Belieben verfahren lassen, ohne sich selbst über Vorbedingungen zu ver-

---

[1] Deguignes, Hist. gén. des Huns etc. I, p. I, 386. Vgl. H.-B. V, 255, 1. Nach Weil, Gesch. der islamit. Völker (1866), S. 330, war Abu=Mohammed im J. 1228 entsetzt worden, weil er dem Almohaden Mamun die Huldigung verweigerte, was aber Abu=Zakaria später ebenfalls that.

[2] Rayn. 1235, 36. S. o. S. 238. Vgl. Rayn. 1236, 22.

[3] S. Gregors Schreiben vom 24. Juni 1236 bei H.-B. IV, 872. Vgl. Vita Greg. 584.

[4] Friedrichs Antwort auf das päpstliche Schreiben vom 24. Juni ist nicht erhalten. Er sagt am 20. Sept. 1236, er habe schon dem Papste über den Fürsten von Tunis geschrieben. Zugleich verspricht er, untersuchen zu lassen, ob derselbe sich wirklich freiwillig zum Empfange der Taufe zum Papste begeben wolle (H.-B. IV, 912). Die päpstliche Antwort vom 23. Oct. 1236 (H.-B. IV, 920) bezieht sich auf beide Schreiben. Darin heißt es: „Probationes quod praeter offensam regis ejusdem et non circumventus ad nos accederet recepturus baptismatis sacramentum expostulas", und „dictum nepotem credis debuisse praefati regis licentiam praestolari".

[5] H.-B. III, 276. Vgl. Röhricht I, 84, Anm. 278.

gewissern. Der Papst entgegnete ihm auch beßhalb am 23. October 1236 mit vollem Rechte, daß von einer Umgarnung bei der Bekehrung eines erwachsenen Menschen zu sprechen so viel heiße, als die Apostel und Jünger der Wahrheit Verführer nennen, und daß in dieser Angelegenheit der Wille des Königs von Tunis von keinem Gewichte sein könne. Im October hatte der Kaiser auf die wiederholte Klage des Papstes geantwortet, der Fürst sei aus der Berberei geflohen, nicht um getauft zu werden, sondern um dem ihm von Seiten seines Oheims drohenden Tode zu entgehen; er werde auch nicht gefangen gehalten, sondern gehe frei in Apulien umher und habe auf die Frage, ob er getauft sein wolle, dieß durchaus verneint. Vielleicht will der Kaiser selbst bloß sagen, daß dem jungen Prinzen eben wegen seiner Neigung zum Christenthum Abu-Zakaria mit dem Tode gedroht habe. Der Kaiser hatte ihm Luceria in der Capitanata zum Aufenthalte angewiesen, und dort, in saracenischer Umgebung, mag Abbul-Azis immerhin später in seinem Entschlusse, das Sacrament der Taufe zu empfangen, schwankend geworden sein. Dort weilte er noch im J. 1240[1], ein Mittel in der Hand Friedrichs, den König von Tunis, auf dessen Thron ja Abbul-Azis directe Ansprüche hatte, einzuschüchtern[2].

Es folgt dann als achter Grund, daß der Kaiser den Peter Saracenus, einen vornehmen Römer, der im Auftrage des Königs von England habe zum apostolischen Stuhl reisen wollen, gefangen genommen habe und noch fortwährend in Gefangenschaft halte. Nach wiederholten Beschwerden des Papstes hatte der Kaiser zuletzt im October 1238[3] be-

---

[1] Am 25. Dec. 1239 (s. H.-B. V, 626) wie am 17. April 1240 (ibid. 907) gab der Kaiser für die Ausstattung des Prinzen und ihm zu leistende Zahlung Anweisung.

[2] Der König von Tunis hatte schon am 10. Juni 1236 mit Genua einen Handelsvertrag abgeschlossen (s. Ann. Jan. p. 186) und begünstigte auch im J. 1239 die erklärten Feinde Friedrichs, die Genueser und Venetianer. Friedrich wollte aber deßhalb doch kein gewaltsames Vorgehen gegen ihn, wie er am 23. Jan. 1240 dem Admiral Spinola schrieb (H.-B. V, 686), sondern sandte vielmehr Gesandte an ihn (s. H.-B. V, 726. 727. 745). Deren Vorstellungen wurden nicht bloß durch das Benehmen des Kaisers in der Sache des Abbul-Azis unterstützt, sondern auch durch die damals in Tunis herrschende Hungersnoth. Bis dahin hatten die Genueser Getreide in Sicilien aufgekauft und nach Tunis ausgeführt (s. Weisung vom 29. Febr. 1240 bei H.-B. V, 793), aber der Kaiser hatte am 29. Febr. 1240 (H.-B. V, 782) Derartiges Jedem verboten, bis die kaiserlichen Schiffe 50 000 Last Lebensmittel dorthin geführt. So konnte er denn seinen Freundschafts- und Handelsvertrag mit Tunis erneuern. S. Ann. Sicul. p. 497.

[3] Der Papst beschwerte sich von Neuem hierüber am 3. Juni 1238, an welchem Tage er den Bischof Arblngus von Florenz an den Kaiser abordnete. S. Winkelmann, Acta, n. 654: „Nuper imp. excellentiam apostolicis literis exorasse meminerimus" etc. — Friedrich verweigerte aber Peters Freilassung, „praesertim

hauptet, Saracenus sei gefangen genommen worden, weil er sich sowohl zu Rom wie anderswo als Feind und Verleumder des Kaisers bewiesen habe. Er habe auch keinen Auftrag, sondern bloß ein Empfehlungs=schreiben von dem Könige von England gehabt. Der darin enthaltenen Bitte, ihn, falls er gefangen würde, schonend zu behandeln, sei aber keine Folge geleistet worden, weil dem Könige die Ränke des Saracenus gegen den Kaiser unbekannt gewesen seien. Dagegen steht nun urkundlich fest, daß wenigstens noch zuletzt am 25. Mai 1236 Saracenus in vertrauter Mission von dem englischen Könige an den Papst gesandt worden ist[1], und daß in England, dessen König doch des Kaisers Schwager war, der Bann ungehindert verkündet und Abgaben zur Unterstützung des Papstes erhoben wurden. Es ist deßhalb gar nicht unwahrscheinlich, daß Sara=cenus gefangen wurde, weil der Kaiser ihn im Verdacht hatte, eine Ver=bindung zwischen dem Könige von England und dem Papste gegen ihn herstellen zu wollen. Er war zudem mit den Frangipani in Rom ver=wandt, somit lag die Befürchtung nahe, daß er dieselben der kaiserlichen Sache zu entfremden suche[2]. Der Kaiser war übrigens Willens, ihn gegen ein Lösegeld von 10 000 Pfund, falls sich der König von England dafür wie auch für das künftige ruhige Verhalten des Saracenus ver=bürge, freizulassen. Allem Anschein nach weigerte sich aber der König, das zu thun, weil ihm die Summe zu groß war[3]. Trotzdem erwirkte Johann Saracenus, Dekan von Bath und Wells, die Freilassung seines Vaters im J. 1239[4]. — Im October 1238 hatte der Papst sich auch

cum interceptae literae, quas portabat, nec vestrae legationis ad regem nec regis ad vos indicium aliud demonstrarent". Winkelmann l. c. n. 351, p. 312. Vgl. die Antwort vom Oct. 1238 bei H.-B. V, 255.

[1] S. Shirley, Royal letters II (1866), p. 13, n. 422: „Cum dilectos et fideles nostros P(etrum) Saracenum et magistrum S. de Seyland clericum nostrum pro quibusdam negotiis nostris ad sedem apostolicam transmittamus" etc. Vgl. ibid. p. 12, n. 421, worin Heinrich III. neben dem Bischof Alexander von Coventry und Lichfield „dilectum et fidelem nostrum P(etrum) Saracenum, civem Romanum", als Ueberbringer einer päpstlichen Botschaft erwähnt. Heinrich III. hatte ihn auch im J. 1217 an Honorius III. gesandt. S. ibid. vol. I, p. 6, n. 7.

[2] S. Rayn. 1239, 6. — S. C.=O. vom 19. Oct. 1239 bei H.-B. V, 455.

[3] Matth. Par. (ed. Luard) III, 526 (ad a. 1239). Darnach schrieb Saracenus an den Papst und seine Freunde, sie möchten den König durch den päpstlichen Le=gaten und Andere zur Gewährung der kaiserlichen Forderungen bewegen. Jedoch auf die Vorstellungen des Legaten hin, „quod nullo modo posset suo nuntio incarce=rato deesse honeste", sagt Paris., „Rex prosilit in verba iracundiae". Aber allem Anscheine nach hat er dennoch die Forderung auf Bitten des Sohnes des Peter Saracenus (s. folgende Note) bewilligt.

[4] Die Encyclica vom 7. April 1239 erwähnt auch die Gefangennahme des Sohnes Peters: „et filium ejus carceri detinet" (H.-B. V, 292). Vgl. Ann. de Dunstapl. a. 1238 (ed. Luard III, 148): „Eodem anno capti sunt Petrus Sara=cenus et decanus Wellensis; sed quia clericus, liber abiit, et infra annuum

über die Gefangenschaft des Priors Jordan aus Padua beklagt. Trotz=
dem er im J. 1239 noch immer nicht frei war, wurde die Klage in der
Bannbulle unberücksichtigt gelassen, weil der Kaiser wenigstens seine Frei=
lassung gegen Bürgschaft, daß er sich nicht in der Mark Treviso und
der Lombardei aufhalten wolle, versprochen hatte[1].

Die neunte Ursache des Bannes war die Occupation von der Kirche
angehörenden Ländern und Orten, nämlich von Ferrara, welches einst
Salinguerra von Innocenz III. im J. 1215 zum Lehen erhalten, aber
im November des J. 1236, nach der Erstürmung von Vicenza, dem
Kaiser übergeben hatte, und von Pegognana und Bondeno in der Diöcese
Ferrara[2], sowie der Massa in der Diöcese Luni und Sardiniens[3]. Er
habe diese occupirt trotz seines der Kirche geleisteten Eides[4].

Aehnlich dieser ist die zehnte Anklage, daß er die Besitzungen einiger
Vornehmen im Königreiche an sich gerissen und verwüstet habe, obgleich
die Kirche sie damals inne hatte.

Die folgenden Banngründe beziehen sich auf die Beraubung von
Kirchen und Klöstern Siciliens. Es heißt nämlich an elfter Stelle, er
werde gebannt, weil er die Kathedralen von Monreale, Cefalu, Catanea

patrem liberavit." — Von ihm heißt es bei Le Neve (Fasti Eccl. Anglicanae ed.
Duffus Hardy [1854], vol. I, p. 150), unter den Dekanen von Bath und Wells
„John Saracenus had letters of protection 28. Jan. 1237—1238; he held it
1250". — Er war also nach dem 7. April 1239 aus der Gefangenschaft, vielleicht
um das Lösegeld herbeizuschaffen, entlassen worden.

[1] S. H.-B. V, 255. Jordan hatte den Kaiser in seinen Predigten angegriffen,
„eum in sermonibus diffamaverat" (l. c.). Seit 1237 wurde er von Ezelin ge=
fangen gehalten, im Mai 1239 nach Vicenza gebracht und dort vom Kaiser dem
Patriarchen von Aquileja unter der Bedingung übergeben, daß er nicht nach Padua
zurückkehre (Rol. IV, 11). Er wurde zuerst in einem Kloster untergebracht, kam
aber dann nach Venedig, wo er starb (Ann. S. Justin. SS. XIX, 155).

[2] Ferrara (s. o. S. 266). „Revera civitas Ferrariae Romani Pontificis est
et terra Ecclesiae" (Salimbene, p. 51). Die Stadt gehörte zur karolingischen
Schenkung (s. Theiner I, p. 2, n. 2). — Vgl. Rayn. 1239, 7 und 1215, 39—41
das eidliche Versprechen Salinguerra's. Unter ihm gegebenen Lehen „de terra
quondam clarae comitissae Mathildis" wird auch ibid. n. 40: „Bondenum" und
„Pipignacium" erwähnt. Cremona hatte im Sept. 1220 die den König nach Rom
begleitenden Ritter angewiesen, u. a. nach erfolgter Krönung, „dent operam regi
quod dominus papa concedat communi Cremonae Gonzagam et Pigognanam et
Bondenum, prout petitum est ab ambaxatoribus Cremonae" (Boehmer, Acta,
n. 944, p. 654).

[3] Massa, Diöcese Luni, gehörte mit zum Erbe Adelasia's, der Herrin von
Torres und Gallura. Ueber Sardinien s. o. S. 264 ff.

[4] Er hatte zum Beispiel im J. 1219 geschworen, alle Besitzungen der römischen
Kirche nach Vermögen und in guter Treu zu schützen (s. Theiner, Cod. dom. I,
n. 100, p. 62). Unter seinen eidlichen Versprechen bei Gelegenheit des Friedens
von Ceperano ist auch, daß er weder selbst noch durch Andere das Land der Kirche
im Herzogthum oder anderswo angreifen werde (H.-B. III, 209).

(in Sicilien) und Squillace (in Calabrien), sowie die Klöster zu Melazzo, S. Eufemia, Torre maggiore und S. Giovanni in Lamia ihrer Güter beraubt habe. Dazu kam zwölftens, daß viele Kathedralen und andere Kirchen und Klöster des Königreiches durch ungerechte gerichtliche Untersuchungen fast aller ihrer Güter beraubt worden seien. Auf die allgemeine Klage hatte Friedrich II. im October 1238 geantwortet, die Bedrückungen der Kirche seien theils schon wieder gut gemacht, und würden theils noch durch den Notar Magister Wilhelm von Tocco wieder gut gemacht werden, den er mit den nöthigen Vollmachten in's Königreich entsandt habe. In Betreff der namentlich angeführten Kirchen und Klöster war, mit Ausnahme des von Catanea, schon im J. 1236 vom Papste Klage erhoben und vom Kaiser am 20. September 1236 Restitution der widerrechtlich entzogenen Kirchengüter versprochen worden [1]. Im October 1238 war aber noch nichts geändert, weßhalb auch dieselben Klagen von dem päpstlichen Gesandten wieder vorgebracht worden waren. Die Burg von Monreale habe er auf Bitten der Mönche, die zu schwach gewesen, dieselbe gegen die Saracenen zu vertheidigen, zerstören lassen, antwortete er schon im J. 1236, und wolle sie deßhalb auch nun nicht leichtsinnig wieder aufbauen. In Cefalu habe er ebenfalls die Burg in Besitz, die stets von den Königen Siciliens besessen und auch während seiner Kindheit von Innocenz III. der Obhut des von demselben mit der Vormundschaft beauftragten päpstlichen Legaten anvertraut worden sei. Der Bischof habe kein Recht daran, und selbst wenn er es hätte, so brauche er sie ihm, der als Fälscher, Mörder, Verräther und Schismatiker öffentlich bekannt sei, nicht zu übergeben [2]. In der Klage über die Bedrückung der Kirche von Catanea handle es sich vielleicht um die Leute seines

---

[1] H.-B. IV, 909. Die Vita Greg. 583 zählt mehrere Fälle widerrechtlicher Aneignung kirchlichen Besitzthums seitens des Kaisers auf.

[2] S. o. S. 273, Anm. 4. Die Vita Greg. l. c. spricht von „quatuor casalia", die dem Bischof von Cefalu entrissen worden. Im Juni 1201 bestätigte Friedrich der durch König Roger gegründeten Kirche von Cefalu nicht bloß alles, was seine Curie von den Zeiten seines Großvaters bis zu denen seiner Mutter von Hasen von Cefalu in der Hand hielt, sondern bestätigte auch die ihr von König Roger geschenkte Stadt Cefalu; gleichzeitig schenkte er ihr das Castell Pollina und die tenimenta Odesver und Harfia (Winkelmann, Acta, n. 85, p. 78). Bischof Harduin, der im J. 1216 den bischöflichen Thron bestieg, gerieth in einen Streit mit Friedrich II. über das Castell Cefalu, in Folge dessen er vertrieben wurde. Harduin appellirte an den Papst Honorius III., der den Erzbischof von Cosenza beauftragte, ihn wieder einzusetzen und die gegen ihn erhobenen Beschwerden zu untersuchen (f. Reg. Imp. n. 1508). Die Acten des Processes hat Winkelmann in den Mittheilungen des Instituts für österreichische Geschichtsforschung (1. Erg.-Band, S. 298—358) veröffentlicht. — Er ward im J. 1238 von Neuem vertrieben. Rocchus Pirrus, Sicilia sacra, p. 898 (1723) nach Balan III, 199, 1. — S. C.-O. vom 25. Dec. 1239 über die Hut der Burg Cefalu bei H.-B. V, 631.

Domaniums, die sich wegen der Sicherheit und Fruchtbarkeit des Ortes in Kriegszeiten dorthin begeben und nun von ihm gemäß der Constitutionen des Reiches zurückgerufen worden seien[1]. Mit den Kirchen von Melazzo und S. Eufemia und dem Abte von Torre maggiore habe er nur Tauschverträge abgeschlossen. Uebrigens, meinte er am 20. September 1236, in derartigen Sachen könnten die Kirchen ohne Rechtsverletzung und Gewissensscrupeln dem Nutzen des Königs gemäß handeln, da sie ja seiner und seiner Vorfahren Freigebigkeit fast Alles verdankten. Nichtsdestoweniger blieb der Papst am 23. October 1236 dabei, daß, wenn auch rechtlich Tausch von Kirchengut erlaubt sei, den Kirchen schädliche und erzwungene Verträge zu verwerfen seien[2]. San Severo, woran der Abt von Torre maggiore nur einige Lehensrechte gehabt hätte, sei wegen der Ermordung eines kaiserlichen Bajulus gemäß richterlichem Spruch zerstört[3] und Abt und Kloster für ihre Verluste entschädigt worden. Lamia endlich sei kaiserliches Lehen und durch Spruch des königlichen Gerichtshofes, der ja in Lehenssachen auch Geistlichen gegenüber competent[4] sei, dem Abte von S. Giovanni genommen worden.

An dreizehnter Stelle erwähnt der Papst eine Verletzung des Friedens von Ceperano, worüber er schon häufig Klage geführt hatte, nämlich, daß die Templer und Johanniter nicht in den vollen Besitz der ihnen entzogenen Güter wieder eingesetzt worden, gemäß den Bestimmungen des erwähnten Friedens. Der Kaiser kümmerte sich aber überhaupt wenig um den Frieden, sobald er vom Banne befreit war[5].

Eine Verletzung des Friedens wurde auch in dem folgenden Vorwurfe vorgebracht, daß er gegen den Frieden Abgaben und Auflagen von Kirchen und Klöstern erpreßt habe. Aehnlich ist der fünfzehnte Punkt, wornach der Bann über ihn verhängt wird, weil er die kirch=

---

[1] Der Kaiser bezieht sich auf die Constitution von Melfi (l. III, tit. VI de revocandis transeuntibus ad alienam habitationem; s. H.-B. IV, 123), jedoch sei ihnen auf Verlangen des Papstes die Frist verlängert worden. Die Vita Greg. (l. c.) behandelt diese Anklage in den Worten: „Civitatem et castrum (Ecclesiae) Catanensi et castra duo nequiter (imp.) abstulit, suo dominio applicatis eisdem, ac homines civitatis ipsius, qui tantum Cataniensi Ecclesiae tenebantur, ad sui demanii loca nova transvexit." Der Bischof von Catanea, Walter von Palearus, war im J. 1221 beim Kaiser in Ungnade gefallen (s. o. S. 56, Anm. 5) und hatte sich nach Venedig geflüchtet (s. Rich. Sangerm. 993). Er starb in bitterer Armuth (Vita Greg. 583).

[2] H.-B. IV, 919, und Friedrichs Schreiben ibid. 909. Er hatte sich am 20. Sept. 1236 wegen Molfetta's zu vertheidigen. Die Vita Greg. (l. c.) sagt u. A.: „Monasterium Turris majoris abstulit, castrum et villam Ecclesiae Melfiensi (Melphitensi) ... monasterium S. Euphemiae, castrum et villam Militensem (Melazzo)" etc. [3] S. o. S. 97. [4] S. o. S. 139.

[5] S. o. S. 135 ff. Den im Königreiche Arelat und Vienne gelegenen Johanniterhäusern ertheilte er im Juni 1239 einen Schutzbrief (H.-B. V, 324).

lichen Obern und die Aebte des Cistercienser= wie anderer Orden zur Zahlung eines monatlichen Zinses zum Bau neuer Festungen zwingen lasse. Jener Friede hatte allerdings Kirchen und kirchlichen Personen Abgabenfreiheit zugesichert. Allein schon in seinem am 27. August 1230 erlassenen bezüglichen Befehle hatte der Kaiser seinen Anspruch an die Abgaben, welche ihm gewisse Kirchen und Personen aus besonderem Titel zu entrichten verpflichtet seien, aufrechterhalten und thatsächlich gehandelt, als ob er keine Verpflichtung hätte[1]. Im October 1238 behauptete er zwar, daß er nicht das Kirchenvermögen, sondern bloß die Lehen= und Patrimonialgüter der Kirchen und kirchlichen Personen belaste, wie das ja überall vom gemeinen Rechte erlaubt sei. Aber am Ende dieses J. 1238, als er eine neue Collecte ausschrieb, mußte er selbst tadeln, daß in der letzten Collecte die Armen zum Vortheil der Reichen schwer bedrückt worden seien[2]. Gregor IX. schreibt am 20. Juni 1239, daß die Kirchen Siciliens ganz ausgesogen seien[3], und wir wissen auch, daß die Einkünfte der hirtenlosen Kirchen zum Bau von Festungen und andern Zwecken benutzt wurden[4]. Uebrigens ergibt sich die Berechtigung der päpstlichen Klagen auch aus Friedrichs Versicherung vom 20. September 1236, daß er von den geistlichen Personen, die keine Lehen von ihm hätten, Unterstützung für den Bau von Palästen nur bittweise verlange[5]. Seine Beamten wußten dann schon dafür zu sorgen, daß die königliche „Bitte" erfüllt wurde. Wie sorgfältig die unter die Aufsicht „bewährter Bajuli" gestellten vacanten Kirchen verwaltet wurden, ergibt sich daraus, daß der Kaiser selbst am 8. März 1240 klagt, daß mehrere Kirchen durch die Schuld und die Nachlässigkeit seiner Procuratoren verdorben und zerstört seien[6].

Die noch im October 1238 erhobene Klage, daß die Prälaten in Folge einer kaiserlichen Constitution nicht gegen die Wucherer einzu=

[1] S. o. S. 99 f. und S. 100, Anm. 1.

[2] H.-B. V, 273: „Alleviatis divitibus gravati sunt pauperes et omissis primatibus instanter compulsi ad talia sunt plebei, prout in ipsis collectarum codicibus manifeste perspeximus."   [3] H.-B. V, 335.

[4] Vita Greg. l. c. Vgl. Raumer, Gesch. der Hohenstaufen (1857), III, 21. Am 19. Oct. 1239 befiehlt er von Neuem, dem Manuel Frangipani ein jährliches Einkommen von 40 Unzen durch Anweisung eines Beneficiums in den vacanten Kirchen des Königreichs zu garantiren (H.-B. V, 455).

[5] Die Cistercienser, sagt er, seien undankbar, da er ihnen so viele Privilegien und Freiheiten gewährt, „nec injuriosum iis fore credidimus nec molestum, si quando ad preces nostras in constructionibus domorum nostrarum se nobis faciles exhibent et devotos, praesertim cum nullis omnino clericis aut praelatis, qui tamen a nobis feuda non tenent, onus hujusmodi nisi precarium imponamus". H.-B. IV, 910.

[6] H.-B. V, 814. Die „landesväterliche Sorgfalt" (Schirrmacher III, 145) war also doch nicht immer erfolgreich.

schreiten wagten, ist nicht unter den Banngründen angeführt[1], wohl aber als sechzehnter Grund, daß er gegen den Frieden von San Germano die früheren Anhänger der Kirche ihrer Güter beraubt und in der Verbannung zu leben gezwungen und ihre Frauen und Kinder gefangen genommen habe. Auch diese Klage war schon alt. Am 16. April 1236 hatte der Kaiser, statt sie zu widerlegen, sich mit der Behauptung begnügt, daß die Städte und Orte, welche im Kriege dem Papst angehangen, nun friedlich die allgemeine Ruhe seiner Regierung genössen; aber von Personen und nicht von Städten hatte der Papst gesprochen. Im September 1236 aber sagte Friedrich, er befehle und habe befohlen, diejenigen, welche gegen den Frieden Edle an ihrer Person oder ihrem Besitz schädigten, schwer zu bestrafen[2]. Es ergibt sich deßhalb die Berechtigung der päpstlichen Klage aus des Kaisers eigenen Briefen. Im October 1238 aber behauptete dieser, die früheren Anhänger des Papstes weilten ruhig im Reiche, mit Ausnahme derer, die als ehemalige Beamte und obrigkeitliche Personen aus Furcht vor der Rechnungsablage, oder solche, die, um nicht in Civil= oder Criminalsachen gerichtlich belangt zu werden, im Auslande lebten. Aber wie leicht war es, allerhand Anklagen gegen die früheren Anhänger des Papstes vorzubringen? So ist es auch nicht zu verwundern, daß wir in den Jahren 1239 und 1240 wiederholt dem Befehle begegnen, gegen dieselben als „Verdächtige" vorzugehen[3].

Schließlich kommen wir zu dem siebenzehnten und letzten Punkte, wornach der Bann über den Kaiser ausgesprochen wird, weil er die Sache des Heiligen Landes und die Wiederherstellung des lateinischen Kaiserreiches hindere. Die letztere Klage war im October 1238 noch nicht erwähnt worden, aber die Gefangennahme des Johann von Bethune und Friedrichs enge Verbindung mit dem Hauptfeinde des lateinischen Kaiserreiches, Kaiser Vatazes, hatte sie nun nöthig gemacht[4]. Allein schon am 21. März 1236 hatte der Papst den Kaiser gewarnt, gegen die Lombarden zu einer Zeit, wo sie sich der Entscheidung der Kirche anvertraut hätten, vorzugehen, da er dadurch auch Andern ein Beispiel gebe, den im

---

[1] Das Gesetz in L. I, tit. 4 bei H.-B. IV, 10. Es bestrafte den Wucher mit Güterconfiscation. Schon im Sept. 1236 sprach der Kaiser seine Unzufriedenheit mit den Beamten aus, die deßhalb die Bischöfe an der Anwendung von kirchlichen Censuren gegen die Wucherer hinderten (H.-B. IV, 911). Aehnliches that er im Oct. 1238. [2] H.-B. IV, 831 et 908.
[3] S. z. B. C.-D. vom 27. Dec. 1239, 22. Febr., 13. März und 24. April 1240 bei H.-B. V, 642. 767. 833. 915. Confiscation ihrer Güter und Verbannung aus dem Königreiche war die Strafe, welche die ehemaligen Anhänger der Kirche noch nachträglich traf (l. c. 767; vgl. auch Vita Greg. 584). In seiner Vertheidigung vom Oct. 1238 machte der Kaiser dem Papste wieder den Vorwurf, er enthalte ihm Città di Castello entgegen dem Frieden von San Germano vor. Siehe darüber S. 251 f. [4] S. folgendes Kapitel.

J. 1234 zu Rieti angesagten allgemeinen Gottesfrieden zu brechen; er hatte ferner daran erinnert, daß in der Sache, worin es sich um den Ruhm des Erlösers handle, kein Ansehen der Person gelten dürfe[1]. Auch unlängst, im October 1238, hatte er auf die Bereitwilligkeit der Kirche hingewiesen, dem Kaiser wirksame Hülfe zu leisten, damit die Lombarden ihm und der Ehre des Reiches in Bezug auf alles, was gegen ihn geschehen sei, Genugthuung gewährten, wie auch die Lombarden selbst dazu erbötig seien. Der Kaiser erwiederte aber, mehrmals habe er die Sache der Lombarden, nicht zu seinem Nutzen, der Kirche überlassen: das erste Mal (im J. 1227) seien sie verurtheilt worden, ihm 400 Ritter für's Heilige Land zu stellen, die aber der Papst vielmehr gegen ihn in sein Königreich geschickt habe[2], das zweite Mal (am 5. Juni 1233) seien sie zur Stellung von 500 Rittern nicht an den beleidigten Kaiser, sondern an den Papst verpflichtet worden, damit dieselben unter dem Schutze der Kirche in's Heilige Land gesandt würden, was auch nicht geschehen sei[3]. Als er dann zum dritten Male (im April 1234) die Lombardenfrage der Entscheidung der Kirche überlassen, sei davon nichts zu seiner Kenntniß gekommen, bis er sich zum Feldzuge gegen dieselben gerüstet habe; da habe der Papst wieder gebeten, die Sache seinem Schiedsspruche zu überlassen, und selbst da noch sei er, der Kaiser, dazu bereit gewesen, wenn der Spruch bis zu einem bestimmten Tage zur Ehre und zum Nutzen des Reiches erfolge[4], eine Bedingung, die der Papst nicht habe eingehen wollen, obgleich er jetzt in offenem Widerspruche mit seinen eigenen Briefen behaupte, die Kirche sei bereit gewesen, die Frage in einer das Recht und die Ehre des Reiches wahrenden Weise zu erledigen. Allein der Kaiser verstand unter dem Rechte des Reiches und seiner Ehre etwas ganz Anderes als der Papst, wie er auch von der kirchlichen Freiheit, die er schützen und erhalten wolle, durchaus nicht den Begriff hatte, wie die Kirche. Der Papst konnte doch als Schiedsrichter sich nicht von vornherein verpflichten, im Sinne einer Partei zu entscheiden. Aber in der Lombardenfrage pflegte der Kaiser dem Papste dann das Schiedsgericht zu übertragen, wenn er sonst nicht voran konnte. Sobald ihm aber das Glück lächelte, wollte er selbständig vorgehen und von einem Schiedsspruch nichts wissen[5]. Sehr verunglückt ist Friedrichs Vertheidigung gegen den Vorwurf, daß er zum Nachtheile des Heiligen Landes vorerst die Rechte des Kaiserreiches in Italien wiederherstellen wolle.

---

[1] H.-B. IV, 826.
[2] S. o S. 61 und 94. Was für Hülfe die Lombarden dem Papste leisteten, s. ebend.   [3] S. o. S. 159.   [4] S. o. S. 164 und 241.
[5] S. Leo a. a. O. Bb. III, 423; Rohrbacher p. 270. Auch die Vita Greg. 581 sagt gelegentlich der Abweisung der Legaten zu Mantua: „In modico felicitatis indicio cuncta pro voto sibi mentiens successura."

Zum Beweise, daß er die Sache des Heiligen Landes nicht vernachläßige, beruft er sich nämlich auf sein Antwortschreiben an die französischen Kreuzfahrer, denen er im J. 1237 versprochen hatte, ihnen, falls sie im J. 1239 den Weg durch sein Reich nehmen wollten, mit Rath und That beizustehen [1]. Er war aber nicht bloß der natürliche Führer der Christenheit auf einem Kreuzzuge, sondern noch dazu König von Jerusalem. Sein Interesse für den Kreuzzug wurde jedoch gewiß nicht dadurch bewiesen, daß er, wie der Papst wiederholt klagen mußte, die Kreuzpredigt, speciell die Erhebung von Abgaben für das Heilige Land in seinem Reiche verbot [2].

Am 20. April 1239 hat der Kaiser in einem an alle Fürsten gerichteten Schreiben öffentlich behauptet, die eigentliche Ursache des Bannes seien die Lombarden, obgleich der Papst das, um Aergerniß zu vermeiden, nicht öffentlich zu gestehen wage [3]. Auch einige deutsche geistliche Fürsten, die sich zur Zeit des Bannes am kaiserlichen Hofe aufhielten, erwähnen dieß nicht bloß in einem an den Papst um jene Zeit gerichteten Schreiben als des Kaisers Ansicht, sondern fügen hinzu, er berufe sich dafür unter Anderm auch auf das Zeugniß der allgemeinen Meinung [4]. Allein es war von vornherein zu erwarten, daß am Hof und unter den näheren Anhängern des Kaisers auch dessen Darstellung Glauben finden werde. So wenig sie das auch glauben möchten, sagen die Aussteller des Schreibens, so sei es doch ein nicht geringes Anzeichen der Wahrheit jener Behauptung, daß G. von Montelongo, der in Mailand weilende päpstliche Legat, die Unterthanen des Reiches in jeder Weise von der Treue gegen das Reich abzubringen suche. — Diese erwähnte Behauptung des Kaisers nun ist von seinen Vertheidigern, auch den neueren Historikern, einfach

---

[1] H.-B. V, 140. Vgl. folgendes Kapitel.

[2] Am 20. Sept. 1236 schrieb der Kaiser, er wolle gerne seinen Unterthanen das Kreuz zu nehmen gestatten, „bona tamen ipsorum quorum subventionem praedicto negotio quod est nostrum pro tempore reservamus, requisitioni nostrae relinquimus, illud inelegans reputantes et reputari credentes a vobis si quacunque occasione laicis nostris collectae vel collectarum species per clericos indicantur" (H.-B. IV, 908). Der Papst wiederholte aber seine Klage sowohl am 23. Oct. 1236 (ibid. 923), wie am 20. Juni 1239 (H.-B. V, 335 sq.).

[3] H.-B. V, 306.

[4] Böhmer, Acta, n. 965 (p. 671). H.-B. (V, 398) hatte das Schreiben zu Sept. 1239 eingereiht, wogegen schon Hefele (V, 952) sich wendet, der es aber seinerseits irrthümlich in den April oder Mai 1240 verlegt. Die Aussteller waren, weil „tempore subortae discordiae cum ipso praesentes", der Erzbischof von Salzburg, und die Bischöfe Conrad von Freising und Rüdiger von Passau. Andere deutsche Bischöfe sind in diesem Jahre am Hofe nicht nachzuweisen (vgl. l. c. 672; Reg. Imp. n. 2433). Der Erzbischof von Salzburg hatte am 28. August 1230 mit Anderen bekundet, daß die Cardinallegaten schon jetzt über den Kaiser die Excommunication aussprechen, falls er den Frieden von San Germano verletze.

wiederholt und als der Schlüssel zum Verständniß des zweiten Streites zwischen Papst und Kaiser betrachtet worden. Deßhalb ist es wichtig, seine Gründe zu erwägen. Einmal habe der Papst ihm die zum Besten des Heiligen Landes auf der ganzen Erde gesammelten Zehnten überlassen wollen, falls er die Angelegenheit der Lombarden in seine Hände lege. Diese Behauptung erklärt der Papst aber am 20. Juni 1239 für eine offenbare Lüge[1]. Wahrscheinlich ist eine andere von Friedrich am 16. März 1240 vorgebrachte Behauptung, wonach Gregor in Briefen an einige Vornehme der Mark Treviso gedroht habe, den Kaiser zu excommuniciren, falls er nicht die Lombarden-Angelegenheit der Kirche anheimstelle[2]. Ohne Zweifel würde Friedrich dadurch einen bessern Beweis als bloße Worte und Versprechungen für die Aufrichtigkeit seiner Bereitwilligkeit, die berechtigten Mahnungen der Kirche zu ehren, gegeben haben. Der ebenfalls im April 1239 erhobene Vorwurf, der Papst habe sich den Lombarden durch einen leiblichen Eid gegen ihn verbunden, bezieht sich auf das Jahr 1229, wurde aber von Gregor ebenfalls als eine Lüge erklärt[3]. Ob dann wirklich der Papst ihm durch eine Gesandtschaft, der die Bischöfe von Bergamo, Brescia, Como u. A. angehörten, befohlen habe, entweder die Sache dem Schiedsspruche der Kirche zu überlassen, oder gemäß dem im J. 1234 zum Besten des Heiligen Landes angesagten vierjährigen Gottesfrieden den Frieden mit den Lombarden zu erhalten, bleibt beim Mangel anderer Nachrichten als der bloßen Behauptung des Kaisers ungewiß[4]. Wie wenig es ihm auf die strenge Wahrheit ankam, ist im Verlaufe dieser Untersuchung hinreichend gezeigt worden.

Der Bann war der nothwendige Abschluß der langen, fruchtlosen Klagen des Papstes über die Verletzungen wie des Friedens von S. Germano, so besonders der Freiheit der Kirche. In ersterem hatte er selbst erklärt, er wolle, falls er die Friedensbestimmungen nicht halte, auch

---

[1] H.-B. V, 338.
[2] Ibid. V, 842. Dort klagt er auch, daß nach der Schlacht von Cortenova der Papst ihm offenkundigere Hindernisse bereitet habe. So habe er den Städten und den Vornehmen der Mark Ancona wie des Herzogthums Spoleto verboten, in die Lombardei zu ziehen oder dorthin Hülfe zu senden. Allein für ein derartiges Verlangen hatte dem Kaiser früher Honorius III. den Bann angedroht (s. o. S. 62). Der Papst konnte doch nicht durch seine Unterthanen selbstthätig in den Kampf eingreifen. Der weitere Vorwurf, er habe der Stadt Ancona und anderen Seestädten bei Strafe des Bannes und einer Geldstrafe von 10 000 Mark gegen den ausdrücklichen Willen des Kaisers befohlen, Venedig mit dem Nothwendigen zu unterstützen (H.-B. V, 842), bezieht sich, wenn richtig, auf Ende 1238 oder das J. 1239. Am 5. Dec. 1238 hatte nämlich Gregor Venedig in seinen besondern Schutz genommen (s. o. S. 269).
[3] H.-B. V, 306. 338.   [4] S. o. S. 270, Anm. 1.

ohne päpstlichen Spruch gebannt sein[1]; letztere war in vielen Punkten
verletzt, ehe die Occupation von Sardinien zusammen mit den vom
Kaiser fortwährend in Rom erweckten Aufständen gegen die Päpste und
des Kaisers gewaltige Fortschritte in der Lombardei den Papst das
Aeußerste für den Kirchenstaat und seine eigene Freiheit fürchten ließ.
Nicht die Lombardei war der Grund des Bannes, sondern die immer
rücksichtslosere Politik des Kaisers. Er wollte auf staatlichem wie kirch=
lichem Gebiete, alle andern Rechte mißachtend, absolut herrschen. Zwar
wollte er die Kirche nicht vernichten, wohl aber seinen Zwecken dienstbar
machen. Mit dem Papste wollte er in Frieden leben und ihm helfen,
wenn es ihm nützen konnte. Des Papstes Ansehen in der christlichen
Welt sollte ihm bald die Wege ebnen, bald seinen Werken Festigkeit ver=
leihen. Damit aber der Stellvertreter Christi dazu immer willig sei
und sich nie dem gewaltigen Herrn der Welt widersetze, sollte ihn die
kaiserliche Macht mit einem eisernen Gürtel umgeben. Allein vor Brescia
hatte Gottes Hand das „Mane, Thekel, Phares" geschrieben und in der
Sturmfluth dem greisen Papst eine Kraft des Willens und eine Kühnheit
des Handelns gegeben, die es ihm ermöglichte, den Schutzdamm zu bauen,
an dem sich die Brandung gebrochen hat.

So lange der Kaiser im Banne blieb, waren die Unterthanen von
der Beobachtung des Eides der Treue losgesprochen. Schließlich behielt
sich der Papst vor, wegen der Bedrückung von Vornehmen und Armen,
Wittwen, Waisen und Anderer aus dem Königreiche, wie auch wegen des
allgemeinen, schweren Verdachtes, daß der Kaiser nicht richtig über den
katholischen Glauben denke, noch weiter gegen ihn vorzugehen.

Zwanzigstes Kapitel.
Gang der Dinge im Orient. Das Heilige Land und das lateinische Kaiserthum.

Als der Sultan Al=Kamel am 27. Februar 1238[2] starb, brach
unter seinen Söhnen Streit über die Nachfolge in Damascus und Ba=
bylon aus[3], ein Umstand, der für die Christen gelegen war. Allein diese

---

[1] H.-B. III, 219: „Excommunicationis quoque sententiam pronuntiaverunt
(legati) sub hac forma: Si dom. imp. prout injunctum est ei per fideijussores
non caverit bona fide, si viam pacis quae invenietur per communem con-
tractum vel per arbitrium prout in forma compositionis continetur non ob-
servaverit, si terram Ecclesiae vel terras eorum quos Ecclesia tenet ad manus
suas vel personas eorum ceperit, occuparit vel devastarit, ipso facto sententiam excommunicationis incurrat, quam ex nunc in ipsum fecimus auctoritate papae."   [2] Makrizi bei Röhricht I, 100.
[3] Der Sultan von Babylon schickte an den Kaiser Gesandte, welche dieser
ehrenvoll aufnahm (f. H.-B. V, 433, Befehl vom 9. Oct. 1239 an den Secretus

waren zu schwach und uneinig. Dazu hatten die Templer erst im J. 1237 von Saracenen, die in das Fürstenthum Antiochien eingedrungen waren, eine schwere Niederlage erlitten[1]. Unter diesen Umständen mußte dem Papste die auf den 24. Juni 1238 festgesetzte Ueberfahrt der französischen Kreuzfahrer unter Anführung des Königs von Navarra erwünscht kommen. Deßhalb bat er den Kaiser am 2. November 1237, da der Kreuzzug ja die Ehre und den Vortheil des kaiserlichen Sohnes Conrad, des Erben von Jerusalem, so nahe berühre, den Kreuzfahrern mit Rath und That beizustehen[2]. Allein es geschah gerade im Gegentheil auf die Bitten des Kaisers hin, daß sie die Fahrt bis zum 24. Juni 1239, d. h. bis nach Ablauf des am 18. Februar 1229 auf zehn Jahre von Friedrich geschlossenen Waffenstillstandes verschoben, während sie sonst schon gleich zu Anfang des J. 1239 ihren Vortheil hätten wahren können, jetzt aber erst ein halbes Jahr unbenutzt verstreichen lassen mußten. Immerhin versprach der Kaiser wenigstens, dann keinen weitern Aufschub mehr verlangen und ihnen alle mögliche Hülfe gewähren zu wollen[3]. Das Versprechen hielt er auch, insofern er ihnen erlaubte, Alles, was sie bedürften, aus dem Königreiche auszuführen, seine Beamten dort anwies, sie in jeder Weise zu unterstützen und auch dem Marschall Filangieri im Heiligen Lande entsprechende Weisungen gab[4]. Später hat er sich (am 25. April 1240) dem Könige von England gegenüber darauf berufen[5], er habe vom Zuge abgerathen, bis er oder sein Sohn mitziehen könne, und dem Papste geschrieben, er möge doch nicht ein solches Werk, das reife Ueberlegung, günstige Zeitumstände und große Vorbereitungen erfordere, glücklichen Zufällen überlassen. Denn bis jetzt hätte alles vergossene Blut wegen Mangels an Proviant und Mannschaft und öfters wegen Mangels einer einheitlichen, starken Führung wenig oder gar nichts genützt. Aber der Papst habe seinen Rath verachtet und zum Zuge getrieben, um durch den Mißerfolg Haß gegen den Kaiser zu erwecken (!). Als ob nach seinen Antecedentien auf ihn

---

von Messina). — Der Briefwechsel zwischen dem Sultan und dem Kaiser (s. H.-B. V, 397, 3) über den Besitz des Heiligen Landes ist unächt.

[1] Ann. Col. 846; Reinaud 437; Wilken VI, 559 ff. — Am 7. Juni 1238 tröstete der Papst die gefangenen Ordensbrüder und verwandte sich für ihre Befreiung (Rayn. 1237, 85).

[2] H.-B. V, 126. — Uebrigens gab er schon damals Befehl, den Zug für ein Jahr zu verschieben, falls die Mitwirkung des Kaisers zur Ueberfahrt nicht zu erlangen sei (Rayn. 1237, 83).

[3] S. seinen Brief an den Papst vom 7. Dec. 1237 bei H.-B. V, 140; ebend. an die französischen Kreuzfahrer.

[4] S. das kaiserliche Schreiben an die französischen Kreuzfahrer vom Juli 1239 bei H.-B. V, 360; an den König von Navarra ebend. 396. Vgl. dann H.-B. V, 474. 504. 645. 646.   [5] H.-B. V, 921.

als Führer eines neuen Kreuzzuges Hoffnung gewesen wäre! Sein Sohn Conrad war damals erst elf Jahre alt; was von den übrigen Fürsten zu hoffen war, hatte man im J. 1227 erfahren. Das Heilige Land bedurfte aber rascher Hülfe, falls nicht Alles verloren gehen sollte. Doch auch der Papst wußte recht wohl die Gefahren der Zersplitterung zu schätzen und hatte deßhalb am 28. September 1235 den Kreuzfahrern Ungarns verboten, die Fahrt vor dem allgemeinen Aufbruch anzutreten. Auch von blindem Eifer war er weit entfernt. Deßhalb bemühte er sich besonders seit dem J. 1237, als die Gefahr für das lateinische Kaiserreich von Constantinopel immer mehr wuchs, in der Ueberzeugung, daß mit dessen Untergang auch dauernde Hülfeleistung für das Heilige Land unmöglich sein würde, ersterem die Hauptunterstützung zuzuwenden [1].

Nichtsdestoweniger schiffte sich der König von Navarra im August 1239 zu Marseille ein, während andere Kreuzfahrer ihren Weg durch Sicilien nahmen. Allein das christliche Heer erlitt schon am 13. November 1239 durch die Unvorsichtigkeit einiger seiner Führer bei Ascalon eine Niederlage. Um das Unglück voll zu machen, nahm Al-Kamels Neffe, Sultan David, Jerusalem ein. Zwar weilte der König noch bis zum 24. September 1240 im Heiligen Lande, ohne aber etwas auszurichten.

Glücklicher war der Graf von Cornwallis, der am 8. October 1240 in Accon anlangte. Denn er erreichte wenigstens die Freigebung der christlichen Soldaten von Seiten des Sultans von Aegypten und einen Waffenstillstand auf zehn Jahre [2].

Aber inzwischen dauerte der Kampf der Christen untereinander fort, ein Zustand, woran Friedrich selbst nicht geringe Schuld hatte. Auf seinen Befehl hatte der Marschall Filangieri den Venetianern ihre Güter und Besitzungen in und außerhalb Tyrus weggenommen. Als sie die Rückgabe derselben verlangten, erklärte sie Filangieri in die Acht und suchte sich auch Accons zu bemächtigen. Deßhalb erkannten nun die Venetianer mit den syrischen Baronen im J. 1240 die Ansprüche der Königin Alice von Cypern auf das Königreich Jerusalem und ihren Gemahl, den Baron Raoul de Soissons, als Reichsverweser an. Richard Filangieri wurde gefangen genommen, aber zu Accon bekam die Anerkennung Conrads und seiner Rechte bald wieder die Oberhand [3]. Raoul

---

[1] Potth. n. 10028. — Schon am 16. Dec. 1235 hatte er befohlen, 400 französische Kreuzfahrer zur Hülfeleistung nach Constantinopel zu senden (s. Potth. n. 10065). Vgl. auch seinen Brief an die französischen Kreuzfahrer vom 9. März 1239 bei Rayn. 1239, 79.

[2] Matth. Paris. II, 437 et 441 sq. (ed. Luard IV, 11 et 71); Ann. de Waverl. ad a. 1241, p. 328. Vgl. Wilken VI, 605—616; Röhricht II, 271. 281; Rayn. 1240, 49 sq.

[3] S. den ausführlichen Bericht des venetianischen Baliven in Syrien, Marsilius Georgius, vom Juni oder Juli 1240 bei H.-B. V, 1228—1232. Seit Mai 1240 war Bischof Robert von Nantes Patriarch von Jerusalem (s. Le Quien III, 1256 s.).

floh im J. 1242 nach Frankreich. Als endlich am 18. October 1244 die drei Ritterorden in der Schlacht bei Gaza fast ganz vernichtet wurden, erhielten die Hoffnungen der Christen auf den Besitz des Heiligen Landes den Todesstoß.

Zudem wurde das Heilige Land auch durch das Sinken des lateinischen Kaiserthums in Mitleidenschaft gezogen. Denn wäre letzteres dauernd und fest gegründet gewesen, so hätte das Heilige Land von dort aus ohne Mühe stets vertheidigt werden können. Schon aus diesem Grunde, auch abgesehen von dem günstigen Einflusse, den sein Bestehen auf die Wiedervereinigung der griechischen mit der lateinischen Kirche haben konnte, mußte seine Erhaltung für den Papst ein Gegenstand angelegentlicher Sorge sein. Aber vergebens suchte er im J. 1236 das Bündniß zwischen Asan und Vatazes dadurch zu brechen, daß er ersteren mit dem Banne bedrohte[1]. Doch auch in diesem Jahre gelang es, den Angriff des Vatazes auf Constantinopel abzuschlagen[2]. Allein die Lage der Lateiner war derartig bedrückt, daß der Papst den Erzbischof von Patras und seine Suffragane, sowie den Fürsten von Achaja ersuchen mußte, den Patriarchen von Constantinopel in seiner persönlichen Noth zu unterstützen[3]. Während Gregor IX. die abendländischen Fürsten aufforderte, dem lateinischen Kaiserthum zu Hülfe zu kommen[4], machte der junge Balduin II. bei denselben Fürsten persönlichen Besuch, um deren Hülfe zu erlangen. Diese war um so nöthiger, als am 23. März 1237 der Kaiser Johann von Brienne, fast 90 Jahre alt, ein Ritter ohne Furcht und Tadel, starb.

Asan war zwar durch die päpstliche Drohung des Bannes wenig beeinflußt, allein politische Gründe, besonders die Furcht, daß Vatazes, wenn er Constantinopel erobert haben würde, sich gegen ihn selbst wenden möchte, trieb ihn, im J. 1237 sich wieder mit den Lateinern zu verbinden[5]. Er pflegte eben Bundesgenossenschaften je nach seinem Vortheil zu brechen oder zu halten. Als er nun den Papst aufforderte, eine Gesandtschaft nach Bulgarien zu senden, mit der er über die besten Mittel, Constantinopel zu vertheidigen, berathen könne[6], sandte Gregor IX. den

---

[1] S. Auftrag vom 24. Mai 1236 an die Erzbischöfe von Gran und Colocza bei Potth. n. 10165. [2] Ducange, Hist. de Const. l. III, § 20—22. [3] Potth. n. 10279 sq.; Rayn. 1236, 70. (Zur Frage über die Suffragane des Erzbischofs von Patras s. Rattinger im Hist. Jahrbuch II, S. 32, Anm. 2.) — Achaja (b. h. der Peloponnes) war von zwei französischen Herren: Wilhelm von Champlitte, aus dem Hause der Grafen von Champagne, und Gottfried von Villehardouin, erobert worden. Ersterer starb im J. 1209. Dann regierte letzterer bis zum J. 1218. Ihm folgte sein Sohn Gottfried II., der bis 1245 regierte. Sitz der Regierung war Andrevilla, b. i. das jetzige Andraviba, nördlich von der Peneusmündung. [4] S. Rayn. 1236, 69; Potth. nn. 10272. 10274. [5] Rayn. 1236, 68. [6] Rayn. 1237, 69.

Bischof von Perugia an ihn ab[1]. Aber kaum war das geschehen, als Asan mit griechischer Treulosigkeit sich wieder den Griechen zuwandte[2]. Gregor IX. forderte beßhalb den König Bela IV. von Ungarn zum Kreuzzug gegen Asan auf, dessen Land er für sich selbst nehmen solle. Da aber der Kaiser Balduin einige Rechte auf Bulgarien hätte, ersuchte ihn der Papst, dieselben dem apostolischen Stuhle zu übertragen, damit nicht durch Geltendmachung derselben das lateinische Kaiserreich noch mehr gefährdet würde[3]. Uebrigens verlangte Bela als Belohnung seines Zuges gegen seinen Schwager — Asans erste Frau war Bela's Schwester gewesen[4] — nicht bloß die Aufhebung der früher von dem Cardinal=legaten von Palestrina über Ungarn verhängten Strafen, sondern sogar die Würde eines apostolischen Legaten in Bulgarien, um dort selbst über die Neueinrichtung von Diöcesen und Pfarreien zu verfügen. Allein wie willig sich der Papst auch sonst zeigte, so erlaubte er dem Könige in dieser Hinsicht nur die Bezeichnung irgend eines Bischofes seines Reiches, damit diesem die betreffenden Vollmachten gegeben würden[5]. In seiner Bedräng=niß suchte nun Asan sich wieder dem Papste und den Lateinern zu nähern. Er gewährte den Truppen Balduins Durchzug durch Bulgarien und ver=band sich sogar gegen Vatazes mit den Lateinern. Allein sobald deren Er=folge ihm zu groß wurden, ging er im J. 1240 wieder zu Vatazes über[6].

Der Papst empfing nicht bloß Balduin sehr günstig, sondern ließ ihm auch thatsächlich seine Unterstützung in jeder Weise angedeihen. Wiederholt suchte er den Eifer der Ungarn zu Gunsten deßselben zu be=leben[7], ließ im J. 1237 in Frankreich und England für ihn das Kreuz predigen[8], convertirte 400 französischen Kreuzfahrern ihr Gelübde, in's

---

[1] Am 21. Mai 1237 hatte Gregor ihm dieß angezeigt. Rayn. 1237, 70. S. ibid. 71—73.

[2] Griechische Schriftsteller schreiben es abergläubischer Furcht wegen des Todes seiner Gattin, seines Sohnes und des Bischofs von Tirnowo zu. S. Georg. Logoth. bei Rayn. 1237, 74; 1238, 5.

[3] Vgl. Potth. nn. 10505—10508; Rayn. 1238, 7—10.

[4] Bela war auch mit Vatazes verschwägert, denn beide hatten Töchter des Kaisers Theodor Laskaris zu Frauen. S. Chron. Alb. Mon. Trium Fontium ad a. 1221. SS. XXIII. 911 et ad a. 1241, ibid. 950.

[5] Bela's Brief vom 7. Juni 1238 bei Rayn. 1238, 12—16; Gregors Ant=wort vom 9. Aug. ibid. n. 17. Vgl. Potth. nn. 10631—10639. — Allerdings soll einst König Stephan eine derartige Macht für Ungarn erhalten haben (vgl. den Brief des Königs Andreas an Gregor IX. bei Rayn. 1233, 51: „auctoritate Summi Pontificis provincias per Episcopatus distinxit"; die Urkunde Sylvesters II. ad Steph. reg. s. bei Migne, Patrol. lat. t. 139, col. 274), allein jener wahrhaft apostolische Herrscher hatte jedenfalls mehr Anspruch darauf, als z. B. Bela.

[6] Rayn. 1238, 21.

[7] Vgl. den Brief an Bela vom 31. Mai 1237 bei Potth. n. 10385. S. o. S. 179. [8] Rayn. 1237, 68 et 1238, 22.

Heilige Land zu ziehen, in das eines Zuges zum Besten des lateinischen Kaiserreiches[1], gab sogar einen Theil des für das Heilige Land bestimmten Geldes an den jungen Kaiser Balduin und wollte auch den Grafen Richard von Cornwallis von seinem Gelübde, in's Heilige Land zu ziehen, befreien, falls er das Geld, welches er auf den Zug verwandt haben würde, zur Vertheidigung Constantinopels gebe. Der Graf ging freilich darauf nicht ein[2], aber es zeigt sich in allen diesen Versuchen des Papstes, wie sehr er selbst davon überzeugt war, daß mit dem Falle Constantinopels auch die Hoffnung auf Erhaltung des Heiligen Landes verloren sei. Dank der päpstlichen Empfehlung fand Balduin auch in Frankreich, England und sonst die günstigste Aufnahme und brachte allmählich ein Heer von 60 000 Mann zusammen[3]. Der Zug sollte zuerst schon im J. 1238 angetreten werden, wurde aber dann bis zum folgenden Jahre verschoben. In Constantinopel selbst war besonders der Mangel an Getreide sehr groß[4], da Vatazes der Stadt die Zufuhr abgeschnitten hatte. Um der Noth einigermaßen abzuhelfen, sandte Gregor im Januar 1238 den päpstlichen Cleriker Philippus nach Griechenland, damit er dort einen Dritten von den kirchlichen Einkünften erhebe und zur bringenden Unterstützung Constantinopels verwende[5].

Aber auch in dieser Frage trat der Kaiser den Plänen des Papstes hindernd in den Weg. Als er von dem Tode seines Schwiegervaters, Johanns von Brienne, hörte, schrieb er dem Deutschmeister, er habe vorgehabt, ihn zu sich zu nehmen und für ihn zu sorgen, und befahl ihm, dessen beide zu Venedig weilende Söhne zu ihm zu führen, da er für deren Erziehung sorgen wolle[6]. Zwar vermuthete man, es sei geschehen, um ihnen oder durch sie sich selbst den Thron von Constantinopel zu sichern[7], doch scheint dieß wenig glaublich zu sein. Seine Sympathien

---

[1] Potth. nn. 10065. 10072. 10080. 10272; Rayn. 1236, 69.

[2] S. Rayn. 1238, 22. Er vertheidigt am 9. März 1239 gegenüber dem König von Navarra und den übrigen französischen Kreuzfahrern sein Verfahren (ibid. 1239, 79).

[3] Rayn. 1238, 21. Gregor ersuchte den König von Frankreich am 24. Nov. 1238, auf die Bischöfe seines Reiches dahin einzuwirken, daß sie auf drei Jahre den dreißigsten Theil ihrer Einkünfte zum Besten des Heiligen Landes und des lateinischen Kaiserthums verwendeten (Rayn. 1238, 23 sq.). — Aehnlich an den König von England (ibid. 1238, 25).

[4] Aus diesem Grunde rieth der Papst sogar dem Herzog Peter von Bretagne, der im J. 1238 nach Constantinopel ziehen wollte, am 13. Jan. 1238 eine Reduction seiner Truppenzahl an, besonders da dort an Söldnern kein Mangel sei (Rayn. 1238, 2). Der Zug fand aber überhaupt nicht statt.

[5] Rayn. 1238, 3. S. auch sein Schreiben vom 18. Jan. 1238 an den Grafen von Cephalonien und Zante (ibid. n. 4).

[6] H.-B. V, 109. Da Johann am 23. März 1237 gestorben war, so ist das Schreiben mit den Reg. Imp. (n. 2249) etwa zu Ende April 1237 zu setzen.

[7] Raumer (III, 418) meint, die bald zu erwähnende Gefangennahme Johanns

hatte der Kaiser Vataze§, der ihm in Verbindung mit Asan Bundes=
genossenschaft und Huldigung, falls er sich mit ihnen gegen die Franken
verbinden wolle, angeboten hatte. Das that er nicht. Aber als nun
Johann von Bethune mit einem Theile der von Balduin angeworbenen
Truppen bereits die Alpen überschritten hatte, um sich von Venedig nach
Constantinopel einzuschiffen, wollte Friedrich ihnen den Durchzug nach
Venedig nicht gestatten. Als dann Johann von Bethune persönlich zu
ihm ging und ihn darum bat, gewährte er endlich dem Heere die Er=
laubniß, hielt aber Johann selbst als Geisel zurück. Er verbot auch
seinen Unterthanen, irgendwelchen Truppen, die zur Unterstützung Con=
stantinopels überfahren wollten, die Ueberfahrt zu gestatten. Grund
seines Verfahrens war einmal seine Freundschaft mit Vatazes, dessen
Truppen auch im August 1238 im kaiserlichen Heere vor Brescia waren (!);
dann die Weigerung Balduins, sich zum Vasallen Friedrichs zu erklären.
Als er schließlich den Johann von Bethune gehen ließ, hatten sich manche
von dessen Heere zerstreut. Johann selbst wurde aber, als er endlich
nach Venedig kam, von einem heftigen Fieber ergriffen, an dem er bald
darauf starb. So wurde denn aus dem ganzen Plane nichts [1]. Schon
am 12. März 1238 hatte der Papst Friedrich gebeten, sich jenen Truppen
günstig zu zeigen. Da er aber von den Schwierigkeiten hörte, welche
dieser dem Johann von Bethune machte, ersuchte er ihn am 17. März
noch eindringlicher, den Kreuzfahrern freien Durchzug zu gewähren und
den Schein zu vermeiden, als ob er die Schismatiker begünstige, da die
Kirche das nicht mit guten Augen ansehen könne [2]. Den Schein hat er
aber gewiß nicht vermieden. Ein neuerer Historiker [3] meint, er habe sich
bloß überzeugen wollen, ob die Schaaren es nicht auf eine Unterstützung
der lombardischen Gegner abgesehen hätten. Aber dieß ist dadurch wider=
legt, daß er ihnen die Ausfahrt aus kaiserlichen Häfen verbot.

Es war nicht sein Verdienst, daß das Heer Balduins im Frühjahre
1239 in einer Stärke von etwa 60 000 Mann durch Hoch=Frankreich,
Oesterreich und Ungarn nach Constantinopel zog. Denn er hätte es gar
nicht aufhalten können, auch wenn er gewollt hätte, zumal es durch die
Sympathien fast der ganzen Christenheit geschützt war. Nicht zufrieden
damit, ihm freien Durchzug zu erwirken [4], erklärte der Papst auch im
Voraus etwaige Eide, die Balduin auf dem Zuge zum Nachtheile des
lateinischen Kaiserthumes abzulegen gezwungen werden sollte, für un=

---

von Bethune habe mit dem Willen Friedrichs, ihre Rechte zu wahren und „an ihre
Ansprüche vielleicht eigene anzureihen", in Verbindung gestanden.

[1] Vgl. Raumer a. a. O. und Rohrbacher, l. 73, § 1 (vol. XVIII, Paris.
1845), p. 258.   [2] H.=B. V, 180. 181.   [3] Schirrmacher III, 98.
[4] S. die päpstlichen Schreiben vom 12. März 1238 an den König von Ungarn
bei Potth. n. 10535; vom 26. Nov. 1238 an Coloman bei Rayn. 1238, 26.

gültig¹. Zudem gab er dem Erzbischofe von Rheims und Anderen Auftrag, im Namen des apostolischen Stuhles Balduins Rechte und Güter in Deutschland und Frankreich zu vertheidigen, damit er mit um so größerem Eifer, eingedenk der großen ihm von der römischen Kirche erwiesenen Wohlthaten, sich für die Vertheidigung Constantinopels abmühe². Gregor wußte wohl, was die Erhaltung Constantinopels für das Heilige Land, die Hebung des griechischen Schisma und die Civilisation Europa's bedeutete, weßhalb man seiner weisen Politik nur Dank sagen kann. Damit ist aber auch zugleich das gegentheilige Verfahren Friedrichs gerichtet, der nun am 18. Juli 1240 dem Papst einen Vorwurf daraus machen wollte, daß er trotz der schlimmen Lage des Heiligen Landes den bereitstehenden französischen Kreuzfahrern die Ueberfahrt bei Strafe des Bannes verboten habe³.

Wie groß die Gefahr war, ergibt sich daraus, daß selbst die Johanniter sich nicht scheuten, Batazes für von ihm erhaltene Lehen gegen die Lateiner Söldnerdienste zu leisten⁴. Aber nichtsdestoweniger gelang es dem christlichen Heere, mit dem sich die Bulgaren verbanden, Batazes nicht bloß zur Aufhebung der Belagerung von Constantinopel, sondern auch zur Aufgebung aller seiner Eroberungen in Europa zu zwingen und die Griechen auch in einer Seeschlacht zu besiegen. Leider wurde es an weiteren Fortschritten durch das neue Bündniß Asans mit Batazes verhindert⁵. Als nun im J. 1240 der Papst die Ungarn bewogen hatte, den Lateinern zu Hülfe zu ziehen, nahm Batazes wieder wie gewöhnlich seine Zuflucht zur List und gab vor, er wolle mit seinem ganzen Reiche zur katholischen Kirche zurückkehren. Zwar forderte der Papst auf König Bela's Nachricht hiervon diesen am 10. Februar 1241 um genaueren Aufschluß auf, allein bei der Unaufrichtigkeit des Batazes konnte von einem günstigen Resultate keine Rede sein, zumal der Einfall der Tataren in Ungarn die Gefahr wieder von Batazes abwandte⁶. Die wei-

---

¹ Schreiben an Balduin vom 8. Dec. 1238 bei Rayn. 1238, 27. Am 26. Nov. 1238 ersuchte er die Stadt Venedig, Constantinopel bis zur Ankunft des Heeres zu unterstützen (Potth. n. 10672). — Ueber den Zug s. Georg. Acrop. Ann. nn. 37 sqq.; Rayn. 1238, 28. ² Rayn. 1239, 77.

³ H.-B. V, 1017. Vgl. hiermit die o. S. 287 angeführten Aeußerungen Friedrichs. — Uebrigens ordnete der Papst am 6. Nov. 1240 die Ueberfahrt der Kreuzfahrer für's Heilige Land wie für Constantinopel für März 1241 an (s. Ripolli I, 110, n. 202).

⁴ S. Gregors Brief an die Johanniter vom 13. März 1238 bei Rayn. 1238, 32.
⁵ Rayn. 1238, 29 sq.
⁶ Päpstlicher Befehl vom 23. März 1240, in Ungarn drei Jahre lang für Constantinopel das Kreuz zu predigen (Ripolli I, p. 110, n. 200). — Brief an Bela (Rayn. 1240, 51); aber am 16. Juli 1241 nennt der Papst in einem Briefe an den päpstlichen Subdiakon Bernard Batazes wieder einen Feind Gottes und der

tere Entwicklung jener Verhältnisse, die mit der Eroberung von Constantinopel und der Flucht Balduins im J. 1261 endeten, gehört nicht mehr hierhin. Zuletzt war er doch nur ein Schattenkaiser gewesen.

Einundzwanzigstes Kapitel.

Gregors Beziehungen zu Frankreich, England und anderen Mächten während der Jahre 1236—1239. — Aufrechthaltung der kirchlichen Disciplin und Wahrung der kirchlichen Rechte.

Seitdem König Ludwig X. selbst die Zügel der Regierung ergriffen hatte[1], herrschte in Frankreich auch in Bezug auf kirchliche Verhältnisse im Ganzen ein friedlicheres Leben. Der König war persönlich wohlgesinnt und hatte sich auch mancher Gunstbezeugung des Papstes zu erfreuen[2]. Nichtsdestoweniger beklagten sich der Dekan und das Domcapitel von Paris sehr über die Beeinträchtigung ihrer Rechte seitens des Königs, wandten sich aber vergebens an ihren Bischof, Wilhelm von Auvergne, um Hülfe. Deßhalb nahmen sie nun ihre Zuflucht zum Papste. Dieser begnügte sich nicht damit, den König am 8. Januar 1238 zu bitten, seinen Dienern nicht mehr zu erlauben, die Kirche von Paris durch ungerechte Auflagen zu drücken, und ihre Freiheiten und Immunitäten zu schützen[3], sondern tadelte auch am 6. Januar 1238 den Bischof von Paris wegen seiner Nachlässigkeit[4]. „Tönt es nicht fortwährend in deinen Ohren wieder," so fragt er, „daß der hl. Thomas (von Canterbury) es vorzog, unter den Streichen der Gottlosen zu fallen, als die ihm anvertraute Kirche unter das Joch der Knechtschaft kommen zu lassen?" Deßhalb ermahnt er ihn, Menschenfurcht bei Seite zu setzen und in Erwägung der Gerechtigkeit seiner Sache, der Gunst des apostolischen Stuhles und der ewigen Belohnung nicht zum Schaden seiner Kirche zu schweigen, und in dieser Angelegenheit seines Amtes so zu walten, daß er — der Papst — nicht gezwungen werde, in anderer Weise für den Schutz des Domcapitels Sorge zu tragen.

Während Gregor aber so tapfer für die Rechte der bedrückten Geistlichkeit eintrat, verschloß er sein Ohr keineswegs den Klagen anderer Be-

---

Kirche (s. ibid.). — Vatazes schloß im J. 1241 einen Waffenstillstand mit den Lateinern auf zwei Jahre. Er starb am 30. Oct. 1255. [1] S. o. S. 184. [2] Gregor gewährte ihm z. B. am 13. Nov. 1236 das Privileg, daß Niemand ohne specielle Erlaubniß des apostolischen Stuhles sein Land oder speciell die königlichen Kapellen mit dem Interdict belegen konnte u. dgl. (s. Potth. nn. 10260 sq. 10462 sq.). Der Papst befahl dem spätern Cardinalbischof von Albano, Peter von Colmieu, die Wahl als Erzbischof von Rouen anzunehmen. S. Gallia christ. XI, 63; Rohrbacher 147. [3] Potth. n. 10494. [4] Balan III, 239 sq.

drängten. So nahm er sich der in Spanien und besonders in Frankreich von Kreuzfahrern verfolgten und beraubten Juden an, deren 2500 getödtet worden waren [1]. Im J. 1239 machte ein drei Jahre früher bekehrter Jude Namens Nicolaus von Rupello dem Papste Vorstellungen betreffs der bösartigen Lehre des Talmud. Darauf hin ersuchte der Papst im Juni 1239 die Erzbischöfe und Könige von Frankreich, England, Castilien, Leon, Aragonien, Navarra und Portugal, die betreffenden Bücher beschlagnahmen, prüfen und, wenn sie wirklich so Schädliches enthielten, verbrennen zu lassen. Am 3. März 1240, dem ersten Samstag der nächsten Fastenzeit, sollte die Beschlagnahme mit Hülfe der weltlichen Gewalt erfolgen. Gregor hoffte, daß, wenn die Juden wieder das alte Testament statt des Talmud mehr achteten, sie weniger hartnäckig in ihrem Irrthume sein würden [2]. Wirklich wurden von dem Kanzler und der Universität Paris der Talmud und einige andere Bücher nebst ihren Glossen nach vorhergegangener Untersuchung unter dem Beifall des Königs öffentlich verbrannt [3].

Der König von England war im J. 1234 auf die Vorstellungen des Erzbischofes von Canterbury gezwungen worden, den Bischof Peter des Roches von Winchester, der viele seiner Landsleute aus Poitou in England in hohe Stellungen gebracht hatte, vom Hofe zu entfernen, um sich mit den Baronen auszusöhnen. Aber im J. 1236 kamen nun mit seiner neuen Gemahlin, Eleonore von Provence, Provençalen nach England, unter denen besonders der Onkel der Königin, Wilhelm, erwählter Bischof von Valence, bald die Gunst des Königs in hohem Grade zu erwerben wußte. Damit waren die Barone wiederum unzufrieden. Um sich nun von ihnen unabhängiger zu machen, bat Heinrich III. im J. 1236 den Papst, einen päpstlichen Legaten nach England zu schicken. Schon früher hatte er (Ende Juni 1230) dieselbe Bitte ausgesprochen, aber dann wieder auf Bitten des Großrichters, Hubert de Burgh, der

---

[1] S. o. S. 240.
[2] Sbaralea (I, 268, n. 294) gibt das Schreiben an die französischen Erzbischöfe vom 9. Juni 1239. Bischof Wilhelm von Paris sollte (s. Schreiben vom 9. Juni ibid. 269, n. 295) dasselbe den Erzbischöfen Frankreichs, Englands, Aragoniens, Navarra's, Castiliens, Leons und Portugals übersenden. In ähnlicher Weise schrieb Gregor IX. an die Könige jener Länder (s. ibid. 271, n. 298), und am 20. Juni 1239 an den Bischof, die Dominicaner und Franciscaner von Paris (ibid. 270, n. 297).
[3] S. Schreiben Innocenz' IV. an Ludwig IX. vom 8. Mai 1244 bei Rayn. 1244, 41 et 42. Vgl. über die ganze Frage besonders Stilting, De S. Ludov. vita in Acta SS. Aug. tom. V, p. 359—361. Nach den „Extractiones de Talmut" wurden an einem Tage vierzehn und an einem andern (wahrscheinlich unter Innocenz IV. im J. 1248) sechs vierspännige Wagenladungen verbrannt (ibid. nn. 378. 382. 387. 388).

von einem Legaten für sich selbst fürchtete, widerrufen[1]. Allein der Papst schlug nun, eben weil der König früher um einen Legaten gebeten, dann aber die Bitte widerrufen hatte, das Gesuch am 21. August 1236 ab[2], zumal die Zeitverhältnisse die Absendung eines Legaten a latere der römischen Kirche nicht gestatteten. Doch am 26. September 1236 gab er auf die Bitten des Königs die Erlaubniß, das Fest des hl. Eduard in England als Feiertag zu begehen[3], und zeigte schon am 12. Februar 1237 den Prälaten von England, Wales und Irland an, daß er den Cardinal Otto von S. Nicolaus in carcere Tulliano an sie als apostolischen Legaten sende[4]. In der Zwischenzeit hatte sich das Verhältniß des Papstes zu dem Schwager des Königs, dem Kaiser Friedrich, immer ungünstiger gestaltet und es sich somit wünschenswerth gezeigt, Heinrich III. dem römischen Stuhle möglichst geneigt zu erhalten[5]. Die Wahl Otto's war deßhalb besonders gut, weil er schon seit dem J. 1225, in welchem er als bloßer Nuntius dorthin gekommen war, genauere Kenntniß der englischen Verhältnisse besaß[6]. Nun kam er in Begleitung des von Gregor IX. selbst consecrirten neuen Bischofs von Worcester, Walter

---

[1] Vgl. das von Shirley (I, 379) zum Ende des J. 1230 gesetzte Schreiben an den Bischof Richard von Chichester (s. ebend. XXXI). S. auch Weber, Ueber das Verhältniß Englands zu Rom während der Zeit der Legation des Cardinals Otto in den Jahren 1237—1241 (Berlin 1883), S. 11.

[2] In einem Beglaubigungsschreiben für die königlichen Boten Petrus Saracenus und den Clerifer Magister S. de Leyland vom 25. Mai 1236 (bei Shirley II, 13) wird auf gewisse königliche Geschäfte hingewiesen, worunter wohl die Bitte um Sendung eines Legaten verstanden werden muß. Gregors Brief vom 21. Aug. 1236 (s. Rayn. 1236, 49) ist dann die Antwort hierauf.

[3] Rayn. 1236, 50. Alexander III. hatte ihn im J. 1161 heiliggesprochen. Schon im J. 1222 hatte die Nationalsynode von Oxford sein Fest in England zu einem Feiertage erhoben (Mansi, Conc. tom. XXII, 1153). Der Name ist übrigens dort wie auch sonst wohl (vgl. Butler zum 13. October) „Edmund" geschrieben.

[4] Theiner, Vet. mon. Hib. et Scot. historiam illustrantia (1864) 34, n. 86.

[5] Uebrigens hatte Heinrich III. wegen der Lombarden am 30. Juni 1236 dem Kaiser zustimmend geschrieben (Rymer I, 127) und sich sogar am 29. Juni 1236 zu Gunsten des Kaisers gegen die Lombarden an den Papst und die Cardinäle gewandt (Rymer I, 128). Seine Briefe waren also wohl in Rom bekannt, als ihm Gregor am 21. Aug. 1236 seine Bitte um Sendung eines Legaten abschlug.

[6] Nach dem Berichte des übrigens keineswegs sehr glaubwürdigen Matth. Par. (z. J. 1226) hatte er, um der Armuth der römischen Kirche abzuhelfen, am 13. Jan. 1226 auf einer Versammlung zu Westminster zwei Pfründen von jeder Kathedralkirche, nämlich eine des Bischofs, die andere des Capitels, und gleichfalls von den Klöstern, in denen der Antheil des Abtes und der Mönche getheilt war, von den letzteren so viel, als einem Mönche bei gleichmäßiger Vertheilung der Güter zukommen würde, und ebenso viel von dem Abte verlangt. Aber Otto war vor Beendigung der Sache auf Betreiben des Erzbischofs Langton zurückberufen worden. Dem Papste wurde ausweichend geantwortet, man wolle zuerst zusehen, wie die anderen Länder sich zu der Forderung verhielten.

de Cantilupe, gegen den 1. August 1237 nach England[1]. Selbst Matthäus Paris lobt die Klugheit und Bescheidenheit des Cardinallegaten, dem es gelang, den über seine Berufung herrschenden Unwillen zu beschwichtigen und zwischen mehreren streitenden Vornehmen[2], wie den Königen von England und Schottland[3], den Frieden zu vermitteln. Aber der schottische König erlaubte dem Cardinal, welchem der Papst am 7. Mai 1237 auch die volle Legatenvollmacht für Schottland übertragen hatte, trotz der päpstlichen Empfehlungen vom 10. Mai 1237 nicht, nach Schottland selbst zu kommen[4].

Am 19. November 1237 wurde zu London die große Reformsynode eröffnet, welcher die Erzbischöfe von Canterbury und York mit vielen Bischöfen, Aebten und anderen Prälaten aus England und Wales beiwohnten. Dort veröffentlichte der Legat am 20. und 21. November einunddreißig Reform-Decrete, die, in einzelnen Bestimmungen mit den Decreten der Oxforder Synode vom J. 1222 übereinstimmend, wie natürlich den Einfluß des allgemeinen vierten Lateranconcils vom J. 1215 zeigen[5].

---

[1] Walter war am 30. Aug. 1236 gewählt, am 20. Sept. 1236 bestätigt und vom Papste selbst im J. 1237 am 4. April zum Diakon, am 18. April zum Priester und am 3. Mai zum Bischofe geweiht worden. Le Neve vol. III, 52; Potth. p. 876 sq. Er kam nach England „circa festum s. Petri ad vincula, cum Othone legato". Ann. Waverl. (ed. Luard II, 317). Vgl. über das Datum Weber a. a. O. S. 18, 1.

[2] Matth. Par. (ed. Luard) III, 403 sq. Vgl. Rayn. 1237, 39. Wie Matth. Par., so erzählt auch Alex. Neccam, ein damals in England wegen seiner Gelehrsamkeit berühmter Mann (bei Marca, De Conc. sac. et imp. V, 55), daß er kostbare Geschenke zurückgewiesen habe.

[3] Matth. Par. 413. S. o. S. 186. — Der Papst ermahnte den König von Schottland am 27. April 1236, Heinrich III. den Lehenseid zu halten. Rymer I, 129. Am 27. März 1237 mahnte er beide Könige, sich den Mahnungen Otto's hinsichtlich ihrer Versöhnung zu fügen. Theiner, Mon. Hib. 34, n. 88. Die betreffende Vollmacht für Otto vom 24. März 1237 s. ibid. n. 87.

[4] Theiner l. c. 34 sq., n. 90. Matth. Par. (414) läßt den König eine Rede halten, in welcher er dem Legaten mit der Wildheit und dem Blutdurste der Schotten droht (!).

[5] Ann. de Waverl. 318. Die Decrete bei Mansi, Conc. XXIII, 446—464. Vgl. z. B. decr. 14 („De habitu clericorum") mit Lat. IV, tit. 16 und Oxon. tit. 32 bei Mansi XXII, 1003. 1160; decr. 30 („De actis scribendis") und 31 („De admittendis in possessionem") mit Lat. tit. 38. 40, l. c. p. 1023. 1026; decr. 12 („Ne ecclesia in plures vicarias dividatur") mit Oxon. n. 12 (l. c. p. 1155); decr. 5 („Qui confessores constituendi") mit Oxon. n. 18 (l. c. p. 1157). — Vgl. auch z. B. n. 17 („De bis qui patribus succedunt in eccles. beneficiis"), wornach die illegitimen Söhne von Geistlichen nicht deren Beneficien erlangen oder besitzen können, mit den Decretalen Gregors IX. l. I, tit. XVII, 17. 18. In einem Briefe an den Bischof von Lichfield vom 21. Dec. 1235 (Shirley I, 560, n. 41) hatte Gregor befohlen, Cleriker, welche beim Tode ihres Vaters dessen Beneficium an sich zu nehmen wagen, aller ihrer Beneficien zu berauben.

Sie beziehen sich auf Mißbräuche in der Spendung der Sacramente und in der Pfründenvergebung, auf Geistliche, die im Concubinat leben, auf die Pflichten der höhern Geistlichkeit u. dgl. Besonderer Widerspruch erhob sich gegen die vom Cardinale gewollte Einschärfung des Verbotes des Lateranconcils (Tit. 29), daß Jemand mehrere Seelsorgs-Beneficien zu gleicher Zeit inne habe. Der Bischof von Worcester machte sich zum Sprecher der Opposition. Ohne Zwietracht und Blutvergießen, so hieß es, könne bei der großen Macht der Eltern mehrerer Cleriker, die sich im Besitze mehrerer Seelsorgs-Beneficien befänden, das Decret gar nicht ausgeführt und müsse deßhalb der Papst von Neuem darüber befragt werden. Die Berufung fand wirklich statt und nach Matthäus Paris [1] beauftragte der Papst im folgenden Jahre den Cardinal, einstweilen, wenn das Statut nicht ohne Skandal eingeführt werden könne, davon Abstand zu nehmen, da man, um Aergerniß zu vermeiden, zwar nicht sündigen, wohl aber bisweilen etwas Gutes verschieben dürfe. Eine zweite Reformsynode fand am 18. November 1238 zu London unter dem Vorsitze des Legaten statt, zu der alle Aebte der schwarzen (oder Benedictiner-) Mönche eingeladen waren und auf welcher von Otto 32 die Ordens-Disciplin regelnde Bestimmungen verkündet wurden. Es ist dabei bemerkenswerth, daß die letzten vierzehn jener Bestimmungen, zu deren Studium die Aebte ihre Untergebenen anhalten sollten, den Decretalen Gregors IX. entnommen waren [2]. Ueberhaupt erwarb sich der Legat in den ersten Jahren seiner Wirksamkeit in England große Verdienste um die kirchliche Reform, wie um den innern Frieden [3].

Zweimal berief der Papst Otto aus England zurück. Aber das erste Mal baten außer dem Könige alle Bischöfe um sein Verbleiben. Als er dann nach der erneuerten Rückberufung sich am 20. Februar 1239 zu London von dem Könige und den Bischöfen verabschieden wollte, da

---

[1] Matth. Par. p. 416 sqq. 473.   [2] Vgl. l. c. ad a. 1238, p. 499 sqq.
[3] Nach Schirrmacher (III, 130) hätte er schon 1237 und 1238 durch seine Gelderpressungen die Wuth des Volkes gegen sich erregt. Daran ist aber kein wahres Wort. Bei Gelegenheit eines Besuches der Universität Oxford kam es am 23. April 1238 zu einem Streite zwischen einigen Clerikern der Universität und den Begleitern des Cardinals, bei dessen Beschreibung Matth. Par. (481 sqq.), wie häufig, seine Phantasie und seinen Haß gegen den Papst in erdichteten Reden walten läßt. Vgl. auch Weber 53, 2. Schirrmacher ist jener Beschreibung gefolgt. Warum hätten aber alle Bischöfe im J. 1238 den Papst um das Verbleiben des Legaten gebeten (Matth. Par. 473), wenn er wirklich ein „Wucherer, Simonist und Räuber der kirchlichen Einkünfte" gewesen wäre? — In dem Streite war der Oberkoch des Legaten, der nach Paris sogar dessen eigener Bruder war, getödtet worden. Otto belegte Oxford mit dem Interdicte, und die an der Schlägerei sich betheiligt hatten, mit dem Banne, hob aber beide Strafen auf einer Bischofsversammlung zu London am 17. Mai 1238 wieder auf.

ja auch sein Reformwerk beendet war, sandte Heinrich III. schleunigst einen Boten nach Rom mit der Bitte, den Legaten noch ferner in England zur Unterstützung des Königs zu belassen, was der Papst auch gestattete[1]. Allerdings war der König dem Legaten zu besonderem Dank verpflichtet. Worauf sich auch die päpstliche Aufforderung vom 20. Februar 1238, die zum Schaden der römischen Kirche, der Oberlehnsherrin Englands, geschehene Veräußerung von Kronrechten, Besitzungen u. dgl. an englische geistliche und weltliche Herren zu widerrufen[2], beziehen mag: jedenfalls konnte der schwache König sie ohne den gewaltigen Beistand des Legaten nicht ausführen. Eine andere Schwierigkeit entstand durch die am 7. Januar 1238 in der königlichen Kapelle stattgehabte Trauung der Schwester des Königs, Eleonore's, mit einem Ausländer, Simon Montfort. Sie war die Wittwe von Wilhelm von Pembroke und hatte nach dem Tode ihres ersten Gemahls in die Hände des Erzbischofs von Canterbury das Keuschheitsgelübde abgelegt. Vergebens hatte der Erzbischof die Ehe zu hindern gesucht. Da sie nun geschlossen war, erklärte er sie für ungültig. Die Barone waren aber ihrerseits über die Eheschließung um so mehr erzürnt, als Heinrich versprochen hatte, in wichtigen Angelegenheiten sich ihres Rathes zu bedienen. Nun mußten sie wieder einen Ausländer zu Macht und Einfluß gelangen sehen! Daß es nicht zu einem Bürgerkriege kam, war bloß dem Legaten zu verdanken. Ihm gelang es, des Königs Bruder, den Grafen Richard von Cornwallis, von den Baronen zu trennen. Nichtsdestoweniger wagte Simon nicht, in England zu bleiben, sondern fuhr über's Meer und ging

---

[1] Matth. Par. p. 473. 525 sq. 530 sq.

[2] Rymer (ed. 1816) I, 234. Auch am 10. Jan. 1233 und 1. Juli 1235 hatte Gregor ihm gestattet, die nach seiner Krönung zum großen Nachtheil der Krone Einigen aus Furcht gemachten Zugeständnisse zu widerrufen, da er seinen Krönungseid halten müsse. Shirley I, 551, n. 30; Rymer l. c. 229. Wahrscheinlich bezieht sich der Papst hier auf seine Bestätigung der Magna Charta. Denn nachdem Heinrich III. einen Freiheitsbrief im J. 1216 und einen zweiten im folgenden Jahre bestätigt hatte (s. Lingard [ed. 1845] II, 169. 193), gab er den Großen im J. 1225, als sie ihm den fünfzehnten Theil aller beweglichen Güter zuerkannten, eine Bestätigung der beiden Freiheitsbriefe (s. ibid. 196). Wir lesen allerdings bei Thomas Wikes (Ann. Mon. IV, 83), daß der König im J. 1237 für die Bewilligung eines Dreißigsten die Magna Charta von Neuem bestätigte, und der Legat gegen die Uebertreter derselben den Bann ausgesprochen habe. Allein diese letztere Nachricht wird von keiner gleichzeitigen Quelle, auch nicht von Matth. Par., der doch nach Luard (l. c. p. XVII) vom J. 1212—1250 neben dem Osney-Manuscript „Probably" die einzige Quelle von Wikes ist, bestätigt. Vgl. Weber 23, 1. — Nach Matth. Par. (p. 368) wollte der König am 8. Juni 1236 auf einer Versammlung zu Winchester einige vor seiner Ehe gemachte Schenkungen widerrufen und stützte sich dabei auf ein päpstliches Schreiben. Auch hierüber mangeln genauere Nachrichten.

nach Rom, um die Ehe vom Papste für gültig erklären zu lassen. Da aber Eleonore in der That kein feierliches Gelübde der Keuschheit gemacht hatte, ließ der Papst durch seinen Legaten die Ehe für gültig erklären[1]. Auch Edmund von Canterbury hatte dagegen nichts ausrichten können[2]. Und dennoch war es nur eine der vielen Schwierigkeiten[3], die ihm das dornenvolle Bischofsamt in den Weg legte.

König Jakob von Aragonien war schon seit dem J. 1232 mit der Eroberung des Königreiches Valencia beschäftigt, ein Unternehmen, worin ihn Gregor IX. in der nachhaltigsten Weise unterstützte. Denn er gab nicht bloß Befehl, zu Gunsten desselben den Kreuzzug zu predigen, sondern er verschaffte dem Könige aus fremden Ländern, besonders aus England und Frankreich, kräftige Hülfe[4]. Auch als endlich die Stadt am 28. September 1238 erobert war, ließ er nicht ab, besonders die benachbarten christlichen Reiche zur Unterstützung Jakobs aufzufordern, damit er seine Eroberung behalten und benutzen könne[5]. Von dem größten Werthe war es aber für Jakob, daß der Papst sich auch die Niederschlagung von einigen gegen den König erregten Unruhen in Aragonien selbst angelegen sein ließ[6], wie er auch auf die Bitten des Königs die von dessen Vater, Peter II., zum großen Schaden der königlichen Würde geschehenen Veräußerungen für ungültig erklärte, da sie auch zum Nachtheil des apostolischen Stuhles, welcher über Aragonien Oberlehensrechte besaß, geschehen seien. Da sich aber die Vornehmen des Reiches eidlich zu gemeinsamer Vertheidigung gegen den König verbanden, gab Gregor den

---

[1] Matth. Par. 470 sq. 475 sqq. 566 sq. Vgl. Weber 47 f. Die Gegner der Ehe bezogen sich, um ihre Ungültigkeit zu beweisen, auf Petr. Lomb., der (Lib. IV, dist. XXXVIII, 9, 1) sagt: „Apparet virgines vel viduas voto continentiae astrictas sive fuerint velatae, sive non, nullatenus conjugium sortiri posse." Allein nur ein feierliches Gelübde macht die nachher factisch eingegangene Ehe ungültig. Eleonore hatte aber nur ein einfaches Gelübde der Enthaltsamkeit gemacht. Zu der betreffenden canonischen Frage vgl. z. B. Thom. Aquin. Comm. z. a. O.; auch Schulte, Eherecht (Gießen 1855) S. 216.

[2] Er hatte zu Rom selbst die Ungültigkeitserklärung erwirken wollen; s. Matth. Par., Hist. Angl. min. (ed. Madden) II, 402. Dorthin war er gegen den 30. Nov. 1237 gereist; gegen den 15. Aug. 1238 kehrte er zurück. S. Ann. Theokesb. (ed. Luard) I, 105. 110. Nach Matth. Par. (l. c.) hätte der Legat ihn aus Furcht, er wolle ihn beim Papste verklagen, an der Reise hindern wollen. Möglicherweise war die erste Abberufung Otto's das Werk des Erzbischofs.

[3] Vgl. unten Kap. 21.

[4] Rayn. 1237, 24 sq. S. o. S. 214, wie der Papst den Frieden zwischen den Grafen von Toulouse und Provence zu erhalten sucht, damit nicht Jakob von der Eroberung Valencia's ab- und in den Streit hineingezogen würde.

[5] Rayn. 1238, 46.

[6] Er drohte mit dem Banne und nahm die Hülfe des erwählten Erzbischofs von Tarragona zur Unterdrückung der Unruhen in Anspruch. Rayn. 1235, 33.

Bischöfen Befehl, sie durch kirchliche Strafen zur Pflicht anzuhalten[1]. Als zwischen den Erzbischöfen von Toledo und Tarragona ein Streit über die Metropolitanrechte ausbrach, entschied der Papst denselben zu Gunsten Tarragona's, da Toledo zwar solche Rechte vor dem Einfalle der Saracenen gehabt hatte, nun aber überhaupt nicht zum Königreiche Aragonien, dem Valencia unterworfen war, gehörte. Aber auf der andern Seite erhielt Toledo im J. 1239 eine Erneuerung seiner Privilegien, besonders des Primatialrechtes[2].

In Portugal fuhr König Sancho, obgleich ihn der Papst schon wiederholt ermahnt hatte[3], fort, Kirchen und geistliche Personen in der ärgerlichsten Weise zu bedrücken. Es sei kaum noch eine Spur von kirchlicher Freiheit im Lande übrig, klagte der Papst[4]. Er wies nun im J. 1238 auch die Bettel= und andere privilegirte Orden an, überall, wo Sancho sich aufhalte, das Interdict zu beobachten[5]. Doch dieser machte sich über derartige Strafen lustig. Selbst das scharfe Schreiben des Papstes vom 14. April 1238, worin er ihm u. A. die Beraubung der kirchlichen Güter und die Verachtung der kirchlichen Gerichtsbarkeit und Wahlfreiheit vorhielt und mit dem Banne wie mit der Verhängung des Interdictes über sein ganzes Reich drohte, hatte keinen Erfolg[6]. Vielmehr ging der König so weit, den zum Bischofe von Lissabon erwählten Dekan Johannes aus dem Lande zu vertreiben, nachdem auf Befehl des Bruders Sanchos Saracenen in die Kirche eingebrochen waren, Kreuze und Altäre niedergerissen und sonstige Schmach verübt hatten. Doch die Drohung des Papstes vom 4. Juni 1238, die weltliche Gewalt gegen ihn zu Hülfe zu rufen, falls er sich nicht beßere[7], bewog ihn endlich, dem erwählten Bischofe Johannes die Verwaltung der Kirche zu gestatten[8]. Er hatte vielfach unter dem bösen Einflusse seines Bruders Ferdinand gehandelt, den der Papst schon im J. 1237 mit dem Bann belegt hatte[9]. Dieser ging nun nach Rom, um dort Verzeihung zu erhalten, die ihm denn auch unter der Verpflichtung, den zugefügten Schaden wieder gut zu machen, eine strenge, langwierige und demüthigende Buße zu verrichten und drei Jahre lang gegen die Saracenen in Spanien und be-

---

[1] Rayn. 1237, 26; 1238, 47. 51.   [2] Rayn. 1239, 47 sqq.
[3] S. die Mahnungen vom 7. Oct. 1231, sowie die aus den Jahren 1233 und 1235. Rayn. 1231, 50. 1233, 67. 1235, 35.
[4] Schreiben vom 6. Mai 1238. Potth. n. 10593.
[5] Schreiben vom 30. März 1238 bei Rayn. 1238, 48.
[6] Rayn. 1238, 49.
[7] Rayn. 1238, 50—51. Ueber die Verfolgung des Dechanten f. auch das päpstl. Schreiben an den Erzbischof von Toledo vom 6. Mai 1238 bei Potth. n. 10593.
[8] Rayn. 1238, 51.
[9] Ibid. 1237, 30. Befehl vom 29. April 1237 an den Erzbischof von Toledo und den Bischof von Leon.

sonders auf der Grenze Portugals zu kämpfen, am 20. December 1239 gewährt wurde [1].

Während der Papst den König Bela IV. von Ungarn und seinen Bruder Coloman zu bewegen suchte, das lateinische Kaiserreich von Constantinopel zu unterstützen, trat er dennoch ihren Willkürlichkeiten gegen die Templer und andere Orden gebührend entgegen [2]. Im Süden von Ungarn hatte in Bosnien und den benachbarten slavonischen Provinzen die Häresie der Pataréner, besonders durch Begünstigung seitens der dortigen, dem griechischen Ritus angehörenden Bischöfe, sehr um sich gegriffen. Schon am 20. Januar 1229 hatte deßhalb der Papst dem Erzbischofe Ugrin von Colocza, um der von Bosnien aus auch Ungarn bedrohenden Ketzerei besser Widerstand leisten zu können, Erlaubniß zur Errichtung des Bisthums Syrmien ertheilt [3]. Was Bosnien selbst angeht, so hatte der Papst schon am 30. Mai 1233 dem Cardinallegaten Jakob von Palestrina Befehl gegeben, den der Häresie verfallenen Bischof von Bosnien (seit dem J. 1203 war dort ein katholischer Bischof) [4] abzusetzen und der leichteren Verwaltung wegen das Land in drei bis vier Diöcesen einzutheilen [5]. Um aber dem Uebel gründlich abzuhelfen, ernannte er am 13. Februar 1234 den Carthäuser-Prior von St. Bartholomäus zu Trisulto, einen eifrigen und beredten Mann, zum apostolischen Legaten für Bosnien und die benachbarten slavonischen Länder, dem besonders die Predigt eines Kreuzzuges zur Ausrottung der Häresie oblag [6]. Dazu forderte der Papst selbst am 14. October 1234 den König Coloman besonders auf und nahm ihn am 17. October in seinen besondern Schutz [7]. An demselben Tage wünschte er auch dem von Jakob

---

[1] S. Gregors Schreiben an den Bischof von Osma bei Rayn. 1239, 60—62. Verleihung von Ablässen an die Mitstreiter Ferdinands s. ibid. n. 63.

[2] Vgl. Rayn. 1236, 66 (päpstl. Schreiben vom 16. Jan. 1236 an Bela). S. auch Potth. nn. 10081. 10082. — An Coloman ibid. nn. 10086. 10216. Die päpstl. Bestätigung der Freiheiten und Immunitäten der Templer in Ungarn gehört zum 4. Mai 1236. Potthast (n. 10591) veränderte ohne genügenden Grund das Jahr und setzte sie in's J. 1238.

[3] Vgl. Potth. nn. 8318. 8348. 8899. Die ersterwähnte Urkunde gibt Erlaubniß, den Sitz im Kloster Cuchet (auch Keu oder Köw, an der Donau) zu errichten, was auch geschah. Vgl. über die Diöcese Bosnien-Syrmien Freiburger Kirchenlexikon (2. Aufl.), Artikel „Agram", Bd. I, 350.

[4] S. Rattinger im Hist. Jahrb. II, 34. [5] Potth. n. 9211.

[6] Potth. n. 9402.

[7] Potth. nn. 9726. 9736. Anzeige hiervon an den Bischof von Zagabria ibid. n. 9736. Am 16. Oct. 1234 verlieh er ihm das Privileg, auch zur Zeit eines Interdictes sich Messe lesen lassen zu dürfen (ibid. n. 9728). — Er belobte ihn später sehr wegen seiner gegen die Häresie gerichteten Bemühungen. S. die Schreiben vom 22. Dec. 1238 und 5. Dec. 1239 bei Potth. nn. 10688. 10822. Am. 7. Dec.

von Palestrina zum Bischofe von Bosnien ernannten Dominicaner Johann Teutonicus, einem Westphalen, Glück zu seiner Ernennung und ermunterte ihn ebenfalls zur Predigt gegen die Häretiker[1]. Er gewährte auch den dortigen Kreuzfahrern große Ablässe[2] und nahm sie in seinen besondern Schutz[3]. Aber zu einem erfolgreichen Unternehmen kam es nicht. Wenige waren dort wie der Fürst Zibisclaus von Vjora, der sich nach den Worten des Papstes „wie eine Lilie unter den Dornen" von der Häresie freihielt und am 8. August 1236 in den besondern Schutz des apostolischen Stuhles genommen wurde[4]. Johann fand so große Schwierigkeiten, daß er schon im J. 1235 resigniren wollte; aber der Papst weigerte sich, die Resignation anzunehmen. Ein Mann, der zum Kriegsdienste Jesu Christi berufen sei, so schrieb er ihm am 20. September 1235, müsse den angefangenen Lauf vollenden, da der Herr nicht den Kampf, sondern den Sieg belohne, und nicht der gekrönt werde, der angefangen, sondern der vollendet habe. Wenn das Kreuz des bischöflichen Amtes ihn drücke und die Mühsale des Kampfes ihm beschwerlich seien, so müsse ihn die Liebe zu Gott und seinem Seelenheile und der Nutzen der Kirche ermuthigen, das ihm auferlegte Amt weiterzuführen und sich nicht eher dem heiligen Kampfe für Gott zu entziehen, bis er von dem Kerker dieses Leibes befreit und Gott selbst ihm die ewige Ruhe verleihen werde[5]. Erst im J. 1238 gab er ihm einen Nachfolger in dem Dominicaner Ponsa, der, als Bischof von Bosnien dem apostolischen Stuhle unmittelbar unterworfen, am 23. December 1238 auch zum apostolischen Legaten behufs Ausrottung der Ketzerei ernannt wurde. Zu diesem Zwecke sollte er in Pannonien das Kreuz predigen[6].

In Slavonien bestand damals die Gewohnheit, ein Weib unter der Bedingung zu heirathen, daß, wenn sie nicht gefalle, sie unverletzt („sine mutilatione vel fractione membrorum") ihren Eltern zurückgegeben werden solle. Es war eine gegen das Wesen der Ehe, die ja unauflöslich,

---

1239 bestätigte er dem Bischof und dem Capitel von Bosnien die ihnen vom König Coloman u. a. verliehenen Güter; s. ibid. n. 10824.   [1] Potth. n. 9738.

[2] Ibid. et 9737.   [3] Potth. n. 9733.

[4] S. Potth. 10223; Schutzbrief für die Mutter des Fürsten ibid. 10224. Anzeige hiervon an den Erzbischof von Gran u. A. ibid. n. 10225 sq. — Im J. 1233 hatte auch der Herzog Nicoselamus von Bosnien die Häresie abgeschworen und war in den päpstlichen Schutz aufgenommen worden. Potth. n. 9304.

[5] Potth. n. 10019. Theiner, Mon. Hung. I, 137, n. 241; Balan II, 456 sq. — Johann wird übrigens schon am 21. Mai 1237 als früherer Bischof von Bosnien erwähnt; s. Potth. n. 10369; Rayn. 1237, 71.

[6] S. das päpstl. Schreiben vom 26. April 1238 an Theodorich, Bischof der Cumanen bei Rayn. 1238, 54. Die Ernennung zum päpstl. Legaten ibid. 55. — Ueber Gregors Bemühungen, dem neuen Bischofe die nöthige finanzielle Unterstützung zu gewähren, s. Potth. nn. 10689—10693. 10332.

gerichtete Bedingung. Deßhalb gebot Gregor IX. am 21. Juni 1235, die unter einer derartigen Bedingung abgeschlossenen Verbindungen, die keine Ehen, sondern bloße Concubinate seien, nunmehr von Neuem und zwar den kirchlichen Vorschriften gemäß zu schließen [1].

In Schweden [2] und auf den benachbarten Inseln ließ Gregor IX. schon am 9. December 1237 durch die Bischöfe von Schweden gegen die Tavasten in Finnland, welche, vom Christenthum abgefallen, den christlichen Cultus von Grund aus zu zerstören suchten und deßhalb grausam gegen die Christen wütheten, das Kreuz predigen [3]. Allein sie wurden erst im J. 1248 von dem Gründer von Stockholm, dem Jarl Birger, Schwager des Königs Erich IX., besiegt. — Auch dem Könige Hakon von Norwegen gab er Erlaubniß, sein Gelübde zum Kreuzzuge in das eines Zuges gegen die benachbarten Heiden zu verwandeln. Damit aber während dieses Kriegszuges nichts gegen ihn von christlicher Seite geschehe, nahm Gregor ihn am 8. Juli 1241 in den apostolischen Schutz auf [4]. Sonst bemühte er sich, in Norwegen die Bischofsstühle mit thatkräftigen Bischöfen zu besetzen [5] und das dort noch vorkommende Concubinat von Geistlichen abzustellen [6]. Am 8. Juli 1241 hatte er eine eigenthümliche Schwierigkeit zu entscheiden. Er schrieb nämlich an diesem Tage dem Erzbischof von Drontheim, daß diejenigen, welche wegen Mangels an Wasser in Bier getauft seien, nicht als gültig getauft angesehen werden dürften [7]. Demselben Bischof hatte er schon am 11. Mai 1237 die Frage beantworten müssen, ob bei Mangel an Brod eine irgendwie zubereitete Oblate und bei Mangel an Wein Bier oder ein anderer Trank dem Volke bei der heiligen Communion dargereicht werden sollte, damit es, durch den Schein getäuscht, an eine wirkliche Consecration glaube. Natürlich konnte auf eine solche Frage die Antwort nicht zweifelhaft sein [8]. — In Dänemark bestand damals eine große Rechtsconfusion, die durch eine Mischung von römischem Rechte mit dem alten dänischen Rechte und alten Gewohnheiten hervorgerufen war [9]. Auf die Vorstellungen des Bischofs von Roskilde wandte sich der Papst selbst am 23. August 1239 an den König Wal-

---

[1] Ripolli I, 76, n. 130.

[2] Am 31. Jan. 1230 bestätigte der Papst den von dem Clerus und dem Volke von Gothland mit dem Bischofe von Linköping betreffs des Zehnten abgeschlossenen Vergleich (Potth. n. 8483; vgl. ibid. n. 8485; Hergenröther, Kirchengesch. I, 875 f.).

[3] Rayn. 1237, 66.   [4] Rayn. 1241, 41; Potth. n. 11045—11047.

[5] Potth. nn. 10200. 10338. 10339. 10041 sq. Am 12. Mai 1237 bestätigte er den Beschluß der Suffragane von Drontheim, jedem neuerwählten Erzbischofe einen Beitrag zur Bestreitung der Kosten seiner Romreise zu zahlen. Potth. n. 10345.

[6] Brief an den Erzbischof von Drontheim vom 16. Mai 1237 bei Potth. n. 10352.

[7] Rayn. 1241, 42.

[8] Lange, Dipl. Norweg. I, 1, 14, n. 16; Potth. n. 10340.

[9] Meursius, Historia Daniae (Amstelod. 1638) p. 24. S. Balan III, 324

bemar mit der Bitte, den Mißbrauch aufzuheben, wornach zwölf Zeugen die Beweiskraft noch so gut ausgestellter und beglaubigter Testamente hinwegschwören konnten, ein Mißbrauch, wodurch häufig zu guten Zwecken vermachte Summen verloren gingen[1]. Hierauf wurde dann im folgenden Jahre auf der Versammlung zu Worbingborg die Gesetzescompilation, die unter dem Namen der cimbrischen bekannt ist, beschlossen.

Der Patriarch von Antiochien, Albertus, vorher Bischof von Brescia, hatte große Schwierigkeiten mit dem Fürsten Boemund von Antiochien. Dessen Vorgänger hatten dem Patriarchen den Treueid geleistet und waren von ihm belehnt worden. Boemund weigerte sich aber nicht nur, auf diese Weise seine Belehnung zu erwirken, sondern er verletzte auch die kirchlichen Rechte derart, daß Gregor am 31. Juli 1238 den Erzbischof von Tyrus beauftragen mußte, Boemund durch kirchliche Strafen zu seiner Pflicht und zur Genugthuung für seine Unbilden zu bringen[2].

Armenien war zwar im J. 1203 mit der römischen Kirche unirt worden, allein der Katholikos verweigerte es, sich dem lateinischen Patriarchen von Antiochien zu unterwerfen; seinem Beispiele folgten Aebte und Priester. Der Patriarch machte geltend, daß Cilicien, die damalige Residenz des Katholikos, zur alten von dem Concil von Nicäa festgestellten Diöcese Antiochien gehört habe. Innocenz III. hatte sich aber der Anschauung der Armenier günstig erwiesen. Auch Gregor IX. ließ zwar am 26. Juni 1238 einige Bischöfe an den Katholikos abgehen, um auf ihn im Interesse des Friedens einzuwirken, allein er sandte ihm dennoch am 10. März 1239 das Pallium, ohne die Unterwerfung unter Antiochien zu erwähnen[3].

Zweiundzwanzigstes Kapitel.
Die Cardinäle Gregors IX. Orden und Missionen seit dem J. 1236.

Bald nach seiner Erhebung auf den päpstlichen Thron nahm Gregor IX. am 18. September 1227 zu Anagni[4] eine Cardinalsernennung

---

[1] Rayn. 1239, 67; Potth. n. 10780.

[2] Rayn. 1238, 35. Die Bemerkung des Matth. Par. zum J. 1238, daß der Erzbischof von Antiochien den Papst und die römische Kirche excommunicirt habe, bezieht sich auf den griechisch-schismatischen Patriarchen von Antiochien (Rayn. l. c.). — Boemund, Graf von Tripolis, hatte mit Unterstützung der Templer seine Ansprüche auf das Fürstenthum Antiochien gegen den König von Armenien mit Waffengewalt behauptet. Hurter IV, 364—366.

[3] Rayn. 1238, 34; 1239, 83. S. Hergenröther I, 912. — Im März 1239 bestätigte der Papst dem Könige und der Königin der Armenier die dortigen löblichen Gewohnheiten. Rayn. 1239, 82.

[4] Vita Greg. Mur. III, 576. Das Datum nach Chron. Alber. mon. trium Fontium in SS. XVIII, 920 sq. — Vgl. zum Folgenden Anhang, Beilage 3.

vor, in der mehrere hervorragende Männer zu dieser höchsten kirchlichen Würde erhoben wurden. Darunter befand sich der Cistercienser Johann Halgrin, ein berühmter Prediger und Exeget, dem wir eine schöne Erklärung des Hohenliedes verdanken. Schon als Erzbischof von Besançon hatte er sich so ausgezeichnet, daß Honorius III. ihn im J. 1225 zum lateinischen Patriarchen von Constantinopel bestimmte. Zwar hatte er die Würde ausgeschlagen, aber dafür erhob ihn nun Gregor IX. zum Cardinalbischof von Sabina [1]. Gaufridus de Castiglione, ein Mailänder und Neffe Urbans III., der das Bisthum Mailand abgelehnt und sich nach dem Tode Urbans in ein Cistercienserkloster zurückgezogen hatte, wurde zum Cardinalpriester von St. Marcus ernannt. Er folgte später Gregor IX. auf dem päpstlichen Thron als Cölestin IV. An diese reihte sich ein Neffe Gregors, seines Bruders Philipp Sohn Raynald, dessen Würdigkeit, zum Cardinaldiakon von St. Eustachius erhoben zu werden, sich daraus ergibt, daß er später nicht bloß Cardinalbischof von Ostia wurde, sondern auch selbst unter dem Namen Alexander IV. seinem Onkel in der päpstlichen Würde nachfolgte. Noch ein dritter Papst, nämlich Innocenz IV., gehörte zu den von Gregor im J. 1227 zum Cardinalat Erkorenen, Sinibaldus Fiesco, Graf von Lavagna, den man wegen seiner Kenntniß des canonischen Rechtes „Licht der Welt" hieß. Er wurde damals zum Cardinalpriester von St. Laurentius in Lucina ernannt. Von dem Fünften, dem Magister Bartholomäus, der als Cardinalpriester den Titel St. Pudentiana erhielt [2], wissen wir zwar nichts Genaueres; aber der letzte der neuen Cardinäle, Otto, Sohn des Markgrafen Wilhelm III. von Montferrat, der Cardinaldiakon von Sanct Nicolaus in carcere Tulliano wurde, begegnet uns häufig in der Geschichte Gregors IX. wie anderer Päpste als ein Mann, dem die wichtigsten und schwierigsten Legationen anvertraut wurden [3]. Andere später ernannte Cardinäle schließen sich würdig diesen an. So der frühere Canonicus von Dignies in Brabant und Biograph der hl. Maria von Dignies, Jakob von Vitry, der als Schriftsteller, besonders durch seine „Geschichte des Morgenlandes" (Historia Orientalis), bekannt ist. Er hatte sein Amt als Bischof von Accon niedergelegt und sich nach Dignies

---

[1] Brief Honorius' III. vom 23. Dec. 1225 bei Rayn. 1226, 59. Vgl. über ihn Ciacon. l. c. II, 79; Hist. chronolog. Patriarch. Const. in Acta SS. Aug. tom. I, 150 sq. Er starb im J. 1237.

[2] Alberic. ad a. 1227: „Alius mag. Bartholomaeus Lombardus, qui factus est presb. Card. S. Potentianae" (soll heißen Pudentianae tit. S. Pastoris). Er erscheint zuletzt bei Potth. I, 938 als Zeuge unter päpstl. Urkunden und starb unter Gregor IX. S. Ciacon. II, 63.

[3] „Vir in mathematicis eruditissimus, scripsit de astrologia" (Ciacon. II, 82). Innocenz IV. ernannte ihn am 28. Mai 1244 zum Cardinalbischof von Porto und S. Rufina. Er starb im J. 1251.

zurückgezogen. Aber dort fand ihn die Anerkennung Gregors IX., der ihn zum Cardinalbischof von Frascati (Tusculum) machte[1]. Schon erwähnt wurde Jakob von Pecoraria, den Gregor IX. im September 1231 zu Rieti von der Würde eines Abtes von Tre-Fontane bei Rom zum Cardinalbischof von Palestrina erhob. Von reichen, vornehmen Eltern in Piacenza geboren, war er im J. 1215 als Archidiakon von Ravenna in den Cistercienserorden getreten und unter Honorius III. päpstlicher Pönitentiar gewesen. Er war ein Mann von großer Geschäftsgewandtheit, dessen Dienste Gregor IX. nun vielfach für wichtige Angelegenheiten der Kirche gebrauchte[2].

Zu der Cardinalswürde erhob der Papst Männer aus allen Nationen. So wurden z. B. im J. 1237 ein Engländer, ein Franzose, ein Römer und ein Spanier mit jener Würde bekleidet. Der letztere ist besonders bekannt. Es ist der hl. Raymundus Nonnatus. Mitglied des von dem hl. Petrus Nolasco gegründeten Ordens der hl. Maria von der Gnade zur Befreiung der Sklaven, hatte er sich in Algier selbst zum Sklaven gemacht, um Andere zu befreien, und aus Liebe zu Gott und den Seelen furchtbare Qualen erduldet. Als er dem Befehle des Obern gemäß nach Spanien zurückkehrte, wurde er von Gregor IX. zum Cardinal erhoben und im J. 1240 nach Rom berufen. Allein er hatte kaum die Reise angetreten, als er erkrankte und am 31. August 1240 starb[3].

Dem Franciscaner- und Dominicanerorden gab Gregor seine Gunst auch dadurch zu erkennen, daß er Allen und Jedem in- und außerhalb eines Ordens bei Strafe des Bannes verbot, ihre Ordenstracht oder eine derselben zum Verwechseln ähnliche zu tragen[4]. Besondere Wichtigkeit hatte dieser Erlaß für die Franciscaner. Denn die Johann-Boniten, eine von dem im J. 1249 verstorbenen Johann Bonus von Mantua gestiftete, nach der Regel des hl. Augustinus lebende Eremiten-Congregation, die besonders in der Mark Ancona verbreitet war, hatte wirklich eine der Tracht der Franciscaner so ähnliche Kleidung angenommen, daß sie öfters mit ihnen verwechselt wurden und die jenen bestimmten Almosen empfingen. Der Papst entschied natürlich zu Gunsten derer, die die Priorität für sich

---

[1] Ciacon. II, 84 sq. Er starb am 30. April 1244; s. ibid. p. 84. Ughelli I, 234.

[2] Vita Greg. 578: „Quinto sui pontificatus anno ad civitatem se contulit Reatinam (er kam am 1. Juni 1231 dorthin; s. Potth. I, 751) . . . ubi etiam fratrem Jac. . . . assumpsit in episcopum Praenestinum." Vgl. Ciacon. II, 86 sq. Pecoraria oder Pecorara liegt südwestlich von Piacenza. Der Cardinal starb am 26. Juni 1244. S. Gams p. XVII.

[3] S. Acta SS. Aug. tom. VI, p. 729 sqq. Vgl. u. Beilage 3.

[4] Für die Predigerbrüder am 25. Oct. 1239 (Ripolli I, 107, n. 195); für die Franciscaner am 13. Dec. 1240. Sbaralea I, 289, n. 328.

in Anspruch nehmen konnten, der Franciscaner. Die Johann=Boniten mußten in Zukunft weiße oder schwarze Kutten mit langen, weiten Aermeln, lederne Gürtel, Schuhe, die durch die Kutte nicht verdeckt werden durften, sowie in Krückenform auslaufende, fünf Spannen lange Stäbe tragen und außerdem bei der Bitte um Almosen den Namen ihres Ordens nennen. Die Widerspenstigen sollten durch den Bann zur Befolgung dieser Bestimmung angehalten werden [1].

Wie das ganze Leben des hl. Franciscus in wunderbarer Weise eine Nachfolge des armen Lebens Christi war, so war er auch durch göttliche Gnade der Wundmale Christi theilhaftig geworden. Auf dem Berge Alverno hatte er sie am 17. September 1224 empfangen, so daß von da an sein stigmatisirter Leib dem des Gekreuzigten ähnlich war [2]. Besonders dieses auf das Feierlichste bezeugte Wunder hatte Gregor IX. im J. 1232 zur Canonisation des Heiligen bewogen. Als es aber von Einigen, nämlich dem Bischofe von Olmütz und einem Dominicanerbruder Euchard in Mähren, bestritten wurde, erhob der Papst am 31. März 1237 in einem an alle Erzbischöfe, Bischöfe, Aebte und sonstigen Prälaten gerichteten Schreiben seine Stimme, um die Wahrheit der Stigmatisation des hl. Franciscus ausdrücklich zu bezeugen [3].

Durch eine andere den Franciscanern zugewendete Gunstbezeugung erwarb sich Gregor IX. zugleich indirect große Verdienste um das Brevier. Der hl. Franciscus hatte in seiner Regel seinen Orden zum Gebrauche des römischen Breviers verpflichtet und letzterer das Brevier der päpstlichen Kapelle angenommen. Auf Befehl des Papstes unternahm der vierte General des Ordens, Haymon, eine Verbesserung des Breviers, die von Gregor IX. am 7. Juni 1241 für den Orden bestätigt wurde [4].

---

[1] S. Bulle vom 24. März 1240. Sbaralea I, 274, n. 305. Die bei Potth. (n. 8504) nach Pennottus, Cleric. canon. hist. 69 zum 24. März 1230 im Regest mitgetheilte Urkunde beginnt wie erstere mit „Dudum apparuit" und ist wohl einfach statt a⁰ 4, a⁰ 14, d. h. 1240 statt 1230 zu lesen. Vgl. weitere Entscheidungen bei Potth. nn. 10917. 10932—10934. Die ganze Frage ist im „Apologeticus de praetenso monachatu Augustiniano s. Francisci" bei Wadding, Ann. (2. ed.) II, 460 sqq. ausführlich erörtert. Vgl. auch Helyot III, 10.

[2] Das Wunder ist auf das Allerbestimmteste durch die Aussage vieler glaubwürdigster Augenzeugen, z. B. Alexanders IV., erhärtet. Vgl. Hergenröther, Kirchengesch. III, 276. Auch Salimbene (75) erwähnt es auf das Zeugniß des Bruders Leo hin, der „praesens fuit, quando ad sepeliendum (beatus Franciscus) lavabatur". Uebrigens feiert die Kirche am 17. Sept. ein eigenes Fest „impressionis ss. stigmatum in corpore s. Francisci conf."

[3] S. Rayn. 1237, 60; Wadding 1237, 1. Vgl. auch die päpstl. Schreiben an den Bischof von Olmütz und die Obern des Bruders Euchard vom 31. März 1237. Wadding 1237, 2. 3.

[4] S. das päpstl. Schreiben bei Wadding III, 419, n. 38, worin es heißt: „Vestrae itaque precibus devotionis inducti, ut observantia moderni officii

Sie wurde später von Nicolaus III. in allen römischen Kirchen eingeführt[1].

Der weibliche Zweig des Ordens zeigte fortwährend ein äußerst regsames geistiges Leben, das auch vom Papste am 7. Februar 1237 durch das Verbot des Genusses von Fleischspeisen innerhalb der Klostermauern[2] und Wiederholung der von ihm im J. 1219 rücksichtlich der Clausur festgesetzten Bestimmungen anerkannt wurde[3]. Zwar gestattete er dem Kloster der hl. Agnes zu Prag in Anbetracht des kalten Klimas am 5. Mai 1238 einige Erleichterungen der Regel in Bezug auf Nahrung und Kleidung, nahm aber doch den Verzicht der die Armuth über Alles liebenden Heiligen auf das von ihr gegründete und mit ihrem Kloster vereinigte Franciscus-Hospital in Prag an und gewährte den dortigen Nonnen am 15. April 1238 das Privileg, daß Niemand sie in Zukunft gegen ihren Willen zur Annahme von Eigenthum verpflichten könne[4]. Als die heilige Stifterin ihr Amt als Aebtissin nach dreijähriger Amtsführung im J. 1238 aus Demuth niederlegte, schrieb Gregor am 9. Mai 1238 der bemüthigen Magd Christi einen Brief, worin er sie (und zwar, wie ihr ganzes späteres Leben bezeugte, nicht vergebens) aufforderte, nach hoher Tugend zu streben[5].

---

divini, quod in Breviariis vestris exacta diligentia correctum a nobis (b. h. durch Haymon) . . . sitis contenti perpetuo . . . vobis auctoritate praesertim indulgemus." Ueber Haymons Werk s. Wadding 1244, 1 et 2. Haymon war General des Ordens von 1240 (nicht von 1239, wie Wabbing sagt, denn von 1239 bis 1240 war es Albert von Pisa; vgl. Salimbene, Chron. Parm. p. 51) bis 1244, in welchem Jahre er starb. S. Wadding l. c. — Auch das Ordenscapitel approbirte und acceptirte Haymons Verbesserung. S. das Schreiben des Ordensgenerals vom J. 1249 ibid. 1249, 2. Die Arbeit Haymons bestand nach Heuser (Artikel „Brevier" in Wetzer und Welte, Kirchenlexikon, S. 1261) „wahrscheinlich in der Trennung des Officiums in das Officium de tempore und das de Sanctis . . . eine Einrichtung, die auch auf das Missale ausgedehnt wurde". — Gregor IX. bestimmte auch im J. 1239, daß das „Salve Regina" Freitags nach der Complet gebetet, und daß während der Wandlung geläutet werde (Vita Greg. p. 582). Das Chron. Ursperg. sagt außerdem: „et laudes virginis Dei Genitricis pulsari decrevit, rem ecclesiasticam reformaturus scilicet". Allein das ist ein Irrthum. S. Wetzer und Welte a. a. O. Art. „Angelus Domini".

[1] Wadding 1244, 2.
[2] Sbaralea 209, n. 216. Uebrigens beobachteten sie dieses schon gemäß der ihnen von Hugolin gegebenen Regel. Vgl. Wadding 1219, 47. S. o. S. 45 f.
[3] Sbaralea 206, n. 213, vom 22. Nov. 1236. Vgl. auch Pottb. nn. 10991. 11026.
[4] Sbaralea 240, n. 262, und 236, n. 255; Schutzbrief für das Kloster vom 14. April 1237 (Potth. n. 10322), wie denn überhaupt die Regesten eine große Zahl von Vergünstigungen für die Franciscanerinnen zu Prag und anderswo enthalten.
[5] Sbaralea 241, n. 263. Den Wunsch der Heiligen, ihrem Kloster eine neue Regel zu geben, die aus der ältesten Regel des hl. Franciscus und den von Gregor IX. früher den Nonnen von St. Damian vorgeschriebenen Statuten zusammen-

Im Heiligen Lande machte dem Papste nicht bloß die Lage der Christen Sorge, sondern auch das Benehmen einiger Geistlichen. Die Canoniker des Ordens vom heiligen Grabe erdichteten nämlich, um von den Einfältigen Geld zu erhalten, Wunder, z. B. daß am Charsamstag vom Himmel Feuer auf das heilige Grab herabsteige, und zeigten für Geld ein angebliches „Gefängniß Jesu Christi". Am 9. März 1238 befahl der Papst dem Patriarchen von Jerusalem, Schritte gegen den Unfug zu thun [1].

Reformbedürftig waren auch jedenfalls die Johanniter und die Abschaffung sämmtlicher Freistätten mit Ausnahme der Kirchen und Klöster sehr begründet; dasselbe gilt von der strengen Weisung des Papstes vom 13. März 1238 an den Erzbischof von Tyrus, mit kirchlichen Strafen gegen den Orden einzuschreiten und eine Aenderung an Haupt und Gliedern vorzunehmen, falls sie nicht selbst innerhalb drei Monaten eine solche eintreten ließen. Denn sie, die dazu bestimmt waren, gegen die Ungläubigen zu kämpfen, die Keuschheit, Gehorsam und Armuth pflegen sollten, die auf ihrer Kleidung ein weißes Kreuz, das Zeichen des Glaubens, trugen, hatten sich des Mißbrauches des Asylrechtes durch Aufnahme von Ketzern, des Straßenraubes, der Fälschung der Testamente derer, die bei ihnen starben, des Mordes und Todtschlages, wie auch eines unkeuschen Lebens und der Häresie schuldig gemacht. Außerdem hatten sie dem Schismatiker Vataces für einige Lehen und Einkünfte Hülfe gegen das lateinische Kaiserthum geleistet [2]. Allerdings werden diese Vorwürfe nicht den ganzen Orden, sondern nur einzelne Ordensmitglieder oder vielleicht einzelne Ordensniederlassungen getroffen haben. Allein das war gewiß schon schlimm genug, daß solche Klagen bis nach Rom gekommen waren, um erst dort Abhülfe zu finden.

Während die kleineren spanischen Ritterorden, vom Papste unterstützt, besonders eifrig für die Befreiung Spaniens von der Saracenenherrschaft stritten [3], waren die deutschen Ritter unermüdlich im Nordosten

---

gesetzt sein sollte, wies der Papst am 11. Mai 1238 aus den besten Gründen ab. S. Sbaralea 242, n. 264.

[1] Rayn. 1238, 33. Ueber den Orden s. Helyot, vol. II (Paris. 1714), p. 114 sqq.

[2] S. das päpstl. Schreiben an die Johanniter vom 13. März 1238 bei Rayn. 1238, 32; s. ibid. 31—33. Vgl. Gregors Mahnungen an den Großmeister der Johanniter von demselben Tage (Potth. n. 10539). — Es ist übrigens unbekannt, von wem die Klagen nach Rom gesandt worden und wie weit sie etwa übertrieben waren. Vgl. Hurter IV, 329 f.

[3] Der Ritterorden von Alcantara, ursprünglich von St. Julian bel Pereiro, welchen Gregor am 26. März 1238 der Liebe Ferdinands von Castilien empfahl, war am 17. Mai 1235 in den päpstlichen Schutz aufgenommen worden (Potth. nn. 9905. 10556; vgl. auch ibid. nn. 7952. 9005. 10555). — Ueber den Schutzbrief für den Ritterorden von San Jago de Compostella, auch San Jakob de Spada

Deutschlands thätig. Schon im J. 1229 hatte Volquin, der Meister des Ordens der Schwertbrüder, die Vereinigung desselben mit dem deutschen Orden angestrebt. Denn in Livland war der mächtige Bischof gestorben, über die Neubesetzung des Stuhles ein Streit entstanden, der Orden von der Rache der Dänen bedroht und der vom Papst und Kaiser beschützte, mächtig emporstrebende deutsche Orden im Begriff, in unmittelbarer Nachbarschaft der Schwertritter ein Reich zu gründen [1]. Allein Hermann von Salza zögerte einstweilen noch, einen solchen Schritt zu thun, der die Verantwortung seines Ordens so sehr vergrößern mußte. Die Sache zog sich nun mehrere Jahre in die Länge. Als aber Waldemar durch Sperrung des Hafens von Lübeck und Angriffe auf der See die Unterstützung Livlands durch Kreuzfahrer immer schwieriger machte, wandte sich Volquin von Neuem mit seiner Bitte an den deutschen Ordensmeister. Dieß geschah im J. 1235 [2]. Allein in Folge der vielen Beschäftigungen und Reisen Hermanns, wie der Nothwendigkeit, Erkundigungen einzuziehen und Berathungen zu pflegen, fanden die Verhandlungen erst im Anfange des J. 1237 zu Wien ihren Abschluß [3]. Indeß schien es, als ob die Einwilligung des Papstes zu dieser Vereinigung nur schwer erlangt werden könne. Die Dänen hatten ihre Hoffnungen, Esthland zu besitzen, keineswegs aufgegeben. Damals, im J. 1227, als die Schwertbrüder das Land an sich brachten, hatten sie auch die dänischen, vom Erzbischof Andreas von Lund eingesetzten und als Suffraganbischöfe von Lund betrachteten Bischöfe von Reval, Leal und Wirland vertrieben. Wie nun aber Waldemar Esthland wieder politisch mit Dänemark vereinigen wollte, so wandte sich anderseits der Erzbischof von Lund mit der Bitte an den Papst, für die Wiederherstellung seiner geistlichen Jurisdiction in jenen Ländern Sorge tragen zu wollen. Am 22. März 1236 gab der Papst wirklich seinem Legaten Wilhelm von Modena Auftrag dazu [4]. Schon vorher hatte er ihm be-

(oder vom Schwerte) genannt, s. Rayn. 1234, 50. — Allen, die den Orden von Calatrava in seinen Kämpfen gegen die Saracenen in Spanien unterstützten, gewährte Gregor Abläße (Rayn. 1240, 25).

[1] Das Jahr ist streitig. Voigt (II, 324) entscheidet sich für 1229, Ewald (I, 210) für 1231. Wir folgen Ersterem, weil im J. 1229 schon alle Gründe vorlagen, die Volquin zu einem solchen Entschlusse bewegen konnten. Aus den Quellen selbst läßt sich nichts Sicheres weder für die eine noch die andere Meinung folgern.

[2] Vgl. Hartmanns von Heldrungen (Hochmeisters des deutschen Ordens) Bericht über die Vereinigung des Schwertordens mit dem deutschen Orden und die Erwerbung Livlands durch den letztern, herausgegeben von Strehlke in „Mittheilungen aus dem Gebiete der Geschichte Liv-, Esth- und Kurlands", Heft XI, S. 85.

[3] Johann von Magdeburg, welcher der livländischen Gesandtschaft angehörte, begleitete Hermann von Wien nach Viterbo zum Papste. Gregor war in Viterbo vom 21. März bis zum 18. October 1237; s. Potth. I, p. 874—887.

[4] Potth. n. 10125; Bunge I, 187 n. 146.

fohlen, eine neue Circumscription der Diöcesen in Livland, Semgallen, Kurland und Esthland vorzunehmen, vorzüglich auch um der Armuth der bestehenden Bisthümer abzuhelfen. Allein obgleich er ihm sonst freie Hand ließ, hatte er doch schon eine Einschränkung zu Gunsten der Rechte der Erzdiöcese Lund in Bezug auf Reval und Wirland gemacht[1]. Noch härter war Gregors Befehl vom 23. Februar 1236, der Orden solle Reval, Harrien, Wirland und Jerwen wieder aufgeben[2]. Den Streit wegen der Burg Reval, welche von Waldemar allerdings zuerst erobert, dann aber an die Heiden verloren und wiederum von Schwertbrüdern eingenommen worden war, sollte Wilhelm so schlichten, daß Reval dem Könige Waldemar zurückgegeben, den Brüdern aber ihre darauf verwandten Kosten wieder erstattet würden[3]. Als nun Hermann von Salza von Wien in kaiserlichem Auftrage wegen der lombardischen Angelegenheiten zum Papste nach Viterbo ging, fand er dort schon dänische Gesandte vor[4]. Es lag zu sehr in Waldemars Interesse, die Uebertragung der Ansprüche, welche die Schwertbrüder auf Esthland hatten, auf den viel mächtigeren deutschen Orden zu verhindern, als daß er sich nicht der Vereinigung aus aller Kraft widersetzt hätte. Dazu waren ja die letzthin ergangenen Entscheidungen bezüglich Esthlands im Sinne Waldemars. Aber dennoch kam ein unvorhergesehenes Ereigniß dazwischen, welches die Wünsche Volquins zur Erfüllung bringen sollte. Schon zu Anfang des J. 1236 waren Berichte päpstlicher Gesandten in die Hände Gregors gekommen, welche ihn auf die jenen Ländern drohenden Gefahren sehr aufmerksam gemacht hatten. Deßhalb befahl er denen, welche in Bremen, Magdeburg und anderen norddeutschen Diöcesen das Kreuz genommen hätten, ihr Gelübde durch Hülfeleistung in Livland, Semgallen, Kur- und Esthland zu erfüllen. Er veranlaßte auch Bischöfe und Andere, Befestigungen zu Gunsten der Neubekehrten gegen die Heiden anzulegen[5]. Im Herbste 1236 war ein schönes Heer zusammengebracht, welches durch Semgallen in Lithauen, von wo Livland noch immer am meisten zu leiden hatte, einfiel. Allein am 22. September 1236 wurde das christliche

---

[1] S. Urkunde vom 5. Febr. 1236 bei Potth. n. 10090. Aehnliche Aufträge zur Neubegrenzung der Bisthümer gab der Papst auch am 28. Febr. 1234 und am 28. Mai 1238; s. ibid. nn. 9415. 10168.

[2] Potth. n. 10102; Bunge I, 185, n. 145. Außerdem sollten auch der Bischof und die Bürger von Riga ihre Antheile von Wiek und Oesel aufgeben (ebend. n. 147). Sie hatten mit dem Bischofe und dem Schwertorden im J. 1231 eine eigenmächtige Theilung von Kurland, Semgallen und der Insel Oesel vorgenommen. Vgl. die Urkunden des Bischofs vom 9. Aug. 1231 und 16. Febr. 1236 ebend. I, 109 und 125. Vgl. Ewald I, 202 und 205.

[3] Päpstl. Schreiben vom 10. April 1236 (Potth. n. 10141; Bunge I, 188, n. 147).

[4] Rayn. 1236, 69; Hartmann von Heldrungen a. a. O. 88 und 89.

[5] Päpstl. Schreiben vom 18. Febr. an den Legaten Wilhelm (Rayn. 1236, 62).

Heer in der Schlacht von Saule geschlagen[1]. Der Orden der Schwertbrüder erlitt eine fürchterliche Einbuße; er verlor seinen Ordensmeister Volquin nebst 50 Rittern. Nun wandten sich mit den übrig gebliebenen Ordensbrüdern auch die Bischöfe von Livland und Esthland an den Papst mit der Bitte um Hülfe und um Vereinigung der beiden Orden[2]. Offenbar that Eile Noth. Hülfe war aber nur von dem deutschen Orden zu erwarten. Deßhalb vereinigte der Papst zu Viterbo am 12. Mai 1237 den Orden der Schwertbrüder mit dem deutschen Orden. Erstere hatten darnach jetzt die Regel des letztern zu befolgen, während der deutsche Orden in den Besitzstand und die Rechte und Pflichten der früheren Schwertbrüder von Livland eintrat. Am 12. Mai 1237 zeigte Gregor IX. diese Vereinigung den Schwertbrüdern selbst und unter dem 14. Mai den Bischöfen Nicolaus von Riga, Hermann von Dorpat und Heinrich von Oesel, ebenso auch seinem Legaten Wilhelm mit der Ermahnung an, eifrigst dafür zu sorgen, daß aus der Verbindung der Orden der gehoffte Nutzen erwachse[3]. Am 13. Mai gab er seinem Legaten Auftrag, den König von Dänemark zu bewegen, daß nunmehr der Streit über Reval mit dem deutschen Orden als Rechtsnachfolger der Schwertbrüder beigelegt werde[4]. Allein es geschah einstweilen nichts, so daß Gregor am 10. August 1237 Wilhelm von Neuem mahnte, Reval zu übernehmen und den Dänen auszuliefern. Aber auch jetzt zögerte der Legat, bis Waldemar sich bereits zu einem Kriegszuge anschickte und der Papst am 13. März 1238 seinem Legaten drohte, die Ausführung seines Befehles Anderen zu vertrauen[5]. So mußte er denn, wenn auch, wie sein langes Zögern beweist, sehr ungern, nachgeben. Er schloß nun nebst Hermann Balk, der jüngst zum Landmeister von Livland ernannt worden war, am 7. Juni 1238 zu Stenby auf der Insel Seeland einen Vertrag mit dem Könige, worin demselben gemäß dem päpstlichen Befehle Reval wie Harrien, Jerwen und Wirland übergeben wurden. Waldemar gab jedoch Jerwen wieder an den Orden, erkannte dessen

---

[1] Ueber den Tag und Ort der Schlacht s. Voigt II, 337, 1; Ewald I, 222.

[2] H. v. Heldrungen 88; Rayn. 1236, 63—64.

[3] S. das Schreiben an die Bischöfe bei Rayn. 1237, 64, und Bunge I, 191, n. 149. Die beiden anderen bei Potth. nn. 10344. 10349. Auch Potth. n. 10161 gehört nicht zum J. 1236, sondern zu 1237, da die Vereinigung erst im J. 1237 stattfand.

[4] Bunge I, 193, n. 150. — Vgl. auch die Weisung an die Dominicaner vom 30. Mai 1237, die für die Schwertbrüder empfangenen Gaben dem deutschen Orden zum Ankauf von Waffen und Pferden zu übergeben (Potth. n. 10383).

[5] Bunge I, 195, n. 152, und I, 204, n. 159. Er solle dafür sorgen, heißt es dort, daß der päpstliche Schiedsspruch in dieser Sache genau befolgt werde: „Alioquin (Gerhardo) Bremensi et (Wilbrando) Magdeburgensi archiepiscopis et (Ottoni) episcopo Verdensi damus in mandatis, ut ipsi super hoc mandatum apostolicum exequantur."

Herrschaft in der Wiek und auf Oesel an und schloß ein Schutz- und Trutzbündniß mit ihm gegen die Heiden [1].

Um den deutschen Rittern in Preußen in ihren schweren Kämpfen beizustehen, mahnte Gregor IX. am 23. Februar 1236 die Prediger= brüder in Polen, den Kreuzzug gegen die heidnischen Preußen zu be= treiben [2]. Als aber der Orden, von dem Markgrafen Heinrich von Meißen wacker unterstützt, im J. 1236 einen erfolgreichen Feldzug in Pomesanien machte, der mit der Eroberung jener Landschaft schloß, be= fahl der Papst wieder seinem Legaten, dafür zu sorgen, daß den Neu= bekehrten ihre volle Freiheit belassen werde [3]. In Preußen hatte sich bis zum J. 1236 die Zahl der Gläubigen so vermehrt, daß Gregor am 30. Mai 1236 nach dem Rathe des Deutschritter Wilhelm von Modena mit einer neuen Eintheilung der Diöcesen beauftragen konnte und ihm befahl, drei Dominicaner zu Bischöfen zu weihen [4]. Allein es dauerte noch bis zum 29. Juli 1243, ehe Wilhelm die vier preußischen Bis= thümer Culm, Ermeland, Pomesanien und Samland errichten konnte, eine Einrichtung, die Innocenz IV. am 8. October 1243 bestätigte. Seinem Legaten hat Gregor IX. in den letzten Jahren seines Lebens die Ordnung der Angelegenheiten in jenen nordischen Provinzen mehr und mehr überlassen. Aber dennoch hat er es an Begünstigungen des Kampfes gegen die Heiden nicht fehlen lassen und Otto, Herzog von Braunschweig und Lüneburg, der einen Kreuzzug in's Gebiet der Preußen machen wollte, am 25. März 1238 mit seinen Besitzungen für die Zeit seiner Kriegsfahrt in den apostolischen Schutz genommen [5]. Durch seine Hülfe hat dann der Orden im Frühjahre 1240 bei Balga einen großen Sieg über die Preußen errungen, in Folge dessen die Landschaften Warmien, Natlangen und Barten erobert und sich so (da er schon vorher das Culmerland und Pomesanien und seit dem J. 1237 auch Pogesanien, wo Elbing gegründet wurde, besaß) in den Tagen Gregors IX. in den Besitz von sechs altpreußischen Landschaften gesetzt [6]. — Nach der Ex=

---

[1] S. den Vertrag bei Bunge I, n. 160. Vgl. auch v. Spruner=Menke, Hist. Handatlas, n. 68, Nebenkarte 4. — Am 14. Dec. 1240 beauftragte Gregor den Erzbischof von Lund mit der Kreuzpredigt gegen die ungläubigen Esthländer (Rayn. 1240, 3).

[2] Ripolli I, 83, n. 145. Vgl. auch Potth. n. 10123, woselbst ihnen die Be= schützung der Kreuzfahrer anbefohlen wird.

[3] Rayn. 1236, 64. Der Befehl wurde am 8. März 1238 wiederholt (Potth. n. 10528; Rayn. 1238, 62). Vgl. u. S. 317, Anm. 1.   [4] Rayn. 1236, 61.

[5] Vgl. Orig. Guelf. IV, n. 71. Anzeige hiervon an die Bischöfe von Hildes= heim, Verden und Minden ibid. n. 72. — Otto trat den Kreuzzug erst nach dem 21. Dec. 1239 an, denn an diesem Tage schloß er noch vor seiner Abreise ein Ab= kommen mit dem Grafen von Holstein (ibid. n. 77).

[6] Vgl. Voigt II, 397 ff.; Ewald II, 43 ff. — Ob Löbau, ebenfalls im Besitze

communication Friedrichs II. gerieth der Orden in eine schlimme Lage. Er fuhr fort, dem Kaiser, der ihn sehr begünstigt hatte, Folge zu leisten; deßhalb drohte der Papst sogar, wenn er sein Verfahren gegen den Kaiser nicht ändere, ihn seiner Vorrechte und Freiheiten zu berauben. Aber weiter als bis zur Drohung ist er nie gegangen[1].

Der Bischof Christian von Preußen war im J. 1233 in die Gefangenschaft der Samländer gerathen, worin er Jahre lang schmachten mußte. Sicher gereicht es dem deutschen Orden, der nach dem Vertrage von Leslau zum Schutze des Bischofs verpflichtet war, nicht zum Ruhme, daß er für seine Befreiung nichts that. Denn die Ritter mußten ohne

---

des deutschen Ordens, eine Hauptlandschaft Preußens war oder nicht, läßt sich nicht bestimmen. S. Ewald I, 138; II, 28. Ueber den Streit des Ordens mit Conrad von Masovien über Löbau in den Jahren 1239 und 1240 s. ebend. II, 28—31; Voigt II, 395 f.

[1] Rayn. 1239, 36. S. das päpstl. Schreiben vom 11. Juni 1239 an den Orden bei Rodenberg, Epp. n. 749, p. 648. Nach Aventini excerpta ex Alberti Bohemi Actis in Rer. Boic. SS. ed. Oefelius, tom. I, 789, wären alle mit dem Banne belegt worden, die dem deutschen Orden nach Preußen oder nach dem Morgenlande zu Hülfe ziehen würden. Es ist bleß wahrscheinlich unrichtig. Sei dem aber wie da wolle, sicher ist die angebliche Urkunde Gregors IX. vom 12. Januar 1240 (bei Strehlke, Cod. ord. Theut. n. 468), worin er die Deutschritter zu Michaeli 1240 zur Verantwortung über ihre Trennung von der Obedienz des Johanniterordens vor den apostolischen Stuhl ladet, unächt. Sind doch so manche andere Urkunden in den Bullensammlungen der Johanniter unächt (vgl. Strehlke l. c.). Zwar hatte Cölestin II. das Marien-Hospital zu Jerusalem unter die Aufsicht und Obhut des Großmeisters des Johanniterordens gestellt (vgl. De Wal, Recherches sur l'ancienne institution de l'ordre teuton. Mergentheim 1807, tom. I, p. VI) und Hadrian IV. (1154—1159) dieß bestätigt (vgl. Voigt II, 13). Allein der Orden selbst, entstanden im J. 1190 aus der Vereinigung der Brüder des deutschen Hospitals mit Bürgern von Lübeck und Bremen zur Pflege von Leidenden vor Accon, hatte schon am 22. Dec. 1196 von Cölestin III. das Recht, seinen Meister selbst zu wählen, erhalten (Strehlke, Tab. n. 296) und die folgenden Päpste seine Unabhängigkeit stillschweigend und ausdrücklich anerkannt. Vgl. z. B. die Urkunden Innocenz' III. vom 19. Febr. 1199 oder Honorius' III. vom 15. Dec. 1220 und 9. Jan. 1221 (Potth. nn. 606. 6444. 6473). Auch das Verhalten Gregors in der Streitfrage zwischen dem Orden und dem Bischof Christian (s. S. 316) zeigte, daß er dem Orden nicht übel wollte. — Nach dem Vorgange Voigts (II, 422) behandelt auch Ewald (II, 55) die Urkunde als ächt, weil sich im J. 1258 (s. Urk. 1258, Oct. 9, Accon, Strehlke, n. 116) eine solche Prätension der Johanniter gegen den deutschen Orden wiederholt. Allein auch in dem Falle, daß die Johanniter solches beansprucht hätten, folgt doch daraus noch nicht, daß der Papst mit ihnen gemeinsame Sache machen und etwas als zweifelhaft darstellen würde, was er selbst oder seine Vorgänger nie angezweifelt. — Gegen die Ansicht von Töppen, „Des deutschen Ordens Anfänge" (Neue Preuß. Provinzialblätter VII, 232), daß der deutsche Orden mit dem deutschen Hospital in Jerusalem nichts zu thun gehabt hätte, ist neuerdings auch H. Prutz (Culturgeschichte der Kreuzzüge, Berlin 1883, S. 548 f.) aufgetreten.

allen Zweifel von der Gefangenschaft des Bischofs wissen. Christian konnte sich auch erst im J. 1238, indem er seinen Bruder Heinrich und seinen Neffen Christian als Geiseln zurückließ, befreien. Das Lösegeld für die Befreiung jener aufzubringen, wurde ihm wiederum nicht durch den Orden, sondern durch den Papst ermöglicht[1]. An letzteren hatte sich auch Christian mit der Klage gewandt, der deutsche Orden verweigere Katechumenen, die sich taufen lassen wollten, die Taufe, bedrücke die Neubekehrten, maße sich bischöfliche Rechte an, habe bischöfliche Besitzungen eingezogen und enthalte sie ihm noch fortwährend vor. Einiges hiervon mag unwahr oder übertrieben gewesen sein. Aber ohne Grund war die Klage nicht. Denn der Orden hatte wirklich bischöfliches Eigenthum, bischöfliche Zehnten und andere Einkünfte an sich gerissen und die geistlichen Stellen besetzt[2]. Möglicherweise hatte der Orden geglaubt, Christian werde nicht mehr heimkehren, wie auch die dem Orden vom Papste am 3. August 1234 auf Preußen gewährte Rechtsverleihung von Christian schweigt. Allein der Papst handelte gerecht, als er den Bischof Heinrich von Meißen, sowie den Dompropst und Probst von St. Afra zu Meißen am 11. April 1240 beauftragte, die Deutschherren zu bewegen, Christian für das begangene Unrecht Genugthuung zu leisten[3]. Hätte er sich dem deutschen Orden feindlich erzeigen wollen, so hätte sich ihm wahrlich jetzt eine Gelegenheit dazu geboten. Von dem Vorgehen der drei genannten Geistlichen hören wir aber nichts. Wohl aber hat der päpstliche Legat, allerdings erst nach dem Tode Gregors, entschieden, daß der Orden von den bisher erworbenen und in Zukunft zu erwerbenden Gebieten zwei Theile mit allen zeitlichen Einkünften, der Bischof aber den dritten Theil erhalten solle. Außerdem sollten letzterem auch in den zwei Theilen des Ordens die geistlichen Rechte, welche nur durch einen Bischof ausgeübt werden können, zustehen[4].

Ohne Zweifel hätte Gregor IX. noch weit mehr in den letzten Jahren seiner Regierung für den deutschen Orden und die Bekehrung der nordischen Länder geleistet, wenn ihn nicht der gewaltige Kampf mit

---

[1] Vgl. das Schreiben Gregors an Wilhelm von Modena vom 23. März 1240 bei Voigt, Cod. d. Pruss. I, n. 52. Vgl. auch Potth. n. 11026a die Urkunde vom 1. Juni 1241 an den Erzbischof von Bremen, worin der Papst diesem mittheilt, daß er dem Bischof gestattet habe, 800 Mark von den wegen Salz= und Waffeneinfuhr in Preußen gebannten Kaufleuten anzunehmen und zur Befreiung seiner Verwandten aus der Gefangenschaft der Samländer zu verwenden.

[2] S. die Urkunde Gregors IX. vom 11. April 1240 bei Potth. n. 10866. Vgl. Rayn. 1240, 35. Die Klagen Christians sind ausführlich von Ewald (II, 141 ff.) behandelt, nach dessen Ansicht Christian „zur Klage mannigfaches Recht" hatte.

[3] S. Anm. 2.

[4] S. die Urkunde Wilhelms bei Voigt, Cod. d. Pruss. I, n. 41. Vgl. Ewald II, 147.

Friedrich II. daran gehindert hätte. Allein auch so muß es dankbar anerkannt werden, daß ganze Provinzen Deutschlands in hervorragender Weise dem Papste Gregor IX. ihre Bekehrung und Civilisation verdanken. Er wollte aber nicht ihr Unterjocher, sondern ihr Wohlthäter, nicht ihr Herr, sondern ihr Vater sein. Darum wollte er auch nicht zugeben, daß diejenigen, welche vor der Taufe frei gewesen, nach derselben von den Deutschrittern oder Anderen in Knechtschaft gebracht würden. Selbst denjenigen, die als Sklaven getauft wurden, sollte um des Glaubens willen ihr hartes Loos von ihren christlichen Herren wenigstens in etwas gemildert werden[1]. Energisch trat der Papst auch einem großen Uebelstande auf der von Waldemar I. von Dänemark unterworfenen und hauptsächlich durch den großen Bischof Absalom Axel von Roskilde (seit 1178—1201 Erzbischof von Lund) bekehrten Insel Rügen entgegen. Dort bestand noch der heidnische Rechtsgebrauch, daß der Gläubiger von seinem Schuldner die allerungerechtesten Zinsen und Abgaben erheben und ihn schließlich zu seinem Sklaven machen konnte. Gregor IX. beauftragte am 25. August 1239 den Erzbischof von Lund, den Fürsten und das Volk, wenn erforderlich, durch kirchliche Strafen zur Abstellung jenes Mißbrauches zu nöthigen[2].

Im Osten schien die Bekehrung des Patriarchen der jakobitischen Christen von Persien, Medien und Chaldäa, der aus den Händen der Dominicaner zu Jerusalem das Ordenskleid angenommen hatte und mit dem ein jakobitischer Erzbischof aus Aegypten, sowie ein nestorianischer aus Syrien zur katholischen Kirche übertraten, die wirkliche Union der

---

[1] Vgl. die päpstl. Schreiben an Wilhelm von Modena vom 8. und 9. März 1238 bei Potth. nn. 10528 sq. — In einem päpstl. Schreiben vom 29. Juli 1237 an die Bischöfe Syriens (Ripolli VII, 15, n. 221) befiehlt Gregor, diejenigen Sklaven, welche bloß aus Liebe zu Gott unter die Gläubigen aufgenommen zu werden und in der Sklaverei zu verbleiben wünschten, zu taufen. Zum Verständniß dieser Bestimmung ist aber zu beachten, daß unter den eigentlichen Sklaven manche sich bloß deßhalb zur Taufe drängten, um dadurch, nach der Gewohnheit jener Zeit, frei zu werden, andere aber eben von ihren Herren vom Empfange der Taufe abgehalten wurden, damit sie ihnen nicht verloren gingen.

[2] Hasselbach l. c. n. 276, p. 591. — Zur Beilegung der zwischen den Dänen und Slaven bestehenden Feindschaft erlaubte der Papst (nach dem Gutachten des Erzbischofs von Lund) am 4. Sept. 1238 auf die Bitten Waldemars hin, daß die Nichte des Königs, Marianne (Tochter des Grafen Albert von Orlamünde) den Herzog (Barnim) von Pommern, mit dem sie im vierten Grade verwandt war, heirathe (s. Potth. nn. 10512. 10652). Es ist bemerkenswerth, daß gerade um jene Zeit der Herzog Swantopelk von Pommern, der bis dahin gegen die Preußen auf Seiten des deutschen Ordens gefochten hatte, nunmehr, eifersüchtig auf die steigende Macht des letztern, sich immer mehr und mehr gegen ihn wandte (vgl. Voigt II, 355 ff.; Ewald II, 16 ff.), bis er schließlich im J. 1242 offen auf die Seite der Preußen trat und gegen die Deutschen focht.

orientalischen mit der lateinischen Kirche vorzubereiten. Gregor IX. wünschte dem Patriarchen am 28. Juli 1237 Glück zu seiner Bekehrung und ermahnte ihn, auch Jene, welche ihm anvertraut seien, zur Kirche zu führen. Allein dazu kam es nicht, weil der Patriarch bloß um die Hülfe des christlichen Abendlandes gegen die Tataren zu erlangen, den Schritt gethan hatte und wirklich später wieder, als Alles nach Wunsch ging, abfiel[1].

---

[1] Vgl. den Bericht des Dominicanerpriors bei Rayn. 1237, 87. Das päpstl. Schreiben ibid. 88. Die Bekehrung ist auch erwähnt von Ann. Col. SS. XVII, 846; Alberic. ad a. 1238; Matth. Paris. ad a. 1237 (ed. Luard III, 396).

Fünfter Abschnitt.
Von der zweiten Excommunication Friedrichs II. bis zum Tode Gregors IX. (1239—1241).

Dreiundzwanzigstes Kapitel.
Die Encycliken Gregors IX. vom 7. April und 20. Juni 1239 nebst den Erwiederungen Friedrichs. Der Kaiser verachtet den Bann. Seine Angriffe auf den Kirchenstaat und Rom.

Während die Bulle vom 24. März 1239 sich mit einer bloßen Aufzählung der Gründe, derentwegen Friedrich II. gebannt wurde, begnügte, legte die große Encyclica vom 7. April 1239 der ganzen Christenheit dar, wie die Kirche den Kaiser erzogen, erhoben und sein eigenes Königreich ihm gerettet habe, er aber ihre Wohlthaten mit Uebelthaten vergolten und trotz ihrer Ermahnungen noch Aergeres begangen habe. Die Gründe werden von Neuem aufgezählt und zu dem Banne als weitere Strafe hinzugefügt, daß der jedesmalige Aufenthaltsort des Kaisers dem Interdicte unterliegen solle. Jeden Sonn- und Feiertag solle der Bann und der Hauptinhalt dieser Encyclica feierlich verkündet werden. Nicht geringen Eindruck muß auch die Mittheilung der kaiserlichen Drohung an die Cardinäle, er wolle sich nach Cäsaren-Art rächen[1], auf christliche Gemüther gemacht haben. Denn sie war ein sprechender Beweis von der Ehrfurcht und Ergebenheit des Kaisers gegen die Kirche, den Papst und die Cardinäle[2].

Am 20. April 1239 erließ nun auch der Kaiser eine an alle Fürsten gerichtete Vertheidigung[3], in welcher er die für die Klarstellung seines Verhältnisses zum Papste wichtigen Thatsachen erörtert. Darnach hat der Papst seit seiner Erhebung ohne Unterlaß dem Kaiser alle möglichen Schwierigkeiten bereitet, bald offen, bald hinterlistig, und hat sich besonders bemüht, ihn an seinem Kampfe gegen die Rebellen in der Lombardei

---

[1] S. o. S. 270.
[2] H.-B. V, 290—294. Die Stelle „tradentes ipsum Frid. satanae in interitum carnis, ut spiritus ejus in die Domini salvus fiat" ist aus 1 Cor. 5, 5 entlehnt. [3] H.-B. V, 295—307.

zu hindern. Seinen letzten Gesandten[1] habe er gute Versprechungen gemacht, aber dann ohne deren Wissen Gregor von Montelongo als Legaten in die Lombardei geschickt, damit er den kaiserlichen Interessen entgegenarbeite. Trotzdem der Papst dann Beschwerden über ihn mit Erwähnung der Anklage=Artikel an die am kaiserlichen Hofe anwesenden Fürsten gesandt habe, habe er (der Kaiser) nichtsdestoweniger eine neue, aus dem Erzbischof von Palermo, Thaddäus von Suessa, Roger Porcastrella u. A. bestehende Gesandtschaft an den Papst geschickt und sich zu jeder und zwar sofortiger Genugthuung bereit erklärt. Allein der Papst habe auf die Nachricht hin, daß die Gesandten nur eine Tagereise von Rom entfernt seien, schnell, wie es heiße, bloß auf den Rath einiger lombardischen Cardinäle, da die vernünftigeren Widerspruch erhoben hätten, den Bann ausgesprochen und die kaiserlichen Gesandten durch Söldner, deren Löhnung aus Armengut fließe, verhindern lassen, vor ihm und öffentlich die Unschuld des Kaisers darzuthun und Genugthuung und Bürgschaft zu leisten[2]. Natürlich war es für den Kaiser leicht, von angeblichen Aufträgen an die Gesandten zu reden, da ja Niemand ihn widerlegen konnte. Wir wissen aus seinem Schreiben an die Cardinäle vom 10. März 1239[3], daß er damals in ganz anderer Laune war. Wofür boten seine Gesandten auch dem Papste Genugthuung an, wenn die Unschuld des Kaisers und die Gerechtigkeit seiner Sache feststand? Hatte aber der Papst wirklich von der Absendung einer neuen Gesandtschaft Kunde erhalten, so konnte er aus langer Erfahrung wissen, daß er wieder bloß durch leere Versprechungen hingehalten werden sollte. Denn nicht bloß die Geschichte Gregors IX., sondern schon Honorius' III. hatte gezeigt, wie wohlfeil solche dem Kaiser waren. Somit mußte vom Papste allerdings unnütz gewordenem Verhandeln das Handeln vorgezogen werden. Während der erste Theil des Schreibens darauf hinausläuft, daß Friedrich vom Papste keine Gerechtigkeit zu erwarten habe und ihn nicht als seinen Richter ansehen könne, da er sich früher durch öffentliche Begünstigung der Rebellen und Feinde des Reiches als seinen Todfeind bewiesen habe, will der zweite direct darthun, daß der Papst überhaupt seines Amtes unwürdig sei. Es ist ein schönes Zeugniß für Gregors Charakter und Amtsführung, daß des Kaisers Anschuldigungen so gar dürftig und windig sind. Daß er sich seines hohen Amtes unwürdig gemacht habe, gehe aus der Begünstigung der Stadt Mailand, die größtentheils von

---

[1] S. o. S. 268.

[2] „Praepeditis nunciis nostris per fautores et satellites suos de patrimonio pauperum solidatos, qui jam applicuerant, ne ad allegandam nostram innocentiam et justitiam ac demum satisfactionem offerendam, etiam ad cautelam, ad praesentiam suam et aspectus publicos pervenirent." H.-B. V, 302 sq.

[3] S. o. S. 270.

Ketzern bewohnt werde, hervor. Das heißt, er ist ein Protector der Häretiker, denn in der Lombardei leben manche solche. Es ist dieselbe Logik, die Napoleon I. zeigte, als er den Papst Pius VII. öffentlich als einen Freund der Häretiker benuncirte, weil er die Ehe Jerome's mit der protestantischen Miß Patterson nicht auflösen wollte![1] Außerdem könne er Gregor nicht als Stellvertreter Christi und Nachfolger des hl. Petrus und Hirten der Seelen erachten, nicht aus Verachtung der päpstlichen Würde, sondern wegen der persönlichen Mängel des Papstes, da er Dispensationen, statt sie seiner Pflicht gemäß mit den Cardinälen zu berathen, für sich allein auf seinem Zimmer nach Art von Kaufleuten um Geld, dessen Mangel übrigens durch den Haß gegen den Kaiser aufgewogen werde, zu ertheilen pflege. Zum Beweise führt er zwei Fälle an: zuerst, daß der Papst eine von dem Bischof von Nicosia ausgesprochene Sentenz auf Trennung der Gatten zu Gunsten des Balian von Jbelin aufgehoben, und daß er zweitens dem Jakob von Amendolia die Ehe mit Alice, Schwester des Johann von Cäsarea, obgleich er mit deren Schwester schon verlobt gewesen, gestattet habe. In beiden Fällen handelt es sich nach dem Kaiser um „Verräther", als ob das allgemeine Eherecht der Kirche nicht auch auf sie Anwendung finde. Das ganze Verbrechen des Papstes bestand aber bloß darin, als obere Instanz die Entscheidung der niedern, jedenfalls auf gute Gründe hin, umgestoßen und eine Dispens von dem Ehehinderniß der „öffentlichen Ehrbarkeit", welches überhaupt nur auf positiver kirchlicher Bestimmung beruht, gegeben zu haben. Drittens endlich, und damit ist die Reihe der Anklagen erschöpft, verschleudere der Papst Kirchengut, um vornehme und mächtige Römer für sich zu gewinnen. Gregor IX. konnte aber der Anklage gegenüber darauf hinweisen, daß unter ihm das Patrimonium der Kirche nicht unerheblich gewachsen sei[2]. Nichtsdestoweniger beschwört der Kaiser die Cardinäle, ein allgemeines Concil zu berufen, vor dem er seine Anklagen gegen den Papst beweisen werde[3]. Man solle sich nicht wundern, daß er den Spruch eines so unwürdigen Richters nicht fürchte; derselbe sei „wie der brüllende Löwe und dessen rasender Prophet[4], ein Priester, der das Heiligthum besudle und ohne Gerechtigkeit gegen das Gesetz handle; alle Fürsten müßten sich gegen ihn erheben. Denn wenn erst des Kaisers Macht gebrochen sei, würden die übrigen Könige und

---

[1] Hefele 883. [2] H.-B. V, 337.
[3] Wirklich forderte er auch die Cardinäle durch ein (nicht erhaltenes, aber aus den Schriftstücken vom 20. April 1239 und 16. März 1240 seinem Inhalt nach bekanntes) Schreiben hierzu auf, dessen Ueberbringer, die Bischöfe von Calvi und S. Agatha, der Papst nach der Klage Friedrichs vom 16. März 1240 in's Gefängniß werfen ließ. Rich. Sangerm. zum Juni 1239 sagt bloß: „A papa repulsi in regnum sine effectu redeunt." [4] Offenb. 19, 20.

Fürsten leicht gebemüthigt werden. In einer Nachschrift behauptet schließlich der Kaiser[1], die Lombarden-Angelegenheit sei der eigentliche Grund des päpstlichen Vorgehens gegen ihn.

Die Antwort des Papstes erfolgte am 20. Juni 1239 in einer neuen, ausführlichen Encyclica[2]. Wohl in Berücksichtigung, daß Friedrich den Papst am 20. April in einem Schreiben an die Römer als den Lästerer bezeichnete, der gottlose Blasphemien gegen ihn schleudere[3], vergleicht das päpstliche Schreiben den Kaiser gleich im Anfange (Ascendit de mari bestia) mit dem apokalyptischen Thiere (Offenb. 13, 1), welches seinen Mund zu Lästerungen wider Gott öffnet, um zu lästern seinen Namen und sein Gezelt und die Heiligen, die im Himmel wohnen. Noch einmal werden hier die vorzüglichsten Klagepunkte erörtert[4] und sodann die persönlichen Anklagen gegen den Papst kurz zurückgewiesen. Im Uebrigen wird der Kaiser beschuldigt, er habe den Papst durch Anerbietungen von Castellen und verwandtschaftlichen Verbindungen wie ein zweiter Simon Magus zu bestechen gesucht[5]. Anknüpfend an Friedrichs Aeußerung vom 20. April 1239, er fürchte den Bann des Papstes nicht, „nicht aus Verachtung des Papstthums, sondern wegen der Unwürdigkeit des Bannenden"[6], weist der Papst mit Recht darauf hin, daß das erwähnte

---

[1] S. o. S. 284 f.
[2] H.-B. V, 327—340. Ueber das Datum f. H.-B. V, 340, Anm.
[3] H.-B. V, 307.
[4] Winkelmann (II, 132 f.) beschuldigt dieses Schreiben der grundsätzlichen Lüge, weil einmal „dem Kaiser nicht undeutlich die Vergiftung des Landgrafen Ludwig von Thüringen zur Last gelegt wird", sodann weil „Gregor versichert, damals dem Kaiser Lösung vom Banne angeboten zu haben, die aber von demselben verschmäht worden sei", endlich weil „Gregor die Beschleunigung des Kreuzzuges gewünscht haben will, da er doch damals in blindem Eifer die Kreuzfahrer von ihrem Gelübde entbunden hat". In Betreff des ersten Punktes wird aber bloß die Beschuldigung mehrerer Zeitgenossen angeführt: „ibi clarae memoriae nobilis vir Thuringiae lantgravius, utinam non veneni periculo, sicut mundus clamat, interemptus" (vgl. o. S. 64 f.). Die andere Aeußerung des Papstes aber: „literis nostris offerentes eidem, quod impartiremur sibi juxta formam absolutionis beneficium, quam cito arriperet iter iu praefatae terrae succursum. Sed ipse in cujus erat super his pectore cura minor, claves ecclesiae parvipendens, non absolutus in Syriam transiit", findet schon durch das noch erhaltene päpstliche Schreiben von Ende October 1227 bei H.-B. III, 32 (vgl. o. S. 68) seine theilweise Erklärung. Dort heißt es: „ea quae ad honoris tui augmentum proveniunt, quem libenter in quibus convenit promovemus, serenitati tuae non desinimus suadere", und später am Schlusse: „sciturus quod parati sumus ad gratiam ubi tamen scimus justitiam non perire". Uebrigens waren doch immerhin damals schon 40000 Kreuzfahrer nach Syrien gegangen (f. o. S. 64), weßhalb die Fahrt noch für möglich gehalten werden konnte. [5] S. o. S. 265.
[6] Nach Winkelmann (II, 13) hat der Papst diesen Zusatz verschwiegen und die Aeußerung Friedrichs verdreht. Allein er übersah, daß dort die Worte: „sicque

kaiserliche Schreiben behaupte, der Kaiser könne nicht durch den Bann des (gegenwärtigen) Papstes gebunden werden, und zieht daraus den Schluß, der Kaiser läugne, daß die Kirche die dem hl. Petrus und seinen Nachfolgern übertragene Binde- und Lösegewalt habe. Denn wo war sie, wenn nicht beim Papste? Konnte der Papst aber nicht binden, so konnte er auch nicht lösen. Das aber behaupten, hieße sich überhaupt von der Kirche trennen. Indem der Kaiser nun, sagt Gregor, der Kirche, auf der der Glaube gebaut sei, die Binde- und Lösegewalt abspreche, verrathe er auch, was er von den übrigen Glaubensartikeln halte. Sollte aber Jemand bezweifeln, daß der Kaiser sich durch seine eigenen Aeußerungen als Ketzer gezeigt habe, so möge zum Beweise dienen, daß „dieser König der Pestilenz" erklärt habe, „daß — um seine eigenen Worte zu gebrauchen — die ganze Welt von drei Betrügern, Christus, Moyses und Mohammed, getäuscht worden sei; zwei seien in Ehren, Jesus selbst aber am Holze gestorben. Außerdem hat er mit klaren Worten zu behaupten oder vielmehr zu lügen gewagt, daß alle thöricht sind, die da glauben, daß Gott, der die Natur und Alles erschaffen hat, aus der Jungfrau geboren werden konnte. Diese Häresie bekräftigt er durch den Irrthum, daß keiner geboren werden könne, es sei denn, daß seiner Empfängniß die Vereinigung von Mann und Weib vorausgegangen sei. Der Mensch dürfe nichts glauben, was nicht durch die Natur und Vernunft bewiesen werden könne. Dieses und vieles Andere, wodurch er in Worten und Werken den katholischen Glauben bekämpft hat, soll am gehörigen Orte und zu seiner Zeit nach Gebühr bewiesen werden". Der Beweis ist nun allerdings seitens Gregors IX. nicht mehr erfolgt, und auch auf dem Concil zu Lyon hat der Papst in seiner Anklage dem Kaiser zwar Häresie vorgeworfen[1] und in seinem Entsetzungsdecrete auf schwere und wirksame Argumente hingewiesen, nach welchen Friedrich II. der Häresie verdächtig sei[2], aber die berühmte Anklage wegen der „drei Betrüger" nicht erwähnt. Auch in den öffentlichen Urkunden Friedrichs findet sich nichts, woraus der Beweis der Wahrheit der Anklage erbracht werden könnte. Im Gegentheil drückt er sich häufig ganz in katholischem Sinne aus. Und wie konnte er auch anders in einer Zeit, welche die Dome baute und Heilige ohne Zahl hervorbrachte? Entsprach seine Verfolgung der Ketzer einmal den Anschauungen seiner Zeit, so wirkten außerdem häufig politische Gründe bestimmend ein. Aber aufgewachsen in Sicilien, wo neben den katholischen Kirchen sich die Synagogen der

---

affirmans, non esse apud ecclesiam a Domino b. Petro et ejus successoribus ligandi atque solvendi traditam potestatem" nur die Erklärung und Schlußfolgerung aus dem unmittelbar vorhergehenden sind: „in eis (literis) constanter proponens, quod per nos tanquam Christi vicarium vinculo excommunicationis astringi non potuit". [1] Mansi, Conc. XXIII, 635. [2] Ibid. 618.

Juden und die Moscheen der Araber erhoben, war er mit der arabischen Philosophie genau bekannt geworden, wie er denn auch die Commentare des Averroes zum Aristoteles in's Lateinische übersetzen ließ [1]. Wie aber Averroes zwischen einer wissenschaftlichen, für die Philosophen bestimmten Wahrheitserkenntniß und einer religiösen, bloß bildlichen, dem gläubigen Volke angemessenen [2], die ertragen und berücksichtigt werden müsse, unterschied, so auch der Kaiser selbst, wie sein ganzes Handeln bewies [3]. Von seinem Hofe aus, der eine ganz saracenische Einrichtung zeigte [4] und die ihm bei seiner ersten Excommunication von Gregor IX. vorgeworfene Vorliebe für Mohammed praktisch darthat [5], verbreiteten sich epikuräische Lebensanschauungen. Deßhalb versetzt ihn auch Dante mit Epikur und seiner Schule, „die mit dem Körper läßt die Seele sterben", in den sechsten Kreis der Hölle, den der Ketzer [6]. Auch andere Zeitgenossen Friedrichs haben ganz unabhängig vom Papste berichtet, daß Jener die Unsterblichkeit der Seele geläugnet habe [7], wie auch die Gegenwart Christi im heiligen Altarssacramente [8]. Will man aber deren Berichte anzweifeln, weil sie solche Anklagen nur aus dem Munde von Gegnern erwähnen [9], so verdienen die arabischen Schriftsteller, welche kein Interesse daran

---

[1] S. Jourdain, Rech. etc. p. 152—166.

[2] S. Hist.-pol. Bl. Bd. 74, 209.

[3] Vgl. auch das Schreiben, worin Ibn Sabin von Murcia dem Kaiser auf seine Fragen Antwort gibt, bei Amari, Questions philosophiques adressées aux savants Muselmans par l'empereur Frédéric im Journal asiatique (Paris 1853), I, 240 s. S. Reuter, Gesch. der relig. Aufklärung im Mittelalter, Bd. II, 273 ff.

[4] Reuter a. a. O. 269 ff.

[5] Matth. Paris. (ed. Luard III, 609) sagt: „Retroactis temporibus imposuit papa imperatori, quod ipse Mahometo legique Saracenicae plus consensit, quam Christo vel legi christianae; nunc autem in sua invectiva epistola imponit eidem, quod tam Mahometum, quam Jesum vel Moysem, quod horribile est recitare, vocat baratatorem." Winkelmann (II, 135) und Schirrmacher (III, 68) folgen Matth. Paris. hierin. Allein im ersten Falle wies nach demselben Matth. Paris. (l. c. p. 185) der Papst nur darauf hin, daß der Kaiser äußerlich mehr Mohammedaner als Christ war, ohne daß er deßhalb auch im Glauben Mohammedaner zu sein brauchte. „Verumtamen," heißt es dort, „manifeste videbatur, quod magis approbaret (secundum quod perpendi poterat, per gestus exteriores) legem Saracenorum, quam fidei nostrae, quia in multis ritus eorum imitatus est."

[6] Infern. X, 13. 119. Vgl. Hettinger, Die göttl. Komödie (1880), S. 155; auch Salimbene, Chron. 169: „Est enim epicureus, et ideo quidquid poterat invenire in divina Scriptura per se et per sapientes suos quod faceret ad ostendendum quod non esset alia vita post mortem, totum inveniebat." — Die vom Papste angeführten Beschuldigungen der Ketzerei werden auch von der Vita Greg. Mur. III, 585 wiederholt.

[7] Salimbene l. c. Vgl. auch Reuter a. a. O. S. 278 f.

[8] Alberic. SS. XXIII, 944; Reuter S. 289.   [9] Schirrmacher III, 68.

haben konnten, dem Kaiser ohne Grund christenfeindliche Aeußerungen zuzuschreiben, um so mehr Glauben. Dort, im Heiligen Lande, gegenüber Mohammedanern, ließ er sich mehr gehen, und denen wurde es offenbar, daß er ein Naturalist sei und mit dem Christenthum nur spiele[1]. Es ergibt sich aus dem Gesagten, daß Friedrich II. allerdings, wenn er auch natürlich nicht nothwendig der erste war, dem solche Worte aus dem Munde kamen, die erwähnte Aeußerung von den drei Betrügern gethan haben kann[2]. Vielleicht hat er sie, wie berichtet wird, wirklich in Gegenwart des Landgrafen Heinrich von Thüringen, der sie dann dem Papste überbrachte, gethan[3]. Sei dem aber wie immer, das Wort ist sicher von ihm gesprochen worden, denn es ist wirklich der Ausdruck seiner Gesinnung, wie sie uns die Geschichte, die Zeugin der Wahrheit, überliefert hat[4].

[1] S. Amari, Bibl. Arab.-Sicula, p. 515: Röhricht I, 92; Reuter S. 290—296.

[2] Sie wird dem Simon von Tournay, Professor der Theologie zu Paris im J. 1201, sowie dem im J. 1198 verstorbenen Averroes zugeschrieben. S. Reuter, S. 298. Bekanntlich ist die Schrift „De tribus impostoribus" mit Unrecht auf Friedrich zurückgeführt worden; sie ist vielmehr erst im 18., frühestens im 16. Jahrhundert entstanden. Vgl. Hefele, Beiträge zur Kirchengesch. (1864), I, 338—343. Huillard-Bréholles, Pierre de la Vigne 156 s. De tribus impostoribus, anno MDIIC: zweite, mit einem neuen Vorworte versehene Auflage von Emil Weller (Heilbronn 1876).

[3] Nach der Hist. de lantgr. Thuringiae, c. 50 (bei Pistor., Rer. Germ. I, 926) fand die Aeußerung gelegentlich der Verhandlung des Kaisers mit den Fürsten über die Wahl seines Sohnes zum römischen Könige statt. Somit ist sie im J. 1235 zu Mainz, oder 1237 zu Wien, bei welchen Gelegenheiten Heinrich Raspe zugegen war (siehe Reg. Imp. nn. 2102. 2226a), gefallen. Die Stelle lautet: „Spiritu diabolico ipsum instigante blasphemavit in Deum et in sanctam ecclesiam. Hanc blasphemiam omnes principes et nobiles mox ut audierunt nimium sunt turbati ... Sed prae aliis principibus talia audientibus. Henricus lantgravius singula verba imperatoris per legatos solemnes in scriptis ut verum membrum Ecclesiae et Christi talia audire abhorreret. papae Gregorio insinuavit." Schon Rayn. (1239, 26) vermuthet, daß sie sich auf jene gotteslästerlichen Worte Friedrichs über die drei Betrüger beziehe, wenngleich der Autor die Chronologie verwirre. — Am 26. Juli 1239 lobte der Papst den Landgrafen in einem an die Bischöfe von Hildesheim und Merseburg gerichteten Schreiben wegen seines Eintritts in den dritten Orden des hl. Franciscus (Potth. n. 10778). — Vgl. auch Chron. Augustan. ad a. 1245: „Iniquitatem in excelso locutus est ponens in coelum os suum: Dixit enim audiente lantgravio Henrico: Tres seduxerunt totum mundum, Moyses Hebraeus, Jesus Christianus et Mahomet Saracenus. Quamobrem si principes institutionibus meis assentiant, ego multum meliorem modum vivendi et credendi ipsis nationibus ordinarem."

[4] Auch nach Reuter (S. 297) „sichert die gesichtete Kenntniß des geschichtlichen Zusammenhanges" die Wahrheit jener Aussage. „Friedrich II. hat alle positive Offenbarung geläugnet, das Wort von den drei Betrügern gesprochen. Selbst wenn es seine Lippen nicht geredet haben sollten, würden wir doch den Inhalt seiner

Friedrich mußte recht wohl, welch tiefen Eindruck dieses Schreiben und diese Anklagen in der ganzen Christenheit hervorrufen würden[1], und beeilte sich deßhalb, in einer gegen Ende Juli 1239 an die Cardinäle gerichteten Vertheidigungsschrift ein durchaus orthodoxes Glaubensbekenntniß abzulegen und speciell die Beschuldigung, das Wort von den drei Betrügern gesprochen zu haben, zurückzuweisen. Natürlich mußte er sie ebenso zurückweisen, wie den Vorwurf der Häresie. Hätte er sich doch sonst allen Boden entzogen. Aus seiner Läugnung aber auf seine Unschuld schließen zu wollen, wäre ebenso unrecht, als zu glauben, daß er niemals seine Versprechen gebrochen habe, weil er das nie zugegeben hat[2]. Alle seine Schmähungen gegen den Papst, auf den er die Worte der geheimen Offenbarung (6, 4) anwendet: „Es kam auch ein anderes, rothes Pferd vom Meere, und der darauf saß, nahm den Frieden von der Erde", und den er den Antichrist selbst und einen zweiten Balaam (der für schnöden Gewinn den Kaiser verfluche) nennt, können uns die Ueberzeugung von des Kaisers Unschuld nicht beibringen. Schließlich fordert er die Cardinäle auf, den Papst von seinem Wege abzubringen, da er sonst mit dem Racheschwert gegen denselben und seine Anhänger vorgehen werde[3].

Wie der Kaiser schon in seinem Schreiben gesagt hatte, verachtete er den Bann, suchte aber nun auch öffentlich seine eigene Orthodoxie an den Tag zu legen. So befahl er im Mai 1239 seinen Beamten im Königreich Sicilien, alle Prälaten und Cleriker ihres Bezirkes zu versammeln und ihnen in Gegenwart der Dominicaner und Franciscaner erklären zu lassen, daß der Kaiser zwar Niemanden zur Celebration der heiligen Messe zwingen wolle, die Weigerung aber den Verlust der von seinen Vorgängern den Kirchen geschenkten weltlichen Güter zur Folge haben werde[4].

---

geheimsten Gedanken darin erkennen; Wahrheit und Dichtung wären hier auf unzertrennliche Weise verknüpft, die höhere historische Wahrheit bliebe unverkümmert."

[1] Selbst Matth. Paris. (ed. Luard III, 608) sagt, daß in Folge dieser Encyclica sich die ganze Welt einmüthig gegen den Kaiser als einen offenbaren Feind Christi und der Kirche erhoben hätte, wenn nicht „die römische Habsucht" die Anhänglichkeit der Gläubigen an den Papst, mehr als recht und billig war, geschwächt hätte.

[2] Neben Schirrmacher (III, 71) meint auch Winkelmann (II, 137), sein Bekenntniß sei ein vollgültiger Beweis seines Glaubens. Vgl. dagegen Reuter S. 287.

[3] S. das kaiserl. Schreiben bei H.-B. V, 348. — Winkelmann (Acta 314, n. 355) theilt ein zweites, mit derselben Einleitung wie ersteres beginnendes Schreiben mit, welches er für den wirklichen Brief hält. Ersteres sei zur Veröffentlichung als Flugschrift benutzt. Aber wenn es auch möglicher Weise ein Entwurf ist, so ist es doch in seiner Kraftlosigkeit der Situation durchaus nicht entsprechend. Schon eine Vergleichung der beiden Schreiben mit dem Briefe Friedrichs an die Cardinäle vom 10. März 1239 (H.-B. V, 282), um von der kaiserl. Vertheidigungsschrift vom 20. April 1239 abzusehen, zeigt, daß nur das erstere Schreiben ächt sein kann.

[4] H.-B. III, 51 (zum J. 1227) gehört wahrscheinlich hierhin, wie schon Balan (I, 357, 7) richtig vermuthet hat. Vgl. Reg. Imp. n. 2438.

Jetzt wohnte er dem Gottesdienste bei, von dem er sich vor dem Banne ferngehalten hatte[1], und empfing sogar die heilige Communion trotz des Bannes, obgleich er sie früher weder in gesunden noch in kranken Tagen begehrt hatte[2]. Mit Tod und Verbannung bedrohte er dann diejenigen, welche in seiner Gegenwart nicht das heilige Meßopfer darbringen wollten oder das öffentliche Gebet für ihn unterließen, oder fortfuhren, für den Papst zu beten[3]. Welche Art von Geistlichen auf seiner Seite waren, sehen wir besonders aus der Geschichte eines derselben, des Franciscanerbruders Elias von Cortona.

Nachdem Elias auf dem Generalcapitel im J. 1232 an Stelle des Johann Parens zum Ordensgeneral gewählt worden war[4], lebte er nun reich in einem Palaste (dem päpstlichen Palaste zu Assisi), zog zu Roß umher, hielt sich buntgekleidete Pagen[5] und geberdete sich wie ein großer Prälat. Ueber den Orden selbst aber herrschte er mit großer Willkür und Tyrannei. Die Provincial-Minister mußten nicht bloß Geld für die zu Ehren des hl. Franciscus zu Assisi angefangene Kirche, sondern auch Geschenke für den General senden, falls sie nicht seine Gunst verscherzen wollten. Dazu wechselte er häufig, auch ohne Veranlassung, die Minister, um sie mehr von sich abhängig zu machen[6]. Er visitirte nicht selbst, sandte aber dafür Visitatoren in die Provinzen, die dort das ganze Jahr weilten, den ordentlichen Ministern ihr Amt ungemein erschwerten und sie, die Bettelmönche, zu Geldleistungen und Geschenken anhielten[7]. In England zum Beispiel erregten die tyrannischen Vollmachten und das Verfahren des Visitators, wornach Jeder, der ihm das Mindeste verheimlichte, ipso facto gebannt war, und überdieß alle Anklagen gegen die Brüder dem General angezeigt wurden, solche Unordnungen und einen solchen Sturm, daß nach der Visitation ein Provincialcapitel zu Oxford gehalten und einmüthig gegen Elias wegen der Visitation appellirt wurde[8]. Aehnlich war es anderwärts. Er hielt auch in der ganzen Zeit der Regel entgegen kein Generalcapitel, aus Furcht, wie Salimbene sagt, die Minister von jenseits der Alpen würden ihn, falls er sie sich versammeln ließe, absetzen[9]. Im J. 1239 fand aber trotzdem, vorzüglich

---

[1] Ep. Greg. H.-B. V, 459.

[2] „Sacratissimum Christi corpus, quod nec sano devotio nec aegro necessitas suadebat, nunc de corpore praecisus Ecclesiae (assumit) sacrilegus." Vita Greg. 585. [3] Schreiben Gregors gegen Ende 1240 (H.-B. V, 777).

[4] S. o. S. 228. [5] Salimbene 409 sqq.; Thom. de Eccl. p. 46.

[6] Salimbene 405; Jordanus, cap. 61.

[7] Salimbene 405. 406; Jordanus cap. 62. 63.

[8] Thom. de Eccl. p. 29 sq.

[9] Salimbene 410; Jordanus, cap. 61. Die Regel bestimmt in cap. 8, daß „semel in tribus annis" ein Generalcapitel gehalten werden sollte, „vel ad alium terminum majorem vel minorem, sicut a generali ministro fuerit ordinatum".

auf Betreiben des Franciscaners und päpstlichen Pönitentiars Arnulf, eines Engländers, am 14. Mai 1239 ein Generalcapitel zu Rom statt. Dort wurde Elias in Gegenwart und mit Zustimmung des Papstes abgesetzt[1] und an seiner Stelle Albertus von Pisa gewählt. Elias dürfe nicht wiedergewählt werden, erklärte der Papst mit aller Festigkeit[2]. Uebrigens wurde er auf dem Capitel dennoch zum Custos der neuen Basilika zu Assisi erwählt[3], ging aber dann mit zwölf Brüdern in das Kloster Celle bei Cortona. Doch bald gerieth er mit dem General in Conflict und wollte sich selbst auf päpstlichen Befehl hin nicht dazu verstehen, demselben zu gehorchen[4]. Nun trat er aus verletztem Stolze zum Kaiser über und verweilte in dessen Begleitung als Rathgeber, Hof- und Feldkaplan[5]. Daß er jetzt vom Papste, der ihn Ende Februar 1240 einen Apostaten nennt, mit dem Banne belegt wurde[6], ist gewiß nicht zu verwundern. Ist er doch auch trotz der freundlichen Bemühungen des General-Ministers Johann von Parma zu Cortona dem Anschein nach unversöhnt mit seinem Orden und der Kirche gestorben[7]. — Wir dürfen

[1] Vgl. Salimbene l. c.; Thom. de Eccl. p. 45 sq. — Nach Wadding wäre Cäsarius von Speyer als Haupt einer strengern Richtung im Orden der Träger der Bewegung gegen Elias gewesen, von ihm besonders verfolgt und im J. 1239 von seinem Kerkermeister erschlagen worden. Aber Salimbene, der dreizehn Anklagen gegen Elias anführt, erwähnt nicht einmal den Namen des Cäsarius. Auch Jordanus, der öfters den Cäsarius erwähnt und noch von den Anklagen gegen Elias spricht, kennt nicht einmal die angeblich im J. 1237 geschehene Gefangennahme des großen ersten Ministers der deutschen Ordensprovinz. Vgl. Wetzer und Welte's Kirchenlexikon, Art. „Cäsarius". [2] Thom. de Eccl. p. 71.

[3] Wetzer und Welte's Kirchenlexikon (Art. „Cäsarius") sagt, daß „dieß als Thatsache durch eine zu Assisi am 27. Mai 1239 ausgefertigte Urkunde sicher beglaubigt" sei. [4] Thom. de Eccl. p. 47; Salimbene 411.

[5] Salimbene 411; Ann. de Dunst. (ed. Luard III, 155): „Per apostasiam transtulit se ad imperatorem, tunc hostem ecclesiae, et ideo tanquam schismaticus condemnatur"; Rich. Sangerm. ad Decbr. 1239: „in odium papae imperatori adhaesit". Vielleicht fällt sein Abfall in diese Zeit. — Nach Matth. Paris. (ed. Luard III, 628) erscheint er als Verfasser der kaiserlichen Schmähschriften gegen den Papst, während bei der Ordensschriftsteller (vgl. Wadding 1239, 10 sq.) es in Abrede stellen, daß er sich öffentlich dem Papste feindlich bewiesen habe.

[6] Salimbene l. c.; Ann. de Dunst. l. c. — „Helia et Henrico (vielleicht einer der zwölf bis vierzehn Mönche, die nach Salimbene [p. 410] dem Elias bis an sein Ende anhingen) quibusdam non prophetis, sed profanis apostatis, testibus suae perversitatis assumptis." Ep. Greg. H.-B. V, 777.

[7] Nach Wadding (1253, 30 sqq. [tom. III, 312 sq.]) starb er reumüthig zu Cortona am 22. April 1253. Auch Zeiler im Kirchenlexikon von Wetzer und Welte, Art. „Elias von Cortona", glaubt an seine Bekehrung und beruft sich nach dem Vorgange Waddings (l. c. n. 32, p. 313) auf ein vom 2. Mai 1253 datirtes authentisches Protokoll über den vor fünf Priestern und drei Notaren geleisteten Widerruf des Elias und seine Lossprechung von den Censuren und seinen Sünden. Es ist veröffentlicht von A. M. Azzoguidi, Notae in Sicconis Polentonii com-

aber ein vom Kaiser in Betreff des Elias gegen Ende 1239 verfaßtes Schreiben nicht unerwähnt lassen, weil es die Lügenhaftigkeit Friedrichs II. zeichnet. Darin heißt es nämlich, Elias sei vom Papste aus Haß gegen den Kaiser, weil er in seiner Liebe zur Gerechtigkeit sich augenscheinlich die Ehre des kaiserlichen Namens und den Frieden der Kirche habe angelegen sein lassen, abgesetzt worden, eine Behauptung, die dem einmüthigen Zeugnisse der bestunterrichteten Zeitgenossen direct entgegenläuft [1]. Der Onkel des Königs Bela von Ungarn, der Patriarch Berthold von Aquileja, unterließ nicht bloß die Verkündigung des Bannes gegen den Kaiser, sondern wohnte sogar mit ihm, obwohl er im Banne war, der heiligen Messe bei und verkehrte überhaupt freundschaftlich mit ihm. Da er sich nicht der päpstlichen Aufforderung gemäß persönlich in Rom verantworten wollte, wurde er später mit dem Banne belegt. Allein Bela und Coloman baten für ihn. Deßhalb befahl der Papst am 28. Januar 1241 seinem Legaten Gregor von Montelongo, sich persönlich zu dem Patriarchen zu begeben und ihn, sobald er die Reise zum apostolischen Stuhle antrete, vom Banne loszusprechen [2].

Der Kaiser begnügte sich indessen durchaus nicht damit, den Bann bloß zu ignoriren, sondern ging schon bald aggressiv gegen die Kirche vor. Im Juni 1239 befahl er, daß alle aus den aufrührerischen Städten der Lombardei gebürtigen Predigermönche und Franciscaner aus dem Königreiche vertrieben werden sollten. Der Befehl wurde im November

---

mentar. de vita et miraculis S. Antonii Patav. (Bononiae 1757). — Aber Salimbene, der auch über die Bemühungen des Johann von Parma redet, sagt (p. 412): „Si fuit absolutus, et si bene ordinavit de anima sua, modo cognoscit. Viderit ipse . . . Porro processu temporis . . . quidam custos fecit corpus fratris Helyae exhumari et in sterquilinium projici."

[1] Ep. Frid. H.-B. V, 346. Später, als Elias ihm angehangen („isto postmodum viro religionis et justitiae zelatore nostris honoribus adhaerente"), habe der Papst in demselben einen Mitwisser seiner Geheimnisse gefürchtet und ihn zu sich laden lassen, als ob er mit ihm „pacis negotia" behandeln wolle; er habe ihn mit Sicherheitsbriefen ausgerüstet, auf der Reise aber gefangenzunehmen versucht. Das „postmodum" setzt einen längern Zwischenraum zwischen der Absetzung des Elias und der Abfassung dieses Schreibens voraus als zwei bis drei Monate. Es wird daher besser mit den Reg. Imp. n. 2685 gegen Ende des J. 1239 als mit H.-B. in den Juli versetzt. — Der Werth der erwähnten kaiserlichen Behauptung wird wohl mit dem der oben im Texte angeführten übereinstimmen. Uebrigens ist es allerdings wahrscheinlich, daß Elias vor dem Banne nach Rom zur Verantwortung geladen wurde, aber nicht erschien, weil er sich eben seines Unrechtes bewußt war.

[2] Schreiben an Berthold vom 19. Nov. 1239 (Potth. n. 10808); dann am 19. Dec. 1239 (ibid. n. 10830). Das Schreiben vom 28. Jan. 1241 s. bei H.-B. V, 1088. — Ueber Bertholds Vermittlung im J. 1245 s. Reg. Imp. p. 613 sqq.; Winkelmann, Acta, n. 723.

1240 auf alle ohne Ausnahme ausgedehnt[1]. Die übrigen Religiosen mußten Bürgschaft stellen, daß sie gegen den Kaiser nicht vorgehen würden. Die ehemaligen Anhänger des Papstes, besonders die in den Grenzgegenden des Königreiches wohnten, mußten ihm in die Lombardei zu Hülfe ziehen, Kirchen und Geistliche je nach ihrem Vermögen Steuer zahlen. Ohne besondere Erlaubniß durfte Niemand sich zur römischen Kirche begeben, und die bei der Curie weilenden Unverdächtigen mußten sofort bei Strafe des Güterverlustes zurückkehren[2]. Wer Briefe und Beglaubigungsschreiben des Papstes gegen den Kaiser in das Königreich brachte, sollte ohne Unterschied des Standes oder Geschlechtes aufgehängt werden[3]. Schon am 20. April 1239 forderte er die Römer auf, sich einmüthig zu erheben, um wenigstens das ihrem Kaiser geschehene Unrecht zu rächen, da sie sich nicht dem gegen ihn ausgesprochenen Banne widersetzt hätten[4]. Den Frieden in der Mark Treviso sicherte er allem Anschein nach, indem gegen Ende April 1239 der Markgraf Azzo von Este nicht bloß auf seine Aufforderung hin nach Padua kam, sondern auch mit Ezelin von Romano sich versöhnte. Als er sich aber dort auf den Rath Ezelins hin nicht bloß Rainald, den einzigen Sohn des Markgrafen, sondern auch dessen Verlobte, die einzige, heißgeliebte Tochter[5] Alberichs von Romano, als Geiseln stellen ließ und dieselben nach Apulien sandte[6], trat Alberich voll Zorn über ihre Gefangennahme zur gegnerischen Partei über. Am 14. Mai nahm er Treviso selbst durch Ueberrumpelung ein. Am 10. Juni 1239 entfloh der Markgraf von Este, der sein Leben vom Kaiser bedroht glaubte[7], aus der Begleitung desselben, wurde aber nun am 13. Juni zu Verona mit dem Grafen von Vicenza, Montebello, San Bonifacio und vielen anderen Edlen Italiens in die Acht gethan[8]. Von Verona zog der Kaiser nach Bologna. Zwar gelang es ihm, die im Gebiete von Bologna gelegenen Burgen Piumazzo und Crevalcore zu

---

[1] Rich. Sangerm. zum Juni 1239; zum Nov. 1240. Die Bettelmönche nannte Friedrich die „mali angeli" des Papstes (H.-B. V, 1059). S. auch Ende von Kapitel 24.

[2] Rich. Sangerm. Vgl. Mandat vom 10. Oct. 1239 bei H.-B. V, 435.

[3] Rich. Sangerm. Vgl. Mandat vom 20. Jan. 1240 bei H.-B. V, 683.

[4] H.-B. V, 307.

[5] Ann. S. Justin. SS. XIX, 157; Rolandin. ibid. p. 72. 75.

[6] Roland. 72. Sie wurde allem Anschein nach sehr rücksichtslos behandelt. Um sie einmal, und zwar vor Zeugen, zu sprechen, bedurfte es kaiserlicher Erlaubniß. Vgl. Mandat vom 16. Jan. 1240 bei H.-B. V, 680; im April 1240 bedurfte sie Kleider (ibid. V, 891). [7] Roland. 74.

[8] Am 16. März 1240 beschuldigte er den Papst, diesen Aufstand in der Mark Treviso durch Bestechung veranlaßt, wie auch den Markgrafen von Este, den Grafen von S. Bonifacio und andere Edle („ad suggestionem Summi Pontificis simul in necem nostram conjuraverant") zur Ermordung des Kaisers angetrieben zu haben (H.-B. V, 844).

nehmen und einzuäschern; Bologna selbst aber hielt sich[1]. Como, welches sich von Mailand verletzt erachtete, trat zu ihm über, aber zu Ravenna vertrieb Paul Traversari auf die Bemühungen des Rectors der Mark, des Cardinals Sinibald, am 22. Juni die kaiserliche Partei und stellte die Stadt unter den Schutz von Venedig und Bologna[2]. Der Kaiser hatte am 25. Juli 1239 seinen Sohn Enzio zum Generallegaten von ganz Italien, also auch vom Kirchenstaate ernannt[3]. Er selbst zog gegen Mailand. Aber dort entflammte das begeisterte Wort des Provincials der minderen Brüder, des Bruders Leo, alle Herzen zum Kampfe, welchen der kriegskundige und tapfere päpstliche Legat, G. von Montelongo, durch Wort und That leitete[4]. So konnte der Kaiser, der um die Mitte des Monats September in das Mailänder Gebiet einfiel, wenig ausrichten. Auch die Berennung der befestigten Po=Brücke bei Orio, welche die Verbindung zwischen Mailand und Piacenza sicherte, mißlang. Er mußte am 6. November 1239 die Belagerung aufgeben und zog fast wie ein Flüchtling nach Tuscien[5]. Anfangs des J. 1240 bereitete er sich dann zum Angriffe auf den Kirchenstaat vor.

Seitdem der Kaiser mit dem Banne belegt worden war, unterstützte der Papst immer offener die Bestrebungen gegen ihn in Italien. Gregor hatte ja auch über alle, welche jenem gegen die Kirche Hülfe leisten würden, den Bann verhängt und Alle ihm gegenüber von dem Eide der Treue entbunden. Aus diesem Grunde belobte er auch am 7. Juni 1239 den

---

[1] In einer von Winkelmann in den Forschungen XII, 291 mitgetheilten Urkunde forderte der Papst eine nicht genannte Stadt auf, Bologna zu Hülfe zu ziehen. Es war eine Anerkennung für Bologna, daß der Papst am 17. Juni 1240 ihrer Bitte gemäß die Postulation des noch nicht dreißig Jahre alten Erzdiakons von Bologna, Octavian, zum Bischofe gestattete (s. Potth. n. 10895 sq.). Vgl. über ihn Ughelli II, 21. Innocenz IV. erhob ihn im J. 1244 zum Cardinal.

[2] Am 26. Juli 1239 belobte Gregor die Stadt wegen ihrer Vertheidigung des Glaubens und der kirchlichen Einheit gegen Friedrich (H.-B. V, 374, 1). Er forderte auch Bologna zur Hülfeleistung auf (ibid. n. 373). Die Bemühungen des Kaisers, der die Stadt Anfangs Juli zur Rückkehr aufforderte (ibid. n. 372, vgl. Reg. Imp. n. 2451), waren also vergebens gewesen. Nach Salimbene (Chron. 55) ließ der Kaiser aus Zorn über den Abfall Ravenna's die Tochter des Paul Traversari, welche als Geisel in Apulien war, verbrennen.

[3] H.-B. V, 357. Vgl. über die bezüglichen Vollmachten Ficker, Forschungen zur Reichs= und Rechtsgesch. Italiens II, 175. 177.

[4] Ann. Plac. 481; Ann. S. Just. Patav. 156. Vgl. die Schreiben Friedrichs vom 16. März 1240 und 27. Febr. 1241. Im erstern heißt es, daß der Legat und Bruder Leo sich nun als Rectoren und Herren bezeichneten, woraus hervorgehe, daß der Papst nicht nur kaiserliche Rebellen und Ketzer unterstütze, sondern sich auch zu Mailand die weltliche Herrschaft anmaße (H.-B. V, 845).

[5] „In sua confusus superbia terga prebuit hostibus; Tusciam quasi fugitivus ingressus." Vita Greg. 586.

Alberich von Romano, daß er gegen den gebannten Kaiser der Kirche anhänge, ermahnte ihn zur Ausdauer und nahm ihn am 10. Juni in den apostolischen Schutz auf[1], während er andererseits am 20. November 1239 Auftrag gab, den Ezelin von Romano, falls derselbe nicht dem Bischof von Treviso die ihm entrissenen Burgen wiedergebe, mit dem Banne zu belegen[2]. Die erwähnten großen Encycliken hatten eine steigende Bitterkeit gezeigt. Wie der Papst den Kaiser gebannt und als den **Vorläufer des Antichrist** bezeichnete, so hatte seinerseits der Kaiser den Papst als seines Amtes unwürdig erklärt und ein allgemeines Concil gefordert, um seine Anklagen zu beweisen, und ihn den **Antichrist selbst** genannt. Unterwerfen wollte der Kaiser sich mit nichten; vielmehr sollten die Waffen entscheiden. Am 26. Juli 1239 schloß der Papst durch seinen Boten Berard ein Bündniß mit Genua unter Voraussetzung eines ähnlichen Vertrages des Papstes mit Venedig, da ja beide seit dem 30. November 1238 durch den Papst in das engste Freundschaftsbündniß getreten waren zum Zwecke der gemeinsamen Eroberung Siciliens. Am 23. September kam auch die Einigung des Papstes mit Venedig zu Stande, worauf das Bündniß am 11. October 1239 zu Genua beschworen wurde. Hiernach hatte Venedig 25 Galeeren auszurüsten, zur Hälfte jedoch auf Kosten des Papstes und der Kirche, und durfte ohne ausdrückliche Erlaubniß des Papstes keinen Frieden mit dem Kaiser schließen. Dagegen gab die römische Kirche der Stadt Baroli und Salpi zu Lehen, sowie freie Jurisdiction und Immunität für ihre Mitbürger im Königreiche, auch das Recht, nach der Eroberung des Reiches überall ihre eigenen Consuln zu haben. Zugleich verpflichtete sich der Papst, den zukünftigen König von Sicilien zur Beschwörung dieser Zugeständnisse zu bestimmen. Aehnlich war der Vertrag mit Genua. Beide wurden für die Zeit des Krieges in den apostolischen Schutz aufgenommen[3]. Auch Mailand und Piacenza schlossen mit Genua und dem

---

[1] H.-B. V, 317; Potth. n. 10761. Vgl. auch ibid. n. 10764. Die von Friedrich gegen Alberich verhängten Strafen ließ der Papst am 5. Sept. und 5. Dec. 1239 für ungültig erklären (s. ibid. nn. 10786. 10821). Daß der Papst den Alberich lieber gegen als für den Kaiser kämpfen sah, ist natürlich. Vielleicht hat Alberich die Eifersucht auf die große Macht seines Bruders Ezelin (dessen Rath der Kaiser nach den Ann. S. Just. Patav. SS. XIX. 157 in allen Dingen folgte) zu diesem Schritte bewogen. Nach dem Schreiben des G. von Montelongo vom 20. Juli 1240 hatte sich Alberich übrigens schon im Januar 1239 demselben eidlich verpflichtet, die Macht des Kaisers in der Mark Treviso zu brechen. S. Winkelmann, Acta, II, p. 692, n. 1031. [2] Rayn. 1239, 37 und Potth. n. 10809.

[3] Vgl. H.-B. V, 390—394. Am 26 Sept. 1239 mahnt der Papst Genua, den Vertrag zu beschwören. S. Lib. jurium reipubl. Genuens. (Hist. patr. monum. I, 983). Aehnlich jedenfalls auch Venedig. Die Abmachungen wurden beschworen am 11. Oct. S. Lib. jur. 984. — Auch die Abtrennung Noli's von

Papste im Juni 1239 ein Bündniß, worin sie sich besonders verpflichteten, ohne den Willen des Papstes keinen Frieden mit dem Kaiser einzugehen[1]. Praktisch wurde das Bündniß aber nicht. Wahrscheinlich wurde es dem Kaiser, da er weder in seinen gegen Genua und Venedig gerichteten Befehlen noch in seinen Anklagen gegen den Papst je eine Anspielung darauf macht, überhaupt nie bekannt[2].

Inzwischen war die dem Kirchenstaate drohende Gefahr immer sichtlicher geworden. Schon die Ernennung des Enzio zum Generallegaten von ganz Italien hatte gezeigt, was bevorstand. Um die Zeit seiner Ernennung, den 25. Juli 1239, geschah auch „die Zurücknahme" der Mark Ancona und des Herzogthums Spoleto an das Reich. Denn der Kaiser wagte wirklich, kraft seiner kaiserlichen Autorität die Bewohner jener Lande von dem Eide loszusprechen, welchen sie mit Wahrung der Rechte des Reiches der Kirche geleistet hätten; immer sei es sein Herzenswunsch gewesen, die kaiserlichen Rechtsansprüche auf Italien zur Geltung zu bringen[3]. Enzio rückte im September 1239 in die Mark Ancona ein und hatte bald fast die ganze Mark inne, da der Cardinal Johann Colonna, dem der Papst die Vertheidigung derselben anvertraut hatte, nichts dafür that. Enzio wurde nun am 18. November 1239 mit seinen Anhängern wegen seines Einfalles in kirchliches Gebiet mit dem Banne belegt[4]. Der Kaiser selbst wandte sich gegen das Herzogthum Spoleto, wo er im Januar 1240 einzog. Foligno empfing ihn glänzend. Auch die benachbarten Orte unterwarfen sich ihm, während Perugia, Spoleto, Todi und Assisi der Kirche treu blieben. Triumphirend schrieb er am 2. Februar 1240 dem Erzbischof von Messina, der ihn zum Frieden mit dem Papste mahnte, er hoffe, bald das Haus des Papstes in Anagni selbst näher in Augenschein nehmen zu können. Dann werde er ihm auf

---

Savona als eigenes Bisthum geschah um diese Zeit zu Gunsten Genua's durch Jakob von Palästrina. Vgl. Rayn. 1239, 2, not. (p. 209 sq.); Caffari, Ann. zu Ende 1238 und zum J. 1239.

[1] Ann. Plac. Vgl. Reg. Imp. n. 2458a. — Uebrigens mußte der Papst gegen Juni 1240 den G. von Montelongo beauftragen, Mailand, Piacenza, Bologna und Brescia zur Zahlung der von ihnen eidlich versprochenen 15 000 Mark Silber an Genua und Venedig anzuhalten, womit sie seit Ende 1239 gezögert hatten. S. H.-B. V, 1013.

[2] Am 1. Jan. 1240 verbietet er, Getreide nach Venedig auszuführen (H.-B. V, 648). Am 23. Jan. 1240 billigt er den Plan seines Admirals, eine Karawane der Kaufleute von Genua und Venedig abzufangen (s. ibid. 686. 687). Vgl. Reg. Imp. p. 526, n. 2821a.

[3] Das an die Bewohner der Mark und des Herzogthums gerichtete allgemeine Schreiben, wie mehrere an Ungenannte in der Mark Ancona, vgl. bei H.-B. V, 374—378. Nach Reg. Imp. n. 2468a gehören sie in's Ende August oder Anfang September. [4] Rich. Sangerm.

seine Forderungen geziemend und der Ehre entsprechend antworten[1]. Während er den Jakob von Morra als Reichscapitän im Herzogthum Spoleto zurückließ[2], rückte der Kaiser selbst am 16. Februar 1240 in das römische Tuscien ein. Dort unterwarfen sich ihm gleich die alte Feindin Roms, die Stadt Viterbo, sowie Orta, Toscanella, Montefiascone, Sutri und andere Städte[3]. Pandulf von Aquino warb schon in der Terra bi Lavoro Söldner, um nach kaiserlicher Weisung nach Campanien zu gehen[4], und eigentlicher Widerstand zeigte sich so wenig, daß nicht nur die kaiserliche Flotte in Civitavecchia wie in einen befreundeten Hafen einlaufen[5], sondern Friedrich II. selbst im Februar 1240 schreiben konnte, er habe kaum Gesandte genug, um die Uebergabe der Städte und Burgen entgegenzunehmen[6]. Auch in Tuscien ernannte er am 29. Februar 1240 einen Reichscapitän in der Person des Raynald von Aquaviva[7]. Schien es doch, als ob Alles nach seinen Wünschen gehen würde und Rom selbst verloren sei. Damals oder etwas später fand man in einem Zimmer des Papstes die folgenden, dem Kaiser zugeschriebenen Verse, welche jenem Gedanken Ausdruck geben[8]:

"Fata docent stellaeque monent avinmque volatus,
Totius mundi malleus unus erit.
Roma diu titubans, variis erroribus acta,
Totius mundi desinet esse caput."

Der Papst soll darauf geantwortet haben:

"Fama refert, scriptura docet, peccata loquuntur,
Quod tua vita brevis, poena perennis erit."[9]

In Rom hatte der Kaiser einen starken Anhang. Römische Kaufleute liehen ihm häufig und gerne, wie er sich auch besonders an sie wandte[10]; römische Bürger nahmen Lehen und jährliche Renten von seinem

---

[1] H.-B. V, 707. Der Text hat "domum tuam", was sich auf das Haus des Erzbischofs, der im Dec. 1238 nach Anagni gegangen war, zu beziehen scheint. Aber was sollte er dort thun? Wir folgen deßhalb der Correctur von H.-B.: "suam", d. i. das Vaterhaus des Papstes.
[2] S. H.-B. V, 755. Befehl vom 13. Febr. 1240.
[3] S. Reg. Imp. p. 526 sq.
[4] H.-B. V, 704. Kaiserl. Befehl vom 1. Febr. 1240.
[5] H.-B. V, 803. C.-O. vom 5. März 1240. Winkelmann macht in den Forschungen XII, 288 hierauf aufmerksam.
[6] S. kaiserl. Schreiben bei H.-B. V, 762.
[7] C.-O. vom 29. Febr. 1240 ibid. 779.
[8] Matth. Paris. (ed. Luard) III, 551. Sie finden sich in etwas anderer Form in einer dem Michael Scotus zugeschriebenen "Prophezeiung" bei Salimbene, Chron. p. 177. [9] Matth. Par. III, 551.
[10] S. kaiserl. Beurkundungen und Cabinets-Ordres vom 3. und 21. Oct., 14. und 17. Nov. und 24. Dec. 1239 (H.-B. V, 409; 456; 498 [vgl. Reg. Imp. n. 2561 über

Geschäftsträger in Rom an[1], wofür sie natürlich entsprechende Gegendienste zu leisten hatten und seine Mannen wurden. Gerade damals wurde durch die Vermittlung des Walter von Cicala ein reger Verkehr zwischen dem Kaiser und der Stadt unterhalten[2]. Es war zu erwarten, daß, sobald der Kaiser wollte, seine Partei in Rom sich zu seinen Gunsten gegen den Papst erheben und sein Einzug in die ewige Stadt ohne alle Schwierigkeiten vor sich gehen werde. Aber die Rettung kam von Rom selbst. Denn am Tage Petri Stuhlfeier, den 22. Februar 1240, übertrug der Papst, umgeben von dem Clerus und den Cardinälen und unter einem ungeheuren Zulauf der Römer, das heilige Kreuzesholz sowie die Häupter der heiligen Apostel Petrus und Paulus in feierlicher Procession in die dem Apostelfürsten Petrus geweihte Kirche. Der Gedanke an die Verlassenheit und das Gottvertrauen des greisen Papstes, der Anblick der heiligen Reliquien, der Unterpfänder der Größe und Bedeutung Roms, und die Furcht, sie in feindliche Hände fallen und vielleicht unehrerbietig behandelt zu sehen, wie das Wort des Papstes selbst, der in ergreifenden Worten sie ihrem Schutze anbefahl und ihre Hülfe für die in so großer Gefahr schwebende Kirche anrief, hatte eine unbeschreibliche Wirkung auf die empfänglichen Herzen der Römer. Alt und Jung, selbst Greise und Weiber drängten sich, aus den Händen des Papstes das Kreuz zur Vertheidigung Roms gegen den Kaiser zu nehmen, und die früher am lautesten zu Gunsten des Kaisers gesprochen hatten, waren jetzt die ersten, ihre Schultern mit dem Kreuze bezeichnen zu lassen[3]. Friedrich behauptete

---

das Datum]; 508; 603); sodann im J. 1240 zum 8., 11. und 23. Jan. (ibid. 654. 661; 669; 695), 3. und 11. Febr. (ibid. 710. 711; 749), 5., 8., 13. und 14. März (ibid. 808; 812; 826. 829; 834. 836) und 6. Mai (ibid. 976).

[1] Der Magister Johann de S. Germano war im Oct. 1239 in kaiserlichen Diensten in Rom. S. E.-D. vom 17. und 19. Oct. (H.-B. V, 452. 454). — Außer den Frangipani (s. ibid. 455. 785) waren auch Andere ebenso abhängig (ibid. 454), wie z. B. Bartholomäus von Anticoli (s. ibid. 520).

[2] S. E.-D. vom 22. Febr. 1240 (H.-B. V, 767), womit zu vergleichen die E.-D. vom 17. März 1240 (ibid. 851. 852), wonach sich W. von Cicala nach Rom begeben sollte, um die rasche Wiederherstellung (Befestigung) einiger zerstörter Häuser zu betreiben. — Nach den Ann. de Dunst. p. 153 hätte damals der Kaiser Sutri auf Bitten der Römer verschont. Vgl. Reg. Imp. n. 2835 a.

[3] S. Gregors Schreiben von Ende Febr. 1240 bei H.-B. V, 777, und das Schreiben an den Archidiakon Albert von Passau in Forschungen XII, 292; Vita Greg. 587. Die Ann. de Dunst. (ed. Luard III, 153) erwähnen den Inhalt der Predigt. Der Papst sagte: „Haec est ecclesia et hae sunt reliquiae, quas usque ad mortem tueri debetis, quas protectioni Dei et vestrae committimus. Ego autem non fugio, sed hic misericordiam Dei exspecto." In demselben Jahre gewährte er auch allen, welche die Basilika des hl. Petrus reumüthig zwischen Pfingsten und der Octave von St. Peter und Paul besuchen würden, einen Ablaß. S. Ep. vom 25. Juni 1240 bei Potth. n. 10901; vgl. vorher n. 10898. — Die

zwar¹, nur einige Knaben und alte Weiber und wenige Söldlinge hätten auf die Thränen und Klagen des Papstes, daß der Kaiser die Kirche mit Umsturz und die Reliquien der heiligen Apostel Petrus und Paulus mit Verunehrung bedrohe, das Kreuz genommen, aber die Bewegung gegen ihn war so stark, daß er die Hoffnung auf Einnahme der Stadt aufgab und am 16. März 1240 in das Königreich Sicilien zurückkehrte; den Grafen Simon mit 400 Rittern ließ er als Besatzung in Viterbo zurück². Mit grausamer Wuth ließ er diejenigen, welche gegen ihn das Kreuz genommen hatten, verfolgen: den Einen wurde ein Kreuz auf die Stirne gebrannt, Anderen die Hände oder Ohren oder Nase abgeschnitten, Andere lebendig verbrannt oder sogar gekreuzigt³.

Aber der Kaiser fühlte dennoch selbst, daß sein Angriff auf den Kirchenstaat einer Rechtfertigung vor der christlichen Welt bedürfe. Deßhalb schrieb er am 16. März 1240⁴, nach der Schlacht von Cortenova habe der Papst den Städten und Edlen der Mark Ancona und des Herzogthums Spoleto verboten, dem Kaiser in die Lombardei zu Hülfe zu ziehen, außerdem Ancona und andere Seestädte unter Androhung des Bannes trotz seines (des Kaisers) Verbotes gezwungen, die aufrührerischen Venetianer mit allem Nöthigen zu versehen und auch Boten und Sendungen für den Kaiser den Durchzug durch die Mark und das Herzogthum verbieten lassen. Dazu habe er die Mailänder offen unterstützt und sich sogar durch Gregor von Montelongo und Bruder Leo der weltlichen Gewalt daselbst bemächtigt. Daraufhin habe er ihm nicht länger kindliche Liebe erweisen können, sondern zum Schwerte gegriffen, um Ancona und Spoleto wieder mit dem Reiche zu vereinigen. — Die ersten Klagen beziehen sich natürlich auf die Zeit vor dem Banne, da dem Papste Neutralität sicher nicht zur Schande angerechnet werden konnte. Die Heerfahrt wider die Mailänder fand aber erst dann statt, nachdem schon die Pläne des Kaisers mit Bezug auf den Kirchenstaat durch die Ernennung Enzio's und die Briefe an die Parteigänger in der Mark und dem Herzogthum sehr klar geworden waren.

Auf der andern Seite beschuldigte der Papst den Kaiser gegen Ende Februar 1240⁵, er wolle die Römer durch Geschenke und Versprechungen der römischen Kirche entfremden und drohe, den Stuhl Petri umzustürzen

---

Ann. de Dunst. melden auch (l. c. 154) von erfolglosen, durch den Patriarchen von Jerusalem und den Bischof von Down (?) geführten Verhandlungen zwischen Papst und Kaiser, von denen aber sonst nichts bekannt ist. Nach den Ann. Gib. hat er viele Gesandte an den Papst geschickt, die wohl auch mit Hinweis auf die Macht des Kaisers seine Befreiung von geistlicher Strafe durchsetzen sollten.

¹ Am 16. März 1240; s. H.-B. V, 841.
² Rich. Sangerm. Vgl. Reg. Imp. 2912a.   ³ Vita Greg. 587.
⁴ H.-B. l. c.   ⁵ Vita Greg. 776.

und an Stelle des Glaubens die früheren heidnischen Gebräuche zu setzen. Mag man diese Anklagen für übertrieben halten, darin muß man dem Papste Recht geben, daß der Kaiser priesterliche und päpstliche Gewalt in Anspruch nahm, da er die Vasallen der Kirche von ihrem Eide lossprach und eigenmächtig Interdicte aufhob. In Rom fürchtete man schon damals (wie ja auch 1236 der Papst dem Kaiser vorgeworfen hatte[1], er maße sich geistliche Gewalt an, indem er Seelsorgsstellen allein und willkürlich vergebe) nichts Geringeres als die Trennung von der Einheit der Kirche seitens Friedrichs und Pläne wie die Heinrichs VIII. von England. Zwar ist er erst seit dem J. 1247 offen auf die Gründung einer von Rom unabhängigen Kirche, deren geistiges Haupt er selbst sein wollte, ausgegangen[2], aber wer sieht nicht die Spuren von Bestrebungen, welche die Zeitgenossen bewogen, ihm die Worte in den Mund zu legen[3]: „Wenn die Reichsfürsten meiner Einrichtung zustimmten, wollte ich allen Nationen eine weit bessere Glaubens= und Lebensregel geben!"

Vierundzwanzigstes Kapitel.

Vergebliche Friedensversuche. Die Berufung eines allgemeinen Concils nach Rom.

Schon im April 1239 hatten sich deutsche geistliche Fürsten, allem Anscheine nach der Erzbischof von Salzburg und die Bischöfe von Freising und Passau, bei dem Papste zu Gunsten des Kaisers verwandt, ohne jedoch irgend einen Auftrag der übrigen Fürsten zu haben[4]. Um sich deren Treue zu sichern, berief[5] der Kaiser eine Fürstenversammlung nach Eger auf den 1. Juni 1239. Dort waren außer den Gesandten des Kaisers und dem Könige Conrad der Erzbischof von Mainz, die Landgrafen von Meißen und Thüringen und die beiden Markgrafen von

---

[1] H.-B. IV, 919 sq.

[2] H.-B. Introd. p. DXVIII. Selbst Lorenz, der a. a. O. 37 ff. scharf gegen die Ansicht von H.-B. polemisirt, sagt S. 48: „Da es so weit (zur Aufstellung von Gegenkönigen und der Absetzung des Kaisers durch das Concil von Lyon) gekommen war, so wollen wir selbst die Behauptung nicht zurückweisen, daß nun die kaiserliche Partei sehr weitgehende Absichten gegen das Papstthum zu hegen begonnen haben mag."

[3] Chron. Sampetr., Mencken, SS. rer. Germ. III, 264; Martinus Minorita, Eccard, Corp. hist. medii aevi I, 1625; Chron. August. Freher I, 525.

[4] S. o. S. 284. Sie erwähnen nicht, daß sie in einem andern Namen als dem ihrigen schreiben, und waren auch die einzigen geistlichen Fürsten, die sich damals bei Hof befanden (s. Reg. Imp. n. 2433). Zudem berufen sie sich ausdrücklich darauf, daß sie als Bischöfe und Reichsfürsten geborene Vermittler zwischen Kaiser und Papst seien: „Nos, quos mediatores quodammodo Dei et hominis Ecclesia et imperium principes statuerunt."

[5] S. Ann. Erph., irrig ad a. 1238.

Brandenburg anwesend[1]. In Erinnerung an den großen Freund von Papst und Kaiser, Hermann von Salza, lag es nahe, seinen Nachfolger Conrad von Thüringen mit der Vermittlung zu beauftragen. Allein der Mantel Hermanns war nicht auf ihn gefallen. Er stand, wie auch sein Bruder, auf Seiten des Kaisers; deßhalb war auch seine Wahl im Interesse des Kaisers. Wahrscheinlich wurde er wirklich schon zu Eger als Vermittler gewählt[2]. Seine Sendung, die sich bis in's Frühjahr 1240 hinzog, wurde eifrigst von der deutschen Reichsregierung betrieben, allem Anschein nach, um dadurch die deutschen Fürsten von Schritten gegen den Kaiser abzuhalten und von seiner Friedfertigkeit und Versöhnlichkeit zu überzeugen. Die Beglaubigungsschreiben für ihn wurden auf persönlichen Betrieb des Königs Conrad im April und Mai 1240 ausgestellt. Anfangs April weilte letzterer zu Lüttich, am 8. war er zu Köln, am 20. zu Castel, am 2. und 11. Mai zu Würzburg, gegen Ende des Monats zu Nördlingen[3]. Aber am 2. April stellten zu Lüttich die Herzoge Heinrich von Brabant, Matthäus von Lothringen und Heinrich von Limburg, wie die Grafen Otto von Geldern, Heinrich von Sain, Arnold von Los, Wilhelm von Jülich, Heinrich von Lützelburg und Walram von Limburg, und am 11. Mai 1240 zu Würzburg der Landgraf Heinrich von Thüringen gleichlautende Schreiben aus, die mit offenbarer Begünstigung des Kaisers auf die Gefahr hinweisen, den römischen Kaiser und König mehrerer Reiche zu kränken, da er rechtlicher Billigkeit gehorchen wolle;

---

[1] S. l. c. und Höfler, Albert von Beham (Stuttgart 1847), S. 5.

[2] Winkelmann (Snbels Hist. Zeitschrift 1872, Bd. 27, 163) hält die Annahme eines der Versammlung von Eger folgenden Fürstentages für „durchaus nothwendig". Sie ist es aber für die Sendung Conrads nicht. Die Versammlung zu Eger war vom Kaiser berufen und in Gegenwart seines Sohnes abgehalten. Von ihm, beziehungsweise seinem Rathe, war auch der Weisung des Kaisers gemäß der Vermittlungsversuch der deutschen Fürsten dort angeregt worden (s. J. Ficker, Erörterungen zur Reichsgesch. des 13. Jahrh. in den Mittheilungen des Instituts für österr. Geschichtsforschung, Bd. III [1883], 337 ff.). Der Landgraf von Thüringen sagt (H.-B. V, 987): Conrad sei erwählt worden „de communi consilio principum, baronum et nobilium, qui aderant". Wo, sagt er nicht. An Würzburg, wo Anfangs Mai außer dem Könige auch der Landgraf von Thüringen und sein Bruder Conrad anwesend waren und die letzten Verabredungen stattfanden, kann deßhalb nicht gedacht werden, weil die S. 338 erwähnten Fürsten schon am 2. April 1240 Conrad als ihren Gesandten beglaubigten. Der Schluß liegt deßhalb nahe, daß auch der Landgraf sich auf Eger bezog. Die dort nicht Anwesenden schlossen sich dem Beschlusse an, indem sie, ebenfalls unter dem Einflusse des Königs (s. Reg. Imp. p. 802—804), Conrad als ihren Vermittler und Gesandten beglaubigten. In dem Berichte, den Albert der Böhme an den Papst über die Versammlung von Eger u. a. im J. 1239 sandte, und zwar vor dem 1. August („Sperat in festo B. Petri eligi), heißt es: „Petit dux (Bavariae), ut contra avunculos suos Rasponem Thuringum et fratrem ejus Ch. conversum excommunicatio mittatur."

[3] Reg. Imp. l. c.

einem derartigen Versuche würden sich seine Getreuen mit offener Gewalt widersetzen; der Papst solle dem, der das Gegentheil behaupte, nicht glauben, da ein Solcher, sobald er seine selbstsüchtigen Zwecke erreicht hätte, ihn und die Kirche verlassen würde [1]. Die gleichlautenden Schreiben des Erzbischofs Conrad von Köln, sowie der Bischöfe Landolf von Worms, Ludolf von Münster und Engelbert von Osnabrück waren am 8. April zu Köln, das des Bischofs Hermann von Würzburg in dieser Stadt am 2. Mai 1240, die der Bischöfe von Freising, Eichstädt und Brixen gegen Ende des Monats zu Nördlingen ausgestellt. Die Aussteller, mit deren Schreiben die der Bischöfe von Straßburg und Speyer wie das des Erzbischofs von Trier übereinstimmen [2], erklären sich nach Erörterung der Uebel der herrschenden Zwietracht und der daraus folgenden schweren Nachtheile für den katholischen Glauben wie für das Heilige Land bereit, die Sache der Kirche treu und gewissenhaft, ohne Rücksicht auf die daraus für sie selbst oder ihren Besitz folgenden Gefahren, zu vertreten, falls der Kaiser nicht zum Frieden mit der Kirche vermocht werden könnte; das hätten sie ihm auch selbst mitgetheilt; da aber nun der Kaiser, wie er ja in alle Welt geschrieben, sich rechtlicher Entscheidung unterwerfen wolle, so bäten sie den Papst, aus Rücksicht auf die Kirche und das Heilige Land ihrem Gesandten Conrad geneigtes Gehör zu schenken. Wie man sieht, ist das Schreiben der geistlichen Fürsten mehr objectiv. Außer den vorstehenden haben auch noch andere geistliche und weltliche Fürsten Conrad von Thüringen als ihren Gesandten beglaubigt, ebenfalls ohne sich über ihre Stellung auszusprechen. So zu Castel am 20. April der Erzbischof Sigfried von Mainz, der sich erbot, falls der Papst es wünsche, behufs der Vermittlung selbst nach Rom zu kommen [3], der Bischof von Augsburg, der besonders auf die schlimmen Folgen der zwischen dem Papst und dem Kaiser herrschenden Zwietracht in Deutschland hinwies [4], endlich die Herzoge Otto von Braunschweig [5] und Albrecht von Sachsen, sowie die beiden Markgrafen von Brandenburg [6].

Nachdem der Kaiser im März 1240, statt weiter gegen Rom vorzugehen, in's Königreich zurückgekehrt war, sammelte er dort ein neues Heer, mit dem er im Mai 1240 gegen die mitten im Königreiche gelegene

---

[1] Vgl. H.-B. V, 987. Stände es fest, heißt es dort, daß die Uebel durch den Kaiser entstanden seien, oder daß er sich nicht versöhnen wolle, so würden sie, obgleich sie dem Kaiser zur Treue verpflichtet wären, dennoch als getreue Söhne die Partei der Kirche ergreifen.

[2] H.-B. V, 985 sq. Vgl. Reg. Imp. n. 4421 über die Anwesenheit des Bischofs von Brixen zu Nördlingen und die Datirung des Schreibens.

[3] H.-B. V, 988.

[4] Ibid. Mit diesem Schreiben stimmte vielleicht das des Bischofs von Passau u. a überein. [5] Ibid. 989. [6] Ibid. 990.

päpstliche Stadt Benevent vorrückte. Er verwüstete die Umgegend der Stadt, die er am 23. Januar 1240 „den Stein des Anstoßes und Felsen des Aergernisses in seinem Königreiche" nannte, und die er schon seit dem J. 1239 auszuhungern sich bemühte. Allein die Bürger vertheidigten sich mit so großem Muthe, daß sie sogar einen Ausfall machten, wobei sie Mehrere vom kaiserlichen Heere tödteten. Auch als der Kaiser im August 1240 die Stadt enger einschließen ließ[1], hielten sich die Bewohner — obgleich Verräther in ihrer Mitte waren — tapfer und wurden durch ein päpstliches Schreiben vom 15. October 1240 gestärkt[2]. Ringsum von Feinden umgeben und ohne jede Unterstützung durch Hülfstruppen, mußten sie endlich im April des folgenden Jahres capituliren, woranf die Mauern und Thürme der Stadt zerstört wurden[3]. Seit

[1] Rich. Sangerm.; Vita Greg. 587. — Kaiserl. Befehle gegen Benevent vom 15. und 25. Dec. 1239 und 23. Jan. 1240 vgl. bei H.-B. V, 562. 625. 680. — Dem Papst Leo IX. war von Kaiser Heinrich III. die Oberhoheit über Benevent übertragen worden (f. Giesebrecht, Kaiserzeit, 3. Ausg. II, 494. 498. 652), und die Päpste hatten sich später Benevent bei Belehnungen mit Sicilien als Zeichen ihrer Oberhoheit vorbehalten. S. Vita Greg. 584; Raumer III, 230. Schon das erste allgemeine Lateranconcil (can. 8) hatte bei Strafe des Bannes verboten, die dem hl. Petrus gehörige Stadt Benevent anzugreifen oder zu besetzen. — Innocenz III. sowohl wie Honorius III. hatten ihr besondere Gunst zugewandt (vgl. Potth. nn. 270. 271. 5376c. 5377c. 5381a. 6662). Aber Honorius III. mußte schon am 14. Mai 1221 Friedrich bitten, seinen Balioen zu befehlen, von der Forderung von Tribut (pedagia) abzustehen, da Benevent der Kirche gehöre (f. H.-B. I, 882, not.). Allein der Kaiser erkannte das Recht der Kirche nicht an, schrieb vielmehr am 20. Sept. 1236 auf die Beschwerden Gregors hin: „Beneventanorum injurias sicut dissimulare non volumus, sic jus nostrum in eis, quod nobis praedecessorum nostrorum successione debetur, integre volumus conservari, quod prout est fideli nostrorum fidelium successione repertum, sic per officiales nostros inviolabiliter observari mandamus" (H.-B. IV, 908 sq.). Er glaubte eben als Nachfolger seiner Vorfahren auf alles Ansprüche zu haben, was diese rechtlich oder unrechtlich, lange oder kurze Zeit je besessen, aber gegen die kaiserlichen oder königlichen „Interessen" freiwillig oder gezwungen aufgegeben hatten. Benevent hatte deßhalb auch schon ehe der Kaiser gebannt worden war die größten Chicanen ertragen müssen. Vgl. Vita Greg. 584: „Beneventanam civitatem . . . illis premit et angustat doloribus, ut adhibitis in vestibulo portae custodibus intrare, vel exire volentes, nova solvere pedagia (Wegegelber) compellantur, terrasque excolere nisi data redemptionis pecunia non permissi, eisdem in Regni finibus commerciis interdictis, nec ad matris licet recurrere gremium, nisi qui manus insequentium cvaserunt."

[2] H.-B. V, 1056. Schon am 10. April 1240 hatte Gregor vorsorglich die Empfänger von Legaten und sonstiger zu Gunsten des Heiligen Landes bestimmter Gelder ermächtigt, dieselben zur Vertheidigung der Stadt zu verwenden. Zu demselben Zwecke erlaubte er ihnen auch, die päpstlichen Fiscalgefälle zu verpfänden (f. Sbaralea I, 276, nn. 307. 308).

[3] Rich. Sangerm. 380. Ein von H.-B. V, 1100 mitgetheiltes Privileg vom Febr. 1240 für Benevent war nur für eventuellen Gebrauch der Unterhändler, falls

Lichtmeß 1240 belagerten die Venetianer mit dem päpstlichen Legaten Gregor von Montelongo und Anderen die Stadt Ferrara, welche am 2. Juni in ihre Hände fiel[1]. Mantua war schon vorher freiwillig auf die päpstliche Seite getreten und hatte an der Belagerung Ferrara's Theil genommen. Aber Alessandria hatte sich am 18. Mai 1240 trotz päpstlicher Abmahnung an Manfred Lancia übergeben[2]. Zu Anfang Juni rückte auch der Kaiser mit seinem in Apulien gesammelten Heere aus Capua aus und lagerte kurz darnach an der Grenze des Patrimoniums, um in Campanien einzurücken. Schon sammelte der Papst Hülfstruppen zur Vertheidigung Campaniens[3], aber Friedrich zog dennoch nicht dahin. Denn er mußte doch einigermaßen der Christenheit gegenüber den Schein wahren, da er damals in Friedensunterhandlungen mit der Kirche stand. Er wandte sich vielmehr nach der Mark Ancona, die schon bereit stand, wieder zur Kirche zurückzukehren, und zu deren Hülfeleistung der Papst die Venetianer zu bestimmen suchte[4]. Im Juli belagerte er die päpstliche

die Stadt sich übergeben sollte, ausgestellt. S. gegen H.-B. V, 1101, 1, welcher meint, es sei für die kaiserlich Gesinnten in der Stadt gewesen, Ficker in Reg. Imp. n. 3184.

[1] Ann. Plac. Gib. 483; Roland. 75 sq.: Bon. hist. Misc. Mur. XVIII, 261; Ricob. hist. imp. ibid. IX. 130: Chron. Ferrar. ibid. VIII, 484. Salinguerra, der Podesta der Stadt, wurde gefangen nach Venedig geführt, wie der Kaiser behauptete, gegen den Vertrag (vgl. H.-B. V, 1016), übrigens aber ehrenvoll behandelt (Roland. l. c.).

[2] Ann. Plac. Gib. 483. In Milderung eines Decretes von Alexander III., wonach der Bischofssitz von Acqui nach Alessandria übertragen werden sollte, hatte Innocenz III. am 8. Juni 1206 die beiden Diöcesen einem Bischof unterstellt (Ughelli IV, 317), aber am 4. Juni 1213 Alessandria wieder der Gleichberechtigung mit Acqui beraubt. Gregor stellte nun am 10. Mai 1240, indem er Alessandria zur Ausdauer ermunterte, den von Innocenz III. im J. 1206 herbeigeführten Zustand wieder her, der dann auch bis zum J. 1406 fortbestand (vgl. Ughelli IV, 320). Acqui, welches auf Seiten des Kaisers stand, wurde zugleich mit dem vollen Verlust des Bischofssitzes bedroht (Potth. n. 10872 sq.; vgl. Rayn. 1240, 21).

[3] Rich. Sangerm. Vgl. Vita Greg. 587. S. das päpstl. Schreiben vom 19. Juni 1240 an die Stadt Velletri, Truppen zur Vertheidigung Campaniens zum 22. Juni nach Ferentino zu senden (Potth. n. 10897).

[4] S. päpstl. Schreiben an Bologna gegen Anfang August 1240 bei H.-B. V, 1021. — Besonders treu hatte sich in der Mark Ancona Recanati erwiesen. Zur Belohnung bestätigte der Papst dem Orte am 15. Oct. 1240 die ihm von Cardinal Sinibald als Rector der Mark Ancona verliehenen Privilegien (s. Theiner I, 114, n. 193), verlieh am 22. Dec. 1240 dem Orte Städterang, entzog ihn der Jurisdiction des Bischofs von Umana und verlegte den bischöflichen Stuhl von Osimo, welche Stadt Friedrich anhing, nunmehr nach Recanati (s. Theiner I. 114, n. 194). Befehl an den Bischof von Osimo, sich nach Recanati zu begeben, bei Rayn. 1241, 45. Osimo wurde der Diöcese Umana am 22. Dec. 1240 überwiesen (Ughelli I, 1217, wo statt „XI. Kal. Jun." „Jan." zu lesen ist. Auch Potth. nn. 10899 sq. gehören nicht zum 21. Juni, sondern zum 22. Dec. 1240).

Grenzfestung Ascoli vergebens, wie er auch in Fermo nicht eingelassen wurde[1]. Von dort zog er nun im August 1240, indem er in der Mark Ancona den Robert von Castiglione als Reichscapitän zurückließ, in die Romagna[2] und nahm am 22. August die im J. 1239 von ihm abgefallene Stadt Ravenna ein; am 26. August 1240 begann er dann die Belagerung von Faenza, das sich aber bis April 1241 hielt.

Der Deutschordensmeister war gegen Ende Juni in Rom angelangt[3], und um dieselbe Zeit waren auch von den Cardinälen, speciell dem Haupte des Cardinalscollegiums, Raynald von Ostia[4], Friedensverhandlungen aufgenommen worden. Dieser schlug den vorläufigen Abschluß eines Waffenstillstandes zwischen Papst und Kaiser vor, innerhalb welches dann durch den Deutschordensmeister und andere Fürsten der Abschluß des Friedens selbst versucht werden solle[5]. Ende Juni theilte der Kaiser einem seiner

---

[1] Päpstl. Privileg für Ascoli vom 12. Mai 1241 (Theiner I, 115, n. 197). Auch Fermo erhielt dieselbe Vergünstigung wie Ascoli am 29. Mai 1241, und wurde auch einstweilen direct dem Papst unterworfen und dadurch von allen Lasten der Rectoren der Mark Ancona befreit (Theiner I, 115, nn. 198. 199).

[2] S. II.-B. V, 1050, kaiserl. Schreiben vom Oct. 1240.

[3] Er starb schon am 24. Juli zu Rom. Noch am 8. Mai war er beim Könige zu Würzburg. S. Reg. Imp. n. 4416.

[4] Vgl. die Briefe des Kaisers bei H.-B. V, 1004 (vgl. Reg. Imp. n. 3125) und 1028. — Am 9. Juni 1240 macht der Papst Versprechungen an Genua für den Fall des Friedensschlusses mit dem Kaiser (Potth. n. 10893). Vgl. aber das S. 341, Anm. 3, erwähnte päpstliche Schreiben. Auch noch am 20. Juni schrieb er dem Grafen von Provence, es werde nicht, wie die Feinde der Kirche aussprengten, heimlich mit dem Kaiser über den Frieden verhandelt.

[5] Am 18. Juli 1240 schreibt Friedrich an den König von England, den Herzog von Sachsen und, allem Anschein nach, den Deutschordensmeister, daß er den unlängst von mehreren Cardinälen und Religiosen vorgeschlagenen Waffenstillstand zwischen ihm und dem Papste zur Herstellung des Friedens nicht habe annehmen können, weil der sogenannte Papst Gregor die Lombarden habe darin einschließen wollen. Nichtsdestoweniger habe er sich einstweilen aus Ehrfurcht für die Apostel Petrus und Paulus enthalten, in die ihm offenstehende Campagna einzurücken, in der vergeblichen Hoffnung, dadurch den Papst von weiteren Beleidigungen abzuhalten (H.-B. V, 1014). Damit vergleiche man nun das kaiserl. Schreiben an den Justiciar von Abruzzo (bei H.-B. V, 1058 und Winkelmann, Acta, p. 657) vom Dec. 1240, wonach der Waffenstillstand als abgeschlossen und der Papst als Friedensbrecher, der durch die Bettelmönche Faenza zum Widerstande ermuntere, dargestellt wird. Es heißt dort (p. 657): „Ad multorum ex fratribus suis multam instanciam verbum pacis ab eis cum suavitate recepimus et propter treugas a nostra majestate promissas eidem a vastacione Campanie divertentes, versus Italiam non tam ad expugnandos quam ad recipiendos excellencie nostre rebelles recto diametro direximus gressus nostros. Sed . . . per digressum nostrum securitate recepta, tractate pacis oblitus" etc. Hier ist von den Lombarden und einer Vereitelung des Waffenstillstandes gar keine Rede. Man sieht hieraus aber, wie wenig den Behauptungen Friedrichs zu trauen ist.

Getreuen in der Lombardei mit, daß auch der Papst zum Frieden geneigt sei. Da die ihm anhängenden Städte der Lombardei seine Aussöhnung mit der Kirche sehnlichst wünschten, so versicherte er sie sowohl der schon sicher, wie man glaube, vor der Thüre stehenden Wiederherstellung des Friedens, wie auch seines Entschlusses, nie, so lange er lebe, von der Verfolgung seiner Pläne betreffs Italiens abgehen zu wollen. So ließ er denn auch durch den erwähnten Anhänger die Städte der Lombardei und der Mark Treviso zur Rüstung gegen die Rebellen auffordern[1]. Auch sonst sprach er davon, die Friedensverhandlungen seien schon so weit vorgeschritten, daß er bald zu dem ersehnten Abschluß derselben zu gelangen hoffe[2]. Allein schon am 18. Juli wurden sie abgebrochen, weil der Kaiser auf die Forderung des Papstes, auch die Lombarden in den Waffenstillstand einzuschließen, nicht einging. Wollte der Kaiser wirklich den Frieden? Ohne Zweifel würde er sehr froh gewesen sein, wenn der Papst ihm die isolirten Lombarden überlassen hätte. Er hat sich auch damals des Angriffes auf das ihm offen stehende Campanien enthalten, weil er schon der deutschen Fürsten wegen, die dem Papste des Kaisers Friedensneigungen geschildert hatten, sich der Vorsicht befleißigen mußte. Allein seine Herzensmeinung hatte er doch schon Anfangs der Unterhandlungen seinem Sohne Conrad und dessen Räthen gegenüber dahin ausgedrückt[3], daß zwar der Stolz des Papstes gedemüthigt und er zu einem für Kaiser und Reich ehrenvollen und vortheilhaften Frieden geneigt sei; aber er habe beschlossen, seinen Gegner mit Waffengewalt noch mehr zu beugen, und rücke deßhalb mit einem zahlreichen Heere aus dem Königreiche vor, damit der Papst in Zukunft nicht mehr den Mund gegen das heilige Kaiserthum und die Person des Kaisers aufzuthun wage. Mit dieser Sprache stimmt sehr wohl ein damals erlassenes Pamphlet eines Anhängers des Kaisers[4], voll der wüthendsten Schmähungen gegen den Papst, worin diesem Habsucht, Trunksucht und Beförderung der Ketzerei vorgeworfen wird. Gregor IX. mußte aber jene Bedingung hinsichtlich der Lombarden stellen, da die Trennung von denselben oder etwa deren vollständige Niederlage es dem Kaiser ermöglicht hätte, dem Papste beliebige Bedingungen vorzuschreiben[5]. Zum Unglück starb nun auch der Deutschordensmeister am 24. Juli 1240.

[1] H.-B. V. 1005.   [2] H.-B. V, 1006 (an den Herzog von Oesterreich).
[3] Ibid. 1003.
[4] H.-B. V, 309, wie auch die Reg. Imp. n. 2434, setzen es in den April 1239. Allein es wird besser hierhin versetzt (vgl. Hefele V, 952, 3), da der Schluß des Schreibens auf eine Zeit hindeutet, in welcher der Kaiser mit der Kirche Frieden schließen wollte.
[5] Potth. (n. 10921) reiht einen von Hahn (Coll. monum. I, 141) mitgetheilten, undatirten päpstlichen Schutzbrief für den Lombardenbund zu Anfang Aug. 1240 ein.

In seiner Bedrängniß forderte Gregor IX. am 9. August 1240 alle Bischöfe auf, sich zu Ostern (31. März) 1241 in Rom zu einem Concil „wegen wichtiger und schwieriger Angelegenheiten der Kirche" zu versammeln. Zu demselben wurden auch die Könige von Frankreich, Ungarn, Böhmen und anderer Länder, wie auch Fürsten, Städte, Domcapitel und Klöster eingeladen[1]. Auch einige Fürsten aus dem Morgenlande sollten beigezogen werden[2]. Den Kaiser ließ der Papst durch einen besondern Gesandten, den Bischof Wala von Brescia[3], um einen auch die Lombarden einschließenden Waffenstillstand bis zu Ostern 1241 bitten, aus dem dann auch leicht ein allgemeiner werden könnte[4]. Ohne Zweifel war der Conflict mit dem Kaiser die Hauptveranlassung des Concils, wenngleich sich dasselbe wahrscheinlich auch mit der Bekämpfung der Saracenen und Tataren, sowie mit den gegen die Ketzerei und zur Hebung der Disciplin geeigneten Mitteln beschäftigt haben würde[5]. Die Idee, durch eine allgemeine Synode den Streit zwischen den beiden großen Machthabern der damaligen Zeit entscheiden zu lassen, war von Friedrich II. selbst ausgegangen. Gegen Ende April 1239 hatte er die Cardinäle aufgefordert, ein Concil unter Zuziehung der Gesandten des Kaisers wie der übrigen Fürsten zu berufen, damit er dort seine Anklagen gegen den Papst beweisen und das Recht des Reiches sowie seine eigene Unschuld darthun könne[6]. Nun, da der Papst ein Concil berief, wollte er nichts davon wissen. Deßhalb wies er den Antrag des Bischofs von Brescia zurück, weil der Papst bloß eine Verstärkung und Kräftigung der Lombarden während der Zeit des Waffenstillstandes bezwecke[7], und bereitete sich auf jede Weise vor, das Zustandekommen des Concils zu

---

[1] S. die Einladung an den Erzbischof von Sens bei Rayn. 1240, 53; die an den König von Frankreich ibid. 54, an die Könige von Ungarn und Böhmen bei Potth. 10926 sq., an den Erzbischof von Mainz ꝛc. ibid. n. 10929 sq., an Bologna ibid. n. 10931.

[2] S. kaiserl. Schreiben vom 13. Sept. 1240 bei H.-B. V, 1039.

[3] Nach einem päpstl. Schreiben vom 12. Juli 1240 an G. von Montelongo hatte Gregor IX. eine gegen den Bischof schwebende Untersuchung niedergeschlagen. Sbaralea I, 282, n. 315.

[4] S. den Bericht im kaiserl. Schreiben vom 13. Sept. bei H.-B. V, 1038 sqq.

[5] Rayn. 1240, 55.

[6] Der Inhalt des nicht erhaltenen Schreibens ist aus den Briefen Friedrichs vom 20. April 1239 und 16. März 1240 zu ersehen (s. Reg. Imp. n. 2432). Wenn er sich in letzterem (H.-B. V, 843) beklagt, daß der Papst die Bischöfe, welche das Schreiben überbrachten, „gegen das Völkerrecht" habe in's Gefängniß werfen lassen, so ist zu bemerken, daß jedenfalls die Gesandtschaft gar nicht an Gregor, sondern an die Cardinäle gerichtet war und eine Aufforderung zur Rebellion enthielt. Auch später, gegen Ende Sept. 1240 (H.-B. V, 1076), sagt er, daß der Papst die Berufung der von ihm zum Erweise seiner Unschuld gewünschten Synode gehindert habe. [7] S. sein Schreiben vom 13. Sept. 1240.

verhindern. Dem Cardinalbischof von Ostia schrieb er, sein Streit mit dem Papste sei eine Privatsache, welche dieser zu einer allgemeinen und öffentlichen machen wolle; offenbar sei das Concil, welches der Papst, der doch noch ein öffentlicher Gegner des Reiches und sein Todfeind sei, berufen, und wozu er mehrere seiner Gegner eingeladen habe, nicht des Friedens wegen berufen, sondern gegen ihn gerichtet; denn sonst hätte es von den Cardinälen oder wenigstens von beiderseitig gewählten Personen berufen und zuerst das Friedensgeschäft zwischen ihnen abgeschlossen werden müssen[1]. Als ob ein Concil überhaupt von einem Andern als dem Oberhaupte der Kirche berufen werden könnte! Auch den Königen von Frankreich und England und anderen weltlichen Großen gegenüber beklagte er sich darüber[2], daß der Papst die Abhaltung der Synode früher verweigert hätte, hütete sich aber, zu erwähnen, daß er selbst sie verlangt hatte, um zu beweisen, daß der Papst seines Amtes unwürdig sei[3]; das Concil müsse ihm auch deßhalb sehr verdächtig sein, weil der Papst mit Hintansetzung der Gesandten jener Großen, die ihm ihre Vermittlung im Friedensgeschäfte angetragen, nun seine offenbaren Feinde, wie den Grafen von Provence, den Dogen von Venedig, den Markgrafen von Este und Andere, zu demselben berufe. Ueberhaupt wolle er, so lange sein Streit mit dem Papste dauere, die Berufung eines Concils durch denselben als einen offenbaren Reichsfeind nicht gestatten, zumal es unziemlich sei, Angelegenheiten der weltlichen Gewalt dem kirchlichen Forum oder dem Urtheile einer Synode zu unterwerfen. Deßhalb verweigere er Allen ohne Ausnahme, die zu jenem Concil berufen seien, freies Geleit sowohl für Personen als für Sachen. Etwas später schrieb er dann dem König von Frankreich, er habe Vorkehrungen getroffen, den Durchzug der zum Concil Berufenen zu Wasser und zu Land zu hindern[4]. Wirklich gab er um jene Zeit strengen Befehl, bei Strafe der Reichsacht die Reise der Prälaten zu Wasser und zu Land zu hindern, und ertheilte volle Gewalt, dieselben gefangen zu nehmen und alles, was sie bei sich führten, als Eigenthum zu behalten. Zugleich versprach er allen, die zur Hinderung und Gefangennahme derselben beitragen würden, noch obendrein eine besondere Belohnung[5]. Um den König Ludwig IX. von Frankreich nicht zu sehr zu verletzen, betonte er zugleich in dem letzterwähnten Briefe, daß

---

[1] H.-B. V, 1028.

[2] H.-B. V, 1038; Rymer I, 236; Mon. G. IV, 337. woselbst das Schreiben besonders an den Herzog von Sachsen gerichtet ist.

[3] Selbst am 16. März 1240 (l. c. 843) schreibt er noch: „Generale petentes concilium convocari, in quo judicis corrupti nequitiam ac imperii nostri justitiam et innocentiam nostram argumentis arguere luce clarioribus spondebamus . . ."

[4] H.-B. V, 1075. Das Schreiben gehört vor den 15. Oct. 1240 (s. Reg. Imp. n. 3144). [5] H.-B. V, 1079.

die Ketzerei Fortschritte mache, so lange der Papst selbst das Ketzernest Mailand, den bekannten Lasterpfuhl, beschütze, daß er auch jetzt zu einem seine und des Reiches Ehre und Rechte wahrenden Frieden, aber mit Ausschluß der Lombarden, bereit sei; allein der Papst sei, wie aus Thatsachen erhelle, Mailand verpflichtet; deßhalb weise er die rettende Hand von sich und wolle seinen und seines Geschlechtes Namen vernichten. Aber Friedrichs Redensarten von seiner und des Reiches Ehre und Rechten sind bekannt. Sie machten von vornherein einen objectiven Frieden illusorisch. Auch der Vorwurf, daß der Papst die Ketzer beschütze, ist Angesichts der Thatsache, daß gerade die Anhänger des Kaisers in Oberitalien fortwährend alle Häretiker hegten und schützten[1], wenig angebracht. Der Kaiser fürchtete augenscheinlich, und zwar mit gutem Grunde, der Spruch des Concils würde gegen ihn ausfallen. Daraus erklärt sich der offenbare Widerspruch zwischen seiner frühern Erklärung, seine Sache einem Concil unterbreiten zu wollen, und seinem jetzigen Verhalten. Denn auch jetzt waren die weltlichen Fürsten eingeladen, Vertreter zu schicken. Die Behauptung aber, daß seine Anhänger übergangen worden seien[2], enthielt eine Unwahrheit. Waren doch die deutschen Bischöfe, wie z. B. der Erzbischof von Mainz, eingeladen, und es mußte wohl schlimm um Friedrichs Sache stehen, wenn er von vornherein annehmen mußte, daß die Prälaten aus England und Frankreich alle gegen ihn sein würden. Denn in jenen Ländern wurde ebenfalls ein Concil gewünscht, und er gerade durch den Hinweis auf seine Bereitwilligkeit, sich einem allgemeinen Concil zu unterwerfen, vertheidigt[3]. Die Competenz eines allgemeinen Concils, über ihn zu richten, hat er auch thatsächlich nicht bestritten, wie aus der Sendung seiner Gesandten nach Lyon im J. 1245 und aus deren Verhalten hervorgeht[4]. Warum hätte er auch sonst vorher selbst um die Abhaltung eines allgemeinen Concils nachgesucht? Während besonders in England das Concil freudigen Anklang fand[5], wurde ein Schreiben eines englischen oder französischen Clerikers verbreitet, welches die Gefahren der Reise zum Concil in den grellsten Farben schildert und es dem Papste zum Vorwurf macht[6], die Geistlichkeit solchen Gefahren auszusetzen, statt

---

[1] Vgl. Leo III, 440.

[2] „Omissis omnibus adherentibus nobis, rebelles imperii et nostros capitalissimos inimicos . . . convocavit." H.-B. V, 1077.

[3] S. unten Kap. 25. Möglicher Weise war Gregor durch derartige Wünsche mitveranlaßt worden, ein Concil zu berufen.

[4] Vgl. u. A. Gosselin II, 195. Daß er nach der ihm ungünstigen Entscheidung die Competenz desselben bestritt, ist nicht auffallend, beweist aber auch nichts.

[5] S. unten S. 362, Anm. 4.

[6] H.-B. V, 1077. Reumont (Gesch. der Stadt Rom [1867] II, 527) vermuthet, es gehöre P. von Vinea an, wie auch ein Coder der Pariser Nationalbibliothek („Fridericus Imp. per Petrum de Vineis") sagt. Da es dem Zwecke

ihren Rath brieflich oder durch Abgesandte einzuholen. Aber der gute Mann hatte selbst wenig Hoffnung, seinen Wunsch, die Prälaten von der Reise abzuschrecken, erfüllt zu sehen, und meinte deßhalb schließlich, Viele würden sich trotz der Gefahren aus allerhand eigennützigen Motiven, wie z. B. aus Ehrgeiz, oder Furcht, oder Hoffnung auf die Gunst der Curie, nicht abhalten lassen — er, der Verfasser selbst aber hält es für besser, nicht eher zu gehorchen, als bis ein offenbarer und nothwendiger Grund zur Reise ausgedrückt sei!

Gregor wußte schon im October 1240, wessen er sich von Seiten des Kaisers zu versehen hatte, und ermunterte deßhalb die Bischöfe von Neuem am 15. October 1240, den Gehorsam über Alles zu stellen und sich zur festgesetzten Zeit in Rom einzufinden [1]. Die Könige und Städte aber ermahnte er, sich durch kaiserliche Abschreckungsbriefe nicht von der Sendung ihrer Gesandten abhalten zu lassen [2]. In demselben Monate hatte er durch seinen Legaten Gregor von Romanien mit Genua Unterhandlungen wegen der Ausrüstung einer Flotte zur Ueberfahrt der Prälaten angeknüpft [3]. Die Kosten dazu sollten aus den von den päpstlichen Legaten in England und Frankreich gesammelten Subsidien bestritten werden [4]. Wirklich kam, nachdem der Legat zuerst allerhand Schwierigkeiten zu bekämpfen gehabt hatte, am 6. December 1240 ein Vertrag zu Stande, worin Genua sich zur Hin- und Rückfahrt der Prälaten verpflichtete. Unglücklicher Weise hielt man sechzehn Schiffe und sechzehn Lastschiffe für ausreichend [5]. Zwar machte Gregor noch am 15. März 1241 auf die große Zahl der Prälaten und ihrer Dienerschaft aufmerksam, und wies seinen Legaten an, für die Ausrüstung einer größern Zahl Schiffe Sorge zu tragen. Allein bei der Kürze der noch übrig bleibenden

---

bient, die Prälaten von der Reise abzuschrecken, konnte auch die ungünstige Schilderung des Kaisers fingirt sein. Darnach war er „prodigus in poena, parcus in misericordia, furore repletus, pietate deficiens, verbo falsus, opere imperfectus, vitiis deditus, domino indevotus, crudelitate secundus Herodes, impietatibus alter Nero" (H.-B. V, 1080).

[1] S. das Schreiben an den Erzbischof von Sens bei Rayn. 1240, 57. Vgl. das gleichlautende Schreiben an die ungarischen Bischöfe bei Potth. n. 10945, an die Bischöfe Norwegens ibid. n. 10946.

[2] S. die Schreiben an die Könige Bela, Colomann und Wenceslaus (von Böhmen) bei Potth. n. 10952 sq.; an Bologna und Mailand ibid. n. 10949 sq. Mit ihnen gleichlautend ist das an Alberich von Romano ibid. n. 10951. H.-B. V, 1055.

[3] S. die päpstl. Schreiben an G. von Romanien und den Podesta von Genua bei H.-B. V, 1053. Am 7. Sept. 1240 war Genua in Gegenwart des Legaten dem Bunde von Mailand und Piacenza gegen den Kaiser beigetreten. Winkelmann, Acta, II (1885), p. 692, n. 1032. [4] H.-B. V, 1053. 1054 sq.

[5] S. den Vertrag bei H.-B. V, 1062 sqq. Vgl. damit den Brief Gregors v. R. an den Papst ibid. 1061 sq. Nach ersterem stellte Genua je zehn Schiffe und Lastschiffe und hielt sechs weitere bereit.

Frist geschah nichts Besonderes mehr[1]. Die Folgezeit bewies, wie sehr der Papst Recht hatte. Außerdem war der Kaiser genau über die Pläne seiner Gegner unterrichtet. Er hatte nach dem Tode des Admirals Nicolaus Spinula, eines Genuesen, einen andern Genuesen, den Ansaldus de Mari, im Februar 1241 zu sich berufen und ihn zum Admiral Siciliens und der kaiserlichen Flotte ernannt. Ansaldus hatte sich denn auch sofort in aller Heimlichkeit zu ihm begeben[2]. Zudem unterhielt Friedrich mit seinen Anhängern in Genua ein geheimes Einverständniß. So fand man z. B. in einem Brode, welches in die Stadt kam, einen vom 25. März 1241 datirten kaiserlichen Brief[3], worin er seinen Anhängern u. A. von der Ausrüstung seiner Flotte zur Ueberwindung der der Genuesen Mittheilung machte. Die kaiserliche Schiffsmacht wurde in Pisa ausgerüstet[4]. Inzwischen befahl Gregor den Prälaten, um den Nachstellungen des Kaisers zu entgehen, den Seeweg zu nehmen und auf den Schiffen der Genuesen überzufahren. Wir wissen von den ungarischen Bischöfen, daß sie wegen der Nachstellungen des Kaisers vom Besuche des Concils dispensirt zu werden wünschten, und auf ihre Bitten König Bela dieserhalb dem Papste Vorstellungen machte; allein auch ihnen schrieb Gregor am 26. Februar 1241, die päpstlichen Gesandten würden ihnen einen sichern Reiseweg angeben[5].

Das Bündniß, welches der Papst im September 1239 mit Genua und Venedig zum Angriff und zur Eroberung Siciliens geschlossen hatte, hatte zu keinem praktischen Resultate geführt. Jedoch machten die Venetianer im September und October 1240 Angriffe auf die apulische Küste[6],

---

[1] Päpstl. Schreiben bei H.-B. V, 1106. Vgl. damit die Klage Gregors vom 14. Juni 1241 (Rayn. 1241, 68—72) über Gregor von Romanien, daß derselbe, obgleich er ihn über die Größe der gegnerischen Macht benachrichtigt, nicht für mehr Schiffe gesorgt habe.

[2] Ann. Jan. SS. XVIII, 194. Vgl. Reg. Imp. nn. 3182. 3187 sq. Vgl. die S.-O. vom 5. Dec. 1239 (H.-B. V, 548) über die damalige Verbindung des Ansaldus mit dem Kaiser. [3] H.-B. V, 1108. Vgl. Ann. Jan.

[4] Nach Rich. Sangerm. (zum Febr. 1241) wurden im Februar auf Befehl des Kaisers überall die Schiffe in Bereitschaft gesetzt. Die Flotte kam im März nach Pisa. Im März wurden auch überall in Sicilien Vorbereitungen zur Vertheidigung der Küste getroffen.

[5] S. Gregors Schreiben an den Erzbischof von Gran bei Theiner l. c. 182, n. 334. Vgl. auch das Schreiben an König Bela über diese Sache bei Rayn. 1241, 50.

[6] Vgl. Rich. Sangerm. S. auch H.-B. V, 1059: „Venetos ad destructionem maritime regni nostri venenosis armando consiliis, ut nos ab instanti victoria revocaret." Ob sie hierbei von den Genuesen u. A. unterstützt wurden, läßt sich nicht bestimmen. (Ein von H.-B. V, 1091 zu Febr. 1241 (von Reg. Imp. n. 3147 zu Sept. 1240) gezogener kaiserl. Befehl an die Hasenmeister, zum Schutze gegen die Genuesen und andere Piraten in ihrem Bezirke zwei oder drei Galeeren und ebenso viele Barken ausrüsten zu lassen, scheint zum März zu gehören. Vgl.

um dadurch den Kaiser von der Belagerung von Faenza abzuziehen. Aus Rache dafür, daß erstere zwei kaiserliche Schiffe genommen und verbrannt hatten, ließ der Kaiser den bei Cortenova gefangenen Sohn des Dogen von Venedig im November 1240 aufknüpfen [1]. Große Schwierigkeiten machte ihm immer noch die Belagerung von Faenza, wojelbst sich übrigens auch Hülfstruppen von Venedig und Bologna befanden. Er hatte um die Stadt herum gleichsam eine neue Stadt erbauen lassen und sie so enge eingeschlossen, daß Keiner ohne seinen Willen hinein oder heraus konnte. Endlich, als die Noth auf's Höchste gestiegen und die Kaiserlichen durch unterirdische Gänge bereits in das Innere vorgedrungen waren, ergab sich die Stadt [2].

Während der Kaiser, im Glauben, daß besonders die Dominicaner und Franciscaner den Papst in seiner Ausdauer gegen ihn bestärkten, im November 1240 alle Angehörigen jener Orden aus dem Königreich vertreiben ließ [3], suchte er dennoch den Dominicanerorden für sich zu gewinnen. Denn als in Paris das Ordenscapitel versammelt war, schrieb er demselben über seine vergeblichen Bemühungen, den Streit mit dem Papste beizulegen, und forderte es auf, die Thätigkeit der Ordensmitglieder gegen ihn und das Reich zu verbieten, indem es sich für ihren Orden nicht zieme, sich in persönliche Streitigkeiten einzumischen. Da er keinen Elias von Cortona bei ihnen finden konnte, sollte seine persönliche Liebenswürdigkeit die Stelle vertreten [4]; doch eines Erfolges konnte er sich nicht rühmen.

Fünfundzwanzigstes Kapitel.

Verkündigung des Bannes in Deutschland, England, Frankreich und anderen Ländern.

Für die Verkündigung des Bannes und die Vertretung der päpstlichen Sache war in Deutschland eine Persönlichkeit von untergeordnetem

---

Rich. Sangerm.: „Mense Martio milites et pedites ad defensam et custodiam maritimae ubique per Regnum ire jubentur."

[1] Ann. Plac. Gib. 484.

[2] S. Ann. Plac.; Ann. S. Pantal.; Rich. Sangerm. sowie die kaiserl. Briefe bei H.-B. V, 1112. 1113, wonach die Stadt milde behandelt wurde. — Die Nachricht, daß er wegen Erschöpfung seiner Hülfsquellen Ledergeld prägen lassen mußte, welches er später einzulösen versprach (Ric. Malesp. bei Mur. VIII, 963, aus Giov. Villani l. 6. c. 21), wird von Anderen richtiger (s. Rayn. 1241, 46) auf die spätere Belagerung von Parma bezogen.

[3] S. o. S. 329. Rich. Sangerm. Je zwei aus dem Königreich stammende Brüder durften in den einzelnen Häusern als Hüter zurückbleiben. — Hierhin gehört ein von Winkelmann (Acta 318) mitgetheilter Befehl, auch die Conversen des Predigerordens und sonstige Verräther auszutreiben. [4] H.-B. V, 1098.

Range, nämlich der Archidiakon von Lorch in der Diöcese Passau, Albert der Böhme, vorzüglich thätig. Er führte den Beinamen der Böhme oder Behamer, weil er aus dem Geschlechte der Behaim von Kager war, einer dem niedern Dienstadel angehörenden und mit den Ministerialgeschlechtern von Pernstein, Schönanger, Furt, Eirberg und anderen verwandten Familie[1]. Unter den Päpsten Innocenz III. und Honorius III. war er einer der höheren Anwälte an der römischen Curie[2] gewesen und hatte im J. 1212 von Innocenz III. ein Canonicat in Passau erlangt, woneben er im Laufe der Zeit viele andere Pfründen erhielt. Im J. 1224 war er mit dem Bischof Gebhard von Passau, der ihm eine Pfründe entzogen hatte, in Streit gerathen[3]. Im J. 1228 entzweite sich nun der Bischof mit einem Theile seines Domcapitels und dem größern Theile des Clerus seiner Diöcese. Im Verlaufe des Streites wurde der Canonicus Eberhard von Jahenstorf am 6. Mai 1231 ermordet, der Bischof der Mitschuld am Morde beschuldigt und im J. 1232 zum Verzicht gezwungen. Seine Absetzung war aber vorzugsweise von Albert dem Böhmen betrieben worden. An Gebhards Stelle ernannte der Papst, da das Capitel sich nicht einigen konnte, Rudiger von Radeck, bis dahin Bischof von Chiemsee, zum Bischof von Passau[4]. Daß aber Albert sich auch der Anerkennung Gregors zu erfreuen hatte, folgt daraus, daß er ihn gegen Ende 1237 neben dem Bischof von Straßburg zum Richter in einer zwischen dem Herzog Otto II. von Baiern und dem Bischof von Freising, Conrad von Tölz und Hohenburg, schwebenden Streitfrage ernannte

---

[1] S. Freiherr Otto v. Lerchenfeld, Albert Behaim von Kager, genannt der Böhme, in Hist.-pol. Bl. Bd. 74. Zur Geschichte Alberts des Böhmen vgl. die Artikel von Ratzinger, „Albert der Böhme", ebend. Bd. 64 (1869), 84 (1879), 85 (1880). Die beiden letzteren beschäftigen sich besonders viel mit Schirrmacher, „Albert von Possemünster, genannt der Böhme" (Weimar 1871), einem Werke, dessen Titel schon eine Unrichtigkeit enthält, da Albert von Possemünster und Albert der Böhme zwei ganz verschiedene Persönlichkeiten sind. Albert hat zwei Missivbücher hinterlassen, van denen das zweite von Höfler, „Albert von Behalm", in der Bibl. des Literar. Vereins zu Stuttgart, XVI (1847), herausgegeben wurde. Von dem ersteren sind nur, leider nicht unzweifelhaft genaue (vgl. Reg. Imp. n. 3148), Auszüge Aventins bekannt, die Oefelius (Rer. boicarum SS. I, 785—800) und Höfler a. a. O. veröffentlichten. [2] So sagt er selbst; s. Höfler 144.

[3] Mon. Boic. XI, 192. S. Ratzinger a. a. O. Bd. 84, 568. 582.

[4] Schreitwein bei Rauch, Script. rer. Austriac. II: „Per mag. Albertum archidiac. Patav. dictum Boemum accusatus, subsecuta inquisitione ab episcopatu deponitur." Vgl. Ratzinger a. a. O. Bd. 84, 637 ff. 841. In dem päpstl. Schreiben an das Domcapitel von Passau vom 30. Aug. 1232 wird bloß im Allgemeinen auf die Schwierigkeiten, die Gebhard zum Verzicht bewogen, hingewiesen (Rodenberg n. 480, p. 386). In dem Schreiben Gregors an Gebhard vom 29. Aug. 1232 heißt es dann noch (ibid.): „Integritati tue per ea, quae contra te acta sunt coram nobis, alicujus notae dispendium nolumus generari."

und nach Landshut schickte. Denn obgleich Jene durch die Vermittlung des Erzbischofs von Salzburg und des Bischofs von Regensburg am 9. Juni 1237 einen Vergleich abgeschlossen und auf dessen Bruch den Bann gesetzt hatten, war doch Otto, wie es scheint, auf den Rath Alberts hin, demselben nicht treu geblieben [1]. Darauf hatte der Bischof von Freising seine Diöcese mit dem Interdict belegt und an den Kaiser, der Herzog von Baiern aber an den Papst appellirt. In dieser Lage der Dinge war die erwähnte Ernennung erfolgt. Als nun die Schlacht von Cortenova die Einigung der dem Papste günstig gesinnten Fürsten immer wünschenswerther gemacht hatte, kam am 7. Mai 1238 zu Passau eine solche Einigung der Herzoge von Oesterreich und des Königs von Böhmen zu Stande. Sie geschah durch die Vermittlung der Bischöfe von Regensburg und Freising, ohne Zweifel aber hauptsächlich auf Betreiben Alberts des Böhmen. Dieser verlängerte nun den Termin hinsichtlich der Untersuchung gegen den Bischof von Freising auf zehn Monate [2]. Als aber Letzterer im J. 1238 den Herzog Otto mit dem Banne belegte, hob Albert denselben als belegirter Richter wieder auf und excommunicirte den Bischof [3], und der Papst verbot am 9. Februar 1239, ohne ausdrückliche päpstliche Erlaubniß über den Herzog von Baiern den Bann zu verhängen [4]. Es war wahrscheinlich kurz nach jener erfolgreichen Einigung von Passau, daß Albert zu Rom einen von ihm selbst erwähnten Eid der Treue gegen den Papst und die römische Kirche auf das Evangelium leistete [5]. Wenigstens finden wir ihn, seitdem der Kaiser mit dem Banne belegt worden war, unermüdlich in Deutschland als päpstlichen Agenten thätig.

Während am 1. Juni 1239 die Landgrafen von Meißen und Thüringen zu Eger mit dem Könige Conrad und den anderen Anwesenden zu Gunsten des Kaisers gemeinsame Sache machten und zu vermitteln beschlossen [6], tagten in dem benachbarten Elnbogen der Herzog von Baiern und der König von Böhmen, kündigten, als sie den Ausgang der Berathungen von Eger hörten, dem Könige Conrad den Frieden auf und beschlossen, dem Herzog von Oesterreich Hülfstruppen zur Wiedereroberung von Wien zu senden. Am 29. Juni 1239 sollte zu Lebus bei Frankfurt

---

[1] Albert selbst war wirklich vom Bischof von Regensburg mit dem Banne belegt (Höfler 18). — Ueber den Streit zwischen dem Herzog von Baiern und dem Bischof von Freising f. ebend. 22.

[2] Höfler 4. Vgl. Ratzinger Bd. 64, 212; 82, 644 f.

[3] Höfler 4 u. 6. — Ueber die Aufhebung des Interdicts in Freising f. ebend. 22.

[4] Ep. Greg. vom 9. Febr. 1239 f. in „Quellen und Erörterungen zur bayer. und deutschen Gesch." V, 66, n. 28. Ohne Zweifel hatte Albert der Böhme diese Gunst für seinen Herrn erwirkt. [5] Höfler 20. Vgl. Ratzinger 646.

[6] Vgl. o. S. 337 f.

an der Oder eine Fürstenversammlung stattfinden, auf der man hoffte, die Wahl des Prinzen Abel von Dänemark zum deutschen Könige durchzusetzen[1]. Allein in Folge der Isolirung des Herzogs von Baiern und des Königs von Böhmen ist die Versammlung gar nicht zu Stande gekommen. Wenigstens ist gar nichts darüber bekannt[2]. Der Herzog von Oesterreich aber kam zu Ende des J. 1239 nicht bloß in den Besitz der Stadt Wien, sondern schickte nun auch Gesandte an den Kaiser, die sich am 10. October 1339 im kaiserlichen Lager vor Mailand einfanden[3]. Besonders der Erzbischof von Salzburg[4] gab sich viele Mühe, die Versöhnung des Herzogs mit dem Kaiser zu Stande zu bringen, die auch im December 1239 bereits fertig war und von dem Herzoge feierlich zu Wien verkündet wurde[5]. Das war ein wichtiger Erfolg für den Kaiser. Ehe aber die Versöhnung eine Thatsache war, hatte der Papst gerade dem mit den Verhältnissen in Süddeutschland so genau bekannten Archidiakon Albert von Passau, wie dem in Deutschland weilenden Nuntius des apostolischen Stuhles, Philipp von Assisi, am 23. und 24. November 1239 weitgehende Vollmachten ausgestellt[6].

Die Bitte des Herzogs von Baiern, einen besondern Legaten zu senden, wozu auch Albert selbst rieth, hatte er abgelehnt[7]. Aber am 23. November 1239 gab er Albert und Philipp Vollmacht, die Bischöfe, die in der anbefohlenen sofortigen Verkündigung des Bannes gegen den Kaiser säumig wären, durch Excommunication dazu zu zwingen[8]. Außerdem sollte der Erzbischof von Salzburg, wenn er trotz ernenerter Mah-

---

[1] Höfler S. 5 f. — Schirrmacher (III, 115) vermuthet, daß Lebus gewählt wurde, um dem Markgrafen von Brandenburg, auf den man noch Hoffnung setzte, nahe zu sein. Das Datum „in festo B. Petri" könnte sich auch auf „s. Petri ad vincula" (1. Aug.) beziehen. Da aber jeder Zusatz fehlt, ist an den 29. Juni zu denken.

[2] Der Probst Bruno von Lübeck, „diligens executor", behauptete zwar, daß „alle Fürsten, mit Ausnahme der beiden Thoren von Meißen und Thüringen", auf Seite des Papstes ständen (Höfler S. 6). Dann war aber ihre Parteinahme sehr passiv.

[3] S. kaiserl. S.-O. vom 10. Oct. 1239 bei H.-B. V, 440.

[4] Er zählte überhaupt neben den Bischöfen von Regensburg und Passau zu den treuesten Anhängern des Kaisers. S. den kaiserl. Schutzbrief für sie von c. März 1239 bei H.-B. V, 1132. Vgl. Reg. Imp. über das Datum.

[5] Herm. Altah. Ann. ed. Oefele, SS. rer. boic. I, 673. Am 7. Dec. 1239 war ein Wiener Kaufmann am Hofe anwesend (s. H.-B. V, 677). Vgl. Reg. Imp. nn. 2609. 2713.

[6] S. dies. bei Höfler S. 6—10. In der Adresse („Dilectis filiis magistris Alberto archidiac. Patav. et Philippo nuntio nostro in Alemannia moranti") heißt Philipp „nuntius". Schon im J. 1233 begegnet er uns in Deutschland. Denn am 10. Jan. 1233 beauftragt der Papst den Mag. Philipp von Assisi, seinen Schreiber in Deutschland, mit der Sammlung des Zinses für den apostolischen Stuhl und des Zwanzigsten für das Heilige Land. S. Wirtemb. Urkundenbuch III, 327, n. 832. [7] Höfler S. 6. 28. [8] Ebend. S. 8.

nung von seinen Bemühungen, den Herzog von Oesterreich mit dem Kaiser zu versöhnen, nicht ablasse, ebenfalls mit dem Banne belegt werden[1]. Drittens gab er — ebenfalls am 23. November 1239 — Albert speciell die Vollmacht[2], den Herzog von Oesterreich, der seinem Eide gemäß mit aller Macht dem Papste beistehen und die ihm bekannte Angelegenheit mit anderen der Kirche ergebenen Fürsten fördern und seine Nichte mit dem Sohne des Königs von Böhmen vermählen müsse, zur Ausführung dieser Abmachungen zu ermahnen und, wenn er das nicht wolle, über ihn den Bann, über sein Land aber das Interdict zu verhängen. Denn da der Herzog seiner Länder von dem Kaiser beraubt worden sei, habe ihm der König von Böhmen auf Befehl des Papstes Hülfe geleistet. Schließlich befahl er Albert und Philipp am 24. November 1239[3], die geistlichen und weltlichen Großen, wenn nöthig, durch den Bann zu zwingen, dem sogenannten Kaiser Friedrich in keiner Weise Rath oder Hülfe zu gewähren; denn dieser verfolge die Kirche wie ein zweiter Herodes und suche den katholischen Glauben und die kirchliche Freiheit zu vernichten. Zudem beschuldigt Gregor ihn mit deutlicher Anspielung auf die Ermordung des Herzogs Ludwig von Baiern und die Aechtung des Herzogs von Oesterreich der Verachtung der Gesetze und der Ehre des Reiches und der Privilegien der Fürsten. Aus Sicilien und aus anderen zum römischen Reiche gehörenden Ländern habe er Bischöfe vertrieben, habe Kirchen entweiht und Klosterleute und Arme, Wittwen und Waisen bedrückt. Nachdem er schließlich mit dem Banne belegt worden, verachte er den Bann und lasse sich öffentlich Messe lesen und behaupte ketzerischer Weise, der Bann der Kirche brauche nicht beachtet zu werden. Die Uebertragung so großer Vollmachten an untergeordnete Persönlichkeiten, wie wenigstens Albert war, mochte auch sein Eifer und seine Tüchtigkeit noch so bekannt sein, ist so auffallend, daß man wenigstens die letzte Vollmachtsbulle für unächt erklären wollte[4]. Dafür scheint zu sprechen, daß es den Boten des Bischofs von Regensburg, der die Gültigkeit der Vollmachten anzweifelte, nicht gelang, sie zu Gesicht zu bekommen[5]. Andererseits hätte aber Albert sich doch unmöglich für so lange Zeit eine Gewalt bloß anmaßen können, kraft deren er gegen geistliche und weltliche Herren, wie die Erzbischöfe von Salzburg und Mainz, die Fürsten von Oesterreich, Thüringen und Meißen, sowie gegen Bischöfe, Capitel und Klöster den Bann verkündete

---

[1] Höfler S. 9.   [2] Ebend.   [3] Ebend. S. 6.

[4] Ratzinger (64, 336 ff.) glaubte, aus inneren und äußeren Gründen die Unächtheit der Bulle vom 24. Nov. nachweisen zu können (gegen ihn Schirrmacher a. a. O. 48 f.), gab aber später (84, 646) jene Hypothese auf.

[5] Die bischöflichen Boten wurden auf dem Wege nach Landshut, wohin sie sich behufs Prüfung der Schriftstücke begeben wollten, überfallen und mußten deßhalb unverrichteter Sache umkehren. Höfler S. 12 f.

und sich für die Wahl eines neuen Königs abmühte. Allein thatsächlich hat der Papst selbst jene Bulle vom 24. November 1239 wieder außer Kraft gesetzt, indem er u. A. den von Albert über deutsche Bischöfe verhängten Bann nicht anerkannte, sie vor wie nach seine „ehrwürdigen Brüder" nannte und ihnen sogar die Erledigung einiger Angelegenheiten auftrug[1]. Auch in dem Streite Otto's von Baiern mit dem Erzbischof von Mainz wegen Lorch verweigerte er es, trotz der Bitten des Erstern, den von dem päpstlichen Bevollmächtigten gegen den Erzbischof verhängten Bann zu bestätigen, weil er ohne vernünftigen Grund verhängt worden sei, befahl vielmehr am 7. Juni 1239, denselben zu widerrufen[2]. Albert war übrigens allem Anschein nach auch bloß Geschäftsträger[3] des Papstes für einen beschränkten Kreis. Denn er erhielt zwar nach der Procession in Rom um Mitte März 1240 den Auftrag, gegen Friedrich das Kreuz zu predigen — aber nur in der Diöcese Passau, deren Archidiakon er war[4]. Der Grund, warum der Papst nicht nach Deutschland ebenso wie nach England und Frankreich einen Legaten sandte, kann nicht der Mangel einer geeigneten Persönlichkeit gewesen sein[5]. Vielmehr war es die Rücksicht darauf, daß, so lange überhaupt noch Aussichten auf die Wiederherstellung des Friedens bestanden, die Fürsten vor allen Anderen zur Vermittlung berufen waren, und ein Legat in dieser Beziehung, weil er sich eben von vornherein auf den päpstlichen Rechtsstandpunkt stellen mußte, mehr schaden als nützen mußte. Der Kaiser war ja nicht abgesetzt, die Unterthanen nur zeitweilig von ihrem Treueide entbunden. Thatsächlich hatten die Berathungen von Eger und Elnbogen gezeigt, daß die Mehrzahl der Fürsten zwar geneigt war, zu vermitteln, aber nicht sich gegen den Kaiser direct auf die Seite des Papstes zu stellen. Das ganze Verhalten Gregors zeigt, daß er nicht zum Aeußersten schreiten wollte. Allein einen Legaten hätte er nicht so leicht wie Albert den Böhmen desavouiren können. Jedenfalls war Vorsicht angebracht, und schon deßhalb mußte dem Papste daran liegen, einstweilen in Deutschland sich freie Hand zu lassen.

---

[1] Vgl. den Klagebrief Alberts an den Papst vom 11. Febr. 1241 bei Höfler S. 27, besonders wegen des Verhaltens des Papstes gegen den von Albert excommunicirten (s. ebend. S. 10 und vorher S. 9) Bischof von Regensburg.

[2] Vgl. Potth. nn. 10549. 10550. 10757. Die betreffende Bitte des Herzogs erwähnt bei Höfler S. 6. Vgl. auch das kaiserl. Schreiben vom März 1238 an den Erzbischof von Mainz bei Winkelmann, Acta, n. 309.

[3] S. o. S. 352, Anm. 7.

[4] S. die Urk. in den Forschungen zur deutschen Gesch. XII, 292 f.

[5] Im J. 1240 hieß es einmal, daß Cardinal Sinibald, der nachmalige Innocenz IV., nach Deutschland kommen würde. S. Höfler S. 23. Am 10. April 1241 schrieb Albert (ebend. S. 28), der Papst habe die Sendung eines Legaten „praetendens quasdam rationes formidinis" abgelehnt.

In Baiern gehorchte, während die rheinischen Bischöfe mit der Verkündigung des Bannes gegen den Kaiser zögerten, auf Zureden des Erzbischofs von Salzburg keiner der Bischöfe der päpstlichen Weisung. Der Erzbischof und der Bischof von Passau verbanden sich offen mit dem seit Ende 1239 wieder mit dem Kaiser ausgesöhnten Herzoge von Oesterreich und hoben das gemäß päpstlicher Weisung von Albert über das Land verhängte Interdict wieder auf[1]. All der Eifer Alberts des Böhmen, der nach Ostern (15. April) 1240 die Erzbischöfe von Mainz und Salzburg, die Bischöfe von Passau, Regensburg und Freising, den Herzog von Oesterreich und den Markgrafen von Meißen wie den Landgrafen von Thüringen excommunicirt hatte[2], konnte daran nichts ändern. War ja doch gerade um diese Zeit der von den deutschen Fürsten gesandte Friedensvermittler, Conrad von Thüringen, auf dem Wege nach Rom. Albert der Böhme hatte auch den Papst gebeten, den Canonikern die Wahl neuer Bischöfe an Stelle der den päpstlichen Befehlen ungehorsamen zu befehlen. Allein Gregor IX. ging darauf nicht ein. Ebenso wenig erfüllte er den Wunsch Alberts, 64 Canoniker wegen Verachtung des Bannes nach Rom zu laden. Er bestätigte auch den über die eben genannten Bischöfe von Albert verhängten Bann nicht. Als dieser die Präbenden des Regensburger Capitels für erledigt erklärte und die Parochial-Einkünfte einzuziehen befahl, hatte der Herzog Otto von Baiern auf Betreiben des Bischofs von Regensburg Sicherung derselben versprochen, Albert zur Zurücknahme seines Decretes gezwungen und sogar zugegeben, daß einige seiner Anhänger ihrer Beneficien beraubt wurden[3]. Wie mit dem Bischof von Regensburg, so söhnte sich auch der Herzog im August 1240 mit dem ebenfalls auf kaiserlicher Seite stehenden Bischof von Freising aus[4]. Auf die Vorschläge Alberts, gegen den Herzog dieserhalb vorzugehen, seinen mit dem Bischof von Freising geschlossenen Vergleich für nichtig zu erklären, ihn durch Androhen des Interdicts zum Widerruf des Geschehenen zu zwingen und ihm auf das Allerschärfste die Unterstützung Alberts zu befehlen, begnügte sich der Papst, Albert den Böhmen im September 1240 wegen seines Eifers zu beloben und den Herzog von Baiern zu ermahnen, er solle nicht dulden, daß Albert von irgend einem Laien in Baiern im Besitze seiner Pfründen belästigt

---

[1] S. Alberts Bericht von August 1240 bei Höfler S. 16.

[2] Höfler S. 19. Alberts Bericht vom 5. Sept. 1240. Am 27. Nov. 1239 beauftragte Gregor den Bischof von Straßburg mit der Untersuchung gegen den Bischof von Freising, der gesagt haben sollte, der Papst habe in Deutschland keinerlei Rechte, außerdem aber u. A. des Mordes angeklagt war (ebend. S. 5).

[3] S. Höfler S. 19—23. Brief Alberts an den Papst vom 5. Sept. 1240.

[4] S. den Vergleich bei Meichelbeck, Hist. Frising. II, 17 et 27; Böhmer, Wittelsb. Reg., S. 6.

werbe[1]. Aber Albert war, wie er selbst am 5. September 1240 dem Papste schrieb, nicht bloß bei den Laien, sondern auch bei den Bischöfen und der Geistlichkeit verhaßt, bei letzterer besonders deßhalb, weil er sie so stark besteuerte. Das Capitel von Passau ließ sogar das Kreuz wider ihn predigen[2]. Dazu kam, daß sowohl die Haltung des Königs von Böhmen wie des Herzogs von Baiern schon im J. 1240 eine sehr unsichere war. Auf Ersteren übte allerdings seine Schwester, die hl. Agnes von Böhmen, die als demüthige Franciscanerin dem apostolischen Stuhle stets treu anhing und mit dem Papste in Briefwechsel stand, großen Einfluß aus. Aber auf der andern Seite war seine Gemahlin Kunigunde eine Staufin (Tochter Philipps von Schwaben), die deßhalb aus verwandtschaftlichen Rücksichten dem Kaiser wohl wollte. Hierdurch wird die schwankende Haltung des Königs erklärlich[3]. Gerade als der Herzog von Baiern sich um die Mitte des J. 1240 nach Bautzen (an der böhmischen Grenze) zu einer Versammlung behufs Wahl eines neuen Königs begeben wollte, hörte er, der König von Böhmen habe Gesandte des Kaisers empfangen und stehe im Begriffe, ein Bündniß mit ihm abzuschließen. Nur mit der größten Mühe und trotz der Unterstützung der böhmischen Barone erlangte er zwar nicht ein Aufgeben, wohl aber einen Aufschub des formellen Bündnisses[4]. Als der Papst hiervon hörte, ermahnte er den König im September 1240, dem gebannten Kaiser keine Hülfe zu leisten, sondern vielmehr dessen Anschlägen zu widerstreben und somit nicht zu erlauben, daß durch sein Land Truppen dem Kaiser zur Bekämpfung der der Kirche Ergebenen zu Hülfe zögen. Zugleich bat er ihn, den Archidiakon Albert in der Ausführung der päpstlichen Weisungen zu unterstützen[5]. Am 15. October 1240 lud der Papst ihn wie auch den Herzog von Baiern zum Concil ein[6].

---

[1] S. den Brief Gregors an Albert bei H.-B. V, 1035; den an den Herzog von Baiern ibid. 1037. Es ist darin nur von Laien-Widersachern Alberts die Rede.

[2] Höfler S. 17. — Der Erzbischof von Salzburg und der Bischof von Brixen hatten ihm, wie er am 5. Sept. 1240 schreibt, die Verbindung mit Rom durch Sperrung der Alpenpässe abzuschneiden versucht (ebend. S. 19). — Den Legaten G. von Montelongo bat er unter Hinweis auf seine Armuth um ein Darlehen (ebend. S. 24). — Gegen Ende 1240 bat er den ihm verwandten Bischof von Eichstädt (stand damals unter Mainz und gehörte der baierischen Kirchenprovinz nicht an), ihm eine Zeitlang Zuflucht auf einem festen Schlosse zu gewähren. Da dieser ablehnte, sprach er am 5. Dec. 1240 den Bann über ihn aus (ebend. S. 26).

[3] Palacky a. a. O. 102.   [4] Höfler S. 14.

[5] H.-B. V, 1036. Dieses Schreiben entspricht im Allgemeinen dem von Albert dem Böhmen (s. Höfler S. 15) dem Papste gegebenen Rathe.

[6] Nach dem Briefe Alberts an den Papst vom 27. März 1241 ging ihnen die Einladung so spät zu, daß sie keine Bevollmächtigten zum Beginn des Concils senden konnten (Höfler S. 27 und 3).

Seitdem sich der Herzog von Baiern unter dem Einfluß des Abfalls des Königs von Böhmen[1] mit den Bischöfen von Regensburg und Freising versöhnt hatte, wurde auch seine Haltung immer zweideutiger. Oeffentlich sprach er sich für den Frieden zwischen Papst und Kaiser aus, während er andererseits am 11. Februar 1241 dem Papste schrieb, er möge auf seine Worte kein Gewicht legen und seiner Ergebenheit versichert sein[2]. Wiederholt beklagte er sich, daß der Papst nicht auf gute Rathschläge höre (!), keinen Legaten sende und gegen die ungehorsamen Bischöfe nicht vorgehe. Würde nicht bald ein anderer König gewählt (!), oder ein Legat gesandt, der die ungehorsamen Bischöfe bestrafe und an ihre Stelle bessere setze, so würden im kommenden Herbst die meisten Bischöfe und weltlichen Fürsten dem Kaiser in die Lombardei zu Hülfe ziehen und er mit dem König von Böhmen gezwungen sein, etwas zu thun, was sie später nicht widerrufen könnten. Daraus, daß der Papst keinen Legaten schicken wolle, schließe man, er sei mehr zum Frieden geneigt[3]. Darin hatte er nun wohl Recht, zumal der Papst die Angelegenheit dem Concil überlassen wollte. Aber wenn auf der andern Seite gewünscht wurde, daß ein Legat, und zwar durch Ungarn gesandt werde[4], so war dazu allerdings nun noch ein ganz besonderer Grund vorhanden. Denn am 12. März 1241 waren die Tataren in Ungarn eingefallen, und schwebte dieses Land, wie auch Böhmen, Polen und Deutschland, in größter Gefahr. Ein Legat konnte nun alle Kräfte einigen und den Bedrängten Muth einflößen. In Deutschland hieß es aber damals sogar, in dem Tatarenheere seien Boten des Kaisers gesehen worden, von denen ersteres zu diesem Einfalle aufgefordert worden sei[5]. Als die Prälaten-

---

[1] Höfler S. 15. Er fürchtete das Schicksal des Herzogs von Oesterreich. Die Herzogin fiel, als sie den Abfall des Königs von Böhmen vernahm, in starkes Fieber; beide baten den Papst, ihnen doch in dieser Noth zu Hülfe zu kommen. A. a. O.

[2] Höfler S. 26. — Am 4. Oct. 1240 hielt der Kaiser den Herzog offenbar für seinen Anhänger, da er ihm gebot, den Archidiakon Albert, der den kaiserlichen Namen schmähe, zu vertreiben (ebend.). Vgl. Reg. Imp. n. 3148.

[3] Außer am 11. Febr. auch am 11. April 1241 (Höfler S. 26. 27 f.). Böhmer (Reichssachen n. 145) gibt Gründe an, warum der Brief zum J. 1240 gehören soll. Allein aus dem Inhalt ergibt sich, daß er um dieselbe Zeit, wie ein ebend. 28 f. mitgetheilter Brief Alberts des Böhmen vom 10. April 1241 an den Bischof von Ferrara, welcher bereits den erst im März 1241 stattgehabten Einfall der Tataren in Ungarn erwähnt, geschrieben sein muß. In dem Schreiben Alberts wird der Bischof gebeten, den Papst zur Absendung eines Legaten zu bewegen. Ebenso schrieb er an den Bischof von Bologna, den Legaten G. von Montelongo, den Dogen von Venedig und die Städte Bologna, Mailand und Brescia (Höfler S. 29). Alberts Schreiben an den Papst ebenfalls vom 10. April 1241 s. ebend. S. 27.

[4] Höfler S. 28.

[5] A. a. O. „In partibus Alamanniae praedicatur principibus, in eodem

flotte am 3. Mai 1241 geschlagen worden war, sank der Muth des Herzogs von Baiern vollends. Albert dem Böhmen, welchen einen bis zwei Monate darnach das Passauer Domcapitel der Aufforderung des Kaisers gemäß ausgeschlossen hatte[1], wurde auf Drängen der baierischen Bischöfe hin der herzogliche Schutz entzogen und der Aufenthalt in den herzoglichen Städten und Schlössern verweigert[2]. Der Herzog selbst aber trat nun offen auf die Seite des Kaisers[3].

Schon kurz nachdem der Kaiser mit dem Banne belegt worden war, begann man in Deutschland von einer Seite, deren Hauptvertreter der Herzog von Baiern und der König von Böhmen waren, an die Wahl eines neuen Königs zu denken. Zuerst richtete man das Augenmerk auf den Prinzen Abel von Dänemark, von dem Albert schon im J. 1239 hoffte, er würde zu Lebus zum römischen Könige gewählt werden. Als aber die Versammlung zu Bautzen im J. 1240 in Folge der Schwenkung des Königs von Böhmen nicht zu Stande kam, trat der Prinz auf Anrathen seines Vaters ganz von der Sache zurück[4]. Im September 1240 dachte man an den Herzog von Oesterreich und den Sohn der hl. Elisabeth[5],

exercitu visos nuntios Friderici, a quibus iidem Barbari ad introitum hunc excitati."

[1] Die Vertreibung fällt zwischen den 9. Juni (an welchem Tage Albert noch den Friedrich von Stauff nach Landshut ladet; s. Höfler S. 26) und den 22. Juli 1241, das Datum der Mittheilung des Passauer Capitels an W. de Stennaugen, daß Albert ausgeschlossen sei (Höfler S. 30). Vgl. Ratzinger 646 ff.

[2] S. Alberts Schreiben an den Herzog Otto vom J. 1245 (Höfler S. 118). Im J. 1245 wurde er zum Dombecan von Passau erwählt. Er starb gegen Anfang des J. 1260 (s. Ratzinger 115).

[3] Falls der von Winkelmann (Acta, n. 362) mitgetheilte kaiserliche Gnadenbrief an einen Fürsten, worin auf die Fürsprache Conrads (IV.) und die von ihm festgestellten Bedingungen hingewiesen wird, sich auf Otto von Baiern bezieht, gehört er nicht in den Mai 1241 (wie Reg. Imp. n. 3208), sondern frühestens in die zweite Hälfte des J. 1241.

[4] S. Höfler S. 6 und 22. Alberic. ad a. 1241: „Istum Abel voluit aliquando papa (?) regem Alemanniae contra imperatorem constituere. Quo recusante cum non haberet tot et tanta quibus se imperatori opponeret" etc. Nach Alberich wäre die Krone außer Abel auch dem Herzog Otto von Braunschweig angeboten, aber von ihm ausgeschlagen worden. Das ist aber sicher eine Verwechslung mit dem englischen Projecte von 1229 (s. o. S. 85 f.). Das Missivbuch Alberts weiß von einem solchen Plane nichts.

[5] S. Alberts Schreiben an den Papst vom 5. Sept. 1240: „Scire cupio sanctitatem vestram, ita tamen, pie pater, ut sepultum maneat in aeternum, quod electio regis in Alemannia retardatur (wegen der Weigerung Abels) . . . fit tamen novus tractatus super hoc circa ducem Austriae et filium s. Elisabeth, et quid possit apud illos inveniri, adhuc ignoramus" (Höfler S. 22). Im Juni 1240 erwähnt der Kaiser beim Herzog von Oesterreich gegenüber ein falsches Gerücht, welches „nostri honoris ac prosperitatis aemulum publice te depinxit". H.-B. V, 1006.

Hermann von Hessen, der aber schon am 2. Januar 1241 starb. Ja, auf die Vorstellungen Alberts des Böhmen[1], daß die römische Kirche, die eines Beschützers besonders gegen die Ketzer nicht lange entrathen könne, leicht, ohne die Deutschen zu fragen, einen Franzosen oder Lombarden[2] oder jemand Anders zum Könige oder Patricius oder auch zu ihrem Beschützer nehmen und dadurch das Kaiserthum an eine fremde Nation kommen könne, antwortete Herzog Otto, er wünsche, der Papst hätte das gethan; in diesem Falle wolle er gerne auf seine zwei Wahlstimmen verzichten. Dazu kommt, daß der päpstliche Legat in Frankreich in den letzten Monaten 1240 rücksichtlich einer eventuellen Wahl des Grafen Robert von Artois, eines Bruders des Königs, Vorbesprechungen hatte[3].

Somit erhebt sich die Frage: wie weit war der Papst an dem Plane, einen Gegenkönig gegen Friedrich II. aufzustellen, betheiligt? Nach den vorliegenden Zeugnissen hat er derartige Bemühungen direct weder hervorgerufen noch unterstützt. Die in Frankreich gepflogenen Vorbesprechungen finden ihre völlige Erklärung in dem bevorstehenden Concil, welches ja möglicher Weise die Absetzung Friedrichs ausgesprochen haben würde. Es war deßhalb gerechtfertigt, daß der dortige Legat sich für diesen Fall über die Stimmung des französischen Hofes zu vergewissern suchte. Thatsächlich ist erst **nach der Absetzung** des Kaisers im J. 1245 durch das Concil von Lyon ein Gegenkönig in der Person des Heinrich Raspe von Thüringen erwählt worden. Gregor IX. hatte aber den Kaiser nicht für abgesetzt erklärt, war vielmehr noch im J. 1240 nach des Kaisers eigenem Geständniß zum Frieden bereit. Daß er eine Genugthuung forderte, ehe er den Bann aufhob, war natürlich. Auf der andern Seite hatten sich die deutschen Fürsten früher eidlich verpflichtet, falls der Kaiser sich gegen den Frieden von Ceperano verfehle, der Kirche gegen ihn Beistand leisten zu wollen. Der Fall lag nun aber vor. Der Papst konnte deßhalb eine öffentliche Parteinahme gegen Friedrich von ihnen verlangen. Etwas Derartiges scheint der Papst von dem Herzog von Oesterreich gefordert zu haben, als er ihn am 24. November 1239 auffordern ließ, bei Strafe des Bannes die ihm bekannte Angelegenheit, welche er mit anderen der Kirche ergebenen Fürsten befördern müsse, zu Ende zu führen[4].

---

[1] Höfler S. 16.

[2] Er denkt wohl an den Dogen von Venedig. (Denn auch Reimar von Zweter [Str. 197] sagt: „Venediere die hant vernommen, — Daß Roemesch riche veile sie, des sind in Brieve kommen." Daß die Curie dem Dogen die Krone übertragen wollte, was Wilmans, „Reimar von Zweter", bei Haupt, Zeitschrift für deutsche Alterth. I, 449 ff., für wahrscheinlich hält, folgt daraus nicht.)

[3] S. Beilage 4.

[4] S. o. S. 353. Ein von H.-B. V, 1225 „circa Jun." 1239 gesetztes Schreiben des in Rom weilenden Archidiakons von Reggio an den Archipresbyter daselbst,

Allerdings lesen wir bei einem Chronisten jener Zeit[1], daß der Papst die deutschen Fürsten „zur Wahl eines Andern" aufgefordert, aber nichts erreicht habe, weil einige ihm zur Antwort gaben, er habe bloß das Recht, diejenigen, welche die Fürsten zum Kaiser erwählt hätten, zu krönen, könne aber nicht selbst Jemanden aufstellen. Aber weßhalb dann die steten Klagen nicht bloß Alberts des Böhmen, sondern auch des Herzogs von Baiern, der Papst höre nicht auf guten Rath, oder vergebens hätten die deutschen Fürsten seit zwei Jahren[2] einen Legaten gefordert, um, durch dessen Rath und Hülfe unterstützt, einen deutschen König zu wählen? Hätte der Papst wirklich die Wahl eines Gegenkönigs betreiben wollen, so würden außer den schon erwähnten deutschen Fürsten und den Königen von Ungarn und Dänemark, mit denen sie Abmachungen getroffen hatten[3], auch zum wenigsten unter den geistlichen Fürsten manche dafür gewonnen worden sein. Nicht Mangel an Hoffnung auf Erfolg bestimmte das Handeln des Papstes, sondern Hoffnung auf Versöhnung mit dem Kaiser, und, als diese immer mehr schwand, auf die Wirksamkeit des Concils.

In England verkündete der päpstliche Legat Otto den Bann, ohne Widerspruch oder Hinderniß zu finden[4]. Auch in Schottland, dessen Boden er zuerst am 21. September 1239 betrat, vollzog er die päpstlichen Aufträge[5]. Dort wurden auch Beiträge zur Unterstützung des Papstes in seinem Kampfe gegen Friedrich gesammelt[6]. Auch in England wurden nun von den Kirchen Abgaben zu gleichem Zwecke erhoben. Die Beschwerden des Kaisers[7] wie seine Drohungen, auch in Zukunft den Gegnern des Königs und des Reiches Hülfe zu leisten, und sein Ersuchen, den Legaten zu vertreiben, hatte nur den Erfolg, daß der König den Papst ersuchte, in Berücksichtigung seiner Verschwägerung mit dem Kaiser gegen denselben milder zu verfahren. Dem Kaiser selbst aber antwortete er, er sei als Lehensmann dem Papste besonders zum Gehorsam ver-

worin es heißt: „Ecclesia Rom. totis viribus contra imperatorem et ad ejus destructionem laborat et aspirat", beweist für die Frage, ob Gregor IX. die Absetzung Friedrichs II. betrieben habe, nichts mehr als die päpstliche Encyclica „Ascendit de mari bestia" vom 20. Juni 1239.

[1] Alb. Stad. SS. XVI, 376.

[2] S. Alberts Schreiben an den Bischof von Ferrara vom 10. April 1241 bei Höfler S. 28.   [3] A. a. O.

[4] Matth. Paris. (ed. Luard) III, 545. Der am 11. April 1239 an Otto gerichtete päpstliche Befehl stimmt mit dem vom 7. April 1239 an alle Prälaten überein (Potth. n. 10724).

[5] Matth. Paris. 568. Chron. de Mailros in Rer. Angl. SS. Vet. (1684) I, 204. Am 19. Oct. 1239 hielt er zu Edinburgh ein Concil ab, wo ohne Zweifel ebenfalls der Bann verkündet wurde. Chron. de Mailros l. c.

[6] Von dort wurden dem Legaten zu Ende des J. 1240 3000 Pfund Silber gebracht. Matth. Paris. IV, 55.

[7] Ep. Fri. vom 29. Oct. 1239 (II.-B. V, 464).

pflichtet, und beklagte sich über die Behandlung seiner Schwester, die bisher noch nicht öffentlich die Krone getragen habe[1]. Was die Barone, denen Friedrich ebenfalls am 29. October 1239 seine Klagen vortrug, ihm geantwortet haben, wissen wir nicht. Allein seine Mahnung, sie sollten ihren Einfluß auf den König zu seinen Gunsten ausüben, und die Erinnerung, daß die Könige Heinrich und Richard nicht einmal geringere Uebergriffe des Papstes geduldet haben würden, war eine versteckte Aufforderung zum offenen Widerstande gegen Heinrich III. und eine eigenthümliche Illustration zu der kaiserlichen Behauptung, daß im Kampfe gegen die Lombarden die monarchischen Interessen überhaupt von Allen vertheidigt werden müßten, als ob die Lombarden mehr die Unterthanen des Kaisers gewesen wären, als die Barone die des Königs von England[2].

Seinerseits war auch der Papst bestrebt, sich dem König und den Baronen gefällig zu zeigen. So schrieb er im J. 1239, als Sir Robert Thwinge, der Ritter, der die Bewegung gegen die römischen Cleriker geleitet hatte, von den Baronen mit Zustimmung des Königs zur Vertheidigung seiner Rechte nach Rom gesandt worden war, es habe ein Irrthum vorgelegen, denn er habe nicht gewußt, daß das betreffende Beneficium Laienpatronats gewesen sei; er widerrufe deßhalb die Concession und beauftrage den Erzbischof von York, den von Robert Präsentirten in die Pfründe einzuführen. Somit erneuerte er seine schon am 28. Juli 1232 gegebene Bestimmung, daß päpstliche Provisionen in England nur auf die in den Händen der Geistlichen und geistlichen Körperschaften befindlichen Pfründen erfolgen können[3]. Auch die Cassirung der Wahl des vom Capitel zu Winchester zum Nachfolger des am 9. Juni 1238 verstorbenen Bischofs Peter des Roches gewählten Ralph de Neville, Bischofs von Chichester, im J. 1239 war dem König persönlich sehr angenehm[4]. Der Papst befahl auch dem Legaten ausdrücklich, dafür zu

---

[1] Matth. Paris. IV, 19. Wahrscheinlich wollte sich der König damit überhaupt über die Behandlung seiner Schwester beschweren. Denn sie war in ihrer Freiheit so eingeschränkt, daß selbst ihr Bruder, Richard von Cornwallis, der ausdrücklichen Erlaubniß des Kaisers bedurfte, um mit ihr ohne Zeugen zu sprechen. Sie starb am 1. Dec. 1241. Vgl. über Friedrichs Behandlung seiner Frauen H.-B. Introd. p. CLXXXVIII sqq. [2] Ep. Fri. H.-B. V, 467. Vgl. Weber a. a. O. S. 93.
[3] Ep. Greg. an die Barone (Matth. Paris. III, 612); an den Legaten Otto hierüber ibid. 613. S. Lingard II, 208.
[4] Heinrich III. wollte seinen Oheim Wilhelm von Savoyen, erwählten Bischof von Valence, auf jenen Sitz erhoben sehen. Dieser starb aber am 1. Nov. 1239. Erst im J. 1244 konnte der im J. 1238 von Heinrich III. refusirte, aber am 1. Sept. 1242 wieder gewählte und am 13. Sept. 1243 vom Papste bestätigte William de Raleigh die Zulassung seitens des Königs erhalten. S. Le Neve III, 9. Schon im Jan. 1240 warfen übrigens die Bischöfe dem Könige nicht mit Unrecht vor, daß er die Bisthümer so lange unbesetzt lasse, um ihre Einkünfte zu genießen (Matth. Paris. IV, 3).

forgen, daß für Winchester nicht eine dem König mit Recht verdächtige Person ernannt werde[1]. Auch in Durham, welcher Sitz durch den Tod des am 15. April 1237 verschiedenen großen Bischofs Richard Poor erledigt war, wollte der Papst nichts gegen die Interessen des Königs gethan haben[2].

Schwierigkeiten machte die Forderung des Legaten, daß von allen Einkünften kirchlicher Güter ein fünfter Theil dem Papste gewährt werden sollte. Zuerst war dieß bloß von den italienischen Geistlichen, welche eine Pfründe in England besaßen, gefordert und auch gewährt worden[3]. Allein die englischen Bischöfe gaben zweimal auf die auch an sie gerichtete Forderung eine ausweichende Antwort, und wiesen sie dann zu London um den 24. Juni 1240 ganz zurück. Da es sich um eine allgemeine Sache der Kirche handle, sagten sie, solle auch die Zahlung eine allgemeine sein und sie nicht besonders verpflichtet werden; sie müßten auch nicht, ob die Laienpatrone der Zahlung zustimmen würden, und setzten sich persönlich der Gefahr aus, vom Kaiser, durch dessen Gebiet sie nach Rom zur Besorgung ihrer Geschäfte reisen müßten, gefangen zu werden[4]. Als aber nun der Papst den Legaten nach Rom zum Concil rief, berief dieser ein Concil des Clerus nach London auf den 1. November 1240, woselbst jenem seine Forderungen wirklich bewilligt wurden[5]. Ohne Zweifel

---

[1] Ep. Greg. vom 12. Jan. 1240 an Heinrich III. bei Rymer I, 135; f. ebend. das Schreiben vom 8. Febr. an R. von Cornwallis und die englischen Barone über dieselbe Sache. Vgl. auch unten S. 364.

[2] Ep. Greg. vom 21. Oct. 1239 an den Bischof von Lincoln bei Rymer I, 136 Die Wahl des Priors von Durham, Thomas de Melsanby, zum Bischof war vom König verworfen worden. Das Durhamer Capitel sandte eine aus vier Mönchen bestehende Deputation nach Rom, die aber „impediente rege" ihre Geschäfte zu Rom nicht rasch abmachen konnten und dort alle starben (Matth. Paris. 61), jedenfalls in Folge des Klimas. Nun verzichtete der Prior auf seine Ansprüche, worauf am 2. Januar 1241 Richolas de Farnham einstimmig gewählt und am 9. Febr. 1241 bestätigt wurde. S. auch Le Neve III, 286.

[3] Matth. Paris. 9; Ann. de Theokesb. (ed. Luard I, 115).

[4] Matth. Paris. 10 sq. 37 sq. Auch die Pfarrer von Berkshire wiesen nach Matth. Paris. 38 sqq. die Forderung Otto's um Unterstützung zurück, indem sie besonders auf den Willen des Kaisers, sich einem allgemeinen Concil zu unterwerfen, als ein Zeichen seiner Friedensneigung hinwiesen. — Es ist sicher wieder bloß eine Erfindung des Matth. Paris (43 und 60), daß der Papst nun den Legaten beauftragt habe, die Bischöfe zu trennen, um desto leichter sein Vorhaben auszuführen. Vgl. Weber S. 116, Note 3.

[5] Matth. Paris. 55. 60 sq., wonach der Clerus auf seiner Weigerung nicht bestehen konnte, da der König die Forderung offen begünstigte. Uebrigens sagt Matth. Paris nicht ausdrücklich, daß dort ein Fünfter bewilligt oder gefordert worden sei. Es heißt nur: „Legati seductionibus . . . consenserunt." Aber nach den Ann. de Theokesb. (Ann. Mon. I, 116) ad a. 1240: „Dominus Papa exegit XII. omnium bonorum beneficiatorum Angliae", forderte er nur einen Zwölften; nach

hatte der Umstand, daß der Streit so lange andauerte, Einfluß auf den Beschluß. Man wird aber auch nicht fehlgehen, wenn man ihn außerdem auf die Berufung des Concils vom 9. August 1240, welches man in England wünschte[1], zurückführt. Ein Uebriges that dann die Erklärung Friedrichs vom 13. September 1240 an den König von England, er wolle kein Concil während der Dauer seines Streites mit dem Papste zulassen, zumal es unpassend sein würde, Angelegenheiten seiner weltlichen Gewalt einem geistlichen Gerichte zu unterbreiten. Deßhalb verweigere er allen zum Concil Reisenden innerhalb seines Landes Sicherheit für Personen und Sachen[2]. Hatte ja der Kaiser erst noch am 16. März 1240 in seinem Briefe an den König von England erklärt, er habe den Carbinälen Briefe und Gesandte geschickt und um ein allgemeines Concil gebeten, auf welchem er die Nichtswürdigkeit des Papstes, die Gerechtigkeit seiner eigenen Sache und seine Unschuld auf das Klarste beweisen werde. Jetzt mußten die englischen Prälaten über den wahren Stand der Sache und die Wahrheit und Gerechtigkeit der päpstlichen Darstellung klar sein.

Wer den Matthäus Paris über die Geschichte der Legation Otto's liest, ohne den Haß dieses Chronisten gegen den Papst zu kennen, der sollte meinen, die Kirchen Englands seien unbarmherzig zu Gunsten des Papstes geplündert worden[3]. Es wundert Einen nur, warum er nicht einen von ihm zum J. 1228 angeführten Brief des Kaisers an Heinrich III. über die Bedrückung Englands mehr berücksichtigt hat[4]. Denn

---

ben Ann. Winton. (l. c. II, 88) ad a. 1239: „Eodem anno Greg. Papa exegit quintam decimam ecclesiarum Angliae", war es sogar nur ein Fünfzehnter. Die Uebertreibungen des Matth. Paris sind ja doch sattsam bekannt.

[1] S. o. S. 362, Anm. 4.   [2] H.-B. V, 1038.

[3] Daß ein römischer Clerifer Petrus Rubeus Aebte und Clerifer unter falschen Vorspiegelungen zur Zahlung bewogen hat (Matth. Paris. 35), ist gewiß möglich. Aber des Letztern Behauptung, der Papst habe den Erzbischof von Canterbury und die Bischöfe von Lincoln und Salisbury so lange von der Pfründenverleihung suspendirt, bis sie 300 Römer, die er ihnen zuschicken werde, versorgt hätten, ist schließlich zu stark. Doch Matth. Paris. 31 sq. belehrt uns, daß Gregor einen Vertrag mit den Römern abgeschlossen hatte, wonach sie ihm Hülfe leisten, er aber ihre Kinder und Verwandten versorgen werde. Später erzählt er uns auch (ibid. 55), der Clerifer Mumelin habe im J. 1240 vierundzwanzig Römer, die in England Beneficien erhalten sollten, mitgebracht. Von den übrigen 276 hören wir nichts.

[4] Matth. Paris. III, 152 sq.; H.-B. III, 48. Uebrigens ist der Brief, falls nicht eine bloße Nachahmung späterer kaiserl. Schreiben, sicher nicht im J. 1228, worauf sich bloß der Schlußsatz bezieht, sondern etwa um 1245 geschrieben worden; darauf deutet die leidenschaftliche Sprache eines bittern Kirchenfeindes und der Vorwurf der Habsucht hin. — Ein von Martene (Thes. anecd. I, 960) mitgetheiltes, an Sutri gerichtetes päpstl. Schreiben vom 29. Jan. 1230 kann auch nicht vor 1240 geschrieben sein. Man vgl. z. B. Ausdrücke wie „Antichristi praecursor F. dictus imp.",

darin findet sich das Axiom des Kaisers über die Reformation der Kirche ausgesprochen: „In Armuth und Einfachheit war die erste Kirche gegründet, als sie fruchtbar war an Heiligen." Aber ein anderes Fundament kann Niemand legen, als das gegründet ist vom Herrn Jesus." Genauer und deutlicher hat er es später in den Worten ausgedrückt, es sei ein Werk der Liebe, den Geistlichen den verderblichen Reichthum zu entziehen [1].

Am 28. December 1240 verließ der Legat London in der Begleitung des Königs und bestieg am 7. Januar 1241 zu Dover das Schiff [2], um — der Gefangenschaft entgegenzufahren.

Vor seiner Abreise waren die Mönche von Canterbury mit ihrem Bischof, dessen Rechte sie bestritten, in heftigen Streit gerathen und kümmerten sich auch nicht um das Interdict, welches er über ihre Kirche wegen ihrer Eigenmächtigkeit in der Wahl eines Priors verhängt hatte [3]. Um ihrer Anmaßung ein Ende zu machen, hatte Edmund vom Papste die Erlaubniß erhalten, zu Maidstone in Kent eine Kirche mit weltlichen Domherren zu stiften, die statt der Mönche von Canterbury das Wahlrecht haben sollten. Allein er konnte seinen Wunsch nicht erfüllen. Auch sonst, besonders in der Frage der Besetzung der Bisthümer, konnte er seinen Zweck nicht erreichen. Er wollte dieselben, falls sie mehr als sechs Monate erledigt seien, vom Metropoliten besetzt wissen. Wie es heißt [4], hatte der Papst auch in diesem Sinne an Heinrich geschrieben und dem Erzbischof seine Unterstützung versprochen; da aber der König sich darüber sehr beleidigt zeigte, wieder die Sache auf sich beruhen lassen. Ohne Zweifel hat er das darum gethan, weil er es bei der damaligen gefährlichen Lage der Kirche für unklug hielt, sich auch mit dem König von England in einen großen Streit einzulassen. Da aber Edmund sich außer Stande fühlte, die großen Schwierigkeiten seiner Lage in einer befriedigenden Weise zu lösen, hielt er es für besser, sich außer Landes zu begeben, und ging nach Frankreich [5]. Dort starb er am 16. November 1240 zu Soissy in der Champagne und wurde zu Pontigny begraben; Innocenz IV. sprach ihn im J. 1246 heilig [6].

---

dessen Bestreben sei, „ut fidem catholicam . . . deducat ad nihilum" etc., und den Befehl, „ut hujusmodi Sathanae nuntios nullatenus admittatis". Wahrscheinlich ist aber das Schreiben unächt oder gehört wenigstens nicht der Zeit Gregors IX. an.

[1] Ep. Fri. bei Matth. Paris. (ed. Luard IV, 475). Auch bei H.-B. VI, 291.
[2] Matth. Paris. l. c. 84; Ann. de Waverl. (II, 328); Ann. de Winton. p. 88.   [3] Matth. Paris. III, 527 sq.; IV, 72.
[4] Matth. Paris. IV, 14.
[5] Ibid. 32. Die Ann. de Winton. l. c. sagen: „S. Edmundus transfretavit, quia non potuit facere officium suum pro rege et Otone legato."
[6] Matth. Paris. 73 sq. S. Butler, Lives of the Saints, zum 16. Nov.

Zur Verkündigung des Bannes in Frankreich sandte Gregor im October 1239 den Bischof von Palestrina als päpstlichen Legaten dorthin. Dieser reiste, um den Nachstellungen des Kaisers zu entgehen, in Pilgerkleidung und mit bloß einem Gefährten zu Lande nach Genua, und von dort zu Schiffe weiter nach Frankreich[1]. Im Mai 1232 hatte der hl. Ludwig mit dem Kaiser ein Freundschaftsbündniß geschlossen, worin er sich verpflichtete, an keiner Unternehmung durch Rath oder That oder Zustimmung theilzunehmen, welche bezwecke, den Kaiser oder dessen Erben des Lebens oder der Ehre oder der Freiheit zu berauben, vielmehr, falls ihm von Anderen dergleichen Anschläge bekannt würden, solche dem Kaiser mitzutheilen, wie auch zu verhindern, daß von seinen Unterthanen den Feinden des Kaisers Hülfe geleistet würde[2]. Als Friedrich II. an den König im J. 1236 über die Lombardenfrage geschrieben hatte, trat dessen Mißtrauen im folgenden Jahre nicht undeutlich an den Tag[3]. Nachdem der Kaiser nun mit dem Banne belegt worden war, hinderte der König die Verkündigung desselben in Frankreich in keiner Weise, wohl aber wissen wir, daß der Vorschlag, dem Grafen von Artois, einem Bruder des Königs, die Kaiserkrone zu verschaffen, am französischen Hofe keinen Anklang fand[4]. Dort wurde auch keine Heeresmacht zum Schutze der Kirche aufgebracht, was übrigens schon durch die Lage des Königreichs verhindert wurde. Denn damals waren viele der besten Streiter Frankreichs entweder nach Constantinopel oder in's Heilige Land gezogen, die Treue mehrerer Großen des Reiches sehr unzuverlässig und ein Bündniß des Kaisers mit dem Erbfeinde Frankreichs, mit England, unter allen Umständen zu vermeiden. Aber das Hülfegesuch des Papstes wurde sonst nicht abgewiesen, ihm vielmehr bedeutende Unterstützungen in Geld gegeben[5]. Auf der Synode zu Senlis im J. 1240 bewilligte ihm der französische Episkopat den zwanzigsten Theil der Einkünfte aller Prälaten

---

[1] Brief an Ludwig vom 21. Oct. 1239 bei H.-B. V, 457. An demselben Tage empfahl Gregor den Legaten auch der Königin-Mutter (Potth. n. 10799). — Rich. Sangerm. ad a. 1239. [2] S. H.-B. IV, 354 sqq.
[3] Vgl. o. S. 260. [4] S. unten Beilage 4.
[5] Nach Matth. Paris. 58 sq. erhielt er so viel, daß davon allein die Kosten des Krieges gegen Friedrich II. für ein Jahr hätten gedeckt werden können. Sei dem wie da wolle, die Behauptung des Matth. Paris (59), daß der Papst mit Rücksicht auf das französische Geld dem Cardinal Colonna befohlen habe, einen von ihm bereits mit Friedrich abgeschlossenen Friedensvertrag, von dem nirgendwo Erwähnung geschieht, zu brechen, ist sicher wieder nicht wahr. Vgl. Rayn. 1240, 52 sq. Allerdings sagt Ludwig IX. in seinem Briefe an den Kaiser (nach der Gefangennahme der französischen Barone): „Praenestinum episcopum et alios legatos Ecclesiae in praejudicium vestrum volentes subsidium implorare, manifeste repulimus, nec in regno nostro contra majestatem vestram aliquid obtinere" (H.-B. VI, 18). Allein das bezieht sich nur auf die Verweigerung militärischer Unterstützung von Seiten des Königs.

und Kirchen[1]. Die französischen Prälaten versprachen auch auf der Synode von Meaux, der Einladung zum Concil Folge zu leisten[2].

Der kaiserliche Generalvicar des Königreiches Arelat, Graf Berard von Loreto, hatte sich in Arles durch Auflegung von harten Steuern so mißliebig gemacht, daß, als der Bann gegen den Kaiser verkündet worden war, sich die Bürger gegen ihn erhoben und mit Hülfe des Grafen Raymund Berengar IV. von Provence ihn im August 1239 aus Arles vertrieben und nach Avignon zu fliehen zwangen. Berengar kümmerte sich auch nicht um die kaiserliche Vorladung vom September 1239, sich innerhalb 30 Tagen zu verantworten[3]. Er versprach vielmehr am 10. November 1239 dem päpstlichen Legaten, auf eigene Kosten Truppen zur Unterstützung des Papstes auszurüsten und sie, falls er selbst nicht kommen könne, in sechs Monaten zu senden[4]. Andererseits wurde ihm von päpstlicher Seite Geldunterstützung versprochen und auch gesandt[5]. Der Kaiser that ihn nun im December 1239 in die Reichsacht, entzog ihm die Grafschaft Forcalquier und übertrug dieselbe dem Grafen Raymund von Toulouse zu Lehen[6]. Denn dieser hatte sich auf Seiten Avignons und Berards gestellt, und dem Kaiser mittheilen lassen, daß er ihn gegen alle Feinde unterstützen wolle[7]. Aber wegen seiner Befeindung der Anhänger der Kirche wurde er selbst, wie der Graf von Cominges u. A., im J. 1240 mit dem Banne belegt[8]. Nicht lange

---

[1] Mansi XXIII, 524 nach J. Iperius in Chron. S. Bertini, part. III. Anecdot. Martene III, 721. — Am 5. Dec. 1240 theilte der Papst dem Legaten mit, daß die Kirche eine große Summe Geldes zur Vertheidigung des Glaubens unter harten Bedingungen geliehen und bis jetzt den Gläubigern noch nicht volle Genugthuung geleistet habe. Er übersendet ihm zugleich eine Liste von Aebten und Klöstern der Benedictiner, Cluniacenser und Prämonstratenser, die er um Hülfe zur Befriedigung der Gläubiger angegangen, und bat ihn, falls die Letzteren nicht mit den englischen Hülfsgeldern zeitig befriedigt werden könnten, das Gesuch bei den genannten Aebten und Klöstern zu fördern. Höfler, Friedrich II., Anhang 372, n. 29. Potth. n. 10968.

[2] Mansi l. c. 521 nach Guill. Nang., Gesta s. Lud.

[3] Ep. Fri. H.-B. V, 401; an Arles ibid. 402.

[4] H.-B. V, 488. — Ueber die Bedrückungen des Erzbischofs von Arles seitens des kaiserl. Seneschalls Heinrich de Revello hatte Gregor IX. schon am 8. Aug. 1237 geklagt. H.-B. V, 108.

[5] S. den bezüglichen Auftrag Gregors vom 10. Jan. 1240 an den Legaten, den Markgrafen und den Erzbischof von Arles mit Geld zu unterstützen (Rayn. 1240, 20). — Zu Aix hatte der Legat dem Grafen eine Hülfe in Geld zugesagt. Winkelmann, Acta, n. 662.

[6] H.-B. V, 541.

[7] Die Schreiben Friedrichs an Avignon bei H.-B. V, 405; an den Grafen von Toulouse ibid. 404. Er beklagte sich auch bei dem Könige von Frankreich; ibid. 406.

[8] Am 15. Juli 1240. S. Winkelmann, Acta, n. 665; vgl. ibid. n. 663 den Befehl des Cardinals vom 10. Mai 1240, die Anhänger Berards zu bannen. —

darnach verließ er auch die kaiserliche Partei, vielleicht auf Betreiben Ludwigs IX., der als Tochtermann dem Grafen von Provence im J. 1240 Hülfe geleistet hatte[1], und schwur am 11. März 1241 auf Betreiben des Bischofs von Palestrina, der Kirche gegen den Kaiser Hülfe zu leisten; er war auch entschlossen, nach Rom zum Concil zu gehen, doch brachte er dieß Vorhaben nicht zur Ausführung[2].

In allen übrigen Ländern konnte der Bann ebenfalls ohne Schwierigkeiten verkündet werden. König Ferdinand von Castilien, welcher nicht bloß durch den Bericht des Papstes, sondern auch vieler anderer von den seitens Friedrichs II. der Kirche zugefügten Beleidigungen gehört hatte, ließ dem Papste durch einen Gesandten seine Vermittlung in dem Streite antragen, während seine Mutter Berengaria ihm ihre Ergebenheit und ihren Dank für alle ihr und Ferdinand erwiesene Gunst ausdrückte[3]. In Ungarn bevollmächtigte Gregor seinen Legaten, gegen Friedrich das Kreuz zu predigen, und gab ihm am 12. Februar 1241 Erlaubniß, denen, die eine Kreuzfahrt in's Heilige Land gelobt hätten, falls sie damit einverstanden wären, ihr Gelübde in das der Vertheidigung der Kirche gegen Friedrich zu verwandeln; sie sollten auch des für den eigentlichen Kreuzzug gewährten Ablasses theilhaftig werden, falls sie eine Summe, welche den auf jenen Zug zu verwendenden Ausgaben entsprechend wäre, zu dem eben erwähnten Zweck beisteuern würden. War ja auch wirklich für das Heilige Land nichts mehr zu hoffen, falls der römische Stuhl durch Friedrich II. dauernd seiner äußern Macht und seiner Freiheit beraubt wurde[4].

Der Befehl des Papstes an die kirchlichen Personen der Provence, dem Grafen gegen den von Toulouse beizustehen, gehört nicht zum 17. Juli 1241 (wie in Potth. n. 11049 a), sondern wohl zum J. 1240.

[1] Ueber den Kampf zwischen den beiden Grafen s. Matth. Paris. ad a. 1240, IV, 22 sq., und Acta SS. Aug. tom. V, p. 362 sq.

[2] H.-B. V, 1101. — Guill. de Podio Laur. cap. 44 (H.-B. V, 1102, 1). Darnach wurde er von seinem Vorhaben durch die Nachricht von der Gefangennahme der Prälaten abgehalten.

[3] Rayn. 1239, 41 sq. Der Brief Ferdinands ist vom 4., der seiner Mutter vom 5. Dec. 1239. Am 4. Dec. 1239 empfahl Ferdinand dem Papste (l. c. 45) seinen Sohn Friedrich, den er zur Erlangung der von seiner Mutter (Beatrix, Tochter Philipps von Schwaben) in Schwaben geerbten Güter nach ihrem und des Kaisers Wunsche zu Letzterem sandte. Der junge Prinz kam nach Foggia im April 1240 (Rich. Sangerm.). Trotz der freundlichen Aufnahme (H.-B. V, 991. 1047) floh er während des Concils im J. 1245 von Pavia nach Mailand (H.-B. VI, 340 sq. Ep. Fri.), woraus seine Unzufriedenheit mit der kirchlichen Stellung des Kaisers erhellt.

[4] Ep. Greg. vom 12. Febr. 1241 an den päpstl. Caplan Johann von Civitella (H.-B. V, 1095). Vgl. Hergenröther, Kath. K. ꝛc. 185 f.

Sechsundzwanzigstes Kapitel.

Gefangennahme der zum Concil reisenden Prälaten. Die Tatarennoth. Bedrängung Roms durch den Kaiser. Tod Gregors IX.

Da der Landweg nach Rom durch den Kaiser gesperrt war, sollten die nach Rom zum Concile reisenden Prälaten von Frankreich aus durch die gennesische Flotte befördert werden. Inzwischen war es sicher geworden, daß auch die Reise zur See eine gefährliche sein würde. Die Stadt Pisa hatte vom Kaiser Befehl, die Ueberfahrt der Prälaten zum Concil nach besten Kräften zu hindern. In der Absicht, die Stadt Genua von dem Unternehmen abzuschrecken, zeigte Pisa ihr den Befehl an, sowie daß sie denselben ausführen würde. Genua antwortete, daß es trotzdem seinem Versprechen gemäß die Prälaten und Vertreter der Fürsten überzufahren gedenke[1]. Von Nizza aus setzte sich die von dem Admiral Jakob Maloccelli geführte Flotte gegen Civitavecchia in Bewegung, wurde aber, wie schon vorher[2] bestimmt worden war, zwischen den Inseln Monte Cristo und Giglio, südöstlich von Elba, wo sie nicht heimlich oder auf hoher See vorbeifahren konnte, am 3. Mai 1241 von der überlegenen kaiserlichen Flotte, die unter dem Oberbefehl Enzio's stand, angegriffen und geschlagen; zweiundzwanzig Schiffe wurden genommen, drei versenkt. Außer dem Erzbischof von Besançon kamen zweitausend Gennesen um, viertausend wurden gefangen genommen. Dasselbe Loos hatten die Cardinallegaten Jakob von Palestrina, Otto von St. Nicolaus in carcere Tulliano, der päpstliche Legat Gregor von Romanien, die Erzbischöfe von Rouen, Bordeaux und Auch, der erwählte Erzbischof von Mailand, die Bischöfe von Agde, Nimes, Carcassonne, Tortona, Asti und Pavia, die Aebte von Clugny, Citeaux und Clairvaux und viele andere Prälaten und Procuratoren derselben, wie die Machtboten der lombardischen Städte[3]. Die Prälaten wurden gemäß vorher ertheilter kaiserlicher Erlaubniß unbarmherzig ausgeraubt und hatten noch eine Woche lang auf dem Meere viele Qualen zu erdulden. Denn so lange wurden sie noch herumgeschleppt und dann nach verschiedenen Orten Apuliens in's Gefängniß gebracht. Mehrere starben darin in Folge der Mißhandlungen und Ent-

---

[1] Ann. Jan. SS. XVIII, 194. S. den (o. S. 347) erwähnten kaiserl. Brief vom 25. März 1241.

[2] S. kaiserl. Schreiben vom 18. Mai 1241 bei H.-B. V, 1124.

[3] S. Rich. Sangerm. 386; Ann. Jan. 197; Ann. Plac. Gib. 484; Ann. Senens. SS. XIX, 230; Ann. S. Pantal. p. 475, wonach sich auch „(multi) nuntii praelatorum de Tentonia" auf der gennesischen Flotte befunden hätten. Vgl. auch den Brief des Dominicaners Bartholomäus an den Bischof und die Canoniker von Brixen bei H.-B. V, 1146.

behrungen¹, wie ein der Zuneigung zum Papste nicht verdächtiger Chronist meint, „nicht ohne die Palme des Martyriums"². Andere Prälaten waren glücklich auf fünf Schiffen der Genuesen entkommen. Darunter befanden sich die Erzbischöfe von Arles und Tarragona und die Bischöfe von Astorga, Orense, Salamanca, Oporto und Piacenza: sie konnten nun der staunenden Welt zu rathen geben, was der Kaiser eigentlich wollte, als er an ein Concil appellirte, und was von der Redensart, daß sein Kampf bloß dem Papste gelte, zu halten sei! Am 10. Mai 1241 gaben sie dem Papste unverzagten Muthes von dem Geschehenen Kunde und forderten ihn auf, gegen den Kaiser, unter dessen Herrschaft die Kirche sich niemals eines ruhigen Friedens würde erfreuen können, nach der Schwere seines Vergehens vorzugehen³. Auch Genua richtete an den Papst diese Beschwerde und Aufforderung⁴.

Am 11. Mai 1241 erfuhr der Papst einen zweiten Schlag, indem an diesem Tage die Mailänder unter dem päpstlichen Legaten G. von Montelongo von denen von Pavia völlig geschlagen und 350 Ritter zu Gefangenen gemacht wurden⁵. Aber selbst in dieser furchtbaren Lage verließ ihn der Muth nicht. Wenngleich sein Schmerz dem des Jakob glich, da Joseph nicht mehr war, Benjamin ihm entrissen worden und Simon in Ketten lag⁶, und er das harte Loos der Gefangenen täglich mit heißen Thränen beweinte⁷, so ermunterte er dennoch schon am 18. Mai wieder seine Anhänger in Italien⁸ und sann ohne Unterlaß auf die Befreiung der Prälaten, denen er am 14. Juni tröstende Worte schrieb. Nur die Furcht, ihnen keine Hülfe bieten zu können, habe ihn bis jetzt abgehalten, sich an sie zu wenden⁹. Friedrich begnügte sich seinerseits nicht, triumphirend der ganzen Welt seinen Sieg zu verkünden, sondern brüstete sich damit als einem Werke der Vorsehung¹⁰. Und doch war es

---

¹ Vgl. den kaiserl. Befehl o. S. 345. S. den Bericht einiger gefangener Aebte an einen Freund bei H.-B. V, 1121 sq. Friedrich II. erwähnt im J. 1243, er habe „cardinales duos, prelatos et clericos, quorum innumerosam multitudinem noster tenebat carcer inclusos," befreit. Winkelmann, Acta, p. 331.

² Matth. Paris. IV, 130.

³ H.-B. V, 1120. — Andere, wie z. B. der Erzbischof von Compostella, waren zu Genua (Porto Venere) zurückgeblieben. H.-B. V, 1120.

⁴ Rayn. 1241, 60 sqq.

⁵ S. den kaiserl. Brief von Ende Mai 1241 bei H.-B. V, 1126.

⁶ S. Gregors Brief vom 31. Juli bei Rayn. 1241, 71 sqq.

⁷ Brief vom 14. Juni l. c. 68 sqq.

⁸ L. c. 1241, 64. Sein Brief an den Dogen von Venedig vom 18. Mai 1241 ibid. 64 sqq.

⁹ S. Anm. 7. Er schrieb ihnen von Neuem am 31. Juli 1241 (Rayn. 1241, 71 sqq.).

¹⁰ S. die Briefe des Kaisers vom 18. Mai 1241 an den König von England und von Ende Mai an die Fürsten und. Edlen bei H.-B. V, 1123. 1126.

nur ein Sieg, wie der Napoleons über Pius VII., wie der Sieg, den die Flammen von Moskau beleuchteten. Zwar hat man ihn auch noch in neuerer Zeit ein „Gottesurtheil" genannt [1]. Aber geholfen hat er ihm und seinen Anhängern nichts. Kurz nachher wurden die Pisaner fast auf derselben Stelle von den Genuesen besiegt, und auf die Gefangennahme der Prälaten folgte die Enzio's, des Führers der kaiserlichen Flotte, der im Kerker starb. Friedrichs Lebensende aber war voll blutiger Kämpfe. Er selbst ging an seinem ungerechten Kampfe in Italien zu Grunde, um sein ganzes Geschlecht in seinen Untergang nachzuziehen. Deßhalb könnte man füglicher auf jenen Sieg und seine Folgen die Worte des Dichters anwenden: „Discite justitiam moniti et non temnere divos." [2] Friedrich hat an solche Folgen nicht gedacht, wie er denn dem Könige von Frankreich auf dessen Bitte um Freigebung der französischen Prälaten schrieb, sie hätten auf sein Verderben gesonnen, er habe sich gegen seine Verfolger vertheidigen müssen; stehe doch das Imperium höher als Personen, und jedes Thier fürchte die Spur des Löwen [3]. Allein der Herrscher Frankreichs verlangte nun in scharfer, drohender Sprache die Freilassung der französischen Prälaten, welche der Kaiser als seine Feinde gefangen hielt; sie hätten sich aus schuldigem Gehorsam zum apostolischen Stuhle begeben und nichts gegen den Kaiser beabsichtigt; übrigens sei Frankreichs Kraft nicht so gering, daß es sich vom Kaiser mit Füßen treten zu lassen brauche [4]. Auch in Deutschland waren die Fürsten durch das gewaltsame Verfahren des Kaisers keineswegs für ihn gewonnen worden. Denn es zeigte zu klar, daß der gute Wille, den sie in ihren Schreiben vom April und Mai 1241 bei ihm vorausgesetzt hatten, nicht vorhanden war, und sie nach der von ihnen damals vertretenen Ansicht nunmehr auf die Seite der Kirche treten müßten. So ist es denn nicht zu verwundern, daß alsbald Besprechungen der Fürsten

---

[1] Schirrmacher, Friedrich II., Bd. III, 202; Alb. v. Possemünster S. 108. Auffallender Weise, oder vielmehr in Uebereinstimmung mit dieser Anschauung, übersetzt er dort (S. 109, Anm.) Friedrichs Schilderung „et aggressis galeis nostris" (H.-B. V, 1125¹), „nachdem unsere, d. h. die kaiserlichen Schiffe angegriffen hatten", irrthümlich mit: „die Rebellen griffen zuerst an". [2] Virg. Aen. VI, 620.

[3] H.-B. VI, 2. Das Schreiben fällt vor den Tod Gregors, der nicht erwähnt ist (Rayn. 1241, 78).

[4] Rayn. 1241, 76 sq. — Vgl. Guil. de Nangis ad a. 1241 und Giov. Villani, Hist. Fior. l. VI, c. 19 (Ric. Malesp. in Mur. VIII, 962). „Cuius verba intelligens imperator, omnes licet invitus liberavit, pertimescens regem Franciae" (ibid.). Jedenfalls sind aber nicht alle französischen Prälaten gleich befreit worden, denn der Bischof von Nimes starb im J. 1242 im Gefängniß. Die Aebte von Clugny und Clairvaur befanden sich im Juni 1243 frei und waren, wie auch wohl die meisten französischen Prälaten, im Mai 1243 mit dem Cardinal Jakob von Palestrina entlassen worden. Vgl. das Schreiben des Kaisers an Ludwig IX. vom Juni 1243 (H.-B. VI, 95).

stattfanden[1], die dem Kaiser Verdacht rege machten, und daß endlich zu einer Zeit, wo er, menschlich gesprochen, überall triumphirte, am 10. September 1241, die Erzbischöfe von Köln und Mainz ein Bündniß gegen ihn schlossen und, sobald die Tatarengefahr vorüber war, gleich zur Offensive übergingen[2]. Daß es nicht früher geschah, ist eben aus der von den Tataren her drohenden Gefahr zu erklären. Die Bewegung hat aber um so mehr Gewicht, als sie durchaus selbständig unter den deutschen Fürsten entstanden war[3]. Denn damals war nicht einmal ein anerkannter Legat des Papstes in Deutschland anwesend[4]. Der verheerende Einfall des Kaisers in den Kirchenstaat zu einer Zeit, wo eine fürchterliche Gottesgeißel Europa vernichten zu wollen schien, konnte die Fürsten in ihrem Schritte nur bestärken.

Im Juni 1241 war der Kaiser wirklich, um seinen Vortheil weiter zu verfolgen, in den Kirchenstaat eingefallen. Wie Fano, so leistete auch Assisi Widerstand[5]. Aber in Spoleto fand der Kaiser Aufnahme[6] und unterwarf sich auch Terni[7].

---

[1] Schon im Juni (s. Reg. Imp. n. 3231) 1241 ersuchte Friedrich, dieselben zu hindern (H.-B. V, 1134 sq.).

[2] Lacomblet, Urkundenbuch II, 131, womit der Befehl Conrads vom 11. Sept. 1241 (H.-B. VI, 817) zu vergleichen. S. auch Chron. Rhythm. Col. SS. XXV, 372; Ann. S. Rudb. Salisb. SS. IX. 788, und die Reg. Imp. p. 808. 809. Vgl. auch H. Carbauns, Ueber die Annales Mon. S. Pantal. 1238—1249, im Archiv für die Gesch. des Niederrheins, N. F. II, 197—240, S. 215.

[3] Vgl. Böhmer in den Reg. Imp. p. 808.

[4] Schirrmacher (Albert von Possemünster 115 ff.) hat nachweisen wollen, daß schon Gregor IX. kurz vor seinem Tode dem Erzbischof Conrad von Hochstaden, der am 14. März 1249 von Innocenz IV. zum Legaten für Deutschland ernannt wurde (cfr. Baluz., Miscell. VII, 495), die Legation in Deutschland übertragen habe. Winkelmann (in v. Sybels Hist. Zeitschr. XXVII, 161) hat ihm zugestimmt, aber Carbauns in den Forschungen, Bd. XIV, 377. 381, die Unrichtigkeit dieser Annahme dargethan (vgl. auch Ratzinger 734—743). Der undatirte Bericht (bei Hösler 60) des „Mag. H. dictus portarius Spirensis nuncius et clericus vester" an den Erzbischof von Köln als apostolischen Legaten, welcher in's J. 1249 gehört, wird von Sch. in's J. 1242 gesetzt, was schon deßhalb unmöglich ist, weil der Bruder des Vicedominus (Berthold) von Regensburg, Albert, welcher erst im J. 1247 zur bischöflichen Würde erhoben wurde, als Bischof vorausgesetzt ist. Vgl. a. a. O.

[5] Rich. Sangerm. 380. — Damals machten einige Saracenen, deren sich viele in Friedrichs Heere befanden, einen Angriff auf das am Fuße des Hügels gelegene Kloster zum hl. Damian, wandten sich aber, als die hl. Clara ihnen mit dem heiligsten Sacrament in der Hand entgegentrat, von plötzlichem Schrecken ergriffen, zur Flucht. Vgl. Balan III, 452, 1.

[6] Schutzbrief für Spoleto vom Juni 1241. Ficker, Forschungen, n. 370, S. 391.

[7] Rich. Sangerm. 381. Er scheint sich selbst geschämt zu haben, bei solcher Gefahr der Christenheit mit seinen Erfolgen im Kirchenstaat hervorzutreten. Wenigstens gab er einem am 3. Juli an den König von England gerichteten Schreiben das Datum „in recessu post deditionem et depopulationem Faventiae", obgleich

Aber während der Kaiser in dieser Weise seines Amtes als oberster Schutzherr der Kirche waltete, hatte sich der Glaube der Vorzeit, daß die Kaspischen Berge, in welche „der große Alexander Gog und Magog (Scythen) durch ein Wunder eingeschlossen, sich einmal öffnen und der Strom dieser wilden Eroberer und Vertilger über die Welt sich ergießen werde"[1], erfüllt. Unter Führern wie Batu, Mangu u. A. waren sie in Rußland eingebrochen und hatten im J. 1240 Kiew, „die Perle" des Landes, zerstört. Der Großfürst Michael selbst war nach Ungarn geflohen. Aber am 12. März 1241 drangen die Tataren auch in Ungarn ein, am 17. nahmen sie Waitzen (bei Gran an der Donau), standen am 29. bei Pesth und schlugen den König Bela von Ungarn in der Schlacht am Sajo, in welcher fast der ganze ungarische Adel vernichtet wurde, in die Flucht. Bela floh nach Oesterreich. Der Herzog Heinrich von Polen und Schlesien, welcher ein Heer gegen sie gesammelt hatte, fiel selbst am 9. April in der Schlacht bei Liegnitz. Der König von Böhmen, der zu seiner Unterstützung zu spät kam, fürchtete nun für sein eigenes Land. Allein die Barbaren warfen sich zunächst auf Mähren. In Deutschland einte die gemeinsame Noth alle Kräfte. Zu Pfingsten (19. Mai) 1241 fand zu Eßlingen ein allgemeiner Hoftag statt, auf dem König Conrad selbst nach dem Rathe der Fürsten das Kreuz gegen die Tataren nahm und verordnete, daß bis zum 11. November ein allgemeiner Landfriede in ganz Deutschland herrschen solle[2]. Der Kaiser hingegen begnügte sich mit elenden Redensarten. Gerade wie er früher, wenn es sich um das Heilige Land handelte, vorschützte, er würde vom Kreuzzuge durch die vor Allem nothwendige Herstellung des Friedens in der Lombardei abgehalten, die der Papst verhindere, so hieß es jetzt: nur der Papst verhindere seinen Zug gegen die Tataren. Lange habe er die Gefahr vorausgesehen und im Stillen auf Mittel gegen sie gesonnen und sich deßhalb (!) nach Unterdrückung der Rebellion seines Sohnes gegen die Lombarden gewandt, damit er nach Unterwerfung aller Rebellen sich desto rascher und wirksamer gegen die Tataren wenden könne. Zu demselben Zwecke habe er keine Mühe gescheut, um mit dem Papste in Eintracht zu leben, aber dieser mache ihm seine Unterthanen abtrünnig und zwinge

---

Faenza schon am 14 April 1241 in seine Hände gefallen war. S. H.-B. V, 1154, 1. Boehmer, Reg. Imp. n. 3216.

[1] S. Döllinger, „Der Weissagungsglaube und das Prophetenthum in der christlichen Zeit", in Raumers Hist. Taschenbuch (1871).

[2] Königl. Schreiben vom Juni 1241 bei H.-B. V, 1214. Er wollte bis zum 1. Juli sein Heer bei Nürnberg zusammenziehen. Ueber die Verordnung wegen des Landfriedens vgl. u. A. den Befehl des Bischofs Heinrich von Constanz, die von dem Erzbischof von Mainz auf der Synode von Erfurt gegen die Tataren erlassenen Statuten zu promulgiren. H.-B. V, 1209—1214. Vgl. dazu Reg. Imp. n. 4437.

ihn, wie ungern er es auch thue, sich viel mehr gegen die ihm von päpst= licher Seite drohenden gegenwärtigen und offenbaren, als gegen die von den Tataren zu erwartenden Gefahren zu wenden[1]. Der König von Ungarn hatte ihm die Unterwerfung seines Landes unter das Reich an= geboten, falls er ihm Schutz gewähren wolle. Der Kaiser hatte aber geantwortet, er müsse zuerst den Papst unterwerfen und habe sich deßhalb gegen Rom gewandt; sonst könnte dieser während seiner Abwesenheit in Sicilien einfallen; gelänge es ihm, in Italien vom Papst der Welt Frieden zu erwerben, so werde er auch selbst unter dem Segen der Kirche gegen die Tataren ziehen; einstweilen solle der König in Gemeinschaft mit seinem Sohne Conrad (damals dreizehn Jahre alt) handeln[2]. Man traut kaum seinen Augen, wenn man derartigen Phrasen begegnet. Ganz Europa ist in der größten Gefahr, und statt gegen die Tataren zu ziehen, bedrängt der Kaiser, nachdem er eine Anzahl hervorragender Prälaten aller Länder, mit denen er nicht im Kriege war, angegriffen und gefangen genommen hat, Rom und den Papst. Wozu? Um sich dort „väterliche Aufnahme und guten Rath" und „den Segen der Kirche"[3] zu erzwingen. Das Urtheil der Zeitgenossen war auch ein vernichtendes. Man machte den Papst so wenig für die erbärmliche Haltung des Kaisers[4] verant= wortlich, daß damals Manche glaubten, der Kaiser selbst habe die Ta= taren zum Verderben der Christen aufgereizt[5], um entweder mit ihrer Hülfe die Kirche zu verderben, oder den Papst von seiner Absetzung, oder die Ungarn vom Kampfe gegen den Kaiser abzuhalten. In einem Theile Deutschlands war öffentlich behauptet worden, im Mongolenheere seien

---

[1] Kaiserl. Schreiben vom 20. Juni 1241 an den römischen Senat (H.-B. V, 1139; vgl. Hefele 957, 3, der auf H.-B. V, p. 360. 841. 921 sq. 925 hinweist). Ebenso schrieb der Kaiser an seine Dienstmannen in Schwaben, an den König von Frankreich u. A. S. Reg. Imp. n. 3210.

[2] H.-B. V, 1143. Bekanntlich war der Papst erst in Sicilien eingefallen, nachdem der kaiserliche Feldherr, der Herzog von Spoleto, die Feindseligkeiten be= gonnen hatte. S. o. S. 91. Warum konnte er nicht durch einen Waffenstillstand derartigen Eventualitäten begegnen? In diesem Briefe spricht er auch von den Forderungen, die er dem Papste stellen würde. „Intendentes esse contenti veteribus et haereditariis imperii juribus, quae diu augusti praedecessores nostri jure generis et honoris tam imperii quam regnorum propria possederunt, quibus tamdiu neglectis per te et alios principes notari merito poteramus."

[3] H.-B. V, 1141. 1145.

[4] Auch in seinen Schreiben an die christlichen Fürsten vom 3. Juli, in denen Friedrich sie auffordert, sich gegen die Tataren zu erheben (an den König von Eng= land bei H.-B. V, 1148, an den von Frankreich ibid. 1154 extr.), ist der Papst wieder der Sündenbock, dessen Ehrgeiz nach der Unterwerfung aller Königreiche unter seine Herrschaft strebe (l. c. 1154).

[5] Matth. Paris. ad a. 1241, IV, 119. (Er selbst hält übrigens das Gerücht für unwahr; p. 120. 298.) Vgl. Rayn. 1241, 29.

Gesandte des Kaisers gesehen worden, von denen die Tataren zum Kampfe gegen die Kirche angefeuert würden [1].

Der Papst seinerseits bemühte sich sogleich, Hülfe zu senden. Während er den König von Ungarn zum Kampfe ermuthigte [2] und allen Prälaten ihn zu unterstützen befahl [3], hatte er im Juni Befehl gegeben, in Ungarn und den benachbarten Ländern das Kreuz gegen die Tataren zu predigen [4], alle Fürsten zum Kampfe gegen die neuen Feinde der Christenheit aufgefordert [5] und, damit der Hülfe gegen die Tataren kein Abbruch geschehe, sich bereit erklärt, mit dem Kaiser Frieden zu schließen [6]. Zwar war der Bote, welcher im Auftrage des Papstes den Kaiser um die Freilassung der Prälaten bat, von demselben abgewiesen worden [7], aber das entmuthigte den Papst nicht. Denn er schrieb dem Herzog von Kärnthen, welcher sich damals um das Friedenswerk bemühte, am 19. Juni 1241, er sei bereit, den Kaiser, sobald er sich des Friedens der Kirche würdig und zur Erfüllung dessen, was die Ehre Gottes und des apostolischen Stuhles sowie die Lage des christlichen Volkes erfordere, geneigt zeige, in den Schooß der Kirche wieder aufzunehmen [8]. Aehnlich schrieb er am 1. Juli 1241 an den König von Ungarn [9]. Es lag also nicht

---

[1] So Albert der Böhme bei Höfler S. 28. Der Kaiser soll auch den Befehl zur Abfassung und Verbreitung einer damals bekannten apokryphen Schrift, worin ein Tatarenhäuptling erklärt, als Richter der Erde zur Vermittlung zwischen dem Kaiser und der Kirche gekommen zu sein, gegeben haben. S. Schannat, Vindem. dipl. 206 bei H.-B. Introd. p. CCXXXIX, 1.

[2] Brief an Bela bei Rayn. 1241, 18; in ähnlicher Weise schrieb er an König Coloman. S. l. c.

[3] Brief vom 16. Juni 1241 (Ripolli VII, 16, n. 225). Aehnlich schrieb er an die Dominicaner in Ungarn (Potth. n. 11032).

[4] Auftrag an den Bischof von Waitzen vom 16. Juni (Potth. n. 11033), sowie an den Cisterclenserabt von Heiligkreuz in der Diöcese Passau, an die Provincialobern der Franciscaner und Dominicaner in Deutschland, an den Prior der Dominicaner zu Wien. S. Potth. n. 11038, p. 934.

[5] Rayn. 1241, 19. Vgl. auch den Brief vom 1. Juli an den König von Ungarn. Ibid. 27 sq. [6] L. c. 28 (Brief vom 1. Juli).

[7] Collenutio, Vita Frid. II. bei H.-B. V, 1147, 3.

[8] H.-B. V, 1138. In einem Privatschreiben theilte um jene Zeit (s. Reg. Imp. n. 3209) der Predigerordensbruder Bartholomäus dem Bischof und den Canonikern von Brixen als Geheimniß mit: „dominus Barnensis venerabilis cardinalis ex parte domini papae mihi scripsit, ut cum domino imperatore Romam properarem, quia possem utilis esse ad pacem" (H.-B. V, 1146). Als der Kaiser später im J. 1243 mit Innocenz IV. über den Frieden unterhandelte, berief er den Herzog an seinen Hof, um sich seines Rathes zu bedienen. S. Winkelmann, Acta, n. 331; Reg. Imp. n. 3400. — Daß der Papst nicht versicherte, der Kaiser sei nicht der Stein des Anstoßes für das Friedenswerk, ergibt sich aus dem Schreiben an den König von Ungarn. S. folgende Anm.

[9] Rayn. 1241, 27. In dem Schreiben drückt der Papst vor Allem sein herz-

Gefangennahme der Prälaten. Die Tatarennoth. Tod Gregors IX. 375

am Papste, daß der Friede nicht zu Stande kam. Denn ohne jede Genugthuung dem Kaiser die Lossprechung zu ertheilen, war unmöglich. Dadurch hätte sich Gregor nicht bloß gegen die Satzungen der Kirche verfehlt, sondern das Papstthum selbst erniedrigt und seinen Namen vor der Mit= und Nachwelt mit Schmach bedeckt. „Es handelte sich hier nicht für ihn um weltliche Politik, es handelte sich um seine ganze kirchliche Stellung."[1] Noch einmal wurde nun im Juli 1241 von dem eben aus dem Orient kommenden Grafen von Cornwallis versucht, zwischen Papst und Kaiser zu vermitteln; aber die Römer empfingen ihn als einen Boten des Kaisers mit Verachtung, und auch er konnte nichts ausrichten[2].

Inzwischen war der Kaiser Ende Juli über Terni, Narni und Rieti bis in die allernächste Umgebung Roms vorgedrungen und verwüstete dieselbe; Tivoli hatte sich bereits unterworfen. Damit schien der letzte Hoffnungsanker Roms verschwunden zu sein. Daß dieser Angriff auf Rom auf den Rath und die Aufforderung eines Cardinals, des Johann Colonna, geschah, der, nachdem sich das Cardinalscollegium ganz auf Seiten und in Uebereinstimmung mit dem Papste befunden, im Januar auf die Seite des Kaisers getreten war[3], mußte für den Papst um so

liches Beileid zu dem Unglück aus, welches die Tataren über Ungarn gebracht. Vielleicht ist aber das Schreiben nicht in die Hände Bela's gekommen. Wenigstens hat sich dieser später beklagt, Gregor IX. habe nicht einmal sein Mitgefühl mit den Niederlagen der Ungarn ausgedrückt. Wie ungerecht diese Anklage gegen Gregor ist, hat schon Alexander IV. am 14. Oct. 1259 in einem beredten Schreiben an Bela dargethan. Rayn. 1259, 33—45.

[1] Hergenröther a. a. O. S. 185. — Selbst Alexander Natalis (Hist. eccl. saec. XIII et XIV, c. 1, a. 3) hat deßhalb anerkannt, daß das Zustandekommen des Friedens nicht durch die Schuld des Papstes vereitelt wurde.

[2] Richard war am 1. Juli in Sicilien gelandet. Die Ann. de Theokesb. p. 120 sagen: „Romam adivit ut pacem inter imperium et ecclesiam reformaret." Vgl. besonders bei Matth. Paris. (ed. Luard 4, 138) den Brief Richards, worin er von seiner Absicht, zu vermitteln, spricht. Matth. Paris. (l. c. 148) gibt einen Bericht über die Verhandlungen, wonach sich der Kaiser im Voraus mit allem, was Richard abschließen würde, einverstanden erklärte, „sed voluit papa omnibus modis, ut imperator se absolute subjiceret ipsius papae arbitrio et voluntati mandatisque staret ecclesiae praestito juramento; sed comes Richardus huic suae voluntati non consensit". Was daran wahr ist, läßt sich nicht bestimmen. Vgl. auch Reg. Imp. n. 3221.

[3] S. Rich. Sangerm. 381 und den Brief des Kaisers an ihn bei H.-B. V, 1156. Es wäre falsch, mit Ciaconi (II, 57) aus dem Stillschweigen der Vita Greg. zu schließen, der Cardinal sei nicht des Hochverraths schuldig gewesen; denn sie geht nur bis gegen Mitte des J. 1240. Uebrigens wurde Johann Colonna für seinen Verrath später von den Römern gefangen genommen und in's Gefängniß geworfen und seine Burgen geschleift (Rich. Sangerm. ad a. 1241). Er starb nach Matth. Paris. IV, 287 am 9. Febr. 1244. — Daß die übrigen Cardinäle mit dem Papste übereinstimmten, hatte der Kaiser selbst noch im J. 1240 anerkannt, als

härter sein. Sonst hatte der von Steinschmerzen gefolterte Greis sich um diese Zeit durch die Bäder Viterbo's erholen [1] und die in diesen Monaten in Rom herrschende Fieberluft vermeiden können. Jetzt war er selbst dort eingeschlossen, die Christenheit von den Tataren bedroht, ein Cardinal zum Verräther geworden, zwei andere mit vielen Erzbischöfen, Bischöfen und Prälaten der Kirche in Gefangenschaft, Rom selbst allem Anschein nach rettungslos verloren, die eigenen Verwandten des Papstes, der zu ihrem Schutze bei Montefortino, nordwestlich von Segni, eine Burg erbaut hatte, durch die Eroberung und Zerstörung derselben seitens der kaiserlichen Truppen [2] bedroht. Aber nur aus Unkenntniß schrieb Peter von Vinea einem Vertrauten, schon würden die Worte des Friedens nicht wie früher von widerwilligen Ohren gehört, und die Nothwendigkeit zwinge den Papst zur Eintracht [3]. Allerdings hätte es geschehen müssen, wenn er in seinem Handeln nicht wirklich durch höhere Gründe, als die bloßer Politik, wenn er etwa bloß durch Haß oder Liebe oder Selbstsucht bestimmt worden wäre. Aber die Ueberzeugung, daß es sich um die Freiheit der Kirche handle, daß es Verrath an ihr sei und schwere Gewissensbefleckung, ohne Genugthuung den Kaiser vom Banne loszusprechen, gab dem Papste Ausdauer und Kraft, selbst noch mit sterbender Hand die Fahne der kirchlichen Freiheit hochzuhalten. Doch über all dem Jammer, den er nicht ändern konnte, brach sein starkes Herz; er starb am 22. [4] August 1241 und wurde in der vaticanischen Basilika beigesetzt [5].

Sonst ist es dem Tode eigen, Feindschaft zu tilgen, Gedanken an frühere Freundschaft und Liebe zu wecken, Beleidigungen vergessen zu machen. Jedenfalls entbindet der Tod eines großen Gegners Keinen von der Anerkennung und Achtung, die man ihm im Leben schuldete. Aber Friedrich II. zeigte den christlichen Fürsten den Tod des Oberhauptes der Kirche an „mit einem letzten Blicke des Hohnes über die endliche

---

er dem Carbinalbischof von Ostia schrieb: „Quantumcunque ad evitanda desolationis dispendia ut credimus per scissuram, currenti primum furori cesseritis, libenter tamen etc." (H.-B. V, 1028).

[1] Matth. Paris. p. 163.

[2] Nach Matth. Paris. l. c. war es „cito post festum assumptionis" (d. h. dem 15. August), und beschleunigte die Nachricht seinen Tod.

[3] Brief vom Juli 1241 (H.-B. V, 1158): „Jam verba pacis non sicut hactenus infestis auribus audiuntur: concordiae viam, quam hucusque voluntas obscena praecluserat, omnium supervenientium hostium necessitas requirit."

[4] Nic. de Curb. Vita Innoc. IV, c. 5; Matth. Paris. 162; Ann. Senens. SS. XIX, 230; Chron. S. Petr. in Mencken, Scr. rer. Germ. III, 259; Chron. de Mailros in Rer. Angl. Script. 206.' Vgl. Potth. I, 397, der alle Quellen-Nachrichten über das Datum des Todestages mittheilt.

[5] S. Onuphrius Panvinius, De Basil. Vatic. l. VI, c. 22 bei Angelo Mai, Spicil. Rom. tom. IX, p. 360.

Hinfälligkeit des Gegners"¹. „Gestorben ist der," so schreibt er, „durch den der Erbe der Friede fehlte, die Zwietracht herrschte und Viele in Todesgefahr geriethen." Wenn er aber auch, heißt es weiter, den Papst gehaßt, so hätte er ihm doch längeres Leben gewünscht, bis das durch ihn (!) gegebene allgemeine Aergerniß gehoben worden wäre. Aber Gott, der die geheimen Anschläge der Frevler kenne, habe es anders gewollt. Nun sei es sein sehnlichster Wunsch, daß ein Mann nach dem Herzen Gottes auf den apostolischen Stuhl berufen werde, der die Fehler seines Vorgängers wieder gut mache und der Welt den Frieden, dem Kaiser aber die mütterliche Liebe der Kirche schenke. Werde wirklich ein Freund des Friedens und Eiferer der Gerechtigkeit in der Kirche Gottes erhoben, der das verbrecherische Treiben (!) und den Haß seines Vorgängers nicht fortsetze, so werde der Kaiser demselben in jeder Weise seine Gunst bezeugen und zum Schutze des katholischen Glaubens und der kirchlichen Freiheit bereit sein. — Die beste Vertheidigung des Papstes gegen diese Verleumdungen Friedrichs II. ist des Kaisers eigene Handlungsweise. Denn er entblödete sich nicht, nachdem der am 25. October 1241 gewählte Cölestin IV. schon am 10. November 1241 gestorben war, während der nun folgenden langen Verwaisung des apostolischen Stuhles persönlich wie durch seine Kriegshauptleute den Kirchenstaat wiederholt anzugreifen und zu verwüsten². Wem galt denn nun sein Kampf, da ein Papst überhaupt gar nicht vorhanden war? Und als erst ein Papst gewählt war, und zwar gerade der Mann, den er selbst gewünscht, Innocenz IV., entbrannte der Kampf viel heftiger, als je unter Gregor IX. — ein Beweis, daß dieser wahrlich nicht in den Tod ging, weil er hartnäckiger und eigensinniger war als andere Päpste, sondern weil er nicht anders handeln konnte, als er wirklich that.

---

[1] H.-B. V, 1165. — Schirrmacher III. 228.
[2] Rich. Sangerm. zu Mai, Juni, Juli 1242 und Mai 1243. Ficker (Reg. Imp. n. 3362a) sagt: „Der Zug galt der Stadt Rom", und bezieht sich hierfür auf ein Schreiben des Kaisers an den König von Frankreich (H.-B. VI, 95), worin er den Römern vorwirft, sie ließen nicht ab, ihre kaisergetreuen Nachbarn durch feindliche Angriffe zu schädigen, und hielten sogar von seinen Freunden, den Cardinälen, einige gefangen und bedrängten andere sonstwie. Allein das Verbrechen der Römer — vgl. das kaiserl. Schreiben an Senator und Volk von Rom (H.-B. VI, 145; Reg. Imp. n. 3301) — bestand bloß darin, daß sie den Zorn des Kaisers durch Gewaltthaten im Gebiete von Tivoli gereizt hatten, d. h. daß sie im Interesse des zukünftigen Papstes und der Cardinäle, also der Kirche selbst, der doch der Kirchenstaat gehörte, die Ansammlung von Truppen in der Gegend von Tivoli (vgl. l. c.) in der römischen Campagna zu verhindern suchten. Denn es war ihnen noch etwas von der Begeisterung, die Gregor IX. ihnen eingehaucht hatte, geblieben. — Salimbene (p. 58) erwähnt, daß vor der Wahl die Wege nach Rom gesperrt wurden „usque adeo, ut multi caperentur. Timebat enim ne aliquis transiret, qui papa fieret".

Mitten unter den größten Drangsalen war der Papst am 22. August 1241 in die Ewigkeit eingegangen, ohne auch nur ein Haar breit, trotz äußerster Noth, von dem, was er als recht erkannt hatte, abzuweichen. Hervorgegangen aus einer thatkräftigen Familie, hatte er sich mit dem Geiste Innocenz' III. durchdrungen und die Fortführung seines Werkes sich vorgesetzt. Aber das Kind und der Jüngling, welchem Innocenz als ein Vater und Freund die Krone Siciliens gerettet, die des Kaiserreichs gegeben hatte, war unter der Regierung des nachgiebigen Honorius III. immer mehr dem Fluche seines Hauses, dem Stolz, anheimgefallen und hatte sich durch den Durst nach Macht von einem Fehler zum andern verleiten lassen. Als er auf Sicilien, einem päpstlichen Lehen, immer klarer seinen Anschauungen von einer ihm zustehenden absoluten Macht praktischen Ausdruck gegeben, und dabei in mannigfaltiger Weise, ohne sich um Mahnungen oder Drohungen zu kümmern, die Freiheit der Kirche mißachtet hatte, wurde die Spannung zwischen ihm und dem Papste immer größer. Der Bruch wurde aber unvermeidlich, als er deutlicher als je darauf ausging, sich auch die Lombardei trotz der ihr garantirten Freiheit ähnlich wie Sicilien zu unterwerfen. Denn das sollte nur die Vorstufe zur Unterwerfung des Kirchenstaates und der Vernichtung der Unabhängigkeit des Papstes sein. Doch sein Verfahren auf Sicilien war der klare Typus dessen, was sich andere Länder, zunächst Italien und die Kirche überhaupt, von ihm zu versehen hatten. Das Verfahren mußte demnach geändert werden, das war die ideale Wurzel des ganzen zwischen ihm und dem Papste bestehenden Streites und deßhalb der Hauptgrund des Bannes. Auch wenn Friedrich die Lombarden nicht angegriffen hätte, hätte der Papst nicht zugeben können, daß in dem benachbarten päpstlichen Lehensreiche gegenüber den Principien des strengen römischen Rechts die Rechte und Freiheiten der Kirche mißachtet und nach byzantinischen Principien des Cäsaropapismus das frische Leben der Kirche zur Erstarrung gebracht würde. Er konnte es um so weniger, als der dortige König zugleich Kaiser und somit der berufene Schützer der Kirche selbst war. Wenn das dort geschah, was war dann anderswo zu erwarten?

Nach diesen Gesichtspunkten muß das Handeln des Papstes beurtheilt und dabei nicht übersehen werden, daß er es mit einem Gegner zu thun hatte, dem fast Alles zur Erreichung seiner Pläne zu Gebote stand, Geist und Wille, Macht und Thatkraft, mit einem Gegner, der in der Verstellung Meister war, der bei der Wahl der Mittel nie vor Gewalt zurückscheute, wenn List nicht half. Lange Zeit, ehe er selbst auf den päpstlichen Thron stieg, hatte Gregor IX. sein Handeln verfolgen und auch über dessen Triebfedern nicht in Unkenntniß bleiben können. Auf der ersten hierarchischen Stelle nach der päpstlichen, war er vom J. 1206 bis 1227 mit den kirchlichen Geschäften und besonders auch mit all den

Schwierigkeiten vertraut, welche des Kaisers Doppelzüngigkeit dem milden Honorius III. bereitet hatte. Zwar hatte er die Liebe Innocenz' III. für Friedrich geerbt und war ihm deßhalb ein guter Freund gewesen. Aber schon gleich am Anfange seiner Regierung war er, wie der Kaiser selbst zugab, in die **Nothwendigkeit** versetzt, ihn mit dem Banne zu belegen. Nachdem dieser aufgehoben war und ein freundliches Verhältniß der beiden Häupter der Christenheit eine glückliche Zeit der Eintracht zu versprechen schien, hatte der Kaiser durch die Gesetze von Melfi den Grund zu neuem Mißtrauen gelegt, das immer mehr Nahrung erhielt und schließlich von Neuem zum Banne des Kaisers führte.

Man hat gemeint, eine nationale Pflicht zu erfüllen, indem man Friedrich gegen die Päpste vertheidigte und bis zu den Sternen erhob. Aber wenn man sein Verfahren von diesem Standpunkt beurtheilen will, muß man ihn erst recht verurtheilen. Denn er hatte es in der Hand, mit Hülfe Deutschlands und der Seestädte im Kreuzzuge die Ost- und die Südküste des Mittelmeeres, wie die im Norden und Nordosten von Deutschland gelegenen Länder zu erobern [1]. Aber er zog es vor, in Sicilien und Italien zu leben, rechtmäßige Freiheit zu mißachten und auch kirchliche Rechte und Freiheiten anzugreifen, wodurch er sich und sein Geschlecht zu Grunde richtete. In ganz Italien wollte er herrschen und sich des Papstes nur bedienen, um seinen Zweck einer allgemeinen Weltherrschaft leichter zu erreichen. Deutschland wäre nur ein Nebenland gewesen, gut genug, um Gut und Blut zur Erreichung dieser Zwecke zu bieten, aber sonst in Allem Sicilien und Italien nachstehend.

Auch „vom Standpunkt der sittlichen Forderungen des Staatslebens" hat man wenigstens die Absichten und Zwecke Friedrichs vertheidigen wollen, und dabei übersehen, daß die Vertheidiger des Papstthums auch die Vertheidiger der Freiheit der Völker waren, und das Maschinenleben Siciliens nicht in Vergleich kommen kann mit dem herrlichen, frischen, freien, frohen und kräftigen Leben in dem vom Kaiser so gering geachteten Deutschland. Man übertrage doch nicht Schlagwörter der Gegenwart in die historische Betrachtung der Vergangenheit und gedenke vielmehr der Worte des hl. Bernhard [2]: „Meine Seele soll nicht dem Rathe derer beitreten, die da sagen, daß entweder dem Reiche der Friede und die Freiheit der Kirchen, oder den Kirchen die Wohlfahrt und Erhöhung des Reiches schädlich sei. Denn Gott, der beide gegründet, hat sie nicht zu ihrer Zerstörung, sondern zu ihrer Auferbauung verbunden."

Klar hatte denn auch Gregor IX. erkannt, daß Friedrich auf nicht weniger ausging, als den Papst seinen Zwecken dienstbar zu machen und,

---

[1] S. Böhmers Brief an J. Chmel vom J. 1847 in Böhmers Leben ꝛc., Bd. II, 497 f. [2] Ep. 244 ad Conrad. regem.

bei allem Indifferentismus in Glaubenssachen, auch die kirchlichen Interessen in jeder Weise zu beeinflussen. Es handelte sich deßhalb für ihn um einen Vertheidigungskrieg, dessen Führung seine kirchliche Stellung ihm auferlegte. In der Verfolgung dieses Krieges hat er einen Muth und eine Kraft bewiesen, die ihn seinem großen Vorgänger Innocenz III. ebenbürtig zur Seite stellt. Zwar hat man ihm vorgeworfen, er habe sich leicht von der Leidenschaft zu übereilten Schritten hinreißen lassen und sei eigensinnig und starr gewesen. Aber auch seine Schritte müssen aus der ganzen Sachlage erklärt werden, aus seiner genauen Kenntniß des Charakters und der Zwecke Friedrichs, der es ja immer gut verstand, seine Pläne vor den Meisten zu verdecken. Immerhin hat der sprachliche Ausdruck in seinen letzten Encycliken gegen den Kaiser bisweilen eine durch die Anwendung apokalyptischer Bilder hervorgebrachte Schärfe, die man lieber — wenngleich ihm der Kaiser darin vorangegangen war — vermissen würde.

Von schöner, ehrfurchtgebietender Gestalt, war er auch stets ein Muster der Frömmigkeit und Vorbild der Heiligkeit [1]. Selbst seine Feinde konnten diese so wenig wie die Reinheit seiner Absichten läugnen [2].

„Aus seinen Thaten ergibt sich und es folgt unzweifelhaft aus den Früchten seiner Werke," sagt ein Zeitgenosse, falls nicht der Kaiser selbst [3], „was für ein guter Hirte und tüchtiger Herrscher Gregor IX. ehrwürdigen Andenkens gewesen ist. Die ihm anvertraute Heerde hat er nach besten Kräften gegen die Angriffe der Widersacher vertheidigt und sich nicht gescheut, sein eigenes Leben für das seiner Schafe zu wagen, bis er seinen Geist in die Hände Gottes zurückgab, der ihn durch viele Leiden in derartigen Kämpfen geprüft hatte."

---

[1] „Forma decorus et venustus aspectu ... zelator fidei, disciplina virtutis ... castitatis amator et totius sanctitatis exemplar." Vita Greg. 575.

[2] Vgl. folgende dem P. von Vinea zugeschriebene Verse: „Credo quod Gregorius qui dictus est nonus — Fuit apostolicus vir, sanctus et bonus." Dann folgt allerdings, wie von P. von Vinea zu erwarten sein würde, der Tadel: „Sed per mundi climata strepuit ejus sonus — Quod ad guerras fuerit semper nimis pronus." Vgl. H.-B., Pierre de la Vigne 148 s. 404.

[3] „Ex suis gestis colligitur et ex operum fructibus indubitanter innuitur, quam pastor utilis, quam rector idoneus fuit rev. mem. Gregorius pp. IX., qui gregem sibi creditum ab iniquorum incursibus pro posse servans illaesum pro suis ovibus animam suam ponere non expavit, donec ipsam in Abrahae gremio resignavit et spiritum reddidit Deo nostro, quem multis afflictionum generibus in hujusmodi conflictibus lacessivit" (H.-B. VI, 101). Die Worte finden sich in einem angeblichen Schreiben Friedrichs II. an die Getreuen Siciliens über die Wahl Innocenz' IV. Es steht aber zu sehr in Widerspruch mit seinen sonstigen Aeußerungen, als daß es für ächt gehalten werden könnte.

Anhang.

Beilage I.

Ueber die „Vita Gregorii P. IX. ex Cardinali Aragonio".

Muratori veröffentlichte im dritten Bande der Scriptores Rer. Italic. (P. I, p. 277 sqq.) eine im 14. Jahrh. auf Befehl und unter dem Namen des Cardinals Nicolaus von Aragonien gemachte Sammlung von Leben römischer Päpste, worunter sich auch unmittelbar nach dem unvollständigen Leben Alexanders III., mit Uebergehung der Leben der ihm folgenden sieben Päpste, eine „Vita Gregorii P. IX." (ibid. 575—587) befindet. Es ist die Sammlung, welche Raynald unter dem Titel „Acta Vaticana" citirt, denn er konnte das erhaltene Manuscript der vaticanischen Sammlung benutzen (vgl. über diese Sammlung Watterich, Pontificum RR. qui fuerunt inde ab exeunte saec. IX. usque ad finem saec. XIII. vitae ab aequalibus conscriptae, Lipsiae 1862, 2 voll. [bis 1198] in tom. I, LXXI sqq.).

Die „Vita Greg." bricht am Schlusse, ohne den Tod Gregors IX. zu berichten, plötzlich ab, vielleicht weil, wie Raynald (1240, 17) meint, der Tod den Verfasser selbst überrascht hatte. Daß er ein Zeitgenosse Gregors gewesen ist, ergibt sich aus der Schrift selbst. Denn der Verfasser berichtet nicht nur als Augenzeuge ausführlich über die päpstlichen Reisen und Ceremonien, sondern spricht auch im Präsens von Zeitgenossen, z. B. bem Bischof von Luceria (p. 583: „circuire compellitur") und erwähnt die Verhinderung des Fürsten von Tunis an seiner Reise nach Rom behufs Empfangs der Taufe mit den Worten: „nuper Regis Tunisi fratrem ad sedem apostolicam accedentem ... detentione jam longa prohibuit." Aus dem erstern Umstande ergibt sich, daß er ein Cleriker der römischen Curie war (s. C. de Smedt, Introd. generalis ad historiam eccl. Gandavi, 1876, p. 271). Damit stimmen auch seine Worte „nos Christi milites" (p. 584) überein. — Vielleicht spricht der Umstand, daß er zweimal mit großer Wärme von Benevent spricht (p. 584. 587), dafür, daß er in näheren Beziehungen zu dieser Stadt gestanden hat.

Ein Vergleich dieser „Vita" mit den sonstigen Quellenschriften und Urkunden fällt sehr zu Gunsten der Wahrheitsliebe und Genauigkeit derselben aus, weßhalb Raynald (1240, 17) nicht ansteht, den Verfasser „veritatis amantissimus" zu nennen. Aus dem Eingange der Schrift hat man mit Wahrscheinlichkeit auf den officiellen oder quasi-officiellen Charakter derselben schließen zu dürfen geglaubt. Denn es heißt dort: „Venerabilium gesta Pontificum archivis sunt mandanda fidelibus, ut ea digesta per ordinem, lectorum studia in vota gratiarum exercant, et capiat de priorum moribus secutura posteritas vitae felicioris exemplum." (Vgl. De Smedt l. c.: „Ex exordio hujus lucubrationis probabiliter concludere licet, eam publice vel quasi publice fuisse conscriptam.") Während in der Bannbulle vom 20. März 1239 die Rechtgläubigkeit Friedrichs nur nebenher in

Abrede gestellt (H.-B. V, 286) und in der Encyclica vom 7. April 1239 nur im Allgemeinen von anderen großen und schweren Verbrechen des Kaisers geredet und gedroht wird, daß zur gehörigen Zeit und am gehörigen Orte gegen ihn vorgegangen werden würde, wird hier von seinem Unglauben, der Begünstigung des Sclaven= handels mit Christen u. A. ausführlicher geredet (p. 584 sq.). — Friedrich II. heißt hier „coluber tortuosus" (p. 582), „princeps execrandus" (p. 583), „praenuntius Antichristi" (p. 583), „Satanas furens" (p. 587).

Eine Eigenthümlichkeit des classische Bildung zeigenden Stiles ist die Vorliebe für Wortspiele. Vgl. z. B. p. 583: „Minores Fratres, quorum vitam ipsa Paganorum duritia veneratur, hic Pagano durior flammarum atrocitate damnavit"; p. 584: „talibus nos Christi milites Princeps christianorum honorat"; l. c.: „rationale animal irrationali crudelius"; p. 586: „frangibilis Frangipanis".

Beilage II.
Gregors IX. Hymnen zu Ehren des hl. Franciscus.

Salimbene (Chron. p. 194) sagt: „Iste Dominus Papa Gregorius nonus . . . ad honorem b. Francisci fecit hymnum ‚Proles de coelo prodiit‘, et responsorium ‚De paupertatis horreo‘, et prosam ‚Caput draconis ultimum‘ et aliam prosam de passione Christi ‚Flete fideles animae‘." Wadding (a. 1228, 78 [II. 204]) spricht das erwähnte Responsorium dem Cardinaldiakon Otto von St. Nicolaus in carcere Tulliano zu, erwähnt aber außerdem als von Gregor IX.: „illae antiphonae: ‚Sancte Francisce propera, Veni Pater accelera‘; et quae recitatur defuncto generali ministro: ‚Plange turba paupercula‘."

Das Responsorium wie der Hymnus „Proles" findet sich noch im heutigen Franciscaner=Officium vom 4. October. Das erstere lautet:

>De paupertatis horreo
>Sanctus Franciscus satiat
>Turbam Christi famelicam,
>In via ne deficiat.
>Iter pandit ad gloriam,
>Et vitae viam ampliat.
>
>Pro paupertatis copia
>Regnat dives in patria,
>Reges sibi substituens,
>Quos sic dictat inopia
>Iter pandit ad gloriam
>Et vitae viam ampliat.

Der Hymnus (ad Laudes) lautet also:

>Proles de coelo prodiit
>Novis utens prodigiis,
>Coelum caecis aperuit,
>Siccis mare vestigiis.
>
>Spoliatis Aegyptiis
>Transit dives, sed pauperis
>Nec rem nec nomen perdidit,
>Factus felix pro miseris.

Assumptus cum apostolis
In montem novi luminis,
In paupertatis praediis
Christo Franciscus intulit.

Fac tria tabernacula,
Petri secutus studia,
Cujus exemplo nobili
Sponte reliquit omnia [1].

Legi, Prophetae, gratiae
Gratum gerens obsequium,
Trinitatis officium
Festo solemni celebrat,

Dum [2] reparat virtutibus
Hospes triplex [3] hospitium
Et beatorum mentium
Dum templum Christo consecrat.

Domum, portam et tumulum,
Pater Francisce, visita;
Et Hevae prolem miseram,
A somno mortis excita. Amen.

Beilage III.
Das Cardinalscollegium unter Gregor IX.
A. Bei seinem Regierungsantritt.
a) Cardinalbischöfe.

1. **Nicolaus Chiaramonti**, ein Cistercienfermönch, Bischof von Frascati, der nach der Thronbesteigung Gregors im J. 1227 starb. Ughelli, Italia sacra I, 232.

2. **Conrad von Urach**, Cardinal von Porto und S. Rufina. Er starb am 30. Sept. 1227.

3. **Pelagius**, von Albano. Er starb am 11. Mai 1240; nach Ughelli I. 257 am 29. Jan. 1240.

4. **Guido Pierleone**, von Palestrina, starb am 25. April 1228. Siehe Ughelli I. 207.

Nach Ughelli I, 169 wäre der bekannte Kölner Scholasticus Oliverius, später Bischof von Paderborn, dann Cardinal von Sabina, erst im J. 1227 gestorben. Allein er starb schon im J. 1225. S. Wattenbach, Deutschlands Geschichtsquellen im Mittelalter (3. Aufl.) II, 312.

b) Cardinalpriester.

1. **Leo**, vom heiligen Kreuz; starb im J. 1230. Ciac. II, 21.
2. **Jacobus Gualla de Richeriis**, aus Vercelli, Canon. regularis,

---

[1] In Mone, Hymni latini medii aevi, vol. III, p. 308, wo dieser Hymnus abgedruckt ist, heißt die vierte Strophe: „Hac tria tabernacula — Votum secutus Simonis — Quem hujus non deseruit — Nomen vel omen nominis".

[2] „Cum" bei Mone.   [3] „Tripes" ibid.

Presb. Card. tit. SS. Sylvestri et Martini in montibus. Am 30. Juni 1227 bezeugt er noch eine päpstl. Urkunde. Vgl. Potth. I, 938. Nach Eggs (Purpura docta [1714] I, 125) wäre er erst im J. 1238 gestorben.

3. **Stephanus be Fossa nova**, Romanus, Presb. Card. basilicae ss. duodecim apostolorum. Er starb im J. 1227, nach dem 23. Sept. S. Potth. I, 938 und Ciac. II, 31.

4. **Stephan Langton**, Erzbischof von Canterbury, tit. S. Chrysogoni. Er starb am 6. Juli 1228. Vgl. Le Neve, Fasti eccles. Anglic. (1854) I, 11.

5. **Thomas be Capua**, Campanus, tit. S. Sabinae. Ueber seine Dichtungen vgl. u. A. Salimbene p. 194 sq. Er starb am 22. Aug. 1243. S. Ciac. II, 36.

6. **Johann von Colonna**, tit. S. Praxedis. Er starb im J. 1245. S. ibid. II, 59.

c) Cardinalbiakone.

1. **Octavianus**, Diac. Card. SS. Sergii et Bacchi, S. R. E. archidiaconus. Er starb nach dem 31. Juli 1231. S. Potth. I, 939.

2. **Raynerius Capoccius**, Viterbiensis, Diac. Card. S. Mariae in Cosmedin. Er starb am 27. Juni 1250 oder 1252. Ciac. II, 34.

3. **Romanus**, Diac. Card. S. Angeli in foro piscium. Er starb als Cardinalbischof von Porto und S. Rufina nicht vor der Erhebung Cölestins IV., wie Ciac. II, 35 sagt, sondern im J. 1243 (Ughelli I, 130). Nach Matth. Paris (zum J. 1241) vereinigte er in dem nach Gregors Tode stattfindenden Conclave die Stimmen von drei Cardinälen auf sich.

4. **Stephan**, von St. Hadrian in tribus foris, dann Presb. Card. S. Mariae trans Tiberim, tit. Callisti, gestorben am 8. Dec. 1254. S. Ciac. II, 37.

5. **Aegibius be Torres**, Hispanus, Diac. Card. SS. Cosmae et Damiani. Er starb im Aug. 1254. Ciac. II, 59.

6. **Peter**, Diac. Card. S. Georgii in Velabro. Ciac. II, 60 berichtet irrthümlich, daß er im J. 1242 gestorben sei, denn nach Nic. de Curb. (Vita Innoc. IV., n. 13) folgte er Innocenz IV. auf seiner Flucht im J. 1244.

Von den erwähnten Cardinälen waren Conrad von Urach, Guido, Johann von Colonna, Aegibius von Torres und Peter von Honorius III., die übrigen von Innocenz III. creirt.

B. Cardinals-Ernennungen unter Gregor IX.

Die erste Promotion fand am 18. Sept. 1227 statt. Darin wurden creirt:

1. **Johann Halgrin** zum Cardinalbischof von Sabina,
2. **Gaufribus be Castiglione** zum Cardinalpriester von St. Marcus,
3. **Raynald von Segni** zum Cardinaldiakon von St. Eustachius,
4. **Sinibab von Fiesco** zum Cardinalpriester von St. Laurenz in Lucina,
5. der Magister **Bartholomäus** zum Cardinalpriester von St. Pudentiana,
6. **Otto von Montferrat** zum Cardinaldiakon von St. Nicolaus in carcere Tulliano. Vgl. o. S. 305—307.

In der zweiten Ernennung, welche nach dem 1. Oct. 1228 stattfand (vielleicht am „4. Dec.", wie Panvini [vgl. Ciac. II, 83] angibt, dann aber keinesfalls 1230, sondern 1228), wurde der Cardinaldiakon Stephan von St. Hadrian, der als solcher noch am 1. Oct. 1228 als Zeuge aufgeführt wird (Potth. I, 939), zum Cardinalpriester und Erzpriester von St. Peter erhoben. S. unter A. c) n. 4. Außerdem wurden neu ernannt:

Beilage III. Das Cardinalscollegium unter Gregor IX.

1. **Jacob von Vitry** zum Cardinalbischof von Frascati. S. o. S. 306.
2. **Nicolaus von Anagni**, nach Ciac. Graf von Segni, zum Cardinalpriester von St. Marcellus. Er starb im J. 1239. Vgl. Ciac. 85 sq.

Im Sept. 1231 wurde **Jacob von Pecoraria** zu Rieti zum Cardinalbischof von Palestrina ernannt (s. o. S. 307). In demselben Jahre wurden Romanus, Cardinalbiakon von S. Angeli, zum Cardinalbischof von Porto und S. Rufina und der Cardinalbiakon Raynalb von St. Eustachius zum Cardinalbischof von Ostia ernannt. Vgl. Alberic. ad a. 1231: „Romae tres (quatuor?) episcopi cardinales a papa electi sunt, videlicet d. Renaldus camerarius in Hostiensem, d. Romanus in Portuensem, d. Thomas in Albanensem (? der Cardinalbischof Pelagius von Albano starb nach Ughelli [vgl. oben] erst am 29. Jan. 1240) et d. Jacobus Trium fontium in Praenestinum." In Potth. I, 938 ist Raynalb am 24. Aug. 1234 als Cardinal von Ostia, und ibid. p. 939 am 3. Jan. 1235 als Cardinalbiakon von St. Eustachius angeführt. Uebrigens heißt er noch in einem kaiserl. Schreiben vom 12. Juli 1233 bloß „electus Ost." (H.-B. IV, 442). — Vielleicht war in diesem Jahre **Raimund be Pons**, Bischof von Périgueur, der nach Ciac. II, 89 „Romae in curia ejusdem Gregorii magnis districtus negotiis saepenumero detentus fuit", zum Cardinal erhoben worden. Nach der Gallia purpurata fand seine Erhebung allerdings schon im J. 1227 statt. Vgl. Gallia christ. II, 1473 sq.; aber Alberic. ad a. 1227 erwähnt ihn nicht. Uebrigens starb er schon im J. 1233. — Ob Gregor IX. wirklich den Erzbischof von Bourges, **Simon be Sully**, zum Cardinalpriester von St. Cäcilia erhob, ist nicht sicher. Er starb übrigens schon am 8. Aug. 1232. Vgl. Gallia christ. II, 67.

Endlich wurden im J. 1237 Folgende ernannt:

1. Zu Anfang des Jahres der Franzose **Franz Cassardi**, geboren zu Fayet in der Diöcese Grenoble, zum Cardinalpriester von St. Martin. Leider starb er schon am 6. Aug. 1237 durch einen unglücklichen Sturz vom Pferde zu Lyon, wohin er sich als päpstlicher Legat zur Verbesserung der Sitten des Clerus begeben hatte (Ciac. p. 93). Nach Eggs (Purp. docta [1714] I, 169) war er erst vier Monate vor seinem Tode zum Cardinal erhoben worden. Ciac. l. c. nennt ihn „Dr. utriusque juris" und „archipraesul Turonensis". Allein bem am 23. April 1228 verstorbenen Erzbischof Johann be Faye folgte von 1229—1245 Juhel be Mathefelon. S. Gams·S. 640.

Wahrscheinlich (Ciac. p. 91) zu Ende des J. 1237 wurde **Gaufrib Castiglioni**, Cardinalpriester von St. Marcus (S. o. S. 306), zum Cardinalbischof von Sabina erhoben. Der Cardinalbischof Johann von Sabina war nach einem Schreiben des Cardinals Colonna an den Cardinal Otto vom 18. Oct. 1237 um jene Zeit plötzlich gestorben (H.-B. V, 124). Gams (Hier. p. XIII) macht Gaufrib irrthümlich schon im J. 1233 zu dessen Nachfolger. S. auch Ughelli, Italia sacra I, 170.

In bemselben Jahre wurden außerdem ernannt:

2. Der Spanier **Raymunb Nonnatus**. Vgl. o. S. 307. Nach Ciac. p. 91 war er Cardinalbiakon von St. Eustachius. Allein Robert von Somercote soll den Titel vom J. 1237—1240 innegehabt haben.

3. Der Engländer **Robert von Somercote**, der wegen seiner Gelehrsamkeit, Liebenswürbigkeit und Tugenbhaftigkeit sehr gerühmt wird. Eggs, p. 160: „Scripsit de astronomia librum unum, de solis et lunae eclipsi alterum; paradoxa item philosophica, nonnullaque alia, quorum tamen notitia nullibi, nisi in privatis bibliothecis mss. extat." — Er wäre nach dem Tode Gregors, heißt es, zum Papste gewählt worden, wenn er nicht während des Conclave am

26. Sept. 1241 gestorben wäre. Vgl. Nic. de Curb., Vita Innoc. IV., n. 5: „Tum propter necessariorum subtractionem, tum propter aestus fervorem, tum propter moram diutinam ibidem contractam, quidam sunt ibi mortui, utpote Dominus Robertus Anglicus S. Grisogoni Diaconus Cardinalis." Es ist charakteristisch für Matth. Paris (Chron. Maj. IV, 168), daß er ihn an Gift sterben läßt: „Potionatus, ut dicitur, eo quod Papatui dignus videbatur et idoneus, ab aemulis suis Romanae nationis, qui eum contemnebant. Simili peste quidam alius periit, insidiis praeventus invidorum." — Was aber die Titelkirche Roberts angeht, so war allerdings Stephan Langton, ein anderer englischer Cardinal vor Robert, Cardinalpriester von St. Chrysogonus, aber Robert kann das nicht gewesen sein (trotz Nic. de Curb. l. c.), weil das nicht der Titel eines Cardinalbiakons, sondern eines Cardinalpriesters war. Ciac. p. 87 und Eggs p. 160 machen ihn zum Cardinalbiakon von St. Hadrian. Allein nach Potth. I, 939 hat er vom 15. April 1239 bis zum 29. Mai 1240 mehrere päpstliche Urkunden als Cardinalbiakon von St. Eustachius bezeugt.

4. Der Römer Richard Hannibalbi von Molaria wurde im J. 1237 zum Cardinalbiakon von St. Angelo ernannt. Er starb erst im J. 1274 zu Lyon während des Concils. Zu seiner Charakteristik genügt die Bemerkung, daß er ein besonderer Freund des hl. Thomas von Aquin war. Vgl. Ciac. p. 88; Eggs p. 160.

5. Ciac. p. 89 sagt: „Guido inter Diaconos Cardinales a Gregorio cooptatus interfuit electioni Coelestini IV et excessit e vita paulo ante Innoc. quarti creationem, ut ejusdem Innocentii registra testantur." Er ist dann wohl der „quidam alius" des Matth. Paris und einer der „quidam ibi (d. i. im Conclave) mortui", von denen Nic. de Curb. spricht (f. l. c.).

C. Das Cardinalscollegium beim Tode Gregors IX.

zählte wenigstens:

fünf Cardinalbischöfe: 1) Raynald, Cardinalbischof von Ostia und Belletri, starb als Alexander IV. am 25. Mai 1261; 2) Jakob von Palestrina, starb am 26. Juni 1244; 3) Romanus von Porto und St. Rufina, starb im J. 1243; 4) Gaufribus von Sabina, starb als Cölestin IV. am 10. Nov. 1241; 5) Jakob von Vitry, von Frascati, starb am 30. April 1244 (Ughelli I, 234);

sodann vier Cardinalpriester: 1) Stephan von S. Maria trans Tiberim, tit. SS. Calixti et Julii, 2) Johann von Colonna, 3) Thomas von Capua, 4) Sinibald Fiesco von St. Laurentius in Lucina, starb als Innocenz IV. am 7. Dec. 1254;

sieben Cardinalbiakone: 1) Rayner Capoccio, 2) Aegidius von Torres, 3) Petrus, 4) Guido (f. o.), 5) Richard von St. Angelo, 6) Otto von St. Nicolaus in carcere Tulliano, der als Cardinalbischof von Porto und St. Rufina im J. 1251 starb, 7) Robert de Somercote.

In dem Berichte des Matth. Paris zum J. 1241 über die Wahl Cölestins IV. ist nur von zwölf Cardinälen die Rede, und Jakob von Vitry, Thomas von Capua, sowie die Cardinalbiakone Peter und Guido werden nicht erwähnt.

Beilage IV.

Hat Gregor IX. dem Grafen Robert von Artois die Kaiserkrone angeboten?

Im Briefe Gregors IX. vom 21. Oct. 1239 an König Ludwig IX. (H.-B. V, 457), worin er ihm anzeigt, daß er den Cardinalbischof von Palestrina als Legaten sende, um durch ihn die Hülfe des Königs anzurufen, findet sich von einem Plane, gegen den Kaiser einen französischen Prinzen oder sonst Jemanden als König aufzustellen, keine Andeutung. Es ist auch nicht wahrscheinlich, daß der Legat damals schon in mündliche Unterhandlungen hierüber getreten sei. Denn auch Albert der Böhme machte dem Herzog von Baiern erst im August 1240 (s. Höfler S. 16) Andeutungen über die Möglichkeit der Wahl eines Franzosen. Albert empfahl auch dem Papste am 5. Sept. 1240, falls er sich über die Stimmung der geistlichen und weltlichen Fürsten Deutschlands unterrichten, oder auch ohne Wahl der Fürsten und bloß mit ihrem guten Willen einen neuen König aufstellen, oder auch einen tapfern und mächtigen Mann zum Capitän der Lombardei und Tusciens machen wolle, den Heinrich von Reifen, der in der Grammatik bewandert sei und hinreichend Französisch (!) verstehe, durch Vermittlung des Bischofs von Straßburg zu sich zu rufen (Höfler S. 22).

Matth. Paris theilt zu Ende des J. 1239 (ed. Luard III, 624) einen angeblichen Brief des Papstes an den König und die Barone Frankreichs mit, worin die Absetzung Friedrichs und die Wahl des Grafen Robert von Artois, eines Bruders des Königs, erzählt wird. „Condemnasse et a culmine imperiali abjudicasse Fridericum dictum imperatorem; et Robertum fratrem regis Franc. loco ipsius elegisse substituendum." Credat Judaeus Apella! Der Kaiser wurde ja erst im J. 1245 abgesetzt. Die ibid. p. 625 mitgetheilte Antwort der „circumspecta prudentia Gallorum", b. h. der Baronenversammlung, ist ganz augenscheinlich erfunden. Ueber die groben Widersprüche der Antwort, z. B. daß der Kaiser nicht seines Gleichen auf Erden habe, während die Barone doch dem Kaiser vorgestellt haben sollen (ibid. p. 626), der König von Frankreich sei mehr als ein Kaiser, oder daß der Kaiser mehr Religion habe als der Papst, vgl. Rayn. 1239, 39; Stilting, De S. Lud. in Acta SS. Aug. tom. V, p. 368 sq.; Hergenröther, Kath. Kirche und christl. Staat. Selbst wenn die den französischen Baronen in den Mund gelegte Antwort wahr wäre, liefe sie doch bloß darauf hinaus, daß Friedrich ihrer Ansicht nach unschuldig zu sein scheine und seine Absetzung jedenfalls nur durch ein allgemeines Concil erfolgen könne. „Qui si meritis suis exigentibus deponendus esset, non nisi per generale concilium cassandus judicaretnr." Aber nicht bloß der Brief, sondern der ganze Bericht ist voll Widersprüche. Denn wir lesen auch (p. 626), daß hiernach französische Gesandte direct zum Kaiser gegangen seien, um ihn zu fragen, ob er ein Christ sei oder nicht; wäre er ein Häretiker, so würden sie ihn bekriegen. Allein der Kaiser habe ihnen unter Thränen versichert, er sei ein Christ, worauf sie befriedigt weggegangen seien!

Aber auch Alberic. Leibni Access. hist. II, 577 berichtet, nachdem der Prinz Abel und der Herzog von Braunschweig die Krone abgelehnt, habe man sie auf Befehl des Papstes dem Grafen Robert von Artois angeboten, der aber habe sie dem Rathe seiner klugen Mutter gemäß zurückgewiesen. „Tandem res ista de mandato papae delata fuit ad dominum Robertum, fratrem regis Franciae, sed de consilio et prudentia matris opus intactum remansit." Aber sein Bericht ist sonst ungenau. S. o. S. 358, Anm. 4. Dazu kommt noch der Bericht der Kölner Annalen von St. Pantaleon zum J. 1239, wonach der Bischof von Palestrina in päpstlichem Auftrag den König (!) von Frankreich zur Annahme des Imperiums, welches von den Deutschen auf die Franzosen übergehen sollte, zu bewegen suchte. Aber weder bei ihm noch bei anderen Königen und Fürsten, sagen sie, hätte die Aufforderung des Legaten Erfolg gehabt. „Mittit etiam in Galliam legatum Prenestinum episcopum, qui, metu imperatoris mutato habitu, regnum Franciae ingressus, proponit ad mandatum papae Romanum imperium, quod dicebatur vacare, a Germanis transferre ad Gallos, ad hoc recipiendum sollicitando regem Francorum. Rege autem Francorum hoc recusante, legatus similiter sollicitavit quosdam alios reges et principes; qui omnes, consilio cum deliberatione habito, prae magnitudine imperatoris hoc recusarunt" (Chron. regia Colon. ed. Waitz. Hannoverae 1880, p. 274).

Es ist nicht unzweifelhaft, daß sich ein Schreiben Friedrichs II. an einen ihm durch Freundschaft und Verwandtschaft theuren Mann, welchem er für Beweise der Standhaftigkeit dankt, auf Robert von Artois bezieht, wie es H.-B. V, 1086 darstellt. Zwei Codices beziehen es vielmehr auf den Grafen von Toulouse und nur einer auf den Grafen von Artois. Zudem war Raymund ein „affinis" des Kaisers (Epp. Fri. H.-B. IV, 799 sq.; V, 541), der zwar im J. 1241 zur päpstlichen Partei übertrat, aber vorher, in den Jahren 1239 und 1240, gegen dieselbe gekämpft hatte. Seine Gemahlin Sanchez von Aragonien war eine Schwester der ersten Gemahlin Friedrichs gewesen. Aber er konnte sie doch nicht „neptis", was irgend eine jüngere Verwandte (vgl. Du Cange, Gloss. ad v.) bezeichnet, nennen. Der Graf von Artois hatte aber im Juni 1237 die Enkelin Philipps von Schwaben, Mathilde von Brabant, geheirathet. Deßhalb wird der Brief besser auf ihn bezogen.

Auf jeden Fall muß den Berichten des Matth. Paris, des Alberich und der Annalen von St. Pantaleon irgend eine Thatsache zu Grunde liegen. Welche? Die beste Antwort wird von Huillard-Bréholles (Introd. p. CCC) gegeben; derselbe glaubt, daß zwar keine officielle Verhandlung, wohl aber resultatlose Vorbesprechungen stattgefunden haben, daß der Cardinal den Boden sondirt habe. Das würde dann wahrscheinlich gegen Ende des J. 1240, als das Concil bereits berufen worden war, geschehen sein. Diese Annahme empfiehlt sich deßhalb, weil sie nicht bloß die angegebenen Nachrichten und das erwähnte Schreiben Ludwigs an den Kaiser (s. oben S. 365, Anm. 5) erklärt, sondern sich auch aus dem Gange der Ereignisse selbst ergibt. Daß der Legat im Auftrage des Papstes handelte, läßt sich allerdings vermuthen, aber nicht mit Bestimmtheit sagen. Denn während Ersterer sich dem zum Bischof von Noyon erwählten unehelichen Sohne des Königs Philipp August von Frankreich, Peter Charlot, günstig erwies, erklärte Gregor IX. am 5. Juli 1240 die Wahl für ungültig (Ep. Greg. in Rayn. 1240, 30); Peter Charlot wurde erst im J. 1243 von Innocenz IV. aus Rücksicht auf Ludwig IX. bestätigt. Vgl. über ihn Gallia christ. tom. IX, p. 1009 sq.

Register.

(Ein Komma zwischen zwei Zahlen weist auf eine Anmerkung hin.)

A.

Aachen 20. 28. 54.
Abbul-Aziz, Fürst von Tunis 252. 267. 275 f. 381.
Abel, Prinz von Dänemark 352. 358. 387.
Abo 129.
Abruzzen 133.
Absalom, s. Axel.
Abu-Mohammed, Fürst von Tunis 275.
Abu-Zakaria, König von Tunis 238. 252. 275 f.
Accola, s. Aquila.
Accon 75. 78. 81 f. 169, 4. 170—174. 288. 315, 1.
Accon, Bischof von 174, 1.
Acerenza 273, 1.
Acerra, s. Diepold von Vohburg.
Achaja 289, 2.
Acquapendente 153.
Acquaputriba 153.
Acqui 314, 2.
Adalbert III., Graf von Bogen 231, 3.
Adelasia von Torres und Gallura, Gemahlin Ubald Visconti's, dann Enzio's 264 f. 266, 6. 278, 3.
Adenulphus Canonicus 6, 5.
Adolph, Erzbischof von Köln 20—22.
Adolph IV. von Schauenburg, Graf von Holstein 314, 5.
Aegidius, Bischof von Piacenza 369.
Aegidius de Torres, Cardinaldiakon 384. 386.
Aegypten 43. 55. 66. 78. 236. 317.
Afrika 57. 235. 237.
Agatha, S. 95. 98. 321, 3.
Agde, s. Bertrand.
Aglei 166. S. Berthold.
Agnellus, Bischof von Marocco 236 f.
Agnes von Assisi 47.
Agnes von Böhmen 119. 257. 309. 356.
Agnes von Braunschweig, Gemahlin Otto's von Baiern 357, 1.
Agram, s. Stephan.
Air 366, 5.
Alaadin, Sultan von Ikonium 239.

Alabil, Emir von Marocco 237, 1.
Al-Aschraf, Sultan von Chelat 2c. 66. 75 f. 82.
Alatri 41. 143, 4.
Alatrinus, päpstl. Subbiakon, Rector von Spoleto 148, 6.
Alberia, Tochter Tancreds von Lecce 15, 2.
Alberich von Romano 94. 157. 162. 211. 330. 332. 347, 2.
Albert, päpstl. Caplan 35, 2.
Albert, Bischof von Brescia, Patriarch von Antiochien 171 f. 173, 1. 241, 3. 242 f. 247. 305.
Albert der Böhme, Archidiakon von Passau 335, 3. 338, 2. 350—360. 374, 1. 387.
Albert, Markgraf von Brandenburg 25.
Albert von Burhövden, Bischof von Riga 127—129. 233. 311.
Albert, Patriarch von Jerusalem 23, 1.
Albert, Erzbischof von Magdeburg 25. 67, 3. 88, 2. 114. 132. 155.
Albert, Graf von Orlamünde 317, 2.
Albert von Pisa 308, 4. 328.
Albert von Possemünster 350, 1.
Albert, Bischof von Regensburg 371, 4.
Albert, Herzog von Sachsen 25 f. 132. 155. 339. 342, 5. 345, 2.
Albigenser 103 ff. 112. 212, 3. 214. 272.
Albrecht, s. Albert.
Alby 272.
Alcantara, Ritterorden von 310, 3.
Alessandria 156. 242. 247, 1. 263. 341.
Alexander, Bischof von Lichsfeld 277, 1. 297, 5.
Alexander III., Papst 5. 7. 296, 3. 341, 2. 381.
Alexander IV., Papst 2, 2. 6. 47. 52, 4. 205, 4. 306. 308, 2. 374, 9. 386. S. Raynald von Ostia.
Alexander II., König von Schottland 111. 185 f. 297.
Alexandrien 169, 4.
Alfano 153.
Alfons, Alfonso, s. Alphons.
Algier 238, 4. 307.
Alice von Cäsarea 321.

Alice (Alisia), Königin-Wittwe von Cypern 115. 189. 288.
Alice von Montferrat, Gemahlin König Heinrichs von Cypern 83.
Alife 273, 1. 274.
Alipraubus 32, 5.
Al-Kamel, f. Kamel.
Al-Mamun, Kalif von Marocco 236 f. 275, 1.
Almohaden 237. 238, 4. 275, 1.
Al-Muazzam, Sultan von Damascus 66. 75.
Al-Nâsir (David) 66. 75. 79. 81. 288.
Alpen 292. 327. 356, 2.
Alphons II., König von Aragonien 17.
Alphons, Prinz von Aragonien 191.
Alphons, Prinz von Castilien 190. 275, 1.
Alphons IX., König von Leon 190.
Alphons II., König von Portugal 237.
Alphons von Poitiers 104, 6. 213, 2.
Altenesch 221.
Altopascio 19, 4.
Amalfi 12. 273, 1.
Amalrich von Bena 108.
Amalrich, König von Jerusalem 74. 189.
Amalrich, Graf von Montfort 176.
Amancus, Erzbischof von Auch 122 f. 368.
Amelia 150. 274, 6.
Amisone Sacco 39. 40, 1 u. 2.
Amiterno 93.
Anagni 5 f. 19. 41, 1. 67 f. 93. 101. 143, 4. 145. 154, 5. 158. 263. 305. 333. 334, 1.
Ancona 11. 25. 36. 62, 1. 89 f. 92. 98. 99, 2. 100. 121. 142, 3. 150 f. 153. 230. 285, 2. 307. 333. 336. 341 f.
Andraviba (Andrevilla) 289, 3.
Andreas, Erzbischof von Lund 311. 314, 1. 317, 2.
Andreas von Segni 44, 5.
Andreas II., König von Ungarn 26, 2. 82. 94, 4. 124. 130 f. 191—195. 290, 5.
Andres 103, 6.
Andria 94.
Angers 112.
Anjou 111.
Ansaldo da Mari, sicil. Admiral 348.
Antiochien 82. 287. 305. S. Albert, Boemund.
Antonius von Padua 161. 222 f. 226.
Anweiler, f. Markwald von.
Apenninen 9.
Apricena, f. Precina.
Apulien 10—12. 27. 56. 58. 82. 90 f. 93 f. 96. 141. 147. 225, 2. 260. 261, 1. 269. 320. 341. 348. 368.
Aquila 93. S. Roger.
Aquileja, f. Aglei, Berthold.
Aquino, Bischof von 274, 1.
Arabus 78.
Aragonien 190. 201. 295, 2. 300 f. S. Alphons, Constanze, Jakob, Peter.

Arborea 31. 32, 5. 265.
Arbingus, Bischof von Florenz 152. 222, 2. 266. 276, 3.
Arelat 133 f. 145. 263, 5. 280, 3. 366 f.
Argelato bei Bologna 37, 1.
Aricia 153.
Aristoteles und Aristotelismus 108 f. 324.
Arles 366. S. Johann.
Arme Frauen, f. Clarissen.
Armenien 66. 76. 305. S. Isabella, Leo.
Arnalbisten 208.
Arnauld Wilhelm 212 f.
Arnold von Brescia 12.
Arnold, Graf von Los 338.
Arnold, Bischof von Nîmes 368. 370, 4.
Arnsberg, Graf von 218.
Arnstein, f. Gebhard.
Arnulf, päpstl. Pönitentiar 328.
Artois, f. Robert.
Asan, König der Bulgaren 177 f. 289 ff.
Ascalon 77, 1. 288.
Aschraf, f. Al-Aschraf.
Ascoli 89. 133. 342. S. Marcellinus.
Asien 54. 57. 235.
Assisi 42 f. 45—48. 73. 116—118. 151. 327 f. 333. 371. S. Simon.
Asti 156. S. Humbert.
Astorga, f. Nuño.
Atto, Bischof von Bergamo 249. 270, 1. 285.
Auch, f. Amaneus.
Audito, f. Wilhelm.
Augsburg 21 f. 247. 257. 260. S. Siboto, Sigfried.
Augustiner-Chorherren 40, 7. 121 f.
Augustiner-Eremiten 121 f. 307 f.
Augustinus von Hippo 122.
Averroes und Averroismus 108 f. 324. 325, 2.
Aversa 273, 1. S. Raynald.
Avigliana 153, 1.
Avignon 103. 105. 366.
Axel (Absalom) Bischof von Roeskilde und Erzbischof von Lund 127. 317.
Azzo VII., Markgraf von Este 90, 8. 94. 132. 157. 162. 242 f. 269. 330. 345.

B.

Babylon 286.
Bagdad 235 f.
Baiern 28. 355—358. S. Agnes, Ludwig, Otto.
Balan 4.
Balduin I. von Constantinopel 176.
Balduin II. von Constantinopel 176—178. 289—294.
Balduin II., König von Jerusalem 77, 1.
Balduin von Alna, Bischof von Semgallen 233 f.

Balga 314.
Balk, Hermann, Landmeister von Livland 126. 231 f. 313.
Bamberg 24. 28, 3. S. Eckbert.
Banglo Fojetano 274.
Banz, Kloster 88, 4.
Bar, f. Heinrich.
Barcelona 201. S. Berengar.
Bari, f. Berard.
Bariso 31. 264.
Barletta 66. 73. 94 f.
Barnim, Herzog von Pommern 317, 2.
Baroli 89, 2. 332.
Barten 314.
Bartholomäus von Anticoli, römischer Bürger 335, 1.
Bartholomäus, Bruder 368, 4. 374, 8.
Bartholomäus, Cardinalpriester 306. 384.
Bartholomäus, Erzbischof von Palermo 12, 3.
Basilius, Erzbischof von Tirnowe 178, 1.
Batu 372.
Bautzen 356. 358.
Beatrix von Schwaben, Gem. Otto's IV. 23 f. 28.
Beatrix, Gem. Ferdinands III. von Castilien 119, 3. 367, 3.
Beauvais 181 f. 183, 1. S. Milo.
Behaim, f. Albert der Böhme.
Beirut 74 f. 170. S. Johann von Ibelin.
Bela IV., König von Ungarn 119. 124, 3. 130 f. 179, 1 u. 2. 194. 247, 3. 263, 4. 290. 292, 4. 293. 302. 329. 344. 346, 2. 348. 360. 372—374.
Belesbub 177.
Belisar, Bischof von Mantua 100.
Benedict, Bischof von Linköping 304, 2.
Benedicta von Massa 31 f. 264, 5.
Benedictiner 35, 3. 40, 7. 122. 228 f. 298. 366, 1.
Benevent 95. 340. 381.
Benvenuto 225, 2.
Berard, Erzbischof von Bari, dann von Palermo 66. 100, 1. 265, 5. 267 f. 320.
Berard, päpstl. Gesandter 332.
Berard, Graf von Loreto 366.
Berberei 238. 276.
Berengar, Bischof von Barcelona 201.
Berengar Raymund, Markgraf von Provence 184. 214. 300, 4. 342, 4. 345, 2. 366 f.
Berengaria von Castilien 367.
Bergamo 247, 1. 260. S. Atto, Johann.
Berkshire 362, 2.
Bernhard, päpstl. Subdiakon 293, 6.
Bernhard, Bruder 218, 4.
Bernhard de Botone 205, 2.
Bernhard von Clairvaux, der hl. 63, 1. 206. 255 f. 379.
Bernhard V., Graf von Cominges 366.
Bernhard Guidonis 2.

Bernhard, Herzog von Kärnthen 25. 97 f. 153. 215, 2. 374.
Bernhard von Pavia 199. 201.
Bernhard III., Bischof von Paderborn 23.
Bernhard IV. v. d. Lippe, Bischof von Paderborn 87, 4. 220.
Bernhard, Herzog von Sachsen 25, 2.
Berthold, Patriarch von Aquileja 20. 38. 94. 97 f. 124, 3. 258, 1. 278, 1. 329.
Berthold von Loccum 127.
Berthold, Vicedominus von Regensburg 371, 4.
Berthold, Bischof von Straßburg 84. 165, 3. 339. 350. 355, 2. 387.
Berthold von Urslingen 89—91. 97, 3.
Berthold II., Herzog von Zähringen 25.
Bertinoro 25. 36.
Bertolino 153.
Bertrand, Bischof von Agde 368.
Bertrand de Comps, Großmeister des Johanniterordens 310, 2.
Besançon, f. Gottfried, Johann.
Bethlehem 77.
Bethune, f. Johann.
Beziers, Concil von 134, 5.
Bisceglia 274, 1.
Bissignano, Bischof von 18, 4.
Bladolzheim 84.
Blanca von Castilien, Königin von Frankreich 102 f. 112. 134, 5. 181. 212. 214, 2. 229, 4. 365, 1.
Blasius, St., de Brictinis 121.
Blaye 184 f.
Blemmydes Nicephoras 180.
Bobacianus 263, 3.
Bobbio 33.
Bobo Hyacinth, Cardinal, f. Cölestin III.
Böhmen 10. 231. 356 f. 372. S. Agnes, Ottokar, Wenzel.
Böhmer, Joh. Friedr. 3. 67, 3.
Boemund, Fürst von Antiochien und Tripolis 78. 305, 2.
Boetli Aegibius 263, 3.
Bogen, f. Adalbert.
Boleslaus V. von Krakau und Sandomir 196.
Boleslaus von Masovien 197.
Bologna, Stadt und Universität 7. 8. 35. 38 f. 40, 5. 41, 1. 42, 3. 48 f. 60. 94, 7. 155 ff. 159. 161—163. 199—201. 223. 242. 330 f. 333, 1. 341, 4. 344. 349. 357, 3. S. Heinrich, Octavian.
Bolsena 153.
Bondeno 278.
Bonfilius, Bischof von Siena 38, 2.
Bonifacio de, f. Paul, Richard.
Bonifaz von Savoyen, Bischof von Lausanne 155.
Bonifaz III., Markgraf von Montferrat 132. 159. 177, 2.
Bonifaz VIII., Papst 5. 44, 5. 205. 209, 3. 255.

Bonus, s. Johann.
Bopparb 167 f.
Bordeaur, f. Géraud.
Boril, König der Bulgaren 178.
Bornhövde 86. 128.
Bornholm 129.
Borzenland, f. Burza.
Bosnien 194. 302 f. S. Johann, Ponsa, Nicoselawus.
Boulogne 103. S. Philipp.
Bourges 103, 6. 105. S. Simon.
Bouvines 28. 110.
Brabant 306. S. Heinrich, Mathilde.
Brandenburg, f. Albert, Johann, Otto.
Branitschemo 178.
Braunschweig 86. S. Agnes, Otto.
Bremen 23, 3. 27. 87. 88, 4. 127. 129. 220 f. 312. 315, 1. S. Burkard, Gerhard, Hartwig, Walbemar.
Brescia 33. 60. 154. 156, 5. 157—159. 163. 242. 247, 1. 257. 260. 263 f. 266 f. 286. 292. 333, 1. 357, 3. S. Albert, Wala.
Breslau, f. Lorenz.
Bretagne, f. Johann, Peter.
Brevier 116 f. 308 f.
Brictiner 121.
Brienne, f. Johann, Walter.
Brieuc, St., f. Wilhelm.
Brindisi 63 f. 66 f. 69. 74. 76. 83. 90. 94.
Brixen, f. Egeno, Heinrich.
Bruno, Erzbischof von Köln 20—22.
Bruno, Probst von Lübeck 352, 2.
Bruno, Bischof von Würzburg 225, 1.
Brusino 153.
Buch, Cistercienserkloster in der Diöcese Meißen 219.
Bulgaren, Bulgarien 177 ff. 207. 289 f. 293. S. Asan, Boril, Kalojohannes.
Burgund 263. S. Arelat.
Burkard, Erzbischof von Bremen 23, 3.
Burkard, Graf von Oldenburg 221.
Burza (Burzenland) 124. 193. 232.
Buße, Orden von der, f. Miliz Christi.
Burhövden, f. Albert von.

C.

Cäsarea 64, 6. 75. S. Johann.
Cäsarius von Speier 44, 6. 226. 328, 1.
Cagli 151.
Cagliari 31 f. 264 f.
Cajazzo 93. 95. 273, 1.
Calabrien 11, 2. 18. 28. 269. 279.
Calamandrana 156.
Calamandrin 264.
Calanta 153.
Calatrava, Ritterorden von 310, 3.
Calvi, Bischof von 321, 3.
Camalbulenser 9. 35, 3. 120.

Camerino 151, 1.
Camin 114. S. Conrad, Sigwin.
Campagna (Campanien) 5 14. 36. 56. 95. 99. 143 f. 146. 153. 334. 341. 342, 5 343.
Camporotundo 147.
Canelli 156
Cannä 16.
Canterbury 186. 364. S. Edmund, Stephan Langton, Richard.
Canut VI., König von Dänemark 6, 7.
Capella, f. Johann
Capitanata 95. 97. 133. 134, 4. 276.
Capparone, Wilhelm 11. 16 f.
Capua 12. 16. 36. 58. 60. 92. 94 f. 98. 136 f. 341. S. Jakob, Matthäus, Thomas.
Carcassonne 184, 2. 213. S. Clarinus.
Cardinalscollegium, Cardinäle 10. 17. 51—53. 159. 179, 4. 247, 3. 250 f. 256. 262. 271. 296, 5. 305—307. 319—321. 326. 342. 344 f. 363. 375. 377, 2. 383—387.
Cariati 273, 1.
Carinola, Bischof von 274.
Carmeliter 120.
Carpentras, Herr von 252, 2.
Carthäuser 128. 228. 302.
Carus, Erzbischof von Monreale 12, 3.
Casal Imbert bei Tyrus 171.
Casalnuovo 95. 133.
Casamari 14.
Casimir Mieszkowic, Palatin von Ratibor 195.
Castel 338 f.
Castelblans 78.
Castiglione, f. Gaufrid, Robert.
Castilien 190. 263. 295, 2, 367. S. Alphons, Berengaria, Blanca, Eleonore, Ferdinand.
Catanea 141. 273, 1. 278 f. S. Walter.
Cefalu 273, 4. 278 f. S. Harduin, Johann.
Celano 71. 100. S. Peter, Richard, Thomas.
Cellani, Peter 212.
Celle bei Cortona 328.
Cencius Savelli, f. Honorius III.
Centorbi 141.
Cephalonien und Zante, Graf von 291, 5.
Ceperano 25. 36. 71 f. 83. 99 f. 132. 135 137. 150. 154. 165, 3. 274 f. 278, 4. 280. 359.
Ceuta 237, 1.
Chaldäa 317.
Champagne 100, 4. 189. 289, 3. S. Heinrich, Theobald.
Champlitte, Wilhelm von 289, 3.
Charizmier 66.
Charlot, Peter, Bischof von Noyon 388.
Charta Magna 111.
Chichester, f. Richard, Rudolf.
Chiemsee, f. Rüdiger.

Chios 178.
Chiusi 151.
Christian, Bischof von Preußen 124—127. 230—232. 315 f.
Ciaconius (Chacon) 30, 1.
Cilicien 305.
Cimbrisches Gesetzbuch 305.
Cinthius, päpstl. Caplan 152.
Cirberg 350.
Cistercienser 18, 5. 45. 51. 54, 3. 121. 124. 127. 219. 229 f. 281. 306 f. 374, 4.
Cisterna 153.
Citeaur, Abt von 368.
Citta di Castello 93. 135. 151. 251 f. 282, 3.
Cittanuova 89. 91. 92, 1.
Civibal, s. Feltre.
Civita (in Capitanata) 95.
Civitavecchia 150, 2 334. 368.
Clairvaur, Abt von 368. S. Bernhard.
Clara, die hl. 45—47. 118 f. 371, 5.
Clarinus, Bischof von Carcassonne 212, 3.
Clarissen (Clausur=Frauen) 44, 5. 45—47. 53. 118 f.
Clemens III., Papst 9 f. 123. 146.
Clemens IV., Papst 142, 3.
Clemens VIII., Papst 199, 4. 200, 2.
Clermont, s. Hugo.
Clugny 228. 366, 1. 368. 370, 4. S. Gerold.
Cölestin II., Papst 315, 1.
Cölestin III., Papst 9. 11 f. 21. 29. 51. 115. 123. 315, 1.
Cölestin IV., Papst 377. 384. 386. S. Gaufrid, Castiglione.
Coimbra 223.
Colocza, s. Ugrinus.
Coloman, König der Ruthenen 193. 197. 292, 4. 302. 329. 347, 2. 374, 2.
Colonna 5. S. Johann, Otto.
Cominges, s. Bernhard.
Comita II. 32.
Communion 304.
Como 41, 1. 158 f. 242. 247, 1. 331. S. Hubert, Wilhelm.
Compiègne 183, 1.
Compilationen 198. 201, 2.
Compostella, Erzbischof von 190, 4. S. Johann.
Concubinat 113 f. 216. 5. 222. 298. 304.
Conrad, Bischof von Camin 114.
Conrad IV., römischer König 73. 75. 98, 2. 140, 6. 147. 171—173. 175. 257. 263. 287 f. 325, 3. 337—339. 342, 3. 343. 351. 358, 3. 371, 2. 372 f.
Conrad Dorso 215.
Conrad, Bischof von Freising 284, 4. 337. 339. 350 f. 355. 357.
Conrad Guizinardi 90.
Conrad, Bischof von Hildesheim 61. 84, 3 u. 5. 88, 3. 167. 217. 219 f. 246, 3. 325, 3.

Conrad von Hochstaden, Erzbischof von Köln 339. 355. 371, 4.
Conrad von Wittelsbach, Erzbischof von Mainz 20. 74.
Conrad von Marburg 113 f. 215—220. 222, 3. 223.
Conrad, Herzog von Masovien 125—127. 196 f. 232. 233, 1. 314, 6.
Conrad, Bischof von Minden 220.
Conrad, Bischof von Osnabrück 87, 4. 155. 220.
Conrad von Scharfeneck, Bischof von Speier und Metz 38, 1. 58, 2.
Conrad von Eberstein, Bischof von Speier 339.
Conrad von Urslingen, Herzog van Spoleto 11. 89
Conrad von Thüringen, Deutschmeister 216, 5. 223. 230. 338 f. 342 f. 355.
Conrad von Urach, Cardinalbischof von Porto und S. Rufina 51 f. 64, 4. 67. 114. 216, 5. 383 f.
Constantinische Schenkung 253—255.
Constantinopel 176 ff. 288 ff. 365. S. Lateinisches Kaiserthum.
Constanz, s. Konstanz.
Constanze von Aragonien, Gem. Friedrichs II. 17.
Constanze, Gem. Heinrichs VI. 10—12. 13, 2. 17. 244. 279, 2.
Conti 5.
Cordova 190.
Corneto 153. 225, 2.
Corsica 36. 264, 2.
Cortenova 260. 262 f. 285. 336. 349. 351.
Cortona 328. S. Elias.
Corvey 23 f.
Cosenza, s. Lucas, Opizo.
Crach 78.
Cremona 30—35. 39, 3. 60—62. 98. 113 f. 132. 152, 2. 155 f. 163 f. 208, 1. 246. 249 f. 260. 267. 270 f. 273. 278, 2. S. Homobonus.
Crescentius 43.
Crevalcorn 330 f.
Crutzwitz 126.
Cuchet, s. Neu.
Culmerland, Culm 124—126. 230, 4. 231 f. 314.
Cumanen 130 f. 192. S. Theoderich.
Cumberland 185. 186.
Cypern 74 f. 81, 7. 83. 114 f. 170. 173 f. 179 f. S. Alice, Heinrich.

D.

Dachsburg, Graf von 84.
Dänemark 87. 128. 148, 1. 231. 233. 304 f. 311—313. 317, 2. S. Abel, Canut, Waldemar.

Damascus 66. 76. 79. 82. 286. S. Al-Muazzam, Al-Nâsir.
Damianskloster, s. Assisi.
Damlette 43. 55 f. 69. 75. 83.
Daniel, Bischof von Prag 10.
Dante 41. 47. 109, 2. 324.
David, s. Al-Nâsir.
David von Dinanto 108.
David von Georgien 235.
David I., König von Schottland 185.
Decret Gratians 8. 199 f. 205.
Decretalen 1. 8. 117. 140. 199 ff. 209. 298.
Degradation von Clerikern 205. 208. 217, 2.
Demetrius von Montferrat, König von Thessalonich 177.
Deutschland 19—30. 57—59. 61. 83—88. 114. 163—169. 215—221. 225. 317. 349—360. 372 f. 379. 387 f.
Deutschritter (deutscher Orden) 76. 78. 123—127. 139, 6. 174, 1. 193, 1. 220. 223. 230—233. 259, 2. 310—317. S. Balk, Conrad von Thüringen, Hermann von Salza.
Diepold von Vohburg, Graf von Acerra 11, 2. 16. 27. 71, 1.
Dietmar, Abt von Corvey 23 f.
Dietrich, Markgraf von Meißen 25.
Dionysius, Palatin von Ungarn 192.
Disciplin, kirchliche 88 f. 113 f. 216, 5. 297.
Dobrin, Ritterorden von 126. 232 f.
Dominicanerorden 9. 41. 48—50. 88, 4. 118—121. 127. 180. 194. 200, 2. 210. 215. 220. 223. 229 f. 232. 235. 238 f. 303. 307. 313 f. 317. 318, 1. 326. 329. 349. 374, 3—7.
Dominicus, Bischof von Placentia 185, 5.
Dominicus, der hl. 42 f. 47—49. 119 f. 222 f.
Domcapitel 204.
Dorpat 128. S. Hermann.
Dover 364.
Dreur, s. Johann, Peter.
Dritter Orden des hl. Franz von Assisi 119. 216, 1. 325, 3.
Drohiczyn 233, 1.
Drontheim, s. Sigurd, Thorer.
Durham 362. S. Nicolaus, Richard.

E.

Eberbach, Abt von 223, 3.
Eberhard von Jahenstorf 350.
Eberhard, Erzbischof von Salzburg 100. 114, 5. 132, 1 u. 2. 168. 215, 1 u. 2. 217, 2. 219. 284, 4. 337. 351—353. 355. 356, 2.
Eckbert, Bischof von Bamberg 26. 97. 155. 257.
Eckhard, Bischof von Merseburg 325, 3.

Edessa 76.
Edinburgh 360, 5.
Edmund, Erzbischof von Canterbury, der hl. 187. 188, 4. 295. 297. 299 f. 363, 3. 364.
Eduard, der hl. 296.
Egeno (Egno), Bischof von Brixen 339. 356, 2. 368, 3. 374, 8.
Eger 36, 2. 57, 3. 244. 337 f. 351. 354.
Ehe, Ehesachen 198. 204. 303 f. 321.
Eichstädt, s. Friedrich.
Elba 368.
Elbing 314.
Eleonora von Castilien 191.
Eleonore, Schwester Heinrichs III. von England, Gem. Pembroke's, dann Simons von Montfort 299 f.
Eleonore von Provence, Gem. Heinrichs III. von England 184. 295.
Elias von Cortona 43, 1. 116. 226—228. 327—329. 349.
Elisabeth von Thüringen 119. 215. 216, 5. 222—224. 230.
Elnbogen 351. 354.
Ely, s. Hugo.
Emmerich, König von Ungarn 17. 192.
Engelbert, Bischof von Osnabrück 329.
Engelhard, Bischof von Naumburg 88, 2 u. 3.
England 56. 63, 4. 95. 110 ff. 168. 175. 184—188. 222. 263. 277. 295—300. 327. 346 f. 360—365. S. Heinrich, Johann, Richard von Cornwallis.
Enzio 264 f. 267. 331. 333. 336. 368. 370.
Erfurt 372, 2.
Erich IX., der hl., König von Schweden 129.
Erich XI., König von Schweden 91, 2. 304.
Ermeland 314.
Eßlingen 372.
Este, s. Azzo, Rainald.
Esthland 127 f. 234 f. 311—314.
Euchard 308.
Eufemia, S. 279 f.
Eugen III., Papst 52, 4.
Eustorgius, Erzbischof von Nicosia 115. (321).
Extravaganten 205, 5.
Ezelin II. von Romano 94. 211.
Ezelin III. von Romano 94. 132. 157. 162. 211. 223. 242 f. 250. 263, 6. 269. 278, 1. 330. 332.

F.

Fabriano 230.
Fachrebbin 66.
Faenza 157. 159. 242. 342. 349. 371, 7.
Famagusta 115.
Fano 151. 371.

Feltre und Civibal, s. Philipp.
Ferdinand III., König von Castilien 148. 190. 237, 1. 240. 295. 310, 3. 367.
Ferdinand, Infant von Portugal 301 f.
Ferentino 5. 17, 8. 56. 69. 341, 3.
Fermo 342.
Ferrara 94. 155. 157. 159. 242. 250. 266. 278. 341.
Ferrara, Bischof von 357, 3. 360, 2.
Fez 237. S. Agnellus.
Ficker, Julius 3.
Filangieri, s. Marinus, Richard.
Finale 268, 2.
Finnland 129 f. 304.
Fiore 18.
Florenzula 259. 261. 268, 2.
Flandern 176.
Florenz 35, 3. 38, 3. 42. 45. 132. 152. 160. 162 f. 242. S. Arbingus, Johann.
Floris, Orden von 18 f.
Foggia 95. 97. 133. 251, 3. 367, 3.
Foir, s. Roger Bertrand.
Foligno 11. 333.
Fondi 71 f. 273, 1. S. Roger von Aquila.
Fondi, Bischof von 274, 1.
Fonte Chiuso 153.
Forcalquier 366.
Forcona 93.
Forli 246.
Fossanova 384.
Franciscaner 41—45. 47—50. 92, 2. 116—119. 120, 1. 129, 6. 180. 210, 3. 213 f. 223. 226—228. 235—238. 274, 2. 275. 307—309. 326—329. 349. 374, 4.
Franciscus von Assisi 1. 41—48. 115—119. 226—228. 236, 2. 308. 327. 382 f.
Frageto 153.
Frangipani 72. 253. 277. 335, 1. 382. S. Otto, Peter.
Franken 66. 78. 81. 292.
Frankfurt 11. 24 f. 28. 58. 121. 219. 351.
Frankreich 28. 56. 95. 102—113. 168. 189. 193. 207. 210. 212. 222 f. 229. 263. 272. 290—295. 300. 340 f. 354. 359. 364—366. 368. 370. 387 f. S. Ludwig VIII., Ludwig IX., Philipp II. August.
Franz Cassardi, Cardinalpriester von St. Martin 385.
Frascati, s. Nicolaus, Jakob von Vitry.
Freising 351, 3. S. Conrad.
Friedrich von Castilien 367, 3.
Friedrich, Bischof von Eichstädt 339. 356, 2.
Friedrich I. Barbarossa, röm. Kaiser 5. 7. 54. 61. 142. 210, 2.
Friedrich II., röm. Kaiser, König von Sicilien und Jerusalem 1. 3. 7. 11—16. 19 f. 24. 28—30. 31, 1. 33—38. 39, 1. 41. 51 f. 54—86. 88—102. 119. 125. 132—147. 149 f. 153—161. 163—176. 200. 207. 209, 2. 211. 215. 220. 223. 238. 288. 291—293. 296 315. 317. 319. 349. 351—353. 358—382. 387 f.
Friedrich, Herzog von Oesterreich 132. 166. 256. 343, 2. 351—353. 355.
Friedrich Paraganus 37, 1.
Friedrich von Stauff 358, 1.
Friedrich, Bischof von Trient 31, 1.
Friesach 210, 3. 217, 6.
Frigento 273, 1.
Fritzlar 230.
Fulco, Erzbischof von Gnesen 196, 2. 197.
Fulda 240.
Fumone 144. 153.
Furt 350.
Fusciana 153.

G.

Gaeta 93. 95. 98.
Gaetani, s. Napoleon.
Gallipolis 180.
Gallura 31. 264 f.
Garfagnana 151 f.
Garonne 111. 185.
Gascogne 111 f. 122.
Gaufrid de Castiglione, Cardinalbischof von Sabina 306. 384—386. S. Cölestin IV.
Gaza 289.
Gebhard von Arnstein 243.
Gebhard, Bischof von Passau 113, 6. 165, 3. 257. 350.
Geldern, s. Otto.
Gemini, Santo 153.
Gentilis, Graf von Paleariis 16. S. Walter.
Genua 29. 31 f. 154, 6. 171, 1. 268 f. 272. 276, 2. 332 f. 333, 1 u. 2. 342; 4. 347 f. 365. 368—370.
Georg, König von Rußland 235.
Georgien 235.
Georgius Marsilius 288, 3.
Gerard, Cardinaldiakon von St. Abrian 16.
Géraud, Erzbischof von Bordeaux 240, 5. 368.
Gerhard II. v. d. Lippe, Erzbischof von Bremen 129. 132. 217, 2. 220. 234, 9. 313, 5. 316, 1.
Gerhard, Bischof von Verona 40, 4.
Germano, San 17. 56. 68 f. 92. 95. 98. 244. 256. 282. 285.
Germanus, griech. Patriarch von Constantinopel 178—180. 255.
Gerold, Abt von Clugny, Bischof von Valence, Patriarch von Jerusalem 57. 64, 6. 74, 1. 76—83. 135. 171 f. 310.
Giglio 368.
Gnesen 195—197. S. Fulco, Labislaus.
Gonzaga 36.
Goslar 22.

Gothland 127. 129. 231. 234. 304.
Gottesfriede 175. 184. 246. 270, 1. 283. 285.
Gottesläſterer 138. 204.
Gottesurtheile 138.
Gottfried, Erzbiſchof von Beſançon 368.
Gottfried von Bouillon 63. 75. 77.
Gottfried de Prefectis 161, 1.
Gottfried I. und II. von Villeharbouin 289, 3.
Gottſchalk, Biſchof von Ratzeburg 220.
Grammont, Orden von 229 f.
Gran 372. S. Lucas, Robert.
Gratian 8. 199. 205.
Gregor, Cardinaldiakon von S. Maria in Porticu 13.
Gregor von Montelongo 267. 270, 1. 284. 320. 329. 331, 1. 333. 336. 340. 344, 3. 356, 2. 357, 3. 369.
Gregor von Neapel 43, 3. 226, 4.
Gregor I., Papſt 51 f.
Gregor VII., Papſt 52. 232.
Gregor von Romania, päpſtl. Caplan 248 f. 347. 348, 1. 368.
Grenoble 385.
Griechen 1. 177 ff. 289 ff. 302.
Griechenland 46. 254. 291.
Griechiſcher Ritus 114 f. 131. 173. 235. 254.
Grab, Orden vom hl. 310.
Groſſeteſte, ſ. Robert.
Großpolen, ſ. Otto, Ladislaus.
Grzymislawa von Krakau und Sandomir 196 f.
Guala, ſ. Wala, Gualo.
Gualdo Tadini 148.
Gualo, Dominicaner 71, 2. 98, 2.
Gualo, Legat in England 111.
Gubbio 146, 8. 151
Guelfus, ſ. Porcaria.
Guercio, Biſchof von Lucca 152.
Guerin de Montaigu, Meiſter der Johanniter (1208—1230) 23, 1. 57. 76 f.
Guerin, Meiſter der Johanniter (1231—1236) 171. 173, 2.
Guido, Cardinaldiakon 387.
Guido, Cardinalprieſter von S. Maria Trastevere 14.
Guido von Montpellier 122.
Guido, Cardinalbiſchof von Präneſte 30.
Guido Pierleone, Cardinalbiſchof von Präneſte 383 f.
Guido, Biſchof von Sora 214, 3. 272. 274. 386.
Guidotto, erw. Biſchof von Mantua 155, 2.
Guienne 110.
Gutzinarbi, ſ. Conrad.
Guland 129.
Gunzelin von Wolfenbüttel 89.
Gurk 114, 5. S. Ulrich.

H.

Hadrian IV., Papſt 12. 315, 1.
Hadriansbruderſchaft 171 ff. 174.
Härefie und Häretiker 39. 49. 60 f. 67. 105 f. 133 f. 138. 142 f. 204 f. 247. 250. 263. 302 f. 310. 321. 323—326. 346. 353. 387.
Haſſiben 237.
Hagenau 36, 2 u. 3. 244.
Hakon IV., König von Norwegen 198.
Hakon V., König von Norwegen 198. 304.
Halberſtadt 25.
Halgrin, ſ. Johann.
Hamar, ſ. Paul.
Harbuin, Biſchof von Cefalu 70. 79, 2. 273. 274, 1. 279.
Harlingsburg 22.
Harrien (Harrenland) 128. 312 f.
Harſia 279, 2.
Hartwig, Erzbiſchof von Bremen 23, 3.
Haymon, General der Franciscaner 308.
Hedwig, die hl. 196.
Heiligkreuz, Abt von 374, 4.
Heinrich, Bruder Chriſtians von Preußen 316.
Heinrich, Franciscanerbruder 328, 6.
Heinrich, Graf von Bar 176.
Heinrich, Biſchof von Bologna 38. 40, 5. 161.
Heinrich I. (II.), Herzog von Brabant 25. 132. 215, 2.
Heinrich II. (III.), Herzog von Brabant 338.
Heinrich, Biſchof von Brixen 155
Heinrich, Graf der Champagne 189.
Heinrich, Biſchof von Conſtanz 372, 2.
Heinrich, Kaiſer von Conſtantinopel 176.
Heinrich, König von Cypern 74. 75. 83. 170 f.
Heinrich II., röm. Kaiſer 89, 7. 93.
Heinrich III., röm. Kaiſer 340. 1.
Heinrich VI., röm. Kaiſer 10 f. 13. 15, 2 u. 3. 19. 58. 60. 74. 89. 123. 251.
Heinrich (VII.), röm. König, Sohn Friedrichs II. 57. 58, 2. 61. 73 84—88. 91, 5. 114, 5. 119. 128. 145. 155—157. 159. 163—169. 215. 218. 257, 5. 372.
Heinrich II., König von England 185 361.
Heinrich III., König von England 65, 4. 85. 86, 2 u. 3. 111 f. 119. 168. 175. 184, 3 u. 4. 185—188. 227, 4. 247, 3. 276 f 287. 291, 3 295—300 342, 5. 345 360—364. 369, 10.
Heinrich, Erzbiſchof von Köln 132. 218 f.
Heinrich der Lette 128, 1.
Heinrich IV., Herzog von Limburg 64. 65, 4. 69. 76, 4. 132. 338.
Heinrich, Erzbiſchof von Mailand 39 f. 58, 2. 91, 2. 114. 121.

Heinrich von Malta, ficil. Admiral 56, 5.
  68. 76. 92.
Heinrich, Bischof von Meißen 316.
Heinrich, Markgraf von Meißen 314. 337.
  351. 352, 2. 353. 355.
Heinrich Minnike, Propst von Goslar 216.
Heinrich von Nazareth 173. 174, 1.
Heinrich, Erzbischof von Nazareth 174, 1.
Heinrich von Reifen 387.
Heinrich, Bischof von Oesel 312.
Heinrich de Revello 366, 4.
Heinrich, Erzbischof von Rheims 112.
  175, 5. 176, 3. 181, 3. 222, 4. 293.
Heinrich, Bischof von Rochester 186, 3.
Heinrich der Löwe, Herzog von Sachsen
  20. 27.
Heinrich, Herzog von Sachsen, Pfalzgraf
  am Rhein 86.
Heinrich, Graf von Sayn 218 f.
Heinrich der Bärtige, Herzog von Schlesien
  195—197.
Heinrich der Fromme, Herzog von Schlesien
  197. 372.
Heinrich, Graf von Schwerin 86. 128.
Heinrich, Graf von Solms 218.
Heinrich Raspe, Landgraf von Thüringen
  224, 2. 325. 337 f. 351. 352, 2. 353.
  355. 359.
Heinrich, Bischof von Worms 88, 4. 120, 1.
Helena, Tochter Asans von Bulgarien 178.
Helmershausen 23. 24, 1.
Herford 24, 1.
Hermann, Bischof von Dorpat 128. 313.
Hermann, Graf von der Lippe 220.
Hermann von Salza, Meister des deut-
  schen Ordens 64, 6. 69. 71. 76. 77, 2.
  78, 2. 79 f. 96. 99. 101. 125—127.
  136. 155 f. 160. 165. 169, 2. 171 f.
  241 f. 245 f. 249. 258. 265, 5. 270.
  291. 311 f. 338.
Hermann I., Landgraf von Thüringen 25.
Hermann, Landgraf von Thüringen 358 f.
Hermann, Bischof von Würzburg 167, 1.
  267. 271. 339.
Hildegardis 225.
Hildesheim 114. S. Conrad.
Hims 78.
Holstein, s. Adolph.
Homobonus, Bischof von Cremona 35, 1.
  114. 132.
Honorius III., Papst (Cencius Savelli)
  2, 2. 3. 7 f. 18 f. 29—37. 39, 1. 40 f.
  43—45. 47 f. 51. 53. 58. 59, 1. 60—
  62. 70. 89, 4. 92, 2. 111. 113. 115.
  117. 118, 2. 120. 122—124. 127—
  129. 133. 152, 2. 159. 183. 195. 199.
  201, 2. 208. 226. 229. 230, 2. 233, 4.
  235. 244. 264. 277, 1. 279, 2. 285, 2.
  307. 315, 1. 320. 340, 1. 350. 378 f.
Hospitaliter vom hl. Geist 122.
Hubert de Burgh, Graf von Kent 111.
  186—188. 295.

Hubert, Bischof von Como 247, 1. 249.
  270, 1. 285.
Hugo, Erzbischof von Arles 99.
Hugo von St. Caro 180.
Hugo, Bischof von Clermont 95.
Hugo, Bischof von Ely 186, 3.
Hugo, Graf von Marche 103. 184. 185, 1.
  214, 2.
Hugo, Bischof von Vercelli 40, 2. 155, 2.
Hugo von St. Victor 256.
Hugolin (Hugo), Graf von Segni, Car-
  dinaldiakon von St. Eustach, Cardinal-
  bischof von Ostia, Papst Gregor IX.
Huguccio Dabei 153.
Huguccio, Graf von Vicenza 330.
Huillard-Bréholles 3.
Humbert, Bischof von Asti 368.
Humfrid von Thoron 189.
Humiliaten 121.
Hyacinth, der hl. 234.

J.

Jahja, Emir von Marocco 237, 1.
Jakob von Amendolia 321.
Jakob I., König von Aragonien 147 f.
  184, 2. 189 ff. 194. 211. 214. 295. 300.
Jakob, Erzbischof von Capua 100, 1.
  132, 2. 133, 6. 134, 4. 135, 6. 140.
Jakob, Ritterorden vom hl., in Frank-
  reich 122 f.
Jakob Giraubi 263, 2.
Jakob Moloccelli, Admiral 368.
Jakob Marschall 16.
Jakob von Morra 334.
Jakob, S., de Spada, oder de Compostella,
  Orden von 310, 3.
Jakob, Bischof von Padua 38. 40, 6.
  157, 3.
Jakob Pecoraria, Cardinalbischof von
  Palestrina 124, 3. 156 ff. 193 f. 214, 3.
  243. 247—249. 250, 4. 258. 272. 290.
  302. 307. 332, 3. 347. 365—368.
  370, 4. 385 ff.
Jakob Gualla de Richeriis, Cardinal-
  priester 383.
Jakob von Rossano 235.
Jakob, Bischof von Turin 33. 38.
Jakob Tiepolo, Doge von Venedig 260.
  345. 357, 3. 359, 2. 369, 8.
Jakob, Bischof von Vercelli 267. 270.
Jakob, Bischof von Vicenza 157, 3. 162, 3.
Jakob von Vitry, Cardinalbischof von
  Frascati 306. 385 f.
Jakobiten 317 f.
Ibelin 321. S. Johann, Philipp.
Ibn Sabin von Murcia 324, 3.
Jerusalem 55. 63. 66. 68. 74, 4. 75.
  77—80. 83. 136. 169 f. 174 f. 247.
  287 f. 315, 1. 317. S. Könige Amalrich,
  Balduin, Gottfried, Johann, Fried-

rich II.; Patriarchen Albert, Gerold, Robert, Stephan.
Jerwen 128. 234. 312 f.
Jesi 11. 151. 256.
Ikonium 239. S. Alaadin.
Imola, s. Meinhard.
Impostoribus, liber de tribus 325, 2.
Ingo II., König von Norwegen 198.
Inquisition (Inquisitoren) 209 ff. 211 ff.
Innocenz III, Papst 1. 6—17. 19—31. 36, 2. 45, 1. 51—53. 58, 2. 63, 1. 81. 94. 115. 122 f. 129. 138. 144. 146 f. 177. 187. 188, 1. 198 f. 222. 226. 228 f. 231. 233, 4. 240. 244. 251. 255. 267, 2. 278 f. 305. 315, 1. 340, 1. 341, 2. 350. 378 ff.
Innocenz IV., Papst (Sinibald Fieschi) 46, 1 u. 2. 162, 4. 165. 205, 5. 225. 230. 265, 3. 295, 3. 306. 314. 331. 341, 4. 354, 5. 364. 371, 4. 374, 8. 377. 380, 3. 384. 386.
Innocenz XIII., Papst 6. 44, 5.
Introbucum (Antroboco) 65, 4.
Joachim von Fiore 18. 49.
Johann, Erzbischof von Arles 366, 4. 369.
Johann, Minister der Franciscaner in der Berberei 238.
Johann, Bischof von Bergamo 40, 1.
Johann von Bethune 282. 291, 7. 292.
Johann-Boniten 307 f.
Johann Bonus 307.
Johann, Markgraf von Brandenburg 337. 352, 1.
Johann, Herzog von Bretagne 113, 3.
Johann I. von Dreur, Graf von Bretagne 214, 2.
Johann von Brienne, König von Jerusalem, Kaiser von Constantinopel 56 f. 74, 1. 76, 4. 83. 92—95. 176—179. 289. 291.
Johann von Cäsarea 321.
Johann de Capella 43, 2.
Johann Cicala, Bischof von Cefalu 15, 3.
Johann von Civitella 367, 4.
Johann von Colonna, Cardinalpriester von St. Praxedis 73, 1. 150 f. 262. 333. 365, 5. 375. 384—386.
Johann Arias Suares, Erzbischof von Compostella 369, 3.
Johann, König von England 28. 110 f. 185. 187.
Johann von Belletri, Bischof von Florenz 35, 3.
Johann von S. Germano 335, 1.
Johann Halgrin (Hallegrin), Erzbischof von Besançon, Cardinalbischof von Sabina 100. 163, 1. 191. 201. 262, 2. 306. 384 f.
Johann von Ibelin, Herr von Beirut 74 f. 83. 170—173.
Johann de Jublee 263.

Johann, Laienbruder in Deutschland 215.
Johann, Bischof von Lissabon 301.
Johann, Bischof von Lübeck 220.
Johann, Bischof von Lüttich 87, 3.
Johann von Magdeburg 311, 3.
Johann, Cardinalpriester von St. Marcus 7.
Johann von Netoya 213.
Johann, Bischof von Osma 302, 1.
Johann XXII., Papst 2, 2.
Johann von Parma 328.
Johann de Polo, s. Polo.
Johann, Graf von Ponthieu 184, 3.
Johann Teutonicus, Bischof von Bosnia 194, 1 u. 4. 303.
Johann Schio von Vicenza, Dominicaner 161 f. 220, 6. 222 f. 243.
Johann, Erzbischof von Vienne 213. 214, 1.
Johann Visconti 265.
Johann von Wales 199.
Johann, Scholaster von Xanten 54, 2.
Johanne von England, Gem. Alexanders II. von Schottland 111, 1. 185.
Johanne von Toulouse, Gem. Alphons' von Poitiers 104, 6. 213, 2.
Johanniterorden 70. 75 f. 78. 100. 123. 135—137. 171, 4. 173. 280. 289. 293. 310. S. Bertrand de Comps, Guerin de Montaigu, Guerin.
Jolanthe von Ungarn, Gem. Jakobs I. von Aragonien 191, 1. 194.
Jolanthe, Mutter Isabella's von Jerusalem, der Gem. Friedrichs II. 56, 7.
Joppe (Jaffa) 64, 6. 76. 80.
Jordan von Giano 42 ff.
Jordan, Bischof von Padua 38. 40, 6.
Jordan, Prior von Padua 278.
Josselin, Bischof von Rennes 113.
Irland 186, 4. 296.
Isabella, Königin von Armenien 305, 3.
Isabella I. von Jerusalem, Gem. Friedrichs II. 56. 64. 73. 74, 4.
Isabella II. von England, Gem. Friedrichs II. 168. 361.
Isabella von Lusignan 189.
Isle, Herr von 252, 2.
Iso, Bischof von Verden 220.
Juden 138. 192. 194. 204. 239 f. 295. 324.
Iviza 191.
Ivo Odrowaz, Graf von Konskie, Bischof von Krakau 8. 195 f. 196, 3.

K.

Kablubek, Vincenz, Bischof von Krakau 8.
Kärnthen 225. S. Bernhard.
Kairo 55.
Kalocsa, s. Colocza.
Kalojohannes, König der Bulgaren 176 f.

Kamel, Sultan von Aegypten 43. 55. 66. 73—79. 81 f. 169, 4. 176. 235 f. 238. 247. 286. 288.
Karl I. d. Gr. 63. 183. 253 f. 278, 2.
Karl I. von Anjou, König von Neapel 124. 142, 3.
Karl II., König von Neapel 274, 5.
Karl V., Kaiser 207.
Katharer 49. 104, 4. 207. 215. 217. S. Albigenser.
Kelheim 165.
Ketzer, s. Häretiker.
Keu (Euchet oder Köw an der Donau) 302, 3. S. Bischof Ladislaus.
Kiew 235. 372.
Kirchenstaat 12. 14. 21. 27. 36. 58 f. 62. 76. 80. 83. 89—92. 96. 98. 100 —102. 104 f. 134. 143—150. 152 f. 253—255. 321. 331. 333—336. 341. 371. 377 f.
Kirkleatham 188.
Koblenz 20.
Köln 20. 22. 26. 87. 129. 338 f. S. Adolph, Bruno, Conrad, Heinrich.
Konstanz 30. 60 f. 87. 158 f. 249. 259. S. Heinrich.
Krakau, s. Bischöfe Ivo, Kablubek, Wislaus; Herzoge Boleslaus, Heinrich von Schlesien, Lesk.
Kujavien 125 f. S. Conrad von Masovien, Michael.
Kunigunde von Schwaben, Gem. Wenzels I. von Böhmen 356.
Kuno, Abt von Fulda 167, 1.
Kurfürsten 26, 1.
Kurland 128. 192. 233 f. 312. S. Lamechin.

L.

L. de Montelongo 267, 2.
Laach, Abtei 219, 3.
La Cava 208.
Ladislaus Laskonogi, Herzog von Gnesen 195.
Ladislaus, Bischof von Syrmien 178.
Ladislaus I., König von Ungarn 131.
Lambert, Bischof von Selor 127, 3.
Lambert Visconti 264, 3.
Lambeth (London) 111.
Lamechin, Fürst von Kurland 233.
Lamia, San Giovanni in 279 f.
Lampsacus 178.
Land, hl., s. Palästina.
Lando, Erzbischof von Reggio, Erzbischof von Messina 68. 80. 99. 135, 6. 145, 2. 265, 5. 268. 272, 3. 320. 333 f. 358, 1.
Landolf, Bischof von Worms 167, 1. 169, 2. 267. 271. 339.
Landsberg, Markgraf von 25.
Landshut 351. 353, 5.

Langton, Stephan, Erzbischof von Canterbury, Cardinal 109, 2. 186, 5. 296, 6. 384. 386.
Languedoc 103.
Lariano 153.
La Rochelle 111.
Lascaris, s. Theodor.
Lateinisches Kaiserthum von Constantinopel 176 ff. 282. 288. 289—294. 302. 310. S. Balduin, Heinrich, Johann von Brienne, Peter, Robert.
Lateranconcil, I. 340, 1; III. 138, 8. 199; IV. 29. 33. 38 f. 54. 79. 105. 115. 133. 134, 2. 199. 207—209. 218. 222. 239. 297 f.
Lausanne, s. Bonifaz.
Leal, Bischof von 311. S. Dorpat.
Leale 128. 311.
Leben, kirchliches 49. 85. 87.
Lebus 351. 358.
Lecce 11. 15. S. Tancred.
Leczyc 195.
Lensk (Lansenia) 125, 4.
Leo, König von Armenien 305, 2.
Leo Brancaleone, Cardinalpriester vom hl. Kreuz 21—27. 383.
Leo, Bruder 261. 308, 2. 331. 336.
Leo III., Papst 253.
Leo IX., Papst 340, 1.
Leon 190, 2. 295, 2. S. Alphons, Ferdinand.
Leon, Bischof von 301, 9.
Leopold, Herzog von Oesterreich 25 f. 82. 97 f. 166. 257. 358.
Leopold, Bischof von Worms 20—22.
Lesbos 178.
Lesk V., der Weiße, Herzog von Krakau und Sandomir 195 f.
Leslau 125. 315.
Leszek, s. Lesk.
Letort, Gottfried, Ritter aus Palästina 174.
Lettland 127 f.
Lichfield, s. Alexander.
Libba 78.
Liegnitz 197. 372.
Limburg, s. Heinrich, Walram.
Lincoln, s. Robert.
Linköping, s. Benedict.
Lippe, s. Gerhard, Hermann.
Lissabon 223. 301. S. Johann.
Lithauen 312.
Liverani 30, 1.
Livland 121. 126—129. 234 f. 311 ff.
Llewellyn, Fürst von Wales 111.
Lodi 31. 34. 158. 242. 247, 1. 261. S. Ottobellus.
Löbau 125, 4. 314, 6.
Lombardei, Lombarden, lombardischer Bund 7. 30—35. 37, 5. 41. 47. 60— 62. 69. 71. 84, 2. 86. 88. 94. 96. 98. 100. 113. 121. 132, 2. 142. 147. 153 —165. 167. 174—176. 207 f. 210 f.

220, 6. 226, 2. 241—243. 246—250. 253 f. 257—264. 266 f. 269, 2. 270. 278. 282—286. 292. 296, 5. 311. 319 —322. 329 f. 336. 342, 5. 343 f. 346. 357. 359. 361. 365. 368. 372. 378. 387.
London 111. 187. 297 f. S. Roger.
Lorch 26, 2. 350. 354.
Lorenz, Bischof von Breslau 196.
Lorenz, Bischof von Orense 369.
Lorino 153.
Lothar I., Kaiser 254.
Lothringen, s. Herzog Matthäus.
Lowicz 125.
Loz, Gräfin von 218.
Lublin 197.
Lucas, Erzbischof von Cosenza 18, 4.
Lucas, Erzbischof von Gran 193.
Lucca 45. 132. 152. S. Guercio, Opizo.
Luceria 239. 274. 276.
Luceria, Bischof von 239, 2. 274. 381.
Luciferianer 217. 220 f.
Lucius, Papst 210, 2.
Ludolf, Bischof von Münster 87, 4. 220. 339.
Ludwig, Herzog von Baiern 25. 36, 2. 55. 56, 2. 83 f. 85, 2. 86. 132. 165 f. 353.
Ludwig II., Kaiser 254 f.
Ludwig VIII., König von Frankreich 102 f. 111 f.
Ludwig IX., König von Frankreich 61, 1. 82. 102—105. 107. 112 f. 119. 134. 168. 176, 3. 181—185. 188 f. 212— 214. 240. 242, 5. 246, 4. 247, 3. 260. 272, 4. 291, 3. 294 f. 344 f. 365—367. 373, 1 u. 4. 377, 2. 387 f.
Ludwig IV., Landgraf von Thüringen 58, 2. 64 f. 83. 216, 5. 224, 4. 322, 4. S. Bruno, Johann.
Lübeck 86, 2. 114, 3. 234. 311. 315, 1. S. Bruno, Johann.
Lüneburg, s. Otto.
Lüttich 87. 338. S. Johann.
Luitprand, König 122.
Lund 312. S. Absalom, Andreas, Peter, Uffo.
Luni 266, 6. 278.
Luzzara 34. 113.
Lyon 385. S. Robert.
Lyon, Arme von 208.
Lyon, Concil, II. (1245) 205, 4. 323. 337, 2. 346. 359.

M.

Mähren 127. 308. 372.
Magdalena, Schwestern von der Buße der hl., s. Reuerinnen.
Magdeburg 114. 127. 312. S. Albrecht, Wilbrand.
Magdeburg, Burggraf von 20.
Maidstone 364.

Majorca 191.
Mailand 31—35. 36, 5. 39 f. 48. 60. 132. 155. 157—159. 163 f. 210. 242. 246. 247, 1. 257, 1. 259—264. 267. 268, 2. 271. 284. 306. 320. 331 f. 333, 2. 346. 347, 2. 352. 367, 3. S. Heinrich, Wilhelm.
Maine 111.
Mainz 20. 28. 87 f. 164. 217. 219. 227. 243. 257, 5. 356, 2. S. Conrad, Sigfrid I. und II.
Malabranca Angelo, röm. Bürger 148. 271.
Malaspina, Markgraf von 132.
Malo, St. 112.
Malta 71. S. Heinrich.
Masuto, Friedrich 11.
Manfred Lancia, Markgraf 341.
Mangold, Bischof von Passau 26, 2.
Mangu 372.
Manichäer 207.
Mantua 24. 30. 60. 154. 157. 159. 246. 249. 258. 259, 3. 260. 262. 268. 283, 5. 307. 341. S. Bellsar, Guibotto.
Mantua, Chorherren von St. Marcus zu 226.
Manuel Comnenus 177.
Manuel, griech. Patriarch von Constantinopel 178, 3.
Marburg, s. Conrad.
Marcellinus, Bischof von Ascoli 133, 5. 242, 6. 243, 3. 246, 3. 248, 2.
Marche, s. Hugo.
Margaretha von Oesterreich, Gem. Heinrichs VII. 166.
Margaretha von Provence, Gem. Ludwigs IX. 184.
Margat 78.
Mari, ba, s. Ansaldo.
Maria von Oignies 306.
Marian 32. 264.
Marianne von Orlamünde 317, 2.
Marienverehrung 18 f. 45, 3. 47, 3. 226. 307.
Marinus Filangieri, Erzbischof von Bari 68. 76.
Maritima 36. 146. 153.
Markwald von Anweiler 11. 13—17.
Marocco 236 f. S. Agnellus, Al-Mamun, Jahja, Rechib.
Marseille 214. 288.
Marsien 12. 58.
Martin, Bischof von Parma 267. 271. 369.
Martin, Bischof von Salamanca 369.
Masovien 125. 196. 233, 1. S. Boleslaus, Conrad.
Masovien, Bischof von 232, 5.
Massa in der Diöcese Luni 266, 6. 278. S. Benedicta, Wilhelm.
Massa Trabaria 36.
Mathesica 27.
Mathilde von Brabant 388.

Mathilde von Canossa (und ihre Güter) 13, 2. 25. 36. 37, 1. 89. 151 f. 278, 2.
Matthäus, Erzbischof von Capua 12, 3.
Matthäus, Herzog von Lothringen 132. 338.
Matthäus von Narni 43, 2. 226, 4.
Matthäus Paris 6. 65, 2. 297 f. 363. 386.
Matthias, Neffe Gregors 6, 5.
Mauclerc, f. Peter von Dreux.
Mazzara 273, 1.
Meaux 104. 366.
Medicina bei Bologna 37, 1.
Meinhard, Bischof von Imola 38.
Meinhard, Apostel von Livland 127.
Meißen, f. Dietrich, Heinrich.
Melazzo 274, 2. 279 f. 280.
Melfi 99, 6. 136—142. 144. 177, 2. 200. 202. 207. 273, 1. 274. 280, 1.
Melfi, Constitutionen von, f. Melfi.
Melun 183, 1. 212.
Meran, f. Otto.
Mercedarier 226. 307.
Merseburg, f. Eckhard.
Mesopotamien 76. 82.
Messina 57, 3. 58, 2. 141. 244. 273, 1. 286, 3. S. Laudo.
Metz 85, 4 S. Conrad von Scharfeneck.
Michael, Bischof von Cujavien 232, 5.
Michael, Großfürst von Rußland 372.
Michael Scot, f. Scot.
Miliz Christi 120.
Miliz von St. Jakob 122 f.
Milo, Bischof von Beauvais, Statthalter von Spoleto 95. 100. 133. 150. 151, 1. 181 f.
Minden, f. Conrad, Wilhelm.
Minorca 191, 3 u. 4.
Minoriten, f. Franciscaner.
Miranda 148, 6. 153.
Modena 33. 94, 7. 155. 163. 196. 234. 246. S. Wilhelm.
Molaria 386.
Molfetta 280, 2.
Molise 71. S. Thomas von Celano.
Mongolen 130. 197. 272 f.
Monopoli 273, 1.
Monreale 278 f. S. Carus.
Monreale, Erzbischof von 100, 1.
Montalto 146. 148 f. 153.
Montavusto 153.
Montbellard, f. Otto.
Montebello, f. Peter.
Monte Casino 13. 73. 95. 208.
Montecchio 151, 1.
Montechiaro 260.
Monte Cristo 368.
Monte Fano 230.
Montefiascone 147 f. 153. 334.
Montefortino 143. 376.
Montelongo, f. Gregor.
Monte Mirteto, de 18 f.

Monteportola 153.
Monterotondo 153.
Montferrat, f. Alice, Bonifaz, Demetrius, Otto, Wilhelm.
Montfort bei Accon 78.
Montfort, f. Amalrich, Simon.
Montpellier 213.
Monza 39.
Moritz, Erzbischof von Rouen 181.
Mortara, Congregation von 40, 7. 122.
Moskau 370.
Münster, f. Ludolf, Reinbold.
Mumelin, röm. Cleriker 363, 3.

N.

Nantes 107. 112. S. Robert.
Napoleon Johann Gaetani 271.
Narbonne 105. 229. S. Peter.
Narni 143, 4. 150. 375. S. Matthäus.
Narrenfest 196, 1.
Nattangen 314.
Naumburg, f. Engelhard.
Navarra 189 f. 214.
Navas de Tolosa 190 f.
Nazareth 78. S. Heinrich.
Neapel 12. 58. S. Peter.
Neccam, Alexander 297, 2.
Neisen, f. Heinrich.
Nessau 126.
Nestorianer 317.
Neustadt 257.
Neuß 27, 4.
Nicäa 179. 305. S. Batazes.
Nicolaus von Anagni, Cardinal 385.
Nicolaus von Aragonien, Cardinal 381.
Nicolaus von Cocco 144.
Nicolaus de Farnham, Bischof von Durham 362, 2.
Nicolaus, Cardinalbischof von Frascati 48, 1. 383.
Nicolaus, kaiserl. Gesandter 33 f.
Nicolaus, Subdiakon, Magister von Messina 274, 2.
Nicolaus III., Papst 309.
Nicolaus, Bischof von Reggio 33. 38. 94, 7. 99 f. 155. 243.
Nicolaus de Medeborg, Bischof von Riga 123 f. 129. 312, 2. 313.
Nicolaus, Bischof von Roeskilde 304.
Nicolaus de Rupello 295.
Nicolaus, Bischof von Spoleto, Patriarch von Constantinopel 172. 289.
Nicolaus, Erzbischof von Tarent 99. 274.
Nicoslawus, Herzog von Bosnien 303, 4.
Nicosia auf Cypern 171. S. Custorgius.
Nicosia in Sicilien 141.
Nimes, f. Arnold.
Ninfa 18. 153.
Nissa 178.
Nizza 368.

Nördlingen 338 f.
Nogaret 5.
Nolasco, Peter 226. 307.
Noli 332, 3.
Nonantula, Abt von 40.
Nordhausen 21—23.
Normandie 111.
Northumberland 185.
Norwegen 198. 304. 347, 1. S. Ingo, Hakon, Suerus.
Novara 39. 158. 159, 1. 242. 247, 1. 295, 2.
Noyon 182. S. Charlot.
Nürnberg 283. 372, 2.
Nuño, Bischof von Astorga 369.
Nympha 180.

O.

Octavian, Bischof von Bologna 331, 1. 357, 3.
Octavian, Cardinalbischof von Ostia 14. 17.
Octavian, Cardinaldiakon von St. Sergius und Bacchus 384.
Odesoer 279, 2.
Oesel 233, 5. 312, 2. 313 f. S. Heinrich.
Oesterreich 166. 247, 5. 250. 256 f. 292. 355. 372. S. Friedrich, Leopold.
Ognies 306 f.
Oldenburg, s. Burkard.
Olbrab de Tresseno 211.
Oléron 184.
Oliva 125. 232.
Oliverius, Bischof von Paderborn, Cardinalbischof von Sabina 383.
Omer, St., f. Peter von Colmieu.
Opizo, Erzbischof von Cosenza 279, 2.
Opizo, Bischof von Lucca 151 f.
Opizo Fieschi, Bischof von Parma 36, 1.
Oporto, f. Petrus.
Orense, f. Lorenz.
Oricoli 153.
Orio 331.
Orlamünde, f. Albert, Marianne.
Orlandus, päpstl. Subdiakon 265, 3.
Orsini 9.
Orta 334.
Ortele 153.
Orvieto 150. 163. 243.
Osimo 89, 7. 150. 230. 341, 4. S. Rainer.
Osma, f. Johann.
Osnabrück, f. Conrad, Engelbert.
Ostia 18. 153. S. Hugolin, Octavian, Rainald.
Otho, f. Otto.
Otranto 64. 65, 2. 83. 273, 1.
Otto, Herzog von Baiern 166. 215, 2. 257. 350—352. 354—360. 387.
Otto, Markgraf von Brandenburg 257. 352, 1.
Otto Colonna 144, 1.
Otto Frangipani 271.
Otto, Graf von Gelbern 238.
Otto Labislaus, Herzog von Großpolen 195—197.
Otto der Große, Kaiser 89, 7. 93.
Otto IV., röm. Kaiser 13, 2. 20—29. 31. 34. 36, 2. 85. 110.
Otto, Herzog von Lüneburg und Braunschweig 85, 2 u. 4. 86. 220. 314. 339. 358, 4. 387.
Otto, Herzog von Meran 25. 98. 155.
Otto von Montbeliard 76. 82.
Otto von Montferrat, Cardinaldiakon von St. Nicolaus in carcere Tulliano 69, 4. 84—88. 120, 1. 129, 7. 156 ff. 186. 233. 262, 2. 296—300. 306. 347. 360—364. 368. 382. 384—386.
Otto, Bischof von Verden 313, 5. 314, 5.
Otto, Pfalzgraf von Wittelsbach 24.
Otto, Bischof von Würzburg 27.
Ottobellus, Bischof von Lodi 40, 1.
Ottokar I. Presmysl, König von Böhmen 25 f. 119. 257, 2.
Dudon 112.
Orford 107. 296, 3. 297. 298, 3. 327.

P.

Paderborn, f. Bernhard III. und IV., Oliverius.
Padua 60. 154. 157. 159 f. 199. 208, 1. 211. 223. 242. 269 f. 330. S. Antonius, Jakob, Jordan.
Paganus, Bischof von Patti 173.
Pagliano 143 f. 153.
Palästina 54—56. 61, 4 u. 6. 63. 66—70. 73—83. 91. 100. 125. 135. 137. 157. 159. 164 169 ff. 173—176. 179. 184. 213 f. 219. 231. 239. 246. 259. 266 f. 282—289. 291. 293. 322, 4. 325. 339. 340, 2. 352, 6. 365. 367. 372. S. Jerusalem.
Palearlis, Grafen von 15 f. S. Walter.
Palermo 11. 13. 15, 3. 16. 244, 6. S. Bartholomäus, Berard, Parisius.
Pampelona 189.
Pandulph von Aquino 334.
Pandulph, päpstl. Legat 111.
Pannonien 303.
Paquara bei Verona 162.
Parens (Parenti), Johann 226—228. 327.
Paris 6, 5. 7 f. 103—110. 183, 1. 195. 200. 294 f. 349. S. Wilhelm.
Parisiensis, f. Matthäus.
Parisius, Erzbischof von Palermo 16.
Parma 33 f. 36. 120. 155. 246. 346, 6. 349, 2. S. Martin, Opizo.
Passagier 190.
Passalucenser 230.
Passau 26, 2. 350 f. 354. 356. 358. S. Gebhard, Rüdiger, Ulrich.

Patarener 138. 208 f. 302.
Patras, Erzbischof von 289, 3
Patti, s. Paganus.
Paul Traversaria, Graf von St. Bonifacio 132. 331.
Paul, Bischof von Hamar 198.
Paul Obrowaz, Graf von Konskie 8.
Paul, Bischof von Posen 196, 2. 197.
Pavia 30 ff. 40, 7. 60, 3. 121. 155. 164. 246. 249. 367, 3. 369. S. Robobaldb.
Pecoraria (Pecorara) 307.
Pedro, Don, Infant von Portugal 237.
Pedro, Infant von Portugal, Graf von Urgel 95. 191, 4.
Pelagius, Cardinalbischof von Albano 55. 92 f. 95. 115. 384—385.
Pembroke, Graf von 111. 187.
Pembroke, Wilhelm von 299.
Penrith 186.
Pentapolis 25. 36. 254.
Pepognana 278.
Pergola 151.
Perigueur, s. Raimund.
Persien 168. 317.
Perstein 350.
Perugia 29 f. 45. 48. 73. 90. 93. 96. 100, 4. 150 f. 175. 196. 223. 333. S. Salvius.
Pesaro 151.
Pesth 372.
Peter von Colmieu (be Collemebio), Propst von St. Omer, Erzbischof von Rouen, Cardinalbischof von Albano 34, 7. 182. 294, 2. 368.
Peter II., König von Aragonien 300.
Peter von Dreux, genannt Mauclerc, Herzog von Bretagne 103. 112 f. 176. 188 f. 291, 4.
Peter Cantor 7.
Peter, Graf von Celano 27. 71, 1.
Peter von Courtenay, Kaiser von Constantinopel 176.
Peter Delphinus, General des Camaldulenserordens 9.
Peter Frangipani 261.
Peter, Cardinaldiakon von S. Georg 163, 1. 384. 386.
Peter Lombardus 7. 300, 1.
Peter, Erzbischof von Lund 198.
Peter von Montaigu, Meister des Templerordens 57. 76 f. 82. 135. 169, 5.
Peter, Graf von Montebello 330.
Peter, Erzbischof von Narbonne 212.
Peter, Erzbischof von Neapel 273.
Peter Charlot, Bischof von Noyon 388.
Peter, Erzbischof von Tarragona 300, 6. 301. 369.
Peter Tiepolo, Podesta von Mailand 261. 349.
Peter, Bischof von Tortona 368.
Peter von Vinea, sicil. Großhofrichter 140. 145, 2. 158. 160. 173. 241, 1. 256. 258. 265, 5. 376. 380, 2.
Peter des Roches, Bischof von Winchester 100. 111. 186, 2. 187. 295. 361.
Petrus Rubens, röm. Cleriker 363, 3.
Petrus Salvabor, Bischof von Oporto 369.
Petrus Saracenus 276 f. 296, 2.
Pfirt, Graf von 84.
Philipp, päpstl. Cleriker 291.
Philipp von Assisi, apost. Nuntius 352 f.
Philipp, Graf von Boulogne 102 f. 112.
Philipp, Bischof von Feltre und Civibal 40.
Philipp August, König von Frankreich 81, 8. 110 f. 189. 388.
Philipp von Ibelin 74.
Philipp von Schwaben, röm. König 13, 2. 14, 6. 15, 2. 16. 19. 20—27. 367, 3. 388.
Philipp von Segni 6.
Phillipp du Plessiez, Meister des Templerordens 23, 1.
Philipp von Troyes 173. 174, 1.
Piacenza 31—35. 38 f. 113. 157—159. 211, 1. 246. 248. 259—261. 263. 272. 307. 331 f. 333, 1. 347, 3. S. Aegibius.
Piacenza, Bischof von 38.
Pienza 153.
Pipin 253 f.
Pisa 8. 29. 31 f. 37, 3. 132. 152. 237. 264 f. 348. 368. 370. S. Vitalis.
Pistoja 35. 154, 4. 161. S. Soffrebus.
Piumazzo 330 f.
Pius VII. 321. 370.
Placentia, s. Dominicus.
Block, Bischof von 125 f.
Pogesanien 125, 4. 230, 4. 314.
Poitiers, s. Alphons.
Poitou 110—112. 186, 2. 295.
Pola 94, 4.
Polen 8. 124 f. 127. 195—198. 233, 4. 314.
Policastro 273, 1.
Polignano 273, 1.
Pollina 279, 2.
Polo, Johann be, röm. Bürger 271.
Pomesanien 230 f. 314.
Pommern 125. 127. 195. 231 f. 233, 4. S. Barnim, Swantopelk.
Ponsa, Bischof von Bosnien 303.
Ponthieu, s. Johann.
Pontigny 264.
Popplito, Herren von 90.
Porcaria, Guelfus von 265.
Porcastrella, Roger 320.
Porbenone (Portenau) 156 f. 268.
Porto Venere 369, 3.
Portugal 190. 295, 2. 301. S. Alphons, Sancho, Pedro.
Posen 195. S. Paul.
Potenza 273, 1.
Potthast 2, 3.
Prämonstratenser 120 f. 127.

Prag 119. 205, 5. 309. 366, 1.
Pragmatische Sanction, erste 105, 1.
Precina 134, 4.
Presmysl, s. Ottokar.
Pressutti 34.
Presthlawa 178.
Preußen 124—127. 197. 230—232. 314 ff.
Primat, päpstl. 179 f.
Principat 269.
Prischtina 178.
Privilegium Fori 139. 202. 245. 273.
Pronille 48.
Provence 212, 3. 252, 2. 295. S. Berengar, Eleonore, Margaretha.
Provins 100, 4.
Prusa 90.
Puteoli 65.

Q.

Quedlinburg 22.
Quentin, St. 183, 1.

R.

Rabamecki, s. Thomas.
Radicosani 25. 27, 6. 36. 92, 4. 148. 153.
Raimund Nonnatus 307. 385.
Raimund von Pennaforte 9. 199, 4. 200—205. 210 f. 226. 238.
Raimund Berengar, Markgraf von Provence, s. Berengar.
Raimund, Bischof von Toulouse 212 f.
Raimund VII., Graf von Toulouse 103—105. 133. 134. 145. 147, 2. 212—214. 252. 300, 4. 366 f. 388.
Rainald von Aquavina 334.
Rainald, Graf von Aversa 70 f. 100. 101, 2.
Rainald von Este 330.
Rainald von Segni, Cardinalbischof von Ostia 6. 39. 44, 5. 145. 159. 258 f. 262. 266. 283, 5. 342. 345. 375, 3. 385 f. S. Alexander IV.
Rainald von Urslingen, Herzog von Spoleto 68. 76. 80. 83. 89—92. 94. 96. 97, 3. 101. 274. 373, 2.
Rainer Cappoccio, Cardinalbiakon von S. Maria in Cosmedin 42, 3. 147. 149, 2. 384. 386.
Rainer, Bischof von Osimo, dann von Recanati 341, 4.
Rainer Sacco, s. Sacco.
Rainer Zeno, s. Zeno.
Ralph, s. Rudolph.
Ramula 78.
Raoul de Soissons 288.
Rapolla 273, 1.
Raspampani 147. 149.
Ratibor 195. S. Casimir.

Ratzeburg, s. Gottschalk.
Ravenna 25. 36. 69. 73. 86. 154 ff. 166. 208. 209, 2. 307. 331. 342. S. Theoderich, Ubald.
Ray—, s. Rai—.
Recanati 89, 7. 314, 4. S. Rainer.
Rechib, Kalif von Marocco 236. 237, 1.
Recht, römisches 139. 203. 304. 378.
Reform, kirchliche 228 f. 297 f.
Regensburg 87, 4. 88. 257, 3. 355. S. Albert, Sigfried.
Reggio in Calabrien 273, 1. 359, 4. S. Lando.
Reggio in Oberitalien, s. Nicolaus.
Rei—, s. Rai—.
Rembold, Propst von Münster 220.
Rennes, s. Josselin.
Reuerinnen 121.
Reval 128. 311—313.
Rey—, s. Rai—.
Rheims 107. 181—183. S. Heinrich.
Rhobus 178.
Richard Hannibaldi, Cardinalbiakon von St. Angelo 386.
Richard de Bareto 65, 4.
Richard, Graf von S. Bonifacio 94. 157. 162. 243. 330.
Richard, Erzbischof von Canterbury 186.
Richard, Graf von Celano 71, 1.
Richard, Bischof von Chichester 295, 1.
Richard, Graf von Cornwallis 111. 175. 288. 291. 361, 1. 362, 1. 375.
Richard Poor (Pore), Bischof von Durham 186, 3. 362.
Richard, König von England 63, 1. 74. 361.
Richard Filangieri, Marschall 73. 76. 133. 170—174. 287 f.
Richard von S. Germano 65, 2.
Richard von Montenigro 141.
Richard von St. Victor 7.
Ricorbane 75.
Rieti 27, 4. 41, 3. 69. 73. 92, 4. 143, 4. 146 f. 164, 3. 172. 175. 223. 228, 3. 246. 251. 261, 8. 270, 1. 283. 375. 385.
Riga 127. 129. 233 f. 312, 2. S. Albrecht, Nicolaus.
Rimini 154, 6. 223. 246.
Robert von Artois 359. 365. 387 f.
Robert von Castiglione 342.
Robert von Courtenay, lat. Kaiser von Constantinopel 176.
Robert von Somercote, Cardinalbiakon von St. Eustachius 385 f.
Robert, Frater, Dominicaner 212, 1.
Robert, Erzbischof von Gran 124, 4. 130. 179, 2. 192—194. 289, 1. 303, 4. 348, 5.
Robert, Bischof von Nantes, Patriarch von Jerusalem 288, 3. 335, 3.
Robert Großhead, Bischof von Lincoln 227, 4. 362, 2. 363, 3.

Robert, Erzbischof von Lyon 95.
Robert, Bischof von Salisbury 363, 3.
Robert von Courcon, Cardinalpriester von St. Stephan 108.
Robert de Thwinge 188. 361.
Roccacontraba 151, 1.
Rocca bi Cesi 153.
Rocca bi Gualbo 153.
Rocca Magenul 70.
Rocca bi Plorago 153.
Rocca Sacrata 153.
Rocca bi Sasso 153.
Roccavetere 153.
Rocchette 153.
Rochester, s. Heinrich.
Rodenberg 3.
Roderich Ximenes, Erzbischof von Toledo 190, 4. 191. 301.
Rodobald, Bischof von Pavia 132. 368.
Roeskilde, s. Axel, Nicolaus.
Roffrid, Magister 35, 2.
Roger von Aquila, Graf von Fonbi 70—72. 92.
Roger Bertrand II., Graf von Foix 104, 5.
Roger, Bischof von London 188.
Roger, Graf von Sicilien 12, 2.
Roger, König von Sicilien 10. 279, 2.
Rom, Römer 12. 27 f. 35. 36, 4. 41, 3. 48. 51 ff. 63, 2. 67 f. 72 f. 96 f. 122. 143—149. 153. 163. 196. 208 f. 231. 242, 4. 247. 253 f. 261—263. 267. 271 f. 236. 330. 334—337. 339. 342. 344. 347. 354. 363, 3. 367 f. 375 f. 377, 2.
Romagna 31, 1. 100. 163. 248, 1. 342.
Romano, s. Alberich, Ezelin.
Romanus, Cardinaldiakon von St. Angelo 102 ff. 112. 134. 181. 384—386.
Rota Romana 9.
Rothenburg an der Tauber 21.
Rottenmann 88, 4.
Rouen 229. S. Moritz, Peter, Theobald.
Rudolph von Neville, Bischof von Chichester 187. 361.
Rudolph, Canonicus von St. Moritz, Hildesheim 114.
Rüdiger, Bischof von Passau 337. 339, 4. 350. 352, 4.
Rügen 129. 317.
Rusello 153.
Rûm, s. Jkonium.
Rupertusberg 225.
Rusuba von Georgien 235.
Rußland 235. 372. S. Georg, Michael.
Ruthenen 198. S. Coloman.
Ruvo 273, 1.

S.

Sabina 92, 4. 146—148. 153.
Sacco, s. Amisone.
Saccone, Reiner 207.
Sachsen 25 f. 88. S. Albrecht, Bernhard, Heinrich.
Salba (Sidon) 78.
Saiette, Balian de 170, 6.
Sajo 372.
Saladin 55.
Salamanca, s. Martin.
Salerno 12. 58. 270. 273.
Salih, Sultan von Aegypten 236, 2. 286. 288.
Salimbene 227, 4. 327.
Salinguerra 94. 132. 250. 278. 341, 1.
Salisbury, s. Robert.
Salpi 332.
Salvius, Bischof von Perugia 290.
Salzburg 225, 1. S. Eberhard, Virgilius.
Samland 128. 314. 324.
Samos 178.
Samuel, ungar. Kammerherr 192.
Sanchez von Aragonien, Gem. Raimunds von Toulouse 388.
Sancho VII., König von Navarra 189.
Sancho, König von Portugal 147. 295.
Sandomir 197. S. Boleslaus, Lesk.
Saracenus, Johann, Dekan von Bath und Wells 277.
Saracenus, Peter, röm. Bürger 276 f.
Sardinien 31. 36. 122. 264—267. 269. 278. 286.
Sarno 273, 1.
Sassoferrato 151.
Saule 313.
Savelli, Cencius, s. Honorius III.
Savelli, Lucas 146. 148.
Savona 332, 3.
Savoyen 128. S. Thomas.
Sayn, s. Heinrich.
Schio, s. Johann von Vicenza.
Schirrmacher 3.
Schlesien, s. Heinrich.
Schlüsselsoldaten 92.
Schönanger 350.
Scholastik 110.
Schottland 185 f. 297. 360. S. Alexander, David, Wilhelm.
Schwaben 23. 25. 26, 6. 28. 165, 4. 367, 3. 373. 1.
Schweden 233. 304. S. Erich IX., XI.
Schwerin, s. Heinrich.
Schwertbrüder 123. 126—129. 130, 2. 233 f. 311—313.
Scot Michael 109, 2. 334, 8.
Scotti 6. 9.
Segni 5 f. 29. 52, 4. 148. 376. S. Andreas, Hugo, Nicolaus, Philipp, Rainald, Stephan, Trasmondo.
Selburg (Selon) 127. S. Lambert.
Selbschuken 239.
Selvaggia 263, 6.
Selvapiana 153.
Semgallen 121. 127 f. 233, 5. 234. 312. S. Balduin.

Senat, röm., Senatoren 143, 4. 146. 148 f. 209 f. 215. 261. 271 f. 373, 1. 377, 2.
Senlis 182. 183, 1.
Sens 106, 3. S. Walter.
Seralta, s. Pergola.
Serrano 144.
Serravalle 153.
Serrone 153.
Severo, San 45. 97. 133. 274, 6. 280.
Sessa (Suessa) 93. 95. S. Thaddäus.
Sevilla 190. 237, 1.
Seyland, S. de, engl. Cleriker 277, 1. 296, 2.
Siboto, Bischof von Augsburg 167, 1. 339.
Sibylla, Gem. Tancreds von Lecce 11.
Sicilien, Königreich 10—12. 14—17. 23, 1. 24. 27 f. 30 36. 41. 56—59. 66. 68 f. 73. 78, 2. 91—96. 99 f. 135—143. 145. 175 207 f. 222. 239. 243—245. 253. 257, 5 267 ff. 272—275. 276, 2. 278—282. 326. 329 f. 332. 339 f. 348 f. 353. 378 f. S. Friedrich II., Heinrich VI., Roger, Wilhelm.
Sidon, s. Saiba.
Sidon, Balian von 74. 82.
Siebenbürgen 124.
Siena 38, 2 u. 3. 45. 53, 4. 90, 4. 161. 163. 243. S. Bonsilius.
Sigfried, Bischof von Augsburg 64, 4. 83.
Sigfried II. von Eppstein, Erzbischof von Mainz 20 f.
Sigfried III., Erzbischof von Mainz 132. 215, 1. 216. 217, 6. 218 f. 223, 3. 246, 3. 339. 344, 1. 346. 353—355. 371. 372, 2.
Sigfried von Eppstein, Bischof von Regensburg 97 f. 100. 114. 132, 1 u. 2. 155. 166 168, 1. 169. 2. 246, 3. 351. 352, 4. 353. 355. 357.
Sigurd, Erzbischof von Drontheim 304.
Sigwin, Bischof von Camin 114, 5.
Simon, Bischof von Assisi 151.
Simon de Sully, Erzbischof von Bourges 113, 6. 385.
Simon, Graf, kaiserl. Befehlshaber 336.
Simon de Montfort 299 f.
Simon, Graf von Ponthieu 184, 3.
Simon von Tournay 325, 2.
Sinibald Fiesco, Graf von Lavagna, s. Innocenz IV.
Sinigaglia 151.
Sirgune 232.
Skopia 178.
Skule, Herzog von Norwegen 198.
Slavonien 302—304. 317, 2.
Snowbun 185. S. Llewellyn.
Soffredus, Bischof von Pistoja 35.
Soissy 364.
Solms, s. Heinrich.
Somercote, s. Robert.

Sora 27, 4. 93. 95. 274 f. S. Guibo.
Sorabien 127.
Sowerby 186.
Spanien 17. 45. 48. 147. 190 f. 210, 3. 211 f. 237. 295. 300 f. 307.
Sparago de Barca, Erzbischof von Tarragona 200, 2. 211.
Speier 21. 25. 27, 4. 36 2. 257. S. Cäsarius, Conrad von Scharseneck, Conrad von Eberstein.
Speronisten 208.
Spinola, sicil. Admiral 276, 2. 348.
Spiritualen 226.
Spoleto 25. 36. 62, 1. 73. 89 f. 92, 4. 98. 143, 4. 148. 150. 153. 175, 1. 223. 285, 2. 333 f. 371. S. Conrad von Urslingen, Nicolaus.
Spolienrecht 25. 244.
Squillace 273, 1. 279.
Stedinger 217, 4. 220 f.
Steiermark 88. 257. S. Oesterreich.
Stenby 313.
Stephan, Abt, päpstl. Gesandter in England 95.
Stephan, Bischof von Agram (Zagrabia) 302, 7.
Stephan, Erzbischof von Canterbury, s. Langton.
Stephan von Fossa nova, Cardinalpriester 48, 1. 384.
Stephan, Cardinaldiakon von St. Hadrian rc. 384. 386.
Stephan Harding, der hl. 229.
Stephan, Patriarch von Jerusalem 77, 1.
Stephan, Graf von Segni 44, 4.
Stephan von St. Tiberii, Inquisitor 213.
Stephan, Bischof von Tréguier 113.
Stephan, der hl., König von Ungarn 290, 5.
Stephan II., König von Ungarn 130.
Stephan, Bischof von Waitzen 374, 4.
Stephan, Bischof von Zagrabia (Agram) 302, 7.
Stigmatisation des hl. Franciscus 308.
Straßburg 84 f. 87. 165, 3. 204. 215, 1. S. Berthold.
Stroncone 153.
Suabuno 231, 4.
Suerbeer, Albert, Erzbischof von Armagh, Erzbischof von Preußen 129.
Suerus, König von Norwegen 198.
Sulmona 92.
Sutri 334. 335, 2. 363, 4.
Swantopelk 194. 196. 317, 2.
Sylvester Gozzolin 230.
Sylvester II., Papst 290.
Sylvestriner 230.
Symmachus, Papst 153.
Syracus 141.
Syrien 43. 55. 64. 70, 3. 75 f. 133. 226. 288. 317.
Syrmien, s. Ken, Ladislaus.

T.

Talmud 295.
Tancred, Archidiakon von Bologna 199.
Tancred von Lecce, König von Sicilien 10 f. 15.
Tarent 11. 15. S. Nicolaus.
Tarragona 200, 2. 211. 301. S. Peter, Sparago, Wilhelm.
Tataren 235. 318. 344. 357. 371—374. 376.
Taufe 304. 317.
Tavasten 304.
Teano, Bischof von 274, 1.
Templerorden 70. 75 f. 78. 81. 100. 123. 135—137. 169. 234. 280. 287. 289. 302. S. Peter, Philipp.
Terni 371. 375.
Terracina 153.
Terra di Lavoro 93. 334.
Thaddäus von Sessa 132, 2. 320.
Theobald V., Graf von Champagne 189.
Theobald (VI.), Graf von Champagne, König von Navarra 103. 112. 148. 176. 178. 184, 1. 188 ff. 287 f. 291, 2. 295.
Theobald, Erzbischof von Rouen 181.
Theodor Comnenus, Kaiser von Epirus 177.
Theodor Laskaris, Kaiser von Nicäa 178. 290, 4.
Theodorich, Bischof der Cumanen 130 f. 303, 6.
Theodorich, Erzbischof von Ravenna 91, 2. 172 f. 248.
Theodorich, Erzbischof von Trier 87, 6. 132. 146, 9. 164, 3. 166, 6. 167. 215, 1. 218 f. 246, 3. 339.
Thessalonich 177. S. Demetrius.
Thibaut, s. Theobald.
Thomas von Aquin, der hl. 50. 106. 109. 206.
Thomas von Aquino, Graf von Acerra 92, 5. 94, 2. 98. 268. 320.
Thomas a Becket, Erzbischof von Canterbury 294.
Thomas, Graf von Celano und Molise 70 f. 92. 100. 101, 2.
Thomas von Celano, Franciscaner 42, 2. 44. 116.
Thomas de Melsanby, Propst von Durham 362, 2.
Thomas von Eccleston 227, 4.
Thomas, Bischof von Rabamecki 129.
Thomas von Capua, Cardinalpriester von S. Sabina 69, 4. 71, 1. 96, 2. 100. 145 f. 258 f. 262. 266. 283, 5. 384. 386.
Thomas, Graf von Savoyen 153.
Thorer, Erzbischof von Drontheim 198.
Thorn 231.
Thoron, s. Humfrid.
Thracien 207.
Thüringen, s. Conrad, Elisabeth, Heinrich, Hermann, Ludwig.
Thwinge, s. Robert de.
Tibnin, s. Turon.
Tiepolo, s. Jakob, Peter.
Tirnowo 177 f. S. Basilius.
Tirnowo, Bischof von 290.
Tiso, Bischof von Treviso 33. 157, 3. 243. 332.
Tivoli 41, 3. 375. 377, 2.
Tlemsen 238, 4.
Tobi 150. 333.
Tolana 153.
Toledo 301. S. Roderich.
Tongern 87.
Torre maggiore 279 f.
Torre di Parma 153.
Torres 31 f. 264 f.
Tortona 155. S. Peter.
Tortosa 78.
Toscana 30 f. 36, 4. 37, 5. 47. 90. 100. 142, 3. 146. 150 f. 153 f. 331—334. 387.
Toscanella 334.
Toulouse 103. 105. 107. 120. 122. 209, 2. 212—214. 272. S. Raimund.
Tournay, s. Walter.
Tours 240, 5.
Traina 141, 2.
Trasmondo, Graf von Segni 6.
Traversaria, s. Paul.
Tre-Fontane 307.
Tréguier, s. Stephan.
Treviso 40. 60. 94. 157. 163. 242 f. 248, 1. 269. 278. 285. 330. 332, 1. 343. S. Tiso.
Trient, s. Friedrich.
Trier, s. Theodorich.
Trinitarier 226. 237.
Tripolis in Syrien 78. 82. 305, 2. S. Boemund.
Trisulto 302.
Troja 95. S. Walter.
Tunis 237 f. 275 f. S. Abbul-Azis, Abu-Zakaria.
Turin, s. Jakob.
Turon 78.
Tuscien, s. Toscana.
Tyrus 173. 288.
Tyrus, Erzbischof von 305.

U.

Ubald Visconti 264 f.
Ubald, Erzbischof von Ravenna 27, 6.
Ubeda 190.
Uffo, Erzbischof von Lund 198. 203, 2.
Ugrinus, Erzbischof von Colocza 179, 2. 193. 289, 1. 302.
Ulrich, Bischof von Gurk 114, 5.
Ulrich, Bischof von Passau 55.

Umana 341, 4.
Ungarn 124. 179. 191—195. 288. 290. 292 f. 302. 347, 1. 348. 357. 367. 372—374. S. Andreas, Bela, Emmerich, Jolanthe, Ladislaus, Stephan.
Unionsversuche, kirchl. 177. 179 f. 293. 317 f.
Urach, s. Conrad.
Urban II., Papst 12, 2.
Urban III., Papst 306.
Urban IV., Papst 19. 46, 1 u. 3. 109.
Urgel 191, 4.
Urslingen 89, 4. S. Berthold, Conrad, Rainald.

V.

Valence 76, 4. 138. S. Wilhelm.
Valencia 300 f.
Valenciennes 85.
Valva 273, 1.
Vatazes Johann II., Kaiser von Nicäa 178—180. 239. 263. 282. 289—293. 310.
Vauconleurs 260.
Bebo 153.
Velletri 18. 148. 341, 3. S. Ostia.
Venafro, Bischof von 274.
Venaissin 134. 252, 2.
Venedig 48. 56, 5. 156. 179. 236, 3. 248. 260. 261, 1. 268 f. 276, 2. 278, 1. 280, 1. 285, 2. 288. 291 f. 293, 1. 331—333. 336. 341. 348 f. S. Jakob Tiepolo.
Venosa 273.
Vercelli 158. 159, 1. 247, 1. 267, 2. 383. S. Hugo, Jakob.
Verden, s. Iso, Otto.
Verdun 85.
Veroli 14. 41. 56. 69. 89.
Verona 24. 31, 1. 35. 61. 105. 154. 157. 162. 208, 1. 210, 2. 242—244. 247. 249. 260. 263. 330. S. Gerhard.
Vicenza 60. 154. 162. 250. 278. S. Huguccio, Jakob, Johann.
Vienne 134. S. Johann.
Villehardouin, s. Gottfried.
Villers 52, 1.
Vincenz, s. Kablubek.
Vinea, s. Peter.
Birgilius, Erzbischof von Salzburg 224, 4. 225.
Visconti, s. Johann, Lambert, Ubald.
Vitalis, Erzbischof von Pisa 32, 5. 152. 264, 4.
Viterbo 35, 2. 47. 60, 3. 62, 1. 72. 144. 147 f. 174, 1 u. 2. 246. 261 f. 311—313. 334. 336. 376.
Vitorchiano 144.
Vitry, s. Jakob.
Vohburg, s. Diepold.

Volquin, Meister des Schwertbrüderordens 311—313.
Vsora, s. Zibisclaus.

W.

Wabbing 42, 1 u. 2.
Waitzen 372. S. Stephan.
Waitzen, Bischof von 374, 4.
Wala, Bischof von Brescia 100. 132, 2. 155, 2. 270, 1. 285.
Walachei 124. 131.
Waldemar, Bischof von Schleswig, Erzbischof von Bremen 23, 3.
Waldemar I., König von Dänemark 317.
Waldemar II. (III.), König von Dänemark 23, 3. 67. 86, 2. 128. 234. 304 f. 311—313. 317, 2. 358. 360.
Waldenser 211.
Wales 296 f. S. Llewellyn.
Walram, Graf von Limburg 338.
Walter, Graf von Brienne 15 f.
Walter von Cicala 335.
Walter, Erzbischof von Sens 344, 1. 347, 1.
Walter, Bischof von Tournay 134. 212 f.
Walter von Paleariis, Bischof von Troja, Bischof von Catanea, Kanzler Siciliens 12, 3. 15 f. 56, 5. 70. 274. 280, 1.
Walter de Cantilupe, Bischof von Worcester 296—298.
Walter Gray, Erzbischof von York 361.
Warmien 314.
Warpoda 231, 4.
Wassenberg 20.
Weihesacrament 203.
Wenzel, König von Böhmen 119. 132. 257. 344. 347, 2. 351—353. 356—358. 372.
Werner, Ritter 82.
Westminster 296, 6. S. London.
Westmoreland 185.
Wibin 178.
Wiek 234. 312, 2. 314.
Wien 24, 2. 26, 2. 257. 311, 3. 312. 351 f. 374, 4.
Wilbrand, Erzbischof von Magdeburg 313, 5.
Wilhelm, Cistercienserabt 112, 6.
Wilhelm von St. Amour 44.
Wilhelm von Aubito 260.
Wilhelm, Bischof von St. Brieuc, der hl. 113.
Wilhelm, Graf von Champlitte 289, 3.
Wilhelm, Bischof von Como 38.
Wilhelm Rozulo, Erzbischof von Mailand 132, 2. 211. 248. 368.
Wilhelm von Massa 31.
Wilhelm, Bischof von Minden 314, 5.
Wilhelm, Bischof von Modena, päpstl. Legat 100. 113. 128 f. 136, 1. 155, 2.

221—223. 232, 5. 333—235. 311—314. 316.
Wilhelm, Markgraf von Montferrat 83. 306.
Wilhelm von Auvergne, Bischof von Paris 106—109. 294.
Wilhelm, König von Schottland 185.
Wilhelm I., König von Sicilien 12.
Wilhelm II., König von Sicilien 10. 60. 136. 142.
Wilhelm (III.), König von Sicilien 11. 15, 2.
Wilhelm de Stennaugen 358, 1.
Wilhelm von Mongri, Administrator von Tarragona 191.
Wilhelm von Tocco, kaiserl. Notar 268. 279.
Wilhelm von Tyrus 77, 1.
Wilhelm von Savoyen, erwählter Bischof von Valence 295. 361, 4.
William de Raleigh, Bischof von Winchester 361, 4.
Wimpina 91, 5.
Winchester 299, 2. 261 f. S. Peter, William.
Winkelmann, Ed. 3.
Wirland 128. 234. 311—313.
Wislaus, Bischof von Krakau 197.
Wladislaus, s. Ladislaus.
Wolfenbüttel, s. Gunzelin.
Worcester, s. Walter.
Worms, s. Heinrich, Landolf, Leopold.
Worsingborg 305.
Wucher 138. 281 f. 317.
Würzburg 21. 26 f. 88. 121. 338 f. 342, 3. S. Bruno, Hermann, Otto.

Y.

Yaghmoracen, Fürst von Tlemsen 238, 4.
York 186. 222, 4.

Z.

Zähringen, s. Berthold.
Zagrabia, s. Agram.
Zeno, Rainer 248. 260.
Zibello 33.
Zibislaus, Fürst von Bsora 303.

Verbesserungen.

Seite 23, Zeile 14 von unten lies Waldemar von Schleswig.
„ 31, „ 13 „ „ „ Sardinien.
„ 32, „ 5 „ oben „ Sardinien.
„ 48, „ 1 „ „ „ Honorius.
„ 114, „ 8 „ unten „ geleisteten.
„ 171, „ 14 „ oben „ 1232.
„ 199, „ 20 „ „ „ Archibiaconus.
„ 246, „ 9 „ unten „ den von Regensburg.
„ 293, „ 16 „ „ „ Tataren.
„ 294, „ 8 „ oben „ Ludwig IX.
„ 296, „ 23 „ „ „ S. de Seyland.
„ 304, „ 11 „ „ „ Erich XI.